DIE
BAUSTEINE
DES WISSENS

ALLGEMEINBILDUNG
GESCHICHTE
& POLITIK

Von der Vorzeit bis zur Gegenwart

Mike Hillenbrand

Sonderausgabe

2002 Trautwein Lexikon-Edition
Genehmigte Sonderausgabe
© Compact Verlag München

Chefredaktion: Ilse Hell
Redaktion: Esther Haffner, Stefan Klein, Dr. Matthias Feldbaum
Redaktionsassistenz: Fabian Riedl, Anton Vogel

Produktion: Martina Baur, Susana Spatz
Abbildungen: Gruppo Editoriale Fabbri, Mailand; Lidman Production, Stockholm
Titelabbildungen: Gruppo Editoriale Fabbri, Mailand (3); Lidman Production, Stockholm (2)
Umschlaggestaltung: Inga Koch

Besuchen Sie uns im Internet www.compactverlag.de

ISBN 3-8174-5451-1
5454511

Inhaltsverzeichnis

Inhaltsverzeichnis

Inhaltsverzeichnis

Im Oktober 1998 gab die Universität Michigan die Entdeckung eines möglichen neuen Vorfahren des Menschen bekannt. Der Fund wurde auf ein Alter von 780.000 Jahre datiert, doch die Wissenschaft geht in der Geschichte der Menschheit doppelt so viele Jahre zurück.

Wo kommt der Mensch her?

Bis vor etwa 2 Mio. Jahren spielte sich die gesamte Entwicklung der Menschheit in Afrika ab, wenn man von den Fossilfunden ausgeht. Bis zum *Homo habilis* gab es keinen einzigen Hominiden, der außerhalb des südlichen Kontinents gefunden wurde. Dann aber, vor etwa 2 bis 1,5 Mio. Jahren, zu Beginn des Pleistozäns, machte sich der „Mensch" zum ersten Mal auf, die Welt zu „erobern". Der *Homo erectus*, der „aufrechte

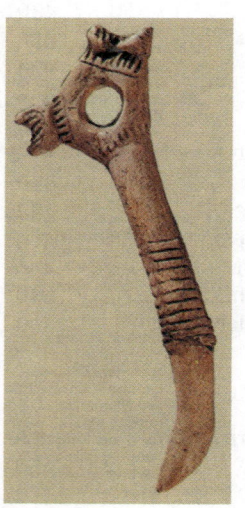

Magdalenien-Stab aus Knochen

Mensch" erschien auf der Bildfläche. Den ersten dieser „Wanderer" hatte **Eugène Dubois** 1891/92 auf Java entdeckt. Vermutlich drang der *Homo erectus* während der Eiszeit bis nach Südostasien vor, als die Inselwelt zum großen Teil mit dem Festland verbunden war.

Wie lang dauerte die Reise von Afrika nach Asien?

Rein rechnerisch könnte diese „Invasion" relativ schnell vonstatten gegangen sein: Legte eine kleine Erectus-Gruppe jährlich eine Strecke von ungefähr 50 km zurück, so konnte sie, besser gesagt ihre Urururururenkel bereits innerhalb von 15.000 Jahren an jedem Punkt Eurasiens angekommen sein.

Wie groß war das Gehirn des Homo sapiens?

Der *Homo erectus* war größer als der *Homo habilis* und wies ein größeres Gehirnvolumen auf, das sich während seiner Anwesenheit auf der Erde nahezu verdoppelte. Mit maximalen 1200 ccm liegt es schon im Bereich der norma-

Felsenmalerei aus der Jungsteinzeit

len Variabilität des *Homo sapiens*.

Wer entdeckte das Feuer?

Der *Homo erectus* war geschickter in der Werkzeugherstellung als der *Homo habilis*. Allerdings kam auch er mehrere hunderttausend Jahre nicht über den Faustkeil hinaus, der mit der Zeit immer mehr verbessert wurde. Die Entdeckung des Feuers vor etwa 500.000 Jahren verdanken wir allerdings ihm. Und mit der Macht über dieses Element konnte er sich auch den Widrigkeiten der kälteren Klimazonen widersetzen.

Wann betrat der Homo sapiens die Landschaft?

Vor etwa 700.000–400.000 Jahren tauchten erstmals Vertreter einer Art auf, die aufgrund der größeren Schä-

Was kam zuerst: die Intelligenz oder der aufrechte Gang?

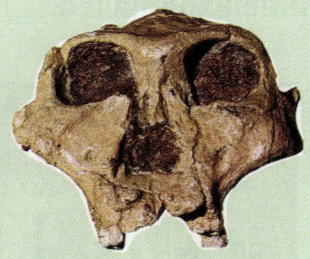

Schädelknochen des Australopithecus

1925 stellte **Raymond Dart** zum ersten Mal die Behauptung auf, dass der *Australopithecus africanus*, ein kurz zuvor entdeckter Gesichtsschädel mit angehefetem Schädelinnenausguss (Taung), als früher Hominide einzustufen sei. Eine wichtige Begründung für diese Zuordnung war die Vermutung, dass *Australopithecus africanus* sich eher menschlich fortbewegte. Dies schloss Dart aus der Stellung des Hinterhauptslochs. Bis zur 1. Hälfte des 20. Jh. war die Meinung vorherrschend, dass sich während der Evolution des Menschen zuerst das Gehirn und danach die bipede Fortbewegung entwickelt hätte. Mit einem nur schimpansengroßen Schädelvolumen passte der *Australopithecus africanus* nicht in diese Evolutionsvorstellung und Darts Klassifikation fand wenig Zustimmung. Unterstützung erfuhr Dart in seiner Auffassung von **Robert Broom**, der 1938 die Menschenähnlichkeit erster Extremitätenknochen anderer *Australopithecinen* betonte. Ende der 40er-Jahre bahnte sich mit der Entdeckung weiterer postkranieller Skelettelemente (u. a. ein gut erhaltenes Becken) eines *Australopithecus* ein Meinungsumschwung in der Beurteilung dieser Fossilgruppe an. Die *Australopithecinen*, die ein Merkmalsmosaik von Menschenaffe und Mensch aufweisen, werden seit dieser Zeit von nahezu allen Paläanthropologen als Bindeglied zwischen Tier und Mensch gedeutet. Sie besitzen mit nur einem relativ kleinen Hirnvolumen Anpassungen an einen aufrechten Gang. Seit der Akzeptanz der *Australopithecinen* als Vorfahren in der Linie zum *Homo* herrscht die Vorstellung, dass in der Evolution des Menschen der Erwerb des Bipedie der Gehirnexpansion vorangegangen ist.

breiteten sich aus. Zu ihnen gehört auch der *Neandertaler*, der bis ungefähr 35.000 Jahre vor heute überlebte. Den Fossilfunden nach entstanden die ersten archaischen Formen zuerst in Afrika, dann in Europa und vor etwa 300.000 Jahren schließlich in Ostasien.

Was lässt den Homo sapiens eigentlich hervorstechen?

Obwohl *Homo sapiens* nicht der einzige Primat ist, der auf zwei Beinen geht – Schimpanse und Gibbons machen dies des Öfteren, wenn es die Umstände erfordern – ist er der Einzige, der dies gewohnheitsmäßig und mit schreitendem Gang tut. Der Erwerb des aufrechten Ganges gilt deshalb als Kernstück der menschlichen Evolution neben der Reduktion der Eckzähne und der erheblichen Zunahme des Gehirnvolumens, die im Zusammenhang mit der Entstehung der Sprache und Ausbildung einer materiellen Kultur gesehen werden.

Felsmalerei aus Valcamonica

delkapazität und anderer fortschrittlicher Merkmale nicht mehr zum *Homo erectus* gezählt werden können. Die ersten archaischen *Homo-sapiens*-Populationen

Die menschliche Lebensgrundlage in der Altsteinzeit war das Jagen und Sammeln, begleitet von sorgsamer Vorratswirtschaft. Die Frauen legten in einem matriarchalischen Zusammenleben die Aufgabenverteilung fest, um eine Organisation der Sippe aufrechtzuerhalten.

Welche Werkzeuge benutzten die Menschen?

Der Mensch verbrachte einen großen Teil seines Lebens als Jäger und musste die größere Schnelligkeit der potenziellen Beute erkennen. Um nicht zu verhungern und an sein Ziel zu gelangen, war die Notwendigkeit von Hilfsmitteln gegeben: So wurden die ersten Werkzeuge erfunden. Zunächst waren es noch einfache *Steine*, *Knochen* oder *Stöcke*, die als Waffe dienten, doch mit der wachsenden Intelligenz des Menschen entwickelte dieser die einfachen Hilfen weiter, schlug Steine spitz oder bog und formte Stöcke zurecht.

Zogen die Menschen damals umher?

Historiker schätzen, dass die Menschen damals mit wöchentlich etwa 20 Stunden Jagd- und Sammelarbeit ihr Überleben sichern konnten. Ein Territorium wurde verlassen, sobald sich der Aufwand zur Nahrungsbeschaffung als zu hoch erwies, was dazu führte, dass kein Gebiet wirklich ausgebeutet wurde.

Das Umherziehen bedeutete schlicht, einen Aufwand zur Ortsveränderung zu betreiben, um den Aufwand zum Lebensunterhalt zu minimieren. Ein Kampf ums Dasein war nur selten nötig, darum gab es für die Jäger und Sammler kaum Grund, ein ständiges Umherziehen zu praktizieren. Darum verbreitete sich die Menschheit nur langsam im Lauf von vielen Tausenden von Jahren über den Globus.

Wie entwickelten sich die Behausungen?

Die Menschen wohnten gewöhnlich in *Höhlen* und hatten somit einen stabilen Wohnsitz, der sich zudem auch relativ leicht verteidigen ließ. In der Steppe oder Tundra standen derartige Behau-

Mammut

sungen nicht zur Verfügung, darum dienten hier *Kuhlen* oder *Löcher*, die mit Geäst und Zweigen abgedeckt wurden, als Behausung. Dieses Prinzip entwickelte sich schließlich zu primitiven Zelten weiter, bis dann vor etwa 6000 Jahren die ersten Häuser entstanden, bei denen jedoch das Dach noch direkt auf dem Fundament stand. Die eigentlichen Wände entwickelten sich erst im Laufe der Jahrhunderte.

Zeittafel:

500.000–5500 v. Chr.	Alt- und Mittelsteinzeit (**Alt-** und **Mittelpaläolithikum**)
5500–2200 v. Chr.	Jungsteinzeit (**Neolithikum**)
2200–800 v. Chr.	**Bronzezeit**
800–400 v. Chr.	Ältere Eisenzeit (sog. **Hallstattzeit**)
400–15 v. Chr.	Jüngere Eisenzeit (sog. **Latènezeit**)

Speerspitzen

Wie wurden aus Nomaden Siedler?

Am Anfang stand die Furcht der wandernden Sammler, bei der Durchquerung eines eher kargen Gebietes zu wenig Nahrungsmittel zur Verfügung zu haben, weshalb sie lebende Nahrung mitnahmen wie wild lebende Ziegen- und Schafsarten. Diese Tiere waren nicht nur genügsam, sondern boten auch wohlschmeckendes Fleisch, gaben Milch und Wolle, vermehrten sich von allein und ließen sich einfach hüten und führen. Diese Vorteile führten dazu,

Lascaux: Höhlenmalerei

dass mit dem Besitz der Tiere ein Zukunftsdenken einsetzte: Mit ihnen besaß man Kapital, verfügte über Prestige und eine Altersvorsorge. Manch wandernder Nomade gab daraufhin etwas von der Freiheit eines Jägers und Sammlers auf und veränderte seinen Alltag: Nicht länger seine, sondern die Bedürfnisse der Tiere bestimmten die Marschrichtung und -geschwindigkeit, aber auch die Verweildauer, denn es musste stets genügend Wasser und Nahrung für alle vorrätig sein. Damit war der erste Schritt zur Sesshaftigkeit getan.

Was folgte, nachdem aus dem Jäger ein Viehzüchter geworden war?

Da immer mehr *Viehwirtschaft* betrieben wurde, kam langsam auch eine gewisse Produktion in Schwung, aus der neben *Fleisch*, *Milch* und *Knochen* auch *Käse*, *Joghurt*, *Kefir*, *Leder*, *Felle* und *Hörner* hervorgingen. Da von bestimmten Gütern mitunter zu viel vorhanden war, entwickelte sich der erste Berufsstand: der des fahrenden *Händlers*,

der die Überproduktion bei anderen Nomaden- oder Viehzüchtergruppen anbot und neben einem Handels- auch einen besseren Informationsaustausch etablierte. Aufgrund dieser Entwicklungen konnten nun auch fehlende Güter erworben bzw. getauscht werden, ohne die vermeintlich ideale Umgebung für Vieh und Mensch zu verlassen. Dieser zweite Schritt zur Sesshaftigkeit brachte den Menschen dazu, auch an eine Bewirtschaftung des Bodens zu denken. Das Aussäen und

Cro-Magnon-Mensch

Bewirtschaften von Pflanzen war die logische Folge und so waren aus Nomaden erst Viehzüchter und schließlich Bauern geworden.

Wann endete die Periode der Jäger und Sammler?

Die genannten Entwicklungen machten immer nur einzelne Nomadenstämme durch. Noch zu Christi Geburt soll etwa die Hälfte aller Menschen ein Jäger- und Sammlertum praktiziert haben, obwohl von den Sesshaften schon große Siedlungen und Städte gebaut worden waren.

Die Neandertaler

Eine Gruppe von Urmenschen aus der Zeit vor 120.000 bis 30.000 Jahren vor Christus, die nach den ersten Funden im Jahr 1856 in der Kleinen Feldhofer Grotte im Neandertal bei Düsseldorf ihren Namen erhielten.

Wurde die Entdeckung des Neandertalers gefeiert?

Als im Jahr 1856 die ersten Knochenreste in einem kleinen Steinbruch in einer Höhle unweit von **Düsseldorf** ausgegraben wurden, hätte es kaum einen ungeeigneteren Zeitpunkt für seine Entdeckung geben können. Die Menschen des 19. Jh. sahen die Menschheit nicht nur als Krone der Schöpfung, sondern wiesen jedwede Verwandtschaft mit dem Tierreich weit von sich.

Wussten die Entdecker gleich, womit sie es zu tun hatten?

Die Höhle am Hang eines kleinen Tals, welches von der Düssel durchflossen wird, war der Arbeitsplatz einiger Männer, die im Höhlenboden nach Kalkstein gruben und dabei auf einige alte Knochen stießen. Da diese Männer

Kleiner Bär aus Bernstein

nicht für wissenschaftliche Entdeckungen bezahlt wurden, räumten sie die Fundstücke einfach beiseite. Erst der Steinbruchbesitzer brachte einige Knochenüberreste zu dem Naturforscher **Johann Carl Fuhlrott**, damit der sie untersuchen konnte.

Wie reagierte die Fachwelt auf den Fund?

Während Fuhlrott und sein Kollege **Hermann Schaaffhausen** nach einigen Untersuchungen der Ansicht waren, dass die Fundstücke einige tausend Jahre alt waren und somit zu den ältesten Menschenrassen gehörten, versuchte die Fachwelt verzweifelt, andere Theorien über den Ursprung des *Neandertalers* zu finden, dessen Knochenstücke so ganz anders als die des heutigen Menschen aussahen.

Wie sahen diese Theorien aus?

Anatome verschiedener Forschungseinrichtungen schlossen aus den o-beinigen Knochen, dass es sich bei dem Fund um einen mongolischen

Faustkeil

Kosaken der russischen Kavallerie handeln musste, die 40 Jahre zuvor Napoleon auf dem Rücken ihrer Pferde über den Rhein zurückgejagt hatten. Manch ein Wissenschaftler beschwor chronische Krankheiten, die den seltsamen Knochenbau erklärten, und ein anderer wiederum machte sich mit dem Verdacht, der flache Schädel müsse der eines Holländers sein, jenseits der Grenze keine Freunde.

Was ist denn der Neandertaler nun genau?

In den Jahrzehnten nach der Entdeckung des so genannten *Neandertalers* wurden in anderen Teilen Europas immer

Wo sind all die Neandertaler hin?

Zwar entwickelten sich die *Neandertaler* nur sehr langsam, scheinbar traten sie jedoch in allen Teilen dieser Welt recht schnell ab. Während ihr Verschwinden in Mitteleuropa vor ungefähr 35.000 Jahren vermutet wird, soll es in Osteuropa sogar schon 5.000 Jahre zuvor der Fall gewesen sein. Zwei Theorien und eine Mischung aus beiden existieren heute über den Rückzug der *Neandertaler* in der Fachwelt. Während die eine von der so genannten „Neandertalstufe" spricht und damit meint, dass ein evolutionärer Schub die *Neandertaler* quasi über Nacht zum *Homo sapiens sapiens* reifen ließ, meint die zweite, dass der heutige Mensch mit dem *Neandertaler* in der Tat herzlich wenig zu tun hat und von unseren Vorfahren recht schnell und zügig aus den gemeinsamen Lebensräumen verjagt wurde, womit den *Neandertalern* keine große Zukunft mehr bevorstand. In den letzten Jahren haben sich jedoch immer mehr Wissenschaftler einer Mischung aus beiden Theorien angeschlossen, die schlicht von einer „Assimilierung" der *Neandertaler* durch den *Homo sapiens sapiens* spricht. So soll durch die geringere Anzahl der *Neandertaler* bei der Verschmelzung der Art mit den anderen *Homo*-Arten die Präsenz der Neandertalgene schnell und drastisch vermindert worden sein: eine biologische Verdrängung also, die jedoch nichts mit dem kriegerischen Aspekt der zweiten Theorie oder dem evolutionären Salto vorwärts der ersten zu tun hat. Wir können also doch davon ausgehen: Ein bisschen *Neandertaler* steckt in jedem von uns.

Höhlenmalerei: Jagdszene

William Staus und **A. J. E. Cave** erkannten, dass die Knochenfunde durch Arthritis verformt waren und der *Neandertaler* durchaus einem modernen Menschen geglichen hatte. Eine DNA-Analyse ergab später, dass Mensch und *Neandertaler* vor etwa 690.000–550.000 Jahren doch einen gemeinsamen Vorfahren hatten: den *Homo erectus heidelbergensis*, der der Vorfahr des *Homo sapiens* war.

Höhlenmalerei aus Altamira

mehr ähnliche Funde gemacht. Die These, dass Holländer die Knochen am **Neandertal** einst im Leibe trugen, verflüchtigte sich damit recht schnell. Vielmehr wurden die Neandertaler nun als Angehörige einer alten, barbarischen Rasse akzeptiert, die mit der Geschichte des „echten Menschen" nur sehr wenig zu tun hatten. Jahrzehntelang, bis in die Mitte des 20. Jh. war das Bild des *Neandertalers* das einer schlurfenden, dummen Kreatur, ehe die beiden Anatomen

Feuerstein

Das griechische Wort für „Zwischenstromland" beschreibt eine Landschaft in Nahost zwischen Euphrat und Tigris, die im heutigen Irak und zum Teil auch in der Türkei und Syrien liegt. Hier soll die menschliche Zivilisation ihren Ursprung gehabt haben.

Was bedeutet Mesopotamien für die Menschheit?

Allgemein wird **Sumer** als die Wiege der Zivilisation, **Akkad** als der erste Nationalstaat und **Assyrien** als die erste Militärmacht bezeichnet. Sämtliche für die menschliche Entwicklung förderlichen Erfindungen wie eine Schriftsprache, die Mathematik oder das Verarbeiten von Metallen wurden im Zweistromland gemacht.

Wer lebte im Zweistromland?

Die *Sumerer* wanderten als ältestes geschichtlich erfassbares Volk im 4. Jt. v. Chr. in den Süden Mesopotamiens ein und entwickelten im 3. Jt. v. Chr. die ersten Stadtstaaten. Neben den Sumerern wurden auch semitische Völker in Mesopotamien sesshaft: Die *Akkadier*, *Amoriter* und *Assyrer* wetteiferten mit den *Hethitern*, *Babyloniern*, *Elamiten* und *Medern* in den folgenden Jahrhunderten um die Vorherrschaft in Mesopotamien. Die semitischen Zentren **Assur**, **Ninive** und **Babylon** hielten sich mit wechselndem Einfluss bis zur Mitte des 1. Jt. v. Chr.

Was passierte alles in Mesopotamien?

um 4000 v. Chr.	Das **Rad** wird erfunden
um 3500 v. Chr.	Die ersten **Städte** werden gebaut
um 3400 v. Chr.	Die Sumerer erfinden die **Schrift**
um 3300 v. Chr.	Die Sumerer entwickeln die **Mathematik**
um 3300 v. Chr.	**Sexagesimalsystem** von den Sumerern erfunden
zwischen 3000–2000 v. Chr.	kommt es nach Mythen aus verschiedenen Kulturen zu einer großen **Überschwemmungskatastrophe**
um 3000 v. Chr.	Weiterentwicklung der **Keilschrift**
um 2900 v. Chr.	Entwicklung von **Metallwaffen**
zwischen 2600–1900 v. Chr.	Aufstieg der sumerischen Stadtstaaten
von 1894–1550 v. Chr.	Herrschaft der ersten Dynastie von **Babylon**
von 1742–1460 v. Chr.	Herrschaft des alten **Hethiterreichs**
um 1500 v. Chr.	Aufstieg des **Assyrerreichs**
um 1400 v. Chr.	Herstellung von **Messing** und **Münzen**
von 1460–1200 v. Chr.	Herrschaft des jüngeren **Hethiterreichs**
um 700 v. Chr.	**Ninive** wird Hauptstadt von Mesopotamien
um 700 v. Chr.	Die Babylonier definieren die **Tierkreiszeichen**
von 700–600 v. Chr.	Die **Assyrer** zerstören Babylon und das **Neubabylonische Reich** wird aufgebaut
um 540 v. Chr.	**Mesopotamien** wird Teil des Persischen Weltreichs

Stierkopf, Teil eines Grabmals

Die Stadt Ur

Bevor die Stadt **Ur** entstand, gab es auf ihrem späteren Stadtgebiet schon andere, kleinere Siedlungen, die sich aufgrund einiger Überschwemmungen jedoch nicht halten konnten. Nach einer größeren Überschwemmung bildete sich aus Teilen verschiedener Volksgruppen eine neue Siedlung, die zur Stadt Ur werden sollten. Zu Beginn des 3. Jt. v. Chr. besaßen viele der sumerischen Städte beträchtliche Ausmaße: Alleine die Stadt Ur soll rund 100 ha umfasst und rund 10.000 Einwohner beherbergt haben. Um die Stadt vor Feinden von außen zu schützen, wurde sie mit einer Mauer und einem Graben umgeben. Dies war das erste Mal, dass eine Stadt auf diese Weise von ihrer natürlichen Umgebung abgeschottet wurde. Doch damit stellte Ur nicht die einzige Neuerung auf: Das innere Stadtbild war geprägt von Tempeln, die sich durch ihre Ausmaße deutlich von den anderen Gebäuden abhoben. Das Gebiet um die Stadtmauern herum durchzogen schon bald diverse Bewässerungskanäle.

Was geschah später mit Mesopotamien?

Nach dem Untergang des *Assyrerreichs* fiel das Zweistromland im Jahre 539 v. Chr. an die *Perser*, die es in ihr Weltreich eingliederten. Doch schon bald fielen große Teile an die *Griechen* und schließlich an die *Parther*. In den ersten Jahrhunderten n. Chr. stand Mesopotamien zeitweise unter *römischer Herrschaft*, bevor es im 7. Jh. n. Chr. endgültig von den *Arabern* erobert wurde.

Wurde in Mesopotamien auch die erste Geschichte geschrieben?

Das **Gilgameschepos** ist die bedeutendste literarische Schöpfung des Zweistromlandes und das erste niedergeschriebene – das heißt in Tontafeln gedrückte Zeichen – literarische Werk der Menschheit überhaupt. Das Epos ist auf zwölf dieser Tontafeln aufgezeichnet, wobei die Geschichte nach der elften Tafel endet. Da die Tafeln nur als Bruchstücke gefunden wurden, ist der Text nicht vollständig erhalten. Zu einem nicht genau definierbaren Zeitpunkt wurde eine zwölfte Tafel den ersten elf beigefügt, die inhaltlich jedoch nicht richtig zu den Älteren passt. Alle Tafeln befinden sich heute im Britischen Museum in London.

Euphrat und Tigris

Die beiden Flüsse **Euphrat** und **Tigris** entspringen auf türkischem Boden und fließen, nachdem sie Ost- und Südostanatolien durchquert haben, durch Syrien und den Irak, wo sie weiteres Wasser aus Nebenflüssen sammeln und dann schließlich den Fluss **Schat-ül Arab** bilden, als der sie dann gemeinsam in den iranischen Golf münden. Hydrologisch gesehen handelt es sich bei diesen beiden Flüssen um Gewässer eines Flussbeckens, die jedoch gleichzeitig zwei Unterbecken bilden und als getrennte Hauptarme mit jeweils eigenen Nebenflüssen die Türkei in Richtung Syrien und Irak verlassen.

Ägypten und seine Geschichte

Die arabische Republik Ägypten liegt im Nordosten Afrikas und grenzt an das Mittelmeer. Seine Geschichte und seine Könige, die sagenumwobenen Pharaonen mit ihren weltbekannten Grabstätten, den Pyramiden, sind legendär.

Wie kam Ägypten zu seinen Königen?

Die Kulturen der *Merimden*, *Faiyumi* und *Omari* in **Unterägypten** waren schon in der Jungsteinzeit sesshaft und keine Nomadenkulturen mehr. Nachdem sich im **oberen Ägypten** die *Tasai* und *Negadi* nach mehreren Kriegen geeinigt hatten, schlossen sich beide Landesteile zu einem zusammen. Der interne Frieden, der mit der Bildung des Staates einherging, ermöglichte die Entwicklung der Schrift und auch des Kalenders. Eine umfassende Verwaltungshierarchie wurde notwendig und schließlich errichtet.

Welche Hauptstadt hatte das neu entstandene Reich?

Die ägyptischen Könige, für die sich das hebräische Lehnwort „Pharao" einbürgerte, regierten zuerst von verschiedenen Orten aus. Doch in der 3. Dynastie kam es nach einigen Unruhen zu einer einheitlichen Lösung: Pharao **Djoser** (um 2609–2590 v. Chr.)

Sphinx von Giseh

bestimmte **Memphis** zur permanenten Hauptstadt. Das Reich wurde in einzelne Verwaltungsteile, so genannte Gaus, gegliedert und von Memphis aus mit straffen Zügeln regiert.

Verehrte man die Pharaonen nicht als Götter?

Tatsächlich galt innerhalb der 4. Dynastie (ab 2570 v. Chr.) der König als Gott, dem mit den riesigen Pyramiden königliche Grabstätten erbaut wurden. In der 5. Dynastie (ab 2450 v. Chr.) rückte dann die Verehrung des Sonnengotts Ra (Re) in den Vordergrund, als dessen Sohn der jeweilige König verehrt wurde. Im Gegenzug tauchte der

---

Der Pharao, der nur einen Gott wollte

Pharao Echnaton (Amenophis IV.)

Echnaton hieß eigentlich **Amenophis IV.** und war von 1350–1334 v. Chr. ägyptischer Pharao aus der 18. Dynastie des *Neuen Reichs*. Er wurde bekannt als so genannter Ketzerkönig, weil er den Sonnenkult um den Gott **Aton** gegen die alten ägyptischen Götter durchzusetzen trachtete. Er verlegte Ägyptens Hauptstadt von Theben nach Achet-Aton und kämpfte mit der Priesterschaft um die Beseitigung aller Spuren, die auf die frühere polytheistische Religion hindeutete. Sein Schwiegersohn und Nachfolger **Tutanchamun** machte Theben nach Echnatons Tod wieder zur Hauptstadt und stellte die polytheistische Religion wieder her.

Nur einer trägt den Beinamen „der Große"

Ramses II. kam mit 25 Jahren an die Macht und starb nach 67 Amtsjahren im Jahr 1212 v. Chr. Er errichtete riesige Monumentalbauten, darunter den großen Tempel von **Abu Simbel**: Zur Tagundnachtgleiche am 22. Februar und 22. Oktober fallen die Strahlen der aufgehenden Sonne direkt in den Eingang des Tempels und beleuchten 60 Meter tief im Berg drei der vier Gottheitenstatuen – nur Ptah, den Gott der Unterwelt, nicht. Auch als Feldherr im Kampf gegen die Hethiter machte er sich einen unvergesslichen Namen. Seine Regierungszeit gilt heute als Höhepunkt in der Geschichte des alten Ägypten. Ramses Leichnam ist noch heute, 3200 Jahre nach seinem Tod, erhalten. Er wurde 1976 per Flugzeug nach Paris zur großen Ramses-Ausstellung transportiert. Wie es einem ausländischen Staatsoberhaupt gebührt, wurde der verstorbene König auf dem Flughafen von der Ehrengarde des Staatspräsidenten empfangen.

Büste der Nofretete, 14. Jh. v. Chr.

hatte. Nachdem ihr Halbbruder, **Thutmosis II.**, den sie kurz zuvor geheiratet hatte, früh starb, konnte sein Sohn **Thutmosis III.** noch nicht den Thron übernehmen. Hatschepsut übernahm daraufhin die Regentschaft, wurde aber bereits zwei Jahre später zur offiziellen Königin, die Ägypten durch eine ruhige politische Phase führte. Insgesamt ließ sie sich drei Gräber bauen und nach ihrem Tod war der Thron frei für Thutmosis III.

Kult des **Osiris** als Friedensgott und Totenherrscher auf, mit dem der König nach dem Tod angeblich wesensgleich wurde.

Bauten die Dynastien alle aufeinander auf?

Schon mit dem Ende der 6. Dynastie (bis 2169 v. Chr.) ging das *Alte Reich* unter und **Mentuhotep II.** wurde zum neuen Gründer des so genannten *Mittleren Reiches*. Doch in der 13. und 14. Dynastie wurde die Einheit Ägyptens erneut durch schwache Könige gefährdet, und es drangen asiatische Eroberer ein, die in Ägypten das Pferd und den Streitwagen bekannt machten. Schließlich gründete

Fürst **Ahmose** (**Amosis I.**, 1579–1546) nach siegreichem Kampf die 18. Dynastie des *Neuen Reichs* aus seinem Fürstengeschlecht. Auch die folgenden Dynastien sollten mitunter verschiedener Herkunft sein, als erneut fremde Eroberer – wie z. B. die Perser – die Macht in Ägypten an sich rissen.

Gab es jemals weibliche Pharaonen?

Hatschepsut war eine Königin in der 18. Dynastie des *Neuen Reichs* und regierte von 1490–1468 v. Chr. Sie war sogar schon die dritte Pharaonin, nachdem sowohl im *Alten* als auch im *Mittleren Reich* jeweils eine Königin regiert

Wie wurde Ägypten zur römischen Provinz?

Mit **Alexander dem Großen** gelangte die makedonische **Ptolemäer**-Dynastie auf den Thron Ägyptens und nach den oftmals verfilmten Geschehnissen zwischen Cäsar und Kleopatra ging die Macht nach dem Tod **Kleopatras VII.** auf das Römische Reich über: Ägypten wurde offiziell zur römischen Provinz. Bei der Reichsteilung 395 fiel das inzwischen christianisierte Ägypten an das Oströmische Reich, unter dessen Herrschaft es bis ins 7. Jh. verblieb.

Die ägyptische Religion

In Ägypten wurden anfangs vorwiegend tierische Orts- und Stammesgottheiten verehrt, an deren Stelle später menschliche Götter traten, die allenfalls noch einen Tierkopf hatten. Die einzelnen Ursprünge der Wurzeln lassen sich heute nicht mehr ermitteln.

Kann man den Ursprung der ägyptischen Mythologie bestimmen?

Die Anfänge der Hochkulturen von **Ober-** und **Unterägypten** liegen etwa bei 4500 v. Chr. Mitunter scheint es so, als sei die außerordentlich komplexe Zivilisation einfach aus dem Nichts gekommen und hätte sich in den dynastischen Jahrtausenden eher noch konserviert als weiterentwickelt. Der Ursprung der ägyptischen Religion ist nicht sehr genau zu bestimmen, da sie mit der Zeit immer komplexer wurde und man die verschiedenen Systeme – wie die *große Neunheit von Heliopolis* oder die *große Achtheit von Hermopolis* – nicht bis zu ihren Wurzeln zurückverfolgen kann.

Hatten die Ägypter so viele Götter?

Wenn man aus heutiger Sicht auf die Götter der alten Ägypter zurückblickt, bietet sich dem Beobachter je nach Zeitperiode ein verwirrender Anblick. Denn durch unzählige Eroberungen übernahm man von den besiegten Völkern diverse Gottheiten in die eigene Religion. Die Assyrer, Griechen und Römer brachten bei ihren Eroberungen ebenfalls Gottheiten mit, die sich ebenso in die ägyptische Religion einfügten. Manche Gottheiten verschiedener Religionen

Ägyptisches Grabrelief

wurden in Ägypten nach einiger Zeit sogar gleichgesetzt und verschmolzen miteinander, weshalb viele verschiedene Namen für Sonnengötter und andere Gottheiten existieren.

Welche Beziehungen herrsten unter den Götter der Ägypter?

Der oberste Gott hieß **Re** oder **Ra** und stand für die *Sonne*. Er zeugte die Zwillinge **Schu** und **Tefnut**, die *Luft* und *Wasser* symbolisierten. Beide erschufen dann **Geb** und **Nut**, die *Erde* und den *Himmel*. Geb und Nut hatten vier Kinder: die *Überschwemmung* **Osiris**, den *Acker* **Isis**, die *Dürre* **Seth** und die *Wüste* **Nephys**. Osiris stand eben-

Ägyptische Himmelsgöttin

Wichtige ägyptische Götter:

Amun   Der König der Götter, als Mann mit Federkrone oder als Widder dargestellt, wurde später mit dem Sonnengott Ra/Re vereint und unter dem Namen Amun-Re verehrt.

Anubis   Der schakalköpfige Gott begleitete die Verstorbenen in das Reich der Toten.

Apophis   Galt als Schlange, die jeden Morgen vergeblich versuchte, die Sonne im Osten am Aufgehen zu hindern.

Aton   Von Amenophis IV. (Echnaton) wurde Aton – die Sonne – zur einzigen Gottheit erklärt und niemals in menschlicher Gestalt dargestellt.

---

falls für die *Fruchtbarkeit* des Nillandes und war zudem noch der *Herr der Unterwelt* und oberster *Richter der Toten.*

Einbalsamierung (Zeichnung aus dem „Buch der Toten")

Was hat es mit Ägypten und den Mumien auf sich?

Der Gott Osiris war das erste Wesen, das starb; er wurde jedoch wieder zum Leben erweckt. Das verdankte er seiner Frau Isis, die Leichenteile ihres Mannes gefunden und wieder zusammengebunden hatte. So entstand die *Mumiengestalt*, als die Osiris auch immer dargestellt wurde. Seinem Vorbild eiferten die Menschen nach und

ließen sich nach ihrem Tod zur Mumie formen. Dadurch hofften sie auf ein Weiterleben nach dem Tod.

War der Pharao nicht ebenfalls ein Gott?

Der jeweils herrschende Pharao verkörperte als Lebender den *Falkengott* **Horus** und wurde im Tod zu Osiris. Horus, dessen Augen Sonne und Mond darstellten, hatte einst selbst über Ägypten geherrscht und war der Sohn der Isis mit dem Osiris.

Beteten die Ägypter einfach alle Götter an oder nur bestimmte?

Es gab eine Vielzahl von Göttern, die nur für bestimmte Dinge zuständig waren und an die man sich nur bei bestimmten Anlässen wandte. Schreiber und Gelehrte beteten beispielsweise **Thot**, den *Gott der Weisheit,* an. Der schakalköpfige **Anubis**, der *Gott der Toten* und des *Mu-*

mifizierens, war hauptsächlich bei Beerdigungen gefragt. Die Göttinnen **Hathor** und **Bastet**, die sich um *Liebesangelegenheiten* kümmerten, waren da schon eher gefragt: Sie wurden übrigens als Kuh und Katze dargestellt. Dann gab es die löwenköpfige **Sachmet** als *Göttin des Krieges.* Der Gott **Ptah** wiederum galt als *Schutzpatron der Künstler.* So existierten für jeden Anlass, ob speziell oder allgemein gehalten, weitere Gottheiten.

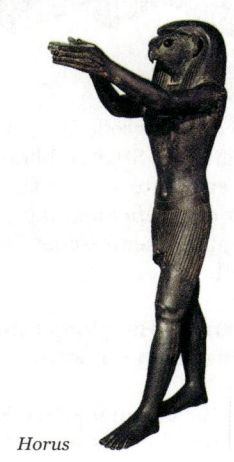

Horus

Die Babylonier glaubten an verschiedene Götter, die in Menschengestalt auftraten, unsterblich waren und übernatürliche Kräfte besaßen. Ihre Religion sah für jeden dieser unsichtbaren Götter einen eigenen Wirkungskreis vor, der genau festgelegt war.

Seit wann existierte Babylon?

Der Erbauer **Babylons** hieß **Nimrod** und lebte in der 2. Hälfte des 3. Jt. v. Chr. Er ließ Babylon als Hauptstadt des ersten politischen Reiches der Menschheitsgeschichte erbauen, was jedoch laut Bibel durch die plötzlich auftretende Sprachverwirrung stark verzögert wurde (1. Moses 11,9). Erst **Ham-**

Pyramide

murabi vergrößerte und befestigte die Stadt schließlich und ernannte sie zur Hauptstadt des *Babylonischen Reiches* unter semitischer Herrschaft.

Haben die Babylonier ihre eigene Religion entwickelt?

Eigentlich kann man die Religion Babyloniens als die der

Sumerer bezeichnen. Die eingewanderten Semiten übernahmen viele ihrer Götter und schufen daraus eine eigene Religion. Wie auch in anderen Religionen ähnlichen Ursprungs üblich, verfügt auch hier die sumerische Religion über eine Reihe von wesensgleichen Göttern, die lediglich einen anderen Namen tragen.

Waren die Babylonier denn sehr religiös?

Babylon muss tatsächlich eine sehr religiöse Stadt gewesen sein: Ausgrabungen und alte Texte weisen auf

Babylonische Stele

über 50 Tempel hin. In der babylonischen Religion spielten v. a. *Göttertriaden* eine bedeutende Rolle: So herrschten der *Mondgott* **Sin**, der *Sonnengott* **Schamasch** und ihre Schwester **Ischtar**

Der oberste Gott Babylons

Der Gott **Marduk** ist in der babylonischen Religion der höchste Gott von allen. Seine Karriere startete als Stadtgott von Babylon, jedoch wurde er schon bald zum obersten Gott des ganzen *Babylonischen Reiches*. In der Bibel wird Marduk als **Merodach** bezeichnet und lange Zeit wurde vermutet, dass der Erbauer Babylons, Nimrod, eigentlich als Gott Marduk verehrt wurde. Diese Theorie besitzt heute aber nur noch wenige Anhänger. Marduk soll die *Drachen des Chaos*, **Tiamat** und **Kingu**, im Kampf besiegt haben und wurde so der Schöpfer des Universums und der Menschheit. In späteren Zeiten wurde er dann unter dem Namen **Bel** verehrt.

z. B. über den astrologischen Tierkreis. Andere *Triaden* wie z. B. die der *Teufel* **Labartu**, **Labasu** und **Achazu** waren aber auch zu finden. Ebenso wie zahlreiche Hinweise auf Götzendienste, denn Babylon muss wohl wirklich „ein Land der gehauenen Bilder" und der „mistigen Götzen" gewesen sein, wie es auch in der Bibel geschrieben steht.

Gab es auch Religionsunterricht in der Schule?

Der Schulunterricht in Babylon war scheinbar eng mit der Religion verwoben. Die Übungstafeln aus dem Unterricht „opferten" die Schüler

Greif

Weitere babylonische Gottheiten:

Nabu war der *Herold* und *Schreiber der Götter* sowie der Sohn Marduks.
Ea hieß der *Gott der Weisheit*, *Magie* sowie der *Beschwörung*.
Ischtar war nicht nur die grausame *Göttin des Krieges*, sondern auch der *Liebe*.
Sin war der *Gott des Mondes*.

gar in Tempeln, denn schon der Ton zur Herstellung dieser Tafeln kam von einem für die Babylonier heiligen Ort. Die Umgebung des Haupttempel Babylons war nämlich voll mit der Tonerde, von der die Babylonier glaubten, dass aus ihr die ganze Welt erbaut worden war. Die geopferten Tafeln dienten dazu, den *Schreibergott* **Nabu** friedlich stimmen und den Schülern so gute Leistungen zu ermöglichen.

Glaubten die Babylonier tatsächlich an die Sterne?

Die Babylonier erfanden die *Astrologie* sogar und begründeten den Glauben, die Zukunft des Menschen in den Sternen

lesen zu können. Generell spielten *Magie*, *Zauberei* und eben die *Astrologie* in ihrer Religion und den darin enthaltenen Sitten eine bedeutende Rolle. Die *Wahrsagerei* war darum auch in den Tagen des großen Königs **Nebukadnezar**, der mit ihrer Hilfe Entscheidungen traf, ein wesentlicher Bestandteil der babylonischen Religion.

Wurde die Zukunft aus den Sternen gelesen?

Tatsächlich ging man in Babylon noch einen Schritt weiter. Wie in vielen anderen Religionen wurde auch hier ein Opferkult zelebriert und in der so genannten *Leberschau* versuchten die Priester aus der Leber des frisch geopferten Tieres die Zukunft zu deuten. Dieser Kult findet sich auch in leicht abgeänderter Form bei den Römern wieder. Sie sahen in der Leber, ob das Opfer von den Göttern angenommen oder abgewiesen worden war.

Die Entwicklung der Linearschrift

Unter dem Begriff der Linearschrift versteht man nicht nur die bekannten Linear A und B, sondern meint damit die stark vereinfachte Form einer Bilderschrift, bei der die ursprünglichen Bildzeichen zu einfachen Strichzeichen geworden sind.

Welche sind die bekanntesten Linearschriften?

Am bekanntesten sind wohl die *Linearschriften A* und *B*, die auf Kreta entdeckt wurden. Allerdings waren andere *Linearschriften* auch in wei-

Tafel mit sumerischen Schriftzeichen

teren Teilen Griechenlands wie z. B. auf dem Peloponnes oder auch in Mittelgriechenland stark verbreitet.

Was ist an einer Schrift so besonders?

Die Entwicklung einer Schrift ist wichtig für die Betrachtung der Sprache, für ihre Weiterentwicklung und ihre richtige Nutzung. Das Niederschreiben von Geschichten, Situationen und Wissen in Form von Symbolen und Bildern sorgte für ein schnelleres Voranschreiten der menschlichen Entwicklung.

Womit startet eine Schriftentwicklung?

Die ersten Ansätze zur Schriftentwicklung setzen normalerweise bei direkten Abbildungen an. So begannen auch **Ägyptens** *Hieroglyphen* mit Darstellungen von Objekten. Erst im Laufe der Zeit kamen durch eine Weiterentwicklung des Beschreibungsbedarfs Lautelemente hinzu. Auch die **Sumerer** besaßen – schon wesentlich früher als die Ägypter – erst

eine *Bilderschrift*, die dann zur *Keilschrift* weiterentwickelt wurde. Bis heute ist es jedoch nicht erwiesen, ob die Schrift der Ägypter durch die der Sumerer beeinflusst wurde.

Wer erfand die Schriften in einem Volk?

Wenn man bei dem Beispiel der Ägypter und Sumerer bleibt, kann man in beiden Fällen davon ausgehen, dass das jeweilige Schriftsystem

Von der Höhlenmalerei zur ersten gedruckten Bibel

40.000 v. Chr.	Entwicklung der **Höhlenmalerei**
10.000 v. Chr.	Entwicklung der **Bilderschrift** im Mittelmeerraum
3500 v. Chr.	Entwicklung der **Keilschrift** in Mesopotamien
1600 v. Chr.	Entwicklung der **Linearschrift A** in Griechenland
800 v. Chr.	In Griechenland entsteht die so genannte „Fackel-Telegrafie"
580	Entwicklung des Buchdrucks als Holzschnitt mit **unbeweglichen Lettern** in China
1041	Entwicklung des Buchdrucks als Holzschnitt mit beweglichen Lettern in China
1445	Entwicklung des Buchdrucks mit einzelnen beweglichen Lettern durch Gutenberg
1452	Johannes Gutenberg druckt die **erste Bibel**

Goldtafel mit Keilschrift

Das große Geheimnis: Linear A

Die Sprachen und Schriften *Linear A* und *Linear B* wurden nach allgemeiner Annahme kurz hintereinander in der *minoischen Kultur* auf **Kreta** verwendet. Doch obwohl bei beiden die Texte horizontal von links oben nach rechts unten angeordnet sind – weshalb sie überhaupt *Linearschriften* genannt wurden –, haben sie ansonsten nichts miteinander gemeinsam. Sowohl die Schriften als auch die Sprachen unterscheiden sich in allen anderen Punkten.

Das ältere *Linear A*, das in einer *Silbenschrift* geschrieben wurde, ist höchstwahrscheinlich nicht mit dem Griechischen verwandt. Die Schriftzeichen, von denen anscheinend jedes für eine Silbe der Sprache steht, bestehen aus einfachen Kombinationen von Strichen und konnten bislang nicht entziffert werden, sodass die Historiker nur Vermutungen über den Ursprung von *Linear A* machen können. Im Rahmen einer Reihe von Forschungen ist die Sprache bereits mit fast sämtlichen anderen Sprachen des Mittelmeerraums und Vorderasiens in Verbindung gebracht worden.

Beim später verwendeten *Linear B* handelt es sich um einen frühen Dialekt des Griechischen, der in einer Buchstabenschrift geschrieben wurde. Das Griechische selbst ist eine indogermanische Sprache, während *Linear A* wahrscheinlich vorindoeuropäischen Ursprungs sein dürfte.

von Priestern oder anderen Tempeldienern erschaffen wurde, die mittels *Zählsteinen* und *Kerbhölzern* versuchten, sich eine Übersicht zu verschaffen.

Verdanken wir die Schrift also geistlicher Aufgabenerfüllung?

In der Frühzeit beider Völker waren die Tempel und ihre Bediensteten nicht einzig mit geistlichen Aufgaben beschäftigt. Vielmehr waren es die weltlichen Bedürfnisse, die zur Entwicklung einer *Bilderschrift* führten. Um die von Trockenperioden und Überschwemmungen heimgesuchten Regionen vernünftig zu bewirtschaften und zu bewässern, musste in

Hieroglyphen auf dem Grab von Ramses VI.

einem Maßstab über Arbeitskraft, Hilfsmittel und Bezahlung verfügt werden, die das individuelle Gedächtnis des Menschen überforderten.

Welche Auswirkungen hatte die Entwicklung der Schrift?

Mit der Entwicklung der Schrift kam zwangsläufig, nicht sehr schnell, die Ausarbeitung mathematischer Systeme auf. Die Anfänge der Philosophie beschäftigten sich in den darauf folgenden Jahren auch mit der Beschreibung der Wirklichkeit in Form von Zahlenverhältnissen.

Die Religion des Volkes Israel, aus dem das Christentum und der Islam hervorgingen, ist die älteste der drei monotheistischen Offenbarungsreligionen. Seit über 3000 Jahren haben die Juden ihre kulturellen Eigenarten nahezu bewahrt.

Woher kommt der Begriff „Judentum"?

Das Wort „Judentum" geht auf das lateinische bzw. griechische Wort *Jehudi* (Jude; Plural Jehudim) zurück. Zuerst war damit weder ein religiöser noch ein regional umfassender Kontext verbunden, sondern eigentlich nur ein Einwohner **Judäas** im Süden Palästinas gemeint. Erst nachdem das *Babylonische Exil* durch König Kyros im Jahr 538 v. Chr. beendet wurde, setzte sich der Begriff „Jude" als Bezeichnung für alle Einwohner der Provinzen **Israel** und **Judäa** durch.

Was wissen wir über den Ursprung des Judentums?

Über die Frühgeschichte Israels lässt sich nur wenig ermitteln. Außerbiblische Quellen sind Mangelware und die biblischen Texte im *Alten Testament* deuten eher die Geschichte, als dass sie zeitgenössisches Material darstellen. Gesichert scheint nur, dass nach der Rückkehr aus dem *Babylonischen Exil* die Heimkehrer ihre Auffassung

Judentum und Hellenismus

Auch das Judentum konnte sich den hellenistischen Einflüssen nicht entziehen, denn der Hellenismus strebte schließlich so etwas wie eine Kulturverbindung von Orient und Okzident an. Die komplette jüdische Welt erhielt auf kulturellem und geistigem Gebiet eine Fülle neuer Impulse, auf die sie unterschiedlich reagierte. Vor allem Teile der Oberschicht und der Priesterschaft des Judentums öffneten sich für die hellenistische Kultur, doch in der Diaspora und in einigen Teilen des Mutterlandes stießen die hellenistischen Einflüße auf heftigen Widerstand der gesetzestreuen Kreise unter Priestern und Laien. Diese schlossen sich unter der Bezeichnung *Chassidim* – die Frommen – zusammen und aus diesem Zusammenschluss der *Chassidim* sollten die späteren religiösen Gruppen in Israel, wie die *Pharisäer* und *Essener*, hervorgehen.

von Religion gegenüber den nicht deportierten Gruppen durchsetzten. Eine dieser Gruppen war beispielsweise die Religionsgemeinschaft der *Samaritaner*.

Erhielt Israel auch wieder eine politische Eigenständigkeit?

Nach Jahrhunderten unter persischer und ptolemäischer Oberherrschaft erreichte **Judas Makkabäus** mit seinen *Makkabäern* auch die politische Souveränität Israels um 141 v. Chr. Doch diese

Zeit der Eigenständigkeit währte nicht lange, denn nach schweren inneren Kämpfen büßte die *Makkabäerdynastie* ihre politische Macht wieder ein, und **Pompejus** eroberte im Jahre 63 v. Chr. **Jerusalem**.

Verstanden sich Juden und Römer?

Der römische Statthalter **Gabinius** unterteilte das Gebiet **Juda** in fünf Verwaltungsbezirke, die ihm unmittelbar unterstellt waren. Diese Verwaltungsbezirke waren

Klagemauer in Jerusalem

Jerusalem, *Gazara, Jericho, Amathus* (= *Peräa*) und *Sepphoris* (= *Galiläa*). Diese Gebietseinteilung, die von den neuen Machthabern willkürlich vorgenommen wurde, schürte eine antirömische Haltung unter den Juden, die noch äußerst verstärkt wurde, als die *Römer,* um einen Kriegszug gegen die *Parther* im Jahre 54 v. Chr. zu finanzieren, die Tempelkasse plünderten. Im Jahr 66 n. Chr. kam es dann zum *1. Jüdischen Krieg,* den die Römer im Jahr 70 mit der Zerstörung Jerusalems und des Tempels beendeten.

Hat der Begriff „Jude" auch etwas mit der Religion zu tun gehabt?

Die Juden bezeichneten sich selbst als „die Söhne Israels" oder einfach *Israeliten,* wenn es um religiöse Belange ging. In der hebräischen Bibel existierte nicht einmal ein Ausdruck für das Judentum.

Was ist die Talmudische Zeit?

Die so genannte *Talmudische Zeit* begann nach der Niederlage im Jahr 70 gegen die Römer und dauerte bis etwa 640. Das palästinensische Judentum organisierte sich in dieser Zeit neu und von 132–135 kam es unter **Bar Kochba** noch einmal zu einer vergeblichen Erhebung gegen Rom. Dennoch blieb dem Judentum eine Selbstverwaltung eingeräumt, aus der um 200 herum die *Mischna* entstand. Die auf ihr aufbauende religionsgesetzliche Tradition wurde allerdings erst im 5. und 6. Jh. schriftlich fixiert.

Was für eine Religion ist das Judentum?

Das Judentum sieht den Menschen als völlig frei in seinen Entscheidungen an. Mit einem guten und einem bösen Trieb in ihm, dem *Jezer ha Tow* und dem *Jezer ha Re,* muss er sich ständig neu entscheiden und seinen Weg bestimmen. Beide Triebe stammen von Gott, der der einzige Gott überhaupt ist. Wo andere Religionen Unter- und Nebengötter kannten, die das Meer beherrschten oder auf einem Berg thronten, ist der jüdische Gott Schöpfer, Herrscher und Bestimmer in einer Funktion. Dieser unbedingte Monotheismus ist von grundlegender Bedeutung für das Judentum und das Verhältnis jedes Einzelnen zu diesem Gott ist sehr persönlich und bedarf keiner Vermittlung durch einen Priester oder einer Beichte bei diesem. Gottes Wille ist eindeutig und steht in der *Thora,* der Unterweisung und Lehre, niedergeschrieben.

Jerusalem: Teil der alten Stadtmauer

Mit den Phöniziern oder Phönikern sind die semitischen Bewohner des Küstenstreifens von Syrien gemeint. Der Name Phönizier leitet sich vom griechischen Wort *phoinike* (Purpurland) ab. Bei Homer werden sie Sidonier genannt.

Wer waren die Phönizier?

Die Phönizier waren nicht etwa in einer einzigen politischen Einheit angesiedelt, sondern lebten in einer Reihe einzelner Stadtstaaten. Je nach Zeitpunkt waren es die Stadtstaaten **Byblos**, **Sidon**, **Tyros**, **Berytos**, **Arados** oder **Ugarit**, die kurzzeitig stärker aus dem Verbund hervortraten.

Wo kamen sie her?

Die Herkunft der Phönizier ist ungeklärt. Vermutlich wanderten sie gegen Ende des 3. Jt. v. Chr. in Syrien ein. Einige der phönizischen Stadtstaaten standen lange unter dem Einfluss Ägyptens, doch der so genannte *Seevölkersturm*, der um 1200 v. Chr. die Macht der Großreiche brach, ermöglichte es den phönizischen Stadtstaaten, eigenständig zu werden.

Stimmt es, dass die Phönizier sogar ganz Afrika umsegelt haben?

Die Phönizier waren wahrscheinlich die ersten Menschen, die den Kontinent **Afrika** vollständig umsegelt haben. Eine kleine Flotte phönizischer Handelsschiffe soll im Roten

Bronzefiguren

Meer gestartet sein und das Kap der Guten Hoffnung vom Osten aus umschifft haben. Die komplette Reise soll über drei Jahre gedauert haben, und die Phönizier legten dabei oftmals an, um Vorräte zu sammeln, zu überwintern oder auch nur, um exotische Tiere als Beweis mitzunehmen.

Warum wurden sie so mächtig?

Die Phönizier waren geschickte Seefahrer und ver-

Komisches Handelsgebaren

Die Regeln, nach denen der Handel der Phönizier ablief, scheint aus heutiger Sicht ein wenig sonderbar. Nachdem sie sich mit Rauchsignalen frühzeitig angekündigt hatten, breiteten sie am Ufer ihre Waren aus und kehrten auf ihre Schiffe zurück. Die Kunden suchten sich daraufhin etwas aus, legten eine für sie angemessene Menge Gold daneben und zogen sich ebenfalls zurück. Wenn die Phönizier die Menge für gerechtfertigt hielten, nahmen sie das Gold und der Handel galt. Ansonsten ließen sie es liegen und die Kunden konnten entweder weiteres Gold dazulegen oder ihr Angebot zurückziehen. Manche Geschäfte dauerten angeblich ziemlich lange.

Stadtstaaten Phöniziens, Stichwort: Byblos

Byblos war eine alte phönizische Stadt am Mittelmeer, die laut archäologischen Forschungen die wohl älteste ständig bewohnte Stätte der Welt ist. Mit ihrem Namen benannten die Griechen nicht nur den *Papyrus*, den sie aus der Stadt importierten, sondern Byblos ist auch der Ursprung des Wortes *Bibel*. Gefundene Überreste längst vergangener Kulturen lassen sich bis in die Zeit 5000 Jahre v. Chr. zurückdatieren. Dort, wo einst die mächtigste Phönizierstadt Byblos war, liegt heute das libanesische Dorf **Dschubail** nahe der heutigen Hauptstaft Beirut.

standen sich zudem auf den Handel. Gepaart mit den geografischen Gegebenheiten der Lage ihrer Städte, mussten sie zwangsläufig schon bald das beherrschende See- und Handelsvolk im Mittelmeer werden. Sie durchquerten nicht nur die Meerenge von Gibraltar und fuhren hinaus in den Atlantik, sondern gründeten auch diverse Handelsniederlassungen auf **Sizilien**, **Malta**, in **Südspanien** und **Nordafrika**.

Wie ereignete sich der Niedergang der Phönizier?

Im 8. Jh. v. Chr. verloren die Phönizier ihre Seeherrschaft schließlich an die Griechen. Phönizien wurde Teil des persischen Weltreiches. Dennoch blieben die phönizischen Städte bedeutende Handelszentren und stellten einen großen Teil der persischen Kriegsflotte, wobei sie weiter die von ihnen erfundene *Buchstabenschrift* verbreiten konnten. Erst nach der Zerstörung der Stadt Tyros durch **Alexander den Großen** im Jahre 332 v. Chr. wurde Phönizien schließlich politisch und handelspolitisch bedeutungslos. Keine 300 Jahre später, im Jahr 64 v. Chr., wurde Phönizien dann zusammen mit Syrien zur römischen Provinz. Einzig Phöniziens ehemalige Kolonie **Karthago** blieb eigenständig, ehe sie von den Römern im Jahr 146 v. Chr. vollständig zerstört wurde.

Karthago – die Stadt auf der Rindshaut

Es gibt zwei Legenden, die die Gründung Karthagos erzählen: Da gibt es zum einen die Sage, nach der Königin **Dido** die Stadt gegründet haben soll, was aber bereits Quellen aus dem 9. Jh. v. Chr. widerlegen. Ob aber die Legende von **Elissa**, der Schwester des phönizischen Königs **Pygmalion**, sehr viel glaubhafter ist, ist nicht ganz klar. Tatsächlich soll sie nach einem Attentat auf ihren Gatten aus der phönizischen Stadt Tyros geflohen sein und bei der Stadtgründung Karthagos eine schlaue List angewendet haben. Eigentlich wollte man sie dort an der nordafrikanischen Mittelmeerküste nicht aufnehmen und gestattete ihr lediglich, eine Stadt zu errichten, die auf eine Rinderhaut passen musste. Daraufhin schnitt Elissa die ihr übergebene Haut in schmale Streifen und knüpfte aus ihnen ein langes Band. Nun konnte sie genügend Platz einzäunen, auf dem Karthago dann gebaut wurde. Wahrscheinlich trifft keine von beiden Legenden zu, und die Gründung Karthagos ist darauf zurückzuführen, dass die dort herrschende *ägäische Kultur* niedergegangen war. Die Phönizier sahen ihre Chance, in deren ehemaligen Reich nach Bodenschätzen zu suchen. Allerdings ist es ganz interessant festzuhalten, dass die Griechen Karthago ursprünglich *Byrsa* (griech. Haut) nannten.

Die frühen Hochkulturen der Chinesen

Archäologische Funde beweisen, dass es bereits im 3. Jahrtausend vor Christus am mittleren Huang He eine Kultur, die so genannte *Yangshao*-Kultur, gab. Ihr folgten weitere Kulturen, die einen bleibenden Eindruck in der Geschichte hinterließen.

Woher kommen die Chinesen?

Laut einer chinesischen Überlieferung stammt das Volk der Chinesen aus dem Tal des Flusses **Huang He**, was soviel bedeutet wie **Gelber Fluss**. Die Legende rankt sich um einen Schöpfer namens **P'an Ku**, dessen Nachfolger verschiedene himmlische, irdische und menschliche Herrscher waren. Die Archäologen konnten sich dieser These bislang nicht anschließen, obwohl tatsächlich Überreste des *Homo erectus* in der Nähe von **Peking** gefunden wurden. Diese haben auch ein errechnetes Alter von bis zu 460.000 Jahren.

Welche Leistungen wurden im alten China vollbracht?

Im östlichen China wurde ab etwa 5500 v. Chr. Reis angebaut und nur fünf Jahrhunderte später entwickelten sich im Tal des Huang He auch die ersten landwirtschaftlichen Strukturen. Sogar die Existenz zweier Tonkulturen wird angenommen: Die Periode der *Yangshao*-Kultur soll von 3950–1700 v. Chr. und die

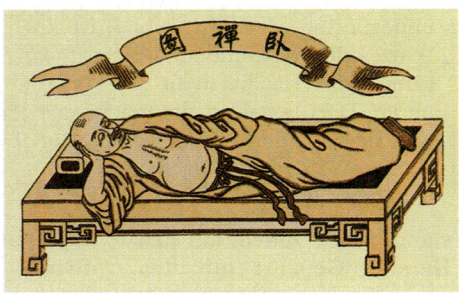

Meditationsstellung der Konfuzianer

der *Lungshan*-Kultur von 2000–1850 v. Chr. gedauert haben.

Welche erste chinesische Hochkultur können Archäologen belegen?

Nach der Überlieferung war die *Hsia* von 1994–1766 v. Chr. die erste chinesische Dynastie, die sich jedoch anhand von archäologischen Funden nicht nachweisen lässt.
Die erste archäologisch belegbare Dynastie ist die der *Shang* im 15.–11. Jh. v. Chr., die ab dem 11. König nur noch *Yin*-Dynastie genannt wurde. Die Ausgrabungen lassen eine weit entwickelte Bronzekunst erahnen sowie eine über 2000 Worte umfassende Schrift-

Konfuzius

Kung fu-tse oder **Kung-tzu**, was so viel wie „der weise Meister Kung Fu" bedeutet, soll von 551–478 v. Chr. gelebt haben. Er wurde in der westlichen Welt vor allem in der lateinisierten Form seines Namens, Konfuzius, bekannt. Als Spross einer alten Ritterfamilie wurde er angeblich im damaligen Fürstentum Lu geboren und lehrte, dass der Weg in eine hellere Zukunft über die Traditionen der Vergangenheit führt und das wichtigste Ziel überhaupt die Bildung eines guten Charakters sei. Dabei verfolgte er kein bestimmtes System, sondern gab immer nur praktische Ratschläge für das, was ihm als Vorbild erschien. Die Existenz des Konfuzius wird von einigen Historikern bestritten.

Die Schulen der Philosophie

Nachdem in der *Chunqiu*-Periode die Lehnfürsten von 722–481 v. Chr. die Macht übernommen hatten, blieb dem *Zhou*-König nur die Ausübung sakraler Funktionen. Während dieser Zeit entstanden die als Schulen bezeichneten philosophischen Gruppierungen. Dazu gehörten z. B. die *Yin-Yang*-Schule, die Gelehrtenschule, zu der **Konfuzius** und **Menzius** gezählt werden, die *Mohisten*, die Schule der Logiker, eine Legalistenschule, und schließlich die *Daoisten*. Die Mehrzahl dieser Richtungen entwickelten sich jedoch nicht weiter und ihre Schriften und Konzepte gingen teilweise in die Lehren des *Konfuzianismus* und *Taoismus* ein.

sprache. In der *Shang*- oder *Yin*-Dynastie hatten die Priester anscheinend einen sehr großen politischen Einfluss und stellten auch den Herrscher.

Wann kam die Zeit des *Konfuzianismus*?

Nachdem der erbitterte Krieg der chinesischen Einzelstaaten zu einer tyrannischen Herrschaft im 3. Jh. v. Chr. geführt hatte, kam es daraufhin im Jahr 210 v. Chr. zu Aufständen, in denen sich 206 v. Chr. die *Han*-Dynastie durchsetzen konnte. In der Zeit dieser *Han*-Dynastie entwickelte sich China zu einem zentralistischen und theokratischen Beamtenstaat. Die Kunst wurde verweltlicht und verfeinert. Zu den wichtigsten geschichtlichen Beiträgen der *Han*-Dynastie zählt auch die Einführung des *Konfuzianismus*

als offizielle Ideologie. In dem Versuch, eine umfassende Staatsideologie zu entwickeln, bezogen die *Han*-Kaiser jedoch auch andere philosophische Richtungen in den *Konfuzianismus* ein und ergänzten die kargen Lehren

des **Konfuzius** durch allerlei völkischen Aberglauben.

Gab es nicht zwei Han-Dynastien?

141–87 v. Chr. erweiterte Kaiser **Wudi** das Reich zum Weltreich und auf den Seidenstraßen blühte der Handel mit Zentralasien. Nach dem Interregnum des Kaisers **Wang Mang** von 9–23 wurde im Jahr 25 die zweite, die spätere *Han*-Dynastie wiederhergestellt. In dieser Zeit fand auch die buddhistische Religion aus Indien in China Eingang. Als im Jahr 220 General **Cao Cao** den letzten *Han*-Kaiser zur Abdankung zwang, fiel China in die Periode der Uneinigkeit.

Die Periode der Uneinigkeit

Das Kaiserreich der Han zerfiel, als die großen Landbesitzerfamilien aus der Schwäche der kaiserlichen Regierung ihre Vorteile ziehen wollten und eigene Privatarmeen aufstellten. Im Jahre 220 eroberte der Sohn von **Ts'ao Ts'ao** den Thron und errichtete die *Wei*-Dynastie (220–265). Die führenden Personen mit dynastischen Ambitionen wechselten jedoch schon bald in andere Landesteile über. Die *Shu*-Dynastie (221–263) etablierte sich im südwestlichen China und die *Wu*-Dynastie (222–280) im Südosten. Die drei Königreiche führten erbitterte Kriege gegeneinander. Im Jahr 265 schließlich eroberte General **Ssu-ma Yen** den Thron der *Wei*-Dynastie und errichtete die westliche *Jin*-Dynastie (265–317) in Nordchina. Bis 280 hatte er den Norden und Süden unter seiner Herrschaft vereinigt. Doch nach seinem Tod im Jahr 290 zerfiel das Reich abermals. Erst unter dem Herrscherhaus *Sui* wurde China in den Jahren 589–618 neu vereint.

Die minoische Kultur

Die bronzezeitliche Kultur Kretas ist benannt nach dem sagenhaften König Minos von Kreta und birgt einen Teil der kretisch-mykenischen Kultur. Die Gründe für den Untergang der minoischen Kultur gelten bei Historikern als umstritten.

Wann entstand die minoische Kultur?

Kreta ist seit der Jungsteinzeit besiedelt. Die eigentliche *minoische Kultur* entwickelte sich jedoch erst gegen Mitte des 3. Jt. v. Chr. Träger dieser Kultur war ein altmediterranes Volk, das von Landarbeit, Handwerk, Fischerei und Seefahrt lebte. Die Besiedlung war bereits in der **frühminoischen Periode** (um 2600–2000 v. Chr.) dicht. Besonders im Osten gab es kleinere Städte und im Süden der Insel Rundgräber.

König **Minos** war der Sohn des **Zeus** und der **Europa**, die Zeus als Stier getarnt entführte. Von der Stadt **Knossos** aus unterwarf er viele ägäische Inseln und wurde allgemein als gerechter Herrscher angesehen. So wie ein Stier in seiner Vergangenheit, sollte ein Stier auch in seiner Zukunft eine Rolle spielen: Der Meeresgott **Poseidon** sandte ein schneeweißes Exemplar an Minos Hof, damit der König ihn opfern konnte. Minos weigerte sich, und Poseidon sorgte daraufhin dafür, dass sich **Pasiphaë**, Königin von Kreta und Minos Frau, in das Tier verliebte. Nachdem sie als Produkt dieser Verbindung den *Minotauros*, ein Ungeheuer mit Stierkopf und Menschenleib, geboren hatte, beauftragte Minos den Architekten und Erfinder **Dädalus** mit dem Bau eines komplizierten *Labyrinths*, aus dem man ohne Hilfe nicht entkommen konnte. Hier wurde der *Minotauros* gefangen gehalten und mit Menschenopfern gefüttert. Der griechische Held **Theseus** machte dieser sinnlosen Opferung ein Ende.

Wo residierte König Minos?

In der **mittelminoischen Periode** (2000–1600 v. Chr.) entstanden die ältesten *Palastbauten* von **Knossos**, **Phaistos** und **Mallia**, die aus einem Komplex von Stockwerkanlagen um einen großen Mittelhof bestanden. Sie dienten nicht nur der Residenz von Herrschern (mit priesterlichen Funktionen), sondern auch der Verwaltung, dem Warenaustausch, dem Gewerbe und als Magazine (v. a. für Öl und Wein). Eine Oberherrschaft scheint zumindest zeitweise Knossos ausgeübt zu haben, wo sich der Sitz des sagenhaften Königs **Minos** befand.

Warum war Kreta damals so mächtig?

Aufgrund seiner äußerst starken Flotte und der durch den Handel mit der *Ägäis*, *Ägypten* und dem *Vorderen Orient* erzielten Reichtümer war Kreta seit der 1. Hälfte des 2. Jt. v. Chr. der kulturelle Mittelpunkt der bronzezeitlichen Kultur im östlichen Mittelmeerraum.

Palast von Knossos

Die minoische Kultur

Welche Stellung besaß die Frau in dieser Kultur?

Die Frauen nahmen im höfischen Leben als Priesterinnen eine hohe soziale Stellung ein. Dies stand in engem Zusammenhang mit der Rolle der *Mutter-* und *Fruchtbarkeitsgöttin* in der Naturreligion der Kreter.

Verfügten die Minoer über eine eigene Schrift?

Archäologische Ausgrabungen haben den Beweis erbracht, dass die Minoer über eigene Schriften verfügten.

Statue der „Schlangengöttin" aus Knossos

Die Entwicklung der Schrift ermöglichte die ersten Einrichtungen einer Bürokratie, wofür man *Bilder-* und auch mindestens zwei *Linearschriften* verwendete. Die ältere der beiden, *Linear A*, stammt wohl von den *Minoern* selbst und war bereits um 1750 v. Chr. weit verbreitet. Sie konnte bis heute nicht

Sir Arthur John Evans wurde am 8. Juli 1851 in Nash Mills bei London geboren und arbeitete später als Kustor im Oxforder Ashmolean Museum. Berühmtheit erlangte Evans, als er bei eigen finanzierten Ausgrabungen auf Kreta in **Knossos** im Jahre 1900 den Palast des Minos entdeckte. Nach ihm benannte er die *minoische Kultur*. Zudem entdeckte er Steintafeln mit einer Schrift, die er *Linear A* nannte. Sir Arthur Evans veröffentlichte ein vierbändiges Werk über die *minoische Kultur*. Er starb am 11. Juli 1941 in Oxford.

Sir Arthur J. Evans

vollständig entziffert werden. Die jüngere Schriftart, das mykenische *Linear B*, kam den Historikern zufolge mit den *Mykenern* nach Kreta.

Wann erreichte die minoische Kultur ihren Höhepunkt?

Um 1700 v. Chr. wurden die ersten Paläste vermutlich durch ein Erdbeben zerstört. Mit ihrem Wiederaufbau entstand eine neue Blütezeit, die bis in die **spätminoische Periode** (1600–1150 v. Chr.) reichte. Die Architektur der neuen Paläste in Knossos, Phaistos, Mallia, **Hagia Triada** und **Zakros** erhielt einen monumentaleren Charakter. Zahlreiche Räume (für die königliche Familie, Fest- und Empfangsräume, Kulträume, Künstlerwerkstätten, Magazine und andere) lagen in mitunter mehr als drei Stockwerken um einen Mittelhof, untereinander durch Treppen und Korridore verbunden.

Warum ging die minoische Kultur unter?

Der Untergang der *minoischen Kultur* wurde durch Flut- und Erdbebenkatastrophen (Vulkanausbruch des **Santorin**) um 1500 oder 1470 v. Chr. mit der Zerstörung der Paläste vorbereitet und durch die kriegerische Inbesitznahme der Insel durch die *mykenischen Heerfürsten* um 1400 v. Chr. besiegelt. Nach der Katastrophe existierte anscheinend nur Knossos unter einer *achäischen Herrschaft* weiter. Formen und Elemente der *minoischen Kultur* nahmen immer mehr die Wesenszüge der *mykenischen* an. In dieser Form lebte die *minoische Kultur* bis zur Invasion der Dorer um 1200 v. Chr. weiter.

Griechenland – eine Wiege unserer Kultur

Zum Teil auf dem Festland gelegen, auf dem auch die Hauptstadt Athen liegt, ist das alte und geschichtsträchtige Land doch zu einem großen Teil auf unzählige Inseln wie z. B. Kreta, Mykonos, Naxos oder Paros verteilt.

War Griechenland schon immer so groß?

Das antike **Griechenland** umfasste nur die eigentliche Halbinsel – ohne Makedonien und Thrakien – mit einigen Inseln und v. a. Kreta. Auf der Halbinsel befanden sich **Nordgriechenland, Mittelgriechenland** sowie die Halbinsel **Peloponnes.** Alle drei Teile ließen sich noch in weitere Machtbereiche gliedern.

Wann erreichte Griechenland seine kulturelle Blüte?

Die so genannte *klassische Zeit* stellte den wahren Höhepunkt der griechischen Kultur dar. Es war die Epoche der

Dramatiker und Philosophen wie **Sophokles, Sokrates, Platon** oder **Aristoteles**. Nichtsdestotrotz wurde auch diese Zeit von zahlreichen Kriegen geprägt, wie z. B. dem Peloponnesischen Krieg, der von 431–404 v. Chr. dauerte.

Wie verbreitete sich die griechische Kultur auf der Welt?

In drei großen Reichen spielte die griechische Kultur eine tragende Rolle und dehnte sich so über ihre ursprünglichen Gebiete aus: In der *hellenistischen Zeit* verbreiteten sich unter **Alexander dem Großen** die griechische Sprache, Religion und Kultur über

Tempel des Poseidon auf Kap Sunion

den gesamten Machtbereich des Königs, der sich nach dem Sieg über die Perser im Jahr 333 v. Chr. bis nach Indien und Ägypten erstreckte. Es folgte die Epoche der *römischen Herrschaft,* in der sich Griechenland schnell zum kulturellen Zentrum des Römischen Reiches entwickeln konnte. In der *byzantinischen Zeit* schließlich wurde Griechenland zwar orthodox, doch die kulturellen Eigenschaften des Landes konnten zum großen Teil bewahrt und damit bis heute weitergegeben werden.

Gab es eine Zeit, in der Griechenland nicht existierte?

Tatsächlich waren es fast 400 Jahre, in denen Griechenland nicht existierte. Nachdem im

---

Die Götter der Griechen

Die alten Griechen glaubten an eine Familie von Göttern, die ewig jung blieben und außerdem das Leben aller Menschen in ihren Händen hielten. Jeder Gott und jede Göttin hatte eine bestimmte Zuständigkeit und für die wichtigsten von ihnen wurden eigene Tempel gebaut. Diese Götter waren: **Zeus**, der König der Götter, **Poseidon**, Gott des Meeres, **Hephaistos**, Gott des Feuers und der Schmiedekunst, **Hera**, Gemahlin des Zeus, **Ares**, Gott des Krieges, **Hermes**, Götterbote, **Athena**, Göttin der Weisheit, **Aphrodite**, Göttin der Liebe und noch einige andere.

Wichtige Daten der Geschichte Griechenlands:

7000–2800 v. Chr.	Die *neolithische Kultur* verbreitet sich in Griechenland
ab ca. 2800 v. Chr.	Die *helladische Kultur* entwickelt sich auf dem Festland, die *Kykladenkultur* auf der gleichnamigen Inselgruppe
um 1200	sog. *Dorische Wanderung*
1100–700 v. Chr.	*Große Kolonisation* Griechenlands
1100–479 v. Chr.	Zeit des so genannten *Archaischen Griechentums*
594 v. Chr.	Gesetzgebung von **Solon** in Athen
510 v. Chr.	Vertreibung des Athener Tyrannen **Hippias**
um 507 v. Chr.	Reform der Staatsordnung Athens durch **Kleisthenes**
490–479 v. Chr.	*Perserkriege*
479–336 v. Chr.	Zeit des so genannten *Klassischen Griechentums*, Blütezeit der griechischen Kultur
um 500–429 v. Chr.	Zeit des **Perikles**
336–323 v. Chr.	Herrschaftszeit **Alexanders des Großen**
323 v. Chr.	Tod Alexanders des Großen, Beginn der *Diadochenkämpfe* und des Hellenismus
146 v. Chr.	Nach der Zerstörung **Korinths** durch die Römer ist Hellas nun römische Provinz
324	Grundsteinlegung **Konstantinopels** durch **Konstantin den Großen**
867–1056	In **Byzanz** herrscht die *makedonische Dynastie*
1453	Eroberung Konstantinopels durch Sultan **Mehmed II.**
1453–1821	Zeit der *Türkenherrschaft*
1821	Beginn des griechischen *Freiheitskampfes*
1830	Anerkennung des griechischen Staates im *Londoner Protokoll*
1833–1835	Beginn der *bayerischen Regentschaft* in Hellas mit dem minderjährigen König **Otto I.**
1834	**Athen** wird zur Hauptstadt Griechenlands
1843	Unblutige Revolte der *Athener Garnison* führt zum Übergang vom Absolutismus zur konstitutionellen Monarchie
1924	Ausrufung der *Republik*
1952	Griechenland tritt der NATO bei
1992	Ratifizierung des *Maastrichter Vertrags* durch das Parlament (in der Nacht vom 31. Juli zum 1. August)
1993	Griechenland wird Teil des europäischen Binnenmarktes

Jahr 1453 **Mehmed II.** **Konstantinopel** erobert und es unter dem Namen **Istanbul** zur Hauptstadt des *Osmanischen Reiches* gemacht hatte, nahm er keine drei Jahre später auch Athen ein. Erst der griechische *Befreiungskampf* ab dem Jahr 1821 läutete das Ende der Türkenherrschaft in Griechenland ein. Im Jahr 1830 erkannten die Türken im *Londoner Protokoll* die Unabhängigkeit Griechenlands an.

Die sieben Weltwunder

Die sieben Weltwunder sind berühmte Bauwerke der Antike, die in verschiedenen Listen zusammengestellt wurden. Die heutzutage bekannten sieben Weltwunder gehen auf den griechischen Schriftsteller Antipatros aus Sidon aus dem 2. Jahrhundert vor Christus zurück.

Wie alt ist die Auflistung der sieben Weltwunder?

Die älteste vollständige Überlieferung der sieben Weltwunder findet sich in einem Epigramm des **Antipatros von Sidon** (2. Jh. v. Chr.), konzipiert als eine Art Reiseführer der Antike. Hier wurden aber nur Wunder aufgenommen, die noch zu besichtigen waren, deshalb findet sich der *Turm zu Babel* nicht in der Liste, denn dieser war zu jener Zeit schon verfallen. Ursprünglich wurden die *Stadtmauern von Babylon* erwähnt, durch **Gregor von Tours** wurde aber im 6. Jh. der *Leuchtturm von Alexandria* aufgenommen. Im Laufe der Zeit wurde die Liste ein ums andere Mal überarbeitet. Ihr uns heute bekanntes Gesicht erhielt sie schließlich in der Renaissance und in der Barockzeit, doch geriet die Liste der sieben Weltwunder schon bald in Vergessenheit. Doch arabische Gelehrte entdeckten die Schriften des Antipatros wieder und übersetzten sie. Im 19. Jh. fingen Wissenschaftler an, Bauten und Zeugen der Antike auszugraben bzw. zu erforschen. Die sieben Weltwunder waren neu entdeckt.

Warum gibt es nur sieben Weltwunder?

Eigentlich existieren wesentlich mehr Weltwunder. Es handelt sich bei den im Volksmund zitierten Weltwundern nicht um die originale Liste, sondern um eine leicht abgeänderte Weltwunderreihe. Im 3. Jh. v. Chr., in der alexandrinischen Epoche, entstand zuerst die Liste der sieben eindrucksvollsten tech-

Weltwunder	Ort	Bauzeit	Zustand
Pyramiden von Gizeh	Gizeh (Ägypten)	Etwa 2590–2470 v. Chr.	Existieren noch
Zeusstatue des Phidias	Olympia (Griechenland)	5. Jh. v. Chr.	Durch Feuer zerstört
Tempel der Artemis	Ephesus (Türkei)	6. Jh. v. Chr.	262 n. Chr. durch die Goten zerstört
Grabmal von Mausolos	Halikarnassos (Türkei)	Um 325 v. Chr.	Völlig zerstört
die Hängenden Gärten von Babylon	Babylon (Irak)	Etwa 604–562 v. Chr	Völlig zerstört
Koloss von Rhodos	Rhodos (Griechenland)	Etwa 292–282 v. Chr.	Etwa 224 v. Chr. eingestürzt
Leuchtturm von Pharos	Alexandria (Ägypten)	Etwa 270 v. Chr.	1375 durch Erdbeben zerstört

Ephesos: Kuretenstraße

nischen Höchstleistungen des damaligen Weltkunstbereiches rings um die Ägäis. Diese ursprüngliche Liste bestand aus einem ägyptischen Weltwunder, zwei babylonischen und vier griechischen. Im Einzelnen waren das: die *Pyramiden von Gizeh,* die *Festungsmauern von Babylon,* der *Hängenden Gärten in Babylon,* die *Zeusstatue in Olympia,* der *Artemis-Tempel zu Ephesos,* das *Mausoleum zu Halikarnassos* und der *Koloss zu Rhodos.*

Welche Änderungen gab es im Lauf der Zeit in dieser Liste?

Zum Zeitpunkt der Zusammenstellung dieser ersten Liste existierte der heute als siebtes Weltwunder bezeichnete *Leuchtturm von Pharos* noch nicht. Er verdrängte schließlich in der heute bekannten Auflistung der sieben Weltwunder die *Festungs-* *mauern von Babylon.* In späteren Weltwunderlisten tauchen zusätzlich noch die *Euphratbrücke,* der Perserpalast und einige andere Bauwerke auf. In späteren Zeiten entstanden Listen mit bis zu 50 Weltwundern wie z. B. dem *Pergamon-Altar,* dem *Kolosseum* oder der *Hagia Sophia.*

Warum wurden sieben Weltwunder aufgelistet?

Die Zahl **Sieben** gilt und galt in vielen Kulturen als heilige Zahl. In der babylonischen und ägyptischen Philosophie nahm sie als Summe der beiden Lebenszahlen **Drei** (für die Familie: Vater, Mutter, Kind) und **Vier** (für die vier Himmelsrichtungen) eine Sonderstellung ein. Für **Pythagoras** war die Sieben ebenfalls von Bedeutung als Summe der Zahlen Drei und Vier, da Dreieck und Viereck bei den Mathematikern der Antike als vollkommene Gebilde galten. Im Judentum kam der Zahl Sieben ebenfalls eine große Bedeutung zu. Da im *1. Buch Mose* gesagt wird, Gott habe die Welt in sechs Tagen erschaffen und am siebenten geruht, wurde die Sieben auch im Christentum eine heilige Zahl.

Welche anderen Beispiele gibt es für die Verehrung der Zahl Sieben?

Sowohl die Griechen als auch die Römer verehrten sieben Weise. Rom wurde auf sieben Hügeln erbaut. Im Christentum gibt es neben den *sieben Todsünden* Stolz, Geiz, Unkeuschheit, Neid, Unmäßigkeit, Zorn, Trägheit auch die *sieben Sakramente* Taufe, Firmung, Abendmahl, Buße, Letzte Ölung, Priesterweihe, Ehe. Der *siebente Himmel* ist ein muslimischer Begriff und am Siebenschläfer, dem 27. Juni, wird den sieben Brüdern gedacht, die 251 wegen ihres christlichen Glaubens eingemauert wurden. In eben diesem finden wir auch das *Buch mit den sieben Siegeln.*

Pergamonaltar

Was waren die Festungsmauern von Babylon?

Die *Festungsmauern von Babylon* zählen zu den ursprünglichen Weltwundern. Die Stadt *Bab-illu* wurde von **Nabopolassar** erbaut. Die Länge der Stadtmauer betruf vermutlich 18 km. Sie bestand aus einem doppelten Mauersystem. Die Innenmauer war 6,5 m dick, die 7 m entfernte Außenmauer etwa 3,5 m. Diese Mauern wurden durch Verteidigungstürme gestützt, die zugleich das Mauerwerk verstärkten. Erst **Nebukadnezar** machte **Babylon** zu der bekannten Weltstadt der Geschichte.

Wann und wie wurden die Pyramiden von Gizeh gebaut?

Die Pyramiden von Gizeh wurden zur Zeit der 4. Dynastie von den Königen **Cheops**, **Chephren** und **Mykerinos** errichtet (2590–2470 v. Chr.). Bei der *Cheops-* und *Chephrenpyramide* handelt es sich um die höchsten Bauwerke des gesamten Altertums. Die Verkleidung der *Cheopspyramide* bestand einst aus einer schneeweißen Kalksteinverbrämung, die sauber und sorgfältig in sich verzapft und unverrückbar verspannt wurde. Sie wurde jedoch zuerst entwendet und dann zum Aufbau von Kairo verwendet, sodass die Pyramide heute wieder als unverkleidete Schichtpyramide zu betrachten ist.

Was geschah mit dem Artemis-Tempel zu Ephesos?

Nachdem der *Artemis-Tempel* 356 v. Chr. von dem besessenen **Herostratos** in Brand gesteckt worden war, erbaute der Architekt **Cheirokrates** auf dem alten Fundament einen noch größeren Tempel zu Ehren der griechi-

Artemis von Ephesos

schen Göttin der Jagd. Unter der Herrschaft des Römischen Reiches über **Ephesos** (ab 133 n. Chr.) wurde aus der griechischen Göttin Artemis die römische Göttin **Diana**. Nach den Plünderungen und Brandschatzungen zur Gotenzeit (262/263 n. Chr.) und der völligen Zerstörung unter **Konstantin dem Großen** sowie der *Seldschuken-* und *Türkenzeit* (13. und 15. Jh.) verschwanden die Überreste des Weltwunders im kontinuierlich ansteigenden Sumpfgelände.

Woher hat das Marmor-Mausoleum zu Halikarnassos seinen Namen?

Im Jahr 377 v. Chr. siedelte König **Mausolos** nach **Hali-**

Die Pyramiden von Gizeh

Schema des Grabmals in Halikarnassos

karnassos um, wo er nach 24-jähriger Regentschaft kinderlos verstarb. Sein zu dieser Zeit noch nicht vollendetes Grabmal ließ zunächst seine Ehefrau und Schwester **Artemisia** weiterbauen. Als zwei Jahre später auch sie verstarb, geriet der Weiterbau erneut ins Stocken. 334 v. Chr. nahm sich **Alexander der Große** der Sache an und das Wunderwerk kam schließlich doch noch zur Vollendung. Im 13. Jh. wurde das Gebäude – wie so viele antike Weltwunder – durch Erdbeben zu Boden geworfen und ab dem 15. Jh. durch die Johanniter zu Verteidigungsanlagen in der Hafenfestung **Petronia**, dem heutigen Fort Budrum, umgebaut.

Was hat es mit den Hängenden Gärten der Semiramis in Babylon auf sich?

Die **Hängenden Gärten** in Babylon sind wohl das am wenigsten erforschte Weltwunder. Die Hängenden Gärten werden oftmals mit der sagenumwobenen assyrisch-babylonischen Königin **Semiramis** (etwa 775 v. Chr.) in Verbindung gebracht und darum auch nach ihr benannt. Die älteste Quelle, das Werk *Persica* des königlichen Leibarztes **Ktesias** (um 400 v. Chr.), betont jedoch ausdrücklich, dass der kunstvolle Garten nicht von oder für Semiramis, sondern von einem späteren König zu späterer Zeit errichtet wurde. Als wahrscheinlichster Schöpfer wird immer wieder König **Nebukadnezar II.** (605– 562 v. Chr.) genannt. Durch die vielen Kriege der Antike wurden die Gärten, ebenso wie Babylon, zerstört.

Wann stürzte der Helios-Koloss zu Rhodos?

Der **Koloss von Rhodos** wurde etwa im Jahr 290 v. Chr. nach etwa zwölf Jahren Bauzeit fertig gestellt. Das aus Bronze gegossene Götterbild erhob sich auf einem weißen Marmorsockel und war das kurzlebigste aller sieben Weltwunder. Der Koloss wurde 66 Jahre nach seiner Vollendung bei einem Erdbeben im Jahr 224 v. Chr. zerstört und nicht wieder aufgebaut. Der Grund dafür war ein Orakel, das Unglück vorausgesagt hatte, falls die Statue je wiedererrichtet würde.

Welches Weltwunder war der Leuchtturm auf Pharos bei Alexandria?

Der **Pharos** war der erste Leuchtturm der Welt. Da es zu jener Zeit keinen Namen für solche Bauwerke gab, wurde diese Konstruktion einfach nach der Insel Pharos, seinem Standort, benannt. Er ersetzte in der ursprünglichen Auflistung die Stadtfesten von Babylon. Im 14. Jh. wurde der Leuchtturm durch ein Erdbeben endgültig zerstört. Auf seinen Fundamenten wurde später das **Fort Kait-Bey** errichtet, das auch noch heute steht.

Wo stand die Statue des Zeus?

260 km südlich von Athen, an der Westküste Griechenlands, befand sich in der antiken Stadt **Olympia** ein weiteres Weltwunder: Die **Statue des Zeus** – das einzige Weltwunder, das nicht unter freiem Himmel stand. Um 470 v. Chr. erging ein Spendenaufruf, um Zeus einen Tempel zu erbauen, der größer und prachtvoller als jeder Tempel zuvor werden sollte. 457 v. Chr. wurde dieser Tempel dann fertig gestellt. Was aus der Statue darin wurde, ist ungeklärt. Historiker sind sich jedoch sicher, dass sie im 2. Jh. n. Chr. bei einem Erdbeben schwer beschädigt wurde.

Der Trojanische Krieg

Historisch umstrittener Krieg, der vermutlich im 12. Jahrhundert vor Christus zwischen Griechen und Trojanern in Troja stattfand. Sagenumwoben und oft – unter anderen von Homer und Vergil – literarisch dargestellt.

Was war die Ursache des Trojanischen Krieges?

Als König **Peleus** von Phythia die Meernymphe **Thetis** heiratete, lud er alle griechischen Götter zur Hochzeitsfeier ein – nur **Eris**, die Göttin der Zwietracht und des Streites, schloss er aus. Diese erschien dennoch auf der Feier und warf unter die Gäste einen goldenen Apfel mit der Aufschrift „Für die Schönste!". Die drei Göttinnen **Hera**, **Athene** und **Aphrodite** beanspruchten jede den Apfel für sich und stritten sich so ausufernd, dass Zeus ein Machtwort sprach, um den Zwist zu beenden: **Paris**, der jüngste Sohn des Trojanerkönigs **Priamos**, sollte den Apfel an eine der Göttinnen vergeben. Diese versuchten ihn der Sage nach zu bestechen: Hera stellte ihm die Herrschaft über die Erde in Aussicht, Athene Heldenruhm und Aphrodite schließlich die schöne **Helena**. Als Paris auf Aphrodites Angebot einging, brachte sie ihren Schützling nach Sparta zu König **Menelaos**, der mit Helena verheiratet war. Mit Aphrodites Hilfe gewann Paris die Zuneigung von Helena und in der Abwesenheit ihres Gemahls flüchteten beide nach **Troja**. Der betrogene Gatte schwor Rache und rüstete zu einem gewaltigen Feldzug gegen die Stadt.

Wie lange dauerte der Trojanische Krieg?

Nachdem sich die Trojaner weigerten, Helena an Menelaos zurückzugeben, sammelten sich die griechischen Kämpfer in der Bucht von Aulis und fuhren mit 1000 Schiffen nach Troja. Im zehnten Jahr der Belagerung entsann **Odysseus** seine bekannte List und die Trojaner leiteten durch das Einreißen ihrer eigenen Stadtmauern ihren Untergang ein.

Woher kommt die „Achillesferse"?

Aus der Verbindung von Peleus und Thetis entsprang der große Held **Achilleus**. Thetis tauchte das Neugeborene in den Fluss **Styx**, der durch die Unterwelt Hades verlief,

Homer

Homer wird an den Anfang der antiken griechischen Literatur eingeordnet und gilt als Verfasser der beiden wichtigsten altgriechischen Epen: der *Ilias* und der *Odyssee*. Die tatsächliche Existenz des Begründers dieser ältesten literarischen Gattung ist nicht eindeutig belegt. Eine ganze Reihe von Experten vermutet gar, dass die beiden Epen nicht von ein und demselben Verfasser stammen. Linguistische und historische Untersuchungen stellen aber zumindest die These auf, dass beide Dichtungen an der von Griechen besiedelten Westküste Kleinasiens entstanden. Auch der Zeitpunkt der Entstehung wird in beiden Fällen mit dem 8. Jh. v. Chr. beziffert. Damit waren die Geschehnisse der beiden Dichtungen zum Zeitpunkt der Niederschrift bereits 400 Jahre alt. Homer werden neben der *Ilias* und der *Odyssee* noch 33 weitere Gedichte und Hymnen zugeschrieben, was aber in den einzelnen Fällen nicht endgültig nachweisbar ist.

damit es Unverwundbarkeit erlangte. Dabei hielt sie ihn jedoch an der Ferse fest und übersah die Notwendigkeit, diese ebenfalls zu befeuchten. So kam es, dass Achilleus an eben dieser Stelle verwundbar bleiben sollte. Hier traf ihn im Krieg um Troja auch der Pfeil des Apoll, den Paris abschoss, tödlich.

Worin bestand die List des Odysseus?

Nach jahrelanger Belagerung zogen die Griechen scheinbar entmutigt ab und ließen nur ein großes *hölzernes Pferd* zurück, in dessen Inneren sich eine Gruppe von Griechen versteckt hielt. Die Trojaner rissen überwältigt von der Freude über ihren vermeintlich erfolgreichen Widerstand ihre eigenen Stadtmauern ein, um das Pferd in die Stadt ziehen zu können.

Des Nachts entstiegen die Griechen ihrem Versteck und öffneten die Stadttore, um die griechischen Kämpfer einzulassen. Sie plünderten die Stadt und brannten sie schließlich nieder.

Überlebten einige Trojaner das abschließende Gemetzel?

Tatsächlich entkamen einige wenige Trojaner der Nacht ihrer Niederlage. Der berühmteste unter ihnen war **Aeneas**, der die anderen Überlebenden anführte und mit ihnen in das heutige Italien zog. Die Römer verehrten Aeneas als ihren Stammvater. Diese Geschichte erzählt der Dichter **Vergil** in der *Aeneis*.

Wer war Heinrich Schliemann?

Heinrich Schliemann (1822–90) leitete die ersten Ausgrabungen in **Troja**. Sein Ziel war es, das Troja Homers zu finden und nachzuweisen, dass der Trojanische Krieg tatsächlich stattgefunden hatte. Im Jahr 1873 stieß er auf den *„Schatz des Priamos"*, der allerdings aus der Zeit um 1600 v. Chr. stammt. Er führte ebenfalls Ausgrabungen in **Mykene** und **Tiryns** durch.

Heinrich Schliemann

Gab es den trojanischen Krieg wirklich?

Vermutlich bildete der Krieg zwischen den Griechen der späten mykenischen Zeit und den Bewohnern der Troas in Anatolien den Hintergrund zu dieser Legende. Ausgrabungen zeigen, dass Troja tatsächlich im frühen 12. Jh. v. Chr. durch Feuer zerstört wurde. Die Gründe für das Feuer waren entweder die Plünderung um der Schätze willen oder die Zerstörung der Stadt, um die wirtschaftliche Kontrolle Trojas über die Dardanellen zu beenden. Später wurde die Stadt unter Cäsar und Augustus unter dem Namen **Ilium novum** wieder aufgebaut, doch sie geriet unter Byzantinern und Türken in den darauf folgenden Jahrhunderten schnell in Vergessenheit.

Trojanisches Pferd (Relief)

Die griechische Kolonisation

Ausbreitung des Griechentums über die Mittelmeerwelt zwischen dem 9. Jh. und dem Ende des 6. Jahrhundert vor Christus mit der Besiedlung der Küsten Unteritaliens, Siziliens, des Schwarzen Meeres und in der nördlichen Ägäis.

Wie kam es zur griechischen Kolonisation?

Im 9.– 6. Jh. v. Chr. führten sowohl eine friedliche Periode als auch die Abkehr von der Tötung besiegter Gegner zugunsten ihrer Versklavung zu einer starken Bevölkerungszunahme in Griechenland. Da aber gleichzeitig Ägypten unter assyrische Herrschaft fiel und somit nicht mehr als Handelspartner zur Verfügung stand, musste dringend benötigtes Getreide nun überwiegend vom Schwarzmeergebiet auf Schiffen besorgt werden. Dort und auch in anderen klimatisch vertrauten Gebieten wie Sizilien und Süditalien gründeten die Griechen ihre eigenen Siedlungen, um dort Getreide, Wein und Öl anzubauen.

Wie ging eine solche Kolonisierung vor sich?

Die Führer dieser so genannten *„2. (großen) griechischen Kolonisation"* waren zumeist junge

Ruinen von Mykene

Adelige, die vor der Tyrannenherrschaft in ihrer Heimat wichen. Die sozialen Unruhen aufgrund der Bevölkerungszu- und Lebensmittelabnahme hatten zu strengeren Sitten in den meisten griechischen Städten geführt und so standen genug freiwillige Kolonisten zur Verfügung.

Griechische Kultur bis zur 2. Griechischen Kolonisation:

ab 2800 v. Chr.	In der Bronzezeit entwickelt sich die *helladische Kultur* auf dem Festland und die Kykladenkultur auf der gleichnamigen Inselgruppe.
von 2600–1150 v. Chr.	Entwicklung und Dominanz der *minoischen Kultur* auf Kreta, die man in vier Perioden aufteilt: Präpalatikum 2600–1900, Protopalatikum 1900–1700, Neopalatikum 1700–1450 und Postpalatikum 1450–1150.
von 1600–1100 v. Chr.	In der so genannten *späthelladischen Periode* entsteht und wächst die *mykenische Kultur* unter dem minoischen Einfluss.
1200 v. Chr.	Die Kolonisation Zyperns beginnt durch mykenische Griechen.
Zuerst um 1125 v. Chr., dann von 1100–700 v. Chr.	Die griechischen Kolonisationen, erst motiviert durch den Bedarf an Bauland, dann an Lebensmitteln, setzen ein.

Wann war die 1. Griechische Kolonisation?

Historiker und Archäologen wissen, dass auf dem griechischen Festland von etwa 1700–1200 v. Chr. die so genannte *mykenische Kultur* aufblühte, über die durch archäologische Ausgrabungen der mykenischen Burgen einiges bekannt ist. Über die Zeit von etwa 1100–800 v. Chr. gibt es nur wenige Informationen. In diese Phase fiel um 1050–900 v. Chr. die so genannte *„Ionische Wanderung"*, in deren Verlauf die Einwohner des griechischen Festlands die Inseln der Ägäis und Kleinasiens kolonisierten. Diese Ereignisse gelten als die *„1. Griechische Kolonisation"*.

Griechischer Ohrring aus Tarantino

Gab es einen Überblick über die entstehenden Kolonien?

Jede Gruppe befragte vor ihrer Abreise das Orakel von **Delphi** und bat um göttlichen Beistand. Waren die Kolonisten glücklich und gesund am Ende ihrer Reise gelandet, sandten sie dem

Die Schlacht bei Alalia

Die Seeschlacht bei **Alalia**, in der *Etrusker* und *Karthager* eine zu große Verbreitung der Griechen im Mittelmeerraum verhinderten, hatte als Auslöser eine Kolonie griechischer *Phokaier* auf der Insel **Korsika**, die der Versklavung in der Heimat zu entkommen suchten. Diese neue Kolonie war es schließlich, die das sprichwörtliche Fass zum Überlaufen brachte und die Etrusker und Karthager in die Schlacht ziehen ließ, nach der die Griechen sich wieder nach Rhegium zurückzogen. Die Etrusker erhielten dadurch zwar die Vormachtstellung auf Korsika, doch ihr Plan, zu einer Großmacht zu werden, wurde in den folgenden Jahren von den Galliern vereitelt.

Orakel Dankesgaben. Diese Form der „Rückmeldung" verschaffte den Priestern in Delphi einen guten Überblick über die entstandenen griechischen Kolonien. Aufgrund dieses Wissens war eine gewisse Steuerung der Emigrationsströme erst möglich.

Welchen Status hatten die Kolonien?

Die frisch gegründeten Städte, die neuen Poleis, wurden von den jeweiligen Mutterstädten zwar politisch unabhängig, aber blieben durch kulturellen Austausch und die geplanten regen Handelsbeziehungen mit ihnen fest verbunden. Bemerkenswert dabei ist, dass im Gegensatz zu der Vielzahl an kleineren griechischen Städten der Stadtstaat **Athen** keine und **Sparta** nur eine einzige Kolonie namens **Tarent** gründeten.

Wie sahen die Nachbarländer Griechenlands deren Kolonisierungsbestrebungen?

Sowohl das nordafrikanische **Karthago** als auch die **Etrusker** betrachteten mit wachsender Sorge die ebenso wachsende Anzahl griechischer Kolonien in ihrem Einflussgebiet. Nachdem sie ihre eigenen Handelsinteressen endgültig gefährdet sahen, zogen beide Parteien in den Krieg und setzten den griechischen Kolonisierungsbestrebungen in der **Schlacht bei Alalia** um 535 v. Chr. ein jähes Ende.

Totenstadt Hierapolis in Kleinasien

Polis – der antike griechische Stadtstaat

Im antiken Hellas existierte Stadt neben Stadt in einer eigenständigen politischen Einheit, die Polis genannt wurde. Trotz des gleich lautenden Namens wurde beinahe jede Polis von einer anderen Herrschaftsform regiert.

Wie kam es zu den Poleis?

Nachdem um 1200 v. Chr. neue Volksgruppen während der ersten griechischen Kolonisation von Norden her weit in das Herz Griechenlands vorgerückt waren, vermischten sich Einheimische und Einwanderer miteinander. Bei der Gründung eines gemeinsamen Staates stand ihnen jedoch die geografische Struktur Griechenlands mit vielen hohen Gebirgszügen und abgeschlossenen Tälern im Weg. So entstanden einzelne völlig unabhängige Gemeinwesen, die so genannten Poleis (Pl. von Polis). Und jede Polis nahm eine andere eigenständige Entwicklung.

Akropolis mit Partenon

Woher kommt der Begriff „Polis"?

Die anfängliche Bedeutung des Wortes **„Polis"** beschränkt sich in der griechischen Antike auf eine Stadt mit einer Burg. Später drückte man mit „Polis" jedoch auch die Gesamtheit der Bürger im Stadtstaat aus. Die weltgeschichtliche Entwicklung des Wortes „Polis" kann man daran erkennen, dass in unserer und vielen anderen Sprachen keine begrifflichen Synonyme für die vom Wort „Polis" abgeleiteten Worte „Politik" und „politisch" existieren.

Wie unterschiedlich konnten sich zwei Poleis entwickeln?

Zwei Polis, die nicht nur zu den führenden in Hellas wer-

Vorhallen der Akopolis von Athen

Die Demokratiebewegung in Athen

624 v. Chr.	Erste Rechtskodifikation durch **Drakon**
594/593 v. Chr.	Reformen **Solons** und zweite Rechtskodifikation
561–510 v. Chr.	Tyrannei unter **Peisistratos** und seinen Söhnen
508/507 v. Chr.	Reformen des **Kleisthenes**, Beginn der demokratischen Entwicklung
480 v. Chr.	Invasion der Perser
462/461 v. Chr.	Entmachtung des *Areopags*
462–322 v. Chr.	Etablierung der *Demokratie* in Athen
431–404 v. Chr.	Peloponnesische Kriege
411/410 v. Chr.	Sturz der Demokratie, einjährige *Oligarchie*
410–399 v. Chr.	Dritte Gesetzeskodifikation mit Verfassungsbestimmungen
322 v. Chr.	Sieg Mazedoniens über Athen und Einrichtung einer gemäßigten *Oligarchie*

den, sondern auch durch ihre Unterschiede viele Kriege gegeneinander führen sollten, waren **Sparta** und **Athen**. Sparta entwickelte sich zu einer Stadt der Krieger, in der die Jugend schon vom Kindesalter an, egal ob Junge oder Mädchen, auf das harte Kriegshandwerk vorbereitet wurde. Die Grausamkeit der von zwei Königen geführten Stadt Sparta war berüchtigt. U. a. durften einmal im Jahr alle schwachen Sklaven von jungen Kriegern auf offener Straße ermordet werden, um ihren Blutinstinkt zu wecken. In Athen dagegen bildete sich nach einer Frühform der *Oligarchie* ein ganz anderes Regierungssystem.

Wie sah dieses System aus?

621 v. Chr. war bereits **Drakon** mit einer Rechtsreform beauftragt und übertrug die Blutgerichtsbarkeit einem staatlichen Gericht, dem so genannten *Areopag*. Um

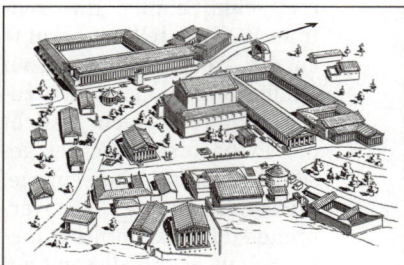

Luftskizze einer griechischen Polis

Die Blütezeit Athens

Perikles

In der Zeit der Demokratie unter **Perikles** entstanden die bedeutendsten Gebäude Athens, die der gebürtige Athener durch Erpressungen seiner Bündnisgenossen im *Attischen Seebund* finanzierte. Perikles ließ auch die 6 km und 164 m breite *„Lange Mauer"* zwischen Athen und dem Hafen Piräus errichten. Perikles nutzte die Untertanenstellung seiner Bündnisgenossen, der anderen Stadtstaaten, um Athen trotz immenser Kriegsausgaben auszubauen und abzusichern. Das bedeutendste Bauwerk seiner Zeit hat mit Krieg nicht allzu viel zu tun: Es handelt sich dabei um die *Akropolis*. Denn auch in der geistigen Entwicklung tat Perikles einiges: Er ließ Philosophieschulen errichten, zur Bildung des lernbegierigen Athener Mittel- und Adelsstands. Die *Sophisten* verbreiteten ihre Lehren, dass alles gut sei, was dem eigenen Nutzen diene, und dass die Interessen der anderen gleichgültig seien. Unter dem Strategen Perikles (443–429 v. Chr.) erblühte Athen wie nie zuvor. Doch schon 20 Jahre nach Perikles' Tod brachte ein Umsturz in Athen die Oligarchie kurzfristig wieder an die Macht.

594 v. Chr. erfolgte dann durch **Solon** eine neue Art der Gesetzgebung: Anstatt eines herrschenden Königs wurden alle Schichten der freien männlichen Bevölkerung in der ersten bekannten Demokratie der Welt an der Regierung und Verwaltung beteiligt. Trotz einer zwischenzeitlichen Rückkehr zur *Tyrannei* etablierte sich die *Demokratie* in Athen, als **Kleisthenes** die Gesetzgebung Solons erneuerte.

Gibt es weitere Beispiele für unterschiedliche Entwicklungen?

Auch andere Poleis wie **Theben** oder **Korinth** entwickelten sich auf eine ihnen eigene Art und Weise, in denen z. B. reiche Kaufmannschaften die Macht ergriffen, die neidisch und besitzergreifend die anderen Städte im Auge behielten. Durch die zahlreichen und unterschiedlichen Regierungssysteme kam es zu Unverständnis der Städte untereinander, die oft zu Kriegen führten.

Wissenschaft in der griechischen Antike

Aus der griechischen Philosophie hervorgegangener Ursprung des heutigen Wissenschaftsverständnisses, der von dem griechischen Wissenschaftler und Philosophen Aristoteles in eine theoretische und praktische Wissenschaft eingeteilt wird.

Worin lag der Ursprung der Wissenschaften der griechischen Antike?

Die Wissenschaften der griechischen Antike entwuchsen allesamt der *Philosophie*, weswegen diese auch als *„Mutter aller Wissenschaften"* bezeichnet wurde. Die Philosophie befasste sich seit jeher mit der Frage nach dem *Sinn des Seins*, aus der sich in der Antike weitere Fragen ergaben. Um diese zu beantworten, spaltete sich die Philosophie in diverse Disziplinen auf, ohne sich jedoch als eigenständige Wissenschaft aufzulösen.

Wann begannen die Griechen mit der wissenschaftlichen Erforschung der Welt?

Die wissenschaftliche Forschung in Griechenland begann etwa 700 v. Chr. Die so genannten *vorsokratischen Naturphilosophen* – damals waren Philosophie und Wissenschaft noch nicht konkret voneinander zu trennen – waren von dem Willen angetrieben, den Dingen und Zusammenhängen, die sie um-

gaben, auf den Grund zu gehen. Neben diesem Wunsch war ihnen allen die Überzeugung gemein, dass nur die denkerische Kraft diese Fragen lösen könne. Ihre wichtigsten Fragestellungen bewegten sich um die *Materie*, das *Werden* und *Vergehen von Dingen* und um die *Kräfte des Kosmos*, woher auch der Name *Kosmologie* rührt. Wichtiger Nebeneffekt dieser Gedankengänge war, dass man sich allmählich von der *Mythologie* entfernte. Hatte man noch bis dahin stets geglaubt, die Götter seien für die Dinge, die auf Erden geschähen, verantwortlich und ließen sie willkürlich passieren, so versuchte man nun,

Pythagoras

durch Beobachtung Schlüsse über die Zusammenhänge zu ziehen. Das bedeutete jedoch nicht, dass der Glaube an die Götter dadurch verneint worden wäre. Vielmehr existierte er weiter unter der Annahme, die Götter hätten die Regeln erschaffen, nach denen sich die Welt nun drehe.

Wer waren die Pythagoreer?

Die *Pythagoreer* waren **Pythagoras** (570–496 v. Chr.) und seine Schüler. Ihre zentrale Weltvorstellung beruhte auf der Annahme, alles sei auf Zahlen und Proportionen zurückzuführen. Nach Ansicht der Pythagoreer war der gesamte Kosmos eine einzige, große *„Harmonie"*. Die verbreitetsten Erkenntnisse dieser Schule waren allesamt auf mathematischem Gebiet zu

Aristoteles: Rad des Schicksals

Die Erkenntnisse Aristoteles', Sokrates' und Platons

*Platon und Sokrates
(Miniatur)*

Platon, Aristoteles und **Sokrates** zählten zu den bedeutendsten und bekanntesten Wissenschaftlern der griechischen Antike. **Sokrates** beeinflusste die abendländische Philosophie im Bereich der Ethik nachhaltig. Basis seiner Theorien waren die Selbsterkenntnis sowie das rationale Verständnis von Gerechtigkeit, Liebe und Tugend. Seine Lehre ist nur durch seine Schüler, v. a. Platon, überliefert, da er selbst keine Aufzeichnungen hinterließ. **Platons** Weltauffassung bestand im Wesentlichen darin, dass der ganze *Kosmos* eine Einheit bilde, die in sich sinnhaft und zweckmäßig geordnet sei und von einer *geistigen Instanz* verwaltet würde. Seine größte Erkenntnis war wohl die Unterscheidung zwischen *Planeten* und *Fixsternen*. Des Weiteren war Platon der Erste, der die Lebewesen der Erde in *vier Kategorien* einteilte: die himmlischen Götter, die Vögel, die Wassertiere und die Landtiere. Stimmte Aristoteles auch in vielen theoretischen Dingen mit Platon überein, so unterschied sich seine Vorgehensweise doch in einigen Dingen entscheidend von der Platons. So war es für **Aristoteles** üblich, mit akribischer Sorgfalt einzelnen Erscheinungen der Natur nachzugehen. Gelegentlich entwickelte er eine Vorliebe für ganz bestimmte Phänomene der Natur. Beispielsweise erforschte er auf das Gründlichste die *Gesetze der Bewegung* und erkannte die *Zeit* als wichtige Komponente derselben. Außerdem nahm er Platons Theorie der Fixsterne auf und entwickelte sie weiter.

suchen. So entwickelten sie den *„Satz des Pythagoras"* und das Konzept der *irrationalen Zahlen*. Sie waren zudem die Ersten, die die Ansicht infrage stellten, die Erde sei der Mittelpunkt des Universums.

Welche Lehre verfolgten die Atomisten?

Die **Atomisten** vertraten die Ansicht, alles im Universum bestehe aus winzigen, unteilbaren Teilchen, den so genannten *Atomen*. Die Schwäche dieser Lehre war, dass nicht zwischen Materie und Nichtmaterie unterschieden

wurde. So war man z. B. der Meinung, auch die Psyche bestünde aus Atomen. Es war u. a. dieses Konzept, was den Atomisten teilweise scharfe Kritik ihrer Zeitgenossen einbrachte. Dennoch zeigte das Prinzip von den Atomen, wie weit die Fähigkeit zum abstrakten Denken bei den Griechen der Antike entwickelt war.

Wann wurden die einzelnen Forschungsdisziplinen entwickelt?

Bis ins 4. Jh. v. Chr. waren alle Wissenschaftler *Universalgelehrte*. Jeder Einzelne be-

schäftigte sich mit so gut wie jeder Richtung der Forschung. Im 4. und 3. Jh. v. Chr. fand jedoch eine Spezialisierung statt. Aus der bis dahin vorherrschenden *Naturphilosophie* wurden die verschiedenen Naturwissenschaften. Diese waren *Astronomie, Geometrie, Mathematik, Biologie* und *Mineralogie, Physik* und *Technik* sowie *Chemie* und *Alchemie*. Der Vorteil dieser Spezialisierung war, dass dadurch deutlich schnellere Fortschritte der Erkenntnis möglich wurden. Die Gefahr lag jedoch darin, die Zusammenhänge des Ganzen nicht mehr zu erkennen.

Die Perserkriege

Die Kriege zwischen dem Persischen Reich und Griechenland, die in den Jahren 492 bis 449/448 vor Christus stattfanden, endeten mit dem Kalliasfrieden. In den Folgejahren gewann Athen an politischem Gewicht.

Wie kam es zu dem Krieg?

Die Ursache für den Ausbruch der *Perserkriege* war der Aufstand der kleinasiatischen Stadt **Milet** 500 v. Chr. im so genannten *Ionischen Aufstand* in den Jahren 500–494 v. Chr. Obwohl **Athen** und **Eretria** mit Milet sympathisierten und Schiffe nach Kleinasien sandten, wurde die Stadt von den *Persern* zerstört. Nach diesem Sieg schien es den Persern notwendig, ganz Griechenland zu unterwerfen, und ein jahrelanger Krieg begann.

Wie verlief der Krieg?

Im Jahr 492 v. Chr. eroberten die Perser **Thrakien**, wurden aber 490 bei **Marathon** trotz einer deutlichen Übermacht ihrerseits von den Athenern geschlagen. 480 v. Chr. vernichtete dann der Perserkönig **Xerxes** in einem dritten Perserzug Athen und besetzte Attika. Dennoch wurde er in der berühmten Schlacht von **Salamis** durch die geniale Taktik der Griechen, die deutlich in der Minderzahl waren, geschlagen. Als die mit den Persern verbündeten *Kartha-*

Triere

ger Süditalien und Sizilien angriffen, wurden sie im Jahr 480 ebenfalls geschlagen. Doch schon ein Jahr später wurden Attika und Athen erneut durch ein persisches Heer zerstört, das aber letztendlich unter der Führung der *Spartiaten* geschlagen werden konnte. Nach diesem letzten Aufbegehren der Perser gewannen die Griechen endgültig die Oberhand und konnten die gegnerische Flotte aus dem Ägäischen Meer vertreiben. Im Jahre 449 v. Chr.

Die Schlacht von Salamis

Trieren sind leichte, aber robuste und gut manövrierbare Schiffe, die das Mittelmeer das gesamte 5. Jh. v. Chr. über beherrschten. Bei der *Schlacht von Salamis* 480 v. Chr. lockte der griechische Befehlshaber *Themistokles* darum die viel größere Flotte des persischen König *Xerxes* in die Meerenge bei der Insel Salamis. In der engen Straße erwiesen sich die zahlenmäßig unterlegenen griechischen Trieren als sehr viel beweglicher als die persischen Galeeren. Durch Rammen und Entertaktiken konnten die Griechen ungefähr 300 persische Schiffe versenken, wobei sie nur 40 Trieren verloren. Die restliche persische Flotte löste sich auf und verzögerte so Xerxes geplante Invasion, was den Griechen Zeit gab, ihre Verteidigung vorzubereiten. Dieser Sieg signalisierte den Beginn einer Dominanz der Triere, die bis zum Ende des Peloponnesischen Krieges 404 v. Chr. andauerte.

schlossen Griechenland und Persien schließlich Frieden.

Wie kam es zu dem Frieden?

450 v. Chr. siegte der Attische Seebund bei **Salamis/Zypern** gegen eine persische Flotte. **Perikles** erkannte, dass man dem Perserreich nicht noch mehr Siege abringen konnte, und sandte darum im Jahr 449 v. Chr. den reichen Athener **Kallias** als Unterhändler nach **Susa**, wo es nach zähen Verhandlungen 448 zum so genannten **Kalliasfrieden** kam. Während sich Persien verpflichtete, seine Kriegsschiffe aus der Ägäis fernzuhalten und die griechischen Städte Kleinasiens freizugeben, sollten die Griechen auf Ägypten und Zypern verzichten. Der Kalliasfriede besiegelte das vorläufige Ende des *persisch-*

Der Attische Seebund

Der *1. Attische Seebund* wurde auch *Delisch-Attischer Seebund* oder einfach nur *Delischer Bund* genannt und von Athen in den Jahren 478/77 v. Chr. während der Perserkriege mit den griechischen Städten der kleinasiatischen und der thrakischen Küste sowie den ägäischen Inseln geschlossen. Nachdem **Sparta** aus dem Krieg ausgeschieden war, schlug Athen das Bündnis vor, um gemeinsam gegen die Perser vorzugehen und mehr als 200 Städte und Inseln schlossen sich diesem Vorschlag an und stellten sich freiwillig unter griechische Vorherrschaft. Nach dem Frieden mit den Persern nutzten die Athener die neue Situation zu ihren Gunsten und funktionierten den einstigen Kampfbund immer mehr zu ihrem Herrschaftsinstrument um. Jedes Bündnismitglied musste Kriegsschiffe mit Besatzung bereitstellen oder einen entsprechenden Geldbetrag zahlen, und sowohl die Flotte als auch die Gelder wurden in Athen verwaltet. Alle Mitgliedsstaaten mussten die athenische Währung einführen und Athen erlaubte sich immer mehr Eingriffe in die Selbstverwaltung der Bündnisstaaten. Nach der Niederlage Athens im *Peloponnesischen Krieg* gegen *Sparta* 404 v. Chr. wurde der *1. Attische Seebund* dann aufgelöst.

griechischen Krieges. Erst über 100 Jahre später brach der Krieg von neuem los, als Alexander der Große das Perserreich eroberte.

Welche Auswirkungen hatte der Krieg auf Athen?

Durch ihre tragende Rolle in den Perserkriegen hatten die Athener ihren Ruf als ernst zu nehmende Seemacht gefestigt. Nachdem die in den Kriegen zwei-

mal zerstörte Stadt wieder aufgebaut war, kontrollierte sie aufgrund ihrer Dominanz den Seehandel der Nachbarländer und übte einen großen Einfluss auf den gesamten Handel im Mittelmeerraum aus. Durch den neuen Status und den immer größer werdenden Einfluss wuchs auch schnell wieder der Reichtum der Stadt. Selbst länger anhaltende Trockenperioden konnten Athen nicht mehr beunruhigen, da die Flotte jederzeit in der Lage war, aus anderen Ländern Waren zu importieren die auch bezahlt werden konnten.

Grab des Xerxes

Peloponnesischer Krieg

Der Krieg zwischen Sparta und Athen um die Vorherrschaft in Griechenland von 431–404 vor Christus sorgte letztendlich für den Zerfall der griechischen Polis, was es fremden Einflüssen ermöglichte, in Griechenland Fuß zu fassen.

Wie entstand der Krieg?

Der von **Perikles** aus innen- und machtpolitischen Gründen begünstigte Krieg entzündete sich durch Athens Hilfestellung für das mit seiner Mutterstadt Korinth verfeindete Kerkyra, durch seine Aktion gegen Poteidaia und eine über Megara verhängte Handelssperre.

Wer kämpfte gegen wen?

Aufseiten Athens standen der *Attische Seebund*, Thessalien und Teile Westgriechenlands, auf Spartas Seite der *Peloponnesische Bund*, die meisten mittelgriechischen Staaten und die Kolonien Korinths.

Wer hat gewonnen?

Athen war finanziell und zur See, **Sparta** zu Land überlegen. Perikles evakuierte deshalb die attische Landbevölkerung hinter die damals unbezwingbaren Langen Mauern und gab Attika den Feinden preis, um sie in Kleinkämpfen zu zermürben (*Archidamischer Krieg* 431–421 v. Chr.). Inzwischen griff die athenische Flotte die Küsten des Peloponnes an. Diese Erschöpfungsstrategie brachte Sparta bis 424 v. Chr. in eine ernste Lage, obgleich Athen durch den Ausbruch einer Seuche und den Tod des Perikles (429 v. Chr.) geschwächt wurde. Athen verspielte seine Erfolge durch die Machtpolitik von Perikles' Nachfolgern, vor allem des **Kleon**. Zusätzlich bedrängte

Aristoteles

der Spartaner **Brasidas** Athen durch den Angriff auf die Städte an der Nordküste der Ägäis. Dabei fielen er und

---

Polis

Mit dem griechischen Wort **Polis**, das im Ursprung eine Burg oder kleine Stadt meint, beschrieb man im antiken Griechenland eine weit verbreitete Staatsform: Ein Gemeinwesen, das im Gegensatz zum Flächen- oder Stammesstaat aus einem städtischen Zentrum und dem umliegenden Gebiet bestand. In der Antike ging **Aristoteles** von der Annahme aus, dass der Mensch ein „zoon politikon", also ein politisches Wesen sei und die so genannten Politen, also die freien, am politischen Leben beteiligten Bürger der Polis, setzten sich in ihrer Art zu Leben von den in den Polis lebenden Fremden und den Sklaven deutlich in ihrem Verhalten und ihrem Selbstverständnis ab. Tatsächlich waren die verbreiteten Herrschaftsformen in den Stadtstaaten die Oligarchie und vor allem die Demokratie. Nachdem die Polis im 5. Jh. v. Chr. ihre stärkste Phase durchlebten, gingen sie im anbrechenden Zeitalter des Hellenismus allmählich in Territorialstaaten auf. Die weltgeschichtliche Bedeutung der Polis wird darin sichtbar, dass heutzutage staatliche Verhältnisse und staatsbürgerliches Verhalten nur durch die vom Wort „Polis" abgeleitete Worte „Politik" und „politisch" beschreiben.

Der Peloponnesische Krieg im Überblick

430	Belagerung von **Poteidaia**: Athener erobern die Stadt
429	Spartaner und Thebaner greifen Plataier und Athener an
428	Gefecht bei **Mytilene**: Athener schlagen Mytilener
426	Stadt **Levkas** verteidigt sich gegen Athener unter **Demosthenes**
425	Seeschlacht bei **Sphakteria**: Athener unter **Eurymedon** schlagen Spartaner
424	Athener erobern die Stadt **Thyrea**
422	Belagerung von **Skione**
421	*Nikiasfrieden*
418	Schlacht bei **Mantineia**
416	Athener erobern **Melos**
415	Kampf um **Syrakus**
413	Syrakusaner besiegen Athener unter Nikias
412	Seeschlacht bei **Milet**: athenischer Sieg über Peloponnesier
411	Schlacht bei **Abydos**: Athener besiegen Peloponnesier
410	Seeschlacht bei **Kyzikos**
407	Peloponnesier unter **Lysandros** besiegen Athener unter **Antiochos**
406	Seeschlacht bei den **Arginusen**
405	Belagerung von Athen: Athener ergeben sich

die letzte athenische Flotte bei Aigospotamoi und zwang Athen 404 v. Chr. durch Einschließung und Aushungerung zur Kapitulation. Es wurde völlig entmachtet. Über Griechenland errichtete Sparta eine rücksichtslose Hegemonie.

Welche Auswirkungen hatte der Krieg?

Der *Peloponnesische Krieg* trug zum Zerfall der griechischen Polis bei. Er bedeutete für Sieger und Unterlegene eine solche Schwächung, dass Griechenland fortan dem Einfluss auswärtiger Mächte ausgeliefert war, zunächst der Perser, dann der Makedonen und zuletzt der Römer.

Demosthenes

Kleon vor Amphipolis (422 v. Chr.). Dies führte wegen allgemeiner Kriegsmüdigkeit zum *Frieden des Nikias* (421 v. Chr.) auf der Grundlage des Besitzstandes vor dem Krieg.

Hielt der Frieden?

413 v. Chr. brach der Krieg von neuem aus (als *Dekeleisch-Ionischer Krieg* 413–404 v. Chr.), als Athen durch die von **Alkibiades** veranlasste Sizilische Expedition entscheidend geschwächt war. Es vermochte den Abfall der Seebundstädte nicht aufzuhalten, während Sparta, seit 412 v. Chr. im Bund mit Persien, nunmehr durch dessen Subsidien eine starke Flotte unterhalten konnte. Auch zwischenzeitliche Seesiege Athens konnten seine Niederlage nicht mehr verhindern. 405 v. Chr. vernichtete der Spartaner **Lysander**

Die Eroberung des Perserreiches

Alexander der Große führte den makedonisch-griechischen Bund von Korinth in den von seinem Vater Philipp II. als Rachekrieg geplanten Feldzug gegen Persien. Damit begründete er das größte Reich der Antike, das nach seinem Tod wieder zerfiel.

Wann kam Alexander der Große an die Macht?

Als sein Vater **Philipp von Makedonien** im Jahr 336 v. Chr. verstarb, gelangte **Alexander** auf den Thron und konnte seine Herrschaft über das durch die ständigen Bürgerkriege geschwächte Griechenland schnell festigen. Bereits zwei Jahre später führte er den erwarteten Feldzug gegen Persien an.

Hatten die Perser nicht viel mehr Soldaten als Alexander?

Aufgrund seiner von Schnelligkeit und Improvisation geprägten Taktik gelang Alexander, der im Jahr 334 v. Chr. mit rund 40.000 Soldaten ausgezogen war, im Kampf gegen den übermächtigen Perserkönig **Darius III.** eine militärstrategische Meisterleistung. Darius floh nach der Niederlage bei **Gaugamela** und wurde später von einem Vasallen ermordet.

Wie konnte Alexander gegen Darius siegen?

In den entscheidenden Schlachten 334 am **Granikos**, 333 bei **Issos** sowie 331 bei **Gaugamela** wandte Alexander das von dem Thebaner **Epaminondas** entwickelte

Persisches Relief

taktische Prinzip der *„schiefen Schlachtordnung"* an. Dabei wurde der zur Herbeiführung der Entscheidung bestimmte Flügel auf Kosten des anderen besonders stark gemacht.

Wie konnte sich aus einem solch erbitterten Krieg der Hellenismus entwickeln?

Nach der Eroberung der ostiranischen Provinzen und der Rückkehr aus Indien 325 betrieb Alexander eine Versöhnungs- und Assimilierungspolitik mit dem Ziel der Verschmelzung von Makedonen und Persern. Dazu diente unter anderem die „Massenhochzeit von Susa" im Jahr 324. Damit wurden am Ende des Rache- und Eroberungskriegs die politischen Grundlagen des *Hellenismus* geschaffen.

Die Schlacht bei Gaugamela

Nach der Eroberung des westlichen Perserreiches wandte sich Alexander dem eigentlichen Kernland Irans zu. Im Herbst 331 v. Chr. trafen die beiden Heere bei Gaugamela aufeinander. Zuerst schien es so, als könnten die Perser die Makedonier schlagen, bis Alexander erneut einen Frontalangriff auf Darius' Stellung befahl. Wie schon zwei Jahre zuvor floh der eingeschüchterte Darius erneut und das Blatt wendete sich gegen die bis dahin überlegenen Perser. Alexander zog daraufhin siegreich in **Babylon** und später in **Susa** ein. Auch das übrige Persien konnte Alexander dem Großen in den folgenden Jahren nicht widerstehen, bis dieser 323 v. Chr. in Babylon starb und sein Reich wieder zerfiel.

Die Schlacht bei Issos

In der **Schlacht bei Issos** 333 v. Chr. errang Alexander seinen ersten großen Sieg über die Perser. 35.000–40.000 Soldaten auf Alexanders Seite standen etwa 60.000 Soldaten im persischen Heer gegenüber. Die Schlacht verlief an den einzelnen Fronten mit wechselseitigem Erfolg. Als aber Alexander den persischen Heerführer Darius frontal angriff, geriet dieser in Panik und floh. Dieser Sieg öffnete für Alexander zwar den Weg nach Vorderasien, doch statt weiter nach Persien zu marschieren, widmete er sich den Städten entlang des Mittelmeeres, um der überlegenen persischen Flotte ihre Basen zu entziehen. Die phönizische Stadt **Tyros** fiel nach siebenmonatiger Belagerung und **Gaza** leistete gar bis zum letzten Mann Widerstand. Alexanders Weg führte ihn nun nach Ägypten, wo er zur Abwechslung auf nur geringen Widerstand traf. In Ägypten ließ sich Alexander als Gott verehren.

Persisches Keramikrelief

Wie sah diese Assimilierungs- und Versöhnungspolitik genau aus?

Nachdem Darius von seinem Vasallen **Bessos** ermordet worden war, bestrafte Alexander den Königsmörder nicht nur, sondern ließ Darius III. auch mit allen königlichen Ehren bestatten. Alexander steuerte die Versöhnung mit den persischen Aristokraten an und beauftragte immer mehr Perser mit Verwaltungsaufgaben, während er sich an die Eroberung des übrigen Reiches machte.

Welche Auswirkungen hatte die Eroberung auf die Kultur Persiens?

Mit der Eroberung Persiens durch Alexander den Großen und den ihm nachfolgenden *seleukidischen Königen* (312–138 v. Chr.) gewann griechischer Einfluss im künstlerischen Schaffen des Perserreiches zunehmend an Bedeutung, dem sich die Herrscherdynastie der *Arsakiden* (247 v. Chr.–224 n. Chr.) nicht verschließen konnte. Mit dem Herrschaftsantritt der *Sassaniden* (224–621 n. Chr.) erfolgte eine bewusste Rückbesinnung auf die große kulturelle Tradition der *achaimenidischen Blütezeit.*

Macht und Reichtum der Perser

Bereits in der Antike entwickelte sich das Perserreich zu einem Vielvölkerstaat von bis dahin nicht gekannten Ausmaßen. Kyros dem Großen machte die Achaimenidendynastie, die von 558–330 v. Chr. herrschte, zum mächtigsten Fürstengeschlecht seiner Zeit und gestaltete die Ordnungsstrukturen des gesamten Vorderen Orients neu. In ihren Hauptstädten **Persepolis**, **Susa** und **Parsagadae** sammelten die persischen Großkönige schon damals sagenhafte Reichtümer an.

Hellenismus

Als Hellenismus bezeichnet man die Zeitspanne, die zwischen der Eroberung des Perserreiches durch Alexander den Großen und dem Beginn der römischen Vorherrschaft liegt. Die griechische Kultur erlangte hier ihre größte Blüte.

Was hat Alexander der Große für den Hellenismus getan?

Bei seinem Tod im Jahr 323 v. Chr. ließ **Alexander der Große** das größte Reich zurück, das die Welt je gesehen hatte. Es verband Ägypten und den Orient bis nach Indien mit der Zivilisation Griechenlands. Alexanders Eroberungen markierten den Beginn einer neuen Epoche in der Geschichte der Menschheit: Es entstand eine Zivilisation, die von der griechischen Kultur und Sprache beherrscht wurde: Der *Hellenismus* war geboren.

Was ist der Unterschied zur hellenischen Kultur?

Während mit der hellenischen Kultur die Lebensart des klassischen Griechenland der Antike gemeint ist, bezeichnet der Hellenismus die Verschmelzung der klassischen griechischen Kultur mit lokalen Elementen. Der Hellenismus war nicht nur bis ins fernste Asien gekommen, sondern war im gesamten Mittelmeerraum bei den Gebildeten allgemein bekannt. In Kleinasien und Syrien vermischte er sich mit den dortigen religiösen Systemen. Das beeinflusste stark den Verlauf

Alexander der Große

der weiteren Geschichte, denn es fand vielerorts eine Vermischung zwischen griechischer Logik und lokaler Theologie statt.

Bewirkte der Hellenismus auch praktische und philosophische Fortschritte?

In Wissenschaften wie *Medizin, Astronomie* und *Mathematik* erzielte man zu dieser Zeit enorme Fortschritte und aus jener Epoche stammen die bekannten Namen von **Euklid**, **Apollonios** von Perge, **Eratosthenes**, **Aristarchos** von Samos, **Hipparchos** von Nicäa, **Heron** von Alexandria oder **Archimedes**. Hinzu kamen die großen philosophischen Schulen dieser Zeit: der *Stoizismus* und

Die Bibliothek von Alexandria

Der *Hellenismus* ließ sowohl die Religion als auch Kunst und Literatur zu einer Mischung aus den griechischen Vorgaben mit den entsprechenden regionalen Elementen werden. Unter den vielen neuen Stadtgründungen war die bedeutendste sicherlich **Alexandria** in Ägypten. Unter den Ptolemäern, die mit ihrem Reichtum Dichter, Gelehrte, Künstler und Wissenschaftler in die Stadt holten, wurde Alexandria mit seiner berühmten *Bibliothek* ein bedeutendes wirtschaftliches, kulturelles und religiöses Zentrum, wo Philologie, Grammatik und Literatur gefördert wurden. Obwohl die klassischen Vorbilder nie vergessen wurden, bescherte der Hellenismus dieser Stadt eine enorme Fülle an neuen Impulsen, Weiterentwicklungen und Ideenreichtum.

Die Diadochen und der Untergang des Hellenismus

Obwohl Alexander noch auf dem Sterbebett **Perdikkas** zu seinem Nachfolger ernannt hatte, sicherten sich die makedonischen Heerführer die größten Stücke des Kuchens: Sie traten bald als selbstständige Nachfolger des Alexander, als so genannte **Diadochen**, auf und ergriffen die Herrschaft unter Verzicht auf jegliche Verschmelzungspolitik und ohne das Ziel des Weltreichs weiterzuverfolgen. So schlug **Antipatros** zwar rasch den Aufstand der Morgenluft witternden *Griechen* im Jahr 323 v. Chr. nieder, aber da ansonsten einigende Zielsetzungen fehlten, kam

Der Diadoche Demetrios I. Poliorketes auf einem Drachmenstück

schon bald Uneinigkeit auf, und die Diadochen wandten sich gegeneinander. Perdikkas ging in dem Kampf gegen **Antigonos** (Kleinasien), **Krateros** (Asien), **Ptolemaios** (Ägypten) und **Lysimachos** (Thrakien) zugrunde und wurde im Jahr 321 v. Chr. ermordet. Antipatros als nächster Reichsverweser starb zwei Jahre später, und **Polyperchon**, dem er die Nachfolge übertragen hatte, sah sich Angriffen von Antigonos, Ptolemaios, Lysimachos und **Kassander**, dem Sohne des Antipatros, der sich dabei Makedonien erkämpfte, gegenüber. Die entstandenen Königreiche – Makedonien unter den *Antigoniden*, Vorderasien unter den *Seleukiden* und Ägypten unter den *Ptolemaiern* – wurden nie mehr in einem Gesamtreich vereinigt und unterlagen schließlich eines nach dem anderen dem Ansturm Roms. Kunst und Kultur des Hellenismus wurden aber von den Römern adaptiert und konnten im *Byzantinischen Reich* bis an die Schwelle der Neuzeit bewahrt bleiben.

Euklid

der *Epikureismus*. Die literarischen und wissenschaftlichen Werke, die in jenen Jahren entstanden, wurden im christlichen Westen verboten und mit der Zeit vergessen. Durch die Vermittlung islamischer Gelehrter wurde viele Jahre später erst deutlich, welch enormes Wissen man einst abgelehnt hatte.

Wie wirkte sich die kulturelle Vereinigung auf die Wirtschaft aus?

Während des Hellenismus etablierte sich quasi ein regelrechtes Welthandelssystem, in dem das *Seleukidenreich* über die Seidenstraßen wirtschaftliche Kontakte bis nach Zentralasien und China aufbauen konnte. Kontakte mit Indien und Arabien waren aber ebenso gegeben und das Ptolemäerreich verband den ganzen Mittelmeerraum von Spanien bis zur Levante unter Einbindung Nord- und Schwarzafrikas zu einem einheitlichen hellenistischen Wirtschaftsgebiet.

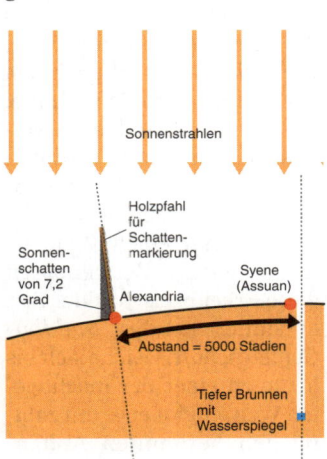

Eratosthenes: Berechnung des Erdumfangs

Der Buddhismus ist eine der bedeutendsten Weltreligionen mit ca. 300 bis 400 Millionen Anhängern, die die Wiedergeburt und die Erlösung vom Leid des Lebens proklamiert. In manchen Ländern ist es möglich, dieser Religion parallel zu anderen anzugehören.

Wer war Buddha?

Wahrscheinlich um das Jahr 560 v. Chr. wurde im Himalajagebiet des heutigen Nepals in der Stadt Kapilavastu **Siddharta** geboren. Später bekam der von seinen Freunden auch **Gautama** genannte den Titel **„Buddha"**, was so viel wie *„der Erleuchtete"* oder *„der Erwachte"* bedeutet.

Wie lebte Buddha?

Buddha war der tiefen Überzeugung, dass alles Leben letztlich leidvoll ist. So bestand sein ganzes Leben aus der Suche nach einem Weg, wie er das Leiden überwinden und Erlösung finden könnte. Nach langem und mühevollem Suchen bekam er durch eine Erleuchtung Antwort auf alle seine Fragen und verkündete fortan in einem Wanderleben seinen Zeitgenossen diese Erkenntnis. Mit der Zeit entstand so die *Buddha-Gemeinschaft*, welche sich bis heute zu einer der mächtigsten Weltreligionen – mit zahlreichen berühmten Anhängern aus dem Filmgewerbe – entwickelt hat.

Ist die Existenz Buddhas faktisch genau geklärt?

Tatsächlich ranken sich, wie bei allen Ikonen der verschiedensten Religionen, zahlreiche Legenden um die Existenz des Buddha. So gibt es v. a. in der Jugend viele Parallelen zum Christentum: Seine Mutter soll ihn ohne einen Mann empfangen haben und bei seiner Geburt soll die Welt mit paradiesischem Glanz erfüllt gewesen sein. In Wirklichkeit war der Vater jedoch wohl Großgrundbesitzer und ermöglichte seinem Sohn in der Kindheit eine vorzügliche Ausbildung.

Wieso war Buddha der Überzeugung, dass Leben letztlich bloß Leid ist?

Bei einer Ausfahrt aus dem behüteten Elternhaus begegnete Siddharta einem alten Mann, der vom Leben gezeichnet war. Während weiterer drei Ausfahrten sah er einen Kranken, einen Toten und einen Mönch und erkannte, dass er in seinem bisherigen Leben das Leid bloß verdrängt hatte und selbst durch Tod oder

Buddhistischer Tempel

Krankheit bedroht war. Mit 29 Jahren fasste er so den Entschluss, sich auf die Suche nach der Erleuchtung zu machen und seine Heimat zu verlassen.

Wie gelangte Buddha zu der Erleuchtung?

Auf der Suche nach einer Existenz ohne Leiden gelangte Siddharta zu einem altehrwürdigen Baum. Er beschloss, dort so lange zu verharren, bis er sein Ziel erreicht und die Antwort auf die Frage, wie sich der Mensch vom Leid befreien könnte, erlangt hätte. Er begann zu meditieren und machte rasche Fortschritte. Eines Nachts erlangte er schließlich die Erleuchtung – wie er es selbst nannte – und erkannte, wonach er jahrelang gesucht hatte. Mit 37 Jahren erkannte er die *„Vier edlen Wahrheiten"* in vier aufeinander folgenden Nachtwachen.

Worin besteht das Ziel der buddhistischen Lehre?

Nach Buddhas Aussage besteht das menschliche Leben aus Leid. Dies nimmt auch mit dem Tod kein Ende, da der Mensch – nach Buddha – wiedergeboren wird und dieses Leben erneut voller Leid

ist. Die Erlösung hat der Mensch gefunden, wenn er nicht mehr wiedergeboren wird. Diesen Zustand nennt Buddha *„Nirwana"*, den Ort des Verlöschens.

Ist der Buddhismus eine einheitliche Religion?

Während der langen Zeit seit der Entstehung hat sich auch der *Buddhismus* weiterentwickelt und in drei Richtungen aufgespalten. *Hinayana (Das Kleine Fahrzeug)* ist die älteste Form. Sie hat die ursprüngliche Lehre am reinsten erhalten. Sie hat mit etwa 40 Mio. die wenigsten Anhänger. Seit dem 2. Jh. n.

Meditierender Mönch

Chr. gibt es *Mahayana* (*Das Große Fahrzeug*) und hat mit über 200 Mio. die weitaus meisten Anhänger. Im Gegensatz zum *Kleinen Fahrzeug* ist die Lehre viel menschenfreundlicher orientiert. Die jüngste Ausprägung ist *Vajrayana*, das *Diamantene Fahrzeug*, die sich seit dem 7. Jh. in **Nepal** und **Tibet** entwickelt hat. An der Spitze dieser Richtung steht der **Dalai-Lama** und wird von den Anhängern als göttlich verehrt. Die etwa 60 Mio. Gläubigen haben sich wohl am weitesten von den Lehren des Buddhas entfernt, da im *Diamantenen Fahrzeug* die Freude am Leben und die Lust groß geschrieben werden.

Die vier edlen Wahrheiten

Die edle Wahrheit vom *Leiden*: Alter ist Leiden, Krankheit ist Leiden, Tod ist Leiden, mit Unlieben vereint sein ist Leiden, von Lieben getrennt sein ist Leiden, nicht erlangen, was man begehrt, ist Leiden.

Die edle Wahrheit von der *Entstehung des Leidens*:
Es ist der Durst, der zur Wiedergeburt führt, samt Freude und Begier; der Lüstedurst, der Werdedurst, der Vergänglichkeitsdurst.

Die edle Wahrheit von der *Aufhebung des Leidens*:
Die Aufhebung des Durstes durch restlose Vernichtung des Begehrens; ihn nicht bei sich zulassen, sich seiner entäußern, sich von ihm lösen, ihm keine Stätte gewähren.

Die edle Wahrheit vom Wege zur *Aufhebung des Leidens*:
Es ist dieser edle achtteilige Pfad, der da heißt: rechtes Denken, rechtes Entschließen, rechtes Wort, rechte Tat, rechtes Leben, rechtes Streben, rechtes Gedenken, rechtes Sichversenken.

Die griechische und römische Religion

Seit dem 5. Jahrhundert vor Christus geriet die römische Religion unter den Einfluss der griechischen Mythologie, weshalb es zu einer immer stärkeren Überlagerung und Verschmelzung der römischen und griechischen Gottheiten kam.

Wie sah die Religion der Römer vor dem Einfluss der Griechen aus?

Die ursprüngliche *römische Religion* kannte kaum „anthropomorphe", also in Menschengestalt auftretende, Gottheiten. Bei Gebeten, Weissagungen, Opfern und Festen standen nie eine Gottheit, sondern immer die *Fruchtbarkeit* von Land und Vieh im Mittelpunkt. Alle religiösen Rituale der Römer wurden sehr formell abgehalten, da man sie nur in der festgelegten Form für wirksam hielt. Die *altrömische Bauernreligion* sah das Leben von der Natur beherrscht und verehrte einzelne Teile als solche, wie die Erde, die Quellen oder auch die Ernte.

Hatten die Römer keine Probleme mit anderen Göttern?

Eine Voraussetzung für die Errichtung ihres Weltreiches war die Toleranz der Römer anderen Sitten und Kulturen gegenüber. Auf ihren Eroberungszügen lernten die Römer viele fremde Gottheiten

Zeus bei einem olympischen Gelage

und Kulte kennen, die sie faszinierten und die schnell und bereitwillig in Rom aufgenommen wurden, wie z.B. **Isis** aus Ägypten, **Mithras** aus Persien oder **Kybele** aus Kleinasien. Die Römer waren recht unvoreingenommen und neugierig; es wäre ihnen deshalb nie in den Sinn gekommen, andere zu ihrer eigenen Religion bekehren zu wollen. Nur mit dem Gott der Christen und Juden, der verlangte, dass es keine anderen Götter neben ihm geben sollte, konnten sich die Römer nicht anfreunden: Die gleiche Offenheit fremden Religionen gegenüber erwarteten sie auch von den anderen Völkern.

Wann kam es zu einer Verschmelzung?

Mit dem 5. Jh. v. Chr. geriet die römische Religion unter den Einfluss der Mythologie der Griechen, die sich in Unteritalien bis hinauf nach Neapel angesiedelt hatten. In der Folge kam es zu einer immer stärkeren Überlagerung und Verschmelzung der römischen und griechischen Gottheiten und damit zu einem tief greifenden Wandel der römischen Religion.

Woher kommt die griechische Religion?

Die Kultur der Griechen entstand schon um 2000 v. Chr.

und umfasste eine große Anzahl von Göttern, um die sich unterschiedliche Legenden rankten. Die Entwicklung der komplexen Religion war bis etwa 700 v. Chr. abgeschlossen und die darin enthaltenen griechischen Götter ähnelten den Menschen nicht nur in ihrer Gestalt, sondern auch in ihrem Charakter. Es gab Eifersucht, Ränkespiele und ziemlich viele Seitensprünge unter den griechischen Göttern, die sich oft mit den Menschen abgaben.

Worin besteht der Unterschied der griechischen Religion zu den meisten anderen?

Im Gegensatz zu vielen anderen alten Religionen wie z. B. dem Hinduismus oder dem Judentum enthielt die *griechische Mythologie* keine wie auch immer gearteten Offenbarungen oder spirituellen Lehren. Die griechische Götterwelt ließ sich individuell von den Menschen verehren, besänftigen, anrufen und beschenken.

Ianus – ein ursprünglicher Gott der Römer?

Der Gott **Ianus** ist eine der ältesten bekannten römischen Gottheiten. Nach ihm wurde der Monat *Januar* benannt und eigentlich war er der *Gott der Stadttore Roms*. Es war allgemeine Ansicht, dass die Sonne nach der Wintersonnenwende durch ein *Tor des Ianus* ihren neuerlichen Aufstieg antrat. Ianus besaß ein Heiligtum,

Pallas Athene

das an der Nordwestecke der *Basilica Aemilia* auf dem *Argiletum*, einer Straße, die vom **Forum** in die *Subura* führte, lag. Wir wissen aus Abbildungen auf Münzen, dass es sich um ein Heiligtum in der Form eines Rundbogens handelte, das zwei Türen auf einander gegenüberliegenden Seiten hatte. Diese Tore waren in Kriegszeiten offen und im Frieden geschlossen.

Kleine Übersicht der Götterwelt

Griechischer/ Römischer Name	Eltern	Funktionsbereich
Zeus/Iuppiter	Kronos/Rhea	Oberhaupt der Götter
Hera/Iuno	Kronos/Rhea	Ehe, Eheschließung
Pallas Athene/Minerva	Zeus/(Metis)	Handwerk, Wissenschaft, Kunst; Athens/Roms Stadtgöttin
Apollon/Apollo	Zeus/Leto	Musik, Dichtkunst, Anführer der Musen
Artemis/Diana	Zeus/Leto	Tiere, Fruchtbarkeitsgöttin, Jagdgöttin
Hephaistos/Vulcanus	Zeus/Hera	Feuer, Schmiedekunst
Aphrodite/Venus	Zeus/Dione	Liebe, Schönheit
Ares/Mars	Zeus/Hera	Wilder Kriegsgott
Hermes/Mercur	Zeus/Maia	Diener des Zeus, Götterbote
Helios/Sol	Hyperion/Theia	Sonnengott
Poseidon/Neptunus	Kronos/Rhea	Herr der Meere
Hades/Pluto	Kronos/Rhea	Herr der Unterwelt

Die Römische Republik

Die Zeit zwischen der Vertreibung des letzten Königs Lucius Tarquinius Superbus 510 vor Christus bis zur Errichtung des Prinzipats durch Augustus im Jahr 27 vor Christus war von der Herrschaft der Senatsaristokratie geprägt.

Was geschah nach dem Sturz des letzten Königs?

Nachdem im ausgehenden 5. Jh. v. Chr. der letzte König Roms aus der etruskischen Linie der Tarquinier, **Lucius Tarquinius Superbus**, gestürzt wurde, folgte eine *aristokratisch-patrizische Republik*, die eine neue Herrschaftsform vertrat. Alle Aufgaben eines Königs wurden in religiöse und politische Bereiche aufgegliedert und an seine Stelle trat nun das Amt des *Praetors* bzw. des *Konsuls*, der aus den römischen Adelsgeschlechtern der *Patrizier* entstammen musste und

Via Flaminia

> ## Militärdienst im Römischen Reich
>
> Jeder römische Bürger im Alter zwischen 17 und 45 Jahren bezahlte seine Waffen selbst. Da die Reichen sich natürlich einen Brustpanzer, Beinschienen und einen großen Schild leisten konnten, standen sie bei Kämpfen immer in der ersten Reihe. Die wichtigsten Bestandteile der Bewaffnung waren aber der Helm und die Lanze, die jeder Soldat besitzen musste. Die Krieger der vorderen Reihen kämpften mit dem einer Wurfwaffe, dem *pilum,* und die dahinter liegenden Reihen waren mit der *hasta,* einer Art Pike, ausgerüstet. Die *Schildkrötentaktik,* die ganz hervorragend in diversen Asterix-Comics dargestellt ist, sorgte dafür, dass diese Anordnung von Soldaten auf dem Schlachtfeld fast unverwundbar zu sein schien.

nur für ein Jahr gewählt wurde. Eine Wiederwahl war erst möglich, nachdem mindestens ein Jahr Pause ohne Amt eingelegt worden war.

Herrschten die Patrizier über alle anderen?

Das *Römische Reich* wuchs beständig und bald mussten auch die rechtlosen Leute, die *Plebejer*, Kriegsdienst leisten. Da während dieser Zeit aber niemand ihre Geschäfte weiterführte oder ihre Felder pflegte, machte sich schon bald eine Unzufriedenheit bezüglich der Machtverhältnisse innerhalb der römischen Gesellschaft unter den Plebejern breit. Die Folge waren die so genannten *Ständekämpfe* im 5. und 4. Jh. v. Chr. zwischen den Patriziern und Plebejern. Letztere brachten ihren Unmut in drei Forderungen zum Ausdruck: Sie wollten einen akzeptablen Schutz vor willkürlich erscheinenden Amtshandlungen des Senats, zivil- und strafrechtliche Gleichstellung mit den Patriziern sowie die Möglichkeit, an der Staatsführung aktiv teilzunehmen.

Was resultierte aus diesen Ständekämpfen?

Die Plebejer gründeten eine eigene Volksversammlung und mithilfe eines Vetorechtes ihrer gewählten Mitglieder in Rechtsfragen konnten sie ihre erste Forderung als erfüllt betrachten. Im Jahr 287 v. Chr. wurden die *Ständekämpfe* zwischen den Plebejern und den Patriziern beigelegt, denn mithilfe eines Kompromisses kam es tatsächlich zur einer patrizisch-plebejisch geführten Republik mit zwei Praetoren bzw. Konsuln aus den beiden römischen Gesellschaftsschichten.

Einberufung des römischen Heers (1. Jh. v. Chr.)

Die Plebejer hatten ihre drei Forderungen durchgesetzt. Da der Senat und seine Magistrate nicht jedes Jahr aufs Neue wechseln mussten, übte er die eigentliche Macht aus, – auch gegenüber den jährlich neu zu wählenden Konsuln. Ein neuer Amtsadel war entstanden: die Nobilität aus Adel und reichen Plebejern.

Was geschah nach dem Ende der Ständekämpfe?

In den Jahren 264–133 v. Chr. breitete sich das *Römische Reich* kontinuierlich aus. Die Römer führten zahlreiche Kriege in verschiedenen Teilen Europas und Afrikas. In dieser Zeit trat das alte Problem der Plebejer wieder vermehrt auf: Zum Kriegsdienst gezwungen konnten die Bauern nichts erwirtschaften und verarmten. Die Folge war eine wachsende Unterschicht mit ebenso wachsendem Unmut über die innerpolitische Lage. Als ab 133 v. Chr. die beiden Brüder **Tiberius** und **Gaius Gracchus** erste Reformversuche starteten, beide aber nicht nur vom Senat und der Nobilität bekämpft, sondern auch ermordet wurden, war die Zeit der Bürgerkriege angebrochen. Rund 100 Jahre später sollte das Ende der *Römischen Republik* erreicht sein.

Kriege in der Zeit der Römischen Republik

343–341	1. Samnitenkrieg
326–304	2. Samnitenkrieg
298–290	3. Samnitenkrieg
282–272	Krieg gegen Pyrrhos
264–241	1. Punischer Krieg
229	1. Illyrischer Krieg
221–197	1. Makedonischer Krieg
219	2. Illyrischer Krieg
218–201	2. Punischer Krieg
154–133	Spanische Kriege
149–144	3. Punischer Krieg
148/146	Makedonischer Krieg, Krieg gegen den Achaischen Bund
112–105	Krieg gegen Jugurtha
91–88	Bundesgenossenkrieg
87–64/63	Krieg gegen Mithradates
88–82	1. Bürgerkrieg
58–51	Gallischer krieg
49–45	2. Bürgerkrieg

Römische Kolonisation

Die vermehrten Gründungen von römischen Siedlungen in ganz Europa mit dem Ziel, die eroberten Gebiete des Römischen Reiches zu sichern und zu kontrollieren, werden aus heutiger Sicht als Zeit der Römischen Kolonisation bezeichnet.

Warum errichteten die Römer Kolonien?

Seit dem 5. Jh. v. Chr. hatte Rom begonnen zu expandieren und 264 v. Chr. begann mit der Annexion **Siziliens** die *römisch-imperialistische Phase*. Nach und nach wuchs das Römische Reich, und da die neuen Provinzen geschützt und kontrolliert werden mussten, errichteten die Römer überall in den eroberten Gebieten Kolonien. Diese erfüllten teilweise den Zweck einer Absicherung, da das Militär zumeist schon wieder an anderen Kriegschauplätzen gebraucht wurde. Aus diesem Grund waren die Kolonien von großer Bedeutung

Relief der Trajanssäule in Rom

für die Politik Roms und ihre Bürger wurden dementsprechend bevorzugt behandelt. Die einzelnen Kolonien wurden durch breit angelegte Straßen miteinander verbunden, was den großen Vorteil hatte, dass eventuelle Truppenbewegungen des Feindes bereits in großer Entfernung sichtbar waren.

Was war das Besondere an der Kolonisation durch die Römer?

Die Römer gaben sich nicht damit zufrieden, ihre Bürger in die besetzten Gebiete zu schicken. Sie gründeten vielmehr für jede Kolonie eine neue Stadt. Dieser Vorgang lief jedes Mal nach streng festgelegten militärischen Mustern ab. Nachdem der genaue Ort für die neue Kolonie festgelegt und exakt vermessen worden war, wurden die Gebäude errichtet. Auch dafür hatten die Römer eine genau vorgegebene Reihenfolge, die sich stark am Aufbau von militärischen Lagern orientierte: Zuallererst mussten die Befestigungen und Barrikaden gebaut werden, damit der Rest des Aufbaus

Triumphbogen in Rom

ungefährdet vonstatten gehen konnte. Nachdem die öffentlichen Gebäude errichtet worden waren, konnte schließlich der Bau der Privathäuser begonnen und die Errichtung der Kolonie zum Abschluss gebracht werden.

Wurden zugunsten der Kolonien Einheimische vertrieben?

Eine Vertreibung der einheimischen Bevölkerung einer Provinz zugunsten einer römischen Kolonie war sehr selten und in aller Regel nicht notwendig. Da die ursprünglichen Bewohner jener Gebiete zumeist in den neu gegründeten Städten untergebracht waren, integrier-

Julius Caesar

Gaius Iulius Caesar, wie er mit vollständigem Namen hieß, war einer der bedeutendsten Feldherren des Römische Reiches. Er galt als erbarmungsloser Kriegsherr und brillianter Taktiker. In den berühmten *Gallischen Kriegen* unterwarf er das gesamte heutige Frankreich in langen Kämpfen, deren Verlauf er später in Buchform niederschrieb. Unzählige Geschichten und Legenden rankten sich im Lauf der Jahrhunderte um Caesar.

ten sie sich recht schnell und es kam zu einer friedlichen *Koexistenz* zwischen römischen Bürgern und ihren „Stadtgästen". Generell war die Zeit der römischen Expansion zwar von Kriegen und Schlachten geprägt, die teilweise auch recht blutrünstig verliefen und hohe Opferzahlen forderten, es gab

Römisches Theater und Thermen in Pergamon

jedoch auch lange Phasen, in denen die so genannte „*Pax Romana*", der römische Friede, vorherrschte.

Welches waren die bedeutendsten Kolonien?

Die römischen Kolonien erstreckten sich über das gesamte Reich. Während sei-

ner größten Ausdehnung unter Kaiser Trajan reichte es von **Spanien** im Westen bis nach **Armenien** im Osten und von **Schottland** im Norden bis **Ägypten** im Süden. Die bedeutendsten Kolonien während dieser Zeit waren **Milet**, **Smyrna** und insbesondere **Ephesos**. Die zuletzt genannte nahm ohnehin eine gewisse Sonderstellung unter den Kolonialstädten ein. Die Stadt war eine Art antiker Schmelztiegel, in ihr lebten Vertreter der unterschiedlichsten Nationalitäten zusammen. *Syrer*, *Judäer*, *Römer*, *Griechen* und viele weitere waren lediglich durch den gemeinsamen Gebrauch der griechischen Sprache miteinander verbunden. Die 200.000 Einwohner fassende Stadt wurde vielleicht gerade durch ihre multikulturelle Eigenart zur prächtigsten Kolonialstadt des gesamten römischen Reiches. Auch im mitteleuropäischen Raum wurden diverse Kolonien gegründet, aus denen später

blühende Städte hervorgingen. Beispiele hierfür sind **Köln**, **Trier** oder **Xanten**.

Was waren die Nachteile eines so großen Reiches mit so vielen Kolonien?

Im 1. Jh. v. Chr. bekamen die Römer die negativen Auswirkungen des großen Reiches zu spüren. Die staatliche Struk-

Via Appia

tur war durch die Verwaltung eines so gigantischen Reiches mit einer hohen Zahl an Provinzen überfordert. Es kam daraufhin zum *Bürgerkrieg*, in dessen Verlauf **Julius Caesar** sich durchsetzte und später auf dem Zenit seiner Macht ermordet wurde. Nach längeren Kämpfen sicherte sich schließlich **Oktavian** die Macht und ging als Kaiser **Augustus** in die Geschichte ein. Er führte weit reichende Reformen durch, organisierte das Reich neu und führte Rom aus der Republik in die so genannte „*Kaiserzeit*".

Die Punischen Kriege

Die drei Kriege zwischen dem Römischen Reich und den Karthagern – die von den Römern Punier genannt wurden – um die Vorherrschaft im westlichen Mittelmeerraum nennt man die Punischen Kriege (264 bis 146 vor Christus).

Wie kam es zum Krieg zwischen Rom und Karthago?

Im 3. Jh. v. Chr. waren die zwei bedeutenden Staaten im Mittelmeerraum **Rom** und **Karthago**. Die *Punier*, wie die Karthager von den Römern genannt wurden, besaßen eine mächtige Seeflotte, was sie auch zu erfolgreichen Kaufleuten machte. Rom und Karthago hatten durch eine Reihe von Verträgen fast 200 Jahre lang eine Koexistenz geführt, ehe die sizilianische Stadt **Messina** von **Syrakus** angegriffen wurde. Messina rief sowohl Karthago als auch Rom zu Hilfe, doch während die Karthager umgehend Hilfe leisteten, breiteten sich die Römer erst nach Abzug der syrakusischen Truppen auf Sizilien aus. Dies empfand Karthago als Provokation und der *1. Punische Krieg* begann 264 v. Chr. Die Seeschlacht bei den **Ägadischen Inseln** im Jahr 241 v. Chr. entschied den Krieg für Rom.

Was hatte Hannibal mit der Entstehung des 2. Punischen Kriegs zu tun?

Nachdem der *1. Punische Krieg* 23 Jahre gedauert hatte, herrschte für ebenfalls annähernd 23 Jahre Frieden

Ruinen des antiken Karthago

zwischen Rom und Karthago. Karthago hatte nach seiner Niederlage eine Reihe von Inseln (Sizilien, Korsika und Sardinien) an Rom abtreten müssen und eroberte zum Ausgleich in der Folgezeit weite Teile Spaniens. Die Römer versuchten durch vertragliche Bündnisse den Expansionsdrang Karthagos in diesen Gebieten zu verhindern, was zunächst auch funktionierte. Als jedoch **Hannibal** nach der Ermordung seines Vaters **Hamilkar Barkas** das Oberkommando über die karthagischen Truppen in Spanien übernahm, griff er Bündnispartner Roms an und der *2. Punische Krieg* begann. 16 Jahre später wurde Hannibal im Jahr 202 v. Chr. in der *Schlacht bei Zama* von **Scipio d. Ä.** besiegt.

Stichwort: Umfassungsschlacht

Heeresoperation, die erstmals 216 v. Chr. von dem Feldherrn Hannibal durchgeführt wurde. Bei **Cannae** in Apulien vernichteten 50.000 karthagische und verbündete Soldaten eine römische Streitmacht von rund 80.000 Mann, indem sie den in Legionen statisch geordneten Gegner beidseitig umgingen und in den Flanken bzw. von hinten angriffen. Die Umfassungsschlacht erhielt im beginnenden Industriezeitalter durch die Nutzung der Eisenbahn für den Transport und der Telegrafie für die Kommunikation eine neue Dimension. Sie wurde vor allem von dem preußischen Generalstabschef Graf von Moltke erkannt, der diese Methode in den Schlachten der Einigungskriege bei Königgrätz 1866 und Sedan 1870 erfolgreich anwandte.

Hannibal

Hannibal

Hannibal, Sohn des Hamilkar Barkas, war Feldherr und Staatsmann Karthagos. Er wurde um 247 v. Chr. geboren und starb 64 Jahre später durch eigene Hand. Nach der Ermordung seines Vaters wurde Hannibal 221 v. Chr. in Spanien zum Oberbefehlshaber der karthagischen Truppen ausgerufen. Er bereitete einen Feldzug gegen Nordspanien vor, und als er 219 v. Chr. die mit Rom verbündete Stadt **Sagunt** eroberte, erklärte Rom Karthago wenig später den Krieg. Daraufhin überquerte Hannibal mit seinem Heer in einem verlustreichen Zug die Pyrenäen und Alpen und stand im Herbst 218 v. Chr. völlig überraschend in Norditalien. Die ihm von den Römern eilig entgegengeworfenen Heere wurden 218/217 v. Chr. geschlagen und Hannibal krönte seine Erfolge 216 v. Chr. in der großen Umfassungsschlacht bei **Cannae**. Da Rom trotz der schweren Niederlage Verhandlungen ablehnte, Hannibal eine Belagerung Roms nicht wagte und sein Aufruf zum Abfall an die Bundesgenossen der Römer nur wenig bewirkte, sicherte sich Hannibal in **Capua** und anderen süditalienischen Orten Stützpunkte. 212 v. Chr. eroberte der römische Feldherr **Marcellus Syrakus** zurück. Um die Römer von der Eroberung Capuas abzuhalten, marschierte Hannibal 211 v. Chr. gegen Rom (*„Hannibal ante portas"*), musste aber angesichts der Verteidigungsmaßnahmen der Stadt die Vergeblichkeit seines Vorhabens erkennen. Nach dem Fall Capuas 211 v. Chr. zog sich Hannibal nach **Bruttium** zurück. Als **Publius Cornelius Scipio d. J.** 203 v. Chr. Karthago bedrohte, wurde Hannibal nach Afrika zurückgerufen. Dort wurde er im darauf folgenden Jahr bei **Zama** von **Scipio** geschlagen und riet offiziell zum Frieden. In der Folgezeit reformierte er den Staatsaufbau Karthagos und rüstete im Verborgenen erneut gegen Rom, woraufhin er von politischen Gegnern aus seiner Heimat vertrieben wurde. Für einige Jahre fand er Zuflucht bei **Antiochos III.**, sah sich nach dem Sieg der Römer über Antiochos bei **Magnesia** 190 v. Chr. aber erneut zur Flucht gezwungen. Die letzten Jahre seines Lebens verbrachte der ehemalige Feldherr in Kleinasien bei König **Prusias I.** von Bithynien. Als auch dort römische Gesandte seine Auslieferung verlangten, nahm sich Hannibal 183 v. Chr. das Leben.

Wieso gab es einen 3. Punischen Krieg?

Nachdem Rom im 2. *Punischen Krieg* an den Rand einer Niederlage gedrängt worden war, letztendlich allerdings triumphierte, waren die warnenden Stimmen im Römischen Reich nicht zu überhören, die vor einem erneuten Wiederaufstieg Karthagos warnten. Innenpolitisch dazu angetrieben nahm Rom im Jahre 149 v. Chr. eine rein formelle Verletzung des Vertrages mit Karthago zum erneuten Kriegsanlass. In diesem letzten und kürzesten aller *Punischen Kriege* wurde bereits drei Jahre später Karthago von **Publius Cornelius Scipio Africanus Numantinus**, Scipio dem Jüngeren, erobert und endgültig zerstört.

Wer war der ältere Scipio?

Publius Cornelius Scipio Africanus Maior, auch „Scipio der Ältere" genannt, war römischer Feldherr, wurde im Jahr 235 v. Chr. geboren und verstarb 183 v. Chr. in **Liternum**. Er eroberte im Jahr 206 v. Chr. **Spanien**, zwang Hannibal zur Räumung Italiens und schlug ihn 202 v. Chr. bei **Zama**.

Die kriegerischen Auseinandersetzungen um die Neugestaltung des Römischen Reiches in der Endphase der Römischen Republik in der Zeit von 133 bis 27 vor Christus, die mit der Etablierung des Prinzipats durch den späteren Kaiser Augustus endeten.

Wie kam es zu den Auseinandersetzungen?

Eingeleitet wurden die *römischen Bürgerkriege*, als die beiden Brüder **Gaius** im Jahre 133 v. Chr. und **Tiberius Gracchus** in den Jahren 123–121 v. Chr. bei ihren Reformversuchen scheiterten und ermordet wurden. Ihr Ziel, das verarmte, besitzlose Proletariat wirtschaftlich abzusichern, stieß auf den erbitterten Widerstand des Adels und des Senats.

Was für Folgen hatten die Morde?

Durch diese gescheiterten Reformversuche wurde deutlich, dass sich die Nobilität gespalten hatte in die *konservativen Optimaten*, die auch als *Senatspartei* bezeichnet wurden, und die *Volkspartei*

Marmorkopf des Sulla

der Popularen, die die Forderungen des Volkes aufgriff und mithilfe der Volkstribunen und der Volksversammlung durchsetzen wollte.

Wer gewann diesen Konflikt?

Nachdem der popularische Konsul **Gaius Marius** nach Erfolgen gegen die Germanen fünfmal hintereinander von 104–100 v. Chr. zum Konsul gewählt worden war, stärkte er die Position der Popularen, die jetzt ihren Forderungen teilweise auch in Straßenkämpfen Nachdruck verliehen. Doch als König **Mithridates von Pontos** die römische Provinz Asia besetzte, beauftragte der Senat den Optimaten **Sulla** mit dem Krieg gegen ihn, obwohl die Popularen Marius losschickten. Sulla ignorierte diese Entscheidung und besetzte Rom mit seinem Heer, woraufhin Marius floh und Sulla gegen Mithridates in den Krieg zog. Als Sulla 83 siegreich nach Rom zurückkehrte, brach ein Bürgerkrieg zwischen ihm und dem zurückgekehrten Marius aus, den Sulla im Jahr 82 v. Chr. gewann. Sulla wurde zum

Gaius Marius

Dikator ernannt und nutzte die ihm zugestandenen Rechte, um seine Gegner zu beseitigen und die Senatsherrschaft wiederherzustellen.

Wie kam es zum 1. Triumvirat?

Nachdem der *Spartacus-Aufstand* im Jahr 71 v. Chr. von **Licinius Crassus** und **Gnaeus Pompeius** niedergeschlagen wurde, gewannen sie ein Jahr später das Konsulat und machten viele der Maßnahmen Sullas rückgängig. Als der Senat die von Pompeius getroffenen Umstrukturierungen in den Provinzen im Jahr 63 v. Chr. kippen wollte, schloss sich Pompeius mit **Crassus** und **Gaius Julius Caesar** zum *1. Triumvirat* zusammen. 54 v. Chr. zerbrach schließlich das Triumvirat, und ein Jahr später starb Crassus in Asien, wor-

Späte Römische Republik

88–82 v. Chr.	1. Bürgerkrieg: **Marius** gegen **Sulla**
87–84 v. Chr.	1. Mithridatischer Krieg: **Sulla** gegen **Mithridates**
82–79 v. Chr.	2. Mithridatischer Krieg
74–64 v. Chr.	3. Mithridatischer Krieg
73–72 v. Chr.	Sklavenaufstand: **Spartacus** gegen **Crassus**
58–51 v. Chr.	**Caesar** erobert Gallien
58 v. Chr.	Sieg Caesars über den Suebenfürsten **Ariovist** im Elsass
57–56 v. Chr.	Sieg Caesars über die Nervier in Belgien und die Veneter
55 v. Chr.	Rheinübergang Caesars
55 v. Chr.	Übergang Caesars nach Britannien
54 v. Chr.	2. Übergang Caesars nach Britannien
53 v. Chr.	2. Rheinübergang Caesars
53 v. Chr.	**Schlacht bei Carrhae**: Crassus fällt im Kampf gegen die Parther
52 v. Chr.	Caesar bricht den Aufstand der Gallier, **Vercingetorix** kapituliert in Alesia
49–46 v. Chr.	2. Bürgerkrieg
48 v. Chr.	**Schlacht bei Pharsalos**: Caesar besiegt Pompejus
46 v. Chr.	**Schlacht bei Thapsos**: Caesar besiegt die Pompejaner
45 v. Chr.	**Schlacht bei Munda** in Spanien: Caesar besiegt die Söhne des Pompejus
44 v. Chr.	15. März 44 Caesar wird ermordet
42 v. Chr.	**Doppelschlacht bei Philippi**: Cassius und Brutus, von Antonius und Octavian geschlagen, begehen Selbstmord
40 v. Chr.	**Antonius** heiratet Octavians Schwester Octavia
36 v. Chr.	**Agrippa** gewinnt Sizilien, Sardinien und Korsika, und beseitigt dadurch die Seemacht des **Sextus Pompejus**
36 v. Chr.	Antonius verstößt Octavia zugunsten der Königin **Kleopatra**
32–31 v. Chr.	3. Bürgerkrieg: Antonius gegen Octavian

Gnaeus Pompeius

aufhin sich Pompeius der Senatsmehrheit zuwandte und sich gegen Caesar stellte. Aus dem Bürgerkrieg, der von 49–45 v. Chr. folgte, ging Caesar als Sieger hervor und errichtete nun eine Alleinherrschaft. Als Caesar allerdings zu mächtig wurde, wurde er am 15.3.44 v. Chr. von **Brutus** und anderen Senatoren gemeinsam ermordet.

Was geschah nach Caesars Ermordung?

In den nun folgenden Bürgerkriegen verbündeten sich zunächst **Caesar Oktavianus**, **Marcus Antonius** und **Lepidus** zu einem 2. *Triumvirat* und schlugen die republikanischen Heere der Caesarmörder. Aber auch dieses Triumvirat zerfiel. Oktavian wurde alleiniger Herrscher des römischen Reiches und erhielt den Titel Augustus.

Marcus Vipsanius Agrippa

Die Römer begannen das Jahr nicht – wie heute üblich – mit dem Januar, sondern mit dem März und für die Juden befinden wir uns eigentlich im Jahr 5762, während in China jedes Jahr an einem anderen Tag Neujahr gefeiert werden müsste.

Wie war die Reihenfolge der Monate im Römischen Kalender?

Einige Wissenschaftler bezeichnen das Jahr 152 v. Chr. als Ursprungsjahr des **Römischen Kalenders**, in

Gaius Julius Caesar

dem folgende Monate in folgender Reihenfolge vorhanden waren: *Martius* (März), *Aprilis* (April), *Maius* (Mai), *Iunius* (Juni), *Quintilis* (Juli), *Sextilis* (August), *September* (September), *October* (Oktober), *November* (November), *December* (Dezember), *Ianuarius* (Januar) und *Februarius* (Februar). Der fünfte Monat, *Quintilis*, wurde im Jahre 44 v. Chr. zu Ehren von **Julius Caesar** in *Iulius* umgetauft. Der sechste Monat im Römischen Kalender, *Sextilis*, wurde aus denselben Gründen im Jahr 8 v. Chr. in *Augustus* umbenannt.

Wie bestimmten die Römer ihre Kalenderdaten?

Für die Historiker ist es besonders interessant, dass die Römer eigentlich nur drei Tage eines Monats genau festlegten. Der erste Tag eines Monats waren die **Kalendae/Kalendarum** (Abk. KAL/CAL). Der fünfte wiederum hieß **Nonae/Nonarum** (Abk. NON), wenn man von März, Mai, Juli und Okto-

Peter der Große

ber absieht. Hier waren die NON der siebte Tag des Monats. Die **Idus/Iduum** waren der 13. eines Monats, wobei es auch hier Ausnahmen gab. Im

Der Neujahrstag im Chinesischen Kalender

Die ersten kalendarischen Messungen in China, mit deren Hilfe das Jahr in Jahreszeiten unterteilt werden konnte, wurden bereits vor mehr als 4000 Jahren vorgenommen. Mithilfe der Länge des Schattens, der von einem Stab geworfen wurde, konnte man feststellen, wann die **Sommersonnenwende,** also der längste Tag mit dem kürzesten Schatten, stattfand und wann die **Wintersonnenwende,** dementsprechend der kürzeste Tag mit dem längsten Schatten, war. Um eine Struktur zu festigen, wurde das Jahresende auf den 2. Neumond nach der Wintersonnenwende gelegt. Der *chinesische Neujahrstag* fällt somit immer auf einen Tag zwischen dem 21. Januar und dem 20. Februar und lag in den 1990er-Jahren an folgenden Terminen: 1990: 27. Januar, 1991: 15. Februar, 1992: 4. Februar, 1993: 23. Januar, 1994: 10. Februar, 1995: 31. Januar, 1996: 19. Februar, 1997: 7. Februar, 1998: 28. Januar und 1999: 16. Februar. Übrigens besitzt das chinesische Kalenderjahr 24 Jahreszeiten.

März, Mai, Juli und Oktober waren die Idus der 15. Tag des Monats.

Was für Besonderheiten weist der jüdische Kalender auf?

Der Tag beginnt bei den *Juden* am Abend mit Einbruch der Nacht und hat 24 Stunden. Die Woche hat sie-

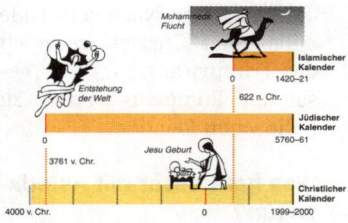

Verschiedene Zeitrechnungen

ben Tage: die ersten sechs Tage haben keine Namen und werden durch die sechs ersten Buchstaben des hebräischen Alphabets oder mit den entsprechenden Ordinalzahlen bezeichnet, der siebte Tag heißt **Sabbat**. Die Woche beginnt daher mit dem Sonntag und das Jahr hat zwölf Monate mit je 29 bzw. 30 Tagen. Das *jüdische Jahr* hat also 353 bis 355 Tage. Um den Unterschied zum Sonnenjahr auszugleichen, wird in neunzehnjährigem Zyklus in jedem 3., 6., 8, 11., 14., 17. und 19. Jahr ein zusätzlicher zweiter Monat **Adar** eingeschoben. Die Jahreszählung bezieht sich übrigens auf den

Wann stellten die Engländer eigentlich ihren Kalender genau um?

Im Computer-Betriebssystem *UNIX* haben die Angelsachsen den Tag der Umstellung ihres Kalenders übrigens verewigt. Wenn man im Dienstprogramm cal, welches eigentlich den Kalender des aktuellen Monats ausgibt, durch die Angabe von Parametern den September 1752 ausgeben lässt, fällt dem User sofort auf, dass die Engländer in diesem Monat 11 Tage ausfallen ließen, denn auf den 2. folgt unmittelbar der 14. September 1752.

nach der Bibel errechneten Zeitpunkt der Weltschöpfung 3760 vor unserer Zeitrechnung. 2000/01 n. Chr. war also das Jahr 5761 jüdischer Zeitrechnung.

Warum gingen in Russland die Uhren 13 Tage nach?

13 Tage Unterschied liegen zwischen dem 25. Oktober 1917, dem bekannten Datum der Oktoberrevolution, und dem 7. November 1917, dem Tag, an dem sie nach westlichem Kalender begann. Im Jahr 1699 schrieb man in Russland das Jahr 7207 nach der Erschaffung der Welt, sorgsam vom orthodoxen Klerus nach der Bibel ausgerechnet. Im Dezember 1699 beschloss Zar **Peter** auf einen modernen Kalender umzustellen. Zu dieser Zeit existierten in Europa im Wesentlichen zwei *Kalendervarianten*. In allen katholischen Ländern wurde der **gregorianische Kalender** von

Papst **Gregor** verwendet, in anderen Ländern, z. B. England, der alte **julianische**. Da dem russischen Zaren Rom, die alte Konkurrentin von Byzanz, grundsätzlich unsympathisch war, entschied er sich für die englische Variante. Zwar stellten diese ihre Kalender bald auch auf den anderen Standard um, aber Russland ignorierte dies geflissentlich und blieb bei seiner Entscheidung.

Ist Russland heute immer noch 13 Tage zurück?

In Russland hat man die **Kalenderrevolution** dann nach der Oktoberrevolution angezettelt, indem man auf den 31.1.1918 direkt den 14.2.1918 folgen ließ und so 13 Tage übersprang. Die Kirche aber blieb bei dem alten Kalender und darum wird in Russland das Weihnachtsfest nicht etwa am 25. Dezember gefeiert, sondern am 7. Januar.

Gaius Julius Caesar (100–44 vor Christus) war sowohl römischer Feldherr als auch Staatsmann und Schriftsteller, der die Voraussetzungen für das römische Kaiserreich schuf, das unter seinem Nachfolger und Neffen Oktavian zu neuer Blüte gedieh.

Woher stammte Caesar?

Julius Caesar wurde am 13. Juli im Jahr 100 v. Chr. in Rom geboren. Das Datum scheint durch Inschriften gesichert, die Jahreszahl aber könnte falsch überliefert sein, da Caesar einige seiner Ämter aufgrund eines vorgegebenen Mindestalters sonst nicht hätte erreichen können. Er gehörte dem Geschlecht der *Julier* an und war neben einer Schwester der einzige männliche Nachkomme seiner einflussreichen Familie. Sein Onkel war der bedeutende Feldherr **Gaius Marius**, durch den er **Lucius Cornelius Cinna** kennen lernte und dessen Tochter **Cornelia** er im Jahr 84 v. Chr. heiratete. Aus ihrer Ehe ging die gemeinsame Tochter **Julia** hervor.

Wie oft war Caesar verheiratet?

Nachdem im Jahr 68 v. Chr. Caesars erste Frau Cornelia verstarb, heiratete Caesar mit **Pompeia** eine Enkelin **Sullas**. Von ihr trennte er sich jedoch wieder, als es im Rahmen ihres Vorsitzes über den geheimen Fruchtbarkeitskult

Statue von Gaius Julius Caesar

der *Bona Dea* zu einem politischen Skandal kam. Auch aus seiner dritten Ehe mit **Calpurnia** (59 v. Chr.) resultierten keine männlichen Nachkommen und so setzte er seinen Großneffen **Octavian** als seinen Nachfolger und Erben ein. Dieser sollte später unter dem Namen **Augustus** der erste römische Kaiser werden.

Was bedeutet Triumvirat?

Als Caesar im Jahr 60 v. Chr. nach seinen Schlachten gegen die *Iberer* aus Spanien nach Rom zurückkehrte, schloss er mit **Pompeius** und **Crassus** ein politisches Bündnis zur Durchsetzung ihrer gemeinsamen Interessen: das *1. Triumvirat*. Dieser Ausdruck setzt sich aus den lateinischen Wörtern für „drei" (tres) und

„Männer" (viri) zusammen. Pompeius nahm Caesars Tochter Julia zur Frau, um das Bündnis zu stärken, und gemeinsam erreichten sie die Wahl Caesars zum Konsul im Jahr 59 v. Chr. Nach dem Tode Julias und Crassus' zerbrach das Triumvirat 53 v. Chr. Caesar und Pompeius wurden zu politischen Feinden.

Was hat Caesar mit Asterix zu tun?

Durch ein Gesetz des Volkstribunen **Publius Vatinius** erhielt Caesar 59 v. Chr. als *Prokonsul* die bisherigen Provinzen **Galliens** zugeteilt und die Voraussetzung für die Eroberung des ganzen Landes war geschaffen. Sein Feldzug in Gallien begann 58 v. Chr. mit dem Sieg über die *Helvetier* bei Bibracte und über den Swebenkönig **Ariovist**. 52 v. Chr. musste Caesar dann den Aufstand aller Gallier unter **Vercingetorix** niederwerfen, bis er schließlich ein Jahr darauf Gallien endgültig befrieden konnte. Seine Gallienfeldzüge beschrieb Caesar in seinen sieben Büchern über den *Gallischen Krieg*, die als realitätsnahe und wichtige

Informationsquelle über die keltischen und germanischen Stämme angesehen werden.

Wie kam es zum Bürgerkrieg?

Jahrelang war der römische Senat bemüht, Caesar aus Gallien abzuberufen und wegen des dort eigenmächtig begonnenen Krieges vor Gericht zu stellen. Nachdem am 7. Januar im Jahr 49 v. Chr. Pompeius und seine Anhänger diktatorische Vollmachten durch den Senat erlangt hatten, überschritt Caesar mit den berühmten Worten *„Alea iacta est!"* („Der Würfel ist gefallen!") in der Nacht vom 10. zum 11. Januar den Fluss **Rubikon**, womit der *Bürgerkrieg* begann. Pompeius musste Italien räumen und zog sich nach Griechenland zurück, während Caesar sich zum *Diktator* wählen ließ. Caesar schlug Pompeius am 9. August 48 v. Chr. bei **Pharsalos** in Thessalien und verfolgte ihn bis nach Ägypten, wo sein ehemaliger Verbündeter bereits vor seinem Eintreffen ermordet wurde.

Wie und warum wurde Caesar ermordet?

Caesar hatte 45 v. Chr. die Alleinherrschaft in Rom erlangt. Entgegen allen bisherigen Gewohnheiten wurde Caesar mit Vollmachten und Ämtern nahezu überschüttet, doch je mächtiger er wurde, desto be-

Marcus Brutus (Büste von Michelangelo)

sorgter wurden seine politischen Gegner. Caesars unumschränkte Macht führte bald in den Kreisen der Senatsopposition zu einer Verschwörung unter **Brutus** und **Cassius**, der Caesar zu Beginn der Senatssitzung an den *Iden des März* 44 v. Chr. (15. März) zum Opfer fiel. In den Machtkämpfen nach seinem Tod zeigte sich aber, dass die römische Senatsrepublik ausgedient hatte.

Stationen im Leben Gaius Julius Caesars

100 v. Chr.	**Gaius Julius Caesar** wird am 13. Juli in Rom geboren
81–79 v. Chr.	Militärdienst im Osten
78 v. Chr.	1. Rückkehr nach Rom
76–73 v. Chr.	Caesar geht erneut in den Osten, Studium der Rhetorik auf Rhodos
73 v. Chr.	2. Rückkehr nach Rom, Ernennung zum *Pontifex*
62 v. Chr.	Caesar wird *Prätor*
61 v. Chr.	Feldzüge gegen die Iberer in **Spanien**
60 v. Chr.	3. Rückkehr nach Rom, Bildung des *1. Triumvirats*
59 v. Chr.	Caesar wird *Konsul*
58–51 v. Chr.	Caesar erobert **Gallien**
53 v. Chr.	Bruch des *1. Triumvirats*
49 v. Chr.	Bürgerkrieg gegen Pompeius, Eroberung Italiens, Ernennung zum *Diktator*
48. v. Chr.	Caesar wird erneut *Konsul* und besetzt **Alexandria**
47 v. Chr.	Unterwerfung **Kleinasiens** und 4. Rückkehr nach Rom
46 v. Chr.	Ernennung zum *Diktator* für 10 Jahre, Start zahlreicher Reformen
44. v. Chr.	Ernennung zum *Diktator* auf Lebenszeit, Ablehnung des Königstitels, Ermordung am 15. März (Iden des März)

Nachdem Julius Caesar ermordet wurde, weil seine Herrschaft der eines Königs zu sehr ähnelte, brachte es sein Neffe Gaius Octavius fertig, keine 17 Jahre später als Erster von Roms Kaisern unter dem Namen Augustus das Reich in bessere Zeiten zu führen.

Wer war Kaiser Augustus?

Augustus wurde am 23. September im Jahr 63 v. Chr. als **Gaius Octavius** in Rom geboren. Er war ein Großneffe **Caesars**, der ihn auch adoptierte und als seinen Erben einsetzte. Augustus herrschte in der *Julisch-Claudischen Dynastie* von 27 v. Chr. bis ins Jahr 14 n. Chr., wo er am 19. August eines natürlichen Todes starb. Mit ihm herrschte der erste römische Kaiser im von ihm eingeführten Prinzipat, der nach langen Bürgerkriegen den Frieden im Römischen Reich wiederherstellte.

Wie reagierte Octavius auf den Mord an seinem Großonkel?

Nach seiner Adoption trug Gaius den Namen **Julius Caesar Octavianus** und wurde bereits mit 16 Jahren von Caesar in das Priesteramt des Pontifex erhoben, was für ihn eine Einführung in das politische Leben Roms darstellte, auf das er ohne Caesars Unterstützung nie hätte Einfluss nehmen können. Nach dem Tod seines Adop-

tivvaters und Onkels sann Octavianus auf Rache und war dennoch bemüht, Frieden in das vom Bürgerkrieg zerrissene Rom zu bringen. Mit **Marcus Antonius** und **Marcus Aemilius Lepidus** trat er das *2. Triumvirat* an und tötete die Mörder Caesars sowie deren Gefolgsleute. Nachdem über 300 Senatoren den Tod gefunden hatten, wurde das Römische Reich im Jahre 40 v. Chr. zwischen den drei Bundesgenossen aufgeteilt.

Ara Pacis, erbaut von Augustus

Existierte das 2. Triumvirat lange?

Wie schon beim **1. Triumvirat** handelte es sich auch bei diesem zweiten um ein reines Zweckbündnis. Nachdem Marcus Antonius seine Frau **Octavia**, die Schwester des Octavianus, verstoßen hatte, zerbrach das Triumvirat. In der Folge es kam zu einem erneuten *Bürgerkrieg*, in dem Lepidus nur eine geringe Rolle spielte und schon bald zur Machtaufgabe gezwungen wurde. Dank der Unterstützung des Senats konnte Octavianus in der Seeschlacht von **Actium** im Jahr 31 v. Chr. die Truppen von Antonius und seiner Ehefrau **Kleopatra** schlagen. Beide begingen daraufhin Selbstmord, während Octivianus zwei Jahre später

Augustus

Die Herrschaft des Augustus: Brot und Spiele

Außenpolitisch vergrößerte sich das Römische Reich im Norden und Westen, während Augustus in der Innenpolitik eine Bürokratie mit bezahlten Beamten zur Verwaltung des Staates errichtete. Er verfügte über die Steuereinnahmen, mit deren Hilfe er Versorgungsschwierigkeiten in Rom mit Getreidespenden persönlich ausgleichen konnte. Damit hatte Augustus die Bevölkerung in der Hand, die er zusätzlich mit Wagenrennen, Gladiatorenkämpfen und Schauspielen für sich gewinnen konnte.

Kleopatra

als Alleinherrscher nach Rom zurückkehrte.

Warum wurde Caesar getötet?

Nachdem im Verlauf vieler Bürgerkriege und Unruhen die Macht im Staat immer mehr auf die Person Julius Caesars gebündelt wurde, geriet dieser in den Verdacht, die Königswürde und das Ende der Republik anzustreben. Daraufhin starb er unter den Messerstichen des Senats. Seinem Adoptivsohn Octavianus war dies eine Warnung, und so gab er offiziell alle Befugnisse, die er in den letzten Jahren vom Senat erhalten hatte, freiwillig wieder zurück.

Ging Octavianus daraufhin in Rente?

Die vermeintliche Rückgabe der Macht stärkte den Adoptivsohn Caesars. Er erhielt im Gegenzug den Oberbefehl über die Heere in den noch nicht befriedeten Provinzen und wurde noch im gleichen Jahr zum Konsul in der wiederhergestellten Republik gewählt. Während aber das Amt des Konsuls bislang auf ein Jahr beschränkt war, wurde diese Regelung für den neuen Inhaber außer Kraft gesetzt. Octavianus, der zu diesem Zeitpunkt den Beinamen „**Augustus**" – „**der Erhabene**" – erhielt, wurde bis zum Jahr 23 v. Chr. jedes Jahr erneut zum Konsul gewählt. Zudem galt für ihn auch das Verbot der Ämterhäufung nicht mehr: Hinter der Maske

Octavia, Schwester des Augustus

der republikanischen Verfassung erhielt Augustus zunehmend mehr Macht, als er zuvor innehatte.

War Augustus nun Kaiser oder Konsul?

Augustus achtete stets darauf, seine Macht durch die republikanische Verfassung und den Senat legitimiert zu wissen. Nachdem er acht Jahre das Amt des Konsuls innegehabt hatte, verzichtete er 23 v. Chr. auf den Titel und erhielt darauf vom Senat weitere Vollmachten zugesprochen. Seine offizielle Stellung war nun die eines *Volkstribun,* dem im Jahr 12 v. Chr. das Amt des geistlichen Oberhauptes, *Pontifex Maximus,* folgte. Diese neue Form der Regierung trug den inoffiziellen Namen „**Prinzipat**". Der Senat musste nicht um seine politische Stellung bangen. Nach fast 100 Jahren voller Bürgerkriege waren die republikanischen Kräfte im Römischen Reich des Konflikts überdrüssig geworden, zumal sich Augustus als guter Anführer erwies, unter dem Rom einer neuen Blütezeit entgegenstrebte.

Römisches Kaiserreich

In den Jahren 27 vor Christus bis 476 nach Christus stand das Römische Reich unter kaiserlicher Herrschaft, nachdem es lange Zeit als Republik existiert hatte, ehe nach der Ermordung des Gaius Julius Caesar das kaiserliche Prinzipat Einzug hielt.

Wie begann die Kaiserzeit?

Nachdem mit der Ermordung Julius Caesars die Ära der Republik Rom zu Ende gegangen war, wurde Caesars Neffe **Octavian** im Jahr 27 v. Chr. der Titel **Augustus** zuerkannt. Bis in Jahr 23 v. Chr. regierte er mit der republikanischen Verfassung als *princeps* oder so genannter *Erster Bürger* des Staates. Doch dann ließ er jede Gewalt auf sich übertragen, ernannte ihm ergebene Provinzverwalter und entmachtete so den Senat, der nur noch formal über Rom herrschte.

Wer kam alles nach Augustus?

In der so genannten *julisch-claudischen Dynastie* folgte seinem Stiefvater Augustus im Jahr 14 n. Chr. der nicht minder gewalttätige Kaiser **Tiberius**, der innerhalb Roms nur seine ihm treue Prätorianergarde als bewaffnete Truppe erlaubte. **Caligula** regierte von 37 bis 41 und ihm folgte Kaiser **Claudius I.**, der bis 54 zahlreiche Verwaltungsreformen aufgriff und Britannien eroberte.

Mit wem endete die julisch-claudische Dynastie?

Im Jahr 68 beging der Adoptivsohn des Kaisers Claudius I. Selbstmord. Es handelte sich dabei um Kaiser **Nero**. Zudem wird ihm eine tragende Rolle bei dem großen Brand Roms zugewiesen, den er jedoch den Christen anlastete, was zur ersten großen Christenverfolgung führte. Obwohl Nero unter der Führung des Philosophen **Lucius Annaeus Seneca** mit einer weit weniger gewalttätigen Herrschaft begann, führten seine wachsende geistige Instabilität sowie die bereits erwähnten Exzesse jedoch letztendlich zu seiner Entmachtung im Jahr 68. Mit ihm endete die *julisch-claudische Dynastie*.

Was geschah im Vierkaiserjahr?

Nach der Entmachtung Neros im Jahr 68 trat **Servius Sulpicius Galba** seine Nachfolge an. Seiner Regierung fehlte es jedoch an der entscheidenden Unterstützung durch die *Prätorianergarde*, die ihn am 15.1.69 sogar ermordete. Der Freund Neros, **Marcus Salvius Otho**, sah nun seine Chance und gab sich drei Monate lang als römischer Kaiser aus. Nachdem seine Truppen gegen seinen direkten Konkurrenten **Aulus Vitellius** unterlagen, beging auch er Selbstmord, worauf Vitellius sich für die nächsten acht Monate als Kaiser sah. Mit der *flavischen Dynastie* begann nach seinem Tod durch den neuen Kaiser **Ves-**

Das Prinzipat

Die Herrschaft des *Princeps*, des so genannten ersten Bürgers, vereinte eine Reihe von Ämtern auf eine Person, während zwar die republikanischen Institutionen bestehen blieben, jedoch zunehmend in den Hintergrund gedrängt wurden. Das so genannte *Prinzipat* wurde erst gegen Ende des 3. Jh. unter Diokletian von dem so genannten *Dominat* abgelöst.

pasian wieder eine stabile Machtära.

Bis wann herrschte die 1. Flavische Dynastie?

Vespasian und seine ihm nachfolgenden Söhne **Titus** und **Domitian** versuchten, den Senat wieder zu etablieren. Titus erlebte in seiner Herrschaft den Ausbruch des Vesuvs und die Zerstörung von Pompeji. Unter dem gewalttätigen Domitian erlebten Kunst und Literatur erneut eine große Blüte, bis auch er ermordet wurde.

Claudius „Britannicus"

Wann wurde der nächste Kaiser ermordet?

Nachdem der Senat im Jahre 96 das *Adoptionsprinzip* eingeführt hatte, folgte die Zeit der so genannten fünf guten Kaiser. Der letzte von ihnen war **Marcus Aurelius**, der

Römische Kaiserzeit	
27 v.–68 n. Chr.	*Julisch-claudische Dynastie*
69 n. Chr	Bürgerkrieg
69–96	*Flavische Dynastie*
96–192	Adoptivkaiser, *antoninische Dynastie*
193–235	*Severische Dynastie*
235–284	Soldatenkaiser
284–311	*Tetrarchie* (Vierkaiserherrschaft)
306–364	*Konstantinische Dynastie*
364–392	*Valentinianische Dynastie*
379–455	*Theodosianische Dynastie*
455–476	Die letzten Kaiser des Westens
450–565	Kaiser des Ostens bis **Justinian I.**

jedoch seinen Sohn **Lucius Aelius Aurelius Commodus** zum Nachfolger bestimme. Mit ihm brach in Rom für 23 Jahre eine erneute Ära der Grausamkeit an, ehe auch dieser Tyrann 192 beseitigt werden konnte.

Wann begann der Niedergang des Römischen Kaiserreichs?

In den folgenden 85 Jahren herrschten insgesamt 18 Kaiser und die meisten unter ihnen kamen gewaltsam ums Leben. Mit **Diokletian** kam es 284 endgültig zu einer Reihe von sozialen, wirtschaftlichen und politischen Reformen. Um eine einheitlichere Verwaltung im ganzen Reich aufzubauen, schuf er die Herrschafts- und Thronfolgeordnung der *Tetrarchie*, der so genannten *Vierkaiserherrschaft*.

Existierte die Tetrachie lange?

Konstantin der Große setzte seine Mitkaiser im Jahr 306 wieder ab und nach seinem Sieg über den oströmischen Kaiser **Licinius** 324 gab es mit Konstantin erneut einen Alleinherrscher über die römische Welt. Doch nach seinem Tod 337 brachen erneute Unruhen aus, die dazu führten, dass es mit den Kaisern **Arcadius** und **Honorius** ab 395 doch wieder ein West- und ein Ostreich gab.

Wie erging es den beiden Reichen?

Das Weströmische Reich verlor immer mehr an Einfluss. Im Jahr 476 wurde mit **Romulus Augustulus** der letzte weströmische Kaiser abgesetzt. Das Oströmische Reich bestand noch bis 1453.

Wissenschaft in der römischen Antike

Die Fortsetzung der Lehren der antiken griechischen Wissenschaftler durch die Römer, nachdem beide Kulturen durch die römische Expansion einander kennen lernten, ermöglichte eine Hochzeit für die Wissenschaft in der römischen Antike.

In welchem Zusammenhang stand die Wissenschaft der Römer mit der der Griechen?

Die meisten Elemente der römischen Wissenschaft bauen auf den Erkenntnissen der Griechen auf. Tatsächlich waren es die Griechen, die die wesentlichen Forschungen der Antike betrieben, während von den Römern kaum neue Erkenntnisse hinzugefügt werden konnten. Es wurde nie gänzlich geklärt, wo der Grund hierfür zu suchen war, jedoch besagt eine wahrscheinliche Erklärung, dass der Hang der Römer eher in Richtung der praktischen Anwendung als der theoretischen Überlegung ging.

Was waren die wichtigsten Errungenschaften der römischen Wissenschaft?

Die Römer leisteten in der antiken Wissenschaft zwei ganz entscheidende Dinge: Zum einen rückten sie von der bei den Griechen üblichen Spezialisierung der Disziplinen ab und führten die Wissenschaft zurück zu einer

Miniatur aus der „Naturalis historia" von Plinius d. Ä.

ganzheitlichen Sicht der Dinge. Zum anderen gelang es ihnen, die wissenschaftlichen Erkenntnisse der Griechen in eine allgemein verständliche Form zu fassen. Somit konnten sie an Schulen gelehrt werden und waren nicht mehr nur einer intellektuellen Elite vorbehalten, was zu einer nie da gewesenen Verbreitung von Wissen führte. Der Nachteil war allerdings, dass jenes verbreitete Wissen aufgrund der Fülle des Stoffes stark vereinfacht und auch quantitativ reduziert wurde.

Welches waren die bedeutendsten Werke der philosophischen Naturbetrachtung?

In der Tradition der ganzheitlichen, alles umfassenden Naturbetrachtung, so wie sie die Griechen während der vorklassischen Forschung betrieben hatten, wurden von Römern zwei bedeutende Werke geschaffen. Zu Beginn des letzten Jh. v. Chr. schrieb **Lukrez** (um 97–55 v. Chr.) sein hexametrisches Epos „*De rerum natura*". In dem sechsbändigen Lehrgedicht versuchte er, das Wesen aller Dinge nach *atomistischen Theorien* zu erklären. Damit war Lukrez der Erste, der den Römern die Lehre der griechischen Naturphilosophie näher brachte. Des Weiteren

Tod des Seneca nach Neros Urteil

Die sieben „freien Künste"

Unter den sieben „freien Künsten" verstand man sieben Disziplinen, die nach einer Ordnung durch den griechischen Philosophen und Wissenschaftler Aristoteles wie folgt lauteten: Das so genannte „Wortwissen" bestand aus den Disziplinen *Grammatik, Rhetorik* und *Dialektik*, während das so genannte „Zahlenwissen" aus *Arithmetik, Geometrie, Astronomie* und *Musik* bestand. Diese von den Römern weitergeführte Aufteilung wurde noch Jahrhunderte später an den ersten deutschen Universitäten verwendet, wo das Grundstudium aus diesen sieben Fächern bestand.

lieferte er mit seinem Werk die umfassendste und exakteste Darstellung von Atomphysik der damaligen Zeit. Mit einer Vielzahl von Beobachtungen versuchte er, das

Marcus Terentius Varro

Vorhandensein materieller Prozesse, selbst wenn man sie nicht sehen konnte, zu veranschaulichen und so die Existenz von Atomen zu beweisen. Das zweite wichtige Werk waren die *„Naturales Questiones"* von **Seneca** (um 4 v. Chr.–65 n. Chr.). In ihm fasste er die Erkenntnisse der Griechen zusammen und stellte dabei nicht die

Theoretiker als Personen, sondern ihre Theorien an sich in den Mittelpunkt. Insgesamt fasst sein Werk die Forschungsergebnisse von über 30 Wissenschaftlern zusammen. Die Absicht, die Seneca mit dem Buch verfolgte, war, die Stellung des Menschen in der Welt festzulegen.

Was war die „Naturalis Historia" von Plinius d. Ä.?

Plinius, der Autor der *„Naturalis Historia"*, hatte es sich zum Ziel gemacht, das sämtliche damals bekannte Wissen über die Natur und ihre Vorgänge in einem großen Buch zusammenzufassen. Sein Werk enthielt sowohl die Erkenntnisse der *Kosmologie* als auch die der *Anthropologie, Zoologie, Botanik* und selbst der *Edelsteinkunde*. Zu diesem Zweck las er über 2000 Buchrollen und dokumentierte weit über 30.000 verschiedene Gegen-

stände. Zwar war er weder Wissenschaftler noch Forscher, sondern „nur" ein leidenschaftlicher Sammler, nichtsdestotrotz schuf er mit der *„Naturalis Historia"* ein Werk von unschätzbarem Wert für die nachfolgenden Generationen.

Was waren die „Disciplinae" von Varro?

Mit dem heute verlorenen Buch der *„Disciplinae"*, also der Disziplinen der Wissenschaft, schuf **Varro** (116–27 v. Chr.) ein Bildungsprogramm, das sämtliche Fachrichtungen mit einbezog. Das berühmte Werk bildete den Wissensstandard an Schulen und prägte sich so bis weit ins Mittelalter in die Köpfe der Menschen ein. Allerdings wurde dieses Wissen lange Zeit nicht weiterentwickelt, sondern – als vereinfachter und gekürzter Grundstock – stets unverändert weitergegeben. Dies führte zu inhaltlichen Verlusten und sorgte dafür, dass die Fülle der wissenschaftlichen Errungenschaften verkümmerte. Varro hatte in das Buch die so genannten *„freien Künste"* aufgenommen sowie Medizin und Architektur. Doch das reichte nicht, um sämtliche Wissenschaften der Antike zu behandeln. Physik, Chemie und Biologie wurden in dem Buch ausgespart.

Anfänge und Ausbreitung des Christentums

Der Weg der Christenheit von einer jüdischen Sekte in Palästina zur Staatsreligion des Römischen Imperiums unter Kaiser Theodosius 381 nach Christus war gepflastert mit zahlreichen Opfern und schweren Prüfungen.

Wie entstand das Christentum?

Jesus, ein jüdischer Wanderprediger aus Galiläa, scharte Anhänger *(Jünger)* um seine Lehre, die Reformen im *Judentum* anmahnte. Nach seiner Hinrichtung durch die römische Besatzungsmacht in Palästina um das Jahr 33 verbreiteten seine Anhänger diese Lehre und predigten von *Jesus Christus* als dem von *Gott Auferweckten*. Sie nannten sich nach ihrem Religionsgründer *Christen*. Schnell fanden nicht nur Juden zum neuen Glauben, sondern auch Menschen aus dem hellenistischen Kulturkreis *(Heidenchristen)*.

Wie lebten die Urgemeinden?

An vielen Orten des Römischen Weltreiches bildeten sich christliche Gemeinden. Bis die Christen von Kostantin dem Großen als „erlaubte Religion" geduldet und von Kaiser Theodosius I. 391 offiziell als Staatsreligion anerkannt wurden, waren sie zahlreichen Christenverfolgungen unter den Kaisern Nero, Decius, Valerian und Diokletian

Stationen des frühen Christentums	
Um 33	Hinrichtung **Jesu** in Jerusalem
45–58	Missionsreisen des **Paulus**
64	Hinrichtung von **Petrus** und Paulus
249–251	Christenverfolgungen unter **Decius**
303–305	Christenverfolgungen unter **Diokletian**
313	*Toleranzedikt von Mailand*
325	*Konzil von Nicäa*
381	Christentum wird Staatsreligion

ausgesetzt. Sie pflegten eine enge, familiäre Gemeinschaft, halfen den Not leidenden Gemeindemitgliedern und zeigten einen strengen Lebenswandel. Die Christen waren gehalten, regelmäßig in der Bibel zu lesen und ein gemeinsames Mahl zur Erinnerung an den Tod Jesu zu feiern. Neu war im frühen Christentum, dass Männer und Frauen, Freie und Sklaven die *gleichen Rechte* und *Pflichten* in der Gemeinde hatten.

Gab es immer Einigkeit unter den Christen?

Schon bald entstanden unterschiedliche *Strömungen* im frühen Christentum. Im 2. Jh. drängten fremde religiöse und mystische Strömungen ins Christentum hinein. Die *Ur-kirche* reagierte darauf mit der Festlegung von Riten und Vorstellungen *(Dogmen)*. So wurde eine verbindliche Form für die Taufe bestimmt und der *Kanon* der heiligen Schriften ausgewählt (um 180). Insbesondere die Frage nach der

Caravaggio: Bekehrung des Saulus

74

Einzug Christi in Jerusalem

Göttlichkeit Jesu wurde immer wieder intensiv diskutiert, besonders spektakulär im *Arianischen Streit* (318 bis 381). Im *Konzil von Nicäa* (325) berieten alle Bischöfe über die richtige Lehre der Kirche und verabschiedeten ein Glaubensbekenntnis, das die Christen bis heute sprechen.

Wie breitete sich das Christentum aus?

Missionsziel des Christentums waren zunächst natürlich die Juden in Palästina und andernorts, da sie bereits an den einen Gott glaubten und nun nur noch die zusätzliche Lehre Jesu annehmen mussten. Doch innerhalb der ersten drei Jahrhunderte entstanden überall im Römischen Reich christliche Gemeinden, bis hin nach **Germanien** (Köln, Trier), **Spanien** und **Nordafrika**. Allerdings kam es zunächst nicht zu einer flächendeckenden Christianisierung, sondern die christlichen Gemeinden konzentrierten sich auf die Städte entlang der Handelswege.

Warum wurden die Christen verfolgt?

In den ersten Jahrhunderten kam es wiederholt zu Verfolgungen der Christen durch die römische Staatsmacht. Meist waren die Christen willkommene Opfer für politische Intrigen, so bei den ersten Verfolgungen unter Kaiser **Nero** im Jahr 64. Später ließen sich die römischen Kaiser als Gott verehren. Die Christen, die solch eine Verehrung nicht mit ihrem Glauben an den einen Gott in Einklang bringen konnten, wurden gefoltert und hingerichtet. Doch die Geschichten von den Gemeindegliedern, die für ihren Glauben gestorben waren (*Märtyrer*), führte oft zu neuen Anhängern. Besonders bedeutsam waren die Verfolgungen unter den Kaisern **Decius** (249–251) und **Diokletian** (284–305).

Wie wurde das Christentum zur Staatsreligion?

Der römischen Kaiser **Konstantin** legte im *Toleranzedikt von Mailand* (313) völlige Religionsfreiheit fest; dies galt ausdrücklich auch für die Christen. Dank der Unterstützung der Christen konnte Konstantin seine Macht im römischen Imperium weithin ausbauen. Im Gegenzug führte er den Sonntag als allgemeinen Ruhetag ein. Sein Nachfolger **Theodosius** erklärte schließlich das Christentum zur *Staatsreligion.*

Petrus und Paulus

Petrus war zu Lebzeiten Jesu als Jünger mit ihm umhergezogen. Nach dem Kreuzestod Jesu kümmerte er sich um die Weitergabe des neuen Glaubens an die Juden (Judenmission). Später wurde er *Presbyter* (= Vorsteher) der christlichen Gemeinde in Rom. Im Jahr 64 wurde er hingerichtet. Die römisch-katholische Kirche beruft sich auf Petrus als den *ersten Bischof von Rom* und leitet davon das Amt des *Papstes* ab *(apostolische Sukzession).*

Paulus gehörte nicht zu den Jüngern Jesu. Vielmehr verfolgte er die ersten Christen in Palästina als abtrünnige Juden. Nach einer Vision bekehrte sich Paulus zum Christentum. Er führte viele Missionsreisen durch, die ihn auch nach Rom, Griechenland und Kleinasien führten. Über Briefe hielt er Kontakt zu den neu gegründeten Gemeinden und legte darin seine Auslegung der Lehre Jesu Christi dar. Auch er wurde im Jahr 64 hingerichtet.

Die Christenverfolgungen

Mit den Christenverfolgungen bemühten sich die Herrscher des Römischen Reiches, den Einfluss des Christentums zuerst zu unterdrücken und später zurückzudrängen, was im dritten Jahrhundert nach Christus zu einem Höhepunkt an Grausamkeit führte.

Warum wurden die Christen verfolgt?

In den antiken Staaten war die Religion sehr eng mit dem Staatswesen verbunden, sodass das Oberhaupt des Staates auch meist gleichzeitig den obersten Priester stellte. Die Römer hatten schon früh eine recht weltmännische Einstellung entwickelt und tolerierten fremde Religionen, wenn deren Anhänger neben den eigenen Gottheiten auch die römischen verehrten. Den Christen freilich verbot ihr Glaube an nur einen Gott, dieser Forderung nachzukommen. Dieser Ausschließlichkeitsanspruch war die eigentliche Ursache für die zunehmenden Feindseligkeiten zwischen den Christen und den staatlichen Behörden, denn für die Römer war diese Einstellung nicht nur unverständlich, sondern auch sehr befremdlich.

Warum fielen Christen in Rom auf?

Die Verehrung der Götter, ob man an sie glaubte oder nicht, war so etwas wie eine Loyalitätsbezeugung gegenüber dem Staat. Daher nahmen die Bürger erzürnt zur Kenntnis, dass sich die Christen von allen Gelegenheiten zurückzogen, bei denen offiziell geopfert werden musste. Da die Opferungen zum kulturellen Leben gehörten und sowohl im Theater als auch auf Festen und sogar bei Gericht durchgeführt wurden, erzeugte diese Absonderung vom Kulturleben großes Misstrauen. Die Christen wurden daraufhin nicht nur für gottlos, politisch unzuverlässig und sonderlich gehalten, sondern mussten auch mit Gerüchten aller Art fertig werden, die sie des Kannibalismus oder des Kindermords beschuldigten.

Kaiser Nero

Büste des Decius

Wann begann die erste Christenverfolgung?

Die erste Christenverfolgung wurde von **Nero** im Jahr 64 betrieben, der ihnen den Brand Roms zur Last legte. Der selbst unter dem Verdacht der Brandstiftung stehende Kaiser ließ die gefangen genommenen Christen unter großen Martern hinrichten.

Wann wurden die Verfolgungen ausgeweitet?

Wegen ihrer Ablehnung des *Kaiserkults* ging **Domitian** in Rom und auch in Kleinasien gegen die Christen vor. Einige Beispiele für spontane Christenverfolgungen aufgrund von Gerüchten und

Das Christentum

Mit Christentum ist die von Jesus Christus abgeleitete Bezeichnung für die größte der Weltreligionen gemeint, der mit rund 2 Mrd. Menschen ein Drittel der Weltbevölkerung angehören. Das Christentum entstand vor über 2000 Jahren in der römischen Provinz **Palästina** und breitete sich zuerst im Römischen Reich aus, gelangte aber auch bis ins Perserreich und nach **Indien**. Im 4. Jh. wurde sie schließlich zur Staatsreligion des Römischen Reiches. Im Lauf seiner Geschichte hat sich das Christentum in zahlreiche Kirchen, Konfessionen und Gemeinschaften aufgefächert. Die größte christliche Kirche ist die *römisch-katholische Kirche* mit über 1 Mrd. Mitgliedern, der damit mehr als die Hälfte der Christen (etwa 56%) angehören. *Protestanten* und *Anglikaner* bilden zusammen etwa 25%. Knapp über 9% aller Christen gehören einer der *orthodoxen Kirchen* an.

gung, die das Christentum zu erdulden hatte.

Wann hörten die Christenverfolgungen auf?

Nach dem Diokletian abgedankt und Galerius die Macht im Jahre 305 übernommen hatte, erhielten die Christen weitgehend ihre Rechte zurück. Nach Galerius' Tod re-

Kaiser Diokletian

gierten gleichzeitig vier Kaiser in einem von Diokletian geschaffenen tetrarchischen System. 310 begann einer der vier Kaiser, seine Mitregenten zu beseitigen. Das Ziel **Konstantins** war es, das geeinte Reich mit der christlichen Kirche als neuem Machtrückhalt zu verbinden und damit eine neue Herrschaftsschicht zu schaffen. 313 erließ er das *Mailänder Toleranzedikt*, womit er die Christenverfolgungen endgültig beendete.

Mundpropaganda finden sich in der Zeit **Mark Aurels**, als das Reich von Hunger und Pest heimgesucht und von außen durch die Markomanen und Parther bedroht wurde. Die bis dato stattgefundenen Verfolgungen waren regional begrenzt gewesen, doch begann im 3. Jh. die systematische Verfolgung im gesamten Römischen Reich.

Welche Hindernisse hatte das Christentum zu überwinden?

202 erließ **Septimius Severus** ein Edikt, das den Übertritt zum Christentum mit schweren Strafen bedrohte. Kaiser **Decius** begann 247/248 mit der erneuten Verfolgung der Kirche, die v. a. unter dem Klerus viele Opfer forderte. Acht Jahre später traf eine neue Welle von Repressalien die Kirche unter Kaiser **Valerian** und nach einer Friedenszeit von knapp 40 Jahren begann unter **Diokletian** die letzte große und auch härteste Verfol-

Algardi: Enthauptung des Paulus

Kaiser Domitian

Konstantin der Große

Konstantin der Große hieß eigentlich Flavius Valerius Constantinus und war der erste römische Kaiser, der sich zum Christentum bekannte. Er gründete Konstantinopel (heute Istanbul), die Hauptstadt des Oströmischen Reiches.

Wann lebte Konstantin der Große?

Konstantin (lat. der Beständige) wurde um 288 in Naissus, dem heutigen Niš in Serbien, als Sohn des Heerführers und späteren Kaisers **Konstantius I.** und dessen Konkubine **Helena** geboren. Erzogen wurde er am Hof bei Kaiser **Diokletian** in Nikomedia, dem heutigen Izmit in der Türkei. Im Jahr 306, nach dem Tod seines Vaters, wurde er Herrscher im Nordwesten des Römischen Reichs. Ein Jahr später heiratete er **Fausta**, die Tochter des Diokletian. Konstantin starb am 22. Mai 337 in Ankyron, dem heutigen Dorf Hereke bei Izmit.

Wann und warum bekannte sich Konstantin zum Christentum?

Im Kampf um die Oberherrschaft im Römischen Reich musste sich Konstantin im Jahr 312 an der *Milvischen Brücke* in Rom seinem Schwager und Konkurrenten **Maxentius** stellen. Die Le-

Statue von Konstantin dem Großen

gende besagt, dass Konstantin am Vorabend der Schlacht ein Kreuz mit der Aufschrift „In diesem Zeichen wirst du siegen" („in hoc signo vinces") erschienen ist. Nach seinem Sieg über Maxentius bekannte er sich daraufhin zum Christentum. Zusammen mit seinem Mitregenten **Licinius** gewährte Konstantin im *Edikt von Mailand* im Jahr 313 schließlich jedem Bürger des Reiches das Recht auf freie Religionsausübung. Er förderte das Christentum aktiv, indem er auch eine Vielzahl an Kirchen in Auftrag gab: Die erste *Peterskirche* in **Rom** ließ er im Jahr 325 errichten

Die Konstantinische Schenkung

Bei dem *Constitutum Constantini*, der so genannten „*Konstantinischen Schenkung*", handelt es sich um eine Urkunde, in der Konstantin seine Herrschaft nach Konstantinopel verlegt und angeblich Papst **Silvester I.** seinen Palast, die Herrschaft über Rom und das gesamte Weströmische Reich vermacht. Der spätere Papst **Stephan II.** zwang damit **Pippin** zum Eingreifen gegen die Langobarden und aller Wahrscheinlichkeit nach ist die Urkunde genau zu dieser Zeit auch erst angefertigt worden. Doch lange Zeit war sie eine wirksame Waffe gegen das Machtstreben der weltlichen Herrscher Europas, auch wenn sie bereits im Mittelalter erheblich infrage gestellt wurde, da man insbesondere Konstantin die Befugnis absprach, einfach die Hälfte seines Reiches zu verschenken. Im 15. Jh. wurde schließlich von **Nikolaus von Kues** bewiesen, dass es sich um eine Fälschung handeln muss.

Konstantin der Große

und auch die *Grabeskirche* in **Jerusalem** oder die *Geburtskirche* in **Bethlehem** gehen auf ihn zurück.

Wie setzte Konstantin der Tetrarchie ein Ende?

Kaiser Diokletian (243–313) hatte das von germanischen Einwanderungen bedrängte Imperium in vier Machtbereiche mit den Residenzen **Nikomedia**, **Sirmium**, **Mailand** und **Trier** aufgeteilt. Zwei dieser Herr-

Konzil von Nicäa

Im Jahr 313 hatte der römische Kaiser Konstantin der Große das Christentum im Römischen Reich zugelassen. Zwölf Jahre später, im Jahr 325, berief er das *1. ökumenische Konzil* der christlichen Kirche ein. Das Konzil sollte die Auseinandersetzungen im Zusammenhang mit dem *Arianismus* um die Wesensart Jesu Christi beilegen, denn nach der arianischen Lehre ist Jesus Christus nicht wesensgleich mit Gott, wohl aber dessen vornehmstes Geschöpf. 318 der insgesamt 1800 Bischöfe des Römischen Reiches nahmen an dem Konzil teil. Die Kirche übernahm als offizielle Position das *Nicäanische Glaubensbekenntnis,* das Christus endgültig als wesensgleich mit Gott definierte. Das Konzil beschloss zudem, dass das Osterfest am Sonntag nach dem jüdischen Passahfest gefeiert werden sollte.

schaftsgebiete unterstanden jeweils einem so genannten Augustus (Kaiser), die anderen je einem als Caesar bezeichneten Unterherrscher. Gemeinsam bildeten sie die so genannte **Tetrarchie** (griech. *„Viererherrschaft")*. Nachdem Diokletian und Maximian 305 als *Augusti* abgedankt hatten, rückten die bisherigen *Caesaren,* unter ihnen Konstantin, in deren Stellung auf. Mit dem Sieg über seinen Mitregenten Licinius 324 beendete Konstantin durch sein Streben auf Alleinherrschaft die Tetrarchie. Durch die Ernennung seiner Söhne zu Caesaren führte er das Adoptivkaisertum wieder ein.

Warum wird Konstantin der Große nicht heilig gesprochen?

Im Jahr 330 verlegte Konstantin seinen Regierungssitz von Rom nach **Konstantinopel**, dem heutigen Istanbul. Im Palast in Ankyron ließ er sich auf dem Totenbett durch Bischof **Eusebius von Nikomedia** taufen. Konstantin vermachte der Kirche angeblich in der *Konstantinischen Schenkung* großflächige Ländereien des Weströmischen Reiches, doch bestattet wurde er in der *Apostelkirche* in Konstantinopel. Aufgrund der Verlegung des Regierungssitzes von Rom nach Konstantinopel spricht die katholische Kirche Kaiser Konstantin nicht heilig, jedoch kennt der Namenstagskalender Konstantins Namen am 21. Mai.

Konstantinsbogen in Rom

Der Zerfall des Römischen Reiches

Nach Königtum, einer Ära als Republik und der Kaiserzeit war das Römische Weltreich geschrumpft und innenpolitisch zerstritten. Von Kaiser Theodosius I. wurde das noch einmal geeinte Reich wieder geteilt und an seine Söhne vergeben.

Was machte Theodosius I. mit dem Römischen Reich?

Der Kaiser hatte zwei Söhne und gab jedem von ihnen eine Hälfte seines Herrschaftsgebietes: Das *Oströmische Reich* erhielt sein Sohn **Arcadius**, der von 377 bis zum Jahr 408 lebte. Im *Weströmischen Reich* regierte nach Theodosius' Tod sein Sohn **Honorius** weiter, der von 384 bis ins Jahr 423 lebte. Gute 50 Jahre später war das *Weströmische Reich* dem Untergang geweiht. Das *Oströmische Reich* hielt sich bis ins Jahr 1453.

Wie kam das Weströmische Reich zu Fall?

Die großen Wanderbewegungen der *Westgoten*, *Alanen*, *Sueben* und *Vandalen* durch die römische Welt zerstörten die morsche Einheit des

Kaiser Theodosius

Westens. Innerhalb von etwa 50 Jahren seit dem ersten Auftauchen der Westgoten an der Donau im Jahr 375 zerfiel das **Westreich**. **Afrika** war bereits an die Vandalen verloren, die Sueben hatten Teile **Spaniens** besetzt, die Westgoten sich in **Südgallien** niedergelassen, **Britannien** war von *Sachsen* überschwemmt worden und in **Germanien** sowie im Norden und Osten **Galliens** waren die Siedlungen von *Franken*, *Alamannen* und *Burgundern* verstreut. Nach der Absetzung des Kaisers **Romulus Augustulus** im Jahr 476 ließ der Germane **Odoaker** den Kaiser des *Oströmischen Reiches* wissen, dass es nicht nötig sei, für einen Ersatz zu sorgen. Er selbst werde sich der Reste des Westreichs annehmen. 1200 Jahre nach dem traditionellen Gründungsdatum beendete Rom damit seine Existenz.

Ging damit auch die westliche christliche Kirche zugrunde?

Nicht nur die Reiche waren geteilt, auch die Kirche war es. Der politische Gegensatz

Szene aus „Der Gottesstaat" von Aurelius Augustinus

zwischen **Konstantinopel**, der Hauptstadt des *Oströmischen Reiches*, und **Rom**, der Hauptstadt des *Weströmischen Reiches*, hatte auch eine kirchlich-konfessionelle Entsprechung gefunden. Römisches *Papsttum* und oströmisches *Patriarchentum* konnten einander aufgrund zweier gegensätzlicher Lehren über die Natur Christi nicht verstehen oder tolerieren. Dieser innere Zwiespalt erlaubte es später dem oströmischen Kaiser **Justinian I.** (527–565), eine absolute Herrschaft des Kaisers über die Kirche zu errichten. Im Westen dagegen löste sich das Christentum mehr und mehr vom Schicksal des Römischen Reiches ab. Als **Alarich** 410 Rom eroberte, schrieb der Bischof **Augustinus** (395–430) in Numidien sein Werk vom Gottesstaat *„De civitate Dei"*. Dort hieß es: „Was macht es uns aus, unter welcher Herrschaft der Mensch lebt, der doch sterben muss, wenn ihn nur die Machthaber nicht zu Gottlosigkeit und Unrecht nötigen."

Überlebte die Westkirche?

Das Römische Reich ging unter, aber die Erinnerung an seine Bürokratie überlebte in der Kirche. Unter Papst *Gre-*

Gotisches Goldkreuz

gor dem Großen (590–604) begann die Westkirche, den

Grundstein für die Entstehung des Kirchenstaates zu legen – einer weltlichen Machtbasis des Papsttums auf italienischem Boden. So wurden der Westkirche Wege offen gehalten und Mittel bereitgestellt, um in eine neue abendländische Epoche der Weltgeschichte aktiv und mitgestaltend einzugreifen. Das *Schisma* (die Trennung zwischen Ost- und Westkirche) sollte noch viele hundert Jahre anhalten.

Aufstieg und Fall Roms

753 v. Chr.	Sagenhafte Gründung Roms
510 v. Chr.	Vertreibung des letzten Königs, Errichtung der Republik
451/450 v. Chr.	Zwölftafelgesetze
390 v. Chr.	Plünderung Roms durch die Gallier
287 v. Chr.	Ende des Ständekampfes zwischen Patriziern und Plebejern
bis 282 v. Chr.	Rom erringt Herrschaft über Mittel- und Unteritalien
264–201 v. Chr.	Rom besiegt Karthago und wird Vormacht im westlichen Mittelmeergebiet
200–133 v. Chr.	Rom erobert Griechenland und die Provinz Asia
133/123 v. Chr.	Die Volkstribunen **Tiberius** (133) und **Gaius Gracchus** (123) streben Reformen an und werden ermordet
107 v. Chr.	**Marius** wird Konsul; Einrichtung einer Berufsarmee
102/101 v. Chr.	Marius besiegt Kimbern und Teutonen
88–31 v. Chr.	Bürgerkriege erschüttern die Republik
49–45 v. Chr.	**Caesar** siegt im Bürgerkrieg und erringt die Alleinherrschaft
44 v. Chr.	Ermordung Caesars
27 v. Chr.	**Oktavian** (Augustus) begründet das Prinzipat
98–117 n. Chr.	Größte Ausdehnung des Römischen Reiches unter Kaiser **Trajan**
313 n. Chr.	Unter Kaiser **Konstantin** dürfen sich Christen öffentlich zu ihrer Religion bekennen
330 n. Chr.	Konstantinopel wird Hauptstadt des Römischen Reiches
391 n. Chr.	Christentum wird Staatsreligion
395 n. Chr.	Teilung des Reiches in eine west- und eine oströmische Hälfte
410 n. Chr.	Plünderung Roms durch die Westgoten **Alarichs**
476 n. Chr.	Absetzung des letzten weströmischen Kaisers **Romulus Augustulus** durch den germanischen Heerführer **Odoaker**

Byzanz, später Konstantinopel genannt, ist das heutige Istanbul und wurde um 660 vor Christus gegründet. Von 395 bis zur Eroberung durch die Türken 1453 war Byzanz die Hauptstadt des Oströmischen bzw. Byzantinischen Reiches.

Gab es Byzanz schon vor Konstantin?

Byzanz wurde in der Antike um 660 v. Chr. als griechische Kolonie **Byzantion** am Bosporus gegründet. Eine wirtschaftlich und strategisch günstige geografische Lage bescherte der Stadt, an deren Stelle heute Istanbul liegt, rasch einen gut besuchten Hafen und sie entwickelte sich in den folgenden Jahren sehr schnell zu einem bedeutenden Handelsplatz für diese Region. Allein der Getreidehandel vom Schwarzen Meer nach Griechenland verhalf Byzanz zu enormem Wohlstand.

Wer herrschte alles über Byzanz?

In den 500 Jahren vor Christi Geburt wurde Byzanz von den *Persern* zerstört, von den *Spartanern* wiederaufgebaut, von den *Athenern* erobert und von den Spartanern wieder zurückerobert. Die Athener ließen allerdings nicht locker. Sie schlossen mit den Inseln *Chios*, *Rhodos* und *Kos* ein Bündnis und eroberten Byzanz erneut.

Marcus Aurelius Antoninus Caracalla

Caracalla (188–217)

Der römische Kaiser **Marcus Aurelius Antoninus** erhielt den Spitznamen **„Caracalla"**, der von dem Namen für den in Rom eingeführten gallischen Kapuzenmantel abgeleitet ist. Caracalla wurde am 4. April 188 in Lugdunum, dem heutigen Lyon, geboren und trat im Jahr 211 nach dem Tod seines Vaters **Lucius Septimius Severus** zusammen mit seinem jüngeren Bruder **Geta** die Herrschaft über das *Römische Reich* an. Trotz der Versöhnungsversuche seiner Mutter **Julia Domina** ließ er seinen Bruder nur ein Jahr später ermorden und an seinen Gegnern ein grausames Strafgericht vollziehen. Seine Gewaltherrschaft stützte sich vor allem auf die von ihm verwöhnte und stark privilegierte Armee. Nach erfolgreichen Feldzügen gegen die *Alamannen* und *Carpen* wollte er das *Partherreich* erobern, fiel aber zu Beginn des Feldzuges bei *Carrhae* am 8. April 217 einem Anschlag seines Gardepräfekten **Marcrinus** zum Opfer. Zu seinen größten Leistungen als Kaiser zählen die *„Constitutio Antoniniana"*, mit der er im Jahr 212 allen freien Reichsbewohnern das römische Bürgerrecht verlieh, sowie den Wiederaufbau der Stadt Byzanz, die sein Vater aus Rache zerstören ließ.

Alexander der Große nahm Byzanz wenige Jahre später ebenfalls in Besitz, doch die makedonischen Herrscher nach ihm verloren es wieder, woraufhin die Stadt auch noch unter keltische Vorherrschaft fiel.

Wie kam die Verbindung Byzanz – Rom zustande?

Byzanz wurde etwa 200 Jahre v. Chr. zum Bundesgenossen Roms und unterstützte das Reich daraufhin im Krieg gegen den syrischen

Justinian I. mit Gefolge (byzantinisches Mosaik)

König **Antiochos III**. Nachdem Byzanz auch noch während der *Mithridatischen Kriege* (88–65 v. Chr.) Rom

aktiv unterstützte, erkannte das Reich die Stadt am Bosporus für gut 100 Jahre als freien Verbündeten an. Von 41–54 fiel Byzanz doch noch unter die Herrschaft Roms und war gezwungen, an den römischen Kaiser **Claudius I.** Tribut zu entrichten. Im später folgenden Bürgerkrieg rächte sich der Kaiser **Lucius Septimius Severus**, gegen den sich Byzanz in dem Konflikt gewandt hatte, und zerstörte die Stadt im Jahre 196. Der Sohn des Kaisers, **Caracalla**, jedoch ließ Byzanz wieder aufbauen.

Wie wurde Byzanz zu Konstantinopel?

Nachdem Byzanz im Jahr 258 von den Goten geplündert wurde, erhob Kaiser **Konstantin der Große** die Stadt zur Reichshauptstadt zuerst des gesamten und dann des *Oströmischen Reiches*. We-

byzantinischer Filigranadler

gen seiner günstigen Lage ließ er es ab 324 zu einem *„Neuen Rom"* ausbauen, was für die katholische Kirche zu einer Kirchentrennung in *Ost-* und *Westkirche* führte. Weltlich orientierte sich Konstantin eng an dem Vorbild des alten Rom, besonders was die Verfassung und die Verwaltung anbelangte. Interessanterweise ist Byzanz sogar ebenso wie Rom auf sieben Hügeln erbaut worden. Schließlich wurde die neue Hauptstadt am 11. Mai 330 unter dem Namen **Constantinopolis** offiziell eingeweiht. Ab dem Jahre 395 war Konstantinopel dann die Hauptstadt des *Oströmischen* bzw. des *Byzantinischen Reiches*.

Istanbul

Sowohl die Stadt als auch die Provinz **Istanbul** liegen zu beiden Seiten des Bosporus, der Meerenge, die Europa von Asien trennt. Die Provinz Istanbul wird im Norden vom Schwarzen Meer, im Süden und Südwesten vom Marmarameer umgeben. Istanbul ist wichtigster Seehafen sowie Hauptwirtschafts- und Handelszentrum der Türkei. Ein Großteil des Handels der Türkei wird über das „Goldene Horn", eine Bucht des Bosporus, die einen ausgezeichneten Naturhafen bildet, umgeschlagen. Die wichtigsten Industriezweige der Stadt sind Schiffbau, Bekleidungs-, Nahrungs- und Genussmittelindustrie. Historisch gesehen gilt Istanbul als eine der am häufigsten belagerten Städte der Welt. Unter anderen versuchten Perser, Awaren, Araber und Bulgaren die Stadt zu erobern. Nachdem Konstantinopel 1453 an die Türken fiel, wurde die Stadt Hauptstadt des Osmanischen Reiches. Bis 1923 war sie Hauptstadt der heutigen Türkei. Danach wurde sie von Ankara abgelöst. Von 1918–1923 hielten Briten, Franzosen und Italiener die Stadt besetzt. Die Einwohnerzahl beträgt zurzeit knapp über 8 Mio.

Die Hunnen

Als Hunnen wird ein eurasisches Nomadenvolk bezeichnet, dessen Ursprünge in China liegen und das während seiner Raubzüge im vierten und fünften Jahrhundert im Westen der Kaspischen Steppen Furcht und Tod verbreitete.

Wer waren die Hunnen?

Die **Hunnen** waren ein Volk von Nomaden, das wohl schon lange vor Christus den Chinesen als die **Xiongnu** bekannt war und vermutlich eine ural-altaische Sprache verwendete. Die Chinesen besiegten ihre Feinde nach langen Kämpfen und so verließen die Hunnen zu großen Teilen im 2. Jh. v. Chr. ihre Gebiete und zogen westwärts.

Wo befand sich das Reich der Hunnen?

Nachdem sie um 370 die **Alanen** in Nordkaukasien und 375/76 die **Ostgoten** unterworfen hatten, verfügten die Hunnen unter König **Attila** über ein riesiges Reich nördlich des Schwarzen und des Kaspischen Meers. Selbst das *Byzantinische Reich* fürchtete seine Schrecken verbreitenden Nachbarn.

Verloren die Hunnen nicht einmal?

Die Raubzüge der Hunnen waren seinerzeit mitunter legendär, aber v. a. überall gefürchtet. Sogar in **Süd-**

Die Zeit der Hunnen unter König Attila

396	**Attila** wird als Neffe des amtierenden Hunnenkönigs **Rugila** geboren
410	Attila lebt als Geisel am römischen Hof in Ravenna
418	Die von den Hunnen vertriebenen *Westgoten* gründen das Tolosanische Reich
434	Nach dem Tod Rugilas werden Attila und sein Bruder **Bleda** Könige der Hunnen
436	Krieg gegen die *Burgunder*, der mit deren Vernichtung endet
445	Attila ermordet seinen Bruder und wird Alleinherrscher über die Hunnen
447–450	Attila beginnt seinen *Gallienfeldzug*
451	*Schlacht auf den Katalaunischen Feldern*, bei der die Hunnen besiegt werden und sich zurückziehen
452	Attila fällt in die norditalienische Poebene ein und erobert **Mailand**; angeblich bringt **Papst Leo** Attila von der Eroberung Roms ab.
453	Angebliche Ermordung Attilas in seiner Hochzeitsnacht
454	Die Hunnen verlieren gegen die *Ostgoten* unter **Ardarich**
455	Die Hunnen ziehen sich nach *Südrussland* zurück und gründen dort später das *bulgarische Reich*
496	Die letzte Armee der Hunnen wird unter Attilas Sohn **Dengizik** vernichtet

frankreich hatte man die scheinbar unbezwingbare Kraft des Nomadenvolkes zu spüren bekommen. Als sich die Hunnen von dort nach **Rom** vorkämpfen wollten, wurden sie jedoch von den Römern und Westgoten im Jahr 451 auf den **Katalaunischen Feldern** besiegt.

Der Mann, der Attila besiegte

Auf den *Katalaunischen Feldern* wurden die Hunnen 451 n. Chr. schließlich von den gemeinsamen Streitkräften der Römer und Westgoten unter der Führung des weströmischen Feldherrn **Flavius Aetius** besiegt. Aetius wurde im Jahre 390 n. Chr. im heutigen Silistria in Bulgarien geboren und im Alter von 35 Jahren von der weströmischen Kaiserin **Galla Placidia** zum Heermeister in Gallien ernannt. Nach einigen Morden und Verschwörungen in den folgenden Jahren, denen seine Vorgesetzten zum Opfer fielen, wurde Aetius 433 als erster *Reichsfeldherr* mit dem Titel *patricius* eingesetzt. Als vier Jahre später die Kaiserin ebenfalls den Tod fand, übte er de facto die Regierungsgewalt im Westen aus. Nachdem er einige Kriege gegen die Germanen und Burgunder geführt hatte, kam es zur *Schlacht auf den Katalaunischen Feldern*, in der er Attila zwar besiegen, aber nicht den Einfall der Hunnen in Italien ein Jahr später abwehren konnte. Im Jahr 454 n. Chr. wurde Flavius Aetius in Rom ermordet.

nen. Zusammen mit seinem Bruder **Bleda**, den er ermordete und dessen Herrschaft er übernahm, errichtete er das letzte große Hunnenreich. Nach seiner Niederlage auf den *Katalaunischen Feldern* gegen die Römer und Westgoten versuchte er dennoch weiter, Rom zu erreichen, ließ aber schließlich von dem Plan ab. Er heiratete im Jahr 453 die Germanin **Ildico** in seinem Stammland Pannonien, wurde aber in der Nacht nach seiner Hochzeit ermordet, woraufhin das letzte Hunnenreich zerfiel.

Hunnischer Krieger

Hatten die Hunnen die Goten nicht schon einmal besiegt?

Als die Hunnen im Jahr 375 das Gebiet der *Ostgoten* westlich der Wolga eroberten, besiegten sie tatsächlich auch die *Westgoten* sowie eine Reihe von anderen germanischen Stämmen in Südosteuropa. Diese Ereignisse waren es, die in dieser Region den Beginn der Völkerwanderung auslösten.

Wann verlor das Reich der Hunnen seinen Zusammenhalt?

Nach König Attilas Tod im Jahr 453 löste sich das Reich der Hunnen allmählich auf. Im Laufe der Zeit wurden die verschiedenen Hunnenstämme vernichtet oder gingen mit den Jahren in anderen Völkern wie den **Awaren** und **Chasaren** auf. Nur die **Hephthaliten** werden heute noch „weiße Hunnen" genannt.

Wer war der berühmteste Hunne?

Der Hunnenkönig **Attila**, dessen Name auf Gotisch wohl schlicht „Väterchen" bedeutet, war in der germanischen Sage auch als **Etzel** bekannt. Er soll um 396 geboren worden sein und wurde im Jahr 434 König der Hun-

Die Völkerwanderung, in der eine Reihe germanische Stämme aufgrund des Einfalls der Hunnen ihren Lebensraum wechseln mussten, besiegelte das Ende der antiken Welt und legte den Grundstein für die christlichen Königreiche des Mittelalters.

Wie kam es zu der Völkerwanderung?

Schon in den ersten beiden Jahrhunderten n. Chr. hatten verschiedene germanische Volksstämme ihre Siedlungsgebiete in Skandinavien verlassen und waren in Mitteleuropa eingewandert. Zunächst hinderte das Römische Reich sie am weiteren Vordringen. Die *Hunnen*, ein wanderndes Reitervolk aus Mittelasien, das zuvor schon China bedroht und zeitweilig unterworfen hatte, stieß bei seinem Zug nach Westen auf die an der Nordostflanke des Römerreiches siedelnden *Germanenstämme*. Durch die militärische Stärke der Hunnen und ihr wildes, unberechenbares Auftreten beunruhigt, verließen viele Germanenstämme ihre Siedlungsge-

---

Theoderich der Große

Die Ostgoten hatten sich unter den Schutz des oströmischen Kaisers begeben und der gotische Königssohn **Theoderich** (475–526) wuchs am Hof des Kaisers in Konstantinopel als Geisel auf. Dort erhielt er hervorragenden Unterricht in Kriegskunst, Diplomatie und Verwaltung. Nach dem Tod seines Vaters wurde er mit 18 Jahren zum König gewählt und wollte seinem Volk ein neues Siedlungsgebiet erschließen. Mit dem Einverständnis des oströmischen Kaisers zogen die Ostgoten unter Theoderich nach Italien, wo der germanische Truppenführer **Odowakar** den letzten weströmischen Kaiser, **Romulus Augustulus**, abgesetzt und sich zum König von Italien ernannt hatte. Theoderich schlug die Truppen Odowakars in Verona und belagerte Ravenna. Theoderich einigte sich mit Odowakar darauf, die Macht in Italien zu teilen, und erstach ihn daraufhin bei einem Festmahl. Der Kaiser in Konstantinopel musste nun die faktische Unabhängigkeit Theoderichs anerkennen. Die weitere Politik Theoderichs war auf die Versöhnung von Germanen und Römern ausgerichtet, da den 150.000 Ostgoten etwa sechs Mio. Römer gegenüberstanden. Er beließ den Römern alle wichtigen Funktionen in Wirtschaft und Verwaltung, die Gotenkrieger stellten allein den militärischen Schutz.

---

biete und drangen in das nunmehr schwache Römische Reich ein.

Welche germanischen Stämme wanderten?

Während die *nordgermanischen Stämme* ihre Siedlungsgebiete in Skandinavien nicht verließen (sondern erst einige hundert Jahre später als **Wikinger**), gaben im Zuge des Hunneneinfalls die *ostgermanischen Stämme* ihre angestammte Heimat auf: Die ursprünglich zwischen Elbe und Rhein siedelnden **Angeln**, **Sachsen** und **Jüten** zogen größtenteils nach Britannien (Angelsachsen, England = Land der

Ravenna: Sant' Appolinare

Angeln) und verdrängten dort die *keltische Bevölkerung*. Die **Burgunder** bildeten nacheinander zwei Königreiche am Oberrhein und im Rhonetal (Bourgogne). Der germanische Stamm der **Franken** vermischte sich in Gallien mit den dort ansässigen Kelten. Die **Vandalen** gründeten nach einem Zwischenstopp in Südspanien (Andalusien = Vandalusien) ein Reich in Nordafrika.

Wie wanderten die Westgoten?

Die Westgoten flohen vor den Hunnen über die Donau nach Süden und bekamen dort neue Siedlungsgebiete vom

Byzantinisches Relief

römischen Kaiser zugewiesen. Der junge Gotenkönig **Alarich** führte die Westgoten nach Italien, wo im Jahr 410 Rom geplündert wurde. Auf dem Weg nach Süditalien er-

lag Alarich dem Sumpffieber, der Stamm zog jedoch weiter nach Südfrankreich und Spanien, wo ein selbstständiges Reich der Westgoten entstand (Katalonien = Gotolanien).

Attila, der Hunnenkönig

Um 450 gelang es dem Hunnenkönig **Attila** (= Väterchen), alle Gebiete, die von Hunnen kontrolliert wurden, unter seiner Oberhoheit zu vereinen. Er herrschte über ein Reich vom Kaukasus bis zum Rhein. Attila selbst war ein bescheidener, genügsamer Mann. Politisch wollte er jedoch seinem großen Reich noch das reiche Gallien einverleiben. Gegen den Aufmarsch der um zahlreiche Germanen verstärkten Hunnenheere stellte sich eine Koalition aus den römischen Bewohnern Galliens, den *Franken, Burgundern* und *Westgoten* unter dem Befehl des **Aëtius**, des Statthalters des Weströmischen Reiches. In der *Schlacht bei den Katalaunischen Feldern* wurde Attila im Jahr 451 geschlagen und der Vormarsch der Hunnen gestoppt. Attila zog sich ins ungarische Kernland der Hunnen zurück und wurde bald darauf ermordet. Nach seinem Tod zerfiel sein riesiges Reich. In der deutschen Dichtung des Mittelalters spielt Attila unter dem Namen **Etzel** eine wichtige Rolle als Gegenspieler von König Gunther im *Nibelungenlied*.

Womit endete die Völkerwanderung?

Schlusspunkt war der Einfall der **Langobarden** in Oberitalien (582). Am Ende der Völkerwanderungszeit hatten die germanischen Stämme in neuen Siedlungsgebieten christliche Königreiche gegründet oder waren in der Bevölkerung des Gastlandes aufgegangen. Der Ansturm der Hunnen war abgewehrt. Vom *römischen Imperium* war nur das Oströmische Reich geblieben. Die meisten der neuen Staatsgebilde hatten nicht lange Bestand. Doch England und das Frankenreich haben bis heute überdauert.

Ein ostgermanischer Stamm, der von Skandinavien bis an die Nordküste des Schwarzen Meeres vordrang und sich 269 in Westgoten und Ostgoten spaltete. Für mehrere Jahrhunderte bildeten beide Stämme immense Machtfaktoren im damaligen Europa.

San Vitale, Ravenna

Wer waren die Goten?

Die Goten gliederten sich in die Volksgruppen der *Ostgoten* – eigentlich *Ostrogoten* – und die *Westgoten* – eigentlich *Wisigoten*. Dieser Stamm repräsentiert das Hauptvolk der Ostgermanen, das sich an der unteren Weichsel bildete. Um 190 wanderten die Goten an die Küste des **Schwarzen Meers** und suchten von hier aus im 3. Jh. die Küstengebiete Griechenlands, Thrakiens und Kleinasiens heim. Ende des 3. Jh. teilten sich die Goten in zwei Gruppen: Östlich des Dnjestr bis jenseits des Don siedelten die Ostgoten und westlich des Dnjestr herrschten die Westgoten. Ab der Mitte des 4. Jh. fand bei ihnen – besonders durch Bischof **Wulfila**, der auch die Bibel ins Gotische übersetzt hatte – das arianische Christentum Eingang.

Was machten die Ostgoten nach der Trennung?

Die Ostgoten gründeten im Jahr 350 unter **Ermanarich** ein großes Reich von der Ostsee bis zum Schwarzen Meer, das 375 von den Hunnen unterworfen wurde. Nach deren Untergang ließen sich die Ostgoten ab 453 wieder in Pannonien nieder, diesmal unter römischer Oberhoheit. 488 zogen die Ostgoten dann unter **Theoderich dem Großen** nach Italien. Dort gründete er ein Reich, das nach seinem Tod verfiel und

Die Zeit der Befreiung

Als Gotik bezeichnet man die Epoche zwischen dem 12. und dem 16. Jh. In dieser Zeit lösten sich die Menschen vom düsteren Ernst des romanischen Zeitalters und ihre ängstliche Furcht vor Gott wandelte sich zur respektierenden Ehrfurcht. In der Gotik befreite sich der Mensch innerlich und diese Freiheit äußerte sich in einer höheren Wertschätzung der irdischen Dinge, als es in den Jahrhunderten vorher scheinbar gestattet war: Wunderwerke der Kunst entstanden und die früher im Glauben ängstlichen Menschen fanden nungerade dort ihre Seligkeit.

Theoderich der Große – König der Ostgoten

Theoderich der Große

Der Ostgotenkönig, der von 473–526 regierte, wurde im Jahr 454 geboren und starb am 30.8.526. Er stammte aus dem Königsgeschlecht der *Amaler* und wurde – wie es damals häufiger vorkam – sechs Jahre lang von 461–467 als Geisel an den byzantinischen Kaiserhof in Konstantinopel gegeben, wo er seine Erziehung und Ausbildung genoss.

In den darauf folgenden Jahren ab 471 kämpfte er auf dem Balkan, wurde nach dem Tod seines Vaters **Thiudimir** im Jahr 474 zum König gewählt und schloss 483 einen so genannten Föderatenvertrag mit dem Oströmischen Reich. Ab 488 kämpfte er in dessen Auftrag gegen **Odoaker**, den germanischen Herrscher in Italien, den er 489 bei Verona besiegen und bis nach Ravenna vor sich her treiben konnte. Dort belagerte er die Stadt drei Jahre lang, ehe er 493 Odoaker ermorden konnte und als Stellvertreter des oströmischen Kaisers die Regentschaft in Italien übernahm. Schon vier Jahre später erkannte ihn der Kaiser als König Italiens an. Theoderichs Ziel war es, durch eine gelungene Heiratspolitik die Stämme der Germanen zu vereinen. Doch während er seine Macht in Italien festigen und ausbauen konnte, schlug dieser Plan letztlich fehl. Theoderich ist in Ravenna, der Hauptstadt seines Reichs, in seinem Grabmal bestattet. Seine Tochter **Amalasuntha** führte als Regentin für ihren Sohn **Athalarich** das Reich weiter.

dem *Oströmischen Reich* unterlag.

Was machten die Westgoten nach der Trennung?

Wie bei den Ostgoten lösten auch bei den Westgoten die Hunnen ihre Wanderung aus. Ab 378 kämpften sie wahlweise gegen Rom oder verbündeten sich mit dem Reich. 395 setzten sie sich unter **Alarich** erneut in Bewegung, der sie schließlich nach Italien führte, wo es 410 zur Plünderung Roms kam. 418 gründeten sie in Südgallien das nach der Hauptstadt **Toulouse** benannte *Tolosanische Reich*.

Was wurde aus den Goten?

Während die Geschichte der Ostgoten nach Theoderich dem Großen zu Ende ging, eroberten die Westgoten in der 2. Hälfte des 5. Jh. zunächst Spanien, wurden aber Anfang des 6. Jh. von den merowingischen Franken im Norden aus ihren gallischen Besitzungen verdrängt. Nachdem ab dem Jahr 587 die Westgoten allmählich zum Katholizismus übergingen, war der Weg frei für die Verschmelzung mit der römisch-iberischen Bevölkerung. Im Jahr 711 setzten die Araber der Geschichte des Westgotenreiches ein Ende.

Was hat die Gotik mit den Goten zu tun?

In der 2. Hälfte des 18. Jh. wurde aus dem Namen „Gotik" eine ehrenvolle Stilbezeichnung, da zunächst einmal der Name „Gotik" als Bezeichnung für den angeblichen Verfall der Künste durch die Goten gebraucht wurde.

Germanen

Unter den Germanen, die sich selber nie so nannten und ihren Namen von den Römern erhielten, versteht man eine Anzahl von Stämmen, die sich in den Jahrhunderten um und nach Christi Geburt in Nord- und Mitteleuropa bemerkbar machten.

Was bedeutet die Bezeichnung „Germane"?

Sowohl die Herkunft als auch die Bedeutung des Namens „Germanen" ist bisher ungeklärt. Es wird in Fachkreisen angenommen, dass der hellenistische Philosoph **Poseidonios** (135–51 v. Chr.) den Begriff prägte, worauf ihn in den folgenden Jahren auch die Römer benutzten. Das Wort „Germane" bedeutet im Keltischen übrigens *„heiße Quellen"* und im Gallischen *„Nachbar"*. Die betreffenden Stämme selbst hatten weder eine einheitliche Selbstbezeichnung noch ein Bewusstsein der Zusammengehörigkeit. Der umfassende Begriff „Germanen" war ihnen absolut unbekannt.

Woher wissen wir etwas über die Germanen?

Unser Wissen über die Germanen stammt fast ausschließlich aus den Werken römischer Autoren. V. a. **Julius Caesar**, **Tacitus** und **Plinius d. Ä.** haben der Nachwelt eine Reihe von literarischen Zeugnissen hinterlassen. Die *„Germania"* des römischen Geschichtsschreibers Cornelius Tacitus gilt als die beste Beschreibung und dient oftmals als Grundlage für Thesen und Diskussionen.

Was wissen wir denn über die Germanen?

Nach der *„Germania"* des Tacitus gab es drei Hauptstämme: *Ingwäonen, Hermi-*

nonen und *Istwäonen*. Zu diesen kamen die *Ostgermanen* von der Ostsee und der unteren Weichsel bis zur unteren Donau sowie die *Nordgermanen*, die so genannten *Scionen*.

Statuette eines Germanen

Tacitus schätzte die Gesamtzahl der Germanen auf etwa 4–7 Mio.

Verstanden die Römer das Gleiche unter dem Begriff „Germanen" wie wir heute?

Tatsächlich hat sich im Laufe der Zeit der Germanenbegriff gewandelt. Der moderne Ausdruck „Germanen" umfasst all jene Stämme, die germanische Sprachen benutzten. Da der Sprachwissenschaft aber erst eindeutige Hinweise auf die verwandten Sprachen durch die Zeit der Völkerwanderung zur Verfügung stehen, kann es durchaus sein, dass die Römer mit Germanen auch andere Stämme bezeichneten, die

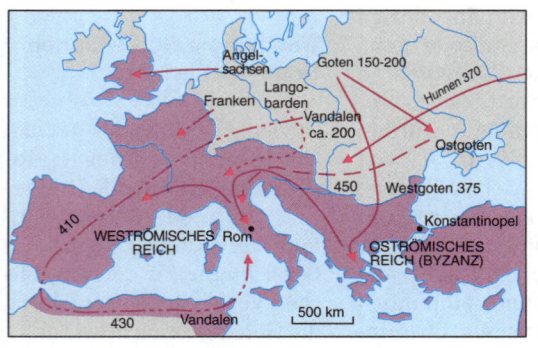
Verbreitung der Germanen

Die Germanen und ihre Lebensart

Die Germanen gehörten zu dem so genannten europiden Rassenzweig der Menschheit. Sie waren groß gewachsen und die dominierende Haarfarbe war blond. Die Germanen lebten in Sippenverbänden und die höchste Gewalt übte die Versammlung der Freien, das *Thing*, aus. Sie wählte auch Richter, die bei Verbrechen Urteile und Entscheidungen trafen. Innerhalb der Gemeinschaft gab es drei Stände: die Freien, die Halbfreien und die Sklaven. Aus den Freien bildete sich später eine Adelsschicht und aus der Heerführung bei Wanderzügen ein Königtum. Jedes Mitglied des freien Standes war zum Kriegsdienst verpflichtet und das nach Sippen geordnete Heer kämpfte in Keilform. Als Waffen benutzten die Germanen hauptsächlich Lanze und Schild. Die festen Wohnsitze der Germanen werden heute noch bei Ausgrabungen entdeckt: Zumeist kommen dabei ganze Dorfanlagen zum Vorschein.

nördlich Roms lebten und – salopp formuliert – ein wildes Aussehen aufwiesen.

Welche Religion hatten die Germanen?

Die Germanen waren Anhänger der nordischen Mythologie, die uns in der *Edda*, einer Sammlung germanischer Götter- und Heldenlieder, überliefert ist. Die *Edda* entstand v. a. auf Island. Allerdings existieren Hinweise, die auch auf christliche Ein-

Hammer des Gottes Thor

flüsse schließen lassen, wie die höllenähnliche Unterwelt namens *Hel*. Jedoch kann man davon ausgehen, dass diese zur Zeit der Niederschrift (um 1200) von den bereits missionierten Dichtern eingestreut wurden.

Wann kam es zum ersten Kontakt der Römer mit den Germanen?

Der erste große Vorstoß einiger germanischer Stämme in die Grenzen des Römischen Reiches fand gegen Ende des 2. Jh. v. Chr. statt. Die Stämme der *Kimbern* und *Teutonen* drangen nach Süden und Südwesten vor und fielen etwa 113 v. Chr. nach **Gallien** ein. Doch gegen die Römer vermochten sich die Germa-

nen nicht durchzusetzen und wurden im Jahr 101 v. Chr. wieder zurückgeschlagen.

Kam es zum Gegenschlag der Römer?

Unter **Augustus** versuchten sich die Römer an der Unterwerfung der Germanen. Doch bei dem Überfall im Jahr 9 im sumpfigen **Teutoburger Wald** durch **Arminius** wurden drei römische Legionen unter **Varus** vernichtet. Die Römer beschränkten sich daraufhin auf die Verteidigung des *Limes* zwischen Rhein und Donau, den sie bis ins Jahr 260 hielten.

Wie wirkte sich die Pattsituation auf das Römische Reich aus?

In den ersten Jahrhunderten n. Chr. bildeten sich schon bald hinter den Grenzlinien des Römischen Reiches die bekannten germanischen Stämme wie *Langobarden*, *Sachsen*, *Franken*, *Alamannen* und *Markomannen* heraus. Die Römer erzogen germanische Fürstensöhne in Rom, übernahmen tapfere germanische Krieger in ihre Heere und schlossen Verträge mit einzelnen germanischen Stämmen. Doch nach 260 konnte das Reich den Ansturm der Germanen nicht mehr abwehren und zerbrach daraufhin stückchenweise.

Durch den Niedergang des weströmischen Reiches und der Wanderung vieler Stämme in Richtung Süden war in Mitteleuropa ein Machtvakuum entstanden, welches die Franken füllten und daraufhin das gleichnamige Reich erschufen.

War das Frankenreich sehr groß?

Die **Merowinger** herrschten von 481–751 im Frankenreich. Sie erhielten ihren Namen vom fränkischen Fürsten **Merowech**, der um 450 starb. Erst sein Enkel **Chlodwig I.**, der Sohn seines Sohnes **Childerich I.**, unterwarf in den folgenden Jahren nach und nach alle anderen fränkischen Kleinkönige und vergrößerte so das Frankenreich gewaltig. In diesem Reich wurde **Paris** der neue Mittelpunkt und nach Chlodwigs Tod im Jahr 511 unter seinen vier Söhnen aufgeteilt. Einer der Brüder, **Chlothar I.**, vereinigte 558 das Reich wieder unter seiner Herrschaft. Nach Chlothar I. kam sein Sohn **Chothar II.** und dessen Sohn **Dagobert I.**, der von 629–639 regierte, und gemeinhin als letzter starker merowingischer König gilt.

Wer kam nach den Merowingern?

Zwar existierte das *Fränkische Reich* nach der Regentschaft

*Edelstein-
besetzte
Nadel*

*Genealogie der Merowinger
(Miniatur, 14. Jh.)*

Dagoberts I. noch, aber es wurde mehrfach aufgeteilt. Da die einzelnen Könige sich in Machtkämpfen untereinander bekriegten, ging die Macht dieser Könige nach und nach an den Adel, v. a. aber an die so genannten *Hausmeier* über, die als Vorsteher des königlichen Haushaltes fungierten. Ab 639 waren die Hausmeier praktisch die herrschende Gesellschaft und im Jahr 751 schließlich setzte der Hausmeier **Pippin der Jüngere** den merowingischen König **Childerich III.** ab und bestieg an seiner statt den Königsthron. Die Herrschaft der Merowinger war beendet. Mit dem Glanz des späteren Kaisers

Die Karolingische Renaissance

Mit Renaissance meint man gemeinhin die Wiederentdeckung und Pflege der antiken Kultur und ihrer Philosophien. Im Jahr 782 entstand am Hof Karls des Großen die so genannte *Karolingische Renaissance*, die solch eine Wiederentdeckung und Belebung der antiken Welt, die Karl selbst durch seine Italienfahrten kennen gelernt hatte, anstrebte. Karl der Große versammelte zu diesem Zweck alle bedeutenden Gelehrten seiner Zeit an seinem Hof. In der Geschichte unterscheidet man die Karolingische Renaissance im Frankenreich von der in Italien im Übergang vom Mittelalter zur Neuzeit sich ausbreitenden Renaissance.

Wichtige Daten des Frankenreiches

481	Childerich I. stirbt
493	Chlodwig I. tritt zum christlichen Glauben über
517	Das Frankenreich übernimmt das römische Recht
638	Dagobert I. stirbt
687	Pippin der Mittlere erhält das Hausmeieramt über das ganze Frankenreich
751	Der Merowingerkönig Childerich III. wird von Pippin dem Kleinen abgesetzt
768	Pippin der Kleine stirbt; Karl der Große und sein Bruder Karlmann teilen sich das Reich
771	Karlmann stirbt; Karl der Große wird Alleinherrscher über das Frankenreich
814	Karl der Große stirbt; sein Nachfolger wird sein Sohn Ludwig I., der Fromme
840	Ludwig I., der Fromme, stirbt; sein Sohn Lothar I. wird sein Nachfolger
841	Karl II., der Kahle, und sein Halbbruder Ludwig der Deutsche besiegen Lothar I.
843	Das Reich wird in ein Mittel-, Ost- und Westreich geteilt

Karls des Großen wurde Pippins Linie rückwirkend die der **Karolinger** genannt.

Wie konnte Pippin den letzten Merowinger einfach absetzen?

Als Pippin der Jüngere im Jahr 751 König Childerich III. absetzte, besaß er keinerlei erbschaftliche Rechte auf den Thron. Zwar versuchten die Karolinger später, durch manipulierte Stammbäume und gewagte Sprünge ihren Erbschaftsanspruch ebenfalls geltend zu machen, aber als Pippin an die Macht kam, hatte er lediglich eine breite Zustimmung der Masse sowie den Segen des Papstes. Von nun an bedurfte es nicht mehr eines erbschaftlichen Nachfolgebeweises für einen König, sondern das „*Gottesgnadentum*", also gewissermaßen eine sakrale Legitimation,

reichte aus. Als Gegenleistung für die Unterstützung des Papstes zog Pippin in den Jahren 754 und 756 in dessen Auftrag über die Alpen und kämpfte erfolgreich gegen die *Langobarden*.

Wie lange herrschten die Karolinger?

Die beiden Söhne Pippins, **Karlmann** und **Karl**, erhielten beide einen Teil des Reiches als Erbe. Obwohl das Verhältnis zwischen den beiden Brüdern nicht gut war, kam es nicht zum Krieg, da Karlmann im Jahr 771 starb. Karl I., der Große wurde so alleiniger Herrscher des Frankenreiches und vergrößerte es in der Folgezeit erheblich, bis es schließlich die Gebiete des heutigen Frankreich, Deutschland, Österreich, der Schweiz, der Niederlande und Norditalien in sich vereinte. Nach dem Tod

Ludwigs I., der Karl als Kaiser beerbte, stritten seine drei Söhne um den Kaisertitel und teilten im Jahr 843 das Frankenreich im *Vertrag von Verdun* unter sich auf. Die Macht des *Karolingerreichs* war gebrochen und in den drei Teilen

Merowingischer Helm

sollten in den nächsten 150 Jahren allmählich andere Herrscher die Macht ergreifen. Am längsten blieben die Karolinger im späteren Frankreich an der Macht, bis sie dort 987 von den **Kapetingern** abgelöst wurden.

Entstehung und Ausbreitung des Islam

Mohammed (570–632 nach Christus) gründete den Islam in dem Bewusstsein, das Gott durch ihn als Propheten spricht und er in seinem Auftrag handelt. In weniger als 100 Jahren wurde der Islam zur dritten der Weltreligionen.

Wer war Mohammed?

Mohammed wurde in der arabischen Handelsstadt **Mekka** geboren. Seine Eltern waren arm und verstarben früh, sodass er als Hirtenjunge bei Verwandten aufwachsen musste. Die Nomaden zogen mit ihren Viehherden von Weideplatz zu Weideplatz. Als junger Mann wurde Mohammed Karawanenführer und kam weit herum. Bei seinen Reisen lernte er fremde Kulturen und Religionen kennen. Schließlich heiratete er in Mekka eine reiche Kaufmannswitwe. Mekka war kulturelles und wirtschaftliches Zentrum der arabischen Halbinsel in der damaligen Zeit. Mohammed lebte als wohlhabender und angesehener Geschäftsmann in Mekka und führte sehr erfolgreich das Handelshaus seiner Frau, bis er im Alter von 40 Jahren seine Berufung zum Propheten spürte.

Wie entstand der Islam?

Mohammed verstand sich als *Prophet*, das heißt als Mensch, durch den Gott spricht und handelt. Er sprach im Namen **Allahs** (= des allmächtigen Gottes) und scharte Anhänger um seine neue Lehre. Nach kurzer Zeit musste er 622 vor Gegnern aus Mekka fliehen und ließ sich in **Medina** nieder, wo er die erste muslimische Gemeinde gründete. Mit diesem Jahr 622 beginnt die islamische Zeitrechnung. Im Jahr 632 eroberte er die Stadt Mekka zurück und machte die **Kaaba**, ein vorislamisches Heiligtum mit einem schwarzen Meteoriten, zur zentralen Kultstätte des Islam. Schnell breitete sich die neue Religion über die Arabische Halbinsel aus und vereinte die verschiedenen arabischen Volksstämme. Mekka wurde das religiöse Zentrum der neuen Religion. Seither verneigen sich alle

Der Islam und die anderen Religionen

Der **Islam** sieht sich in der theologischen Tradition von Juden und Christen, die alle den einen Gott verehren *(Monotheismus)*, und führt sich auf den gemeinsamen Stammvater **Abraham** zurück *(abrahamitische Religionen)*. Wichtige Personen der jüdisch-christlichen Tradition wie Moses und Jesus sind auch im Islam hoch geachtet, jedoch ist Mohammed der größte Prophet. Der Islam ist wesentlich toleranter gegenüber anderen Religionen als das Christentum des Mittelalters. Er saugt die Kenntnisse und Errungenschaften anderer Völker begierig auf, um die eigene Kultur weiterzuentwickeln.

Koran

Die Moschee von Bagdad

Moslems beim Gebet in Richtung Mekka.

Was ist die Lehre des Islam?

Die Lehre Mohammeds, die ihm von Gott eingegeben wurde, schrieb er nieder in den 114 *Suren* des *Koran*. Der Koran ist die Grundlage der religiösen Ordnung im Islam, vergleichbar der Bibel von Juden und Christen. Islam bedeutet *„Hingabe an Gott und Unterwerfung unter seinen Willen"*. Im Zentrum steht Allah, der Schöpfer der Welt und der Richter der Menschen beim bevorstehenden Weltgericht. Daraus ergeben sich für die Moslems *fünf Hauptpflichten*: Das **Glaubensbekenntnis** („Es gibt keinen Gott außer Allah und Mohammed ist sein Prophet."), das **Gebet** (mindestens fünfmal täglich), das **Almosen** (für die Armen und Bedürftigen), das **Fasten** im Monat *Ramadan* und die **Pilgerfahrt** nach Mekka.

Was passierte nach Mohammeds Tod?

Nach Mohammeds Tod (632) übernahmen die **Kalifen** (= Stellvertreter) die geistliche und politische Führung der Moslems. Ihre schnellen Reitertruppen waren den Söldnerheeren des oströmischen Kaisers überlegen. So unterwarfen sie in wenigen Jahrzehnten **Ägypten**, **Nordafrika**, **Palästina** und **Persien** – gemäß dem Auftrag Mohammeds, die neue Religion überall zu verbreiten. Die Hauptstadt des oströmischen Kaiserreiches, **Konstantinopel**, widersetzte sich erfolgreich den muslimischen Eroberungsversuchen (674–678 und 717–718). Im Osten wurde der Vormarsch des Islam erst am Kaukasus gestoppt, im Westen nach der Eroberung Spaniens in Frankreich (*Schlacht von Tours und Poitiers* 732).

Wie sah der islamische Staat aus?

Staatliche und religiöse Ausdehnung erfolgten stets parallel. Die Bewohner der besetzten Länder wurden missioniert. *Christen* und *Juden* durften jedoch gegen die Entrichtung einer *Kopfsteuer* ihre Religion behalten. Auch nach der erfolgreichen Eroberung lebten die islamischen Kämpfer weiterhin mit ihren Familien in großen Militärlagern, um für künftige Feldzüge zur Verfügung zu stehen. In der Verwaltung übernahmen die muslimischen Herrscher das gut ausgebaute Beamtensystem des oströmischen Kaiserreiches, die Rechtsprechung folgte jedoch den Grundsätzen des Koran.

Die große Moschee von Isfahan

Über 700 Jahre beherrschte der Islam Spanien im Mittelalter und prägte seine Kultur in vielfältiger Weise, bis durch die Reconquista der islamischen Herrschaft ein Ende gesetzt wurde und 1492 die letzte islamische Bastion fiel.

Wie begann die Islamisierung Spaniens?

Nach der Gründung des Islam durch **Mohammed** (570 bis 632) im Jahr 622 breitete sich die neue Religion rasch aus. Unter den Nachfolgern Mohammeds, den *Kalifen*, wurde Nordafrika erobert. Im Jahr 711 überschritt der arabische Feldherr **Tarik** die Meerenge zwischen Afrika und Europa, die seitdem **Dschebel-al-Tarik** (= Gibraltar, Fels des Tarik) genannt wird. Innerhalb von sieben Jahren unterwarfen die *Sarazenen*, wie die *Araber* von den Christen genannt wurden, den größten Teil Spaniens. Nur in den felsigen Bergregionen im Nordwesten hielten sich kleine

Die Moschee in Córdoba

christliche Königreiche. Mit seiner prächtigen Hauptstadt bildete sich das Kalifat **Córdoba** als selbstständiges islamisches Machtzentrum neben den Kalifaten im Nahen Osten.

Warum wurde der Rest Europas nicht islamisiert?

Die Truppen der Sarazenen machten nicht an den Pyrenäen halt, sondern durchstreiften bald darauf den Süden Galliens. Im Frankenreich herrschte seit **Chlodwig** (482) die Dynastie der *Merowinger*. Doch wurde das Land bereits unter seinen Söhnen aufgeteilt und diese Teilkönige verloren die Macht bald an ihre hohen Beamten. Besonders einflussreich war der Hausmeier, der die faktische Macht in seinen Händen hielt. Zur Zeit der Arabereinfälle war **Karl** aus dem Hause der *Karolinger* Hausmeier im Frankenreich. In einer entscheidenden *Schlacht bei Tours und Poitiers* (732) besiegte das fränkische Heer die muslimischen Sarazenen und stoppte damit auch den Vormarsch des Islam nach Mittel- und Westeuropa. Der

siegreiche Feldherr erhielt den Namen **Karl Martell** (= Hammer).

Wie lebten Christen, Muslime und Juden in Spanien zusammen?

Anders als in den frühen Phasen der Ausbreitung des Islam in Palästina oder Nordafrika wurde die Bevölkerung in Spanien nur zu einem geringen Teil zum Islam bekehrt. Die meisten blieben *Christen* oder *Juden*. Selbst nach einigen Jahrhunderten stellten die muslimischen Araber nur einen kleinen Teil der Bevölkerung. Das Zusammenleben der Religionen war durch weit reichende Toleranz gekennzeichnet, wie sie das christliche Abendland erst nach der Aufklärung im 19. und 20. Jh. mühsam erlernt hat. In der Wirtschaft gab es blühenden Handel mit den islamischen Staaten des Mittelmeerraumes und mit den christlichen Königreichen in Europa. Alle Lebensbereiche profitierten vom Austausch der Religionen. Die Kultur erreichte einen neuen Höchststand. Insbesondere in der Wissenschaft kam es zu erstaunli-

Szene aus dem Buch der Könige

chen Leistungen. Sehr viele Schriften der Griechen (*Mathematik, Astronomie, Naturkunde*) wurden zunächst ins Arabische und dann im islamischen Spanien ins Lateinische übersetzt und so für die Nachwelt gerettet. Berühmt waren die philosophischen Gelehrtendiskussionen zwischen Moslems, Juden und Christen über das *Bild des Menschen* und die *Rolle der Religionen*.

Was ist die Reconquista?

Im großen *arabischen Bürgerkrieg* (1008–1028) zerfiel das Kalifat von Córdoba in zahlreiche islamische Kleinstaaten. Diese Schwäche nutzten die christlichen Königreiche, um ihr Einflussgebiet von den Rändern der Iberischen Halbinsel her auszudehnen und um Spanien von den Mauren (= islamische Araber) zurückzuerobern. Die christliche Rückeroberung

wird als *Reconquista* bezeichnet. Ein Meilenstein war die Eroberung **Toledos** (1085). Der Held der Kämpfe, **Rodrigo Diaz**, wird seither als spanischer Nationalheld **El Cid** gefeiert. Mit der Eroberung von Córdoba (1236) war die Reconquista offiziell beendet. Dennoch blieb das Gebiet um Granada noch über 200 Jahre in der Hand der Araber und es folgte zunächst eine Zeit dauerhaften Friedens zwischen Christen und Muslimen.

Die katholischen Könige

Die verschiedenen christlichen Königreiche in Spanien waren schwach und zerstritten. Erst durch die Heirat von **Isabella von Kastilien** mit **Ferdinand II. von Aragón** (1469) vereinten sich die beiden wichtigsten christlichen

Reiche in Spanien. Ihr Ziel, die Iberische Halbinsel von den Arabern zu befreien, erreichten die katholischen Könige im Jahr 1492 mit der Eroberung von **Granada**. Parallel dazu setzten sich spanische Truppen auch jenseits der Meerenge von Gibraltar fest (**Ceuta**, **Melilla**). Noch heute gehören diese Gebiete in Nordafrika zum spanischen Staat.

Der Name „*katholische Könige*" spielt auf die Wiedereinführung der *Inquisition* in Spanien im Jahr 1481 an. Unter dem Deckmantel der Reinigung der christlichen Gemeinschaft von Abtrünnigen wurde ein religiöser Fundamentalismus eingeführt. Der Großinquisitor **Torquemada** ließ Juden und Moriskos (= Moslems, Mauren) verfolgen, foltern und aus dem Land vertreiben.

Der Islam in Spanien

711 n. Chr.	General Tarik betritt europäischen Boden (Gibraltar); Beginn der Islamisierung Spaniens
bis 718 n. Chr.	Eroberung Spaniens durch die Araber
732 n. Chr.	Schlacht bei Tours und Poitiers; Stopp des arabischen Vormarsches in Europa
1031–1236 n.Chr.	Reconquista in Spanien
1085 n. Chr.	Eroberung Toledos (El Cid)
1236 n. Chr.	Eroberung Córdobas
1469 n. Chr.	Heirat der katholischen Könige
1492 n. Chr.	Eroberung von Granada; Ende des islamischen Mittelalters in Spanien

Die Verbreitung des islamischen Glaubens im nördlichen Teil des afrikanischen Kontinentes durch die Araber seit dem 7. Jahrhundert nach Christus, der mit der teilweisen Verdrängung des christlichen Glaubens einherging.

Welchen Einflüssen war Afrika vor dem Beginn der Islamisierung ausgesetzt?

Die ostafrikanischen Regionen wurden sehr stark durch Indien und Vorderasien beeinflusst. So weisen beispielsweise viele der afrikanischen Volksdichtungen Anklänge an das indische Geistesleben auf. Währenddessen wurden die Länder an der Nordküste Afrikas ebenso stark durch die Kulturen jenseits des Mittelmeeres beeinflusst, da seit dem 5. Jh. v. Chr. der Kontakt zwischen dem Römischen Reich und Nordafrika stark anwuchs und auch die Griechen ab 300 v. Chr. in dieses Gebiet vordrangen. Kurz vor Christi Geburt wurden immer mehr Ländereien zu römischen Provinzen oder Schutzstaaten erklärt. Gegen Ende des 2. Jh. n. Chr. tauchten die ersten christlichen Märtyrer bei **Karthago** auf, worauf der christliche Einfluss in der Region stark anwuchs. In der ersten Hälfte des 4. Jh. wurde der christliche Glaube in **Axum**, dem späteren

Räuchergefäß

Äthiopien, schließlich zur offiziellen Staatsreligion erklärt.

Wann begann die Islamisierung Afrikas?

Im 7. Jh. begannen die arabischen Nomadenvölker, ihre Eroberungszüge über die arabischen Grenzen hinaus auszuweiten. Das nahe gelegene **Ägypten** war das erste Ziel der Eroberer und im Jahr 639 wurde das Land eingenommen. Nachdem man sich hier etabliert hatte, konnte man von einer sicheren Basis aus die Eroberungszüge weiterführen. Im Jahre 666 wurde

Dunama Dibalemi war der erste islamische Führer des bedeutenden zentralsudanesischen Stadtstaates **Kanem-Bornu**. Unter seiner Herrschaft vergrößerte sich das Reich beträchtlich, in dem der *Mai*, wie die Herrscher damals genannt wurden, etliche Eroberungskriege führte, die er zumeist für sich entscheiden konnte. Wo mit militärischen Mitteln nichts erreicht werden konnte, handelte Dibalemi sehr diplomatisch: Die nördliche Ausdehnung seines Reiches sicherte er, indem er ein Bündnis mit den in **Tunis** herrschenden *Hafsiden* einging. Dieses kam zustande, nachdem Dibalemi den fremden Herrschern als Geschenk eine Giraffe übergeben hatte. Da ein solches Tier in Tunis noch nie gesehen worden war, sorgte es für Aufsehen unter der Bevölkerung und der Mai hinterließ somit einen äußerst positiven Eindruck. Unter Dibalemis Herrschaft von 1221–1259 erreichte Kanem-Bornu seine Glanzzeit.

Tunesien erobert, 682 folgte **Algerien** und **Marokko** im Jahr 700. Danach orientierte sich der arabische Eroberungswille mehr über das Mittelmeer hinweg. Man breitete sich in **Spanien** und Teilen **Frankreichs** aus. Somit war die Ausweitung auf dem afrikanischen Kontinent vorerst gestoppt.

Wie verlief die Islamisierung Afrikas?

In den einzelnen Regionen ging die Verbreitung des Islam auf unterschiedliche Art und Weise vonstatten. Während den Arabern v. a. in den nördlichen Gebieten zum Teil erbitterte Gegenwehr entgegenschlug, mussten sie sich hier mit Gewalt festsetzen. Dieser Prozess war geprägt von immer wiederkehrenden Rückschlägen und Kämpfen. Es dauerte mehrere Jahrhunderte, bis sich der Islam in diesem Teil Afrikas wirklich etablieren konnte. Ganz anders war die Situation an der Ostküste des Kontinents: Hier gab es schon sehr früh

Verbeugung nach Mekka

Handelsbeziehungen zwischen muslimischen Arabern und christlichen Afrikanern. Die immer häufiger und zahlreicher in Ostafrika auftauchenden arabischen Händler beeinflussten das afrikanische Denken, ohne Gewalt anwenden zu müssen. Im Verlauf der Jahrhunderte kam es immer öfter zu zwischenkulturellen Hochzeiten, bei denen die afrikanischen Frauen den islamischen Glauben ihrer arabischen Ehemänner annahmen und ihn dann auch an die Kinder weitergaben. Auf diese Weise vermischte sich die Bevölkerung dieser Region immer mehr und der Islam wurde langsam, aber stetig zur vorherrschenden Religion dieser Gebiete.

Wann drang der islamische Glaube in den Sudan vor?

Der **Sudan** war im Mittelalter eine sehr weit gezogene Region, die sich von der Sahara quer durch Afrika bis zum Regenwald erstreckte. Sie bestand aus mehreren kleinen Reichen wie **Songhai**, den **Hausa**-Staaten, **Nubien** und **Kanem-Bornu**. Von hier aus begann auch im frühen 13. Jh. der Einzug des Islams in den Zentralsudan, von wo aus er

Gebetsteppich

auch auf die Hausa-Staaten übergriff. Im östlichen Sudan dagegen stand dem Islam lange Zeit das christliche Nubien im Weg und erst im Jahr 1415 konnte sich hier ein islamischer Herrscher etablieren.

Welchen Einfluss hatte die islamische Vorherrschaft auf die Menschen in Nordafrika?

Zum einen bekamen sie durch die Araber eine ihrer bis heute sehr weit verbreiteten Hauptreligionen vermittelt. Die Staaten Nordafrikas wurden zum anderen aber auch zu überaus wichtigen Vermittlern zwischen der afrikanischen, der arabischen und der europäischen Welt. Sowohl der Handel als auch die Öffnung Afrikas schritten durch die Islamisierung des Landes voran.

Seefahrten der Polynesier

2500 Jahre vor Kolumbus entdeckten und besiedelten die Polynesier die Inselwelt des Pazifischen Ozeans. Als tüchtige Seefahrer und geschickte Ackerbauern verbreiteten sie ihre Kultur über ein Gebiet von der Größe Afrikas.

Was ist Polynesien?

Mit **Polynesien**, was übersetzt etwa „viele Inseln" bedeutet, bezeichnet man Tausende von kleinen und größeren Inseln im Pazifischen Ozean, die in einem Dreieck liegen, das von Hawaii, Neuseeland und der Osterinsel aufgespannt wird. Sie bilden einen mehr oder weniger einheitlichen Kulturraum, dessen Bewohner *Polynesier* heißen.

Woher kamen die Polynesier?

Über die Herkunft der Polynesier gibt es viele Mythen und Legenden. Die Wissenschaft sieht ihren Ursprung in Südostasien (**Taiwan, Indonesien**). An den Küsten lebten sie als Fischer und Ackerbauern und machten sich von dort aus auf umfangreiche Entdeckungsfahrten, bei denen sie neue Lebensräume überall im Pazifik besiedelten.

Warum gingen sie auf große Fahrt?

Das Ende der letzten (Zwischen-)Eiszeit führte zum Abschmelzen der Gletscher und zum Anstieg des Meeresspiegels. Dadurch waren die Küstenbewohner gezwungen, ihre Siedlungsgebiete ständig der Küstenlinie anzupassen. Zum anderen wurde der zur Verfügung stehende Siedlungsraum natürlich kleiner. Da schien eine Siedlungsfahrt, also die Auswanderung zu neuen Inseln, einen willkommenen Ausweg zu bieten. Die Klimaänderung fand ab 5000 v. Chr. statt. Sichere archäologische Beweise für die Anwesenheit auf den Fidschiinseln, die das erste Ziel der Polynesier darstellten, gibt es ab 1500 v. Chr.

Maori in Neuseeland

Was gehörte zu einer Siedlungsfahrt dazu?

Bei den Siedlungsfahrten ging es nicht darum, einfach eine neue Insel zu erkunden, sondern auf der Fahrt musste alles mitgeführt werden, was zur Bildung einer Kolonie und zum dauerhaften Leben an einem neuen Ort erforderlich war. Die Polynesier bauten große Kanus mit zwei Rümpfen, auf denen kleine Bastzelte den Passagieren Schutz vor den gefährlichen tropischen Stürmen bieten sollten. In Verschlägen wurden Schweine, Hunde und Hühner als Haustiere mitgeführt. Als Proviant dienten getrocknete Früchte und der vergorene Brei des Brotfruchtbaumes. Weiteres wichtiges Ladegut waren Samen und Setzlinge der wertvollen Nutzpflanzen, denn viele der vulkanischen Inseln der Südsee beherbergten von Natur aus nur wenige Pflanzenarten.

Welche Inseln besiedelten sie?

Eine erste Siedlungswelle um 1500 v. Chr. führte die Polynesier zu den **Fidschiinseln** sowie zu den benachbarten Gruppen **Samoa** und **Tonga**. Hier verläuft auch heute die Grenze Polynesiens. In die Gebiete im Westen sind später andere Völker wie die Melanesier und Mikronesier nachgewandert. Nachdem sie dort ihre Kultur aufgebaut hatten, wagten sich einige Seefahrer weiter ins Unbekannte. Einige erreichten um 150 v. Chr. die **Marquesasinseln** im Osten Polynesiens und legten dabei über 3000 km zurück. Die Marquesas-Inseln waren ein wichtiger Ausgangspunkt für die Besiedlung der Inseln am Rand des polynesischen Dreiecks. Von hier aus segelten die Polynesier etwa um das Jahr 400 n. Chr. nach Norden

Navigation und Astronomie

Viele Fahrten fanden sicher unter Führung des Zufalls statt, doch es gab auch handfeste Strategien bei den Polynesiern. So gingen die Entdeckungsreisen zumeist nach Osten, obwohl aus dieser Richtung auch der vorherrschende Wind blies. Das machte zwar das Segeln zu einer hohen Kunst, doch auf diese Weise war sichergestellt, dass man sich im Falle einer vergeblichen Suche einfach mit dem Wind in die Heimat zurücktragen lassen konnte. Die Polynesier hatten weder Kompass noch andere nautische Geräte. Sie segelten allein nach den Sternen, hielten die wichtigen Konstellationen jedoch in einem hoch entwickelten System aus Schnüren und Muscheln fest, sodass nachfolgende Seefahrer sich an diesen „Karten" orientieren konnten.

und entdeckten **Hawaii**, aber auch noch weiter nach Südosten bis zur **Osterinsel**, die ebenfalls um diese Zeit besiedelt wurde. Bislang waren alle Auswanderungswellen dem Wind und der aufgehenden Sonne entgegen nach Osten erfolgt. Auch die Gründe für diese Siedlungsfahrten lagen jeweils im zu klein gewordenen Lebensraum und in den dadurch provozierten Konflikten innerhalb der Bevölkerung. Doch gibt es keine Anzeichen dafür, dass die Entdeckertrupps im Zorn gingen, vielmehr hielt man Kontakt zu den Verwandten, tauschte Waren und Nachrichten aus und vielfach zogen weitere Siedlungsschiffe hinterher, wenn die Pioniere von günstigen Lebensbedingungen berich-

Maori im australischen Regenwald

teten. Die letzte große Entdeckungsreise führte die Polynesier weit in den Süden des Pazifischen Ozeans nach **Neuseeland**, das im 13. Jh. besiedelt wurde.

Wer entdeckte die Entdecker?

Auch wenn die Polynesier die eigentlichen Entdecker des Pazifiks und seiner Inseln waren, wurden sie doch im Zuge der europäischen Entdeckungsfahrten des 16.–18. Jh. nun selbst entdeckt. In der Folgezeit übernahmen europäische Mächte die Herrschaft auch in diesem Teil der Welt, die kulturelle Einheit der Polynesier ist jedoch auch heute noch erhalten und verbindet *Tahitianer* mit den *Maori* Neuseelands oder den Bewohnern von Hawaii und Samoa.

Die Osterinsel

Polynesische Einwanderer gründeten auf der isolierten Insel eine hoch stehende Kultur und schufen einzigartige Statuen, die so genannten Moai. Nach inneren Streitigkeiten zerfiel die Kultur, noch bevor die Insel von den Europäern entdeckt wurde.

Woher stammt der Name Osterinsel?

Als der holländische Seefahrer **Jacob Roggeveen** die Insel als erster Europäer erblickte, schrieb man den Ostersonntag des Jahres 1722. Was lag da näher, als ihr den Namen **„Osterinsel"** zu geben. Dieser Name wurde auch in fremde Sprachen übernommen. Die polynesischen Ureinwohner nannten ihre Insel **Rapa Nui**, oder sie gebrauchten den mystischen Namen **Te Pito o Te Henua**, was so viel wie „Nabel der Welt" bedeutet.

Wer entdeckte die Insel als Erster?

Polynesische Seefahrer gelangten um das Jahr 400 nach einer 3000 km langen Reise von den **Marquesasinseln** hierher. Nach der Legende träumte ein Stammesführer namens **Hotu Matua** von einer paradiesischen Insel im Osten. Er sandte sieben Kundschafter aus, die die Insel finden sollten. Die Kundschafter waren schon auf dem Rückweg, um nicht gerade Schmeichelhaftes über die neue Insel zu berichten, da kam ihnen Hotu Matua bereits entgegen, und somit gab es kein Zurück mehr.

Wie lebten die Ureinwohner?

Die Osterinsel bot den ersten Siedlern wahrlich keine paradiesischen Umstände. Sie waren die tropischen Inseln der Südsee gewohnt, wo ihre Nutzpflanzen ohne viel Pflege wuchsen, wo es natürliche Ressourcen im Überfluss gab. Verglichen damit war das Leben auf der Osterinsel karg. Der *Brotfruchtbaum* und die *Kokospalme* ließen sich hier nicht anbauen, es gab keine Flüsse und nur wenig Hartholz. Doch die Siedler fanden eine einheimische Palme, aus der sich viel Nützliches gewinnen ließ. Um die Insel herum, die vom kalten *Humboldtstrom* umspült wird, gab es reiche Fischgründe. Die Gesellschaft gliederte sich rasch in Aristokraten, die jeweils eine Sippe beherrschten, und untergebene Bauern, Statuenschnitzer und Fischer.

Wie wurden die Moai gefertigt?

Den lockeren Vulkanstein zu bearbeiten war nicht besonders schwer. So entstanden

---

Statuen der Götter

Über die riesigen Statuen der Osterinsel ist viel gerätselt worden. Überall in Polynesien gab es den religiösen Brauch, heilige Stätten anzulegen, an denen man mit den Göttern in Kontakt treten konnte. Solche Stätten bestanden zum einen aus steinernen Plätzen (**Ahu**), zum anderen aus kleinen Figuren, in die die Götter für die Dauer des Gespräches oder auch für immer einziehen sollten. Auf anderen Inseln sind diese so genannten **Tiki** klein und aus Holz. Die Osterinsel ist das Produkt vulkanischer Aktivitäten, von daher wurde hier in Stein gebaut. Mit der Zeit wurde es eine Frage des Prestiges, ob eine Sippe eine möglichst große Statue deutlich sichtbar auf einem Hügel platzieren konnte.

Moai

im Lauf der Zeit Statuen bis zu 20 m Höhe, die einige hundert Tonnen Gewicht auf die Waage brachten. Das Schwierige war jedoch der Transport. Es gab einen zentralen Steinbruch, in dem alle größeren Statuen gefertigt wurden. Von dort aus mussten sie nun an ihre Bestimmungsorte gebracht werden. Vermutlich wurde ein System aus Holzrollen und viel Menschenkraft verwendet. Erst wenn die Statuen an ihrem Ort im Heiligtum standen, wurden mit Muschelschalen die vorher ausgeschlagenen Augenhöhlen ausgefüllt und der Statue Leben eingehaucht.

Wieso kam es zum Bürgerkrieg?

Als die ersten Siedler die Insel entdeckten, war sie vollständig bewaldet, doch Holz wurde für vielfältige Zwecke gebraucht, vom Brennholz über den Schiffsbau bis zum Transport der Moai. Im Laufe der Jahrhunderte wuchs die Bevölkerung und das Holz wurde knapper. Es kommt nicht von ungefähr, dass das polynesische Wort für Holz auf der Osterinsel (und nur dort) die Bedeutung „*Reichtum*" trägt. Die Lebensbedingungen verschlechterten sich, v. a. für die Unterschicht. Um das Jahr 1500 herum kam es

schließlich zur Revolte. Die Steinmetzen ließen ihre Arbeiten halbfertig liegen und stürzten die wohlhabenden Aristokraten. Für die Osterinsel folgte eine kriegerische Zeit. Die Steinmetzen fertigten Speerspitzen statt Statuen und die meisten Moai wurden umgestürzt. Viele Menschen wollten vor Krieg und Elend fliehen, doch nun rächte sich der Raubbau an der Natur: Es gab praktisch kein Holz mehr auf der ganzen Insel, aus dem man hätte Schiffe bauen können.

Wer waren die Vogelmenschen?

In der Zeit nach 1600 hatte die Gruppe der **Matatoa** die Macht an sich gerissen und terrorisierte die Insel mit ihrem *Vogelmenschen-Kult*. Einmal im Jahr mussten junge Männer aus jeder Sippe eine der Küste vorgelagerte Insel erklimmen und ein unversehrtes Seevogelei mitbringen. Dem Sieger winkte große Ehre. Doch die Gruppen, die sich diesem Kult nicht anschließen wollten, wurden verfolgt und getötet. Sie lebten versteckt in unzugänglichen Felshöhlen. Mit der Ankunft der Europäer erlosch zwar diese Terrorherrschaft, doch auch von der reichen Kultur der Osterinsulaner blieb nicht viel erhalten.

Nordamerikanische Indianerkultur – die sich selber niemals Hope-well nannte, sondern ihren Namen erst in der Neuzeit erhielt – die ihren Ursprung im Süden des heutigen US-Staates Ohio hatte und durch ihre aufwendigen Grabstätten hervorstach.

Wann und wo lebten die Hopewellindianer?

Der Ursprung der *Hopewell-kultur* wird um 300 v. Chr. vermutet, womit sie der *Adenakultur* nachfolgten. Zu dieser Zeit bevölkerten sie das **Ohiotal** im Osten Nordame-rikas, später verbreiteten sie sich über die heutigen Bun-desstaaten **Indiana**, **Iowa** und **Ohio**. Die letzten Über-reste stammen aus der Zeit um 200 n. Chr., in manchen Zentren wird jedoch ein Wei-terleben der Hopewell bis ins 6. Jh. vermutet.

Wie lebten die Hopewell-indianer?

Die wenigen gefundenen Überreste von Siedlungen las-sen darauf schließen, dass sie

Pfeife aus Knochen

in unbefestigten kleinen Ort-schaften lebten. Zumeist in Großfamilien bewohnten sie simple Behausungen und leb-ten hauptsächlich vom Sam-meln und Jagen. Zudem bau-ten sie auch Mais an und erschufen Keramiken, die sie mit Tiermotiven oder Schnü-ren verzierten. Auch der Bau von Waffen war den Hopewell nicht fremd, Äxte und Beile aus Stein oder Kupfer waren keine Seltenheit. Dank gefun-dener Statuen aus *Stein*, *El-fenbein* oder *Ton* weiß man, wie sich die Hopewellindianer kleideten: Während die Män-ner stets im Lendenschurz dargestellt wurden, trugen die Frauen wadenlange Röcke, die an der Taille gegürtet wurden.

Wie bestatteten die Hope-wellindianer ihre Toten?

Die Unterprivilegierten der Hopewell, etwa drei Viertel der Bevölkerung, wurden ver-brannt und ihre Asche in Totenhäusern aufbewahrt. Für die Angehörigen der Ober-schicht wurden jedoch äußerst aufwendige *Grabhügel* er-schaffen, die als das größte kulturelle Erbe der Hopewell angesehen werden. Sie bestan-den aus mehreren Grabstätten aus Holz, die wiederum in mehrere Räume unterteilt waren. Ausgeschmückt waren diese Gräber mit einer im-mensen Anzahl von Grabbei-gaben, die zum Teil aus exoti-schen Materialien hergestellt wurden. *Schmuckstücke* aus

Enormer Rohstoffbedarf

Da die *Grab-* und *Zeremonienstätten* der Hopewellkultur mit der Zeit immer aufwendiger und großartiger wurden, wuchs auch der Bedarf an Rohstoffen. Da es einige Materia-lien im Heimatgebiet der Hopewell nicht oder nicht genü-gend gab, wurden sie importiert. Zu diesem Zweck schuf man ein gigantisches Handelsnetzwerk. Auf Wasserwegen kam man so zu *Alligatorzähnen* und *Schildkrötenpanzern* aus **Florida** oder an *Kupfer* und *Silber* aus dem Norden **Ontarios**.

Zeitliche Übersicht der Völker im Südwesten der USA

Korbmacher I	(?–ca. Christi Geburt)	Bezeichnung für die Menschen der hypothetischen vorlandwirtschaftlichen Phase
Korbmacher II	(ca. 100–ca. 400)	Landwirtschaft wurde bereits betrieben (Anbau von Mais und Kürbissen), die Menschen lebten noch in Höhlen oder sehr primitiven Grubenhäusern, brachten es in der Korbflechterei zu einer großen Kunstfertigkeit
Korbmacher III	(ca. 500–ca. 700)	Die Menschen lebten in Grubenhäusern, erste Keramiken werden hergestellt
Pueblo I	(ca. 700–ca. 900)	Erste oberirdische Siedlungen
Pueblo II	(ca. 900–ca. 1100)	Pueblos wurden weiter ausgebaut, Bevölkerungszunahme
Pueblo III	(ca. 1100–ca. 1300)	Goldene Zeit der Anasazi bis gegen 1300, Beginn des Verlassens der Städte
Pueblo IV	(ca. 1400–1600)	Letztes Aufblühen der Anasazikultur im Becken des Rio Grande bis ca. 1450, Ankunft der Spanier (1540 Coronado)
Pueblo V	(1600–heute)	Zusammenfassung aller Indianerkulturen im Südwesten von 1600 bis heute

Gold und Silber, aufwendige *Knochenschnitzereien*, aber auch *Perlen* und *Muschelschalen* konnte man in einer solchen Kammer finden. Die Grabhügel waren sehr ausufernd angelegt. Manche waren sogar mit zeremoniellen Plätzen und kilometerlangen Alleen versehen.

Maske

Woher haben die Hopewell-Indianer ihren Namen?

Wie auch schon bei den *Adena*-Indianern stammt der Name von einem Farmer. Auf der Farm von **Cloud Hopewell** wurde eine der schönsten und größten Stätten der Kultur gefunden.

Welche vergleichbaren Kulturschätze anderer Indianerstämme gab es?

Vergleichbare architektonische Meisterleistungen vollbrachten die *Anasazi*. Sie hatten ihren Ursprung im 2. Jh. v. Chr. Ihr Lebensraum war die Hochwüste im Vierländereck **Arizona**, **New Mexiko**, **Utah** und **Colorado** im Südwesten Nordamerikas. Aufgrund der extremen Temperaturen, die von 40 °C bis –30 °C reichen konnten, lebten die Anasazi zunächst unterirdisch. Dazu erschufen sie flache *Grubenhäuser*. Erst gegen ca. 700 begann man, oberirdische Behausungen zu erschaffen. Diese wurden direkt in Felsen und Canyons gebaut. Man nutzte dazu natürliche Felsvorsprünge und erschuf eindrucksvolle Felsenstädte. Die größte Ansammlung solcher Felsenstädte findet sich im **Chaco Canyon**, der heute als Nationalmonument unter Naturschutz steht.

Karl der Große

Der König der Franken von 768 bis 814 und Kaiser seit 800 war der bedeutendste christliche Herrscher des Mittelalters, begründete durch zahlreiche Eroberungsfeldzüge ein europäisches Großreich und gilt als der Vater der sogenannten Karolingischen Renaissance.

Wer war Karl der Große?

Karl wurde am 2. April des Jahres 747 als Sohn **Pippins des Jüngeren** geboren. Nach dem Tod seines Vaters und dem späteren Ableben seines Bruders Karlmann übernahm Karl die unumschränkte Herrschaft, baute sie aus und prägte die historische Entwicklung Europas auf politischem, kirchlichem und kulturellem Gebiet. Er förderte Wissenschaft und Kunst, brachte die so genannte „Karolingische Renaissance" auf den Weg und wurde 1165 auf Veranlassung Kaiser **Friedrichs I.** heilig gesprochen.

Wie kam es zu den Sachsenkriegen?

Karl der Große unterwarf ab 772 die noch heidnischen Sachsen in den 32 Jahre dauernden *Sachsenkriegen*. Diese wurden mit größter Härte geführt. Massenhinrichtungen und Zwangsdeportationen brachen den Widerstand der sächsischen Unterschichten, die sich hartnäckig gegen die *Christianisierung* wehrten.

Was bedeuteten Karls Eroberungen für Europa?

Die Politik, Rechtsprechung und Kultur der von ihm eroberten Gebiete verschmolz Karl der Große mit dem Christentum und anderen germanischen Traditionen. Dadurch formte er die Grundlagen für ein gemeinsames Europa.

Wie wurde Karl zum Kaiser?

Das Jahr 800 stellte den Höhepunkt der Macht Karls des Großen dar. Erneut bat ein Papst einen Karolinger um Hilfe, diesmal gegen eine Verschwörung des römischen Stadtadels. Karl half und wurde beim anschließenden

Kaiserkrönung Karls des Großen

Weihnachtsgottesdienst von Papst **Leo III.** zum *Kaiser* gekrönt. Der Kaisertitel symbolisierte die Machtverhältnisse, die Karl schon vorher etabliert hatte.

Wie konnte Karl Kaiser sein, wenn es das Oströmische Reich noch gab?

Das Verhältnis Karls zum byzantinischen Kaisertum war kompliziert, denn dieses sah sich als Nachfolger des römischen Kaiserreiches und machte auch den Anspruch auf das ehemalige Westreich geltend. Erst 812 – zwei Jahre vor seinem Tod – erkannte **Byzanz** gegen Zugeständnisse das Kaisertum Karls des Großen an.

Was geschah nach dem Tod Karls des Großen?

Karl der Große verstarb am 28. Januar 814 72-jährig in Aachen. Sein Sohn **Ludwig der Fromme** konnte als Nachfolger das Reich noch zusammenhalten. Dieser wiederum teilte das Reich nach germanischem Erbrecht unter seinen Söhnen auf. Da diese die Aufteilung nicht akzeptie-

Wichtige Stationen im Leben Karls des Großen

2.4.742/747	Geburt **Karls.**
768	Nach dem Tod **Pippins** erben Karl (Nordreich) und sein jüngerer Bruder **Karlmann** (Südreich) dessen Reich.
Winter 769/70	Karls Friedelfrau Himiltrud bringt **Pippin „den Buckligen"** zur Welt.
770	Mit Prinzessin Gerberga hat Karl einen Sohn, den er ebenfalls **Pippin** nennt.
4.12.771	Karlmann stirbt in Samoussy. Karl wird unumstrittener Frankenherrscher.
771/72	Karl heiratet Hildegard, die Tochter eines fränkischen Adeligen.
772	Die *Sachsenkriege* beginnen und sollen über 30 Jahre dauern.
3.4.774	Als erster Frankenherrscher besucht Karl als Pilger Rom. Karl wird König der Franken und Langobarden.
777	Karl hält in der nach ihm benannten **Karlsburg** (Paderborn) an den Lippequellen seine erste Heeresversammlung ab. Viele Sachsenstämme erscheinen und unterwerfen sich oder lassen sich taufen.
778	Karl fällt in Spanien ein, erobert Pamplona und scheitert vor Saragossa.
14.4.781	Der Papst tauft Karls vierten Sohn Karlmann auf den Namen Pippin.
16.4.	Karls Söhne Pippin und Ludwig werden zu Königen von Italien und Aquitanien gesalbt.
782	Bei Verden an der Aller rächt sich Karl an den Sachsen, indem er angeblich 4500 Mann hinrichten lässt.
783	Karls Frau Hildegard verstirbt, ebenso wie seine Mutter Bertrada. Ende des Jahres heiratet er Fastrada, eine Tochter des Grafen Gerold.
784	Fränkischer Sieg über die Sachsen beim Reitergefecht bei Dreingau. Karl verfolgt und stellt Widukind im Bardengau. Dieser lässt sich taufen.
793	Adelsaufstand unter Pippin dem Buckligen. Nach der Niederschlagung des Aufstands muss Pippin ins Kloster nach Prüm.
794	Nach dem Tod von Fastrada ehelicht Karl Luitgard, die schon 800 stirbt.
25.12.800	Karl wird durch Papst Leo in der Peterskirche in Rom zum Kaiser gekrönt.
804	Die letzte große Sachsenerhebung wird niedergeschlagen.
810	Karls Schwester Gisela und seine Tochter Rothrud sterben.
811	Karls ältester Sohn Pippin der Bucklige, sein Namensvetter und Unterkönig von Italien und auch Karl der Jüngere sterben in diesem Jahr.
813	Am Aachener Hof krönt sich Ludwig zum Mitkaiser.
28.1.814	Karl stirbt in Aachen.

ren wollten, brach ein Bürgerkrieg aus (840–843). Äußere Invasoren (*Normannen, Dänen, Wikinger*) nutzten die innere Schwäche des Reiches zu permanenten Überfällen.

Karolingische Renaissance

Kunst und Architektur der Karolinger unter Karl dem Großen, um 800, die sich auf die römisch-byzantinische Spätantike zurückbesann, sowie die Einführung einer einheitlichen Schriftsprache und einer Münzreform.

Wann entstand die Karolingische Renaissance?

Nachdem **Karl der Große** Reisen durch Italien unternommen hatte, war er von der Architektur und der Kunst der Antike sehr beeindruckt. Aus diesem Grund strebte er ab 782 danach, die Kultur im von ihm regierten **Frankenreich** in eine ähnliche Richtung zu treiben. Er begann damit, die bedeutendsten Gelehrten seines Reiches an seinem Hof zu versammeln, um mit ihrer Hilfe Elemente der antiken Welt wiederzubeleben. Unter ihnen waren Philosophen, Historiker und Wissenschaftler. Der Bekannteste unter ihnen war der englische Universalgelehrte **Alkuin**, den Karl zum Leiter einer Akademie ernannte. Alkuin war zu dieser Zeit die führende Kapazität des Frankenreiches in den so genannten *„freien Künsten"* Arithmetik, Geometrie, Astronomie und Musik sowie Grammatik, Rethorik und Dialektik.

Welche kulturellen Reformen führte Karl der Große durch?

Karls Ziel war es, sein Volk aus dessen – wie er es betrachtete – Primitivität zu führen und das allgemeine Bildungsniveau zu erhöhen. Deswegen galten seine ersten Maßnahmen Schrift und Sprache. Mit der Einführung der so genannten *„karolingischen Minuskel"* vereinheitlichte er die germanische Schrift und schuf somit die bis ins 12. Jh. dominierende Schriftform. Des Weiteren

Innenansicht der Aachener Pfalzkapelle

stärkte er die Position der Kirchen, die zu der damaligen Zeit die alleinige Verantwortung für die Bildung des Volkes hatten. Die Geistlichen erhielten auch den Auftrag, zahlreiche Dichtungen der Antike, die nur noch in fehlerhaften Abschriften vorhanden waren, zu korrigieren und neu niederzuschreiben. Auch auf künstlerischer Ebene sorgte Karl für Reformen. In der Architektur orientierte er sich dabei insbesondere an byzantinischer wie römischer Bau-

Die Pfälzische Kapelle

Das berühmteste Bauwerk aus der Zeit der karolingischen Renaissance ist die *Pfalzkapelle* zu **Aachen**, die nach dem Vorbild der Kirche von **Ravenna** als Achteck entstand. Ganz bewusst lehnt sie sich an antike Bauwerke an. Nach seinem Tod wurde Karl der Große in der Pfälzischen Kapelle beigesetzt.

weise. Neben Architektur, Schrift und Sprache reformierte Karl außerdem noch das Münzwesen.

Was waren die künstlerischen Elemente der Karolingischen Renaissance?

Karl wollte nicht einfach nur die Antike kopieren. Ihm lag vielmehr daran, verschiedenste Einflüsse zu einer neuen, eigenen Ausdrucksform zu verbinden. Demzufolge fanden sich in den Bau- und Kunstwerken jener Zeit auch Elemente zahlreicher Kulturen. Es waren sowohl irische als auch kleinasiatische Momente zu finden. Es überwogen jedoch Elemente der römischen und byzantinischen Kultur. Auch in die Wand- und Buchmalerei fan-

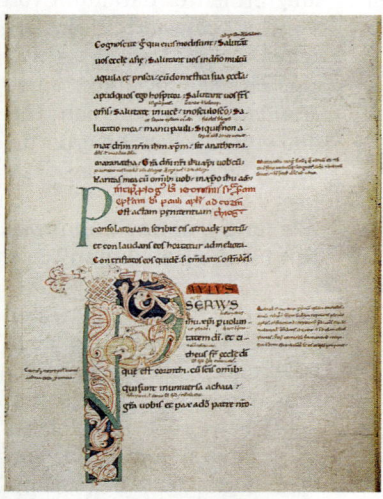

Bibelseite in karolingischer Minuskel

Einheitsschrift in der Karolingischen Renaissance

Die *karolingische Minuskel*, am Hofe Karls des Großen entwickelt, zeigte erstmals klar vollendete Kleinbuchstaben. Sie wurde zur Ausgangsform aller Kleinbuchstaben der späteren Antiqua-Schriften und vereinheitlichte dadurch die Schriftform im Karolingerreich.

den die spätantiken Motive erneut Einzug. Bei allen Reformen war der Einfluss der verschiedenen Kulturen deutlich spürbar, jedoch war auch immer noch das Germanentum als Basis zu erkennen.

Wo kam die Karolingische Renaissance am stärksten zum Ausdruck?

Herausragender Beleg für die kulturelle Neuorientierung unter Karl dem Großen war die Architektur der damaligen Zeit. Im ganzen Reich ließ Karl Bauwerke schaffen, die v. a. den byzantinischen Baustil widerspiegelten. Da Karl zunächst *keinen festen Regierungssitz* besaß, reiste er die meiste Zeit quer durch sein gesamtes Reich. Deswegen verbreitete sich seine Vorstellung von Architektur sehr schnell. Als überzeugter Christ lag Karls Hauptaugenmerk dabei auf Kirchen, Klöstern und Kapellen. Gerade hierbei war der Einfluss der

frühchristlichen Kirchen Roms deutlich erkennbar.

Welche politischen Umstände herrschten zur Zeit der Karolingischen Renaissance?

Karl war nicht nur ein großer Reformer, sondern auch ein äußerst erfolgreicher Staatsmann. Er verfolgte eine stetige Expansionspolitik. Somit war beinahe die gesamte Zeit seiner Herrschaft von Kriegen geprägt. Im Lauf der Zeit eroberte er fast den gesamten Westen Europas und schuf somit eine dritte Weltmacht neben dem byzantinischen und dem arabischen Reich. Dabei war es ihm auch ein Anliegen, die unterworfenen Bevölkerungen zum Christentum zu bekehren. Auch innenpolitisch veränderte Karl vieles, wie in Kunst und Kultur führte er auch Reformen der gesamten staatlichen Organisation durch. Diese wurde von Karl stark gestrafft, während der Hochadel mehr oder weniger entmachtet wurde.

Von den Karolingern erfundenes System, das die verschiedenen Stände in Beziehung und Abhängigkeit zueinander brachte. Es half maßgeblich bei der Entstehung von staatlicher Organisation und Verwaltung und brachte beiden Seiten einer Belehnung Vorteile.

Wie begann das Lehnswesen?

In der Mitte des 8. Jh. versuchte König **Pippin** das bayerische Herzogtum unter **Tassilo** wieder stärker in das Reich einzubinden. Als Mittel dazu benutzte er das von den *Karolingern* erfundene Lehnsrecht, das in der Geschichte zum ersten Mal auf diese Weise in Europa eingesetzt wurde. Das Experiment scheiterte zwar, da Tassilo sein Lehnversprechen brach und das königliche Heer in **Aquitanien** ohne Erlaubnis im Jahr 763 verließ, dennoch hatte das System Fuß gefasst.

Weswegen wurde das Lehnswesen praktiziert?

Kaum ein König und Herzog konnte im 9. Jh. seinen sehr großflächigen Landbesitz noch selbst bebauen und so verlieh er den Besitz in Kriegszeiten wie im Frieden an treue Helfer. Oftmals stellte dabei die leihweise Überlassung von Landgütern die einzige Möglichkeit dar, die Dienstmannen zu entschädigen. Diese wiederum leisteten Steuern sowie Abgaben aller Art in Viehzucht- oder Ackerbauerzeugnissen.

Wie erfolgte die Belehnung?

Die Durchführung der Belehnung wurde im Kreis aller

Karolingische Kunst: Kreuz Berengars I. (9. Jh.)

> ## Die Lehnspyramide
>
> Das Lehnswesen schuf einen Aufbau des Staates, der wie eine Pyramide geformt war. Zuoberst stand der König als höchster Lehnsherr. Unterhalb der Spitze kamen dann die Geistlichen, Fürsten, Grafen und Herzöge, die ihr Lehen ebenfalls weiterverleihen konnten: Das so genannte kleine Lehen des niederen Adels. Im Anschluss folgte das Volk. Weil die Zahl der Untertanen nach unten hin immer größer wurde, spricht man von einer Lehnspyramide.

Stammesgenossen des Lehnsmannes vollzogen, wo dieser seinem Lehnsherren geloben musste, ihm gegenüber immer „treu, hold und gewärtig" zu sein. Gemäß seiner Stellung erhielt er daraufhin von seinem Lehnsherren ein Geschenk: Ein Herzog erhielt eine *Fahne*, ein Adliger einen *Handschuh* oder einen *Hut* und einem freien Bauern wurde ein *Zweig* übergeben.

Wie lang galt das Lehnswesen für die Beteiligten?

Nach der Belehnung traten sowohl Lehnsherr als auch Belehnter in ein gegenseitiges Abhängigkeitsverhältnis, das dabei half, Teile des Reiches stärker aneinander zu binden. Fortan galt das Lehnsverhältnis, außer wenn es durch Untreue gebrochen und daher aufgelöst wurde, auf *Lebenszeit*. Starb ein Belehnter oder Lehnsherr, so trat der Heimfall ein und das Lehen wurde zur erneuten Belehnung frei.

Wie verfuhr man mit frei gewordenen Lehen?

Zu Beginn der Entstehung des Lehnswesens wurde ein durch Tod frei gewordenes Lehen nie an den Sohn des Inhabers gegeben. Auf diese Weise sollte von Seiten des Königs verhindert werden, dass die Güter erblich wurden. Als das Karolingerreich verfiel, setzten die Herzöge – etwa im 10. Jh. – allerdings durch, dass ihre Söhne problemlos ihre Stellung übernehmen konnten. Das Resultat war, dass sich die Macht der Herzöge vergrößerte, während die des Königs schrumpfte.

Konnte der König dem nicht entgegenwirken?

Die einzige Möglichkeit des Königs war, sich die Dankbarkeit und Treue der Ritter zu sichern. Deshalb erklärte **Konrad II.** im Jahr 1037 die so genannten *„kleinen Lehen"*, die von Lehnsmännern an andere weiterverliehen wurden, ebenfalls für erblich. Mit dieser Maßnahme festigte er seine Stellung gegenüber den Herzögen erheblich, da sie nun wiederum keine größere Macht über die Ritter hatten als der König über sie. Nun jedoch erfüllte das Lehnssystem nicht mehr den Zweck, den es ursprünglich gehabt hatte: Es sollte eigentlich für das Reich eine integrative Bedeutung haben. Faktisch hatte es das durch die Erblichkeit der Lehen nun nicht mehr. So verlor das Lehnswesen in der Folgezeit an Bedeutung.

Merowingischer Schwertgriff (5. Jh.)

Wurden nur Landgüter als Lehen vergeben?

Im Mittelalter wurden tatsächlich nicht bloß Landgüter als Lehen vergeben, sondern auch öffentliche Ämter mit guten Einnahmen, Einkünften aus Zöllen und Zinsleitungen von Erbpächtern. So kam es, dass manch ein König die ersten Jahre seiner Herrschaft damit verbrachte, die ehemaligen Rechte wieder zurückzuholen. Spätestens mit der Änderung der Kriegstechnik und -führung verlor das Lehnssystem extrem an Bedeutung, blieb aber formal bis 1806 im *Deutschen Reich* erhalten.

Die Belehnung als beiderseitiger Vorteil

Der Lehnsherr hatte den Lehnsmann wie einen seiner Sippe zugehörigen Mann zu beschützen. So schilderte das elsässische Volksrecht seine Pflicht mit den Worten: „Er muss, wenn aufgerufen, barfuß oder mit einem Stiefel auf ungesatteltem Pferd hinreiten." Jedoch stand ab dem Tag der Belehnung der Gefolgsmann bei dem Herrn in einem persönlichen Treueverhältnis und hatte nur ihm zu gehorchen. Bei Verrat oder Bruch des Gelöbnisses sprach ihm ein Gericht sein Lehen ab.

Entstehung der Mönchsorden

Die Begründung katholischer Glaubensgemeinschaften aus Mönchen oder Nonnen in den letzten 1400 Jahren, deren Zusammenleben durch strenge Regeln festgelegt und die nur der Hinwendung an Gott verpflichtet waren.

Wie entstanden die Mönchsorden?

Der erste abendländische *Mönchsorden* war der *Benediktinerorden*, der 529 von **Benedikt von Nursia** gegründet wurde. Er bildete den Grundstein für alle nachfolgenden Orden. Die meisten Orden wurden von Einzelpersonen gegründet, die dem jeweiligen Orden auch seinen Namen gaben, wie beispielsweise der *Franziskanerorden* (1210 durch **Franz von Assisi**) oder der *Dominikanerorden* (1216 durch **Dominikus**). Einige wenige entstanden auch durch Abspaltungen von anderen Orden, Beispiel hierfür waren die *Karmeliterorden*, die auf eine Eremitengruppe mit Ursprung im 12. Jh. zurückgin-

Benedikt von Nursia gilt als der Begründer des Mönchtums. Um 480 im mittelitalienischen Ort Nursia geboren, wurde er nach kurzer Zeit des Studiums dem sittenlosen Rom überdrüssig und lebte fortan als Einsiedler in einer Höhle. Schnell war sein Ruf als Heiliger geprägt. Für seine wachsende Anhängerschar gründete er diverse Klöster, neben anderen das Kloster **Montecassino**, in dem er ab 529 selbst lebte. Hier verfasste er die so genannte *„Regula Benedicti“*, mit der er festlegte, wie Mönche in Benediktinerklöstern zu leben hatten. In ihrem Mittelpunkt standen Gemeinschaft, Verzicht auf jeglichen Besitz und körperliche Arbeit. Auf sie geht auch der bekannte Grundsatz *„ora et labora“*, zu Deutsch *„bete und arbeite“*, zurück, der später, wie die gesamte *Regula*, von beinahe allen Orden des Abendlandes übernommen wurde. Benedikt starb am Gründonnerstag 547 während eines Gebetes. Der Sage nach wurden seine Ordensbrüder Zeugen, wie er von Engeln auf einem Lichtstrahl gen Himmel geleitet wurde. Seit 1964 gilt der Heilige Benedikt als *„Schutzpatron Europas“*.

gen und sich in *Beschuhte* und *Unbeschuhte Karmeliter* aufteilte.

Wie sah das Leben in einem Kloster aus?

Zu Beginn des Lebens in einem Kloster stand immer das *Noviziat*. Es stellte die Probezeit für jeden werdenden Mönch dar. Am Ende dieser stand ein feierliches Gelübde, *„Profess“* genannt. Der Tagesablauf der Mönche war von Arbeit und zeitlich

festgelegten Gebeten geprägt. Geredet wurde nur, wenn es die Pflichten verlangten. Sehr wichtig war die Gemeinschaft des Ordens, es wurde stets gemeinsam gebetet und gegessen. Klöster und Abteien waren in aller Regel gleich aufgebaut. Im Zentrum stand ein Innenhof, der von einem Kreuzgang umgeben war. Neben den kargen Schlafkammern der Mönche gab es dort bestens ausgestattete Büchereien, Speisezimmer, Vorratskammern, Schreibstuben und

Franz von Assisi

natürlich die Kirche. Oft gehörten auch Felder und Gartenanlagen dazu.

Welche kulturelle Bedeutung hatten die Mönchsorden?

Durch die Orden und Klöster erfuhr die Kultur des Mittelalters einen starken Auftrieb. So bekam erst durch die Mönche die deutsche Sprache eine einheitliche Form. Auch Musik wurde in den Klöstern gepflegt. Die bekannteste Form der klösterlichen Musik waren die *gregorianischen* *Gesänge.* Auch waren die Klöster Orte, an denen Traditionen erhalten und gepflegt wurden, die ohne die Orden längst verloren gegangen wären. Zudem waren die Mönche beinahe die einzigen Menschen dieser Zeit, die lesen und schreiben konnten. Deswegen schickten viele Mitglieder der wohlhabenden Gesellschaft ihre Kinder in Klöster, damit ihnen diese Fähigkeiten dort weitervermittelt werden sollten. Somit waren die Klöster auch die einzigen Bildungsstätten dieser Zeit, bis sie von den städ-

Thomas von Aquin (Gemälde von F. Traini)

tischen Schulen abgelöst wurden.

Chonologie der wichtigsten Mönchsorden

Benediktiner	6. Jh. durch Benedikt von Nursia
Kartäuser	1084 durch Bruno den Kartäuser
Zisterzienser	1098 durch Robert von Molesme
Prämonstratenser	1120 durch Norbert von Xanten
Franziskaner, Konventualen, Minoriten	1210 durch Franz von Assisi
Augustiner-Chorherren	1215 durch das 4. Laterankonzil
Dominikaner	1216 durch Dominikus
Augustiner-Eremiten	1244 durch Innozenz IV.
Kapuziner	Um 1525 durch Matthäus von Bascio
Jesuiten	1540 durch Ignatius von Loyola
Kamillianer	1582 durch Kamillus von Lellis
Karmeliter, Beschuhte	1593 durch Trennung einer Eremitengruppe (Ursprung 12. Jh.)
Karmeliter, Unbeschuhte	1593 durch Trennung einer Eremitengruppe (Ursprung 12. Jh.)
Oratorianer	16. Jh. durch den hl. Filippo Neri
Piaristen	1617 durch Joseph von Calasanza
Lazaristen	1625 durch Vinzenz von Paul
Trappisten	1664 durch A.-J. Le Bothillier de Rancé
Pallotiner	1835 durch Vincenzo Pallotti
Salesianer	1859 durch Giovanni Don Bosco
Salvatorianer	1881 durch Johann Baptist Jordan

Die Ottonen

Sächsische Könige und Kaiser aus dem Geschlecht der Liudolfinger, die etwas über ein Jahrhundert von 912–1024 das Heilige Römische Reich regierten. Zu ihnen gehörten Heinrich I., Otto I., Otto II., Otto III. und Heinrich II.

Wie begann die Herrschaft der Ottonen?

Konrad, der Herzog der Franken, übernahm 906 nach dem Tod des letzten *Karolingers* die Königsherrschaft über das *ostfränkische Reich*. Trotzdem zerfiel daraufhin zeitweise das Land, und **Lothringen** fiel 911 zum *westfränkischen Reich* ab, während **Schwaben** sich *Burgund* annäherte. Die Stabilität im Reich konnte erst wiederhergestellt werden, als sich die beiden Kontrahenten **Konrad I.** und **Heinrich**, Herzog von Sachsen, einigten. Nach dem Tod Konrads wurde Heinrich 919 König im ostfränkischen Land, während sich Konrads Bruder **Eberhard** ihm unterwarf und Herzog in Franken blieb.

Wer trat die Nachfolge Heinrichs an?

Nachfolger von Heinrich I. wurde **Otto**, der erste Sohn von Heinrichs zweiter Frau **Mathilde**. Heinrich I. verstarb schließlich am 2. Juli 939, nachdem er auf einer Jagd im Harz einen Schlaganfall erlitten hatte. Otto I.

Chonologie der Ottonen	
22.11.912	Geburt von **Otto dem Großen**
Mai 919	Ottos Vater, **Heinrich I.**, wird in Fritzlar zum König der Franken und Sachsen gewählt
8.8.936	Erhebung Ottos I. zum König
951	Heirat Ottos mit Adelheid, der Witwe Lothars von Italien; Anspruch auf Norditalien
2.2.962	Krönung Ottos des Großen zum Kaiser
973–983	Herrschaftszeit von **Otto II.**
983–1002	Herrschaftszeit von **Otto III.**
1002–24	Herrschaftszeit von **Heinrich II.**
1004	Krönung von Heinrich II. zum König in Pavia
1014	Krönung von Heinrich II. zum Kaiser in Rom
1024	Tod von Heinrich II.; Aussterben der Ottonen

erhielt durch die Mühen seines Vaters am 7. August 936 ein geeintes Reich und wurde zum König erhoben, obwohl seine Mutter Mathilde seinen

Krone Ottos I.

jüngeren Bruder Heinrich bevorzugt hatte. Im Gegensatz zu seinem Vater ließ Otto sich zum König salben und provozierte damit – von seinem Vater zuvor umgangene – Konflikte mit den Herzögen und anderen Machtträgern des Reichs. Teilweise kamen die Führer dieser Aufstände sogar aus Ottos eigener Familie wie zum Beispiel sein Bruder oder auch sein Sohn.

Wie gelangte Otto I. zu dem Titel „Otto der Große"?

Nach diesen anfänglichen Problemen lässt sich der Zusatz „der Große" erst auf Ottos späteren Herrschaftsjahre zurückführen. Im Jahr 955 hatte er die *Ungarn* auf dem **Lechfeld** besiegt und dominierte mit Burgund und Italien zwei weitere Königreiche, worauf er 962 in Rom zum Kaiser gekrönt wurde. Neben Verhandlungen mit dem **Kalifen von Córdoba** arrangierte er für seinen Sohn **Otto II.** eine Ehefrau aus dem byzantinischen Königshaus und führte konsequent die Osterweiterung des Reiches seines Vaters fort. Otto der Große starb am 7. Mai 973 in der Pfalz **Memleben**.

Konnte Otto II. die erfolgreiche Politik seines Vaters weiterführen?

Der Sohn von Otto dem Großen regierte bereits zwölf Jahre das Reich mit, als sein Vater 973 starb. Daher war sein Thronanspruch unbestritten. Jedoch scheiterte Otto II. zum einen an der von seinem Vater begonnenen *Italienpolitik* sowie an der Ostexpansion des Reiches. Zudem wurden seine Position und das Reich andauernd von den Intrigen und Aufständen seines Vetters und im Norden von den Expansionen des dänischen Königs bedroht. Ein weiterer nicht sehr geschickter Schachzug war es, das bereits bedrohte Reich durch die zum Teil von seiner

Frau eingeredete Erhebung eines Byzanzanspruches zu gefährden. Die Folge war eine vernichtende Niederlage im Juli 982 in Süditalien.

Wie sah die Nachfolge des Unglückskönigs aus?

Otto II. verstarb am 7. Dezember 983 in Rom aufgrund einer ungeklärten Todesursache. Fortan regierten bis zur Volljährigkeit seines Sohnes Otto die Großmutter, Mutter und Tante das Reich. Nach seiner Krönung setzte sich **Otto III.** große Pläne und wollte an die erfolgreiche Regentschaft seines Großvaters Ottos I. anknüpfen, was ihm letztlich – wie seinem Vater – nicht gelang. Einzig seine große Bildung und die Christianisierung von Polen und Ungarn erinnert an seine Herrschaft. Im Jahr 1002 starb Otto III. in der Burg **Paterno**.

Wie sah das Ende der Ottonenzeit aus?

Nach dem Tod Ottos III. sah **Heinrich**, ein Nachfahre des Bruders von Otto I. seine Zeit für gekommen. Als einziger männlicher Nachfahre der *Ottonen* war sein Thronanspruch legitim, obwohl er aus der Linie stammte, die oft gegen die herrschenden Ottonen intrigiert hatte. Gleichzeitig mit ihm stellten auch die *Sachsen* und *Schwaben* Ansprüche auf den Thron; letztendlich konnte sich Heinrich aber durchsetzen. Im Gegensatz zu seinen Vorgängern konnte sich Heinrich II. in Italien und anderen Gebieten auf dem Schlachtfeld behaupten und wurde im Jahr 1004 in **Pavia** zum König von Italien gekrönt. Heinrich II. verstarb am 13. Juli 1024. Da er keine Kinder hatte, endete mit ihm die *Ottonenzeit*.

Die Herrschaftszeit der Ottonen

Die **Ottonen** hatten keinen festen Regierungssitz, sondern führten ein *Wanderkönigtum*. Der Sitz des Reiches wurde vom König nacheinander an verschiedene Orte verlegt. Der Vertreter des Königs in den Provinzen war der Graf, der die gerichtlichen und militärischen sowie Verwaltungsaufgaben übernahm. Die Strenge der ottonischen Herrschaftszeit prägte sich auch in ihrem Rechtsverständnis aus: So musste hier der Angeklagte seine Unschuld beweisen statt der Kläger die Schuld des Beklagten. Auch war Krieg alltäglich, ob zum Schutz gegen Feinde oder zur bloßen Bereicherung. Da es kein stehendes Herr gab, ließ der König im Fall eines Krieges freie Männer von den Grafen einberufen.

Die Salier

Die Salier aus dem Geschlecht der Franken herrschten als römisch-deutsche Kaiser und Könige fast genau ein Jahrhundert von 1024 bis 1125 nach Christus. Zu ihnen zählen Konrad II., Heinrich III., Heinrich IV. und Heinrich V.

Wie begann die Herrschaft der Salier?

Im Jahr 1024 versammelten sich, nachdem das sächsische Kaiserhaus ausgestorben war, der Hochadel und niedere Adel und wählten einen neuen König: **Konrad II.** von Franken. Mit ihm, einem sehr tapferen und selbstbewussten Mann, begann das Geschlecht der **Salier**. Das hauptsächliche Anliegen Konrads II. war es, die Macht des Königs zu festigen.

Wie begann Konrad die salische Außenpolitik?

Mit Gewalt, also durch den Einsatz seiner Heeresmacht, eroberte Konrad II. als Erstes das Königreich **Burgund**. Diese Eroberung brachte ihm eine Reihe von Vorteilen, weil er jetzt über einige bedeutende Pässe und Handelsstraßen über die Westalpen verfügen konnte. Durch die neuen Verkehrsrouten zwischen Deutschland und Italien brachte er Frankreich – welches seinem Herrschaftsstil schnell Respekt zollte – in Bedrängnis.

Sah Konrads Innenpolitik ebenso radikal aus?

In der Tat war Konrad II. in Deutschland ein ebenso strenger wie auch unangefochtener Herrscher. Den-

Heinrich V.

noch legte er eine ausgesprochene Eitelkeit an den Tag, indem er die burgundische Krone, die für die kommenden acht Jahrhunderte die deutsche Kaiserkrone werden sollte, extra mit seinem Namen und mit einem Steinkreuz schmücken ließ. Als Konrad II. nach kurzer Krankheit verstarb, machte sich unter den Fürsten eine große Erleichterung breit. Neuer König sollte – mit nur knapp 22 Jahren – **Heinrich III.** werden.

Führte Heinrich III. die strenge Herrschaft weiter?

Auch Heinrich III. war ein äußerst starker Herrscher,

Konrad II. – der erste Salier

Konrad II., der erste Salier, lebte von etwa 990–1039 und war sowohl König (seit 1024) als auch Kaiser (seit 1027) des Heiligen Römischen Reiches, sowie der König von Burgund (seit 1033). Nach dem Aussterben der Ottonen/Ludolfinger mit dem Tod Heinrichs II. wurde er im September 1024 zum König gewählt und anschließend in Mainz gekrönt. Im Jahre 1028 ließ er seinen Sohn, den späteren Heinrich III., zum König wählen, um im Reich seine Machtposition und die seiner Familie zu sichern. Der erste der Salier, Konrad II., starb am 4. Juni 1039 in Utrecht und wurde im Dom von Speyer bestattet, den er als Grabstätte der Salier eigens festgelegt hatte.

der seinem Reich v. a. sehr viele östliche Gebiete hinzufügen konnte. So griff er beispielsweise in **Ungarn** und **Polen** ein und erlangte über beide Gebiete die Lehnshoheit. Unter der Herrschaft Heinrichs III. erlangte das Reich seine größte Ausdehnung, was nicht unwesentlich von der politischen Stärke und Willenskraft der Salier im Allgemeinen und Heinrich III. im Speziellen abhing.

Wie gelangte Heinrich III. zu Kaiserwürden?

In Rom stritten sich im Jahr 1046 drei Päpste um die oberste Gewalt. Heinrich III. ließ alle drei auf der *Synode zu Sutri* absetzen und wurde daraufhin von den Römern um die Ernennung eines Nachfolgers gebeten. So gelangte der *Bischof von Bamberg* – auf Geheißen Heinrichs – in das Amt des Papstes und erhielt schließlich von eben diesem die Kaiserkrone. Er übte insgesamt viermal entscheidenden Einfluss auf die Papstwahl aus. Als Heinrichs Sohn gerade sechs Jahre alt war, starb Kaiser Heinrich III. und obwohl er **Heinrich IV.** bereits mit drei Jahren hatte krönen lassen, war dieser natürlich nicht regierungsfähig. So stand das Reich vor dem Abgrund.

Heinrich V. – der letzte Salier

Heinrich V. wurde am 8. Januar 1081 geboren. Er wurde im Jahr 1098 zum König gewählt, setzte seinen Vater 1105 als Regent ab und konnte im folgenden Jahr nach dem Tod seines Vaters als akzeptierter König regieren. Politisch verfolgte er dieselbe Linie wie sein Vater. Heinrich V. verstarb kinderlos am 23. Mai 1125 in Utrecht und mit ihm starb das Geschlecht der *Salier* aus.

Was geschah, bis Heinrich IV. regieren konnte?

Bis zu seiner Mündigkeit mit 15 Jahren führte die Witwe Heinrichs III. die Herrschaft über das Reich der Deutschen weiter. Letztlich boten diese zwölf Jahre eine große Chance für die Fürsten, die es hervorragend verstanden, ihre Macht zu stärken. So entführte der Erzbischof **Anno II.** den jungen Heinrich IV. während dessen Aufenthaltes in der Pfalz Kaiserswerth. Zwar ließ er den Jungen hervorragend ausbilden, jedoch benutzte er ihn ebenso, um die eigenen Pläne, den Rücktritt von Heinrichs Mutter, durchzusetzen. Später übergab man Heinrich dem Erzbischof **Adalbert**, der mit Anno II. bis zur Mündigkeit des Königs regierte.

Wie regierte Heinrich IV. schließlich?

Als Heinrich IV. seine Mündigkeit erlangte, war nicht mehr viel vom Reich seines Vaters übrig geblieben. Er baute fortan Burgen und erwarb neue Landgüter zwischen Harz und Thüringer Wald. Beim Versuch, die Sachsen wieder seiner Königsmacht zu unterwerfen, kam es zu einem Aufstand der Sachsen, der Heinrich zuerst zur Flucht trieb, den er dann aber erfolgreich niederschlagen konnte.

Endeten die Probleme damit endgültig?

Infolge des *Investiturstreits* mit dem Papst sprach dieser einen Bann über Heinrich aus. Die Gegner Heinrichs erklärten daraufhin, dass sie einen neuen König wählen würden, wenn er sich nicht binnen eines Jahres von dem Bann befreien könnte. Obwohl Heinrich durch den *Gang nach Canossa* diesem Wunsch entsprach, musste er sich dennoch gegen einen Gegenkönig durchsetzen, fiel wieder unter den päpstlichen Bann und setzte letztendlich Papst **Gregor VII.** ab.

Schwäbisches Fürstengeschlecht, das von 1138 bis 1254 die deutschen Kaiser und Könige stellte. Bekanntester Staufer in der deutschen Geschichte ist der „Rotbart" Kaiser Friedrich I., der aufgrund seines hellen Haares „Barbarossa" genannt wurde.

Wer war der erste Staufer?

Der nachweislich erste Staufer war **Friedrich von Büren**, der nach der Burg Büren, dem heutigen Wäschebeuren, benannt war und zu seinen Lebzeiten die Besitztümer seiner Familie erweitern und ihren Einfluss ausbauen konnte. Sein Sohn **Friedrich** ehelichte später die einzige Tochter Kaisers **Heinrich IV.** und erhielt im Jahr 1079 das Herzogtum Schwaben, wo er auf dem Hohenstauf die Burg Stauf errichtete. Nach ihr wurde schließlich die Familienlinie benannt.

Was haben die Salier mit den Staufern zu tun?

Kaiser Heinrich IV. gehörte zu dem fränkischen Geschlecht der *Salier*. Nach dem Tod seines Sohnes, des kinderlosen **Heinrich V.**, fielen alle Güter an die *Staufer* beziehungsweise die Besitztümer beider Geschlechter zusammen, da der Staufer Friedrich mit der Salierin Agnes, der Tochter Heinrich IV., verheiratet war. Deren gemeinsamer Sohn **Friedrich** hatte nun einen legitimen Anspruch auf die Krone.

Wie gelangt die Königskrone an die Staufer?

Zwar baute **Friedrich II.**, der Sohn Friedrichs I., durch den Bau von Städten und Burgen das Territorium und die Macht der Staufer aus, dennoch ging die Königskrone nicht an Friedrich, sondern an seinen Rivalen, den *Welfen* **Lothar III.** Da die Reichs-

Castel del Monte, Apulien, erbaut von Friedrich II.

fürsten aber dem Sohn Lothars, **Heinrich dem Stolzen**, nicht trauten, umgingen sie nach Lothars Tod den Anspruch Heinrichs. So erhielt schließlich der *Staufer* **Konrad III.**, Bruder Friedrichs II., die Krone.

Sollten die Probleme mit den Welfen unüberbrückbar sein?

Nach dem Tod von Konrad III. wurde **Friedrich von Schwaben** – noch einmal ein **Friedrich I.**, bei dem es sich diesmal um den heute legendären **Barbarossa** handelte – zum König gewählt. Konrad III. hatte zwar jahrelang gegen die Welfen Krieg geführt; Friedrich I. Barbarossa strebte jedoch danach, die Gegensätze der verfeindeten

Friedrich II.

Geboren wurde er im Jahr 1194. Friedrich II. unterschied sich von früheren staufischen Herrschern deutlich. Seine Art trug vergleichsweise moderne Züge und seine Herrschaft war von zentralistischen und rationalistischen Strukturen geprägt. Besonders deutlich wurde dies an seiner Sizilienpolitik, in der er maßgeblich seit 1220 die dortigen Rechtsansprüche neu ordnete. Friedrich verstarb im Jahr 1250.

Geschlechter beizulegen, was sich die Fürsten bei seiner Wahl erhofft hatten, denn Friedrichs Mutter war nicht ganz zufällig eine *Welfin* gewesen.

Wie ging es nach Barbarossa mit den Staufern weiter?

Heinrich VI., der Sohn Barbarossas, entsprach in keiner Weise dem Ebenbild seines Vaters. Er war schwach und klein, dafür aber geistig umso begabter. Seine politischen Ziele verfolgte er auf grausame Weise und nahm beispielsweise den englischen König **Richard Löwenherz** gefangen, den er erst gegen eine hohe Lösegeldsumme ziehen ließ. Auch besaß er einen Hang zum Größenwahn und trug sich mit dem Gedanken an ein Weltreich der Staufer. Er bemühte sich, durch Machtpolitik an Zypern, Armenien und Syrien heranzukommen, während er durch die Heirat seines Bruders **Philipp** mit der byzantinischen Erbtochter **Irene** seinen Osteinfluss ausdehnte.

Blieb die Krone in den Händen der Staufer?

Im Jahr 1198 gab es in Deutschland eine so genannte *Doppelwahl*: Eine Gruppierung der Fürsten wählte **Philipp**, den Bruder Heinrichs

Friedrich Barbarossa

Friedrich I. wurde von den Italienern wegen seines rotblonden Bartes Barbarossa genannt. Er entsprach in weiten Teilen dem Idealbild der mittelalterlichen Könige, da er sich durch Tapferkeit und einen ausgeprägten Gerechtigkeitssinn auszeichnete. In den Herrschaftsjahren Friedrichs I. ergab sich ein starker Ausbau der staufischen Landgüter. Friedrich Barbarossa führte den *3. Kreuzzug* (1189–1192) an und fand 1190 im Fluss **Saleph** in Kleinasien den Tod.

Friedrich I. Barbarossa

VI., zum König, eine andere den Welfen **Otto IV.** Somit entstand ein *Doppelkönigtum,* das von ständigen Thronstreitigkeiten geprägt war. Um Sizilien zu retten musste **Konstanze**, die Witwe Heinrichs, sogar Philipp für ihren Sohn **Friedrich II.** als Vormund einsetzen. Nach dem Tod von Philipp konnte sich Otto dann gänzlich durchsetzen und erreichte schließlich die Kaiserkrönung.

Wie gelangte die Krone wieder an die Staufer?

Da **Otto IV.** die *altstaufische Politik* in Italien wieder aufnahm und bemüht war, Sizilien zu erlangen, wandte sich der Papst von ihm ab und setzte sich für die Wahl **Friedrichs II.** zum deutschen König ein. Im Jahr 1212 wurde der Sohn von Heinrich

VI. dann tatsächlich zum König gekrönt.

Wie gingen die Staufer unter?

Nachdem Friedrich II. verstorben war, zog der einzige legitime Nachfolger, **Konrad IV.**, nach Sizilien, um die Herrschaft zu übernehmen. **Manfred**, illegitimer Sohn **Friedrichs II.**, übernahm nach Konrads Tod im Jahr 1254 die Herrschaft. In der *Schlacht von Benevent* verlor er, nach nur anfänglichen politischen Erfolgen, sein Leben. Nun versuchte 1267 **Konradin**, der Sohn Konrads IV., das Erbe zurückzugewinnen. Jedoch geriet er in der Schlacht bei Tagliacozzo in Gefangenschaft und wurde in Neapel öffentlich hingerichtet. Mit ihm ging letztendlich das stolze Geschlecht der Staufer unter.

Die Ausbreitung der Normannen

Die Wikinger, die sich ab 911 in Nordfrankreich niederließen, von dort aus unter Herzog Wilhelm, dem Eroberer, England eroberten und in Süditalien ein Königreich gründeten, werden Normannen genannt und gaben der Normandie ihren Namen.

Hießen die anderen Wikinger nicht auch Normannen?

Der Name der Händler und Räuber, die aus Skandinavien nach Süden vorstießen, lautete erst einmal *Wikinger*. Über den Ursprung des Wortes ist allerdings nichts bekannt, darum fehlen ihm auch Wurzeln, die an eine bestimme Definition gebunden sind. Ein anderer Name, der sich für die Wikinger einbürgerte, lautete *„Normanne"*, was schlicht *„Nordmänner"* (= Männer aus dem Norden) bedeutet und daher auch keine geschichtliche Bindung auf-

weist. Weil sich die Normannen allerdings Anfang des 10. Jh. in **Nordfrankreich** niederließen, nennt man diesen Teil Frankreichs heute *„Normandie"*. Heutzutage benutzen manche Historiker den unerlaubten Analogschluss und bezeichnen die Skandinavier-Horde als Wikinger und die Nordfrankreich-Wikinger als Normannen.

Wie kam es, dass sich Wikinger in Nordfrankreich niederließen?

Die Wikinger waren schon einige Jahrhunderte zuvor in den südlicheren Teil des Nord-

Normannischer Burgturm in Essex

atlantik vorgestoßen, hatten englische Klöster überfallen und Irland angegriffen. Mit den Jahrhunderten gelangten sie immer südlicher und landeten immer öfter auch an den französischen, spanischen und italienischen Küsten. Durch die Überfälle der Wikinger geriet das westliche *Frankenreich* in eine Krise, weshalb **Karl III., der Einfältige**, seine einzige Chance für Frieden darin sah, einen Teil Nordfrankreichs im Jahr 911 als Herzogtum an den Wikingerführer **Rollo** zu vergeben.

Was machten die Normannen aus ihrem neuen Herzogtum?

Im Lauf von nur drei Generationen wurde die Normandie

Der Teppich von Bayeux

Der **Teppich von Bayeux** ist der älteste erhaltene Wandteppich des Mittelalters, der heute in Bayeux in der Normandie hängt. 72 Bildszenen, mit insgesamt 1512 Figuren bestickt, die die Überfahrt der *Normannen* nach England unter **Wilhelm dem Eroberer** und ihren Sieg in der *Schlacht bei Hastings* 1066 darstellen, sind auf ein Leinengewebe von 70 Meter Länge und knapp 50 Zentimeter Breite untergebracht. Nur der letzte Abschnitt des Wandteppichs ist verloren gegangen. Der Halbbruder Wilhelm des Eroberers, Bischof **Odo von Bayeux**, soll den Teppich in Auftrag gegeben haben, auf dem sich detaillierte Angaben über zeitgenössische Waffen und Kleidungsstücke finden, weshalb er einen ungeheuren Wert für die Nachwelt darstellt.

Die Normannen im Süden

50 Jahre bevor Wilhelm den Ärmelkanal überquerte, hatten normannische Ritter ihre Beutezüge nach Italien unternommen und im Jahr 1061 beherrschten sie schon ganz Unteritalien, als sie mit einem 2000 Mann starken Heer die Straße von Messina und damit die Macht der *Sarazenen* angriffen. Diese erfolgreiche Eroberung führte zur Schaffung der stärksten Monarchie Europas und zum Entstehen des aufgeklärtesten christlichen Königreichs des Mittelalters. 1130 vereinigte **Roger II.** die entstandenen süditalienischen Normannenstaaten zu einem Königreich, das 1194 an die Staufer überging.

das mächtigste französische Fürstentum. Mit ein Grund für diese Entwicklung war die Anpassungsfähigkeit der Normannen, mit der sie bestehende Regeln und Systeme übernahmen und nach ihren eigenen Vorstellungen umbauten. Sie wählten sich einheimische Ehefrauen und übernahmen deren Sprache so rasch, dass innerhalb eines Jahrhunderts die altnordische Sprache in Frankreich fast ausgestorben war. Zudem wandelten sich die Normannen von heidnischen Barbaren in gläubige Christen. Schon ein Jahrhundert, nachdem sie das Herzogtum übernommen hatten, machten sie den größten Teil der Pilger aus, die nach Rom und ins Heilige Land strömten.

Führten die Normannen keine Kriege mehr?

Aus der Normandie an der Nordwestküste Frankreichs fuhren die Normannen im Jahr 1066 unter ihrem Herzog **Wilhelm** mit über 700 Schiffen gen Norden. Ihre Absicht war es nicht, England zu überfallen, vielmehr wollten sie es erobern. Wilhelm untermauerte seinen Anspruch auf den englischen Thron durch seinen entscheidenden Sieg in der *Schlacht von Hastings* am 14. Oktober 1066, wo er **Harold II. Godwinson** besiegte, der erst kurz zuvor zum König von England gekrönt worden war. Nach seinem Sieg zog Wilhelm nach London und wurde am 25. Dezember 1066 in der *Westminster Abbey* zum König **Wilhelm I., der Eroberer** gekrönt. Der Rest des Landes war schnell befriedet und im Jahr 1070 ganz England unter normannischer Kontrolle.

Wie änderte sich England unter normannischer Herrschaft?

Wilhelm I. baute Hunderte von Burgen im ganzen Land und löste die großen und unabhängigen Grafschaften auf. Diese Ländereien vergab er gemäß dem französischen Lehnsystems an normannische Ritter, die ihm treu und gut gedient hatten. In dem von ihm in Auftrag gegebenen *„Domesday Book"* ließ er die Werte ganz Englands schätzen, um so eine Grundlage für die Besteuerung zu erhalten. Amtssprache und Sprache der Oberschicht wurde zudem das normannische Französisch.

Der Teppich von Bayeux

Um das 9. Jahrhundert nach Christus begann die Entstehung des norwegischen Königreichs, welches zum großen Teil unter fremder Herrschaft stand, ehe ihm recht spät in der Neueren Geschichte die souveräne Existenz gestattet wurde.

Wie begründet sich Norwegens Geschichte?

Das Land Norwegen, das schon in der Vorgeschichte von Germanen besiedelt wurde, prägt eine äußerst zerklüftete Gebirgslandschaft. Aufgrund dieses natürlichen Phänomens entstanden in Norwegen nicht einige wenige Regierungsformen, sondern sehr viele kleine Herrschaftsgebiete. Erst im 9. Jh. n. Chr. begann dann die gewaltsame Einigung Norwegens zu einem einheitlichen Königreich.

Dom in Trondheim

Der Heilige Olaf

Olaf II. wurde in **Nidaros**, der Stadt, die heute den Namen Trondheim trägt, begraben. Über seinem Grab wurde der *Nidarosdom* errichtet. Er war im Mittelalter ein Wallfahrtsort von enormer Bedeutung für die Christenheit Europas. Im Nidarosdom, der zu Norwegens Nationalheiligtum erklärt wurde, wurden die Monarchen Norwegens gekrönt bzw. die letzten beiden Könige eingesegnet. Norwegens erste Hauptstadt Nidaros wurde übrigens im Jahr 998 von **Olaf Trygvasson (Olaf I.)** gegründet. Nach Norwegens Christianisierung war die Stadt über 400 Jahre lang Erzbischofssitz, bis sich in Norwegen die Reformation durchsetzte.

Welche Bedeutung hatte Harald Schönhaar für Norwegen?

Der Wikinger **Harald Schönhaar** siegte in der *Schlacht von Hafrsfjord* im Jahr 872 über die anderen norwegischen Stammeskönige und vereinigte damit das gesamte Königreich Norwegen. Während seiner Regentschaft als König hielt er das Land hervorragend zusammen und führte nach karolingischem Vorbild Reformen im Reich durch. Sein Werk war jedoch nicht von langer Dauer und so zerfiel das Königreich durch eine Reihe von Zwistigkeiten um das Erbe nach seinem Tod. In der Folge bildeten sich erneut kleine unabhängige und zerstrittene Herrschaftsgebiete.

Führte Harald Schönhaar nicht das Christentum in Norwegen ein?

Schönhaar brachte von einer seiner Reisen nach England den christlichen Gedanken nach Norwegen. Doch ebenso wie das Reich nach seinem Tod zerfiel, konnte sich auch das Christentum nicht etablieren und verschwand wieder aus Norwegen. Erst **Olaf Haraldsson** – König **Olaf II.** – sollte das zerstrittene Land Anfang des 11. Jh. wieder einen und gleichzeitig das Christentum verbreiten.

Wie bekehrte Olaf die Norweger zum christlichen Glauben?

Bei seiner Verbreitung der christlichen Lehre ging Olaf Haraldsson nicht sehr kompromissbereit vor und so wurde er schließlich im Jahr 1028 vom Adel vertrieben. Zwei Jahre später, 1030, fiel er dann in der *Schlacht von Stiklestad* nördlich von **Trondheim**. Fortan galt er

Olaf II.

als Norwegens ewiger König und sein Grab wurde zum höchsten Pilgerziel für die

Norwegen im 20. Jahrhundert

Im *I. Weltkrieg* neutral musste Norwegen im *II. Weltkrieg* 1940 die Besetzung durch deutsche Truppen hinnehmen. Nach der Befreiung 1945 gelang der Aufbau eines vorbildlichen Sozialsystems und die außenpolitische Bindung an den Westen. Dank der Erlöse aus dem Nordseeöl blieben Norwegen trotz zeitweise hoher Inflation und drückender Arbeitslosigkeit größere Turbulenzen erspart.

europäischen Christen. Im Jahr 1031 wurde er heilig gesprochen und trotz seiner recht grausamen Art, das Christentum zu verbreiten, gilt er als der größte Missionar Norwegens.

Was geschah mit der fortschreitenden Christianisierung?

Als sich in Norwegen das Christentum immer mehr ausbreitete, war dies gleichzeitig das Ende der brutalen Wikingerraubzüge, die sich ab 850 über ganz Europa ausgebreitet und Angst und Schrecken verbreitet hatten. In Norwegen kehrte aufgrund der christlichen Lehre allmählich ein besonneneres

und zivilisierteres Gedankengut ein.

Was geschah nach Olafs Tod?

Olafs Sohn **Magnus** wurde König von Dänemark und Norwegen. In den nächsten drei Jahrhunderten sollte es bei einem Königtum in Norwegen bleiben, auch wenn die Erbfolge nicht immer gesichert war und mitunter zu Streitigkeiten führte. Durch die *Kalmarer Union* von 1397 wurden die drei skandinavischen Königreiche **Dänemark**, **Schweden** und **Norwegen** vereinigt, was für die nächsten 126 Jahre Bestand hatte. Danach fiel Norwegen als reine Provinz unter die Herrschaft Dänemarks, was erst die Folgen der napoleonischen Kriege änderten. Am 17. Mai 1814 verkündete Norwegen erstmals wieder eine eigene Verfassung, wurde aber noch in der Union mit Schweden gegängelt, bis es im Jahr 1905 wieder zu einem unabhängigen Königreich wurde.

Das ist Norwegen

Hauptstadt:	Oslo
Staatsform:	parlamentarische Monarchie
Amtssprache:	Norwegisch
Religion:	überwiegend protestantisch
Größe:	323.878 km^2
Einwohner:	ca. 4.300.000

Das Kiewer Reich

Was zunächst ein loser Zusammenschluss ostslawischer Stämme war, wurde im 9. Jahrhundert nach Christus von den in Kiew und Nowgorod herrschenden Warägern zum ersten Staat auf russischem Gebiet vereint.

Wer waren die Waräger?

Die **Waräger** waren ein normannischer Wikingerstamm, dessen Name wörtlich übersetzt *„Eidgenossen"* bedeutet. Im 8. Jh. hatten sie sich im Baltikum und im Ostausgang des finnischen Meerbusens festgesetzt. Im 9. Jh. weiteten sie ihr Herrschaftsgebiet bis in den Nordwesten des späteren Russlands aus und unterhielten sogar Handelsbeziehungen bis nach **Byzanz**, dem heutigen Istanbul, und **Bagdad**. Keineswegs waren sie nur barbarische Krieger, die sich Land nahmen, wenn sie es wollten. Vielmehr waren sie sehr geschickte und mutige Händler, die es hervorragend verstanden, ihre politische Macht durch vorteilhafte Verträge zu sichern.

Wie erlangten die Waräger die Herrschaft über Nowgorod und Kiew?

Die in **Nowgorod** lebenden *Slawen* hatten zunächst versucht, sich selbst zu regieren. Dies führte allerdings zu Streitigkeiten und beinahe zu Kriegen unter den Stämmen. Also besann man sich darauf, einen Fürsten einzusetzen, der für Ordnung sorgen sollte. Sie ernannten den Waräger **Rurik** zu ihrem Herrscher und baten ihn, die Rechtsprechung zu übernehmen. Zudem übte

Wikingerhaus

Die Herrscher über das Kiewer Reich während Gründung und Hochzeit

882–912 **Oleg**
Ihm gelang es, die Stämme der Drevljanen, Severjanen und Radimitschen dem Reich anzugliedern und die Byzantiner zu jährlichen Abgaben zu zwingen.

912–945 **Igor** (Sohn von Rurik)
Er schloss Frieden mit den Petschenegen und gliederte die Ulitschen in das Reich ein.

945–962 **Olga** (Frau von Igor)
Sie lässt sich in Byzanz taufen, die Bevölkerung will jedoch größtenteils heidnisch bleiben.

962–972 **Swjatoslaw** (Sohn von Olga und Igor)
Er vernichtete die Chasaren, wurde jedoch von den Petschenegen getötet. Deren Khan Kurja benutzte seinen Schädel als Trinkgefäß.

972–980 **Jaropolk**
Er kämpfte gegen seine Brüder Oleg und Vladimir. Dieser floh zu den Warägern und tötete Jaropolk mit deren Hilfe.

980–1015 **Vladimir** (Bruder von Jaropolk)
Er erkannte die Zeichen der Zeit und führte offiziell das orthodoxe Christentum ein. Nach seinem Tod begann eine Zeit des Hasses und der Machtkämpfe.

er militärischen Schutz aus und organisierte den Handel mit der arabischen und byzantinischen Welt. Kurze Zeit nach seiner Ernennung zum *Großfürsten* übertrug Rurik seinen Getreuen **Askold** und **Dir** die Herrschaft über **Kiew**.

Wie kam es schließlich zur Gründung des Kiewer Reiches?

Als Rurik im Jahr 879 starb, riss sein Verwandter **Oleg** die Macht an sich, da der einzige Nachfahre Ruriks, **Igor**, zu dieser Zeit noch minderjährig war. Oleg machte sich auf, auch Kiew zu erobern. Mithilfe einer List tötete er Askold und Dir und erklärte im Jahr 882 das eingenommene Kiew zur Hauptstadt seines Reiches. Somit war das **Kiewer Reich**, auch **Kiewer Rus** genannt, gegründet.

Welche Religion herrschte im Kiewer Reich vor?

Die Slawen im Kiewer Reich waren Heiden. Sie verehrten neben anderen Gottheiten ihren Hauptgott **Perun** mit Statuen und Abbildungen. Der erste Versuch der Christianisierung erfolgte durch Fürstin **Olga** (945–962), die sich in Byzanz taufen ließ. Die von ihr eingeladenen Missionare aus Deutschland wurden jedoch von der heid-

Wikingerschiff

nischen Bevölkerung aus der Stadt gejagt. Als 980 Großfürst **Vladimir** an die Macht kam, ließ er die Statuen der Heidengötter um Perun entfernen und an deren Stelle eine Kirche, die des **Heiligen Vasilij**, errichten. Am nächsten Tag wurde am Dnjepr eine *Massentaufe* veranstaltet. Unter Vladimir erreichte das Reich seine Glanzzeiten.

Wie ging das Kiewer Reich zugrunde?

Nach dem Tod Vladimirs im Jahr 1015 wurde eine Zeit eingeleitet, die von Machtkämpfen, Dezentralisierung und dem Zerfall der zentralen Regierungsgewalt geprägt war. Langsam, aber stetig zerfiel das ganze Reich. Nur der berühmte **Jaroslaw der Weise** konnte von

1019–1054 noch einmal eine wirklich bedeutende Rolle spielen. Das endgültige Ende begann mit dem Einbruch der *Mongolen* ab 1223. Im Jahr 1240 wurde Kiew von den Mongolen zerstört und das Reich somit seines Mittelpunktes beraubt. Die meisten Fürstentümer des Reiches wurden von nun an den Mongolen tributpflichtig.

Warum weiß man so viel über die Geschehnisse dieser Zeit?

Das hat die Nachwelt dem Mönch **Nestor** zu verdanken, der ab 1113 die bestehenden Aufzeichnungen über die Kiewer Rus zur so genannten *Nestorchronik* zusammenfügte und überarbeitete. Sie ist auch unter dem Namen *„Geschichte der Zeitläufe"* bekannt. Über ihn selbst ist nicht viel bekannt: Geboren um 1056, verbrachte er sein Leben im Höhlenkloster von Kiew. Nestor ist ein Heiliger der orthodoxen Kirche.

Innenraum eines Wikingerhauses (Rekonstruktion)

Die Kreuzzüge

Eine Reihe von Kriegszügen der abendländischen Christenheit ab 1095 zur Befreiung Jerusalems und des Heiligen Landes von der Herrschaft Andersgläubiger, die mit steigender Zahl immer mehr für eigene politische Zwecke eingesetzt wurden.

Welcher war der erste Kreuzzug?

Als Papst **Urban II.** im Jahr 1095 auf einem *Konzil in Clermont-Ferrand* zum Kreuzzug aufrief, nahm das der Wanderprediger **Peter von Amiens** zum Anlass, eine Heerschar von Bauern zusammenzustellen und mit ihnen nach **Konstantinopel** zu ziehen. Abgesehen davon, dass das zusammengewürfelte Heer schon während der Reise mit dem Plündern und Zerstören begann, wurde es am Ziel, in der Gegend von **Nicomedia** (heute Izmir), von den *Muslimen* ohne große Probleme vollständig geschlagen. Die überlebenden Bauern flohen ins Oströmische Reich zurück, unter ihnen befand sich auch Peter von Amiens.

Warum gab es die Kreuzzüge eigentlich?

Ein Hilferuf des byzantinischen Kaisers **Alexios I. Komnenos** an den Westen war 1085 der Anlass der Kreuzzüge in das Heilige Land. Seit der Mitte des 11. Jh. schon bedrängten die muslimischen *Seldschuken* das Oströmische Reich und hatten in den Jahren zuvor mehrere Städte, darunter auch Jerusalem, erobert. Das Reich konnte dem Druck der Türken kaum mehr standhalten und bat darum den Westen um Hilfe gegen die „ungläubigen" Muslime.

Was sind die so genannten Kreuzfahrerstaaten?

Obwohl die ersten Kreuzritter dem oströmischen Kaiser Alexios den *Vasalleneid* leisten mussten und versprachen, erobertes Land an Konstantinopel zu übergeben, hielten sie sich nicht an ihr Verspre-

Jerusalem und die heiligen Stätten

Richard Löwenherz und Saladin

chen. Bestes Beispiel für die nicht allzu große Tugendhaftigkeit unter den Rittern ist die Entstehung des ersten Kreuzfahrerstaates **Edessa**: Die Kreuzritter befreiten armenische Christen in Edessa (heute: Urfa) aus der Gewalt der Türken, und Graf **Balduin von Boulogne** wurde aus Dankbarkeit von Prinz **Toros**, dem Fürsten der armenischen Stadt, adoptiert. Balduin jedoch ließ seinen Adoptivvater kurze Zeit später ermorden und machte sich selbst zum Grafen von Edessa.

Wie viele Kreuzzüge gab es eigentlich?

Insgesamt wurden sieben Kreuzzüge gestartet, wenn man den der Bauern nicht mitzählt. Der erste war für die Kreuzritter ein voller Erfolg und brachte die Eroberung

Jerusalems. Nachdem die Muslime 1144 die Grafschaft Edessa zurückerobert hatten, drängte **Bernhard von Clairvaux** auf einen *2. Kreuzzug*. Dieser Kreuzzug erwies sich als Fehlschlag und brachte nur den Verlust Jerusalems im Jahr 1187. Im Juli 1190 brach dann König **Richard I.**, genannt „**Löwenherz**", in Richtung Palästina zu einem *3. Kreuzzug* auf. Zwar machte er **Zypern** zum insgesamt fünften Kreuzfahrerstaat, aber Jerusalem konnte auch er nicht zurückerobern. Der *4. Kreuzzug* erreichte durch die Ränkeschmiede Venedigs nie Jerusalem. Im Gegenteil nutzte der venezianische Doge **Enrico Dandolo** die Gelegenheit und ließ die Kreuzritter nicht nur seine politischen Gegner zerstören, sondern auch Konstantinopel. Der *5. Kreuzzug* unter **Friedrich II.** brachte letztendlich auf friedlichem Weg die erneute Herrschaft über Jerusalem. Der *6. Kreuzzug* 1248 endete mit der Gefangennahme **Ludwigs IX.** und dessen Heer und der *7.* und letzte *Kreuzzug* mit dem Tod Ludwigs vor Tunis im Jahr 1270 auf dem Weg ins Heilige Land.

Was waren die Auswirkungen der Kreuzzüge?

Das einst blühende syrisch-palästinensische Gebiet wur-

Chronologie der Kreuzzüge

1046–1075	Reform der Gesamtkirche, Abspaltung der Ostkirche.
1095	Papst Urban II. ruft zum 1. Kreuzzug auf.
1096–1099	1. Kreuzzug unter Gottfried von Bouillon. Seine Truppen belagern Jerusalem und nehmen es schließlich ein.
1137	Im 11. Jh. entstand aus einem Spital für Pilger der Orden des Heiligen Johannes vom Spital zu Jerusalem (Johanniter).
1147–1149	2. Kreuzzug.
1187	Das christliche Königreich Jerusalem wird durch Sultan Saladin eingenommen.
1189–1192	3. Kreuzzug.
1202–1204	4. Kreuzzug.
1204	Eroberung und Plünderung Konstantinopels durch die Kreuzfahrer.
1228–1229	5. Kreuzzug, friedlicher Vertrag zwischen Friedrich II. und Sultan al-Kamil.
1244	Jerusalem wird von den Muslimen zurückerobert.
1248–1254	6. Kreuzzug unter Ludwig IX. von Frankreich gegen Ägypten.
1270	7. Kreuzzug; König Ludwig IX. von Frankreich stirbt an der Pest.
1291	Akkon, die letzte Festung der Christen im Heiligen Land, fällt.
1303	Der letzte Stützpunkt der Christen im Orient wird aufgegeben.
1309–1377	Babylonisches Exil der Päpste in Avignon; Ende der päpstlichen Weltherrschaft.
1453	Konstantinopel fällt.

de durch die ständigen Gefechte zwischen Christen und Moslems vollständig ruiniert. Das von den Kreuzfahrern geschwächte Konstantinopel konnte dem Druck aus dem Osten nicht länger standhalten: 1453 gelang es Sultan **Mehmed II.**, Konstantinopel zu erobern. Im Jahr 1529 schließlich standen die Türken vor Wien und das Osmanische Reich erstreckte sich von Ägypten bis Ungarn.

Der Investiturstreit

Die Auseinandersetzung im 11. und 12. Jahrhundert zwischen Kirche und Staat um die Rolle der weltlichen Herrscher bei der Amtseinsetzung von Bischöfen und Äbten, erlebte in der Konfrontation zwischen König Heinrich IV. und Papst Gregor VII. seinen Höhepunkt.

Worum drehte es sich bei dem Investiturstreit?

Die Macht der Kirche hatte im 11. Jh. immer mehr zugenommen, und so kam es, dass im Jahr 1059 auf der *Ostersynode von Lateran* von kirchlicher Seite aus die Einführung des Zölibats sowie die Abschaffung des Verkaufs von Kirchenämtern und der Laieninvestitur gefordert wurde. Papst **Gregor VII.** unterstrich im Jahr 1075 das Verbot der Laieninvestitur, mit der Bischofsämter durch den Kaiser oder Fürsten besetzt werden konnten, und erhob im März mit dem *Dictatus*

Heinrich IV. und Gregor VII.

Papae den Papst über den Kaiser.

Wann und wie eskalierte der Konflikt zwischen Kirche und Kaiser?

Nach dem Tod des Mailänder Erzbischofs unterstützte der Papst die so genannte „*Pa-*

tria", eine Bewegung städtischer Unterschichten, die den Klerus mit ihren Reformforderungen bedrängten und die Absetzung der reichen königstreuen Bischöfe in Oberitalien anstrebten. Die Patria wollte einen eigenen Erzbischof installieren, der König sah das jedoch anders und setzte seinen Kandidaten **Gottfried** als neuen Erzbischof ein. Der Papst drohte König **Heinrich IV.** mit dem *Kirchenbann*, woraufhin der im Jahr 1076 die *Synode von Worms* einberuft, um Papst Gregor absetzen zu lassen.

Konnte sich der König auf der Synode durchsetzen?

Heinrich konnte völlig auf die Ergebenheit der königstreuen Bischöfe bauen, denn diese sahen sich den oben genannten Forderungen der Kirche gegenüber, fürchteten um ihre Privilegien und besonders das Zölibat. So kam es, dass 24 Bischöfe und zwei Erzbischöfe dem Papst den Gehorsam aufkündigten, weil seine Erhebung illegal gewesen und sein Lebenswandel unmoralisch sei. Die Reaktion Gregors folgte prompt und so

Clemens III.

Clemens III. wurde als **Wibert von Ravenna** um 1025 in Parma geboren und entstammte einer oberitalienischen Adelsfamilie. Während der Regentschaft der Kaiserin Agnes diente er als Kanzler für Italien. Heinrich IV. erhob ihn 1072 zum Erzbischof und in seiner Abneigung gegen die Politik des Papstes Gregors VII. schloss sich Wibert der antigregorianischen Partei an. In dem 1076 beginnenden Streit zwischen Heinrich IV. und Gregor VII. trat Wibert entschieden auf die Seite des Königs und wurde am 24. März 1084 in der Laterankirche zu Rom als Clemens III. inthronisiert und krönte eine Woche darauf Heinrich IV. zum Kaiser. Auf die kirchliche Lage übte er bis zu seinem Tod am 8. September 1100 in der Cività Castellana jedoch keinen entscheidenden Einfluss aus.

Das vermeintliche Ende des Investiturstreits

Das Ende des Investiturstreits wurde erst durch das **Wormser Konkordat** im Jahr 1122 besiegelt. Dass der König die Bischöfe nach eigenem Gutdünken einsetzte, war mittlerweile zu stark in der Praxis verankert, als dass die Kirche dies noch einmal hätte rückgängig machen können. So einigte man sich darauf, dass der König die *weltliche Investitur* vornehme solle, der Kirche aber die *geistliche Investitur* vorbehalten blieb. Erst sollte die kirchliche Wahl durch das jeweilige Domkapitel erfolgen, worauf der Neugewählte zuerst Ring und Bischofsstab überreicht bekommen und dann durch die weltliche Macht das Zepter erhalten sollte. Bis zum Anfang des 19. Jh. blieb die Investitur dadurch weiterhin der Zankapfel zwischen Kirche und Reich.

war der König exkommuniziert. Er ging sogar noch einen Schritt weiter, indem er allgemein verbot, Heinrich zukünftig weiter wie einen König zu behandeln.

Wie reagierte das Fürstentum auf die Situation?

Nach 1076 gab es eine klassische *Pattsituation*: Der Papst war durch den König abgesetzt worden und hatte seinerseits den König exkommuniziert. Nun sahen die deutschen Fürsten ihre Chance und versuchten, einen *Gegenkönig* zu wählen, was Heinrich nur knapp verhindern konnte. Das Fürstentum gab ihm die Möglichkeit, binnen eines Jahres den päpstlichen Kirchenbann rückgängig zu machen, woraufhin Heinrich die Reise nach **Canossa** antrat.

Was genau war der Bußgang nach Canossa?

Nicht alle Fürsten waren von dem Willen Heinrichs, den Bann zu brechen, angetan. **Welf von Bayern** und **Berthold von Kärnten** sperrten ihre Alpenpässe für den König, sodass er über Burgund den Alpenkamm überqueren musste. Doch am 25. Januar des Jahres 1077 stand Heinrich endgültig vor der Festung *Canossa*, in die sich Papst Gregor VII. zurückgezogen hatte. Drei Tage lang bat Heinrich in wollenem Gewand und barfüßig im Schnee vor der Burg Canossa den Papst um seine Wiederaufnahme in die Kirche und bat um Vergebung. Gregor blieb nichts anderes übrig, als Heinrichs Bemühungen Tribut zu zollen, und erteilte ihm

die erneute Absolution. Heinrich musste sich jedoch verpflichten, den Papst auf seinen Reisen nie körperlich behelligen zu lassen.

Wie reagierte die Fürstenopposition auf Heinrichs Gang nach Canossa?

Die deutschen Fürsten hatten mit vielem gerechnet, allerdings nicht mit Heinrichs erfolgreicher Demut. Deshalb sahen sie ihre Opposition ernsthaft in Gefahr. Sie beschlossen, die einjährige Frist nicht abzuwarten und wählten **Rudolf von Rheinfeld** zu ihrem Gegenkönig, der sich klugerweise prompt der Kirche unterwarf und dem Papst die Treue schwor. Gregor VII. war von dieser Entwicklung sehr angetan und sprach erneut einen Kirchenbann über Heinrich IV. aus. Nach bürgerkriegsähnlichen Schlachten starb Gegenkönig Rudolf im Jahr 1080. Heinrich war wieder obenauf. Er ließ Erzbischof **Wilbert von Ravenna** zum Papst **Clemens III.** ernennen und drehte damit den Spieß um. Nun sah sich Gregor VII. mit einem Gegenpapst konfrontiert, und zudem gelang es Heinrichs Truppen auch noch, im dritten Anlauf Rom zu erobern. Gregor sah keine Möglichkeit zum Widerstand mehr, flüchtete zu seinen normannischen Verbündeten und starb im Exil.

Das Schicksal der Juden im Mittelalter

Von dem Zeitpunkt ihrer Vertreibung aus Palästina an, begann eine fast zwei Jahrtausende anhaltende Leidensgeschichte des jüdischen Volkes, das trotz oder gerade wegen dieser Geschehnisse seine Kultur lebendig halten konnte.

Wie verbreitet waren die Juden im Mittelalter?

Im Mittelalter traten zwei unterschiedliche jüdische Gemeinschaften in Erscheinung: die *Sephardim*, die sich unter der muslemischen Herrschaft in Spanien eines ungestörten Lebens erfreuten, und die *Aschkenasim* in Mittel- und Osteuropa. Aus beiden Gemeinschaften gingen rabbinische Gelehrte hervor, deren Schriften und Gedanken heute noch die Grundlage religiöser jüdischer Auslegung bilden.

Wann nahm die Judenverfolgung zu?

Juden waren viele Jahre in vielen Regionen Außenseiter der Gesellschaft. Doch unter dem oströmischen Kaiser **Justinian** nahm die Judenverfolgung im 6. Jh. deutlich zu, nachdem das Christentum die führende Religion in Europa geworden war. Dennoch existierten Phasen der Toleranz: So setzten sich **Karl der Große** und seine Nachfolger sehr stark für die Juden ein. Die Juden lebten bis zu den ersten *Kreuzzügen* in Deutschland, Frankreich und Spanien unangefochten und durften sogar hohe Staatsämter bekleiden. Doch ab 1100 änderte sich die Situation für die Juden in diesen Ländern erheblich.

Wie wirkte sich die Judenverfolgung aus?

Die Juden waren die ersten Opfer der Kreuzfahrer. Unter Papst **Innozenz III.** verschärfte sich die Lage zusehends: Juden wurden isoliert, durften keine christlichen Berufe ausüben und mussten sich mit auffälliger Kleidung von anderen unterscheiden. Schließlich war es ihnen nur mehr erlaubt, die Tätigkeit des *Zinsnehmens* auszuüben, was sie wiederum bei der Bevölkerung unbeliebt machte. Der Hass auf die Juden war so stark, dass man sogar die Pest, die rund um 1350 in Europa grassierte, den Juden anlastete.

Waren alle Juden Kaufleute?

Mit den römischen Legionen kamen auch jüdische Händler nach West- und Süddeutsch-

Miniatur aus dem Leben Abrahams

land. Die größte Gemeinde saß in Köln und erhielt 321 von **Konstantin dem Großen** eigene Privilegien. Unter Karl dem Großen wanderten erneut Juden in die alten Römerstädte *Köln, Trier, Mainz, Worms, Speyer* und *Regensburg* ein. Später organisierten sie auch selbstständige Gemeinden an den Knotenpunkten der Fernstraßen wie *Würzburg* und *Nürnberg, Halle* und *Leipzig* und viele mehr. Sie waren nicht nur als Kaufleute tätig, sondern auch als Handwerker und Grundbesitzer. Mittelpunkt ihrer Kultur wurden ab dem 10. Jh. *Worms, Speyer* und *Mainz*.

Wucherzinsen

Juden trieben Geldgeschäfte, weil die katholische Kirche im Gefolge der gregorianischen Reform ihren Gläubigern nach *Lukas 6, 34-35* verbot, Geld auf Gewinn zu leihen. Das Verbot des Wuchers war eines der besonders beständigen Dogmen der Kirche. Ein früher Kirchenvater, **Clemens von Alexandria**, machte es besonders deutlich, als er sagte: „Die Gesetze verbieten einem Bruder, Wucher anzunehmen, und ein Bruder ist nicht nur der, der von denselben Eltern geboren ist, sondern auch einer von derselben Abstammung und Denkungsart... Glaubt nicht, dieses Gebot sei von Menschenliebe bestimmt." Im Judentum war der Wucher dagegen nur zwischen Juden explizit verboten. Bei *Deuteronomium 23, 20* steht geschrieben: „Du darfst von deinem Bruder keine Zinsen nehmen: weder Zinsen für Geld noch Zinsen für Getreide noch Zinsen für sonst etwas, wofür man Zinsen nimmt". Da das Geldgeschäft in diesen Zeiten risikoreich war und von diesem Verbot nur Geschäfte zwischen Juden betroffen waren, ermöglichte dies den Juden, Geld gegen Zinsen an Nichtjuden zu verleihen. Um ihr Risiko zu minimieren, wurden die Zinsen recht hoch angesetzt, was die Juden einerseits extrem unbeliebt machte und andererseits Erlasse nach sich zog, die die Juden in ihrem verbliebenen Geschäftfeld einschränkten. So schrieben die Markgrafen **Friedrich III., der Strenge**, **Balthasar** und **Wilhelm von Meißen** in ihrer Judenverordnung aus dem Jahre 1265: „Kein Jude soll mehr Zinsen nehmen als auf ein Schock Groschen wöchentlich einen halben Groschen."

det worden, die sich von **Karl IV.** in der *„Goldenen Bulle"* bestätigen ließen, dass sie Juden „halten" dürften. Schließlich kam jeder Dorf- und Stadtherr zu eigenen *Judensteuern*.

Gab es Juden-Ghettos?

Die Juden führten im Mittelalter in den Städten ein Sonderdasein. Sie mussten in einem nur für sie bestimmten Viertel, dem *Ghetto*, wohnen, das abends und sonntags abgeschlossen wurde. Die engen Ghettos waren meist übervölkert, verbaut, dunkel und schmutzig, da die christlichen Eigentümer der Ghettohäuser nur am Mietzins interessiert waren. Erst 1796 wurde den Juden in Frankfurt /Main erlaubt, sowohl außerhalb als auch innerhalb des Ghettos zu wohnen.

Wann hörte die Verfolgung auf?

Wie kam es zu den Judenverfolgungen im Mittelalter?

Verhängnisvoll für die Juden Mitteleuropas waren die Kreuzzüge. Damals kam auch in Deutschland der Aberglaube auf, Juden würden Christenjünglinge schächten. Gegen Ende des 12. Jh. wurde durch die Zünfte den Juden das Handwerk verwehrt.

Ebenso sahen sie sich zunehmend aus dem Groß- und Einzelhandel verdrängt, sodass sie zum Geldhandel gezwungen waren, nachdem die Klöster für sich das Zinsverbot ernst nahmen. Die Juden, einst durch **Friedrich II.** 1236 als Kammerknechte dem Schutz und der Besteuerung durch den Kaiser persönlich unterstellt, waren inzwischen längst an die Fürsten verpfän-

Noch die *Reformation* brachte keinerlei Besserung für das Judentum. Während der *Gegenreformation* mussten die Juden – getrennt von den Christen – in Ghettos leben, die sie nur zu bestimmten Zeiten verlassen durften. Die Emanzipation der Juden begann meist im 18. Jh. (in manchen Staaten schon im 17. Jh.), in Russland endete die Judenverfolgung erst im 20. Jh.

Die Reconquista

Unter Reconquista versteht man die christliche Rückeroberung der von den Mauren besetzten Iberischen Halbinsel. Sie erfolgte grob skizziert in drei großen Wellen ab dem Jahre 722 und endete formal im Jahr 1492.

Wann besetzten die Mauren die Iberische Halbinsel?

Im Jahr 711 setzten arabische Heere, so genannte **Mauren**, von Afrika über die Meerenge von Gibraltar nach Spanien über und vertrieben den letzten Westgotenkönig **Roderich**. Die Mauren eroberten binnen weniger Jahre die gesamte Halbinsel, wenn man von dem heutigen Baskenland einmal absieht. Keine 80 Jahre nach dem Tod des Propheten Mohammed wurde der Islam zur bestimmenden Religion in Spanien. Die Mauren verbesserten die römischen Bewässerungssysteme, führten Dattelpalmen, Zitrusbäume, Reis und Baumwolle ein und erbauten Metropolen wie **Córdoba** und **Granada**, deren prunkvolle Paläste, Moscheen und Gartenanlagen noch heute zu besichtigen sind.

Welche Auswirkungen hatte die islamische Herrschaft über Spanien?

Ob unter dem *Kalifat von Damaskus*, dem *Omajaden-Kalifat* von Córdoba oder schließlich in den „Taifas" genannten Königreichen – in Spanien wurden Wissenschaft, Kunst und Literatur durchgängig gefördert. Es entstand eine kulturelle Blütezeit, in der Moslems, Juden und Christen mit- und nebeneinander leben konnten.

Wann begann die Reconquista?

Der Aufstand unter **Pelayo** in Asturien gegen die Mauren und sein Sieg in **Covadonga** im Jahr 722 gelten als Beginn der Reconquista. Bis zum Jahr 1000 hatten sich in Spanien wieder fünf christliche Staaten gebildet: Das Königreich **León**, das 35 Jahre später zum Königreich ausgerufene **Kastilien**, das baskische Königreich **Navarra**, das

Der Löwenbrunnen in der Alhambra

Königreich **Aragonien** und die Grafschaften in **Katalonien**, von denen Barcelona die bedeutendste war.

Was waren das für drei große Wellen in der Reconquista?

In einer ersten Welle bis ca. 1000 n. Chr. kam die Reconquista bis zum *Duero* und der Spanischen Mark. Mit der zweiten Welle erreichte sie *Coimbra* im Jahr 1064, *Toledo* im Jahr 1085, *Saragossa* in 1118, *Lissabon* in 1147 und schließlich *Tortosa* im Jahr 1148. Damit war die portugiesische Reconquista abgeschlossen. In der dritten Welle wurden 1229 die *Balearen*, 1238 *Valencia*, 1236 *Córdoba* und im Jahr 1248 *Sevilla* zurückerobert. Erst mit der Rückeroberung Granadas im Amerikajahr 1492 durch **Isabella I.** von Kastilien und **Ferdinand II.** von Aragonien gilt die Reconquista endgültig als beendet. Die nicht ausgewanderten Muslime wurden zwangsbekehrt.

War die Reconquista ein Kreuzzug?

Nicht nur Machtgedanken, sondern religiöse Motive spielten bei der Reconquista eine wichtige Rolle. Die Herrschaft des Islam in Spanien war vielen christlichen Herrschern ein Dorn im Auge und durch die im 11. Jh. aufkommenden Kreuzzugspläne erhielt auch die Reconquista neue Unterstützung. Denn obwohl sie nicht als einer der sieben *Kreuzzüge* gilt, gibt es

Karl Martell (Miniatur, 15. Jh.)

zwischen der Rückeroberung der Iberischen Halbinsel und den Kreuzzügen ins *Heilige Land* eine Reihe von Parallelen, die sich nicht nur in der Motivation, sondern auch in Formalien niederschlagen. Ein Kreuzzug musste vom Papst anerkannt und mit steuerlichen Vergünstigungen belohnt werden, um ihn zu starten. Legt man beide Kriterien zugrunde, kommt spätestens seit dem Ende des 11. Jh. der Reconquista der Charakter eines Kreuzzuges zu. Diese Verbindung wurde sogar kirchenamtlich hergestellt, als Papst Urban II. im Jahr 1089 den Reconquistakämpfern den gleichen Nachlass der kirchlichen Bußstrafen gewährte, wie er mit einer Jerusalemwallfahrt verbunden war. Auch die Nachfolger Urbans II. handelten auf ähnliche Art und Weise. Nicht nur das Heilige Land galt es vom Islam zu befreien, die Mauren sollten auch aus Spanien vertrieben werden, ein Unternehmen, das denselben Lohn verdiente.

Eroberung Toledos

Neuerungen in der Landwirtschaft

Die Verbesserungen der Nutzung der landwirtschaftlichen Ressourcen resultierten durch Errungenschaften des Hochmittelalters, die sich vor allem in der Entwicklung neuer Gerätschaften und Techniken niederschlug.

Mit welchen Problemen hatten die Bauern im Frühmittelalter zu kämpfen?

Das Leben der Bauern gestaltete sich bis ins 11. Jh. sehr schwierig. Das Hauptproblem bestand darin, dass die Erträge der Landwirte in aller Regel sehr dürftig waren. Zumeist betrug die Ernte nicht einmal das Doppelte dessen, was zuvor ausgesät worden war. Die Gründe für die schlechten Ernten waren vielfältiger Natur. Zum einen wurden die Ackerböden nicht optimal genutzt. Die damals angewendete *Zweifelderwirtschaft* war wenig effektiv, da die Böden nicht genügend Zeit hatten, um sich nach einer Ernte zu regenerieren. Dadurch waren sie weniger fruchtbar und lieferten geringere Erträge ab. Ein noch größeres Problem waren die

La Mancha: Windmühlen

unzulänglichen Geräte und Hilfsmittel. Zwischen dem 8. und 11. Jh. war lediglich die Verwendung von Holz üblich, eiserne Gerätschaften gab es kaum. Diese instabilen Werkzeuge waren zumeist sehr uneffektiv und gingen häufig kaputt. Die Folgen für die Bauern, die damals lediglich für den eigenen Gebrauch produzierten, waren fatal.

Durch die niedrigen Ernten war die Erwirtschaftung von Vorräten so gut wie ausgeschlossen. Das geerntete Getreide genügte kaum, um die bäuerlichen Familien zu ernähren. Daraus resultierte eine chronische Unterernährung vieler Menschen. Immer wieder kam es zu regionalen und weitflächigen Hungersnöten. Durch die damit verbundenen Mangelerscheinungen wurde die Entwicklung schwerer Krankheiten stark begünstigt. Tuberkulose und Pest waren Beispiele hierfür. Die allgemeine Lebenserwartung wurde dadurch sehr niedrig. In extremen Fällen kam es angeblich sogar zu Kannibalismus.

Der Räderpflug

Eine der wichtigsten Erfindungen der damaligen Zeit war der **Räderpflug**. Die slawischen Völker besaßen ihn schon im 6. Jh. Als er von den Wikingern erstmals eingesetzt wurde, soll er sogar eine Ursache für deren Ausbreitung gewesen sein: Viele Wikinger mussten ihre Heimat angeblich verlassen, weil die gesteigerten Ernteerträge eine Bevölkerungsexplosion zur Folge gehabt haben sollen.

Welche Neuerungen des 11. Jh. führten zur Verbesserung der Situation?

Im 11. Jh. wurde der Einsatz von Eisen stark erhöht. Dadurch wurden die landwirtschaftlichen Geräte nicht nur effektiver, sie bekamen auch eine deutlich längere Haltbarkeit. Der zuvor verwendete *Hakenpflug* wurde vom deutlich fortschrittlicheren *Räderpflug* abgelöst. Mit ihm wurde es den Bauern auch ermöglicht, harte Böden zu pflügen. Außerdem mussten die Äcker nicht mehr in mühevoller Arbeit nachbearbeitet werden. Auch der Einsatz der *Egge* brachte eine große Zeit- und Arbeitsersparnis. Durch neue Errungenschaften konnten auch die bäuerlichen Nutztiere effektiver eingesetzt werden. Pferde wurden mit *Hufeisen* und *Kummet* versehen, wodurch ihr Einsatz auf dem Feld erst möglich wurde. Auch die deutlich schwächeren Ochsen

wurden beibehalten. Ihre Leistungsfähigkeit wurde durch das *Stirnjoch* erhöht, das es ihnen ermöglichte, schwerere Lasten zu ziehen. *Sensen, Dreschflegel* und *Wassermühlen* waren weitere Neuerungen, die die Verarbeitung des geernteten Getreides deutlich erleichterten.

Welche Verbesserungen kamen im 13. Jh. dazu?

Die Erfindung der **Windmühle** machte die Wassermühle überflüssig. Mit ihr konnte mehr Getreide in deutlich kürzerer Zeit verarbeitet werden. Zudem war man nicht mehr von den Wasserläufen abhängig. Ein großer Schritt war die Einführung der *Dreifelderwirtschaft*. Nun wurden immer zwei Drittel des Ackers für Frühjahrs- und Herbstsaat genutzt, während sich das übrige, brach liegende Drittel der Fläche regenieren konnte. Dadurch wurden die Böden

fruchtbarer und warfen größere Erträge ab. Die Produktivität wurde durch die Einführung des **Düngers** noch gesteigert. Als solchen verwendete man *Torf, Kalk* und *Asche*.

Welche Auswirkungen hatten diese Verbesserungen auf das Leben der Menschen?

Die wichtigste Folge war das Ende der Hungersnöte. Mit ihnen verschwanden auch viele Krankheiten. Diese Faktoren hatten einen enormen Bevölkerungsanstieg zur Folge. Des Weiteren wurden Handel und Geldwirtschaft gefördert. Das gesamte Feudalsystem wandelte sich durch die Errungenschaften der landwirtschaftlichen Technologie. Erst sie machten das Aufblühen des Lebens im Mittelalter möglich. Allerdings hatte die insgesamt positive Entwicklung auch negative Seiten. Beispielsweise war ein eminent wichtiger Räderpflug auch äußerst kostspielig, sodass ihn sich nicht alle Bauern leisten konnten. Dadurch klafften teilweise große soziale Unterschiede zwischen den einzelnen Bauern. Die Reichen wurden durch die Entwicklungen immer reicher, während die ärmeren Bauern in eine immer stärker werdende Abhängigkeit getrieben wurden.

Funktionsweise des Pflugs

Wissenschaft und Literatur im Mittelalter

Im Mittelalter des Abendlandes kam es im Verlauf von zehn Jahrhunderten zu einer Vielzahl an Entwicklungen in Wissenschaft und Literatur, die ebenso wie das Zeitalter des Mittelalters selbst in drei Teile zu gliedern sind.

Was ist das Mittelalter überhaupt?

Der Begriff **Mittelalter** wurde von *Humanisten* im 17. Jh. n. Chr. geprägt und er bezeichnet die rund 1000 Jahre, die zwischen dem Verfall der Antike und der Geburt der Renaissance liegen. Um genauere Aussagen über diese Zeit vornehmen zu können, wurde das Mittelalter rückwirkend in drei Phasen aufgeteilt: *Frühmittelalter*, *Hochmittelalter* und *Spätmittelalter*. Das Frühmittelalter wird vom 5.–10. Jh. angesetzt, das Hochmittelalter vom 10.–13. Jh. und die beiden letzten Jahrhunderte gehören zum Spätmittelalter. Natürlich hatte jede dieser drei Phasen ihre eigene Entwicklung und ihr eigenes Tempo dorthin.

Bezieht man den Begriff Mittelalter nur auf das Abendland?

Tatsächlich gibt es Historiker, die den Begriff des Mittelalters auf vergleichbare Zeiträume anderer Kulturen anwenden, und auch solche, die den Zeitrahmen des

abendländischen Mittelalters nehmen und die darin liegenden Perioden anderer Kulturräume als Mittelalter bezeichnen. Allgemein üblich ist jedoch die Fixierung auf das abendländische Europa,

wenn man den Begriff Mittelalter gebraucht.

Welche Art der Literatur war im Frühen Mittelalter vorherrschend?

Nachdem sich das Christentum in der späten Antike durchgesetzt hatte, etablierte es sich in den Jahrhunderten des frühen Mittelalters auch unter den germanischen Stämmen, was dafür sorgte, dass der Output an geschriebener Literatur v. a. kirchliche Wörterbücher und Nacherzählungen der Evangelien beinhaltete. Diese Zeitspanne gilt auch als die der Klerikertexte.

Roger Bacon

Der Engländer **Roger Bacon** war Philosoph und Logiker. Er lebte von 1214–1292. Bacon trennte im Gegensatz zu früheren Philosophen strickt zwischen der Theologie und der Philosophie. Obwohl er sehr transzendent interessiert war, erkannte er jedoch die Bedeutung der experimentellen und mathematischen Beweisführung für

Bildnis Roger Bacons

wissenschaftliche Versuche. Zu den Erkenntnissen Bacons gehörten die Gesetze der *Reflexion* und der *Strahlenbrechung*. Neben *konvexen Gläsern* entwickelte er auch das *Schießpulver* weiter.

Hippokrates, Platon und Dioscurus

Blieb diese Art der Literatur auch im Hochmittelalter bestehen?

Nachdem sich im Lauf der Jahrhunderte das Rittertum mit seinen Idealen herausgebildet hatte, war das Hochmittelalter die Zeit, in der Barden und Minnesänger mit Geschichten, Liedern und Texten über hehre Ritter mit ihren Eigenschaften der Verlässlichkeit, des Edelmuts, der Bändigung von Leidenschaften und der absoluten Treue durch die Länder zogen. Das höfische *Ritterepos* war die Literaturgattung jener Tage und brachte Erzählungen wie *Tristan und Isolde*, *Parzival* und das *Nibelungenlied* hervor.

Entwickelten sich in dieser Zeit die Wissenschaften eigentlich mit?

Der große Feind im Hochmittelalter waren die Heiden, Araber, Türken, Muslime oder welchen Namen man ihnen noch geben wollte. Gemeint waren immer Juden und Muslime. Kreuzzüge wurden auf die Beine gestellt und es kam zum konfliktreichen Kontakt zwischen Morgen- und Abendland, was sich zumindest für das Letztere in mehr als einer Beziehung als wahrer Segen erwies. Durch die Berührung mit dem Kulturkreis des Feindes began-

Nibelungenlied: Hagen ersticht Siegfried

nen europäische Gelehrte die muslimische Wissenschaft kennen zu lernen und fanden vor vielen Jahrhunderten verstoßenes Wissen, das sich als außergewöhnlich nützlich erwies. Der italienische Gelehrte **Gerard von Cremona** (1114–87) übersetzte die Werke von **Hippokrates**, **Galen** und einige Arbeiten von **Aristoteles** ins Lateinische. Aus den Schriften des Aristoteles etablierte sich die

Ära der *Scholastiker*, die die geistige Wissenschaft stark vorantrieben.

Welche Literatur war im Spätmittelalter angesagt?

Nachdem das Rittertum den Übergang ins Spätmittelalter nicht unbeschadet überstanden hatte und sich das Bürgertum nun auf dem Vormarsch befand, entstand eine Reihe von so genanntem *Volksgut*. Dabei handelte es sich um Volkslieder, Volksmärchen, Volksballaden und andere literarische Gattungen wie die *Satire* oder die *Komödie*. Die Literatur hatte sich weiterentwickelt und mit der nahenden Periode der Aufklärung sollte sich das Tempo der Weiterentwicklung in Literatur wie in der Wissenschaft noch erhöhen.

Fresko: Dante Alighieri

Dante Alighieri

Der italienische Dichter wurde im Mai oder Juni 1265 in Florenz geboren und stammte aus einem Adelsgeschlecht. 1302 wurde er verbannt, da seine Partei nach dem Einzug **Karls von Valois** in Florenz unterlag. Fortan führte er ein unstetes Wanderleben und verfasste während dieser Zeit u. a. das große Epos *„Divina Commedia"*, die *„Göttliche Kommödie"*, die in vielerlei Hinsicht die Dichtung gewordene Glaubenswelt des christlichen Mittelalters darstellt. Dante Alighieri verstarb am 14.9.1321 in Ravenna.

Die Scholastik ist die christliche Philosophie des Mittelalters. Sie gliedert sich in vier Phasen und dauerte vom 7. bis zum 16. Jahrhundert, wobei ihre Hochzeit von Männern wie Albertus Magnus und Thomas von Aquin geprägt wurde.

Welchem Zweck diente die Scholastik?

Die **Scholastik** versuchte eine Übereinstimmung zwischen Wissen und Glauben zu entwickeln, indem auf rationaler Grundlage versucht wurde, durch logische Schlussfolgerungen z. B. die Existenz Gottes, der Engel oder des Teufels zu beweisen. Sie stellte ihre Erkenntnis in Form streng systematischer Darstellung, der so genannten *„Summen"* dar. Das Hauptinteresse der Scholastiker zielte also von jeher nicht darauf ab, neue Entdeckungen zu machen, sondern bereits die in der Antike erworbenen Erkenntnisse mit der christlichen Offenbarung in Einklang zu bringen.

Wann begann die Ära der Scholastiker?

Die Scholastik hatte ihren Ausgangspunkt im 11. Jh. und erreichte ihren Höhepunkt im 12. und 13. Jh. mit den Werken von **Albertus Magnus** und **Thomas von Aquin**. Im 14. und 15. Jh. flachte ihr Einfluss immer mehr ab, als sich die *Nominalisten* gegenüber den *Realisten* langsam durchsetzen konnten.

Wie kam es zur Ära der Scholastiker in Europa?

Im 12. Jh. kamen vom arabischen Raum über Paris die Lehren des **Aristoteles** zurück nach Europa. Große Tei-

Thomas von Aquin

le der katholischen Kirche lehnten den starken Einzug der Wissenschaften in die normale Gesellschaft ab. Aus diesem Konflikt von wissenschaftlicher und geistlicher Anschauung entstand eine dritte Richtung, nämlich die der *Scholastiker*, die versuchte die Lehren des Aristoteles in das kirchliche Weltbild zu integrieren. Nach und nach entwickelte sich der so genannte *Aristotelismus* zur beherrschenden Philosophie des Christentums. Aristoteles wurde als Vorläufer Christi in

Thomas von Aquin

Thomas von Aquin war der bedeutendste christliche Theologe und Philosoph des Mittelalters. Er stammte aus neapolitanischem Adel und wurde 1224 geboren. Mit 20 Jahren trat er in den Dominikanerorden ein, studierte und lehrte danach in Neapel, Köln und Paris. Kontroversen mit weltlichen Professoren, den *Franziskanern* und den *Averroisten* bestimmten seine Tätigkeit. Die von ihm geschaffene Philosophie *Thomismus* ist bis heute die offizielle Philosophie der katholischen Kirche. Thomas von Aquin starb 1274.

Albertus Magnus

Albertus Magnus

Albert von Bollstädt wurde im Jahr 1193 geboren und starb im Jahr 1280. Nach dem Noviziat und der Priesterweihe wirkte Bruder Albert in verschiedenen Niederlassungen des Dominikanerordens als Lehrer der Philosophie und der Theologie. 1245 erwarb er an der Pariser Universität den Magistergrad, drei Jahre später übernahm er die Leitung der Ordenshochschule in Köln, bis ihn der Papst zum Bischof von Regensburg ernannte. Er war der Erste, der die aristotelische Philosophie in allen ihren Teilen und dazu ihre jüdischen und arabischen Kommentatoren seinen Zeitgenossen zugänglich machte. Dabei kommentierte er die aristotelische Philosophie nicht nur, sondern schloss durch eigene Erkenntnisse auch die Lücken, die er zu sehen glaubte. Durch seine Vorarbeiten konnte der Thomismus überhaupt erst entstehen, und da die philosophischen, theologischen und wissenschaftlichen Auffassungen seines Schülers Thomas von Aquin mit seinen im Grundsätzlichen übereinstimmen, werden sie normalerweise zusammen dargestellt. Allgemein wird aber das System seines Schülers Thomas als das geschlossenere und umfassendere System angesehen. 1622 sprach Papst **Gregor XV.** den großen, frommen Gelehrten selig und am 16. Dezember 1931 erhob ihn Papst **Pius XI.** als heiligen Kirchenlehrer zur Ehre der Altäre.

weltlichen Dingen, **Johannes der Täufer** als Vorläufer Christi in geistlichen Dingen an die Seite gestellt. Sein Werk galt als nicht mehr überbietbare Summe aller weltlichen Weisheit.

Gab es die Scholastik nicht schon früher in Europa?

Tatsächlich wird von der so genannten *„Hochscholastik"* gesprochen, wenn man die *„Scholastik"* als solche meint. Schon vorher gab es Scholastiker, die jedoch andere Themen hatten. Die komplette Ära der Scholastik lässt sich in drei Abschnitte unterteilen: die *Frühscholastik* – auch *Karolingische Renaissance* genannt – im 7.–9. Jh., die *Vorscholastik* vom 9.–12. Jh., die *Hochscholastik* im 12.–14. Jh. und schließlich die *Spätscholastik* vom 14.–16. Jh. Besonderes Kennzeichen für die Hoch- bzw. Spätscholastik waren die neu entstandenen Universitäten, die zu den Trägern der Wissenschaften wurden.

Worum drehte sich die Frühscholastik?

Der *Universalienstreit* war das Hauptthema der Frühscholastik. Es ging dabei um die Frage, ob die einzelnen Dinge oder die allgemeinen Begriffe, also die Universalien, real wären. Dabei unterschied man in zwei sich streitende Gruppen: Zum einen die damals so genannten *Realisten*, die – an **Platon** orientiert – nur die abstrakten Allgemeinbegriffe für wirklich hielten. Die andere Gruppe bestand aus den damals so genannten *Nominalisten*, die Einzeldinge, also konkrete Beispiele, als einzig wirklich erachteten. Heutzutage würde man wohl die so genannten Realisten eher als Idealisten bezeichnen und die Nominalisten vielmehr als Realisten.

Der Aufstieg der Universitäten manifestierte sich gegen Ende des 13. Jahrhunderts, als die Fakultäten in verschiedene Stadtviertel zogen und sich in bestimmten Zunftstraßen ansiedelten. Die ersten Neubauten entstanden im 15. Jahrhundert als reine Lehrsaalgebäude.

Wie entwickelten sich die Universitäten?

Nachdem die Verbreitung von Wissen immer eine Sache der Kirche und der Klöster war, wurden im 12. Jh. die ersten Universitäten in **Paris** und **Bologna** gegründet. Ihr Name war die Kurzform für *„universitas magistrorum et scholarium"*, was so viel bedeutete wie *„Gemeinschaft aller Lehrenden und Studierenden"*. An sämtlichen Universitäten wurde Latein gesprochen. Zu Beginn hatten die wenigsten Universitäten eigene Räume, deswegen wurde in Kirchen, Gasthöfen oder ähnlichen größeren Gebäuden gelehrt und gelernt.

Was wurde an den Universitäten des Mittelalters gelehrt?

Das mittelalterliche Studium bestand aus Grund- und Hauptstudium, was in der Frühzeit der Universität jedoch noch eine andere Bedeutung hatte als an den Universitäten der späteren Zeit. Das *Grundstudium* sollte ein gewisses, recht breit angelegtes Basiswissen in allen Bereichen vermitteln. Man nannte dies die *„Sieben Freien Künste"*. Diese waren Grammatik, Dialektik und Rhetorik (zusammengefasst als *„Wortwissen"*); Arithmetik, Geometrie, Astronomie und Musik (zusammengefasst als *„Zahlenwissen"*). Nach dem Abschluss dieser Lehren besaß der Student den Titel eines *„Baccalaureus"*. Die Fächer, die nach dem Abschluss des Grundstudiums weiterstudiert werden konnten, waren Theologie, Jurisprudenz und Medizin. Hierfür gab es die Abschlüsse *„Doktor"* und *„Licentiatus"*. An manchen Hochschulen wich die Einteilung der Fächer jedoch von der Regel ab, so gab es an vielen Universitäten keine theologische Fakultät. Selbst Bologna, eine der größten und bedeutendsten Schulen der damaligen Zeit, hatte diese zu Beginn nicht. An manchen Universitäten wurden auch verschiedene Fächer miteinander verschmolzen. Ab dem 16. Jh. wurde die bis dato übliche Aufteilung in Artistenfakultät und weiterführende Fächer vielerorts aufgelöst und die *„Artes"* wurden als *„Philosophische Fakultät"* gleichwertig zu den drei Übrigen. Etwa 30 Prozent aller Studenten der damaligen Zeit begnügten sich mit dem Abschluss des *„Baccalaureus"* und verließen danach die Universität. Nur etwa 20 Prozent aller Studierenden erreichten die Doktorwürde oder den *„Licentiatus"*. Etwa die Hälfte aller Studierenden verließen die Universität ohne jeglichen Abschluss. Dies hing auch damit zusammen, dass das Studium unter Umständen sehr lange dauern konnte. Ein abgeschlossenes Theologiestudium dauerte in aller Regel zwischen 14 und 17 Jahren.

Wer konnte an den Universitäten des Mittelalters studieren?

Es gab damals keinerlei Beschränkungen. Jeder, der studieren wollte, konnte dies tun. Zumeist waren es demzufolge auch junge Bürgerliche und Kinder von Bauern, die an die Universitäten gingen. Das Studium ermöglichte ihnen einen wirtschaftlichen und sozialen Aufstieg. Ein Hindernis für viele waren die hohen Lebenskosten in den Städten. Deswegen wurden die so genannten „Bursen" eingeführt. In diesen Häusern lebten viele Studenten recht günstig zusammen und konnten sich zudem die wenigen Lehrschriften teilen. Da es damals so gut wie keine Bibliotheken gab, dienten viele Vorlesungen dem wörtlichen Zweck: Während der Magister vorlas, schrieben die Studenten mit, was er sagte.

Wie sah der Tagesablauf eines Studenten aus?

Der Tag eines Studenten begann sehr früh: Bereits um sechs Uhr morgens begannen die ersten Vorlesungen – an häufig wechselnden Orten –, die drei Stunden andauerten. Nach dieser ersten Vorlesung folgte eine außerordentliche Vorlesung oder eine Übung. Von 12 bis 15 Uhr dauerte die einzige Pause, die den Studenten zur Verfügung stand. Von 15 bis 18 Uhr standen Übungen und Diskussionen zur Hauptvorlesung auf dem Programm, ehe sich die Scholaren in den Wohnräumen der Lehrenden ein letztes Mal zusammenfanden und gemeinsam Gebete und Psalmen sprachen. Diesen festgeschriebenen Rhythmus mussten die Studierenden täglich außer Sonntags durchlaufen. Das Lehrjahr war damals viel länger als heute: Elf Monate, von Oktober bis September, wurde der Lehrbetrieb auf-

Verwaltung der mittelalterlichen Universität

Die Universitäten waren sich selbst verwaltende kleine „Staaten im Staate". Somit gab es auch für alle wichtigen Bereiche des studentischen Lebens verantwortliche Personen. Die wichtigsten waren:

Rektor	Sein Einfluss war damals mit dem des Bürgermeisters einer freien Reichsstadt zu vergleichen.
Notarius	Der Rechtsberater des Rektors.
Pedell	Die Exekutive der Universität. Neben verwalterischen Tätigkeiten hatte er auch die Polizeigewalt innerhalb der Universität inne.
Stationarius	Er war für das Studienmaterial zuständig.
Petiarius	Er überprüfte die vom Stationarius vorgelegten Schriften auf ihre Richtigkeit.
Librarius	Makler und Buchhändler, der ebenfalls direkt der Universitätsverwaltung unterstellt war.

recht erhalten, ehe die Studenten für einen Monat nach Hause fahren durften.

Wie finanzierte sich eine Universität?

Eine mittelalterliche Universität hatte mehrere Einnahmequellen, mit denen sie den Betrieb finanzieren konnte. Die wichtigste waren die Studenten selber: Jeder „Scholar" musste eine nicht zu verachtende Einschreibegebühr bezahlen. Eine weitere waren Lehr- und Prüfungsgelder, die ebenfalls von den Studenten entrichtet werden mussten. Des Weiteren lebten die Uni-

versitäten von Stiftungen und Schenkungen. Oft wurden diese später zum Grundbesitz der Universität, wodurch sich deren Ländereien oft nicht unerheblich vermehrten. Die Universitäten hatten relativ geringe Personalkosten. Da die meisten Magister Geistliche waren, lebten sie asketisch und hatten keine hohen Ansprüche. Sie lebten von dem, was sie von der Kirche bezahlt bekamen. Wer keine Weihen vorzuweisen hatte, musste sich auf andere Art Geld dazuverdienen. Viele Magister taten dies beispielsweise als Aufseher in den studentischen Bursen.

Wissenschaft in Arabien

Errungenschaften in Mathematik, Medizin und weiteren Wissenschaften im arabischen Raum des Mittelalters, die den abendländischen Gegenübern weit voraus waren, da sie unter keiner religiösen Unterdrückung zu leiden hatten.

Welche Bedeutung hatten die arabischen Wissenschaftler der damaligen Zeit?

Damals waren die Wissenschaftler weniger auf eine einzelne wissenschaftliche Disziplin festgelegt als in der Neuzeit. Vielmehr waren sie Universalgelehrte. Zwar hatten die meisten Gelehrten in einer Richtung ihren Schwerpunkt, dennoch erforschten sie generell verschiedene Wissenschaften. Der Ruhm vieler Wissenschaftler erstreckte sich weit über den arabischen Raum und über ihre jeweilige Lebensdauer hinaus. Als Beispiel hierfür

Averroes (unten Mitte) und Thomas von Aquin (oben Mitte)

gelte der Mediziner und Philosoph **Avicenna**, der von 979–1037 lebte und dessen Abbild noch heute in einem Fenster des Mailänder Doms zu bewundern ist.

Wer waren die bedeutendsten Ärzte der damaligen Zeit?

Mit Sicherheit einer der bedeutendsten medizinischen Gelehrten war **Al-Razi**, der auf Lateinisch **Rhazes** genannt wurde und von 865 bis 925 lebte. Seine unzähligen Fachschriften hatten einen immensen Einfluss auf die wissenschaftliche Welt. Er erforschte und beschrieb neben der Medizin die *Alchemie*, *Philosophie*, *Astronomie* und *Theologie*. Sein wohl größtes Werk war es, die medizinischen Erkenntnisse des altgriechischen Wissenschaftlers **Claudius Galenus** in diversen Enzyklopädien und Lehr-

Forschung im Mittelalter

Die **arabische Wissenschaft** des Mittelalters war im Vergleich zum europäischen Wissensstand deutlich fortgeschrittener. Im Mittelalter verfiel die mitteleuropäische Wissenschaft in eine Art „Dornröschenschlaf". Ursache hierfür war die katholische Kirche und ihre Lehre, die zwar die Wahrung erlangten Wissens, nicht aber die Weiterbildung desselben erlaubte. Theorien, die dem bestehenden Weltbild widersprachen, galten als Blasphemie. Wer forschte, musste im schlimmsten Fall mit dem Tod rechnen. Ganz anders im arabischen und asiatischen Raum. Hier nahm man zur selben Zeit die Lehren der griechischen Antike auf und entwickelte sie weiter. So war Arabien auf wissenschaftlichem, medizinischem und technischem Gebiet weit überlegen.

büchern zusammenzufassen. Al-Razi war der Leibarzt des Kalifen von Bagdad und erlangte durch exakte Beobachtungen an Menschen vielerlei neuartige medizinische Erkenntnisse.

Etwa 100 Jahre nach Al-Razi kam **Avicenna** auf die Welt. Er wirkte als *Astronom*, *Schriftsteller* und *Philosoph*. Sein Hauptaugenmerk lag aber ebenfalls auf der *Medizin*. Er verfasste den *„Kanon der Medizin"*, ein fünfbändiges Lehrwerk, das noch im 18. Jh. in ganz Europa verwendet wurde. Auch für seine Studenten hatte er Verständnis: Um ihnen das Erlernen seiner Lehre zu vereinfachen, schrieb er sie noch einmal neu in 1326 leicht erlernba-

Haus der Weisheit

Das *„Haus der Weisheit"* war eine Einrichtung, die weltweit ihresgleichen suchte. Bereits die arabischen Kalifen **Al-Mansur** (754–775) und **Harun Al-Rasid** (786–809) waren von der Wissenschaft sehr fasziniert. Unter ihrer Herrschaft kamen sehr viele große Gelehrte dieser Zeit nach Bagdad, wo es sich am besten Studieren und Forschen ließ. Unter Kalif Al-Rasid wurde hier eine bestens ausgestattete Bibliothek eingerichtet. Die Entwicklung nahm ihren Höhepunkt, als Kalif Al-Mamun, der von 813–833 regierte, das *„Bait al-khima"*, das *Haus der Weisheit*, einrichtete. Hier wurden die Gelehrten nach dem Vorbild einer Akademie zusammengefasst. Neben einer Bibliothek stand ihnen hier auch ein Observatorium zur Verfügung. Auch der berühmte Mathematiker Al-Charismi, der Übersetzer **Al-Hajjaj** und viele bedeutende Astronomen fanden im „Haus der Weisheit" eine willkommene Forschungsstätte.

Seite aus dem Canon medicinae des Avicenna

ren Knittelversen. Ein weiterer bedeutender Mediziner war **Averroes** (1128–1198), dessen Hauptaugenmerk jedoch auf der *Rechtslehre* und der *Philosophie* lag. Sein Lebenswerk waren die *Kommentare zur Philosophie Aristoteles'*.

Wer waren die bedeutendsten Mathematiker der damaligen Zeit?

Al-Charismi wurde 770 geboren. Er gilt als einer der bedeutendsten Mathematiker aller Zeiten. Noch heute werden viele seiner Errungenschaften genutzt. Er erfand die *Sinusfunktion*

und das Rechnen mit *Dezimalzahlen*. Auf seine Forschungsergebnisse gehen wichtige mathematische Funktionen wie das Berechnen der Fläche von Kreisen, Halbkreisen, Pyramiden, Kegeln und Kugeln zurück. Er war es auch, der die *Konstante PI* berechnete. Aufgrund dieser Errungenschaften gehen auf ihn die Namen *„Algebra"* und *„Algorithmus"* zurück. Auch auf dem Gebiet der Geografie und Astronomie war Al-Charismi sehr erfolgreich. Er erstellte um 830 die erste Landkarte der bekannten Welt. Ein weiterer großer arabischer Mathematiker des Mittelalters war **Albategnius**, der von 858–929 lebte und sich ebenfalls mit der Astronomie beschäftigte.

Die Republik Venedig

Die Republik Venedig erreichte den Höhepunkt ihrer Macht während der Renaissance, verlor aber durch den Fall Konstantinopels an Einfluss, verschwand im Jahr 1797 von der Landkarte und ging Mitte des 19. Jahrhunderts an Italien über.

Warum baute man eine Stadt auf Holzpfählen?

Venedig wurde im Altertum von den *Venetern* bewohnt. Nach der Zerstörung des Bischofssitzes **Aquileia** und anderer wichtiger Städte Venetiens durch **Attila** im Jahr 452 flüchteten viele Bewohner Venetiens auf die Laguneninsel und begannen dort auf künstlichem Baugrund die Stadt zu bauen. Keine 300 Jahre später war Venedig eine respektierte Seemacht.

Wann wurde Venedig zur Republik?

Nur 245 Jahre nach seiner Gründung im Jahr 697 wurde unter der Regentschaft der *Dogen* die Republik ausgerufen und von nun an ent-

Markusplatz

Dogenpalast

wickelte sich Venedig zu einem sehr wichtigen Handelszentrum. Um das Jahr 1000 herum begann Venedig im Interesse seines Orienthandels die Küsten Istriens und Dalmatiens zu unterwerfen und während der Kreuzzüge entstand sein Kolonialreich auf dem Balkan bis nach Kleinasien.

Welchen Einfluss hatte die Republik Venedig?

Unter dem Dogen **Enrico Dandolo** wurde mithilfe der Kreuzfahrer 1203 das *Byzantinische Reich* zerstört und Konstantinopel und Zypern als Kolonien gewonnen. Die Konkurrenzmacht **Genua** wurde nach dem Kampf 1256–1381 überflügelt und Venedig kontrollierte nun die wichtigsten Handelsrouten innerhalb des Mittelmeerraumes. Im 15. Jh. hatte

Venedig 200.000 Einwohner und besaß eine riesige Handels- und Kriegsflotte. Historisch bedeutende Persönlichkeiten wie **Marco Polo** symbolisierten den Unternehmergeist des Venedigs des 13. Jh.

Warum ging die Republik Venedig zugrunde?

Nachdem die Osmanen Konstantinopel im 15. Jh. eingenommen hatten, später im 16. Jh. auch Kreta und Zypern, erlag Venedig im 17. Jh. der überlegenen türkischen Macht. Die Republik verschwand und die Stadt Venedig wechselte in den folgenden Jahren oftmals „den Besitzer": Zuerst im Jahr 1797 von Frankreich an Österreich übergeben, kurz darauf wieder von **Napoleon I.** erobert, der es von 1805–14 regierte, wurde Venedig schließlich im Jahr 1866 nach einer Volksabstimmung, zusammen mit Venetien, Bestandteil des neuen Königreiches Italien.

Wie steht es um Venedig heute?

Die norditalienische Hafenstadt am Golf von Venedig

Venedig im Überblick

452	Vor den Hunnen in Norditalien flüchten einige Veneter in die Lagunen.
697	Wahl des ersten Dogen von Seevenetien.
809	Verlegung des ersten Dogensitzes von Malamocco an den Rialto: das Gründungsjahr Venedigs.
828	Venezianische Kaufleute entführen die Gebeine des Evangelisten Markus aus einem Kloster in Alexandrien. Fortan firmiert Venedig als Republik von San Marco.
Um 1000	Eroberung der Küsten Istriens und Dalmatiens durch den Dogen Pietro Orseolo.
1174	Frieden von Venedig: Der Doge tritt als Vermittler in der anhaltenden Auseinandersetzung zwischen Kaiser Friedrich Barbarossa und Papst Alexander III. auf.
1204	Eroberung des byzantinischen Konstantinopel durch das Kreuzfahrerheer im Auftrag der Seerepublik Venedig.
13. Jh.	Territoriale Ausdehnung der Seerepublik; große Teile des Staatsgebietes von Byzanz fallen an Venedig. Die venezianische Flotte ist nun die mächtigste der Welt.
14. Jh.	Die Auseinandersetzung zwischen Genua und Venedig endet 1379 mit dem Sieg Venedigs.
1453	Die Eroberung Konstantinopels durch das Osmanische Reich blockiert den Handel im östlichen Mittelmeer.
16. Jh.	Während Venedig seine politische Macht verliert, erlangt die venezianische Malerei Weltruf.
1508	Der deutsche Kaiser, die Könige von Frankreich und Spanien und der Papst verbünden sich zur Liga von Cambrai mit dem Ziel, Venedig zu vernichten. Durch Diplomatie überlebt die Republik.
Um 1575	Die Türken verdrängen die Venezianer langsam aus dem Mittelmeer.
1669	Kreta, Venedigs letzte Bastion im östlichen Mittelmeer, geht verloren.
18. Jh.	Das letzte Jh. der souveränen Seerepublik: Noch einmal erreicht die venezianische Malerei – mit Canaletto, Guardi, Tiepolo – Weltruhm.
1797	Die Seerepublik kapituliert vor den anrückenden Truppen des Generals Bonaparte und verliert ihre Selbstständigkeit.
1815	Auf dem Wiener Kongress wird Venedig Österreich zugesprochen.
1866	Venedig geht im Königreich Italien auf.

liegt auf 118 Inseln in der Lagune von Venedig. Sie hat 306.000 Einwohner und ist Sitz eines Erzbischofs. Zentrum der zwischen 160 Kanälen auf Pfählen erbauten Stadt ist der *Markusplatz* mit dem byzantinisch-venezianischen *Markusdom* aus dem 9. Jh., dem *Dogenpalast* aus dem 14./15. Jh. und der *Seufzerbrücke*. Insgesamt existieren über 400 Brücken in Venedig und ein ausgeprägter Gondel- und Bootsverkehr auf dem *Canal Grande*. Aufgrund von Luft- und Wasserverschmutzung und der globalen Erwärmung ist die Altstadt zunehmend durch Überflutungen bedroht.

Marco Polo

Als Jugendlicher schon reiste Marco Polo nach China und wusste bald mehr von der Welt im Osten als alle Gelehrten Europas zusammen. Seine Reiseberichte, deren Echtheit immer wieder angezweifelt wurde, sind wichtige Zeugnisse der chinesischen Geschichte.

Wer waren die ersten Venezianer in China?

Marco Polo (1254–1324) war nicht der erste Chinareisende seiner Familie. Schon sein Vater **Nicolo** und dessen Bruder **Maffeo** – beide waren wohlhabende Kaufleute aus Venedig – unternahmen im Jahr 1260 eine Reise nach Asien. Da das zwischen Venedig und den reichen Ländern Asiens liegende Konstantinopel die Handelsverträge aufgekündigt hatte, nahmen die beiden Polo-Brüder die Kontakte zu Asien nun selbst in die Hand. Im Mongolenreich Chinas angekommen wurden sie sogleich vom Großkhan **Kublai** empfangen. Nicolo Polo und sein Bruder wickelten nicht nur ihre Handelsgeschäfte ab, sondern diskutierten mit dem chinesischen Kaiser auch über Religion und die abendländische Kultur. Im Jahr 1269 kehrten die beiden nach Venedig zurück.

Wie kam Marco Polo nach China?

Als sein Vater zur ersten Reise aufgebrochen war, war

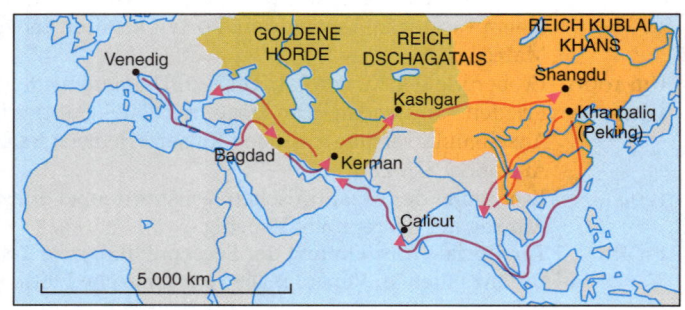

Reiseroute Marco Polos

Marco gerade sechs Jahre alt. Mitgebracht hatten Nicolo Polo und sein Bruder u. a. eine Botschaft von Kublai Khan an den Papst. Der Papst sollte 100 kluge Christen nach China senden, die mit den Untertanen des Kaisers diskutieren sollen. Überzeugten sie sie, so würde ganz China zum Christentum übertreten. Papst **Gregor X.** schickte zwar nicht die gewünschten 100 Christen, sondern zwei Mönche, die die beiden Polo-Brüder nach China begleiten sollten. Und diesmal nahmen sie auch Nicolos Sohn Marco mit. Bei Reisebeginn im Jahr 1271 war Marco Polo ganze 17 Jahre alt. Die Mönche machten sich auf der Reise rasch aus dem Staub. Die drei Venezianer jedoch zogen weiter

und wurden schon von weitem von einer Ehreneskorte von Kublai Khan empfangen.

Was erlebte er im „Land der Mitte"?

Der junge Marco Polo freundete sich mit dem Großkhan an und wurde von ihm im Verwaltungswesen eingesetzt, während sein Vater Handel trieb. Auf diese Weise kam er im Land weit herum und lernte die chinesische Kultur kennen. Besonders beeindruckte ihn die gewaltige Ausdehnung des Landes mit Tausenden von Dörfern und überbevölkerten Großstädten. Im Hafen von **Hang-tschou** zählte er über 15.000 Schiffe aller Größen und Formen. Auch war das Land wohl organisiert

Mongolen in China

Nach der Einigung der mongolischen Stämme (1206) fiel ihr Anführer **Dschingis Khan** ins chinesische Großreich ein. Sein Enkel **Kublai** (1214–1294) setze die systematische Eroberung fort und übernahm den chinesischen Kaiserthron. Damit begann die Zeit der *Mongolenkaiser* (1280–1368). Das chinesische Reich war in zwölf Provinzen und die Bevölkerung in vier Klassen gegliedert. Hier hatten auch die in Handel und Verwaltung eingesetzten Europäer ihren Platz, von denen es offenbar einige zur Zeit Marco Polos gab. Kublai Khan versuchte, das Reich weiter zu vergrößern, doch kriegerische Vorstöße nach Burma und Japan schlugen fehl. In religiöser Hinsicht waren die Mongolenkaiser tolerant und hinderten den Islam nicht am Vordringen in den Westen Chinas.

gen Zeit. Wer etwas über die Welt im Fernen Osten erfahren wollte, las noch im 15. Jh. zunächst einmal bei Marco Polo nach.

Woher wissen wir so viel über Marco Polos Reise?

Ein Jahr nach seiner glücklichen Heimkehr fiel Marco Polo den Genuesen in die Hände. Venedig und Genua waren zu der Zeit rivalisierende Handelsstädte, die um die Vorherrschaft im Mittelmeer kämpften. Er wurde zwei Jahre von ihnen gefangen gehalten. Diese Zeit nutzte er für einen ausführlichen Bericht über seine Reise, quasi seine Memoiren. Diese Schriften sind in Historikerkreisen umstritten: In jüngsten Veröffentlichungen bezweifeln Historiker die Authenzität der vermeintlichen Erlebnisse des Venezianers. Obwohl eine Reihe seiner Angaben durchaus in einen tatsächlich zutreffenden zeitlichen Rahmen fallen, erwähnt Polo nicht einmal die große Mauer oder andere prägende Einflüsse der chinesischen Kultur. Seine Angaben, ob nur der Phantasie oder tatsächlichen Erlebnissen entsprungen, sind angesichts der Inspirationen, die sie auf ganze Generationen von Künstlern ausübten, dennoch von großem Wert für die menschliche Geschichte.

und Kultur und Wissenschaft standen in hoher Blüte.

Wie gelangte Marco Polo zurück nach Europa?

Im Jahr 1290 verabschiedeten sich die Polos von China und reisten über den Seeweg zurück nach Venedig. Auch diese Reise dauerte ihre Zeit: Fünf Jahre waren sie unterwegs. In Venedig wurden die längst Totgeglaubten nach 24 Jahren Abwesenheit stürmisch empfangen.

Warum folgten nicht andere Händler seinem Beispiel?

Marco Polos Zeitgenossen jedoch machten große Abstriche bei dem, was sie von seinen Berichten für wahr hielten. Vieles klang einfach zu

fantastisch für Menschen, denen die Reise quer über das Mittelmeer nach Konstantinopel schon wie eine Weltreise erschien. Auch der Seeweg nach Asien wurde schnell vergessen und musste 200 Jahre später mühsam durch die Portugiesen wiederentdeckt werden. Dennoch war der Bericht Marco Polos ein einzigartiges Zeugnis der damali-

Marco Polo bei Kublai Khan

Durch die mongolischen Eroberungszüge im 13. und 14. Jahrhundert entstand das sogenannte mongolische Weltreich, welches das flächenmäßig größte Reich aller Zeiten darstellte und fast ganz Asien umspannte, aber in der Folgezeit rasch wieder zerfiel.

Wer waren die Mongolen?

Die **Mongolen** waren Mitglieder eines Nomadenstammes am oberen **Amur**. Zusammen mit einigen anderen Stämmen wurden sie von **Dschingis Khan** zu Beginn des 13. Jh. zu einer mächtigen Armee vereinigt, die ebenfalls *Mongolen* genannt wurden. Sie stießen westwärts nach Europa und ostwärts nach China vor, bis sich ihr Reich über große Teile Chinas, Ostasiens, Russlands, Irans und der Türkei erstreckte und damit das flächenmäßig größte Reich der Weltgeschichte bildete. Unter Dschingis Khans Söhnen zerfiel das

Votivstele mit dem Namen Dschingis Kahns

Der Berater des Dschingis Khan

Yeh-lü Ch'uts'ai stammte aus dem Königshaus von Liao. Er war von Dschingis Khan 1218 in die Mongolei berufen worden, der ihn als Sekretär und Astrologe in sein persönliches Gefolge aufnahm, wo er auch dem Sohn des Dschingis Khan als Staatsminister diente. Beeinflusst durch die chinesische Kultur machte er es zu seiner Aufgabe, die harte mongolische Politik zu mildern. Yeh-lü Ch'uts'ai hatte großen Einfluss auf die mongolische Politik: Er erreichte die Wiederzulassung der *Shih* zum Verwaltungsdienst, wodurch über 1000 chinesische Beamte aus mongolischer Sklaverei befreit werden konnten. Schließlich wurde der Einfluss Yeh-lü Ch'uts'ais im Jahr 1239 durch eine antichinesische Gruppe am Hof jäh und endgültig gestoppt.

Reich ebenso schnell, wie es sich gebildet hatte.

Wie waren die Mongolen?

Unter Dschingis Khans Führung brachen die Mongolen über die Welt herein. Sie bekämpften Widerstand, indem sie die Bevölkerung ausrotteten, eine endgültige und sehr wirksame Methode. So wurden die Mongolen für ihre Grausamkeit berüchtigt. Das Heer war durch dauerndes Training immer einsatzbereit und jeder Stammesangehörige war Soldat. Die *Mongolen-Krieger* waren sehr gute Reiter und erkämpften sich allein durch ihre Schnelligkeit und Wendigkeit eine Reihe von Siegen.

Wann herrschten die Mongolen in China?

Die Mongolen herrschten ungefähr ein Jahrhundert in China. Historiker geben zwar das Jahr 1280 als Beginn des *Mongolenreiches* an, aber eine *Mongolendynastie* bestand bereits seit der Thronbesteigung des **Kublai Khan** um 1260 in Nordchina. Von 1263 an war Peking der Mittelpunkt der mongolischen Weltmacht. Für die chinesische Kultur bedeutete die Mongolenherr-

War er nun oder war er nicht?

Der Name des Großkhans **Kublai Khan** taucht auch mehrfach in den heute umstrittenen Tagebüchern der venezianischen China-Reisenden Marco Polo auf: Angeblich hielten sich Polo und seine Verwandten in den Jahren 1275–1292 an Kublais Hof auf und begleiteten ihn auf dessen Reisen und Feldzügen. Marco Polo beschreibt sogar mehrfach diplomatische Anlässe, bei denen er dem Großkhan dienlich sein konnte. Ob er nun wirklich dort war oder nicht, fest steht, daß Marco Polos Erzählungen aus den ostasiatischen Ländern einen ersten und für lange Zeit auch einzigen Eindruck vom Fernen Osten ins abendländische Europa brachten.

schaft beinahe den Untergang. Kublai Khan war es übrigens, dem **Marco Polo** bei seiner Reise nach China begegnete.

Wie sahen die kulturellen Folgen der Mongolenherrschaft in China aus?

Die Mongolen fielen in die vom *Chin*- und *Hsihsia*-Reich kontrollierten Provinzen Chinas ein, wobei sie hauptsächlich gegen *Hopei*, *Kansu* und dem *„Land zwischen den Pässen"* vorgingen. Dieses *„Land zwischen den Pässen"* war von jeher das Zentrum der chinesischen Zivilisation gewesen. Nach dem Einfall der Mongolen spielte es jedoch im chinesischen kulturellen Leben keine Rolle mehr. Die dort lebende *Nung*-Bevölkerung war so stark reduziert, dass sie die Bewässerungssysteme nicht mehr instandhalten konnten und viele Städte untergingen.

Wie sah die Herrschaft der Mongolen im Westen aus?

Kublai Khan, ein mongolischer Herrscher und Enkel des Dschingis Khan, setzte sich im Jahr 1260 als *Khan aller Khane* durch und gründete die *Yüan*-Dynastie. Trotz Spannungen innerhalb des mongolischen Reiches nahm seine Herrschaft im Westen legendäre Züge an. Das Reisen nach Ostasien galt während seiner Herrschaft als sicher und zahlreiche Europäer reizte die Reise, weil sie den Erwerb von Reichtümern versprach. Überraschend tolerant agierte Kublai Khan

Mongolisches Lager

gegenüber religiös Andersdenkenden. Obwohl die meisten Khans im Mongolischen Reich dem Islam angehörten, wandte er sich später sogar unter Einfluss seines tibetanischen Beraters dem Buddhismus zu.

Wie lange herrschten die Mongolen in China?

Nach dem Zusammenschluss der *Shi* und *Nung* gegen die *Yüan*-Dynastie bildeten sich Widerstandsgruppen gegen die mongolische Herrschaft. Unter ihnen stachen besonders die Gruppe *„Weißer Lotus"* und die der Sekte im Tal des *Huan-Flusses* hervor, weshalb diese Bewegungen auch immer stärker von den Behörden unterdrückt wurden. Unruhen gab es auch im *Jangste*-Tal und in *Hopei*. Seit 1348 gab es zwar immer wieder kleinere Revolten, aber da die einzelnen Gruppen auch untereinander wetteiferten, kam es zu keinem groß organisierten Widerstand. Erst **Chu-Yüan-chang**, einem buddhistischen Mönch, gelang es dann, seine Rivalen auszustechen, die Mongolen im Jahr 1368 aus dem Land zu verjagen und sie bis nach Sibirien zurückzutreiben. Keine 100 Jahre nach dem letzten *Sung*-Kaiser saß nun schließlich wieder ein chinesischer Herrscher auf dem Thron.

Die vier ältesten Erfindungen aus China sind die der Papierherstellung, der Buchdruckkunst, der Kompass und das Schießpulver. Diese vier Erfindungen haben die weitere Entwicklung der Menschheit stark beeinflusst.

Wie haben die Chinesen denn Papier hergestellt?

Im Jahr 105 n. Chr. studierte der Chinese **Ts'ai Lun** die überlieferten Erfahrungen seiner Vorfahren, die in den 300 Jahren zuvor versucht hatten, qualitativ hochwertiges **Papier** herzustellen, diskutierte ihre Versuche öffentlich und stellte schließlich selbst aus Baumrinde, Leinen- und Garnresten, abgenutztem Stoff und Teilen von altem Fischnetz Papier her. Er verfeinerte sein Verfahren noch zu Lebzeiten und errichtete als Erster eine Massenproduktion. Papier wurde bis dahin nämlich nicht als Schreibmaterial, sondern hauptsächlich für dekorative

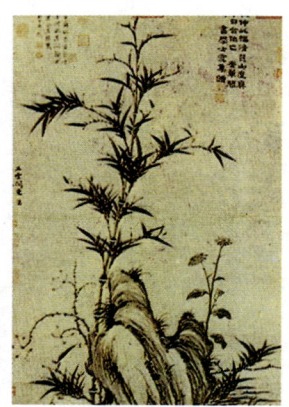

Chinesische Schriftrolle

Zwecke benutzt. Selbst als die Kosten für Papier durch die Massenproduktion sanken, blieb Papier lange hinter der beliebteren, aber unpraktischen Holz- und Bambus-Tradition zweite Wahl.

Wurde das Schießpulver nicht von dem Mönch Berthold Schwarz erfunden?

In Europa wurde das **Schießpulver** im Jahre 1313 von dem Mönch **Berthold Schwarz** weiterentwickelt, weshalb es hierzulande auch *Schwarzpulver* genannt wird. Tatsächlich war es in China aber schon über 200 Jahre bekannt und wurde bei zahlreichen Gelegenheiten benutzt. Die Grundlage für das Schwarzpulver ist eine Mischung aus Kohle, Schwefel und Salpeter. Auch heute noch ist China der weltweit größte Hersteller und Verbraucher von pyrotechnischen Artikeln. Erstmals hatten dann arabische Reisende im 14. Jh. das Feuerwerk nach Europa gebracht, das in den darauf folgenden Jahrhunderten oft Höhepunkt von höfischen pompösen Festen war.

Hat Johannes Gutenberg die Druckkunst nicht im 15. Jahrhundert erfunden?

Tatsächlich ist die **Druckkunst** sehr viel älter und wurde in Ostasien entwickelt. Schon viele Jahrhunderte vor

Chinesische Erfindungen

2000 v. Chr.	Erste Akupunktur.
1 n. Chr.	Erfindung des magnetischen Kompass.
105 n. Chr.	**Ts'ai Lun** erfindet das Papier.
190 n. Chr.	Erfindung des Porzellans.
750 n. Chr.	Der Buchdruck wird erfunden.
910 n. Chr.	Die ersten Geldscheine werden gedruckt.
1040 n. Chr.	Erfindung des Schießpulvers.
1045 n. Chr.	Pi Sheng erfindet die beweglichen Lettern.
1288 n. Chr.	Herstellung der ersten Kanone.
1490 n. Chr.	Erfindung der Zahnbürste.

Nicht nur in China wusste man sich zu helfen ...

...auch in anderen Ländern der Antike machten die Menschen eine Vielzahl von nützlichen Entdeckungen. So verzeichnet man heute in den Jahren 100.000 bis 50.000 v. Chr. vielerorts den Gebrauch von *Steinwerkzeugen*. In den Jahren 40.000 bis 30.000 v. Chr. entstanden die ersten seetüchtigen *Schiffe* als Grundlage für einen internationalen Handel. Um 6500 v. Chr. wurden die Bilderschriften den *Buchstabenschriften* immer ähnlicher und in Ägypten wurden um 5000 v. Chr. sogar schon die Felder durch Kanäle bewässert. In diesem Land konnte man 2500 Jahre später auch die ersten Pyramiden durch genaue geometrische Kenntnisse erbauen und um 1500 v. Chr. gelang den Hethitern in Anatolien gar die *Eisenverhüttung*.

Gutenbergs Geburt um 1400 kannten die Chinesen das System der so genannten **„beweglichen Lettern"**. Es ist überliefert, dass der chinesische Schmied **Pi Sheng** zwischen 1040 und 1048 chinesische Wortzeichen einzeln aus Ton formte, sie durch Brennen härtete, aus ihnen den zu druckenden Text auf einer Metallplatte zusammensetzte und sie zum Drucken mittels einer Harzmasse auf der Platte anschmolz. Da die chinesische Schrift aber einen so immensen Typenvorrat erforderte, konnte sich dieses erste Druckverfahren mit austauschbaren Lettern bis ins 18. Jh. hinein nicht durchsetzen. Dennoch wurde auch das erste Buch in China hergestellt. Es enthielt Bilder und Texte, die von buddhistischen Gläubigen zusammengetragen und in riesige, flache Steintafeln eingeschnitten wurden. Auf die Oberfläche gedrücktes Papier, das in den eingeschnittenen Linien haften blieb, wurde mit Tusche eingefärbt und vorsichtig abgenommen. Das Ergebnis war eine Art „Negativ" des originalen Schnitts. Diese Technik stellt das Grundprinzip des Druckens dar und wurde mit der Ausbreitung des Buddhismus von Indien nach China weiter getragen und fortentwickelt.

Schießpulver

Kam der Kompass nicht vom Seefahrervolk der Phönizier?

Es gibt einige Hypothesen, die besagen, dass entweder die Phönizier oder die Chinesen den Kompass erfunden haben. Doch solange Archäologen keinen phönizischen Kompass finden, geht die Fachwelt davon aus, dass die Chinesen als erste Kultur gezielt einen Kompass eingesetzt haben. Der Kompass wird zum ersten Mal in der chinesischen Enzyklopädie

Pulverhorn

„Shih lin kuang chi" erwähnt, die zwischen 1127 und 1279 Chr. verfasst wurde. In dieser Enzyklopädie wird er nur die *„magnetische Schildkröte"* genannt. Wie auch die heutigen Instrumente war der chinesische ein *Trockenkompass* mit einem festen Drehpunkt. Der einzige Unterschied bestand darin, dass an der Stelle der heute üblichen frei schwingenden Nadel die Figur einer Schildkröte eingesetzt war, die sich auf einem Bambusstift drehte und einen Magneten unter sich verbarg.

Dschingis Khan

Einer der erfolgreichsten Eroberer der Weltgeschichte. Gütig zu seinen Untergebenen, erbarmungslos gegen seine Feinde herrschte der Mongolenfürst über das größte Reich, das jemals innerhalb der Lebensspanne eines Menschen entstand.

Wie verlebte Dschingis Khan seine Kindheit und Jugend?

Als Sohn des Klanführers **Jesügei** wurde er vermutlich 1162 geboren. Schon früh übte er sich im Reiten und Bogenschießen, wie es für Jungen üblich war. Mit etwa 15 Jahren tötete er seinen Halbbruder **Bekter**, weil dieser ihm einen Fisch gestohlen hatte. Schon zu dieser Zeit spiegelte sich das kalte Durchsetzungsvermögen des späteren Herrschers wider.

Wie kam er an die Macht?

Dschingis Khans Machtergreifung ging recht langsam von statten. Mit etwa 20 Jahren verbündete er sich mit **Toghril**, dem Fürst der *Keräil*. Nachdem er lange

Dschingis Khan

Jahre Toghril als Vasall gedient hatte, scharte er im Lauf der Jahre immer mehr Stämme um sich. Sein Ziel war es, sämtliche Mongolen zu einem Volk zu vereinen und dieses anzuführen. Schließlich wendete er sich gegen seinen ehemaligen Beschützer und gelangte im Jahr 1206 an die Macht über alle Mongolen.

Wie groß war sein Reich zu seiner Blütezeit?

Zur Zeit der äußersten Ausdehnung unter Dschingis Khan erstreckte sich sein Reich im Norden bis zum Nordpolarmeer, im Süden bis zum Persischen Golf und im Osten bis zur koreanischen Halbinsel. Der *Groß-Khan* herrschte über mehr als die

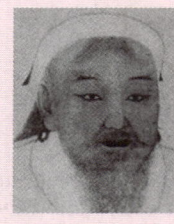

Dschingis Khan

Dschingis Khan war mit Sicherheit ein grausamer Herrscher, doch setzte er Brutalität nicht wahllos ein. Er verstand es, sehr genau einzuschätzen, wem gegenüber er Grausamkeit einsetzte und bei wem er Gnade walten ließ. Die ihm treu Untergebenen wurden stets reich belohnt, wer sich jedoch gegen ihn stellte, durfte keinerlei Milde erwarten. Massenhinrichtungen waren keine Seltenheit. Er hatte keinerlei Skrupel, selbst enge Freunde und Verbündete zu töten, wenn sie ihm gefährlich zu werden drohten. Es wurde auch berichtet, dass er einmal seine Ehefrau dem Feind überließ, um so seine eigene Haut und die seiner Diener zu retten. Allerdings kehrte er mit einem verstärkten Heer zurück und befreite seine Gattin. Es kam auch vor, dass Dschingis Khan tapfere Krieger, die gegen ihn kämpften, verschonte und auf seine Seite zog. Auch sein Volk bestand keineswegs nur aus plündernden Horden. Dank einer Reihe strenger Gesetze, die Dschingis Khan nach seiner Machtübernahme einführte, wurde das Volk der Mongolen als das gehorsamste und diszipliniertest seiner Zeit beschrieben.

Eines der berühmtesten Zitate Dschingis Khans

„Das höchste Glück des Mannes ist, seine Feinde zu zerschlagen, sie vor sich herzujagen, ihnen all ihren Besitz zu entreißen, in Tränen die Wesen zu sehen, die ihnen teuer sind, und ihre Frauen und Töchter in seine Arme zu drücken."

halbe Weltbevölkerung der damaligen Zeit und erschuf somit das größte Reich, das innerhalb der Lebensspanne eines einzelnen Menschen existierte.

Wie starb Dschingis Khan und was geschah mit seinem Reich?

Im Jahr 1226 machte sich der damals etwa 64-jährige Dschingis Khan auf, um die *Tangut* zu vernichten. Es sollte sein letzter Feldzug werden, denn bei einer Jagd stürzte er von seinem Pferd und zog sich schwere Verletzungen zu. Trotz seines schlechten Zustandes weigerte sich Khan, den Feldzug abzubrechen. Er blieb schließlich siegreich und löschte die Tangut aus. Jedoch erlag er am 18. August 1227 den Spätfolgen seines Unfalls. Es gibt keinerlei Aufschluss darüber, wo sein Leichnam begraben liegt. Sein Reich wurde, gemäß der Sitte, unter seinen drei Söhnen und seinem Enkel aufgeteilt. Sein dritter Sohn, **Ogodai**, trat die Nachfolge als Groß-Khan an.

Was ist die „Geheime Geschichte"?

Dschingis Khans Nachfolger als Groß-Khan der Mongolen, sein Sohn Ogodai, ließ kurz vor seinem Tod die Geschichte seines Vaters niederschreiben. Dieses Werk, die *„Geheime Geschichte der Mongolen"* genannt, war jedoch nur für die Regierenden zugänglich. Da in ihm, im Gegensatz zu den offiziellen Chroniken aus dem 14. Jh., auch die unschönen Seiten des Herrscherhau-

ses wahrheitsgemäß geschildert wurden, ist das um 1240 entstandene Werk bis heute die wertvollste Quelle für die Geschichte der Mongolen.

Was bedeutet der Name Dschingis Khan?

Darüber gibt es geteilte Meinungen. Die verbreitetste Übersetzung orientiert sich am türkischen Wort *„tengis"*, das so viel bedeutet wie „Ozean". Eine andere Meinung interpretiert „Dschingis" als vom chinesischen Wort *„chêng-sze"* („edler Krieger") abstammend. *„Khan"* kommt aus dem Türkischen und heißt „Herr". Die übliche Übersetzung ist somit *„ozeangleicher Herrscher"*. Gebürtig hieß er **Temutjin**, was wörtlich übersetzt *„scharfer Stahl"* hieß und für den Schmied stand.

Dschingis Khan empfängt Huldigungen seiner Gefolgsleute

Die Timuridenherrschaft begann mit dem Mongolen Armur Timur Läng, der am 9. April 1336 in Kesch bei Samarkand geboren wurde, und endete bereits im Jahr 1500, keine hundert Jahre nach dem Tod Timurs.

Wer begründete die Timuridenherrschaft?

Nach dem Untergang der *Il-khane*-Dynastie, deren letzte Herrscherjahre sich durch großes Machtchaos auszeichneten, da die Mehrheit der Feudalherren ihre Herrschaftsterritorien für unabhängig erklärte, konnte der Mongole **Armur Timur Läng** von 1370 an bis zu seinem Tod 1405 an die Macht kommen. Amur Timur erhielt den Beinamen *Läng*, was so viel wie *„der Lahme“* bedeutet, weil er aufgrund einer im

Timur Läng

Mongolei – Ein strenges Land mit strengen Herrschern

Die Mongolei ist ein Hochland mit überwiegendem Steppen- und Wüstenanteil in Zentralasien. Die Vegetation ist sehr spärlich und so existieren nur im Gebirge Nadelhölzer. Das Land besitzt unzählige Wüsten, wie beispielsweise die Wüste **Gobi**, und ist von Gebirgen umrahmt. Es besitzt mit über 1000 m über dem Meeresspiegel sehr hoch gelegene Beckenlandschaften und hat ein extrem kontinentales Klima. Die Bevölkerung besteht zum Großteil aus Viehzüchtern und wurde im Lauf der Geschichte von den verschiedensten Dynastien beherrscht.

Kampf erlittenen Verletzung hinkte. Timur eroberte aber schon vorher bis 1370 Westturkistan. Nachdem er offiziell die Macht innehatte, eroberte er auch Kleinasien, Syrien sowie in Nordindien zahlreiche Gebiete und darauf Iran und Irak.

Hatte Timur auch etwas anderes als Eroberung im Sinn?

Als Anführer des so genannten *2. Mongolischen Reiches*, in der Nachfolge des im 13. Jh. von **Dschingis Khan** gegründeten Imperiums, eroberte er zwar weiterhin Landstriche, darunter auch Teile Russlands, begründete aber auch in seiner Hauptstadt **Samarkand** eine Künstlermetropole, in der *Architektur*, *Wissenschaft* und *Kultur* gefördert und gepflegt wurden. Timur wollte erneut ein einheitliches Mongolenreich etablieren und gab sich selbst als legitimen Nachfolger Dschingis Khans aus.

Warum wurde Timur kein offizieller Groß-Khan?

Timur Längs Behauptung, ein Nachfahre des Großen Khans zu sein, entsprach nicht der Wahrheit. Da er nicht aus der Sippe Dschingis Khans stammte, blieb ihm der Titel

Amur Timur in der heutigen Geschichte

Nachdem Timurs Regentschaft unter der sowjetrussischen Geschichtsschreibung lange Zeit als strikt negativ dargestellt wurde, ist nach der Wende im Osten ein neues Bild des einstigen Herrschers entstanden. So wurde der 660. Geburtstag Amur Timurs im Jahr 1996 unter der Schirmherrschaft der UNESCO begangen und die Studie *„Amur Timur in der Weltgeschichte"* erschien auf Usbekisch, Russisch, Französisch und Englisch.

Khan oder Groß-Khan verwehrt. Dennoch wollte Timur unter Zuhilfenahme des Islams das *1. Mongolen-Reich* restaurieren.

Welche Folgen hatte Timurs Regentschaft für sein Reich?

Während seiner Regentschaft eroberte Timur zwar ständig neue Gebiete, aber er schuf gleichzeitig die Vorrausetzung für enormen Fortschritt. Durch seine Einigung der Gebiete war es besser denn je möglich, das Wissen verschiedener Stämme zu bündeln. So gab es während seiner Regentschaft viele erfolgreiche und begabte Persönlichkeiten in den Gebieten der *Architektur*, *Dichtung* und *Wissenschaft* aus den unterschiedlichsten Ländern des Orients. Praktisch alle sozialen Schichten waren von diesem geistigen Aufstieg erfasst und diverse andere Städte des Orients wurden für etliche Jahrzehnte regelrechte Zentren von kultureller und wissenschaftlicher Bedeutung.

Welche Art von Politik führte Timur?

In den bereits erwähnten Eroberungsfeldzügen starben auf der einen Seite Hunderttausende von Menschen, während Timur auf der anderen Seite nur sehr geringen Patriotismus offenbarte und die kulturellen Leistungen sowohl benachbarter als auch eroberter Länder absolut respektierte. Gleichzeitig herrschten in seinem Gebiet geistige und weltliche Ansichten gleichberechtigt nebeneinander. Nur so war es möglich, dass sich in dem streng islamisch orientierten Reich die *Mathematik*, *Medizin*, *Astronomie* und *Geisteswissenschaften* hervorragend entwickeln konnten. Insgesamt bildete dieser Dualismus eine sehr moderne und fortschrittliche Staatsform.

Wie endete die Timuridenherrschaft?

Timur Läng war ein äußerst erfolgreicher Herrscher, der mit Disziplin und Härte regierte. So schuf er ein großes und kulturell bedeutsames Reich. Da das Reich jedoch überwiegend durch seine Stärke zusammengehalten wurde, konnte er es innerlich nicht festigen. Mit seinen Nachfahren gelangten keine ähnlichen Persönlichkeiten an die Macht. Als Folge davon begann das Reich bereits unter seinem Enkel **Ulugh Begh** zu zerfallen, im Jahre 1500 wurden die Timuriden schließlich gestürzt und die Ära der *Safawiden*-Dynastie brach an.

Timuriden (1380–1500)

1336	Timur Läng wird geboren.
1380–1393	Eroberung Persiens durch Timur.
1397	Timur fällt in Indien ein.
1402	Sieg Timurs über die Osmanen.
1405	Tod von Timur.
1500	Umsturz der Timuriden.

Der Deutsche Orden

Einer der großen während der Kreuzzüge gegründeten Ritterorden, der seit 800 Jahren Bestand hat, zeitweilig einen selbständigen Staat darstellte, ehe er sich nach seiner Neugründung im 19. Jahrhundert allein der kirchlichen Seite zuwandte.

Wann wurde der Deutsche Orden gegründet?

Im Jahre 1190, während des *3. Kreuzzuges*, riefen norddeutsche Kaufleute eine *Hospitalgenossenschaft* ins Leben, die den Belagerern der Stadt **Accon** ärztliche Hilfe bieten sollte. Noch im selben Jahr wurde sie als **„Deutscher Orden"** von Papst **Clemens II.** anerkannt und ließ sich in Accon nieder. 1198 wurde er in einen *Ritterorden* umgewandelt. Er genoss den Schutz der deutschen Herzöge und erhielt zahlreiche Ländereien vom Papst geschenkt.

Welche hierarchische Struktur besaß der Orden?

Der Orden wurde vom so genannten *Hochmeister* angeführt. Dieser wurde auf Lebenszeit gewählt. Zu seinen Aufgaben zählte beispielsweise die Aufnahme neuer Mitglieder. Zudem gab es fünf weitere Funktionäre, die jeweils eine bestimmte Aufgabe zu erfüllen hatten. Der *Großkomtur* war der Stellvertreter des Hochmeisters. Der Ordensmarschall stand dem Heer vor. Der *Trapier* war

zunächst nur für die Kleidung der Ordensbrüder und Schwestern zuständig, erhielt in späterer Zeit aber auch die Verantwortung über die Verwaltung und das Bauwesen übertragen. Der *Tressler* verwaltete die Finanzen des Ordens. Der *Spittler* leitete das Hospitalwesen. Sämtliche Ordensbrüder und Schwestern bildeten das so genannte Ordenskapitel, das dem Hochmeister beratend zur Seite stand. Außerdem gab es noch diverse *Landmeister*.

Was war der „Deutsch-Ordens-Staat"?

Als Dank für die Unterstützung des Herzogs von **Masowien** im Kampf gegen die heidnischen *Preußen* versprachen der Papst und der Kaiser dem Hochmeister **Hermann von Salza** die territorialen

Rechte über die Gebiete **Kulmerland** und **Livland**. Damit begann die Ostkolonisierung durch den Orden. In mehreren Kriegen wurden die Preußen besiegt und ihr Land eingenommen. Durch den Anschluss des *Schwertritterordens* an den *Deutschen Orden* wurde das Territorium weiter ausgedehnt. Aus den Ländereien des Staates wurde der selbstständige *„Deutsch-Ordens-Staat"*. Er umfasste zu seinen besten Zeiten Teile der heutigen Länder Polen, Russland, Lettland, Estland und Litauen und hatte bis ins 16. Jh. Bestand.

Wie kam es zum Machtverlust des Ordens?

Im 16. Jh. brachen schwere Zeiten für den *Deutschen Orden* an. Er musste sich aus vielen Regionen zurückziehen und auch der selbstständige Ordensstaat wurde aufgelöst. Die noch verbliebenen Ländereien wurden in ein Fürstentum umgewandelt und dem polnischen König unterstellt. Lediglich die Ländereien außerhalb des ehemaligen Staates verblieben beim Orden. Hier ging das Leben normal weiter. Während der Zeit der so genannten *„Trikonfessionalität"* kam es zu der Situation, dass auch zum Protestantismus konvertierte Brüder im Orden verblieben. Während der Türkenkriege des 17. und 18. Jh. kämpften die Ordensritter an der Seite der kaiserlichen Truppen. Ein großer Teil der Ordensressourcen wurde währenddessen aufgezehrt. Besonders

Das Deutschordensmuseum

Das *Deutschordensmuseum* befindet sich im ehemaligen Deutschordensschloss in **Bad Mergentheim**. Das Schloss, das von 1525–1809 den Hoch- und Deutschmeistern des Ordens als Residenz diente, beherbergt seit 1996 das moderne Museum. Auf einer Ausstellungsfläche von rund 3000 m² wird anhand von Bildern, Texten und Objekten die Geschichte des Ordens seit der Gründung erzählt. Der Glanzpunkt der Residenz ist die Schlosskirche, an deren Bau **Balthasar Neumann**, **François Cuvilliés** und andere bedeutende Künstler beteiligt waren.

hart traf es den Deutschen Orden zu Beginn des 19. Jh. **Napoleon** löste den Orden überall außer in Österreich auf. Alle Ländereien, die der Orden besessen hatte, wurden ihm genommen und der jeweiligen Landesherrschaft unterstellt. Der Hochmeister, Erzherzog **Anton-Victor von Österreich** verlegte seinen Sitz nach Wien.

Wie veränderte sich der Orden seit dem 19. Jahrhundert?

Nachdem der Orden 1809 von Napoleon aufgelöst worden war, gründete er sich 1834 erneut. Ab 1923 wurde er zu einem rein geistlichen Orden. Im II. Weltkrieg wurde der Orden vielerorts enteignet und verboten. Mittlerweile besteht er aus den drei Zweigen der *Brüder*, *Schwestern* und *Familiaren*. Die Aktivitäten des Ordens beschränken sich in der neueren Zeit auf diakonische und soziale Dienste.

Marienburg in Ostpreußen

Die Inquisition

Ursprünglich die Untersuchung rechtswidriger Ereignisse durch die Obrigkeit von Amts wegen, entwickelte sich die Inquisition im 13. Jahrhundert immer mehr zu einem schrecklichen Machtinstrument für die katholische Kirche, um Ketzer ausfindig zu machen.

Wie entstand die Inquisition?

Aus dem Lateinischen übersetzt bedeutet **Inquisition** nichts anderes als *„Untersuchung"*, sozusagen die Ermittlung von Amts wegen bei Straftaten. Als sich im 12. und 13. Jh. immer mehr Glaubensgemeinschaften bildeten, allen voran die *Katharer* (die „Reinen") und die *Waldenser* (benannt nach ihrem Gründer **Petrus Waldensis**), entstand bei den Katholiken der Irrglaube, die Anhänger dieser Sekten wären Mitglieder einer Verschwörung gegen die Kirche – mit dem Ziel, den christlichen Glauben auszurotten. Ihr Oberhaupt musste der Teufel persönlich sein und seine Untertanen erhielten von ihm überirdische Kräfte. Eine solche *Ketzerei* und *Häresie*, also die Bezweiflung der kirchlichen Lehre, konnte nicht geduldet, sondern musste mit aller Macht bekämpft werden.

Hexenverbrennungen, Holzschnitt, 16. Jh.

Wie sollte dieser Kampf aussehen?

Die Grundlage für das Vorgehen bildeten die Bibel und alte Gesetze: Schon das Alte Testament sah die Steinigung für Ketzer vor, nach den griechischen Gesetzen war Ketzerei ein todeswürdiges Verbrechen und nach den römischen Gesetzen galt sie als Hochverrat, der die Todesstrafe zur Folge hatte. Die Kirche startete einen groß angelegten *Predigtfeldzug*, um das Ansehen wieder herzustellen, das sie durch die Glaubensgemeinschaften verloren hatte. Als dieser Versuch scheiterte, griff der Papst zum letzten Mittel, der Gewalt. In einem *Vernichtungskrieg* von äußerster Brutalität wurden von 1209–1229 die Katharer-Gebiete verwüstet und alle Mitglieder, die nicht abschwören wollten, gnadenlos verbrannt. Nach Meinung der Kirche hatte nicht sie einen Fehler begangen, sondern der Teufel. Die Konsequenz war, dass fortan auch alle vermeintlichen Helfer des Teufels – *Zauberer*, *Magier*, *Wahrsager* usw. – auf der Abschussliste der Inquisitoren standen. Zur Verteidigung des rechten Glaubens gründete Papst

Inquisition: öffentliche Verbrennung

Der „Hexenhammer"

Papst **Innozenz VIII.** erließ 1484 die so genannte *Hexenbulle*, in der er von den Obrigkeiten die tatkräftige Unterstützung der Inquisition bei der Enttarnung und Ausrottung der Ketzer verlangte. Der Dominikanermönch **Jacob Sprenger** entwickelte die Bulle weiter und veröffentlichte 1487 den *„Hexenhammer"* (Titel: *„maleus maleficarum"*), eine Sammlung der bisher gewonnenen „Erfahrungen" zum Thema *Hexerei*. Mit 29 Auflagen wurde der *„Hexenhammer"* für die folgenden 200 Jahre zu einer Art Bibel des Hexenwahns.

Gregor IX. 1231/1232 eine zentrale Kirchenbehörde: die *päpstliche Inquisition*. Durch das Zusammenwirken von weltlicher und kirchlicher Obrigkeit, v. a. zwischen Kaiser **Friedrich II.** und den Päpsten **Innozenz III.** und Gregor IX., manifestierte sich die Inquisition Anfang des 13. Jh. als ein Mittel zur Reinerhaltung des Glaubens, im weiteren Verlauf aber v. a. zur Erhaltung und Festigung ihrer eigenen, irdischen Macht. Seit Papst **Innozenz IV.** war sogar die Anwendung der Folter erlaubt.

Wer waren die „Spürhunde des Herrn"?

Päpstliche Inquisitoren, meist *Dominikaner* oder *Franziskaner*, die von Papst Gregor IX. ernannt wurden, sollten die Ketzer ausfindig machen und ihnen den Teufel austreiben. Wegen der großen Zahl eingesetzter Inquisitoren bekamen sie schnell den Spitznamen *„domini canes"*, „Spürhunde des Herrn". Ihr untadeliger Lebenswandel konnte nicht darüber hinwegtäuschen, dass den meisten die gute Eigenschaft der Barmherzigkeit fehlte. Die Inquisitoren sorgten dafür, dass das System der universellen Überwachung und Gesinnungspolizei immer weiter ausgebaut und gesichert wurde. Die Richtlinien für die Suche nach Ketzern wurden vom Papst persönlich aufgestellt: Jeder Gläubige war verpflichtet, Verdächtige zu melden; der Prozess stand unter strengster Geheimhaltung; der Vorsitzende war ein Inquisitor; Verteidiger waren nicht zugelassen; Berufung gegen das Urteil war nicht möglich; geständige und reuige Angeklagte wurden lebenslang eingekerkert und nicht geständige auf dem Scheiterhaufen verbrannt. Unter dem Druck der Folter gaben viele Angeklagte zu, dass sie sich tatsächlich mit teuflischen Dämonen eingelassen und den christlichen Glauben verleugnet hätten – ein Teufelskreis, im wahrsten Sinne des Wortes, entstand.

Was waren die Folgen?

Die Inquisition ist eines der dunkelsten Kapitel der menschlichen Geschichte. Bis in die frühe Neuzeit hinein wurden insgesamt etwa 100.000 Menschen hingerichtet, zum größten Teil Frauen – die Opfer, die mit leichteren Strafen oder Verwarnungen davonkamen, nicht mitgerechnet. Die Familien der Verurteilten wurden um ihr Vermögen betrogen oder selbst in den Verdacht der Hexerei gebracht. Das „Sammeln" von Vermögen war für die Kirche ein angenehmer Nebeneffekt, der dazu führte, dass der Schuldspruch „Ketzerei" immer häufiger in den Urteilen auftauchte. Die Hexenjagd war zu einem bedeutenden Gewerbe geworden und sicherte das Einkommen vieler Kirchenleute.

Innozenz III.

Die Pest

Im Mittelalter war jede Art einer tödlichen, epidemieartig auftretenden Krankheit für die Menschen die so genannte Pest und wurde nicht genauer untersucht oder definiert. An der eigentlichen Pest stecken sich auch heute noch über 1000 Menschen pro Jahr an.

Gab es die Pest schon im Altertum?

Pestepidemien werden seit über 3000 Jahren beschrieben. Ausgangspunkt war ursprünglich wohl **Zentralasien**, doch bereits in der klassischen Antike werden Pest-Epidemien in **China** um 224 v. Chr. und im **Mittelmeerraum** von 430–429 v. Chr. berichtet. Gut belegt ist die *Justinianische Pest* im Jahr 542 .

Wie kam es zur großen Pestepidemie?

Den Ursprung nahm die Pest zwischen 1325 und 1351 in

Verbreitung der Pest

Indien. Von dort kommend traf sie im Jahr 1347 zuerst in **Konstantinopel** ein. Drei Handelsschiffe trugen die Erreger nach **Sizilien**, wo in kürzester Zeit über 500.000 Menschen starben. Von hier breitete sich die Epidemie in den Jahren 1348/1349 über Italien und ganz Mitteleuropa aus und gelangte bis in die entlegensten Winkel Europas, z. B. nach Island.

Woher stammt der Name „schwarzer Tod"?

Besonders die große europäische Pestepidemie im 14. Jh. wurde als *schwarzer Tod* bezeichnet. Dabei ist unklar, ob der Begriff auf die schwarzen und bräunlichen Flecken anspielte, die sich im Krankheitsverlauf als Symptome zeigen. Eine andere Deutung versteht „schwarz" einfach als Symbol für etwas Negatives und für das Leid, das von dieser Krankheit ausging.

Wie schützten sich die Menschen gegen die Krankheit?

Die medizinische Behandlung der Pest im Mittelalter war ziemlich sinnlos. Den Kranken wurden schweißtreibende Mittel verabreicht, die Pestbeulen wurden aufgeschnitten. Doch auf diese Weise konnte die bakterielle Infektion nicht erfolgreich behandelt werden. Hilfreicher dagegen waren die verschiedenen Pestgesetze, die in Italien und Mitteleuropa erlassen wurden. So mussten Fremde in Venedig beim Eintritt in die Stadt einen Pestpass mitführen, der bestätigte, dass sie aus einem pestfreien Gebiet kamen. Ansonsten mussten Fremde 40 Tage auf einer vorgelagerten Insel unter ärztlicher Beaufsichtigung verbringen. Daher stammt der Begriff *Quarantäne* (= vierzig).

Warum blieben die Juden nahezu verschont von der Pest?

Die Juden wurden von ihren christlichen Nachbarn beschuldigt, die Pest zu übertragen und die Brunnen zu vergiften. Die Christen konnten v. a. nicht verstehen, dass die Juden ausgesprochen selten von der Seuche betroffen waren. Der Grund lag jedoch einfach in den strengen religiösen Reinigungsvorschriften der Juden. Sie hatten ihre eigenen Badehäuser, die so genannten *Mikwe*, die sie regelmäßig aufsuchten und in denen große Sauberkeit vorherrschte.

Welche sozialen Folgen hatte die Pest?

Eine Katastrophe wie die Pest stellte die Menschen vor neue

Die Pest

Die Pest ist eine ansteckende *Infektionskrankheit*, die von einem Bakterium (*Yersinia pestis*) ausgelöst wird. Sie kann bei Nagetieren (z. B. Ratten) und Menschen ausbrechen und wird vom Rattenfloh übertragen. Das heißt, der Floh nimmt beim Biss einer infizierten Ratte mit dem Blut den Erreger auf und gibt ihn beim Biss eines Menschen an diesen weiter. Die Bakterien produzieren ein Gift, das in wenigen Tagen den gesamten Körper des Opfers zersetzt und schnell zum Tod führt. Im Mittelalter wurde jede epidemieartig auftretende Infektionskrankheit mit Pest bezeichnet. Daher fielen hierunter auch ähnliche Krankheiten wie z. B. das Fleckfieber.

Herausforderungen. Bei manchen kam der Egoismus durch, und Männer verließen ihre Familien und versuchten, in pestfreie Gebiete zu fliehen. Insbesondere die aristokratische Oberschicht konnte es sich leisten, zumindest eine Zeit lang vor der Pest davonzulaufen. Andere Menschen wollten ihren Angehörigen das Leid ersparen und so töteten Mütter ihre erkrankten Kinder. Viele lebten nun bewusster und bedachten ihre eigene Vergänglichkeit.

Wann hatte Europa die Große Pest überwunden?

Im Jahr 1351 ebbte die Pestepidemie in Europa langsam ab. Sie hinterließ menschenleere Landstriche, insgesamt waren ihr 25 Mio. Menschen zum Opfer gefallen, was etwa ein Drittel der Bevölkerung Europas war. Danach flackerten zwar noch bis ins 19. Jh. immer wieder lokale Pestepidemien auf – z. B. in **London** 1665 oder in **Wien** 1679 –, doch eine vergleichbare Katastrophe blieb aus.

Gibt es heute noch Pestepidemien?

Es gibt auch heute noch Reservoirs an Pesterregern in verseuchten Wildtierpopulationen. Von dort kommt es v. a. in Zentralasien, Ostafrika und dem Westen der USA (Rocky Mountains) zu vereinzelten kleinen Pestepidemien. Doch sterben heute an der Pest weniger als 100 Menschen pro Jahr auf der gesamten Erde.

Der schwarze Tod (Miniatur)

Von 1309 bis 1376 war die Stadt Avignon die Residenz der Päpste unter dem Einfluss Frankreichs – allerdings nicht in dessen Herrschaftsgebiet - und entwickelte sich während dieser Zeit zu einem bedeutenden Kunstzentrum.

Wieso gab es Päpste und Antipäpste in Rom und Avignon?

Clemens V. weigerte sich nach seiner Wahl zum Papst im Jahr 1305, nach Rom umzuziehen, und wählte **Avignon** zu seiner Residenz. Daraufhin durchlebte das Papsttum im 14. und 15. Jh. eine tiefe Krise. Der Sitz des Papstes wurde zuerst nach Avignon verlegt, dann wurden römische Gegenpäpste gewählt. Schließlich gab es sogar drei Päpste, als 1409 beim *Konzil von Pisa* **Alexander V.** ausersehen wurde, dem unwürdigen Schauspiel ein Ende zu setzen.

Papstpalast in Avignon

Worin residierten die Päpste in Avignon?

Der *Papstpalast* als das herausragendste gotische Bauwerk in der Provence zeugt noch heute von der Repräsentationssucht der Päpste. Direkt neben dem Papstpalast steht auf einem Kalkfelsen die Kathedrale *Notre-Dame-des-Domes*. Teile der Kirche sind älter als der Papstpalast. Auf der Spitze des Felsens steht eine vergoldete Marienfigur und grüßt weit ins Rhonetal hinaus. Hinter der Kathedrale ist der Kalkfelsen zu einer wunderschönen Gartenanlage umgestaltet worden.

Wie viele Päpste residierten in Avignon?

Ingesamt regierten sieben Päpste in Avignon und dazu kamen noch zwei Gegenpäpste. Jeder dieser sieben Päpste war Franzose und ebenso auch 111 der 134 Kardinäle, die während dieser knapp 70 Jahre ernannt wurden.

Was war die „Babylonische Gefangenschaft der Kirche"?

König **Philipp IV.** von Frankreich unterstützte Papst **Clemens V.** bei dessen Wahl und er schlug ihm auch vor, von Avignon aus zu regieren. Die folgenden 67 Jahre nennt man unter Bezugnahme zur 70-jährigen Gefangenschaft des Volkes Israel in Babylon die „Babylonische Gefangenschaft der Kirche". Zum Ausdruck kommt damit die politische Vorherrschaft Frankreichs über das Papsttum in jener Zeit.

Wann kehrte der erste Papst nach Rom zurück?

1362, noch in der Zeit des Exils, wurde **Guillaume Grimoard** zum Papst **Urban V.** gewählt. Er betrieb als Erster die Rückkehr nach Rom. Avignon war zu jener Zeit keine sichere Gegend mehr und der Papstpalast war mehrfach von Räuberbanden überfallen worden. Gegen den Widerstand des französischen Königs und der französischen Kardinäle machte sich Urban Ende April 1367 auf die Reise und am 16. Oktober zog er unter großem Jubel der Bevölkerung in Rom ein. 1370 schon kehrte Urban nach Avignon zurück und starb bald darauf. Erst sein Nachfolger **Gregor XI.** kehrte endgültig nach Rom zurück.

Wurde Avignon danach noch einmal Sitz eines Papstes?

Nach der Wahl des Papstes **Urban VI.** im Jahr 1378 verweigerten ihm die Kardinäle den Gehorsam und wählten statt seiner **Klemens VII.** zum Papst. Daraufhin exkommunizierte Urban Klemens

---

Die deutschen Päpste im Überblick

Gregor V. (996–999), vorher Bruno, Sohn des Herzogs von Kärnten, geb. 972, starb am 18.2.999 in Rom.

Clemens II. (1046–1047), vorher Suidger, Sohn des Grafen Konrad von Hornburg, geb. 1005 (?) in Hornburg, starb am 9.10.1047 in Montelabbate, Italien.

Damasus II., vorher Bischof von Brixen, genannt Poppo, unbekannter Herkunft, starb am 9.8.1048 in Palestrina, unweit Roms. Das Pontifikat dauerte nur 23 Tage.

Leo IX. (1049–1054), vorher Bruno, Sohn des Grafen von Dagsburg-Egisheim, geb. 21.6.1002 in Egisheim, starb am 9.4.1054 in Rom.

Viktor II. (1055–1057), vorher Gebhard Graf von Dollnstein-Hirschberg, starb am 28.7.1057 in Arezzo, beigesetzt in Ravenna.

Stephan IX. (1057–1058), vorher Friedrich von Lothringen, starb am 29.3.1058 in Florenz.

Nikolaus II. (1058–1061), vorher Gerhard von Burgund, starb am 27.7.1061 in Florenz.

Hadrian VI. (1522–1523), vorher Adrian von Utrecht, geb. 2.3.1459 in Utrecht, starb am 14.9.1523 in Rom, letzter nicht italienischer Papst vor Johannes Paul II.

---

und seine Anhänger, die daraufhin erneut nach Avignon gingen. Nun gab es einen Papst in Rom und einen Gegenpapst in Avignon, die miteinander konkurrierten. 1409 kam in Pisa aber noch ein Papst hinzu, der beide ersetzen sollte, was allerdings nicht funktionierte. Das *Konstanzer Konzil* (1414–1418), das die Papstnachfolge zwischen Papst Gregor XII. und Benedikt XIII. und den Gegenpäpsten Johannes XXIII. und Benedikt XIII. klären sollte, führte zum Rücktritt aller drei Päpste und zur Wahl **Martins V.**, womit das Schisma beendet war. Dennoch hatte die Krise ihre Spuren hinterlassen und den Grundstein für die *Reformation* im kommenden Jahrhundert gelegt.

Die Hanse

Ein aus Städten und Kontoren bestehendes Handelsbündnis, das dank einer geschickten Wirtschaftspolitik über drei Jahrhunderte den Handel in Europa dominieren konnte, ehe durch die Entdeckung neuer Seewege der Markt neu strukturiert wurde.

Wie entstand die Hanse?

Im Jahr 1157 schlossen sich deutsche Kaufleute im Ausland, insbesondere in England, zu einem Kaufmannsbund zusammen und nannten ihn *„Hanse"*. 1266 wurde aus der Interessengemeinschaft von Handelnden ein Städtebund. Hauptziele des Bundes waren die Vertretung der gemeinsamen Interessen und der gegenseitige Schutz. Damals fehlte eine starke Staatsgewalt, weswegen sich die Städte zu ihrer eigenen Sicherheit zusammenschließen mussten. Diese war ständig durch Piraterie und mächtige Fürsten bedroht. Aufgegliedert in verschiedene Kompanien waren die Hansekaufleute in ganz Europa unterwegs, um die verschiedensten Waren zu transportieren. Dies

geschah mit den so genannten *Hansekoggen*. Dabei handelte es sich um die modernsten und prächtigsten Schiffe, die zur damaligen Zeit existierten. Insgesamt gehörten der Hanse über 200 Städte an, von denen etwa 70 den festen Kern bildeten. Die unregelmäßig abgehaltenen „Hansetage", bei denen Vertreter aller Hansestädte zusammentrafen, waren das wichtigste Organ des Bündnisses. In den meisten Fällen wurden sie in der damals sehr mächtigen Stadt **Lübeck** abgehalten.

Welche politische Bedeutung hatte die Hanse?

Die Hanse stellte nicht nur eine starke Wirtschaftsmacht dar, auch ihr politischer Einfluss in Europa war groß. Mit ihrem enormen Potenzial an

Grundriss der Hansestadt Lübeck

Menschen und Schiffen war die Hanse ein ernst zu nehmender politischer Faktor. Dies zeigte sich insbesondere ab 1367, als sich die Hanse mit **Schweden**, **Holstein** und **Mecklenburg** zusammentat, um gegen **Dänemark** zu kämpfen. Die militärische Auseinandersetzung war ausgebrochen, nachdem Dänemark **Gotland** eingenommen und die Vorrechte der Hanse beschnitten hatte. Nach dem Sieg des Kaufmannsbundes wurde der *Friede von Stralsund* geschlossen, der die Macht der Hanse über die Ostsee festigte. Sie bekam ihre

---

Hansekogge

Die **Hansekogge** wurde im 12. Jh. entwickelt. Im 13. und 14. Jh. war sie das typische Schiff der Hansestädte. Charakteristisch für die Koggen waren ihr bauchiger Rumpf und ihre gute Manövrierbarkeit. Mit ihren Eigenschaften war die Kogge selbst den meisten Kriegsschiffen der damaligen Zeit überlegen. Später entwickelten sich aus der Kogge die *Galeone* und *Karavelle*.

Hanse

Privilegien zurück und stand so auf dem Höhepunkt ihrer Entwicklung. Ihre Macht wäre wohl noch größer gewesen, wäre es ihr gelungen, die Interessenkonflikte zwischen den Mitgliedstädten zu lösen und zu einer wirkungsvolleren Struktur zu finden.

Was verstand man unter „Verhansung"?

Der Hanse standen verschiedene Maßnahmen zur Verfügung, um gegen Unruhen sowohl von außen als auch in den eigenen Reihen vorzugehen. Die wirksamste dieser Methoden war die so genannte *„Verhansung"*. Wurde die patrizische Ratsgewalt von den Zünften bedroht oder ein sonstiger Rechtsbruch begangen, wurde die entsprechende Stadt umgehend aus der Hanse ausgeschlossen, was in den meisten Fällen einschneidende wirtschaftliche Konsequenzen hatte. Aus diesem Grund hatte die Androhung einer Verhansung stets abschreckende Wirkung. Kam es zu Konflikten mit außenstehenden Städten, wurden diese boykottiert und mit einer Handelsblockade belegt.

Was war ein Kontor?

Unter einem *Kontor* verstand man eine auswärtige Niederlassung der Hanse. Ein Kontor besaß zwar eine eigene Verfassung, unterstand jedoch weiterhin direkt dem Hansetag. Teilweise ließ die Hanse ihre Kontore durch so genannte Funktionalstädte verwalten. Die vier wichtigsten Kontore waren **Nowgorod** in Russland, **Bergen** in Norwegen, **Brügge** in Belgien und **London** in Großbritannien.

Wie kam es zum Niedergang der Hanse?

Viele Faktoren führten gegen Ende des 14. Jh. zu Auflösungserscheinungen der Hanse. Ein Problem dafür war, dass immer mehr einzelne Länder den Handel selbst in die Hand nahmen. Es entstand ein Konkurrenzkampf, den die Hanse mit ihren mittlerweile veralteten Handelsstrukturen nicht gewinnen konnte. Es zeigte sich auch, dass der Hansehandel, der sich lediglich auf Waren beschränkte, nicht mit den weitaus lukrativeren Kombinationen aus Waren- und Finanzgeschäften der großen Handelshäuser wie beispielsweise der Häuser **Fugger** und **Welser**, mithalten konnte. Ein weiterer Nachteil für die Hanse war die Entdeckung Amerikas und die Schaffung neuer Seewege nach Indien. Diese Faktoren sorgten für eine starke Verlagerung des Handels. Dazu kam, dass Interessenkonflikte zwischen den einzelnen Hansestädten immer wieder zu Unruhen in den eigenen Reihen führten.

Karte der Hanse

Dadurch wurde viel Energie in interne Machtkämpfe gesteckt, die schließlich im Kampf gegen die wirtschaftlichen und politischen Gegner fehlte. Der Ausbruch des Dreißigjährigen Krieges stürzte die angeschlagene Hanse endgültig in den Abgrund. Zum letzten Hansetag in Lübeck erschienen 1669 gerade einmal noch neun Städte.

Die Entwicklung der Städte im Mittelalter

Das Bevölkerungswachstum und die Steigerung der landwirtschaftlichen Produktivität im 11. und 12. Jahrhundert ermöglichten eine zunehmende Arbeitsteilung und Spezialisierung. Neben die Landwirtschaft traten Handwerk und Handel.

Wie kam es zum Aufschwung der Städte im Mittelalter?

Um 800 n. Chr. gab es in Deutschland nur noch wenige alte *Römerstädte* wie **Köln** oder **Regensburg**, denn die herrschenden *Franken*, die überwiegend vom Ackerbau lebten, unterstützten die städtische Lebensweise nicht. Eine Wurzel, aus der neue Städte entstanden, war der Fernhandel mit Luxusgütern, der sich seit karolingischer Zeit entwickelte. Damit die Kaufleute ihre Waren verkaufen konnten, mussten befestigte Plätze geschaffen werden, an denen sie halten konnten. Durch eine Regelmäßigkeit der Märkte an denselben Plätzen wurden Siedlungen geschaffen, die den Marktplatz im Zentrum hatten.

Woher kamen die Menschen, die in den Städten lebten?

Mit der Bevölkerungszunahme und der Steigerung der landwirtschaftlichen Produktivität konnten sich immer mehr Menschen anderen Tätigkeiten als der Landwirtschaft widmen. Dies führte zur *Arbeitsteilung* und einer *Spezialisierung*, die das Handwerk und den Handel aufblühen ließen. Die befestigten Siedlungen zogen immer mehr Handwerker oder unfreie Arbeiter an, die sich in den Siedlungen spezialisierten.

Wer herrschte über die entstehenden Städte?

Der *Grundherr* des Landstrichs, auf dem eine neue Stadt entstand, also ein Bischof, Herzog oder Graf, manchmal auch der König selbst, wurde auch zum *Stadtherrn*. Durch *Marktgebühren* und *Zölle* flossen neue Einnahmen in sein Säckel, mit deren Hilfe er die Stadt befestigen und ausbauen konnte. Animiert durch die zu erwartenden Einnahmen wuchs die Zahl der Stadtgründungen. Im 14. Jh. gab es schon fast 3000 von ihnen. Allerdings darf man nicht den Fehler begehen, die damaligen Städte mit heutigen in irgendeiner Weise gleichzusetzen: die meisten hatten weniger als 1000 und nur zwölf mehr als 10.000 Einwohner.

Hierarchie der Bevölkerung – die Stände

Die Bevölkerung im Mittelalter war in drei Stände unterteilt: Den ersten Stand bildeten die **Adligen**, den zweiten Stand die Angehörigen der Kirche, also der **Klerus**, und der dritte Stand setzte sich aus **Bauern** und **Arbeitern** zusammen. Der größte Teil der Angehörigen des dritten Standes war *unfrei* und einem Dienstherrn unterstellt. Sie durften sich nicht frei bewegen, konnten nicht in einen höheren Stand aufsteigen und mussten den größten Teil dessen, was sie erwirtschafteten, an den Dienstherrn abgeben. Sie waren praktisch Sklaven und besaßen keinen Grund und Boden. Ein solcher Besitz war den Mitgliedern der ersten beiden Stände vorbehalten.

Wer herrschte innerhalb der Städte?

Die Groß- und Fernhandels-
kaufleute gehörten zu den
reichsten und angesehensten
Bürgern und stellten das **Pa-
triziat** dar. Aus ihrer Gruppe
kamen der *Bürgermeister*
und seine *Ratsherren*, die
manchmal aber auch ehema-
lige Bedienstete des Stadtherrn waren. Zur Oberschicht
zählten auch *vermögende
Grundbesitzer* und *reiche
Handwerker*. Die anderen
Handwerker sowie Händler
und Krämer formten die **Mittelschicht**. Die **Unterschicht** bestand normalerweise aus mehr als der Hälfte
der Stadtbewohner, die kein
Vermögen besaßen. Dadurch
konnten sie kein Bürgerrecht
erwerben und besaßen kei-
nerlei politische Mitspracherechte: Sie waren nur Einwohner, keine Bürger.

Kam es nicht zu Interes-
senskonflikten zwischen
Stadtherrn und Ratsher-
ren?

Die Stadtherrn wollten ihre
Stadt natürlich attraktiver als
alle anderen machen, um ihr
Wachstum zu beschleunigen.
Aus diesem Grund förderten
sie Handwerker und Kaufleute durch besondere *Privilegi-
en* und erlaubten den Bürgern, viele Entscheidungen
selbst zu treffen. Am Ende

Wie ein Sprichwort entstand ...

Die meisten Stadtbewohner stammten ursprünglich aus dem
dritten Stand und hatten sich von ihrem Herrn freigekauft
bzw. waren ihm davongelaufen und besaßen weder Grund
noch Boden. In der Stadt konnten sie als Handwerker oder
Kaufleute ihren Lebensunterhalt verdienen, und den meisten Dienstherren gelang es nicht, ihre Leibeigenen in den
Städten wiederzufinden und zurückzuholen. Daher setzte es
sich durch, dass Unfreie, die ein Jahr und einen Tag in einer
Stadt lebten, zu Freien wurden. Aufgrund dieser Regelung
entstand das Sprichwort *„Stadtluft macht frei"*.

dieser Entwicklung stand gegen Ende des 13. Jh. die
Machtübernahme der Rats-
herren, die mit einem *Bürgermeister* den Stadtherrn
wirkungslos machten. Im folgenden Jahrhundert wollten
auch die Handwerker an der
Herrschaft über die Städte
beteiligt werden und in vielen
Städten setzten sie sich auch
durch. Der mit dem deutlichen Bevölkerungswachstum
einhergehende gestiegene
Nahrungsbedarf erforderte
Verbesserungen die Produkti-

onsmethoden in der Land-
wirtschaft sowie die Er-
schließung neuer Anbauflä-
chen und Siedlungsgebiete.
Diese wiederum bedingten
einen Aufschwung in Hand-
werk und Handel, der seinerseits die Geldwirtschaft wieder belebte und zur Errichtung neuer Märkte und damit
zum Aufschwung der Städte
führte. Neben dem wirtschaftlichen Wachstum war die
Epoche durch eine hohe Mobilität gekennzeichnet, und
zwar sowohl durch das Drängen der Landbevölke-
rung in neue Sied-
lungsgebiete und Städ-
te, als auch durch eine
vertikale, also soziale,
etwa durch den Auf-
stieg unfreier Bauern
zu freien Städtern oder
von Vasallen oder Mi-
nisterialen zu Rittern.
Wirtschaftlicher Auf-
schwung und Mobilität
standen in Wechsel-
wirkung zueinander.

*Regensburg: Blick über die steinerne Brücke auf
den Dom*

Städtische Vereinigungen der Handwerker eines Berufsstandes ab dem 12. Jahrhundert, die zeitweilig auch erhebliche politische Macht besaßen und ihren Mitgliedern gesicherte Entgelte ermöglichten, wie auch die Dienstleistungen durch Ungelernte verhinderten.

Wie entstanden die Zünfte?

Die erste Erwähnung einer Zunft stammt aus dem Jahr 1099. Dabei handelt es sich um die Zunft der **Weber** der Stadt **Mainz**. Zur Entstehung der Zünfte gibt es drei Haupttheorien. Die *„Hofrechtstheorie"* besagt, dass die Zünfte durch die Vereinigung der von den damaligen Grundherren eingeführten „Ämter" mit den von freien Handwerkern gebildeten „Bruderschaften" entstanden. Die so genannte *„Ämter- und Marktkontrolltheorie"* geht davon aus, dass die Zünfte von den Stadtherren zwangsweise eingeführt wurden, um

ihm eine bessere Kontrolle über Handwerk und Abgaben zu sichern. Die letzte Theorie vertritt schließlich die Ansicht, dass die Zünfte auf freiwilliger Basis von freien Handwerkern gegründet wurden. Welche Theorie nun zutrifft, steht nicht genau fest. Allerdings ist aufgrund regional unterschiedlicher Quellen davon auszugehen, dass die Wahrheit irgendwo zwischen allen dreien zu suchen ist.

Welche Regeln galten in den Zünften?

Das gesamte Handwerk mit sämtlichen Bereichen war durch die so genannten

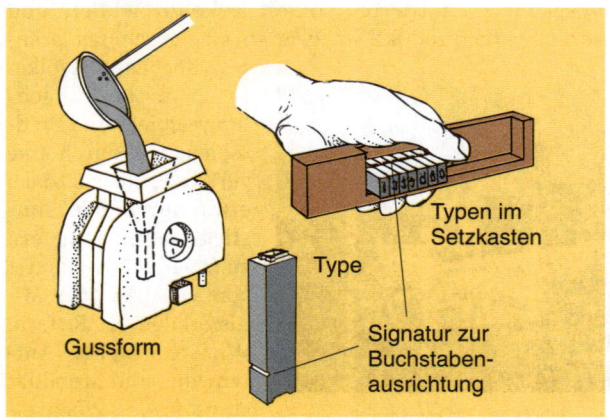

Typen im Setzkasten

Type

Gussform

Signatur zur Buchstabenausrichtung

Handwerk des Spätmittelalters: Der Buchdruck

„Zunftregeln" festgelegt. Es gab z. B. eine fix definierte Zahl von Gesellen, die ein Betrieb höchstens beschäftigen durfte. Des Weiteren war es einem Meister streng verboten, seine Beschäftigten länger als vorgeschrieben arbeiten zu lassen. Dadurch sollte sichergestellt werden, dass Betriebe, die mehr Geld zur Verfügung hatten, nicht mehr produzieren konnten als weniger betuchte Betriebe. Streng verboten war es auch, Gesellen von einem anderen Betrieb abzuwerben. Daneben gab es noch viele andere Regeln, die nicht nur die geschäftlichen Bereiche abdeckten, sondern viel mehr das ganze Leben der Zunftmitglieder bestimmten. Den Lehrlingen waren beispielsweise einige Verbote auferlegt. Weder durften sie Alkohol trinken noch tanzen oder dem Glücksspiel nachgehen. Selbst das Heiraten war einem Lehrling untersagt.

Welche Funktionen hatten die Zünfte?

Der vorrangige Zweck einer Zunft für die Handwerker selbst bestand darin, den Mitgliedern das Recht auf die Ausübung des erlernten Handwerks und somit ein geregeltes Einkommen zu ermöglichen. Durch sie sollte auch die Ausführung handwerklicher Tätigkeiten durch Ungelernte verhindert werden. Für einen Handwerker, der keiner Zunft angehörte, war es beinahe unmöglich, zu arbeiten. Waren ohne den Zunftstempel durften nicht verkauft werden. Auch durften Zunftmitglieder ausschließlich das Handwerk ausüben, das sie erlernt hatten. Neben ihren wirtschaftlichen Funktionen hatten die Zünfte jedoch auch noch vielerlei soziale Aufgaben. Nicht nur die Meister selbst, auch ihre Frauen und Kinder waren der Zunft angehörig. Schon damals gab es eine Art zunftinterne „Kranken- und Rentenkasse". Wer arbeitsunfähig wurde, bekam genauso finanzielle Unterstützung von der Zunft wie die Witwen und Waisen von Meistern. Manche Zünfte betrieben sogar eigene Spitäler. Zudem waren die Zünfte für die meisten eine Lebensgemeinschaft, eine Art Familie, die ihnen Schutz und Solidarität bot. Zünfte hatten beizeiten auch militärische Aufgaben im Kriegsfall. So mussten sie Nachtwachen stellen und Teile der Stadtmauer bewachen. Auch auf politischer Ebene waren die Zünfte tätig,

Die Erben der Zünfte

Noch heute gibt es Institutionen, die manche Aufgaben, die früher die Zünfte erfüllten, übernommen haben. Die **Innungen** beispielsweise sind für das Lehrlingswesen und die Durchführung von Gesellenprüfungen zuständig. Außerdem verhandeln sie regelmäßig die Tarifverträge aus, nach denen die Mitglieder bezahlt werden. Eine ähnliche Funktion übernehmen die **Handelskammern**. Sie haben neben der Vertretung der Interessen ihrer Mitglieder auch beratende Verantwortung gegenüber staatlichen Stellen. Des Weiteren haben die diversen Wirtschaftsverbände einige der zünftischen Aufgaben übernommen. Die Mitglieder sind jedoch lange nicht mehr so eng an die Verbände und Innungen gebunden, wie es im Mittelalter die Zunftgenossen waren. Auch wenn die **Zünfte** mittlerweile nicht mehr existieren, so haben sie sich doch zumindest in der Alltagssprache verewigt: Der Begriff „zünftig" ist auf die früheren Handwerkerbunde zurückzuführen. Wörtlich bedeutet der hauptsächlich in Süddeutschland verwendete Begriff so viel wie „fachmännisch" oder „sachgemäß". In der Umgangssprache wird „zünftig" allerdings eher im Sinne von „ordentlich" oder „tüchtig" verwendet.

in vielen Städten genossen sie ein Mitbestimmungsrecht.

Wie kam es zur Abschaffung der Zünfte?

Mehrere Faktoren führten zum Niedergang der Zünfte. Einerseits erwuchs den Zünften immer mehr Konkurrenz durch das Entstehen „unzünftigen" Handwerks, dem die Zünfte nicht Herr wurden. Die Industrialisierung führte zu weiteren Problemen für die Zünfte. Die handwerklich gut ausgebildeten Zunftmitglieder waren für die Unternehmer auf Dauer nicht rentabel, wes-

wegen die Arbeit in mehrere, einfache Arbeitsschritte aufgeteilt und ungelernten Kräften übertragen wurde. Im Zuge des Kapitalismus wurden die Zünfte den Unternehmern zunehmend ein Dorn im Auge. Durch ihre Monopolstellung und ihre strengen Regeln verhinderten die Zünfte eine Öffnung des Marktes und eine Steigerung der Konkurrenz. Dies war natürlich nicht im Sinne der Unternehmer. Die Zünfte mit ihren verkrusteten Strukturen konnten sich nicht mehr halten und wurden seit dem Ende des 18. Jh. in ganz Europa abgeschafft.

Zusammenschluss der Gemeinden Uri, Schwytz und Unterwalden im Jahre 1291 zu einem Landfriedensbund, aus dem später der Staatenbund Schweiz wurde. Der neue Staat erhielt seine Verfassung im Jahre 1848, die bis heute in den Grundlagen Bestand hat.

Welche politischen Verhältnisse herrschten im Gebiet der späteren Schweiz vor 1291?

Durch die Einverleibung **Burgunds** im Jahr 1032 wurde das Gebiet der heutigen Schweiz zu einem Teil des **Heiligen Römischen Reiches**. Allerdings befand sich die kaiserliche Macht im Begriff, immer mehr abzunehmen. Somit wurde es einigen Herrscherhäusern möglich, sich große Gebiete anzueignen und sie auch bis ins 13. Jh. zu behalten. Zu ihnen zählten beispielsweise die

Szene aus „Wilhelm Tell", Stich, 17. Jh.

Kyburger, die *Zähringer* und die *Habsburger*. Die Städte **Bern** und **Zürich** hatten zu diesem Zeitpunkt den Status *Freier Reichsstädte* erlangt. Ihnen kam es sehr zugute, dass eine große Distanz zwischen ihnen und dem herr-

Illustration zur Rossini-Oper „Wilhelm Tell"

schenden Kaiser lag. Außer den Freien Städten gab es kleine Talregionen, die abgelegen in den Alpen lagen und seit jeher selbstständig und frei waren. Im Jahr 1231 bestätigte der Kaiser die ohnehin schon bestehende Reichsfreiheit von **Uri**, dessen Gebiet sich am strategisch wichtigen Zugang zur St. Gotthard-Route befand. Im 13. Jh. begann das österreichische Herrscherhaus der Habsburger damit, in seinen Ländereien Vögte einzusetzen. Diese auswärtigen Verwalter sollten dafür sorgen, das die Rechte und Einkünfte der Habsburger gewahrt wurden. Rücksicht auf die spezifischen Gegebenheiten einer

Region wurden dabei nicht genommen. Die Einwohner waren mit dieser Maßnahme sehr unzufrieden, deswegen kam es in der Folgezeit immer wieder zu Unruhen in den habsburgischen Ländereien. Die Wahl des Habsburgers **Rudolf IV.** im Jahr 1273 verschärfte die Situation noch. Ruhe kehrte erst ein, als sich Rudolf aufgrund von kriegerischen Maßnahmen für längere Zeit im fernen Böhmen aufhalten musste.

Wie kam es wenig später zum eidgenössischen Bündnis?

Die drei Talgemeinden **Uri**, **Schwyz** und **Unterwalden** sahen nach Rudolfs Tod die relative Freiheit in Gefahr, die sie bis dahin genossen hatten. Sie schlossen daraufhin einen *Landfriedensbund*. Dieser verfolgte mehrere Zwecke. Zum einen war er dafür gedacht, Streitigkeiten innerhalb der Talgemeinden zu unterbinden und zu verhindern. Mit der Zeit nahm jedoch die Wichtigkeit eines anderen Zweckes zu: Schutz vor der habsburgischen Herrschaft. Der Bund wurde immer mehr zu einem Beistandspakt. Dabei ging es den paktierenden Gemeinden nicht um Ungehorsam gegenüber den eigenen Herrschern. Die Verwaltung durch Außenstehende und von Fremden aufgezwungene Richter waren die Umstände, die den Gemeinden ein Dorn im Auge waren. Der Bund wurde angeblich durch den zwar berühmten, jedoch in Bezug auf seine historische Wahrhaftigkeit höchst umstrittenen *Rütlischwur* geschlossen.

Wie vergrößerte sich die Eidgenossenschaft?

Im Verlauf des 14. Jh. kam es zu bedeutenden Ausweitungen der Eidgenossenschaft. **Luzern**, das bisher unter habsburgischer Herrschaft gestanden hatte, kam 1332 zum Bund hinzu, danach folgten bis 1353 noch **Glarus**, **Zug**, **Zürich** und **Bern**. Diese Konstellation bezeich-

Bildnis Friedrich Schillers

> # Schillers „Wilhelm Tell"
>
> **Wilhelm Tell** lebte der Sage nach im 14. Jh. Um ihn ranken sich unzählige Geschichten und Mythen. Berühmtheit erlangte er durch den berühmten *„Apfelschuss"*, zu dem ihn der grausame Habsburger-Vogt **Gessler** zwang, nachdem Tell ihm nicht gebührend Ehre bezeugt hatte. Nachdem er aus der anschließenden Haft fliehen konnte, tötete Wilhelm Tell Gessler. Seinem Vorbild nacheifernd entschieden sich die Eidgenossen zum Kampf gegen die Habsburger, der mit dem Sieg der Schweizer und ihrer Unabhängigkeit endete. Zwar ist diese Geschichte nicht belegt, nichtsdestotrotz inspirierte sie in den späteren Jahrhunderten viele Dichter und Künstler wie auch **Schiller** zu seinem Drama.

---

nete man als den Bund der *„Acht alten Orte"*. Die Eidgenossen errangen in der Folgezeit einige bedeutende Siege auf dem Schlachtfeld und konnten sich so die Unabhängigkeit von den Habsburgern und somit dem Heiligen Römischen Reich sichern. Mittlerweile, gegen Ende des 15. Jh., waren noch die Orte **Freiburg**, **Solothurn**, **Basel**, **Schaffhausen** und **Appenzell** dem Bund beigetreten, der nunmehr 13 Mitglieder umfasste.

Wie wurde aus der Eidgenossenschaft der Bundesstaat Schweiz?

1798 marschierten Napoleons Truppen in das Gebiet der Eidgenossen ein und brachten den Pakt ins Wanken. Nach dem *Wiener Kongress* 1815 wurde der Staatenbund selbstständiger Länder wie-

der ins Leben gerufen. Nach diversen Machtkämpfen kam es schließlich 1848 zur Gründung eines Bundesstaates. Allerdings besaßen die Kantone nach wie vor sehr großen Spielraum. Die damals verabschiedete Verfassung hat bis heute weitgehend Bestand.

Wie wurde aus der Eidgenossenschaft der Bundesstaat Schweiz?

Im Jahre 1798 marschierten die französischen Truppen unter der Führung Napoleons im Zuge ihrer Eroberungsfeldzüge durch ganz Europa auch in das Gebiet der Eidgenossen ein und fügte dem Pakt auf diese Weise gravierende Schäden zu. Nach dem Machtverlust Napoleons und dem Wiener Kongress 1815 wurde der Staatenbund selbstständiger Länder erneut ins Leben gerufen.

Der Hundertjährige Krieg

Den Konflikt zwischen England und Frankreich, der mit Unterbrechungen von 1337 bis 1453 und somit 116 Jahre dauerte, nennt man den Hundertjährigen Krieg, obwohl es sich bei ihm mitnichten um nur einen Krieg handelte.

Warum begann der Krieg?

Der englische König **Eduard III.** betrachtete den französischen Thron als sein rechtmäßiges Erbe und begründete dies mit seiner Mutter **Isabella**, der Schwester des 1328 verstorbenen französischen Königs, **Karl IV**. Frankreich war allerdings der Ansicht, dass Frauen die Krone nicht weitervererben könnten, und erklärte **Philipp VI.**, einen Vetter Karls IV., zu seinem König. Als dieser noch das französische Herzogtum Guyenne der Kontrolle seines Lehnsherrn

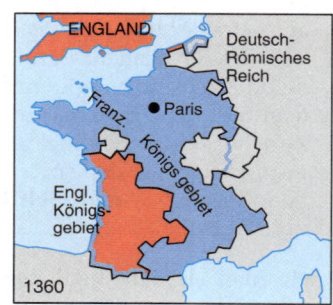
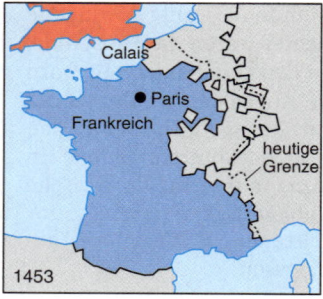

Veränderungen Europas durch den Hundertjährigen Krieg

Karl entzog und England und Frankreich bei Konflikten mit Dritten (Schottland, Flandern) jeweils die andere Seite unterstützten, kam es zum Krieg.

Wurde wirklich 116 Jahre lang gekämpft?

Die angegebene Zeitspanne von 1337–1453 enthält eine Vielzahl von Waffenstillständen, darunter den fast 30-jährigen Waffenstillstand von 1386–1415. Im Jahr 1360 wurde sogar mit dem *Frieden von Brétigny* ein Ende der Krieges beschlossen, bei dem England territoriale Zugeständnisse gemacht wurden, Frankreich jedoch

weiterhin seinen König stellen konnte. Doch keine neun Jahre später machte sich der französische König **Karl V.** auf, die England zugesprochenen Gebiete zurückzuerobern. 1415 war es dann wieder ein englischer König, **Heinrich V.**, der seinen neu formulierten Anspruch auf die französische Krone mit Truppenaufmärschen unterstrich.

Wer gewann den Krieg letztendlich?

Wie bei einer Reihe von Kriegen im Mittelalter, die sich über einen längeren Zeitraum erstreckten, war am Ende fast alles wieder so wie am Anfang. Nachdem sich 1422 sowohl der französische Dauphin **Karl VII.** als auch der

Belagerung der Stadt Dieppe

Jeanne d'Arc wird auf den Scheiterhaufen geführt.

Im Jahr 1412, kurz vor Wiederausbruch des *Hundertjährigen Krieges*, wurde in dem kleinen Dorf **Domrémy** in Lothringen **Jeanne d'Arc** geboren. Bereits im Alter von 13 Jahren hatte Jeanne, Tochter des Bauern und Bürgermeisters Jacques Tarc, im Garten ihres Elternhauses mehrere Erscheinungen des Erzengels Michael, der heiligen Katharina und der Margareta, die sie beauftragten, ins benachbarte Frankreich zu gehen und das Land vor den Engländern zu retten. Als vier Jahre später, im Jahr 1429, die Engländer kurz vor der Eroberung der Stadt Orléans standen, forderten die Stimmen Jeanne auf, dem *Dauphin* – dem späteren König Karl VII. – zu helfen und so Frankreich zu retten. So prophezeite sie dem Dauphin in der Stadt **Chinon** die Rettung Frankreichs und seine Krönung in **Reims**. Da dieser aber nicht einfach Willens war, dem jungen Mädchen zu glauben, ließ er sie nach **Poitiers** bringen und von den Doktoren der dortigen Universität befragen. Auch wurde ihre Jungfräulichkeit von einigen Hofdamen untersucht, denn nach damaligem Glauben konnte eine Jungfrau nicht vom Teufel besessen sein. Die Prüfungen ergaben schließlich ein positives Urteil. Jeanne durfte die Truppen in Männerkleidung mit Rüstung und weißem Banner auf das Schlachtfeld begleiten und dank ihres Einflusses siegten die Franzosen bei Orléans über die Engländer und gaben dem Krieg damit die entscheidende Wende. Zwei Monate später saß Jeanne d´Arc bei der Krönung des Dauphins in der Kathedrale von Reims an dessen Seite. Doch schon bald tauchten die ersten Differenzen zwischen dem frisch gekrönten Karl und Jeanne d´Arc auf: Der neue König wollte Frieden schließen, entließ Teile der Armee und versagte Jeanne die Unterstützung in ihrem Bemühen, die Engländer restlos vom Festland zu vertreiben. Dennoch versuchte sie Paris zu befreien, scheiterte jedoch und wurde gefangen genommen. Die Burgunder verkauften sie schließlich an die Engländer, die sie anklagten und der Inquisition übergaben. Da der französische Hof nichts zu ihrer Rettung unternahm, wurde Jeanne d'Arc nach 14 Monaten peinlicher Befragung der „Sünde" überführt und zum Tod verurteilt. Nach einem Geständnis ihrer Schuld wurde die Strafe zwar in lebenslängliche Haft umgewandelt, doch jenes Geständnis widerrief sie kurz darauf. So wurde die 19-jährige Jeanne d'Arc am 30. Mai 1431 als rückfällige Ketzerin auf dem Marktplatz von **Rouen** auf dem Scheiterhaufen verbrannt.

Eine Überprüfung des Urteils führte dazu, dass Papst **Callixtus III.** es im Juli 1456 aufhob. 1920 wurde Jeanne von Papst **Benedikt XV.** nicht nur heilig gesprochen, sondern auch zur zweiten Schutzpatronin Frankreichs erklärt. Der Tag ihrer Hinrichtung am 30. Mai ist ein ihr gewidmeter Feiertag.

englische König **Heinrich VI.** der Loyalität einer Hälfte Frankreichs sicher sein konnten, begannen die Engländer ihre letzte große Offensive. 1429 standen sie in Orléans kurz vor ihrem endgültigen Sieg, ehe die Franzosen unter der Führung der **Johanna von Orléans** ihre Gegner doch noch vertreiben konnten. In den nächsten 25 Jahren verloren die Engländer daraufhin alle ihre französischen Territorien. Nur **Calais** blieb bis 1558 in englischer Hand. Der Krieg endete ohne einen Friedensvertrag.

Jan Hus und die Hussitenkriege

Nach der Hinrichtung des Jan Hus am 6. Juli 1415 in Konstanz entstand in Böhmen eine revolutionäre Bewegung, die soziale und frühnationale Faktoren in sich vereinigte und von 1419 bis 1436 existierte, ehe sie durch Verrat ausgelöscht wurde.

Wie sah es damals in diesem Teil der Welt aus?

Das damalige Böhmen lag etwa in den Grenzen der heutigen tschechischen Republik und war im 14. Jh. durch seine Silberbergwerke in kurzer Zeit sehr wohlhabend geworden. Diese Reichtümer kamen in erster Linie dem böhmischen König und der katholischen Kirche zugute, die ihrerseits einen großen Teil an den Papst abführte. In den Bergwerksorten wurde eine ganze Reihe von Bürgern schnell reich und das führte zu allerhand Konflikten. Die Adligen sahen ihre Rechte durch die neureichen Bürger bedroht und durch die schnell steigenden Preise, die den Adeligen und den reichen Bürgern nichts ausmachten, verarmten gleichzeitig die Bauern und der Mittelstand. Da die reiche Schicht und die ebenso reiche Kirche fast ausschließlich aus *Deutschen* bestanden, die einige Jahre zuvor ins Land gekommen waren, kam es auch zu Spannungen zwischen den Bevölkerungsgruppen der Deutschen und der *Tschechen*.

Porträt Jan Hus'

Was hatte Jan Hus mit diesen Unstimmigkeiten zu tun?

Jan Hus (1369–1415) war zunächst Professor, später Rektor an der Prager Universität und drückte die Unzufriedenheit der tschechischen Bürger öffentlich aus. König **Wenzel** gab im Jahr 1409 den Tschechen die Übermacht im Universitätsleben zurück, nachdem Hus mehr und mehr Anhänger gewinnen konnte, woraufhin die meisten deutschen Professoren und Studenten Böhmen verließen. Als der Papst im Jahr 1412 durch den Verkauf so genannter *Ablasszettel*, mit denen man sich von allen Sünden reinigen konnte, die Kirchenkasse auffrischen wollte, protestierte Hus erneut und in Prag kam es zu

Der schwache König

Der von 1378–1400 römisch-deutsche König **Wenzel**, der von 1363–1419 als **Wenzel IV.** als König von Böhmen regierte, lebte als Sohn Kaisers Karl IV. von 1361 bis ins Jahr 1419. Wenzel war ein schwacher König und lehnte es fast durchgehend ab, sich für eine Seite zu entscheiden. Dem ab 1378 herrschenden Abendländischen Schisma stand er machtlos gegenüber und erkannte einerseits den römischen Papst an, trat aber andererseits auch in Verhandlungen mit dem Gegenpapst in Avignon. Die vier rheinischen Kurfürsten setzten Wenzel schließlich am 20. August 1400 unter dem Vorwurf der Vernachlässigung der Reichsangelegenheiten als römisch-deutschen König ab, und wählten Ruprecht von der Pfalz zu seinem Nachfolger. Nach Wenzels Tod am 16. August 1419 auf Schloss Wenzelstein bei Kunratice u Prahy kam es in Böhmen schließlich zu den Hussitenkriegen.

Zusammenstößen zwischen den so genannten *„hussitischen Tschechen"* und katholischen Deutschen.

Wie reagierte die Kirche?

Im Jahr 1414 wurde in Konstanz ein Konzil einberufen, zu dem man Jan Hus lockte und dort entgegen aller Versprechen anklagte und einkerkerte. Die Gefahr, dass sich das Königreich Böhmen von der katholischen Kirche und dem deutschen Reich loslösen könnte, war plötzlich immer größer geworden. Nachdem Jan Hus immer radikalere Reden gehalten hatte, in denen er die Notwendigkeit der Demut der Kirche beschwor und die Rechtmäßigkeit weltlicher Herrscher dementierte, forderte Wenzels Bruder **Sigismund** seinen Tod. Am 6. Juli 1415 wurde Jan Hus auf dem Scheiterhaufen verbrannt.

Wie reagierten die hussitischen Tschechen?

Die Unruhen in Böhmen nahmen nicht etwa ab, sondern schlagartig zu. Zwei Bewegungen von Hussiten vereinten sich: Neben den eher gemäßigten *Calixtinern* oder *Utraquisten*, die im Wesentlichen aus dem Adel bestanden, der mehr am Reichtum der Kirche interessiert war, als an den moralischen Wer-

---

Die Hussitenkriege

Nachdem Papst **Martin V.** zum Kreuzzug gegen die Hussiten aufgerufen hatte, mussten die katholischen Kreuzritter im Jahr 1420 eine bittere Niederlage gegen die Bauern Zizkas hinnehmen. Niemand konnte die aufgebrachten Hussiten stoppen und ihre Heere drangen bis nach Mähren, Schlesien, Ostpreußen, Sachsen, Hessen, Bayern und Wien vor. Die Hussiten waren auch in kommenden Kreuzzügen nicht zu schlagen und stellten einen bedrohlichen Machtfaktor gegen die Kirche und das deutsche Reich dar. König **Sigismund** und der Papst versuchten es auf diplomatischem Weg und bemühten sich, die *Utraquisten* gegen die radikalen *Taboriten* aufzuwiegeln, indem sie dem böhmischen Adel die eh schon lange verlorenen Schätze schenkten und dies offiziell kundtaten. Die Utraquisten waren daraufhin nicht mehr sehr an der revolutionären Bewegung interessiert, da sie jetzt einen dauerhaften Rechtsanspruch besaßen. So verbündeten sie sich im Jahr 1433 gegen die Taboriten. Diese verloren daraufhin die entscheidende Schlacht am 30. Mai 1434 bei **Lipan,** nachdem die Utraquisten auch noch die Reiterei der Taboriten unter ihrem Anführer **Jan Capek** auf ihre Seite ziehen konnten. Über 15.000 Taboriten starben auf dem Schlachtfeld und die Macht der Hussiten war für alle Zeiten gebrochen.

---

ten, die sich hinter Hus' Forderungen verbargen, waren das die weit radikaleren *Taboriten*, die tatsächlich den Lehren Hus' folgten und die Kirche darum zu einer bescheidenen und demütigen Existenz zwingen wollten.

Wie kam es zum ersten Prager Fenstersturz?

König Wenzel holte, wiederum unter dem Einfluss seines Bruders Sigismund, die katholischen Geistlichen nach Prag zurück, woraufhin die

wütenden Tschechen die Stadt am 30. Juli 1419 unter der Führung von **Jan Zizka von Trochnow** (1360–1424) unter ihre Kontrolle brachten. Während dieses Aufstandes kam es zum 1. *Prager Fenstersturz*, bei dem die Prager Stadträte aus dem Fenster des Rathauses in die unten wartenden Spieße gestürzt wurden. König Wenzel starb nur wenige Tage danach und der Legende nach aufgrund dieser Ereignisse. In Böhmen wurde daraufhin die Republik ausgerufen.

Aufstieg europäischer Handelshäuser

In Folge von wirtschaftlichen Entwicklungen wurden ab dem 14. Jahrhundert in ganz Europa, vor allem aber in Deutschland, aus kleinen Familienbetrieben weltweit operierende Handelsgesellschaften, die Innen- und Außenpolitik stark beeinflussten.

Welche Bedingungen unterstützten den Aufstieg der europäischen Handelshäuser?

Durch das Zeitalter der Entdeckungen wurden stetig neue Absatzmärkte erschlossen. Das förderte den Kapitalismus. Dieser wurde des Weiteren durch die *calvinistische Prädestinationslehre* vorangetrieben, die „innerweltliche Askese" und die Vermehrung des Kapitals vorschrieb. Ein weiterer großer Schritt war die Gründung der Börse in **Antwerpen**. Die Kapitalgesellschaften traten in den Vordergrund und wurden zur bevorzugten Unternehmensform.

Welche waren die wichtigsten europäischen Handelshäuser?

Neben einigen englischen und holländischen Gesellschaften, die ihre Profite v. a. durch den Gewürzhandel mit Ostindien machten, gehörten die beiden Augsburger Häuser Fugger und Welser zu den bedeutendsten Handelshäusern jener Zeit. Beide begannen als bescheidene Famili-

Die Fuggerei in Augsburg

enunternehmen und gelangten im Laufe der Zeit zu weltweitem Ansehen.

Wie kam es zum Aufstieg der Fugger?

Das 1367 von Stammvater **Johann Fugger** gegründete Unternehmen begann als kleiner Betrieb einer Weberfamilie. Einen großen Schub erlangte es durch Johanns Enkel **Jakob Fugger II.**, der innerhalb kurzer Zeit durch geschickte Käufe das *Kupfermonopol* über Europa an sich

brachte. Seinen wirtschaftlichen Höhepunkt erreichte das Unternehmen ab 1525 unter der Führung von **Anton Fugger**. Unter ihm wurde das Hause Fugger zum größten Bankhaus Europas, was das Habsburgergeschlecht für sich zu nutzen wusste. Nur dem Geschick Antons war es zu verdanken, dass das Haus Fugger nicht gänzlich an der Habgier der Kaiser des Hauses Habsburg zugrunde ging. Nach dem Tod Antons verlor das Unternehmen immer mehr an Bedeutung. Die Hauptlinien der Fugger existierten jedoch weiterhin und tun dies bis heute.

Wie verlief der Aufstieg der Welser?

Von **Anton Welser** im Jahr 1493 gegründet verlief der Aufschwung der Patrizierfamilie Welser ähnlich der der

Palast der Fugger

Fugger. Das junge Welser-Unternehmen vollzog seinen Aufstieg jedoch deutlich rasanter als das der Fugger und stand schon nach wenigen Jahrzehnten mit ihm auf einer wirtschaftlichen Stufe. Schnell hatte **Bartholomäus Welser** die Zeichen der Zeit erkannt und sich auf den Überseehandel verlegt. Mit eigenen Schiffen betrieb das Haus, das im Unterschied zu dem der Fugger stets ein Familienbetrieb blieb, weltweiten Handel. Die Welser errichteten sogar eigene Stützpunkte in Amerika. Durch großzügige Kredite an Kaiser **Karl V.** sicherte man sich Kolonisationsrechte und nutzte diese auch aus: Ein Teil der venezolanischen Küste unterstand bald den Welsern. Doch so schnell der Reichtum gekommen war, so schnell schwand er auch wieder. Nachdem man das in Venezuela erhoffte *„El Dorado"* nicht fand, gab man die dortigen Landstriche 1546 an den Kaiser zurück. Zu Be-

ginn des 17. Jh. zerbrach das Unternehmen, nachdem großzügig gewährte Kredite von den Schuldner, u. a. Spanien, nicht zurück gezahlt wurden.

Welchen Einfluss hatten die Handelshäuser auf die Politik der damaligen Zeit?

Durch das große Kapital der Handelshäuser wuchs natürlich auch ihr Einfluss auf die Politik. Das *Bankhaus Fugger* zählte beispielsweise sowohl

den Papst als auch die Habsburger Kaiser **Maximilian I.** und Karl V. zu seinen Kunden. Dessen Wahl wurde sogar erst durch das Geld der Fugger möglich. Deswegen sprach man auch davon, dass Jakob Fugger II. Kaiser und Päpste „mache". Auch die Welser waren Geldgeber Kaiser Karls, wofür sie von ihm Bergwerks- und Kolonisationsrechte erhielten. Diese Kredite bargen allerdings auch Gefahren: Weil Spanien nicht unerhebliche Schulden bei Kaiser Karl – und somit bei den Fuggern – hatte, stand das Haus Fugger in der Mitte des 16. Jh. kurz vor dem Ruin, konnte sich jedoch wieder stabilisieren. Die Beziehung zwischen den Häusern Fugger und Habsburg war sehr eng, eine wirtschaftlich-politische Symbiose, von der die Habsburger jedoch deutlich stärker profitierten.

Jakob Fugger II., auch „Jakob der Reiche" genannt, wurde 1459 in Augsburg geboren und genoss in Venedig eine kaufmännische Ausbildung. Im Jahr 1485 übernahm er die Geschäfte des Familienunternehmens und verlegte sich neben dem Handel v. a. auf Bank- und Kreditgeschäfte. Jakob war eine sehr zwiespältige Person. Einerseits finanzierte er mit seinem Geld Schlachten und Kriege, andererseits zeigte er sich auch gerne als Mensch mit sozialer Ader: Die von ihm geschaffene „Fuggerei" in Augsburg war die erste Sozialsiedlung der Welt für bedürftige, schuldlos in Not geratene Bürger und Einwohner der Stadt. Sie umfasst noch heute 67 Häuser mit 147 Wohnungen, eine Kirche und einen Brunnen. Jakob Fugger II. starb am 30. Dezember 1525 in Augsburg.

Mexiko entwickelte sich im Mittelalter noch unentdeckt von europäischen Einflüssen in einem nahezu zyklischen Auf und Ab zwischen Eroberung und Fortschritt, ehe die spanische Eroberung der natürlichen Entwicklung ein Ende setzte.

Wie beginnt die mexikanische Geschichte?

Etwa 22.000 Jahre v. Chr. tauchten in Mexiko die ersten Menschen auf. Viele Jahrtausende später, ca. 6000 v. Chr., begannen die mexikanischen Einwohner mit dem kultivierten Anbau von *Kürbis*, *Avocado*, *Mais* und *Chili* im Tal von **Tehuacan**. Um das Jahr 2500 v. Chr. fertigte man dort bereits die ersten *Keramikgefäße*.

Wann entstand die erste Kultur?

Ab dem Jahr 1550 v. Chr. erblühte in **San Lorenz** die Kultur der *Olmeken*. Dieser Kultur waren etwa 1000 Jahre beschieden, denn um das Jahr 500 v. Chr. wird **La Venta** als letzter Ort der

Teotihuacan, Teil des Tempels des Quetzalcoatl

Monte Alban

Die künstlich geschaffene Ebene **Monte Alban** ist etwa 300 mal 200 m groß. Unterschieden werden vier Bauphasen mit den Einflüssen der *Olmeken*, *Maya*, *Zapoteken* und *Mixteken*. Ursprünglich war das Gebiet ein Berggipfel, wurde jedoch eingeebnet. Auf dem Platz verteilen sich *Tempel*, *Pyramiden*, *Ballspielplätze* und *Paläste*. Im Zentrum gelegen ist außerdem ein *Observatorium*, in dem Darstellungen von gefangenen Feinden gefunden wurden. Die gesamte Anlage ist unterirdisch durch Gänge miteinander verbunden.

Olmeken aufgegeben. Da die erste mexikanische Hochkultur noch keine Schriftsprache kannte, gibt es keine überlieferten Details ihrer Weltanschauung. Ein zentrales Motiv ihrer Bildsprache war der *Jaguar* oder auch ein entsprechendes Mischwesen aus diesem Tier und dem Menschen. Schon die Olmeken brachten Menschenopfer dar, was später zu einem zentralen Punkt mexikanischer Kulturgeschichte werden sollte.

Worum handelt es sich bei Teotihuacan?

Mit **Teotihuacan** sind sowohl die Kultur selbst als auch ihrer Stadt gemeint. Die Kultur von Teotihuacan erlebte ihre Blütezeit um 200 n. Chr. und die Stadt erreichte zu dieser Zeit eine Ausdehnung von etwa 20 km² und eine Einwohnerzahl von knapp 100.000 Personen. Die Kultur ging um etwa 700 wahrscheinlich durch Einflüsse von Einwanderern aus dem Norden unter. Kennzeichnend war ihr geistiger und wirtschaftlicher Reichtum. Die Entwicklung von Metall war für die Teotihuacan überflüssig, da das in der Gegend reichlich vorhandene vulkanische Glas **Obsidian** hervorragend für harte Werkzeuge geeignet war. So wurde die zu ihrer Zeit das Hochtal von Mexiko beherrschende Stadt Teotihuacan ein Zentrum des Obsidianhandels und dessen Verarbeitung; ganz abgesehen

Daten der frühen mexikanischen Geschichte

22.000 v. Chr.	Die ersten Menschen kommen im mexikanischen Gebiet an
6000 v. Chr.	Als erste Kulturpflanzen werden Kürbis, Avocado, Chili und vermutlich Mais im Tal von Tehuacan angebaut.
ca. 1550 v. Chr.	An der Golfküste erblüht die Kultur der Olmeken.
500 v. Chr.	Die Olmeken verschwinden.
100 v. Chr.	Die Maya-Schrift und der Kalender entstehen.
150 n. Chr.	Die Maya-Stadt Copan wird Königreich.
250 n. Chr.	Die Zapoteken siedeln sich in Monte Alban an.
700 n. Chr.	Die Zapoteken werden nach und nach von den Mixteken verdrängt.
700 n. Chr.	Die als Chichimeken bezeichneten Völker ziehen nach Zentralmexiko.
750 bis 900 n. Chr.	Die Herrschaft in den Maya-Königreichen bricht zusammen.
ca. 900 n. Chr.	Beginn der Kultur der Tolteken.
ca. 1400 n. Chr.	Beginn der Blütezeit der Azteken.

Statue von Quetzalcoalt, Teotihuacan

von ihrer Bedeutung als religiöses Zentrum.

Welche Kultur folgte auf die Teotihuacan?

Nach dem Untergang der Teotihuacan erbauten etwa 900 n. Chr. die *Tolteken* ihr Reich in der Nähe des heutigen **Mexiko City**. Sie erlebten eine relativ kurze Blütezeit und waren eine recht kriegerische Gesellschaft. Während der Blütezeit ihrer Kultur zog ein Teil der Tolteken in den Norden von *Yuca-*tan und drückte der Gegend ihren architektonischen Stempel auf.

Gab es ausschließlich nur kurzzeitige Kulturen?

Nicht jede mexikanische Kultur blieb auf wenige Jahrhunderte beschränkt. Die *Maya* z. B. werden bereits um das Jahr 2200 v. Chr. in Mexiko das erste Mal erwähnt. Die Kultur der Maya erlebte ihre Blütezeit dafür allerdings recht spät um das Jahr 600 n. Chr. Danach zerfiel das Reich jedoch in mehrere einzelne Teile, von denen einige jedoch

Terrassentempel von Teotihuacan

wiederum bis 1500 überdauerten.

Welche Kulturen gab es noch?

Die Macht der *Tolteken* wurde von den *Chichimeken* im 13. Jh. gebrochen. Die neuen Herrscher blieben jedoch auch nur knapp ein Jahrhundert an der Macht, bevor sie von sieben verbündeten Stämmen ebenfalls geschlagen wurden. 1325 gründeten dann die *Azteken* ihre erste Siedlung und sollten sich schon bald als die neuen Herrscher Mexikos behaupten. Sie bauten riesige Städte und integrierten Errungenschaften früherer Kulturen in ihre eigene und wurden schließlich von den spanischen Eroberern besiegt.

Die Kultur der Inka

Das Volk der Inka ist das bekannteste aber auch letzte Reich in einer Kette von Kulturen Südamerikas, der die spanische Kolonialzeit nach der Entdeckung der neuen Welt durch Christoph Kolumbus, ein jähes Ende setzte.

Woher kamen die Inka?

Die Inka waren ein kleiner, kriegerischer Stamm, der die südlichen Hochebenen der Kordilleren in **Peru** bewohnte und Anfang des 12. Jh. nach Süden in das Tal von **Cuzco** wanderte. Obwohl sie keinerlei Vergrößerungen ihres kleinen Reichs im Sinn hatten, überfielen und plünderten sie dennoch zahlreiche benachbarte Stämme ein ums andere Mal, sodass sie bei ihren Nachbarn sehr gefürchtet waren. Dennoch zogen die Inka nie weit umher, sondern blieben immer in der Nähe des Cuzcotales.

Wie kommt dann der Begriff vom Inkareich zustande?

Der achte Herrscher der Inka, **Viracocha Inca**, wechselte

Hölzerne Tasse aus der Inkazeit

die jahrzehntelange Vorstoß-Rückzug-Taktik seines Stammes und dehnte das Reich im Jahr 1437 etwa 40 km über die Cuzcoregion hinaus aus. Doch erst von den folgenden Herrschern wurde die Expansion des Reiches wirklich vorangetrieben. Das Reich der Inka erreichte bis zum Jahr 1490 eine Ausdehnung bis nach **Kolumbien** im Norden und **Chile** im Süden. Der Begriff *„Inka"* bedeutet in der Sprache *Quechua* eigentlich „König" oder „Prinz" und war nur die Bezeichnung für den Herrscher des Reiche. Später wurde der Begriff *„Inka"* aber auf alle Untertanen des Inkaherrschers angewendet.

Was wissen wir über die Kultur der Inka?

Da die Inkakultur keine eigene Schrift besaß, ist das meiste Wissen durch spanische Chroniken und Bücher überliefert worden. Der Chronist **Garcilaso de la Vega** unternahm einen der umfangreichsten Versuche, die Geschichte und Kultur der Inka darzustellen. Er selbst war ein direkter

Ermordung des Inkaherrschers Atahuallpa

Nachkomme der herrschenden Dynastie der Inka und schrieb als alter Mann ein umfangreiches Werk über die peruanische Kultur namens *„Comentarios reales que tratan del origen de los Incas"*. Der erste Teil dieser Chronik wurde 1609 in Lissabon veröffentlicht und den zweiten Teil *„Historia general del Perú"* vollendete Garcilaso erst kurz vor seinem Tod. Ein anderer bedeutender Chronist, **Juan de Betanzos**, heiratete die Schwester **Atahualpas**, des letzten Herrschers des Reiches und schrieb all das nieder, was ihm seine Frau und andere Indianer erzählten. Sein Werk *„Suma y Narración des los Incas"* enthält u. a. viele Mythen über die Herkunft der Inka.

Vase

Betrieben die Inka nicht prunkvolle Grabkulte?

Mittels der Grabkulte der südamerikanischen Stämme konnten deren Kulturen tatsächlich mitunter einigermaßen rekonstruiert werden und auch heute noch werden durch erneute Grabungen weitere Erkenntnisse ans Tageslicht gefördert. Doch dass dieses Puzzlewerk nicht einfach ist, lässt sich erahnen, wenn man weiß, dass schon in vorspanischer Zeit die Indianer selbst an einigen Orten die Gräber ihrer Vorfahren plünderten. Die Raubgräberei im großen Stil begann aber erst mit der spanischen Eroberung im 16. Jh.

Wie kann eine so junge Kultur so berühmt sein?

Die Inka wurden v. a. durch die großartige, im Jahr 1911 entdeckte Bergfestung **Machu Picchu** bekannt, die sich durch ein hoch entwickeltes Verwaltungs- und Kommunikationssystem auszeichnete, das nicht allein von den Inka entwickelt worden

sein konnte. Die indianische Bevölkerung des südamerikanischen Kontinents hatte in den Jahrtausenden ihrer Entwicklung eine Reihe von Fortschritten erreicht, die von Stamm zu Stamm weitergetragen wurden. So kam es, dass die Inka-Kultur von den Erfahrungen etlicher Vorläufer profitieren konnten, von denen sie viele in ihre Kultur übernahmen. Die Vorläufer der Inka lassen sich bis 1500 v. Chr. zurückverfolgen, wo

Bestickter Teppich

im nördlichen Hochland die frühe *Chavin-Kultur* bis 300 v. Chr. wirkte, die bereits Monumentalarchitektur beherrschte, Bewässerungskanäle anlegte und große Steinskulpturen schuf.

Welche wichtigen Vorbilder hatten die Inka außerdem?

Eine andere wichtige Vorläuferkultur der Inka war die Kultur der *Tiahuanaco*, die vom 1.–11. Jh. existierte. Von ihr haben die Inka sowohl die Architektur als auch kulturel-

Machu Picchu

le Eigenheiten übernommen sowie deren Gottheiten. Die Tiahuanaco schufen riesige Tempelpyramiden und monumentale Bauten in Stein am **Titicacasee** in 3625 m Höhe.

Wann ging das Inkareich zugrunde?

Als die Europäer im 16. Jh. die *Neue Welt* eroberten, kam es zum Konflikt mit den Ureinwohnern Amerikas. Am 16. November 1532 gingen das Inkareich und mit ihm die vorspanische Welt unter. Das Heer des Konquistadoren **Francisco Pizarro** nahm den Inkaherrscher Atahuallpa gefangen und die Inka-Armeen wurden nach verschiedenen Aufständen seiner Nachfolger endgültig geschlagen. Der letzte Inka, der einen Anspruch auf den Thron gehabt hätte, war **Tupac Amaru**, der Letzte in der männlichen Herrscherlinie. Er wurde von den Spaniern 1572 geköpft.

Die spanischen Söldnerführer Cortés und Pizarro eroberten von 1519 bis 1531 mittel- und südamerikanisches Gebiet. Diese Eroberungsfeldzüge und die anschließende Versklavung überlebte nur ein Viertel der einheimischen Bevölkerung.

Was für eine Bedeutung hatte Cuzco?

Der Ursprung des Inkareiches liegt in **Cuzco**. Das Reich breitete sich von diesem Ort ausgehend nach **Chile**, **Argentinien** und über ganz **Ecuador** aus. Die Herkunft der Inka ist nicht bekannt, aber man geht davon aus, dass der Inkastaat Ende des 12. Jh. gegründet wurde. Bei der Ankunft der Inka im 10. Jh. war Cuzco wohl nicht mehr als ein kleines Dorf. Der Ausbau bzw. Umbau zur Hauptstadt begann erst unter dem Inkaführer **Pachacuti** und wurde unter seinem Sohn **Tupac Yupanqui** beendet.

Was weiß man über die Stadt Cuzco?

Cuzco liegt in einem Hochtal, etwa 3500 m über dem Meeresspiegel, wo die Flüsse *Chunchullmayo*, *Tullumayo* und *Huatanay* zusammenfließen. Da die Stadt auf den Grundmauern der Inkagebäude wieder aufgebaut wurde, werden auch heute noch Reste alter Inkabauten entdeckt. Das alte Cuzco war

Machu Picchu

die Hauptstadt des Inkareiches **Tahuantinsuyu** und bedeutete so viel wie „*Nabel der Welt*". Um die Stadt herum erstreckte sich „*Das Reich der vier Himmelsrichtungen*", da vier Straßen aus den vier Reichsteilen nach Cuzco hinein führten.

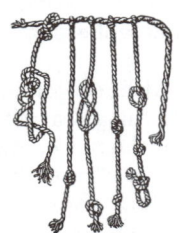

Peruanische Quipuschnur

Wie wurde Pizarro auf das Reich der Inka aufmerksam?

Mit 36 Jahren nahm der ehemalige Schweinehirt **Francisco Pizarro** (1476–1541) an dem Erkundungsmarsch **Balboas** teil, dessen Truppen 1513 erstmals Nachrichten über das goldreiche Land „*Biru*" auffingen. Daraufhin tat sich Pizarro im Jahr 1522 mit **Diego de Almagro** und **Pater Ferdinand** zusammen, um in einigen Expeditionen die goldenen Städte zu erobern. Seine Berichterstattung reizte auch Kaiser **Karl V.**

so sehr, dass dieser Pizarro im Juli 1529 zum Generalkapitän von Peru und 13 seiner Getreuen zu Rittern ernannte.

Wann kam es zur Eroberung des Inkareichs?

Im Januar des Jahres 1531 brach Francisco Pizarro von Panama nach Peru auf. Er lief den Hafen **San Mateo** an und nahm von hier aus die Eroberung des Inkareiches in Angriff. Es gereichte ihm zum Vorteil, dass in den Jahren seiner Abwesenheit die von den Europäern eingeschleppten Pocken die Einwohner der Neuen Welt stark dezimierten und schwächten. So marschierten die Spanier zunächst in **Coaque** und **Tum-bez** ein, wo sie reiche Beute machen konnten.

Ging die Eroberung ohne Gegenwehr von statten?

Als Pizarro am 15. November 1532 die Stadt **Cajamarca** erreichte, stellten sich ihm Tausende von Inka entgegen, gegen die Pizarros Heer keine Chance hatte. Der Spanier verlegte sich aufs Handeln und lud den Führer der Inka, Atahualpa, in sein Lager ein, wo er dessen Begleiter abschlachten ließ und ihn selbst gefangen nahm. Zwar forderte und erhielt Pizarro enorme Summen an Lösegeld, letztendlich brachte er den Inkaführer aber dennoch um.

Routen von Cortés und Pizarro

Wie reagierten die Inka?

Unter der Führung des Inka Manco kam es zu wütenden Vergeltungsangriffen. Pizarro drang bis zur Hauptstadt Cuzco vor und eroberte sie im Handstreich. Im Jahr 1535 gründete er Lima, die den Status der alten Inkahauptstadt Cuzco einnahm. Nach der Eroberung Perus kam es zum Konflikt bezüglich der Befehlsherrschaft in den eroberten Gebieten, der 1537 zum offenen Kampf führte. Dabei besiegten Pizarros Gefolgsleute 1538 die seines Gegenspielers **Almagro,** der daraufhin im Gefängnis erdrosselt wurde. Drei Jahre später, am 26. Juni 1541, wurde Pizarro von den Anhängern Almagros in seinem Haus in Lima ermordet. Daraufhin unterstellte der spanische Monarch Peru direkt der Krone.

Cuzco heute

Die Spanier eroberten Cuzco ohne große Gegenwehr und so wurde die Stadt kaum zerstört. Nur repräsentative Bauten mit einer religiösen oder politischen Funktion wurden abgerissen und auf ihren Trümmern Symbole der Christenheit und der spanischen Kolonialmacht errichtet. Aus dem Hauptplatz wurde unter den Spaniern die Plaza de Armas und auf den Fundamenten des Palastes des achten Inka, Viracocha, entstand die Kathedrale. Über dem zerstörten Tempel der Sonnenjungfrauen (Acllahuasi) wurde das Kloster Santa Catalina, auf den Grundmauern des Palastes von Huayna Capac die Jesuitenkirche La Compañía und über dem Sonnentempel (Coricancha) die Klosteranlage der Dominikaner erbaut. Bei einem Erdbeben im Mai 1950 stürzten viele Bauten der Spanier ein, während die viel älteren Fundamente aus der Inkazeit standgehalten hatten. Dieses Erdbeben brachte auch eine Anzahl von bis dahin unbekannten Inkamauern zutage.

Die Zeit zwischen den Jahren 1192 und 1868, in der Japan von den Shogunen, die von unbedeutenden Ehrentitelträgern zu den ranghöchsten und einflussreichsten Militärführern aufsteigen, regiert und geprägt wurde.

Seit wann gab es in Japan Shogune?

Zum ersten Mal wurde ein **Shogun** im 8. Jh. erwähnt. Zu dieser Zeit kam dem Titel noch keine allzu große politische Bedeutung zu, sondern drückte lediglich einen *Ehrentitel* aus, mit dem auf Feldzügen die Anführer des japanischen Heeres ausgezeichnet wurden. In der darauf folgenden Zeit verlor der Titel sogar eher an Bedeutung. Erst im späten 12. Jh. erlebte er eine Wiederauferstehung und die Herrschaft der Shogune hielt sich – mit Unterbrechungen – bis ins 19. Jh.

Welche Macht hatte ein Shogun?

Japan lebte während der Shogunzeit in einer *Feudalherrschaft*, in der ein Shogun der mächtigste Mann im Staat war. Zwar gab es mit dem japanischen Kaiser noch ein offizielles Staatsoberhaupt, doch dieser hatte so gut wie keine Entscheidungsgewalt mehr in jener Zeit. Das Militär besaß die Macht und verwaltete den Staat, darum

Yorimoto, der erste Shogun Japans

war der Anführer des Militärs, also der Shogun, auch der eigentliche Herrscher. Er führte die Staatsgeschäfte, während der Kaiser ein Schattendasein fristete.

Wie wurde man zum Shogun?

Zunächst wurde der Shogun vom Kaiser ernannt, was jedoch lediglich eine formelle Prozedur war, durch die der Kaiser keinerlei Entscheidungsgewalt erhielt. Starb der

Shogun, wurde der Titel an den ältesten Sohn weitervererbt, wodurch der Titel des Shoguns und der Herrschaftsanspruch über das Land oft lange Zeit, manchmal über Jahrhunderte, in derselben Familie blieb. Diese Perioden wurden als *Shogunate* bezeichnet und zumeist nach dem jeweiligen Nachnamen der Machtinhaber oder ihrer Residenzstadt benannt. Starb eine Linie aus, musste ein neuer Shogun gefunden werden. Dieser Prozess war häufig mit Kämpfen zwischen den verschiedenen Anwärtern verbunden.

Welche Shogunate gab es?

Die erste Herrschaftsperiode eines Shoguns war das *Kamakura*-Shogunat und der erste Shogun hieß **Minamoto no Yoritomo**. Schon sieben Jahre vor seiner Benennung zum Shogun hatte er sich ein eigenes Herrschaftsgebiet um das Zentrum **Kamakura** aufgebaut. Auf ihn geht die Einführung des Vasallensystems und die Schaffung eines feudalistischen Staatssystems

Zeittafel der Shogun-Herrschaft

8. Jh.	Die Nara-Periode bringt die ersten Shogune hervor.
12. Jh.	Einführung einer zentralen Militärbehörde.
1192–1219	Die Zeit des Kamakura-Shogunats
1219–1252	Die Zeit des Fujiwara-Shogunats
1252–1338	Die kaiserlichen Prinzen haben das Shogunat inne. Sie besitzen jedoch kaum entscheidende Macht.
1338–1573	Das Muromachi-Shogunat. Unter der Familie Ashikaga gewinnt der Shogun wieder an politischer Macht.
1573–1603	Zahlreiche Kämpfe um die Position des Shoguns finden statt. Für 30 Jahre gibt keinen offiziellen Shogun.
1603–1868	Das Edo-Shogunat unter der Familie Tokugawa.
1868	Der letzte Shogun, Tokugawa Yoshinobu, muss zurücktreten und die Macht wird auf den Kaiser zurück übertragen.

zurück. Nach dem Aussterben dieser Linie im Jahr 1219 gelang es der *Hojo*-Familie, die Macht in Japan zu ergreifen, ohne dass auch nur ein Mitglied des Geschlechtes jemals Shogun gewesen wäre. Vielmehr sicherten sie ihre Macht dadurch, dass die den Kaiser bei der Wahl des Shoguns beeinflussten. So kam es, dass teilweise kleine Kinder zum Shogun ernannt wurden, die keinerlei Macht ausüben konnten und keine Gefahr für die Ambitionen der Hojo-Familie darstellten. Dies änderte sich erst im Jahr 1338, als nach einem Bürgerkrieg die Familie **Ashikaga** den Shogunstitel erhielt und die Macht des Shoguns wieder stärkte. Die nun folgende Zeit wurde als das *Muromachi*-Shogunat bezeichnet, das von zahlreichen Kämpfen und Bürgerkriegen bestimmt war.

Der bedeutendste war der *Oninkrieg* von 1476–1477, nach dem das Land neu verteilt wurde. Die Herrschaft der Familie Ashikaga endete im Jahr 1573. In den nun folgenden drei Jahrzehnten fanden zahlreiche Machtkämpfe um die Neueinsetzung des Shoguns statt, doch erst im Jahr 1603 gab es mit **Tokugawa Ieyasu** wieder einen offiziellen Shogun. Er läutete die Zeit des *Edo*-Shogunats ein, mit dessen Ende 1868

Ritter in Tracht

auch die Zeit der Shogune vorüber war.

Wie endete die Herrschaft der Shogune?

Ab dem 17. Jh. schottete sich Japan gegen die gesamte westliche Welt ab und verbot auch die Einfuhr von Waren aus dem Ausland, wodurch es erst zu Hungersnöten und dann zu Aufständen in der bäuerlichen Bevölkerung kam. Gegen Mitte des 19. Jh. schlugen die gegnerischen Kräfte der Isolationspolitik Nutzen aus dem Unmut des Volkes und zwangen den letzten Shogun **Tokugawa Yoshinobu** zum Rücktritt. Der Kaiser wurde wieder eingesetzt und das Land öffnete sich dem Rest der Welt. Die über sechshundert Jahre lang andauernde Herrschaft der Shogune war vorüber.

Beginn der Mogulherrschaft

Die Machtergreifung der muslimischen Monguldynastie, die ab 1525 das riesige sogenannte Mogul-Reich in Indien errichtete, das über 200 Jahre fortbestand und erst im Jahr 1739 endete, bedeutete den Beginn der Mogulherrschaft.

Wer herrschte vor dem Beginn des Mogulreichs in Indien?

Nach über fünf Jahrhunderten, in denen wechselnde, zumeist hinduistische Dynastien die Herrschaft über den indischen Raum besaßen, wurde das Gebiet ab dem 11. Jh. immer öfter von Übergriffen muslimischer Herrscher heimgesucht. Diese kamen zumeist aus **Afghanistan** und fielen von dort aus in Raubzügen über die indischen Städte her. Nachdem sie sich Jahrzehnte lang gegen die endgültige Invasion der *Muslime* hatten zur Wehr setzen können, mussten sich

Djalal ad-Din Mohammed Akbar

die dort ansässigen *Hindus* zu Beginn des 13. Jh. endgültig geschlagen geben. Im Jahr 1206 wurde das muslimische Sultanat **Delhi** gegründet. Im Lauf der nächsten knapp 200 Jahre weitete sich das von den Sultanen beherrschte Gebiet erheblich aus: Es reichte zu seinen besten Zeiten bis in den Süden Indiens. Die Muslime errichteten ihr Reich auf der Grundlage der islamischen „Scharia", was schon bald zu religiösen Konflikten zwischen herrschenden Moslems und den unterworfenen Hindus führte. Zahlreiche hinduistische Tempel wurden von den Moslems zerstört und alle Nichtmuslime wurden zur Abgabe von Schutzgeldern gezwungen. Diese Konflikte und zusätzliche Machtkämpfe unter den muslimischen Herrschern führten schließlich zum Ende des Sultanats. Dar-

aufhin verteilten sich viele kleine Reiche über Indien, die weiterhin von muslimischen Herrschern regiert wurden.

Wann wurde das Mogulreich gegründet?

Die zentralasiatischen *Timuriden* hatten Afghanistan erobert, und von dort aus unterwarf die Dynastie der **Moguln**, der Nachfahren des größten mongolischen Feldherrn Dschingis Khan, unter ihrem Führer **Babur** ein Kleinreich nach dem anderen. Der Hauptgrund für die problemlose Eroberung der Reiche war die technisch sehr fortschrittliche und den Eroberten weit überlegene Armee der Moguldynastie. 1526 wurde Babur zum ersten Mogulkaiser des neu gegründeten Reiches, das fortan als Mogulreich bekannt war.

Wer war der bedeutendste Mogulherrscher?

Akbar war der Enkel des ersten Großmoguls Babur. Seinem Geschick war es zu verdanken, dass sich das Mogulreich erheblich ausdehnen konnte. Für seine äußerst

Großmogul Babur, Miniatur 16. Jh.

Kunst im Mogulreich

Das Mogulreich brachte einige sehr bemerkenswerte Kunstschätze hervor. Ein Zweig davon war die so genannte *„Mogulmalerei"*. Da die meisten Lehrer der damaligen Zeit Perser waren, waren auch die Einflüsse persischer Malerei in der Kunst des Mogulreiches, die hauptsächlich am Hof des Herrschers praktiziert wurde, nicht zu übersehen. Die meisten Werke dieser Zeit zeigten den Mogulherrscher. Dies hing damit zusammen, dass die Chroniken recht aufwendig illustriert und ausgeschmückt wurden, in denen von den Heldentaten des Herrschers erzählt wurde. Des Weiteren gehörten auch Blumen und Tiere zu den bevorzugten Motiven. Neben der Malerei entstanden auch plastische Kunstwerke. Es existieren noch Arbeiten aus Elfenbein, die während der Mogulzeit geschaffen wurden. Die bedeutendste kulturelle Errungenschaft der damaligen Zeit war jedoch die Architektur. Noch heute kann man in weiten Teilen Indiens die Bauwerke der Moguldynastie bewundern. Das mit Abstand bekannteste Bauwerk ist das **„Taj Mahal"**, das in der ersten Hälfte des 17. Jh. als Grabmal für die Frau eines Mogulherrschers errichtet wurde. Es ist das bedeutendste Werk des so genannten *„Mogulstils"*.

erfolgreiche Herrschaft, unter der das Mogulreich zur Höhe seiner Macht gelangte, gab es mehrere Gründe. Zum einen führte Akbar eine straffere Verwaltung ein. Dies war u. a. sehr hilfreich zum Zweck der Steuereintreibung. Seine tolerante Haltung gegenüber den Hinduisten machte ihn beliebt und sorgte dafür, dass sich sogar Gruppen hinduistischer Krieger seinem Reich unterstellten. Da ihm kaum Gegenwehr entgegen schlug, konnte er innerhalb kurzer Zeit beinahe ganz Indien einnehmen. Die Hindus akzeptierten seine Herrschaft, obwohl sie ihm und den Moslems zahlenmäßig weit überlegen waren. Dafür garantierte Akbar allen religiöse und kulturelle Freiheit. Somit schaffte er die Basis für einen Religionsfrieden im Mogulreich, der eine Garantie für die Stabilität des Reiches darstellte. Des Weiteren verhalf Akbar dem Reich auch zu finanziellem Wohlstand, indem er die *Silberrupie* einführte, was den Handel sehr erleichterte.

Was genau führte zum Zerfall des Mongulreiches?

Im Jahr 1658 übernahm **Aurangzeb** den Thron des Mongulreiches. Er kehrte zu einer restriktiven Religionspolitik zurück, was erneut zur Spaltung zwischen Hindus und Muslimen führte. Die Hindus konnten ihre Religion nicht mehr ausüben, ihre Tempel wurden zerstört. Doch auch das muslimische Volk war unzufrieden, weil es enorme Abgaben leisten musste. Es kam zu Revolten, die das Reich schwächten. Somit hatte es dem Einfall der Perser im Jahr 1739 nicht viel entgegenzusetzen und zerbrach.

Großmogul Babur

Der Drang nach wirtschaftlichem Profit und die Hoffnung auf die unermesslichen Reichtümer des Fernen Ostens trieb die portugiesischen Seefahrer an. Sie fanden beides, aber sie veränderten auch das Bild unserer Erde.

Warum brauchte man einen Seeweg nach Indien?

Seit dem Mittelalter kontrollierten die muslimischen *Araber* den Handel Europas mit dem Fernen Osten. Durch die Bildung eines starken *Osmanischen Reiches* in Kleinasien wurde diese Region zum Flaschenhals für den Fernhandel, und die hohen Durchlasszölle der Osmanen ließen in Europa den Wunsch aufkommen, alternative Handelsrouten zu erschließen. Eine Nordroute über Land durch Russland und Sibirien wurde nach einigen waghalsigen Expeditionen bald wieder verworfen. Eine Südroute über See an der Küste Afrikas entlang versprach mehr Erfolg.

Wurde der Seeweg nach Indien auf einer Fahrt gefunden?

Zwischen dem Beginn der portugiesischen Afrikaseefahrt und dem Erreichen des Zieles lagen über 80 Jahre und unzählige Fehlversuche. Die portugiesischen Seefahrer tasteten sich Stück um Stück an der Küste Nordwestafrikas entlang nach Süden. 1419 hatten sie **Madeira** erreicht, 1431 die **Azoren** besiedelt. Es folgten **Sierra Leone** im Jahr 1462 und der **Kongo** 1483. Aber je weiter die Strecken wurden, umso schwieriger war die Versorgung mit Proviant. Zudem musste man in Küstennähe stets mit Angriffen arabischer Seeleute rechnen, die diesen Seeraum als ihre Hoheits- und Handelsgewässer betrachteten.

Was fanden die Entdecker an den Küsten Afrikas?

Die Küsten Westafrikas luden nicht gerade ein, große Land-

Vasco da Gama

Vasco da Gama

Eigentlich stand **Vasco da Gama** in der langen Reihe der portugiesischen Seefahrer des 15. Jh. Doch ihm sollte die Ehre zuteil werden, als erster Europäer Indien auf dem Seeweg zu erreichen. Im Jahr 1498 umschiffte Vasco da Gama mit drei Schiffen und 150 Mann Besatzung das Kap der Guten Hoffnung, und weil zu diesem Punkt gerade Weihnachtszeit war, nannte er das Land östlich des Kaps *Natal*. Bei seiner Weiterfahrt an der Küste Ostafrikas entlang kam er in Konflikt mit arabischen Händlern, die in ihm in weiser Voraussicht einen künftigen Konkurrenten erkannten. Ein freundlicher Stammesfürst verschaffte da Gama einen Lotsen, der seine Schiffe sicher nach **Kalikut** im Südwesten Indiens führte. Auch dort hatte da Gama es nicht leicht, denn der Handel lag in den Händen der Araber. Im Jahr 1499 gelangte er zurück nach Portugal. Trotz aller Widrigkeiten hatte sich bereits diese erste Indienreise auch finanziell gelohnt: Der Verkauf von Gewürzen und Edelsteinen erbrachte das 60fache des Expeditionsaufwands an Gewinn.

gebiete für Portugal in Besitz zu nehmen. Im Norden stießen die Seefahrer auf die karge Wüste Sahara, weiter südlich gab es sumpfige Regenwälder. Und zu groß waren die Verlockung und die Aussicht auf Profit, die im Namen „*Indien*", dem großen, fernen Ziel aller portugiesischen Entdecker, mitklang. Doch die Portugiesen errichteten befestigte Stützpunkte und tauschten Sklaven und Gold von den afrikanischen Völkern ein. 1446 kamen die ersten afrikanischen Sklaven nach Europa. Mit den hoch entwickelten afrikanischen Reichen südlich der Sahara kamen die ersten Seefahrer jedoch kaum in Kontakt.

Warum heißt das „Kap der Stürme" heute „Kap der Guten Hoffnung"?

Nachdem der Portugiese **Diego Cão** 1484 bis kurz vor

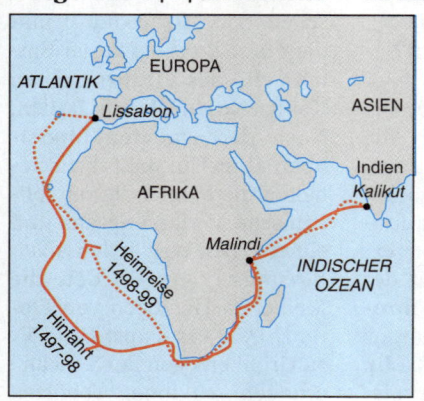

Seeweg nach Indien

Heinrich der Seefahrer

Heinrich der Seefahrer

Der portugiesische König **Heinrich** (1394–1460) war beseelt von der Idee, die Schifffahrt zum effektiven Machtinstrument auszubauen. Nicht umsonst nannte man ihn „den Seefahrer" Er wollte die Küste Afrikas umsegeln, um den Islam, der gerade von seinen letzten Vorposten in Europa zurückgedrängt wurde (Fall von **Granada** 1492), in Nordafrika weiter zu verfolgen. Ferner träumte er von der Befreiung des Heiligen Landes mithilfe eines mythischen christlichen Volkes, das er in Abessinien vermutete. Und schließlich suchte er Zugang zu den Gold- und Sklavenmärkten Ostafrikas. Heinrich gründete die erste *Seefahrerschule* der Welt und schickte zahlreiche portugiesische Expeditionen Richtung Süden.

die Südspitze Afrikas gelangt war, nutzte sein Landsmann **Bartholomäus Diaz** die Karten von Cão und fuhr über seine letzte Eintragung hinaus. Da ihn heftige Winde vom Kurs abbrachten, umschiffte er das Kap, ohne es zu merken. Erst als er wieder zur Küstenlinie zurückgefunden hatte, konnte er sich über die gelungene Umrundung freuen. Seine unwillige Mannschaft zwang ihn jedoch bald zur Rückkehr nach Portugal. Auf diesem Weg hatte Diaz Gelegenheit, die Kap-Region zu kartieren, und er nannte sie passenderweise das „Kap der Stürme".

Daheim in Portugal änderte der portugiesische König **Johannes II.** den Namen einfach in *„Kap der Guten Hoffnung"*, um die Moral künftiger Schiffsbesatzungen zu heben.

Was geschah mit den Entdeckungen?

Der portugiesische König setzte bald nach der ersten Entdeckungsfahrt von Vasco da Gama einen Vizekönig in Indien ein. In den ersten Jahrzehnten warf der Indienhandel über die neu entdeckte Route ungeheure Gewinne ab. Doch schon bald stritten englische und französische Seefahrer mit den Portugiesen um die Vorherrschaft und das Vizekönigreich zerfiel.

1434 übernahm das Patriziergeschlecht Medici die Regierung der Stadtrepublik Florenz und führte sie zu höchster Blüte. Ende des Jahrhunderts versuchte der Dominikanermönch Savonarola in Florenz eine Theokratie durchzusetzen, scheiterte jedoch.

Wer waren die Medici?

Das Florenz der Renaissance war geprägt von der Familie der **Medici**. Das Patriziergeschlecht bestand ursprünglich aus Kaufleuten und Bankiers, die ein großes Vermögen aufbauten und seit 1434 die Stadtherrschaft ausübten. Allen voran **Giovanni de Medici**, der Gründer der *Medici-Bank*, der hauptsächlich durch den *Handel mit dem Orient* große Gewinne machte. Bereits seit Ende des 14. Jh. war er politisch aktiv, konkurrierte jahrelang mit den **Albizzis** um die politische Spitzenposition in der Stadt und finanzierte militärische Aktionen der Päpste.

Waren die Medici beliebt?

Giovannis Sohn **Cosimo**, genannt „der Ältere", war bei

Lorenzo de Medici

der Bevölkerung äußerst beliebt und hauptsächlich dafür verantwortlich, dass die Medici die Herrschaft der Albizzi ablösten und Florenz damit vor seinem Untergang bewahrten. Er regierte bis 1464. Vom zweiten Sohn **Piero** stammt das Sprichwort: „Nur der weiß zu besiegen, der zu verzeihen weiß." Bis 1492 regierte **Lorenzo „der Prächtige"** die Stadt: Er gewann in Italien an Popularität und Beachtung v. a. durch sein diplomatisches Geschick in der Außenpolitik, organisierte Volksfeste und Rittertuniere, führte in Florenz sogar den Karneval ein.

Ging es den Medici als Kaufleuten nur um Geld?

Cosimo und Lorenzo förderten besonders großzügig die Kunst und den Humanismus und führten Florenz zu höchster wirtschaftlicher und kultureller Blüte. Die Medici erkannten u. a. das Talent der berühmten Maler **Michelangelo** und **Botticelli**. Florenz entwickelte sich im 15. Jh. zum Zentrum der Renaissance in Italien.

Katharina de Medici, Gemälde von Empoli, 17. Jh.

Wie sah die Herrschaft der Familie aus?

Zweimal wurden die Medici aus der Stadt vertrieben: von 1494–1512 und von 1527–1531. Der ersten Phase vorausgegangen war die immer größere Rivalität zwischen der *Medici-Bank* und der *Pazzi-Bank* sowie der Einmarsch des französischen Königs **Karls VIII.** in Italien. Nach der erneuten Machtübernahme im Jahr 1512 hebelten die Medici die republikanische Verfassung aus und ebneten den Weg in den *Absolutismus*. 1531 wurden die Medici zu Herzögen von Florenz, 1569 von Papst **Pius V.** zu Großherzögen der Toskana erhoben. Zu ihnen gehörten auch die Päpste **Leo X.** und

Clemens VII., die französischen Königinnen **Katharina**, die Frau von Heinrich II., und **Maria von Medici**, Frau von Heinrich IV. Schlussendlich ausgestorben ist das Geschlecht der Medici erst Anfang des 18. Jh.

Weniger bekannt ist Savonarola. Welche Rolle spielte er in Florenz?

Emblem der Medici, Marmoreinlegearbeit, 17. Jh.

Girolamo Savonarola war ein italienischer Dominikaner und Bußprediger, der seit 1482 in norditalienischen Städten und v. a. in Florenz gegen die laxen Sitten der Stadt und die Entartungen an der Kurie predigte. In Florenz war er seit 1491 Prior des Klosters **San Marco**, das er 1493 zu einer eigenen Kongregation erhob. Bereits zu Lorenzos Zeiten hatte Savonarola gegen den moralischen Verfall, gegen Prunk und die Regierung in Florenz gepredigt. 1484 verkündete er das nahe Endgericht und eine Erneuerung der Kirche. 1495 stellte er sich vor das Volk und predigte mit Blick auf die Geistlichen: „Tuet Buße, ihr Priester, ihr Geistlichen, ihr Prälaten, lasst ab von den Pfründen, lasst euren Prunk, eure Gastmähler und Gelage. Lasst eure Geliebten. Ihr Mönche, lasst eure fetten Abteien und euren Überfluss an Kleidung und Silber. Ihr Nonnen, wenn ihr Novizin-

nen aufnehmt, lasst euch nicht mit Geld bezahlen, lasst ab von Tand und Prunk und mehrstimmigen Gesängen. Meine Brüder, lasst alles Überflüssige, eure Bilder und Possen. Macht eure Kutten enger und aus grobem Stoff.“

Kamen diese Worte in Florenz an?

Savonarolas Ziel war es, „die der Sittenlosigkeit anheim gefallene Stadt ihrer Verderbnis zu entreißen und einen Gottesstaat aufzurichten“. Seine Bußpredigten fanden immer mehr Anklang bei der Bevölkerung in Florenz. Der Mönch verurteilte jegliche Form von weltlichem Besitz und ließ auf dem „Scheiterhaufen der Eitelkeiten“ Bücher, Schmuck und Kunstgegenstände öffentlich verbrennen.

Wie starb Savonarola?

Wachsende außenpolitische Schwierigkeiten, die Pest und schließlich die Hungersnot von 1496 bewirkten jedoch wieder eine Stärkung der großbürgerlichen Kräfte. Savonarola hatte großen Aufruhr angerichtet, z. B. durch die symbolische Krönung Christi zum König von Florenz. Seine Ideen standen im krassen Widerspruch zum patrizischen Status quo, sodass Savonarola zuerst Predigtverbot erhielt. Papst **Alexander VI.** ließ ihn 1497 wegen Häresie exkommunizieren und schließlich 1498 als Ketzer auf dem Scheiterhaufen hinrichten.

Peter Paul Rubens: Landung der Maria de Medici in Marseille

Die Erfindung des Buchdrucks

Nachdem in China schon Jahrhunderte vorher der Letterndruck bekannt war, war es der Deutsche Johannes Gutenberg, der diese Erfindungen schließlich in Europa machte und seitdem hier als Vater des Buchdrucks gilt.

Gab es die Druckkunst in China wirklich früher?

Schon im 2. Jh., also etwa zur gleichen Zeit, als in der westlichen Welt der römische Kaiser **Mark Aurel** seine Gedanken auf *Papyrusrollen* festhielt, die seine Schreiber vervielfältigen mussten, schnitt man in China seit dem Jahr 175 die klassische chinesische Literatur in *Steinplatten*. Per Abklatschmethode wurden Tausende von Kopien hergestellt, indem man befeuchtetes Papier so auf die Inschriftensteine drückte, dass beim Bürsten des Papiers mit Tusche die eingeschnittenen Schriftzeichen sich weiß vom sonst geschwärzten Papier abhoben. Noch im 14. Jh. dominierte in Europa das Vervielfältigen per Hand auf Pergament oder dem billigeren Papier.

Wie sah Gutenbergs Durchbruch aus?

Das Erste, was **Gutenberg** entwickelte, war die so genannte *Donat-* und *Kalendertype*, kurz *DK-Type*, mit der er Donate und Kalender druckte. Hiermit schuf Gutenberg die erste gedruckte Seite, die allerdings nichts mit einer gedruckten Seite heutzutage gemein hatte. Gutenbergs Ziel war es, mit einer neuen Technik das alte Aussehen originalgetreu zu reproduzieren, weshalb auf seinen ersten Drucken auch ungleich lange Zeilen zu sehen sind, obwohl der Blocksatz technisch durchaus schon möglich gewesen wäre.

Wie kam es zur 42-zeiligen Bibel?

Trotz seiner gelungenen Donat- und Kalenderdrucke fehlte Gutenberg noch der endgültige Nachweis dafür, dass gedruckte Bücher ebenso schön und vollkommen sein konnten wie die wertvollen handgeschriebenen Bücher. Um dies zu beweisen, begann er mit dem Druck der 42-zeiligen Bibel.

Wie fertigte er diese berühmte Bibel an?

Gutenberg wählte eine handgeschriebene Bibel aus, die als

Die chinesische Druckkunst und die Hürden der Kultur

Um 1040 experimentierte ein Chinese namens **Pi Sheng** mit beweglichen, einzeln hergestellten Druckstempeln aus Keramik, die er auf einer Eisenform zu ganzen Texten anordnete, mit einer Schicht Wachs und Harz fixierte und mit dem Gebilde schließlich druckte. Wollte er die Zeichen erneut verwenden, musste er die Eisenplatte nur so lange erhitzen, bis schmelzendes Wachs und Harz die Formen wieder freigaben. Doch das in den darauf folgenden Jahrhunderten weiterentwickelte Drucken mit beweglichen Lettern konnte sich in China bis zum Ende des 19. Jh. dennoch nicht durchsetzen, wofür es einen einleuchten Grund gibt: Die vielen tausend chinesischen Schriftzeichen verhinderten eine einfache und v. a. schnelle Zusammenstellung von Druckplatten aus beweglichen Lettern. Gutenberg musste dagegen lediglich mit 26 Lettern und einer Hand voll Hilfszeichen arbeiten.

Manuskript und Druckvorlage dienen konnte. Von der Handschrift wurden die schönsten Buchstaben ausgesucht und abgepaust, bis das gesamte Alphabet sowie alle Verbindungen zweier Buchstaben, so genannten *Ligaturen*, in Pausen vorlagen. Nach diesen Kopien wurden dann die neuen Typen hergestellt.

Hatte die Bibel der handschriftlichen Vorlage etwas voraus?

Beim Druck der 42-zeiligen Bibel im Jahr 1455 stellte sich heraus, dass alle Zeilen exakt die gleiche Länge aufwiesen. Dadurch entstand bei jeder Spalte ein gerader rechter Rand. Zum ersten Mal erwies sich das gedruckte Buch dem handgeschriebenen überlegen, denn für einen Schreiber war es absolut unmöglich, ein

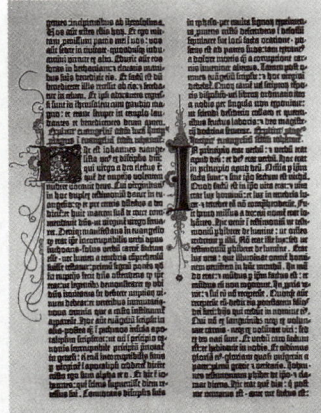

Gutenbergbibel

Johannes Gutenberg

Das Aussehen des Johannes Gutenberg

Johannes Gutenberg (eigentlich „Gensfleisch zur Laden"), der um 1397 geboren wurde und am 3.2.1468 starb, lebte als Patrizier in Mainz und wird auf vielerlei Bildern, Gemälden und Kupferstichen dargestellt. Tatsache ist jedoch, dass alle Bilder von Gutenberg freie Erfindungen darstellen.

ganzes Buch mit gleich langen Zeilen niederzuschreiben.

Wie ging es nach Gutenberg mit dem Buchdruck weiter?

Dem Schüler Gutenbergs **Peter Schöffer** gelang es 1457, erstmals *Initialen* zu drucken, die es mit den etablierten handgezeichneten aufnehmen konnten. Sein auf Pergament gedruckter Mainzer Psalter wird heute noch als eines der schönsten Bücher der Welt angesehen und mit der Gutenbergbibel gleichgestellt. Gutenbergs Schüler **Albrecht Pfister** war der erste Drucker, der die Typographie mit der *gedruckten Illustration* verband und der Drucker **Nicolaus Jenson** entwickelte eine eigenständige Druckschrift mit klarer Lesbarkeit. Mit dieser Technik brachte er 1470 ein Buch in einer sehr schönen deutlichen *Antiquatype* heraus. Damit hatte sich

der Buchdruck in Europa endgültig etabliert.

Welche Auswirkungen hatte die Buchdruckerei auf Deutschland?

Ein Drittel der gesamten deutschsprachigen Buchproduktion in der ersten Hälfte des 16. Jh. entfiel auf die Schriften **Martin Luthers**. Allein die geschätzte Gesamtauflage seiner hochdeutschen Bibelausgabe beläuft sich auf eine halbe Mio. Exemplare, die den sich gerade entwickelnden Buchmarkt quasi überfluteten und so viele andere Autoren dazu bewegten, ebenfalls das so genannte „Luther-Deutsch" in ihren Schriften verwendeten. Das vereinheitlichte zum ersten Mal die Entwicklung der deutschen Sprachbildung. In der direkten Verbindung mit der Reformation ist der Buchdruck demzufolge auch an der Entstehung einer hochdeutschen Schriftsprache beteiligt.

Der Italiener Christoph Kolumbus suchte unter der Flagge des Spanischen Königs einen kürzeren Seehandelsweg nach Indien und fand einen neuen Kontinent. Unter der Vorherrschaft der Europäer wurde die Welt neu geordnet.

Wer hat Amerika entdeckt?

Die ersten Entdecker Amerikas kamen aus dem nördlichen Asien vor einigen 10.000 Jahren über die zu der Zeit zugefrorene **Beringstraße** zwischen Sibirien und Alaska. Es ist sehr wahrscheinlich, dass Amerika auf diesem Weg mehrere Male unabhängig voneinander „entdeckt" wurde. Die nächsten Entdecker kamen vermutlich aus dem Südpazifik. Einigen Theorien zufolge sollen *polynesische Seefahrer* zu Beginn unserer Zeitrechnung bei ihren Entdeckungsfahrten im Pazifik auch die Küste Südamerikas erreicht haben. Schließlich folgten die *Wikinger* unter **Leif Eriksson** im Jahr 1000. Von Grönland aus stießen sie zur Küste von Neufundland vor und gründeten dort Kolonien, die allerdings nach einigen Jahrzehnten wieder aufgegeben wurden, da sich das Klima verschlechterte.

Wer war Christoph Kolumbus?

Christoph Kolumbus (1451–1506) war ein Seemann aus **Genua**. Er glaubte an die Karten von **Toscanelli** und wollte einen kürzeren Seeweg nach **China** und **Indien** finden. Dies war wünschenswert, da nach dem Erstarken des *Osmanischen Reiches* im östlichen Mittelmeer alle Waren aus China und Indien (Seide, Parfüm, Gewürze) mit hohen arabischen Durchgangszöllen belegt waren. Lange Jahre bemühte er sich

Kolumbus' Ankunft in Indien (Stich von T. de Bry)

vergeblich, Unterstützung für seine Idee am Hof des portugiesischen Königs zu erhalten. Doch hier glaubte man ihm nicht, sondern vertraute mehr den portugiesischen Seefahrern, die seit etwa 1450 an der Westküste Afrikas entlang Richtung Süden fuhren. Schließlich erlaubte ihm die spanische Königin **Isabella von Kastilien**, ein kleines Geschwader von drei Schiffen zusammenzustellen, um den neuen Seeweg nach Indien zu suchen.

Wie stellten sich die Menschen im 15. Jahrhundert die Gestalt der Erde vor?

Die Menschen in Europa stellten sich die Welt als eine *flache Scheibe* vor, die auf dem

Vertrag von Tordesillas

Im Jahr 1494, ganze zwei Jahre nach der Entdeckung Amerikas durch Kolumbus, wurde die Neue Welt zwischen den beiden wichtigsten Seefahrernationen aufgeteilt. Papst **Alexander VI.** legte eine *Demarkationslinie* fest, die durchs östliche Südamerika verlief. Westlich davon gelegenes Land wurde dem spanischen Einflussgebiet zugeschlagen, was östlich lag, und damit auch Afrika und Indien, stand Portugal zu.

Entdeckungsreisen in die Neue Welt

1492–1504	Christoph Kolumbus	Westindien, Kuba, Haiti, Venezuela, Mittelamerika
1499–1502	Amerigo Vespucci	Guayana, Südamerika
1497–1498	John Cabot	Neufundland
1500	Pedro Alvarez Cabral	Brasilien
1510–1513	Vasco Balboa	Panama, Pazifischer Ozean

Ozean schwimmt. Dieses Bild stammte zwar noch von dem Griechen **Ptolemäus**, aber die katholische Kirche hatte es in ihre Lehrmeinungen übernommen und deshalb galt es noch immer. Über der Erde bildeten zahlreiche Kristallschalen den Himmel, unter der Erde lag die Hölle oder Unterwelt. Wenn nun ein Schiff zu nahe an den Rand der Scheibe heranfuhr, dann würde es von der Scheibe herab in die Unterwelt stürzen. Deshalb scheuten sich die europäischen Seefahrer, ins Unbekannte zu segeln. Der italienische Gelehrte Toscanelli (1397–1482) hat als einer der Ersten die *Kugelgestalt* der Erde angenommen.

Wie wurde die Neue Welt entdeckt?

Im August 1492 machte sich Kolumbus mit der *Santa Maria*, seinem Flagschiff, den beiden kleineren Schiffen *Pinta* und *Niña* und 120 Mann Besatzung auf den Weg. Die **Kanarischen Inseln** stellten den letzten

Christoph Kolumbus

bekannten Vorposten der europäischen Zivilisation dar. Am 12. Oktober 1492 sichtete ein Matrose Land, eine kleine Insel in der Karibik, die Kolumbus **San Salvador** taufte. Im Namen der Könige von Spanien nahm Kolumbus die Insel in Besitz.

Warum nannte Kolumbus die Einwohner der Neuen Welt Indianer?

Nach seiner Rückkehr nach Spanien wurde Kolumbus zum *Vizekönig* ernannt. Auf drei weiteren Reisen in die Neue Welt gelangte er an viele Küsten des neuen Landes, doch glaubte er bis zu seinem Lebensende, er sei nach Indien gesegelt. Daher nannte er die Menschen, die diese Län-

der bewohnten, *Indianer*. Auch die Bezeichnung *„West-indische Inseln"* entstammt diesem Irrtum.

Woher stammt der Name Amerika?

Nach Christoph Kolumbus wagten sich zahlreiche Entdecker auf den Weg nach Westen. Einer von ihnen war **Amerigo Vespucci** (1451–1512). Er hatte bereits mit Kolumbus dessen dritte und vierte Reise vorbereitet. Später erforschte er auf eigenen Reisen v. a. die Küsten Südamerikas und suchte nach einer Durchfahrt im Süden. Vespucci war schon sehr früh davon überzeugt, einen neuen Kontinent und nicht nur die Rückseite Indiens zu bereisen. Daneben war er ein hervorragender Schriftsteller und fasste seine Erlebnisse zu spannenden Berichten zusammen. Dadurch wurde der neue Kontinent in Europa schnell bekannt. Im Jahr 1507 wurde er auf Vorschlag des deutschen Gelehrten **Martin Waldseemüller** zu Ehren Vespuccis *„Amerika"* genannt.

Ferdinand Magellan

Ferdinand Magellan (um 1480 bis 1521) war ein portugiesischer Seefahrer und Entdecker und führte die erste europäische Weltumsegelung durch, deren Abschluss er nicht mehr erlebte, da er 1521 auf der Insel Mactan fiel.

Woher kam Magellan?

Fernão de Magalhães – oder zu Deutsch **Ferdinand Magellan** – wurde um 1480 als Sohn einer verarmten portugiesischen Adelsfamilie geboren. Bereits als Kind arbeitete er als Page am portugiesischen Hof und trat auch später in den portugiesischen Militärdienst ein. Dabei reiste er bereits nach Indien und nahm an Forschungsexpeditionen teil. Nachdem er 1510 zum Hauptmann befördert worden war, kehrte er 1512 nach Portugal zurück und wurde 1513 in Marokko stationiert. Im Sommer 1513 kämpfte er für Portugal gegen die aufständischen Mauren in Marokko, wurde schwer am Bein verwundet und lahmte seitdem.

Fuhr Magellan nicht unter spanischer Flagge?

Ferdinand hatte Probleme mit den Obrigkeiten seines Heimatlandes. So soll er sich des illegalen Handels mit den *Mauren* und einer unerlaubten Rückkehr nach Lissabon schuldig gemacht haben. Zumindest lehnte daraufhin

der portugiesische König **Emanuel** Ferdinands Plan, eine Westroute zu den **Molukken** zu suchen, ab. Daraufhin legte dieser die portugiesische Staatsbürgerschaft ab und bot im Jahr 1517 seine Dienste dem spanischen König **Karl I.** an, der ihm die Erlaubnis für die geplante Expedition zusicherte. Die Ostroute zu den wegen ihrer Gewürzvorkommen geschätzten Molukken wurde von den Portugiesen beherrscht und Spanien brannte auf eine neue Route.

Ferdinand Magellan

Wann begann Magellans erste Reise?

Spanien stellte Magellan fünf Schiffe zur Verfügung und am 20. September 1519 segelte er mit über 240 Mann Besatzung von der Südküste Spaniens los: Die Westküste Afrikas entlang fuhren sie nach

Süden, überquerten den Atlantik und kamen am 13. Dezember 1519 im südamerikanischen **Rio de Janeiro** an. Am 31. März 1520 erreichte die Expedition den Hafen von **San Julian**, wo sie fast sechs Monate verbrachte.

Hatte Magellan keine Probleme mit Meutereien?

Weil ihre Vorräte zur Neige gingen, musste Magellan die Rationen kürzen, worauf es auf drei Schiffen tatsächlich zur Meuterei kam. Magellan ließ die Anführer vierteilen und setzte einen Rädelsführer an der Küste aus. Weitere 38 Mann verurteilte er ebenfalls zum Tod, begnadigte sie allerdings später und sicherte sich so ihre uneingeschränkte Loyalität.

Ist nicht ein Seeweg nach Magellan benannt?

Im Oktober 1520 stach Magellan erneut in See und schiffte zwischen der Südspitze **Südamerikas** und **Feuerland** hindurch. Dieser stürmische Durchgang wurde ihm zu Ehren später die „*Magellanstraße*" getauft. Magellan benötigte 38 Tage, um die Meerenge zu passieren. Eine Schiffsmannschaft verweigerte erneut den Gehorsam und segelte nach Spanien zurück. 16 Monate, nachdem Magellan von Spanien aus aufgebrochen war, hatte er die Meerenge schließlich überwunden und befand sich auf dem westlich gelegenen Meer, dem er aufgrund der herrschenen Windstille den Namen Pazifischer Ozean

Karl V. (l.)

Die Magellanstraße

Die **Magellanstraße** oder auch Magalhãesstraße genannt ist eine Meeresstraße zwischen dem *Atlantischem* und dem *Pazifischem Ozean*. Sie führt zwischen der Südspitze Südamerikas und der Insel Feuerland hindurch, ist etwa 600 km lang und 3–24 km breit. Ein Kurs durch die Magellanstraße gilt selbst heute, im Zeitalter modernster Navigationshilfen, als nicht ungefährlich.

(von lat. „pax" = „Friede") gab.

Wieso führte er die Weltumsegelung nicht mehr zu Ende?

Die verbleibenden Schiffe erreichten am 6. März 1521 die **Marianen** und entdeckten zehn Tage später die **Philippinen**, auf deren Insel **Cebu** Magellan am 7. April landete. Dort schloss er ein Bündnis mit dem Inselherrscher und vereinbarte, ihn bei einem Angriff auf die Nachbarinsel **Mactan** zu unterstützen. Fernão de Magalhães wurde dort am 27. April 1521 im Kampf mit den Inselbewohnern getötet.

Gelangte seine Mannschaft noch nach Hause?

Nach Magellans Tod verbrannte eines seiner Schiffe, doch die beiden anderen erreichten am 6. November 1521 schließlich die Molukken. Doch nur die „*Victoria*" des Spaniers **Juan Sebastián Elcano** beendete die

geplante Weltumsegelung tatsächlich. Am 6. September 1522 erreichten 18 Überlebende den Hafen von Sevilla.

Welche Folgen hatte die Weltumseglung?

Da Spanien die Bedeutung der Philippinen nicht sofort erkannte und die neue Route für den Handelsweg von Europa zu den Molukken viel zu schwierig und risikoreich war, verkaufte es seine dortigen Gebietsrechte an Portugal. Dennoch stieg **Manila** noch vor dem Ende des 15. Jh. zum größten spanischen Handelszentrum im Osten auf. Darüber hinaus wurde durch die Expedition Magellans die Kugelgestalt der Erde nun endgültig bewiesen, und endlich wusste man eindeutig, dass Christoph Kolumbus nicht einen Seeweg nach Asien, sondern einen neuen Kontinent entdeckt hatte. Magellan zu Ehren wurden nicht nur die südamerikanische Meeresstraße, sondern auch die zwei *Magellanschen Wolken* nach ihm benannt.

Die Azteken

Als späte Hochkultur Mittelamerikas vereinten die Azteken viele Errungenschaften früherer Kulturen und schufen daraus einen machtvollen Staat. Die Religion der Azteken war von blutigen Menschenopfern geprägt.

Woher kamen die Azteken?

Die **Azteken** waren ursprünglich ein Volksstamm im Hochland von **Mexiko**, der unter der Herrschaft der *Tepaneken* lebte und ihnen gegenüber tributpflichtig war. Im Jahr 1370 gründeten sie die Stadt **Tenochtitlan** im Texcocosee und siedelten sich dort an. Zu Beginn des 15. Jh. erkämpften sich die Azteken ihre Unabhängigkeit und König **Itzcoatl** (1428–1440) schuf durch kluge Bündnispolitik das erste selbstständige Aztekenreich.

Was ist der 3-Städte-Bund?

Auch in der Folgezeit bestimmte überlegte Bündnispolitik den Aufstieg der Azteken. König **Montezuma I.** (1440–1469) bildete mit

Statue der aztekischen Göttin

Aztekische Steinfigur

den ebenfalls mächtigen Städten **Texcoco** und **Tlacopan** den *3-Städte-Bund*. Die drei Städte waren weiterhin frei in ihrer Innenpolitik, im Hinblick auf die Außenpolitik und die weiteren Expansionsbestrebungen arbeiteten sie jedoch zusammen. Die von ihnen unterworfenen Völker und Stämme waren tributpflichtig. Die so erzielten Einkünfte wurden nach einem festen Schlüssel zwischen den drei Städten aufgeteilt.

Warum nannte man Tenochtitlan „Venedig Amerikas"?

Die Hauptstadt des Aztekenreiches war eine Weltstadt im 15. Jh. Über 75.000 Menschen lebten in der Stadt Tenochtitlan, die auf den Inseln des Texcocosees errichtet war. Über drei Dämme war

die Stadt mit dem Ufer des Sees verbunden. Eine Wasserleitung führte Frischwasser aus den Bergen herbei. Im Zentrum der Stadt gab es den Kultbezirk mit dem großen Doppeltempel und die Palastanlagen des Königs, um die sich dann die einzelnen Stadtviertel gruppierten. Alle Bezirke waren durch Kanäle voneinander getrennt. Boote waren die wichtigsten Verkehrsmittel.

Wie lebten die Menschen in Tenochtitlan?

Die umfangreichen Tributabgaben, die in die Hauptstadt flossen, bildeten eine gute wirtschaftliche Grundlage für Handel und Gewerbe, für Künste und Verwaltung. Die Bevölkerung war strikt in *Klassen* eingeteilt. Nur den höheren Klassen (Königsfamilie, hohe Beamte, Priester, Generäle) war das Tragen von Baumwollstoffen, Sandalen und Goldschmuck vorbehalten. Alle anderen mussten sich mit Kleidung aus Agavefasern und einfachem Schmuck aus Holz oder Halbedelsteinen begnügen. Auf die Erziehung ihrer Kinder legten die Azteken viel Wert. Auch gab es ein hoch entwickeltes *Rechtssystem*, das bereits Berufungsverfahren kannte.

An welche Götter glaubten die Azteken?

In der Religion der Azteken gab es ursprünglich einen allmächtigen, allerdings unerreichbar fernen Gott **Tonacatecutli**. Dessen vier Söhne waren die eigentlichen Götter. Sie standen für die wichtigen Lebensbereiche *Krieg*, *Ernte*, *Tag* und *Nacht*. Von diesen Göttern erzählen zahlreiche Mythen. Daneben übernahmen die Azteken aber auch die Götter der unterworfenen Völker mit in ihr Göttersystem. Nach dem Glauben der Azteken vollzieht sich die Geschichte in astronomisch begründeten Zyklen von 52 Jahren, nach denen die Welt durch ein Erdbeben vergeht und danach eine neue Welt geschaffen wird.

Legende von Quetzalcoatl

Quetzalcoatl, was übersetzt etwa *„gefiederte Schlange"* bedeutet, war ein Sohn des obersten Gottes Tonacatecutli. Da die Welt nach ihrer vierten Zerstörung nur durch ein Selbstopfer der Götter wieder neu erschaffen werde konnte, war Quetzalcoatl dafür ausersehen, in der Totenwelt Gebeine zu sammeln und daraus neue Menschen zu formen. Nach einer anderen Legende war Quetzalcoatl Priesterkönig in der legendären Stadt **Tula**. Wegen persönlicher Verfehlungen legte er seine Ämter nieder, zog aus der Stadt aus und verschwand über das östliche Meer. Er versprach, in späteren Zeiten wiederzukehren und seinem Volk zu Hilfe zu kommen. Wegen ihres fremdartigen Erscheinens und ihrer Herkunft aus dem Osten wurden die spanischen Eroberer von vielen Azteken für Quetzalcoatl gehalten.

Warum gab es so viele Menschenopfer?

Die Götter der Azteken brauchten die Unterstützung der Menschen. So konnte der *Sonnengott* nur dann jede Nacht die Finsternis besiegen, wenn er von den Gläubigen zuvor mit Speise versorgt worden war. Das wertvollste, was man dem Gott anbieten konnte, war ein Menschenopfer, oft das Herz des Menschen. Daraus entwickelte sich im Laufe der Zeit ein grausamer Kult. Dem zum Opfer bestimmten Menschen wurde auf der Spitze der Tempelpyramide vom Priester das Herz mit einem Steinmesser aus dem noch lebenden Leib geschnitten. Zwar wurden auch Verbrecher geopfert, doch meist handelte es sich um Kriegsgefangene. In Friedenszeiten veranstalteten benachbarte Stämme regelrechte Kriegsspiele mit dem Ziel, Gefangene für den Opferkult zu machen. Waren genug Gefangene erbeutet worden, stellte man die Feindseligkeiten umgehend ein.

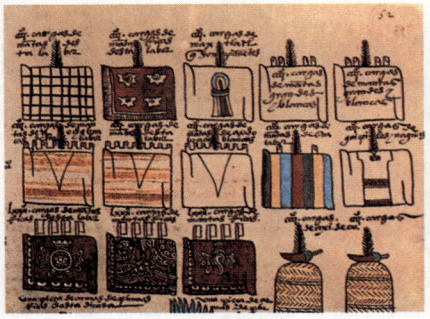 

Seiten aus dem Kodex Mendoza

Eroberung des Aztekenreiches durch Cortés

Der Abenteurer Hernán Cortés wollte den Goldschatz Montezumas an sich bringen. Das gelang ihm tatsächlich auch, doch dabei zerstörte er keine 30 Jahre nach der Entdeckung Amerikas das südamerikanische Reich der Azteken.

Wie gelangte Cortés zu seiner Expedition?

Der Gouverneur von Kuba, **Diego de Velázquez**, hörte von den sagenhaften Goldschätzen auf der Halbinsel **Yucatán**, wie **Mexiko** genannt wurde. Er wollte eine Expedition dorthin schicken. Bei der Suche nach einem finanzkräftigen Kommandeur fiel seine Wahl auf **Cortés**. Später wurde ihm Cortes zu mächtig, und Velázquez versuchte, ihm das Kommando wieder zu entziehen. Doch Cortés reiste in aller Eile am 4. März 1519 mit elf Schiffen und etwa 600 Mann an die Küste von Yucatán.

Wie begegneten sich Spanier und Azteken?

An der Küste von Mexiko traf Cortés auf einen Abgesandten des *Azteken*-Herrschers **Montezuma II.**, der ihn mit wertvollen Goldgeschenken empfing. Um den Azteken zu imponieren, hielt Cortés eine Parade mit den mitgeführten Pferden ab. Die fremden Tiere beeindruckten die Azteken sehr. Den Gesandten bat Cortés um weiteres Gold, da

dies das „Herzeleid" seiner Männer heilen könne.

Warum verbrannte Cortés seine Schiffe?

An einer günstigen Stelle gründete Cortés die Stadt **Vera Cruz** als Stützpunkt für seine Expeditionstruppe. Er ließ alle Schiffe im Hafen versenken, damit seine Männer ihm loyal folgten. Als dennoch einige Männer revoltierten, ließ er zwei von ihnen erhängen.

Wie gelangte Cortés nach Tenochtitlán?

Am 8. August 1519 brach Cortés ins Innere Mexikos auf.

Hernán Cortés

Auf dem Weg kam es immer wieder zu kriegerischen Auseinandersetzungen mit verschiedenen Völkern. Die erste größere Schlacht gewann Cortés gegen die *Tlaxcalteken* und *Otomi*. Dabei besiegten 500 Spanier eine Übermacht von 30.000 Indiokriegern. Nach verlorener Schlacht verbündeten sich die Tlaxcalteken mit den Spaniern gegen

Wer war Hernán Cortés?

Seine Jugend verbrachte **Hernán Cortés** (1485–1547) in Spanien, wo er eine gute Schulbildung erhielt. Zeitgenossen berichteten jedoch, dass er sich mehr für Frauengeschichten als für die Wissenschaft interessierte. Schon früh war er von der Neuen Welt Amerika begeistert. Wegen verschiedener Krankheiten konnte er an den Entdeckungsreisen des frühen 16. Jh. nicht teilnehmen. Er siedelte dennoch nach Kuba über, wo er sich um die Erschließung der Insel verdient machte und dafür ein Stück Land erhielt. Seine Plantagen brachten ihn zu gewissem Reichtum, den er vollständig verkaufte, um Mexiko zu entdecken.

Quetzalcoatl

die Azteken. Die Azteken schickten mittlerweile in regelmäßigen Abständen Gesandte, die Cortés jedes Mal mit wertvollen Geschenken überhäuften, ihm aber auch deutlich zu verstehen gaben, dass er besser einen Weg am Aztekenreich vorbei wählen sollte. Cortés ließ sich nicht beirren und zog am 8. November 1519 triumphal in Tenochtitlán ein. Montezuma II. selbst empfing ihn und erwies ihm alle Ehren.

Warum wurde Montezuma II. gefangen genommen?

Als die Steuereintreiber der Azteken von den *Totonaken* Tribut forderten, riefen diese die Spanier aus Vera Cruz zur Hilfe. Bei einem Scharmützel wurden die spanischen Kommandeure getötet und ihre Köpfe nach Tenochtitlán gesandt. Cortés bat daraufhin um eine Audienz bei Montezuma II. und lockte ihn dabei in einen Hinterhalt. Cortés ließ die Steuereintreiber auf dem Markt von Tenochtitlán bei lebendigem Leib verbrennen.

Warum mussten die Spanier aus der Azteken-Hauptstadt fliehen?

Die Entweihung der heiligen Stätten und die Unterdrückung der Azteken förderten deren Widerstand. Im Juni 1520 griffen aztekische Truppen die Spanier in Tenochtitlán an. Dabei wurde Montezuma II. tödlich verwundet. In der *„traurigen Nacht"* (*„noche triste"*) vom 30. Juni 1520 flohen die Spanier über den Westdamm der Stadt ins Gebiet der Tlaxcalteken.

Wo kam es zur Entscheidungsschlacht?

In der Folgezeit erholten sich die Spanier wieder von ihren Verlusten. Auch erhielt Cortés Nachschub aus Spanien. Nach umfangreichen Vorbereitungen begann er am 28. Mai 1521 mit der Belagerung Tenochtitláns. Als eine der ersten Aktionen wurde die Wasserleitung zerstört und die Stadt somit von der Süßwasserzufuhr abgeschnitten. In zähen Kämpfen rangen Spanier und Azteken um die Oberhand, doch am 14. August 1521 hatte Cortés ganz Tenochtitlán eingenommen.

Wie viele Opfer kostete die Eroberung Mexikos?

Bei der Eroberung Tenochtitláns starben schätzungsweise 60–80 Spanier und etwa 240.000 Azteken. Insgesamt verlor Cortés auf seinen Eroberungszügen durch Mexiko etwa 1000 Mann.

Was machte Cortés nach der Eroberung Mexikos?

Hernán Cortés wollte gern Vizekönig des eroberten Landes werden, doch diese Würde versagte ihm der spanische König. Zu viele einflussreiche Menschen störten sich an seiner Person. In den letzten 20 Jahren seines Lebens reiste Cortés einige Male zwischen der Neuen Welt und Spanien hin und her. Er schrieb mehrere Berichte an den spanischen König, in denen er von seinen ruhmreichen Taten berichtete.

Tenochtitlán: Tempel des Quetzalcoatl

Anfang des 16. Jahrhunderts waren Luther, Zwingli und Calvin Auslöser einer Bewegung, die in den europäischen Staaten zur Entstehung neuer, vom Papsttum unabhängiger Kirchen führte: Die Kirche spaltete sich auf.

Wann genau begann die Reformation?

Im Allgemeinen nimmt man den Tag, als **Martin Luther** seine *95 Thesen* gegen den Missbrauch des Ablasses veröffentlichte, als Beginn der *Reformation* an: am 31. Oktober 1517, am Vorabend des Allerheiligentages. Luther leitete damit eine wissenschaftliche Diskussion über den florierenden *Ablasshandel* ein, der seiner Meinung nach im krassen Widerspruch zur gepredigten Kirchenlehre stand. Um die Angst vor der Sündenstrafe zu lindern, bot die katholische Kirche das *Bußsakrament* an: Der gläubige Mensch, der seine Sünden bereute, konnte sein Vergehen einem Priester beichten, musste dafür aber „Gutes" tun, z. B. beten, fasten oder Almosen geben. Schon bald wurde diese Buße pauschalisiert: Der Sünder erwarb durch den Kauf eines *Ablassbriefes* das Recht, sich durch einen Priester von allen oder nur gewissen Sünden lossprechen zu lassen, und das ein- oder mehrmals, sogar für sein ganzes Leben, d. h. auch für noch bevorstehende Sünden.

Martin Luther, Porträt von Lucas Cranach

Welche Rolle spielte Luther?

Der in Kursachsen und in seiner Lehrstadt **Wittenberg** hoch angesehene Universitätsprofessor geriet immer mehr in Gewissensnöte: Beim Studium der Bibel hatte er Gott für sich als liebenden Vater entdeckt, der dem Menschen das Seelenheil sicherte, wenn dieser im festen Glauben an ihn den direkten Zugang zu ihm suchte. Damit geriet die gesamte offizielle Kirchenlehre ins Wanken. Luther platzte sozusagen der Kragen, als dann auch noch der Dominikanerprior **Johann Tetzel** den Ablasshandel offen zur Finanzierung des Weiterbaus von **St. Peter** in Rom missbrauchte, und veröffentlichte die berühmten 95 Thesen. Durch die Einführung des Buchdrucks lagen sie bereits im Dezember in gedruckter und übersetzter Form vor und verbreiteten sich rasch unter der Bevölkerung. Zweimal sollte Luther seine Lehre widerrufen, doch er beugte sich dem Druck der Kirche nicht – seine Ideen fanden immer mehr Anhänger, der Geist der Reformation war nicht mehr aufzuhalten. Neun Jahre nach Luthers Tod (1546) verabschiedete König **Ferdinand** in Augsburg einen unbefristeten *Religionsfrieden* zwischen den Religionsparteien.

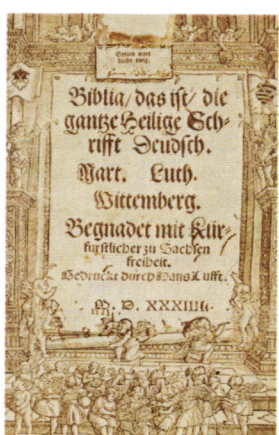

Titelseite der Lutherbibel

Ulrich Zwingli

Wie lief die Reformation in anderen Ländern ab?

In der deutschen Schweiz führte **Huldrich Zwingli** von Zürich, in der französischen Schweiz **Johannes Calvin** von Genf aus die Reformation durch. Im Gegenteil zu Luther wollte Zwingli, Pfarrer seit 1506, im republikanisch regierten Zürich auf demokratischem Weg die Mehrheit erringen. Er strebte eine religiöse und gesellschaftliche Erneuerung an. Durch Mehrheitsbeschluss wurden alle Bilder und Messen sowie das Abendmahl als Gedenkmahl abgeschafft, aus dem Gottesdienst alle musikalischen Elemente verbannt und die Predigt in den Mittelpunkt gestellt. Calvin, Sohn eines bischöflichen Notars, war einer der größten Schüler Luthers und sah wie dieser die Rechtfertigung und Erwählung Gottes im Zusammenhang. Jedoch stellte Calvin ab 1539 der Erwählung die Verwerfung logisch gegenüber, sodass es zu einer Lehre von der *„doppelten Prädestination"* kam, für den *Calvinismus* das besondere Kennzeichen in Auseinandersetzungen nach innen und außen. Calvin setzte sich schließlich durch und die Genfer Kirche wurde Modell für viele calvinistische Kirchen in Westeuropa. Fünf Jahre vor seinem Tod gründete Calvin die *Theologische Akademie* in Genf.

Johannes Calvin

Die wichtigsten Stationen der Reformation

1513	**Martin Luther** veröffentlicht 95 Thesen gegen den Missbrauch des Ablasses.
1518	Luther verweigert in Augsburg den Widerruf seiner Lehre.
1518	Beginn der Reformation in der Schweiz: **Zwingli** schließt sich Luthers Ideen an und überzeugt die Stadt Zürich von der reformatorischen Neuordnung.
1520	Luther veröffentlicht drei reformatische Schriften.
1521	Reichstag zu Worms: Luther wird nach Worms eingeladen, verweigert wiederum den Widerruf seiner Lehre. Sein Landesherr, Kurfürst Friedrich der Weise von Sachsen, lässt ihn auf die Wartburg in Sicherheit bringen.
1521–1522	Luther übersetzt das Neue Testament ins Deutsche.
1521–1526	Erster Krieg **Karls V.** gegen **Franz I.** Während des Krieges breitet sich die Reformation in Deutschland weiter aus.
1524–1525	Die Bauern stellen sich in Schwaben und Franken, Tirol und Salzburg, im Elsass und in Mitteldeutschland gegen die Herrenmacht.
1532	Nürnberger Religionsfriede: Der Kaiser gewährt den protestantischen Ständen Aufschub.
1541	Reformation in Genf: **Calvin** veröffentlicht seine „Glaubenslehre".
18.2.1546	Tod Luthers.
1555	Augsburger Religions- und Landfriede: Religionsfreiheit, Glaubens- und Kirchenordnung.

Der Augsburger Reichstag beendete die Konflikte zwischen der katholischen Kirche und den neuen christlichen Konfessionen und verabschiedete einen Religionsfrieden, wonach die Untertanen eines Landesherren automatisch dessen Konfession annahmen.

Gab es denn vorher einen „Religionskrieg"?

Martin Luther hatte Ende 1517 die *Reformation* eingeleitet und brachte mit seinen Thesen die gesamte offizielle Kirchenlehre von der Mittlerrolle des Priesters und der *„Werkgerechtigkeit"* (Buße für die Sünde in Form einer guten Tat bis hin zum Kauf eines Ablassbriefes) ins Wanken. Seine Ideen und Schriften verbreiteten sich rasend schnell in der Bevölkerung, führten aber nach und nach zu einer Versplitterung der reformatorischen Bewegung. **Zwingli** in der deutschen und **Calvin** in der französischen Schweiz griffen die lutherische Lehre auf und entwickelten sie zu eigenständigen Konfessionen weiter. Manche Fürsten waren für die Reformation, andere dagegen und Kaiser **Karl V.** – vom Papst ganz zu schweigen – schien ein unüberwindliches Hindernis für diejenigen zu sein, die sich vom katholischen Glauben abwandten. Zwischen den Anhängern der Reformation auf der einen und denen des Katholizismus auf der anderen Seite folgte

Reformator Martin Luther

ein ewiges Hin und Her, sogar untereinander. Im so genannten *Abendmahlstreit* von 1526–1529 beharrte Luther auf der Wandlung von Brot und Wein zu Fleisch und Blut Christi, während dagegen Zwingli auf dem Symbolcharakter bestand. Der *Reichstag von Speyer* 1529 hatte den Lutheranern erheblichen Ärger bereitet, weil die Mehrheit der Reichsstände das Verbreiten der evangelischen Lehre verboten wissen wollte. Vierzehn Reichs-

städte und fünf Fürstentümer legten dagegen einen förmlichen Protest ein und zogen sich so den Namen *„Protestanten"* zu (nach lat. prostari: Zeugnis für etwas ablegen, für die Gewissensfreiheit bezüglich des Evangeliums). Auf dem Reichstag 1530 gaben andere oberdeutsche Reformatoren in ihren Ansichten nach, als sich die Gegensätze zwischen katholischen und evangelischen Reichsständen eklatant zuspitzten. Der Zwist zwischen den Konfessionen sollte auch in den Jahren danach erst einmal so weitergehen.

Karl V. (I.), Gemälde von Zucchari

Welche Rolle spielte Karl V.?

Karl V. traf im Sommer 1530 in Augsburg ein und eröffnete zum ersten Mal nach neun Jahren wieder einen Reichstag – zu diesem Zeitpunkt stand er auf dem Höhepunkt seiner Macht. Seine Meinung über Luther hatte er seit dem *Wormser Edikt* nicht geändert und da die Kirche mit der lutherischen „Ketzerei" nicht fertig zu werden schien, fiel ihm als Diener Gottes die Aufgabe zu, sich persönlich um das Problem zu kümmern. Auf dem Reichstag ließ Karl sich von den Protestanten ihr ausformuliertes Glaubensbekenntnis, die *„Augsburger Konfession"*, vorlegen, gleichzeitig aber von einer Kommission katholischer Theologen eine Gegenschrift ausarbeiten, um sich eine endgültige Entscheidung vorzubehalten. Diese fiel für die Protestanten erwartungsgemäß negativ aus: Karl erklärte sie für überwunden und befahl, überall im Reich den alten Glaubenszustand wiederherzustellen. Seinen Bruder **Ferdinand** ließ er 1531 zum Römischen König krönen. Als Antwort auf die Beschlüsse gründeten die verbitterten Protestanten ein Schutzbündnis, den *Schmalkaldischen Bund*, und bekamen dann doch, ein Jahr später, vom Kaiser angesichts eines erneut anrückenden Türkenheeres den *Nürnberger Religionsfrieden* zugesichert. Trotzdem folgten weitere Konflikte, denn Karl war nie von dem Vorhaben abgerückt, die Einheit des christlichen Glaubens im Lande wiederherzustellen. Erst eine Verschwörung mehrerer Fürsten, die durch die hochfliegenden Pläne des Kaisers ihre verfassungsrechtliche Freiheit bedroht sahen – er hegte den Plan einer *Reichsliga* –, nahm seiner Macht die Grundlage. Im März 1552 stieß die Armee der Fürsten über die Donau nach Süden vor und schlug Karl V. und sein Heer über die Alpen in die Flucht. 1556 legte der Kaiser seine Ämter nieder, verzichtete auf die Krone und starb zwei Jahre später in Spanien.

Was brachte der Augsburger Religionsfrieden?

Ein neu einberufener Reichstag 1555 in **Augsburg**, geleitet von König **Ferdinand**, zog einen Schlussstrich unter die Bemühungen, im Reich die religiöse Einheit wiederherzustellen. Im Gegenteil: Er orientierte sich an der Realität im Reich, der Koexistenz von römisch-katholischem und lutherischem Glauben – allerdings ohne die *Zwinglianer, Calvinisten* usw. einzubeziehen. Es gab keine allgemeine Religionsfreiheit, sondern es galt das Prinzip *„cuius regio, eius religio"* (= wessen Herrschaft, dessen Religion), d. h. nur die Landesherren durften die Konfession wählen, die Untertanen mussten ihnen folgen. Andersgläubige Untertanen hatten das Recht auszuwandern. Ein geistlicher Reichsfürst wurde durch den Konfessionswechsel Privatmann und verlor seine geistliche Würde, ein weltlicher Fürst seine Herrschaftsrechte. Falls in einer freien Reichsstadt beide Konfessionen vorhanden waren, so sollte dieser Zustand fortbestehen. So brachte der Beschluss zwar Frieden im Land, kam aber eher einem salomonischen Urteil gleich.

Ferdinand I. von Habsburg

Die Bauernkriege

In den Jahren 1524/25 kämpften unterdrückte Bauern für ihre alten Rechte und um eine wirtschaftliche Besserstellung – wegen fehlender Zusammenarbeit und mangelnden militärischen Könnens wurden sie jedoch nach und nach von den Landesfürsten besiegt.

Was war der Hintergrund der Bauernkriege?

Schon seit dem 14. Jh. hatten Bauern Aufstände gewagt, die jedoch meist blutig im Keim erstickt wurden. Immer mehr wurde der „kleine Mann" von der Obrigkeit unterdrückt und mit Abgaben ausgepresst. Doch die veränderten wirtschaftlichen und gesellschaftlichen Bedingungen des 15. und 16. Jh. hatten das Selbstbewusstsein der Bauern gestärkt, nicht zuletzt durch die beginnende *Reformation*, die die „evangelische Freiheit des Christenmenschen" verkündete. **Luther** erkannte zwar die Hauptschuld der Fürsten, war allerdings der Meinung, dass die Bauern kein Recht hätten, ihre Absichten gewaltsam durchzusetzen. Mitte 1524 verweigerten immer mehr Bauern nicht nur den geistlichen Grundherren ihre Abgaben, sondern nun auch den weltlichen. Schon im August verbündeten sich die aufständischen schwarzwälder Bauern mit den Bürgern der Stadt Waldshut zur *„Evangelischen Brüderschaft"*, die ihre Forderungen in alle Richtungen verbreitete und die Bauern dazu aufrief, sich zu organisieren. In ganz Süddeutschland außer Bayern, in Tirol, in der Steiermark, in Franken und in Thüringen folgten Bauern dem Beispiel und kämpften gegen die Unterdrückung. Nach und nach bildeten sich immer mehr Bauernhaufen, die ihrer Em-

Johann Wolfgang von Goethe

Der „Ritter mit der eisernen Hand"

Götz von Berlichingen (1480–1562) stammte aus einer alten schwäbischen Adelsfamilie, erlernte die höfischen Sitten und das Waffenhandwerk und wurde schließlich zum Ritter geschlagen. Im *Landshuter Erbfolgekrieg* geschah das Unglück: Götz von Berlichingen verlor seine rechte Hand – sie wurde jedoch durch eine fast perfekte Eisenprothese ersetzt. Sie ist eine der ältesten und besterhaltenen Prothesen überhaupt und kann heute noch in einem Museum in seinem Geburtsort Jagsthausen besichtigt werden. Götz führte viele Fehden gegen geistliche Fürsten, weshalb 1512 die Reichsacht über ihn verhängt wurde, die ihn vogelfrei und damit rechtlos machte. Die Reichsacht wurde ein Jahr später aufgehoben, aber bereits 1518 erneut verhängt. In der entscheidenden Phase des *Bauernkrieges* (1524–1525) setzte er sich an die Spitze einer Bauerngruppe, verließ sie fünf Wochen später aber wieder, weil er erkannte, dass der Kampf nicht gewonnen werden konnte. 1542 zog er unter Kaiser **Karl V.** gegen die Türken und die Franzosen. Unsterblich für die Nachwelt wurde der Ritter 1773 durch **Goethes** Drama *„Götz von Berlichingen mit der eisernen Hand"*, dem der Schriftsteller die von Berlichingen selbst geschriebene Biografie zugrunde legte.

Martin Luther

als militärische Führungskräfte an. In Tirol setzte sich **Michael Gaismair** an die Spitze und in Thüringen wurden die Bauern von **Thomas Müntzer** angeführt.

Hatten die Bauern mit ihrem Aufstand Erfolg?

Zu Beginn des Aufstandes hatten die Bauern große Erfolge errungen, doch konnten sie nach und nach von den Obrigkeiten unterworfen werden. Bereits im Mai 1525 wurde Thomas Müntzer mit seinem Bauernheer geschlagen, gefangen genommen, gefoltert und hingerichtet. Auch in anderen Teilen des damaligen Deutschland wurden die Bauern von Rittern, Fürsten und einem Söldnerheer der schwäbischen Städte niedergeworfen. Mehr als 100.000 Menschen sind im Bauernkrieg umgekommen. Durch die Niederlage änderte sich die Lage der Bauern nicht wirklich, verschlechterte sich teilweise sogar und viele Bauern wandten sich enttäuscht von der Reformation ab. Die eigentlichen Sieger des Bauernkrieges waren die Landesfürsten.

pörung Luft machen wollten. *„Haufe"* wird eine Gruppe von Bauern in einem Landstrich genannt.

Was war der Auslöser für den Aufstand der Bauern?

Im März 1525 traten die Vertreter der Bauernhaufen in **Memmingen** zusammen und präsentierten ihre gemeinsamen Forderungen. In den *„Zwölf Artikeln"* forderten sie u. a. die Beseitigung der Leibeigenschaft, erträgliche Zinsen, freie Wahl der Pfarrer durch ihre Gemeinden und die Abschaffung des Vierzehnten. Mit Verhandlungen wollte der Zusammenschluss der Obrigkeiten, der *Schwäbische Bund*, die Debatte verzögern – doch die Geduld der Bauern war bereits am Ende: Anfang April 1525 brach der bewaffnete Aufstand in fast allen Gebieten Schwabens und Frankens gleichzeitig los. Viele Klöster und Schlösser gingen in Flammen auf, radikale Bauern in Franken sorgten für die Hinrichtung von 14 Adligen, die als Bauernschinder galten, und selbst Ritter wie **Götz von Berlichingen** (1480–1562) und **Florian Geyer** (1490–1525) schlossen sich der Sache der Bauern

Bauernkriege, Druck

207

Die Anglikanische Kirche

Sie verkörpert einen besonderen konfessionellen Typus, der durch seine hierarchische Verfassung und seine liturgische Gottesdienstform dem Katholizismus und durch sein Glaubensbekenntnis dem Protestantismus nahe steht.

Wer gründete die Anglikanische Kirche?

Im 16. Jh. kam es auf dem europäischen Festland vielerorts zu einem Bruch mit dem Papst. Der Grund dafür war eine tiefe, von einer breiten Bevölkerungsschicht getragenen Sehnsucht nach einer Erneuerung des Glaubens. Die Gründung der **Anglikanischen Kirche** hatte andere Motive. Hier war es nur eine einzige Person, König **Heinrich VIII.** (1491–1547), der die Abspaltung der englischen Kirche vom Katholizismus verursachte. Seine Beweggründe zur Schaffung der

Papst Leo X.

Anglikanischen Kirche resultierten aus politischen Erwägungen und nicht aus einer Unzufriedenheit mit der katholischen Lehre. Noch im Jahr 1521 hatte er sich mit der theologisch hochkarätigen Schrift *„Asserto septem sacramentum"* öffentlich gegen Luther gestellt und den Katholizismus verteidigt. Dafür wurde er von Papst **Leo X.** mit dem Ehrentitel *„Verteidiger des Glaubens"* ausgezeichnet.

Wie kam es zum Zerwürfnis zwischen Heinrich VIII. und dem Papsttum?

Der Grund des Streites zwischen König und Papst war Heinrichs Bemühen, die *Tudor*-Dynastie zu erhalten. Denn alle Kinder, die seine um fünf Jahre ältere Gattin **Katharina von Aragon** gebar, starben sehr früh (bis auf die 1516 geborene **Maria**) und die Aussichten auf einen männlichen Thronerben schwanden zusehends. Als

Heinrich VIII.

Vorwand zur Auflösung des Ehebundes sollte die Tatsache dienen, dass Katharina zuvor mit Heinrichs früh verstorbenem Bruder **Arthur** verheiratet gewesen war. Das war eine gangbare Argumentation, denn die Bruderehe ist im Alten Testament untersagt. Doch als Heinrich im Jahr 1527 den neuen Papst **Clemens VII.** um die Annullierung der glücklosen Verbindung bat, lehnte dieser ab. Auch hier waren nicht theolo-

Anna Boleyn

gische, sondern politische Gründe ausschlaggebend. Denn die Dynastie der *Habsburger* – mächtige Verwandte Katharinas – hatte Truppen in Italien und bedrohten den Kirchenstaat. Eine von Clemens gebilligte Demütigung Katharinas hätte daher seine Absetzung zur Folge haben können.

Welche Folgen hatte die Abspaltung der englischen Kirche?

Durch die vom Parlament im Jahr 1534 beschlossene „*Suprematsakte*" war der englische König fortan das Oberhaupt der englischen, der anglikanischen, Kirche. In England sprach man nicht mehr vom Papst, sondern nur noch vom *Bischof von Rom*. Heinrich ließ die Ehe mit Katharina annullieren und heiratete die Hofdame **Anna Boleyn**, die damit Königin wurde. Im gleichen Jahr wurde die „*Sukzessionsakte*" beschlossen, die die Thronnachfolge auf die Kinder der zweiten Ehe verschob. Doch auch diese Ehe wurde nicht glücklich: Im Jahr 1536 ließ

Elisabeth I.

Elisabeth I.

Königin von England von 1558–1603. Sie war die erstgeborene Tochter der Ehe zwischen König Heinrich VIII. und Anna Boleyn. Somit erfüllte sich Heinrichs Hoffnung auf einen männlichen Thronfolger nicht. Trotzdem stärkte Elisabeth das Haus *Tudor* ungemein, das gesamte Zeitalter wird wegen ihrer langen Regierungszeit in England „*das Elisabethanische*" genannt. Elisabeth wagte es, die bis dahin unangefochtene Supermacht Spanien herauszufordern. Sie unterstützte den Kaperkrieg englischer Seehelden wie **John Hawkins** und **Francis Drake** gegen die spanischen Galleonen aus der Neuen Welt. Als sie 1587 ihre katholische Konkurrentin, die Königin von Schottland **Maria Stuart**, hinrichten ließ, sah sich Spaniens erzkatholischer König **Philipp II.** gezwungen, England den Krieg zu erklären. Die Vernichtung der *spanischen Armada* im folgenden Jahr legte den Grundstein für Englands Vorherrschaft zur See. Die politischen und wirtschaftlichen Erfolge des elisabethanischen England gingen Hand in Hand. 1571 wurde die *Londoner Börse* gegründet, 1584 wurde von **Sir Walter Raleigh** die erste englische Kolonie **Virginia** in Besitz genommen, 1600 entstand die *East-India Company*. Das spätere Kolonialreich Großbritannien zeichnete sich ab.

Heinrich seine Frau Anna Boleyn hinrichten, insgesamt schloss er sechs Ehen. Außerdem verfügte Heinrich die Auflösung der englischen Klöster und den Verkauf ihres riesigen Grundbesitzes an die Gentry, den englischen Landadel, und das Bürgertum. Dieser Vorgang war der größte Transfer von Eigentum auf englischem Boden in der gesamten Neuzeit. Die Bildung einer von Rom unab-

Sir Francis Drake

hängigen Staatskirche hatte Vorbildcharakter für viele Landesfürsten auf dem europäischen Festland.

Die Ming-Dynastie

Die chinesische Kaiserdynastie von 1368 bis 1644 wurde von dem ehemaligen buddhistischen Mönch Zhu Yuanzhang gegründet, der in einem Aufstand die Stadt Peking der mongolischen Yuan-Dynastie entreißen konnte.

Was bedeutet der Name Ming?

Nachdem die Widerstandsbewegung erfolgreich die Mongolen aus China vertrieben hatte, gründete **Zhu Yuanzhang** (kantonesisch: **Taizu**) eine neue Dynastie, die so genannte *„Ming"*-Dynastie. „Ming" bedeutet auf Chinesisch „hell" und die *Ming*-Dynastie brachte entsprechend „hellen Glanz" ins Land.

Was waren die ersten Handlungen des neuen Kaisers?

Zhu Yuanzhang war Zeit seines Lebens besorgt, dass man ihn durch einen neuen Aufstand wieder absetzen könnte. Deshalb baute er in den ersten Jahren eine Reihe von Sicherheitsvorkehrungen ein, die einen solchen Fall verhindern sollten. Er gründete eine Geheimpolizei, die ranghohe und mächtige Beamte, die dem Kaiser gefährlich werden konnten, ausspionieren sollte. Bei dem geringsten Verdacht auf geheime Opposition wurden die Mächtigen des Verwaltungsapparates entlassen, entehrt oder gar getötet. Zhu Yuanzhang bevorzugte Untertanen aus dem einfachen Volk, da er der Adelsschicht nicht traute, und gründete Ministerien für Handwerk, Landwirtschaft und Militär. Die Gruppe der Eunuchen profitierte aus verschiedenen Gründen am meisten von den neuen Regelungen des Kaisers und konnte ihre Position am Hof ausbauen.

Wo regierte die Ming-Dynastie?

Die erste Hauptstadt der Ming-Dynastie war **Nanking**. Kaiser Zhu Yuanzhang dankte im Jahr 1398 ab, woraufhin fünf Jahre später der Kaiser **Zhu Di** auf den Thron folgte. Dieser war im Vergleich zu den meisten anderen Kaisern der Ming-Dynastie nicht nur politisch sehr engagiert, sondern auch ein früherer Beamter aus **Beijing**. Sobald es ihm möglich war, verlegte Zhu Din die

Ming-Dynastie (1368–1644)

Regierung	Regierungsbeginn	Regierungsdauer
Taizu	1368	31 Jahre
Huidi	1399	4 Jahre
Chengzu	1403	22 Jahre
Renzong	1425	1 Jahre
Xuanzong	1624	10 Jahre
Yingzong	1436	14 Jahre
Daizong	1450	8 Jahre
Yingzong	1457	8 Jahre
Xianzong	1465	23 Jahre
Xiaozong	1488	18 Jahre
Wuzong	1506	16 Jahre
Shizong	1522	45 Jahre
Muzong	1567	6 Jahre
Shenzong	1573	48 Jahre
Guangzong	1620	1 Jahre
Xizong	1621	7 Jahre
Sizong	1628	17 Jahre

Ming-Vase

Hauptstadt von Nanking nach Beijing, das im Lauf der Zeit den leicht abgewandelten Namen **„Peking"** erhielt.

War Zhu Din auch um seine Sicherheit besorgt?

Chinas Ruf in Asien hatte durch die lange Mongolenherrschaft beträchtlichen Schaden genommen und Kaiser Zhu Din war bemüht, das Ansehen Chinas auf dem Kontinent wiederherzustellen. Er unternahm deshalb während seiner Kaiserzeit sieben lange Seereisen, um in Nachbarländern zu beweisen, dass China nicht untergegangen, sondern auf dem Weg war, erneut aufzusteigen.

Was ist die „Verbotene Stadt"?

Im Jahre 1421 wurde die *„Verbotene Stadt"*, der Kaiserpalast der Ming- und der zukünftigen *Qing*-Kaiser, fertig gestellt. Die „Verbotene Stadt" gilt als der größte Palast der Welt, existiert auch heute noch und steht auf

einer Grundfläche von 720.000 m². Exakt 9999 Zimmer sollen im Palast zur Verfügung stehen.

Wann wurde die Chinesische Mauer gebaut?

Unter der Ming-Dynastie wurde im 15. Jh. die *Große Mauer* (chinesich: chang cheng) gebaut, die sowohl einen Schutz vor den wiedererstarkten Mongolen bieten sollte als auch gegen die Mandschuren. Die Große Mauer hatte zur Zeit der Ming-Dynastie eine Länge von 9000 km und ist heute mit allen Verzweigungen nur noch 7200 km lang. Die Höhe dieses riesigen Bauwerks schwankt zwischen 4 m und 12 m und alle 200 m befindet sich ein Wachturm. Wenn es zu einem Gefecht an der Mauer kam, wurde diese Nachricht mit Feuersignalen von Wachturm zu Wachturm weitergegeben, bis Verstärkung alarmiert werden konnte. Die Große Mauer ist übri-

Peking: die verbotene Stadt

gens das einzige Bauwerk, das man aus dem Orbit, nicht vom Mond, mit bloßem Auge erkennen kann.

Wie ging es mit der Ming-Dynastie zu Ende?

Im Jahr 1573 bestieg Kaiser **Wanli** den *Drachenthron* in der Verbotenen Stadt. Die finanziellen Reserven Chinas schrumpften mehr und mehr zusammen, da Wanli viel Geld für kleinere Kriege und den Bau seines Mausoleum ausgab. Als 1577 die Portugiesen mit dem Kaiserreich Handel treiben wollten, erhielten sie zu diesem Zweck den Hafen **Macau** und führten Waren aus der Neuen Welt, wie die Kartoffel, im Tausch gegen wertvolles Porzellan in China ein. Eine Folge dieses Handels waren immer wohlhabendere Kaufleute und Schiffseigner, während gerade die bäuerliche Bevölkerung zusehends verarmte. Die Proteste mehrten sich deshalb dankte Kaiser Wanli 1620 ab, nach fast genau 47 Jahren an der Macht. Acht Jahre später folgten die ersten schwereren Unruhen an der Großen Mauer mit den wild angreifenden Mandschuren und es sollte nur noch bis zum Jahr 1644 dauern, bis die Ming-Dynastie offiziell von der Qing-Dynastie abgelöst wurde.

Entwicklung des islamischen Reiches der Osmanen seit der Gründung durch Osman 1299 bis zu seinem Ende kurz nach dem I. Weltkrieg. Das Osmanische Reich war zu seiner Hochzeit während des 16. Jahrhunderts das mächtigste Imperium der Welt.

Wann wurde das Osmanische Reich gegründet?

Zu Beginn des 13. Jh. gehörten die späteren *Osmanen* zum Nomadenstamm der *Oghusen*. Unter der Herrschaft der *Seldschuken* bewegten sie sich im Lauf des Jahrhunderts in der Gegend um **Erzincan**, gaben jedoch das Nomadentum auf, nachdem ihnen von den Seldschuken ein Stück Land geschenkt worden war. Wenig später zerfiel das seldschukische Reich. Nach dem Tod des Stammesfürsten **Ertogrul** nutzte sein Sohn **Osman** die Gunst der Stunde und gründete im Jahr 1299 das nach ihm benannte **Osmanische Reich**. Freilich war es zu dieser Zeit noch nicht sehr mächtig.

Wie kam es zum Ausbau des Osmanischen Reiches?

Nachdem man festgestellt hatte, dass der Stamm nicht mehr nur durch die Viehzucht zu ernähren war, ging man dazu über, Kriege gegen benachbarte Stämme zu führen. Um eine Rechtferti-

Belagerung Maltas durch die Osmanen, 1565

gung für die Angriffe parat zu haben, bezeichnete man die Feldzüge als *„heilige Kriege"* – tatsächlich wurden ausschließlich christliche Gebiete des Byzantinischen Reiches erobert. Der wahrscheinlichere Anreiz war jedoch die Beute, die bei den besiegten Nachbarn eingenommen wurde. Langsam, aber stetig gelangte das Reich um Osman zu einer stattlichen Größe. Gleichzeitig gelang es Osman, viele der turkmenischen Stämme seiner Herrschaft zu unterstellen. Dies geschah jedoch grundsätzlich nicht mit Gewalt – durch Einheirat oder Kauf sicherte man sich diese Fürstentümer. Um seine Macht zu festigen, verteilte Osman die neuen Ländereien unter seinen treuen Mitstreitern. Unter seinem Sohn und

Nachfolger **Orhan** wurde 1326 die bedeutsame Stadt **Bursa** eingenommen und zur Hauptstadt des Osmanischen Reiches erklärt.

Wann erlangte das Reich seine größte Ausdehnung?

Im Lauf der nächsten Jahrzehnte eroberten Osmans Nachfahren immer mehr Ländereien und stiegen zum einflussreichsten Fürstentum **Anatoliens** auf. Durch die militärischen Erfolge wurde das Reich attraktiv für Krieger verschiedenster Herkunft, weswegen sich viele Stämme freiwillig dem Reich anschlossen. Als der größte Eroberer des Reiches wurde **Mehmet II.** gefeiert. Nach einer zwischenzeitlichen Krise zu Beginn des 15. Jh. erfuhr es

Mehmed (Mohammed) II.

unter ihm den Aufstieg zur Weltmacht. Mitte des 16. Jh. erreichte das Osmanische Reich schließlich seine größte Ausdehnung.

Welche Bedeutung hatte die große Schlacht bei Wien?

1683 war es der osmanische Wesir **Kara Mustafa Pascha**, der die Osmanen zu einem Ansturm auf Österreich führte. Zunächst sah es so aus, als sollte der Angriff Erfolg haben und Wien wurde schnell eingeschlossen. Das Blatt wandte sich jedoch, als die Habsburger militärische Unterstützung durch Polen erhielten. Am 12. September des Jahres wurden die osmanischen Truppen bei der Schlacht am Kahlenberg vernichtend geschlagen und Wien gerettet. Diese Niederlage hatte schwere Konsequenzen für das Reich der Osmanen. Der Mythos der Unbesiegbarkeit war erloschen und die Feinde schöpften neuen Mut. Viele schlossen sich zur so genannten *„Heiligen Liga"* zusammen und begannen damit, die Osmanen in ganz Europa zurückzudrängen. Nacheinander verloren sie Ungarn, Siebenbürgen und die Krim. Die immer stärker werdende Liga schreckte daraufhin auch nicht mehr vor einem Angriff auf das Territorium

des Osmanischen Reiches zurück. Der Untergang des Reiches stand bevor.

Wie ging das Osmanische Reich zugrunde?

Ab diesem Zeitpunkt traten wirtschaftliche Probleme auf, für die es mehrere Gründe gab. Zum einen wurden kaum noch neue Ländereien erobert, das Heer wuchs jedoch stetig an. Zum anderen schadete die Entdeckung Amerikas dem Reich ebenfalls. Durch sie verlagerte sich der Handel großteils in Richtung Atlantik und kostete den Mittelmeerraum wirtschaftliche

Bedeutung, wodurch die Zollerlöse des Osmanischen Reiches deutlich zurück gingen. Die Führer wurden zunehmend unfähiger und desinteressierter. Zwar existierte das Reich noch lange Zeit weiter, es verlor aber immer mehr an Einfluss und innerer Geschlossenheit. Durch verschiedene Reformen versuchte man im Lauf der Jahrhunderte ohne großartigen Erfolg, der Probleme Herr zu werden. Das Ende des Reiches war unausweichlich und kam schließlich im Jahr 1922. Das Osmanische Reich musste einem moderneren türkischen Staat Platz machen.

Die osmanischen Fürsten

Die osmanischen Fürsten waren aus heutiger Sicht recht grausame Herrscher. Es war beispielsweise über lange Zeiträume üblich, dass ein Herrscher, nachdem er die Macht übernommen hatte, seine engsten männlichen Verwandten tötete. Dadurch sollte es nicht erst zu für das Reich schädlichen Machtkämpfen in den eigenen Reihen kommen. Unter Mehmet dem II., der von 1451 bis 1481 regierte, wurde dieser Brauch sogar zum Gesetz. In einem Gesetzbuch der damaligen Zeit hieß es, *„zur Erhaltung der Weltordnung"* sei es zweckdienlich, dass derjenige, der das Sultanat erlange, seine Brüder töten ließe. Von Fürst **Selim** wurde vermutet, dass er seinen Vater selbst noch nach der Übernahme des Titels umbringen ließ. Angeblich vergiftete er ihn, um sich seiner Macht sicher sein zu können. Natürlich ging man auch mit den Feinden des Reiches nicht gerade zimperlich um. Bei vielen Feldzügen war die *„Politik der verbrannten Erde"* an der Tagesordnung. Das bedeutete, dass die Ortschaften rund um die belagerte Stadt völlig zerstört und ihre Bewohner vertrieben wurden, sodass die Städte irgendwann zur Aufgabe gezwungen waren.

Die Türkenkriege

Zusammenfassende Bezeichnung für die Kriege der europäischen christlichen Staaten gegen das muslimische Osmanische Reich vom 16. bis ins 18. Jahrhundert, die mit dem „Frieden von Sistova" ihr endgültiges Ende fanden.

Wie mächtig waren die Türken zu jener Zeit?

Unter der Regierungszeit des Sultans Orhan drangen die Türken Mitte des 14. Jh. bis nach Europa vor. Es gelang ihnen, hier Fuß zu fassen. Nach einer Reihe von Eroberungen stürmten die Truppen des türkischen Sultans **Mehmed II.** im Mai 1453 dann die Stadt **Konstantinopel**, 1521 wurde **Belgrad** erobert und 1526 fiel ein osmanisches Heer schließlich in Ungarn ein. Das *Osmanische Reich* hatte damit die Ausmaße des ehemaligen *Byzantinischen Reiches* angenommen.

Warum wurden die Kriege geführt?

Wenn man von den Kriegen der christlichen Staaten in Europa gegen das Osmanische Reich spricht, so ist der religiöse Hintergrund, der noch in den letzten Jahrhunderten zu den Kreuzzügen geführt hatte, dabei im Lauf der Kriege immer mehr zu vernachlässigen. Je näher die Türken den europäischen Staaten kamen, desto stärker wurden territoriale An-

Die Belagerungen Wiens – Höhepunkte der Türkenkriege

Die erste Belagerung dauerte vom 27. September bis zum 15. Oktober 1529 und stand von türkischer Seite unter dem Befehl des Sultans **Süleyman II.** Die zweite Belagerung vom 14. Juli bis zum 12. September 1683 fand unter dem Kommando von Großwesir **Kara Mustafa** statt. An ebendiesem 12. September 1683 vernichtete schließlich ein Heer der Christen unter der Führung von König **Johann III. Sobieski** von Polen und Herzog **Karl V.** von Lothringen das Osmanenheer vor Wien. In den folgenden Jahren erlitten die Türken weitere Niederlagen. Trotz des Friedens von Passarowitz 1718 waren die Kriege noch nicht beendet.

spruchsgedanken und Eroberungsabsichten, weshalb sich Frankreich auch 1536 mit den Osmanen gegen Kaiser **Karl V.** verbündete.

Wer kämpfte in den Kriegen eigentlich gegen wen?

Im *1. Türkenkrieg* von 1529–1568 kämpfte Habsburg um Ungarn, musste dabei aber eine empfindliche Niederlage einstecken und sah die Türken schließlich vor den Toren Wiens, ehe 20 Jahre später große Teile Ungarns und Siebenbürgen offiziell zum Osmanischen Reich gehörten. An lokalen Grenzkämpfen entzündete sich

unter Kaiser **Rudolf II.** der *2. Türkenkrieg* von 1592 bis 1606. In ihm erwies sich die bisher unbesiegbar scheinende Türkenmacht als gebrochen. Das Osmanische Reich konnte zuletzt nur dank des Eingreifens der *Siebenbürger Fürsten* seinen ungarischen Besitzstand nur halten.

Kam den Türkenkriegen nicht der Dreißigjährige Krieg in die Quere?

Die türkischen Kämpfe mit Persien und Venedig gehören wohl zu den Glücksfällen des Hauses Österreich, denn sie brachten die Türken dazu, den nach dem *2. Türkenkrieg*

Eine Übersicht der habsburgischen Türkenkriege

1. Türkenkrieg (1529–1568):	25.9.1529	Erste Belagerung Wiens
	17.2.1568	Friede von Adrianopel
2. Türkenkrieg (1592–1606):	1593	Schlacht bei Sisak
	1606	Friede von Zsitva Torok
3. Türkenkrieg (1660–1664):	1663	Fall der Festung Neuhäusl
	10.8.1664	Friede von Eisenburg
4. Türkenkrieg (1683–1699):	14.7.1683	Zweite Belagerung Wiens
	26.1.1699	Friede von Karlowitz
5. Türkenkrieg (1716–1718):	April 1716	Kriegserklärung der Türken an Österreich
	21.7.1718	Friede von Passarowitz
6. Türkenkrieg (1737–1739):	1739	Friede von Belgrad
7. Türkenkrieg (1788–1791):	1791	Friede von Sistova

Rudolf II.

1606 geschlossenen Frieden während des gesamten *Dreißigjährigen Krieges* einzuhalten.

Wie ging es nach dem Dreißigjährigen Krieg weiter?

Wieder einmal war ein Territorialanspruch der Auslöser für einen Krieg und es sollte nicht der letzte sein. Im Jahr 1660 wollten sowohl die Türken als auch Kaiser **Leopold I.** (1658–1705) ih-

re eigenen Favoriten auf dem Thron Siebenbürgens sehen. Habsburg griff an und schlug sich nicht schlecht, allerdings blieb Siebenbürgen nach dem Frieden von Eisenburg am 10. August 1664 dennoch in türkischer Hand. Fast 20 Jahre später waren Unruhen in Ungarn Anlass für einen erneuten, den *4. Türkenkrieg*: Im Verlauf der nächsten 16 Jahre kam es zur zweiten Belagerung Wiens und zum Bündnis Frankreichs mit den Osmanen auf der einen und dem Bündnis der anderen westlichen Staaten auf der anderen Seite. 1697 wurden die Türken schließlich vernichtend geschlagen und mussten im *Frieden von Karlowitz* 1699 sowohl den größten Teil des von ihnen beherrschten Ungarn als auch Siebenbürgen abtreten.

War dies das Ende des Osmanischen Reiches?

Obwohl der **Peloponnes**, der Auslöser des *5. Türkenkrieges* von 1716–1718, letztendlich in osmanischer Hand blieb, mussten die Türken Teile **Bosniens** und **Serbiens** an Österreich abtreten. Einen Teil der Gebiete konnten sie im *6. Türkenkrieg* von 1737–1739, den sie eigentlich mit den Russen führten und in den sich Habsburg schlicht einmischte, zurückerobern. Die gleiche Konstellation an kriegsführenden Parteien ergab sich dann auch 50 Jahre später, als das Osmanische Reich erneut Landstriche und Städte an seine Gegner verlor. Der letzte Türkenkrieg endete damit, dass Österreich und Russland fast alle besetzten Gebiete im *Frieden von Sistova* 1791 wieder zurückgaben.

Das gesamte 17. Jahrhundert war eine Zeit der geografischen, philosophischen und naturwissenschaftlichen Entdeckungen. Die beiden Gelehrten, die die Forschung im Bereich der Astronomie revolutionierten, waren Galileo Galilei und Johannes Kepler.

Welche Ausbildung hat Galileo Galilei genossen?

Galileo Galilei wurde am 15. Februar 1564 in **Pisa** geboren. Seine erste Ausbildung erhielt er im **Kloster Vallombrosa** bei Florenz. Ab 1581 studierte er in Pisa Medizin. Während einer Vorlesung in Geometrie entdeckte er seine Leidenschaft für die Mathematik. Nach dem Studium arbeitete Galilei als Mathematikdozent, bis ihm 1589 der Durchbruch gelang und er den Lehrstuhl für Mathematik an „seiner" Universität in Pisa erlangte.

Mit welchem Instrument gelangte Galilei zu seinen großen Entdeckungen?

Im Jahr 1609 lernte Galilei eine neue Erfindung kennen, die sein Leben verändern sollte: das *Teleskop*. Er verbesserte die existierenden Modelle, sodass er eine Vergrößerung von 32% erreichte. In den nächsten zwei Jahren machte er mit dem Gerät immer wieder neue astronomische Entdeckungen. Er fand heraus, dass die Mondoberfläche unregelmäßig ist

und nicht glatt, wie zuvor angenommen wurde. Er stellte fest, dass die *Milchstraße* eine Ansammlung von Sternen ist. Er entdeckte die *Monde des Jupiter*, die *Sonnenflecken* und beobachtete *Saturn* und *Venus*.

Wieso geriet Galilei in Konflikt mit der Kirche?

Seine Entdeckungen führten Galilei zu dem Schluss, dass **Kopernikus** Recht hatte und sich die Sonne nicht um die Erde, sondern die Erde um die Sonne dreht. Damit stellte er die etablierte, auf dem *ptolemäischen Weltbild* beruhende Forschung infrage und brachte seine Kollegen gegen sich auf. Der oberste Theologe der katholischen Kirche, Kardinal **Robert Bellarmine,** nahm die Klagen der Gegner Galileis auf,

Nikolaus Kopernikus

Galileo Galilei

da er einen Skandal, der die Autorität des Papsttums schwächen könnte, fürchtete. Bellarmine entschloss sich, die Lehren des Kopernikus für falsch und irrtümlich zu erklären. Kopernikus' Bücher wurden 1616 auf den Index gesetzt.

Beugte Galilei sich dem kirchlichen Denkverbot?

Acht Jahre später ging Galilei nach Rom, um eine Aufhebung des Dekrets von 1616 zu erwirken, was der Papst jedoch verweigerte. Dafür erlaubte er Galilei, ein Werk zu verfassen, das das *kopernikanische* und *ptolemäische Weltbild* in ausgewogener Weise miteinander vergleichen sollte. In den folgenden Jahren schrieb der Astronom

Tycho Brahe

sein Hauptwerk: *„Dialog der beiden hauptsächlichsten Weltsysteme, das ptolemäische und das kopernikanische"*. Doch anstatt ausgewogen zu sein, war das Buch ein Appell für die Lehren des Kopernikus, was Galilei sofort neue Gegner einbrachte. Die Jesuiten hielten ihn für gefährlicher „als Calvin und Luther zusammengenommen". Im folgenden Jahr wurde Galilei nach Rom vor ein Gericht zitiert. Die Richter verurteilten ihn wegen der Verbreitung der verbotenen kopernikanischen Lehre, ließen ihn öffentlich abschwören und verurteilten ihn zu Hausarrest. Dort betrieb Galilei jedoch weiterhin seine Studien, auch dann noch, als er

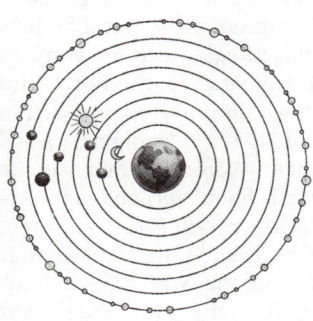

Kopernikanisches Weltbild

Die Keplerschen Gesetze

Ausgestattet mit den besten Forschungseinrichtungen seiner Zeit konnte Kepler als kaiserlicher Astronom sich ganz der Beobachtung des Verlaufs der Sterne widmen. Nach genauer Beobachtung und unzähligen mathematischen Berechnungen stellte er drei Gesetze auf, die heute noch Bestand haben: 1. Die Sternenbahn bildet keinen Kreis, sondern eine Ellipse. 2. Die Geschwindigkeit der Planeten ist gleichmäßig, denn in gleich großen Zeiträumen werden gleich große Flächen passiert. 3. Die Umlaufzeiten der Planeten hängen von ihrer Entfernung zur Sonne ab.

Johannes Kepler

schon sein Augenlicht verloren hatte. Am 8. Januar 1642 starb er an Fieber.

Welche Karriere durchlief Johannes Kepler?

Johannes Kepler wurde am 27. Dezember 1571 in **Weil der Stadt** geboren. Sein Vater war Söldner und seine Mutter eine Wirtstochter. Kepler konnte trotz seines geringen Standes 1587 die Universität von Tübingen besuchen, da der Herzog von Württemberg besonders begabten Landeskindern Stipendien gewährte. 1594

schloss Kepler sein Studium ab und arbeitete daraufhin als Dozent. Der kaiserliche Hofastronom **Tycho Brahe** holte den begabten Magister im Jahr 1600 zu sich nach **Prag.** Als Brahe im folgenden Jahr starb, übernahm Kepler dessen Stellung.

Musste Kepler seine Lehren ebenfalls widerrufen?

Obwohl Kepler ein Zeitgenosse Galileis war, konnte er offen aussprechen, dass er dem *kopernikanischen Weltbild* anhing. Seine herausgehobene Stellung als kaiserlicher Hofastronom und die große Entfernung zwischen Rom und Prag erlaubten ihm das. Kepler wurde nie für sein Tun angeklagt, sondern blieb stets in der Gunst der Mächtigen. Am 15. November 1630 raffte ihn eine Krankheit dahin, wie es im Deutschen Reich zur Zeit des Dreißigjährigen Krieges oft vorkam.

Nach der Entdeckung neuer Märkte im Fernen Osten und Westen und der Etablierung fester Handelsposten gelangten die Küstenländer Europas durch verstärkten Handel mit In- und Exportgütern zu aufsteigendem machtpolitischen Einfluss.

Wie wurden die Grundlagen für die Entstehung überseeischer Handelsreiche geschaffen?

Schon seit dem Mittelalter wurde das Prinzip der Arbeitsteilung und des Handels in Europa akzeptiert und angewendet: An einer Stelle wurde mehr von einer Ware produziert, als wirklich gebraucht wurden und man tauschte den Überschuss an anderer Stelle gegen Waren, die man nicht produzieren wollte oder konnte. Im Verlauf des 16. Jh. bildete sich aus der Intensivierung und geografischen Ausweitung des Austausches von Agrargütern und der Arbeitsteilung eine Art *Agrarkapitalismus*, der einigen europäischen Staaten einen starken Aufstieg ermöglichte.

Das überseeische Handelsreich der Portugiesen

1415	Mit Heinrich dem Seefahrer beginnt die Expansion nach Übersee
1419	Madeira wird entdeckt
1427	Die Azoren werden entdeckt
1488	Bartolomeu Dias umsegelt das Kap der Guten Hoffnung
1498	Vasco da Gama findet den Seeweg nach Indien
1495	Manuel I. besteigt den Thron, Portugal blüht auf
1500	Mit der Entdeckung Brasiliens durch Pedro Alvares Cabral wird Portugal zur Weltmacht
1511	Portugiesische Handelsniederlassungen in Asien
1580	Der Herzog von Alba besetzt Portugal und unterwirft es der spanischen Krone, wo Portugal die nächsten 60 Jahre bleibt.

Welche Grundlagen besaßen die Handelsreiche?

Nachdem der Seeweg nach Indien gesucht, gefunden und ausgebaut, Versorgungsstationen und Handelsstützpunkte an den Küsten Afrikas errichtet worden waren, konnte der europäische Seehandel immens verstärkt und geografisch ausgebaut werden. Bestehende Handelsabkommen zwischen Ländern einer Region wurden von den Europäern torpediert und übernommen, sodass schon bald die Notwendigkeit an viel mehr Waren bestand, als die tatsächlich vorhandenen Arbeiter produzieren konnten. Die Lösung bestand in der Mitnahme von Sklaven aus Afrika, die zur Arbeit auf Plantagen in Europa und v. a.

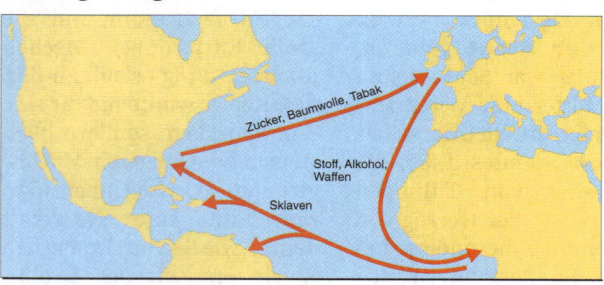

Karte: Sklavenhandel

Die Aufhebung der Sklaverei

Als erstes europäisches Land schaffte **Dänemark** im Jahr 1792 die Sklaverei ab. 1807 folgte dann **Großbritannien**, ein Jahr später die **Vereinigten Staaten**. Auf dem *Wiener Kongress* 1815 verabschiedeten dann fast alle europäischen Staaten Gesetze zur Aufhebung der Sklaverei.

1807	Aufhebung in England
1808	Aufhebung in den Vereinigten Staaten
1815	Wiener Kongress hebt den Sklavenhandel auf
1823	Aufhebung in Chile
1824	Aufhebung in Zentralamerika
1829	Aufhebung in Mexiko
1831	Aufhebung in Bolivien
1848	Aufhebung in Martinique und in Guadeloupe
1848	Aufhebung in Frankreich
1854	Aufhebung in Venezuela
1863	Aufhebung in Holland
1865	Aufhebung in den Vereinigten Staaten
1873	Aufhebung in Puerto Rico
1880	Aufhebung in Kuba
1888	Aufhebung in Brasilien

stäben, woraus sich letztendlich auch innerpolitisches Umdenken ableitete und so u. a. auch die Grundlagen für die später erfolgende *industrielle Revolution* legte.

Profitierten die deutschen Staaten von der Entwicklung?

Nachdem Seemächte wie **Großbritannien** im 15. Jh. den Untergang der Hanse eingeleitet und besiegelt hatten, gewannen die süddeutschen Händler an Macht, die sie dazu nutzten, sich an Expeditionen anderer Länder zu beteiligen oder eigene kleine Schiffe zu bauen. Die Augsburger Handelsfamilien **Fugger** und **Welser** schlossen gar mit Spanien einen Vertrag, der es ihnen erlaubte, mit den spanischen Kolonien Handel zu treiben. Die deutschen Staaten hingegen besaßen zwar reichlich Boden, aber mieden die Meere. Sie unterhielten keine Kriegsflotte, hielten sich von dem Spiel um neue Kolonien fern und nahmen sich kein Beispiel an den deutschen Handelsfamilien, die stark von der neuen Weltwirtschaft profitierten. Erst durch den *Deutsch-Dänischen Krieg* von 1848–1850 kam eine gemeinsame deutsche Kriegsflotte zustande, woraufhin sich **Preußen** 1852 eine eigene Kriegsflotte anfertigen ließ.

der Neuen Welt eingesetzt wurden. Eine *Weltwirtschaft* entstand, in der die europäischen Seestaaten eine führende Rolle spielten.

Was spielte das „atlantische System" für eine Rolle?

Das *„atlantische System"* war ein Wirtschaftssystem, das im Raum des Atlantischen Ozeans etabliert wurde. Es handelte sich dabei um ein *Handelsdreieck*, an dessen Ecken **Afrika**, **Amerika** und **Europa** standen. In Amerika gab es *Rohstoffe*, z. B. Gewürze, Kaffee oder Zuckerrohr, die angebaut werden konnten, in Afrika die *Menschen*, die in Amerika die Gewürze und den Kaffee anbauen konnten – zunächst freiwillig, später als Sklaven – und in Europa das *Geld*, mit dem die Menschen aus Afrika nach Amerika transportiert, dort Plantangen erworben und der Transport der Waren von Amerika nach Europa finanziert werden konnte. Das *atlantische System* war einer der Motoren der frühen Weltwirtschaft. Die Menschen dachten plötzlich in neuen Begriffen und größeren Maß-

Beginn der Kolonisierung Nordamerikas durch die europäischen Großmächte, hauptsächlich durch Frankreich und Großbritannien. Größte Provinz des Landes war Louisiana, das von Frankreich gegründet und später an die USA verkauft wurde.

Wann begann die Erforschung Nordamerikas?

Die erste Siedlung entstand bereits 1492, unmittelbar nach der Entdeckung des Kontinents durch **Christoph Kolumbus**. In den folgenden 20 Jahren waren es immer wieder spanische Entdecker, welche die Küsten der „Neuen Welt" erkundeten. Sie sicherten sich u. a. Florida und eroberten Mexiko. Langsam zogen die anderen europäischen Großmächte nach und entsandten ebenfalls Forschergruppen nach Amerika.

Wer waren die wichtigsten Nationen, die Amerika erforschten?

Die Spanier konzentrierten sich vornehmlich auf den

Christoph Kolumbus

Rene Robert Cavalier de La Salle

La Salle war einer der bedeutendsten Entdecker der damaligen Zeit. Mit 23 Jahren kam er nach Nordamerika, um dort als Händler tätig zu sein. Doch schon kurze Zeit später packte ihn der Forscherdrang und er machte sich in noch unerschlossene Gebiete auf. Während dieser Reisen entdeckte er angeblich den **Ohio River**. Nach der Inbesitznahme des Mississippitals für Frankreich wurde er zum französischen Vizekönig ernannt. Nachdem seine nachfolgenden Expeditionen ihr Ziel nicht erreicht hatten, wurde er 1687 von seinen Reisebegleitern getötet.

südlichen Teil Nordamerikas, weil er ihnen viel versprechender als der Norden erschien. Bei ihren Eroberungen profitierten sie in hohem Maß davon, dass die ansässigen Indianerstämme untereinander verfeindet waren. Anstatt sich zusammenzuschließen und gemeinsam gegen die Eindringlinge zu wehren, kämpfte man gegeneinander. Neben den Spaniern waren es zunächst hauptsächlich die Franzosen, die in die Neue Welt aufbrachen. Nach der Erforschung der Küste von *Kap Fear* durch den Italiener **Verrazzano** im Dienst der französischen Regierung war es v. a. der Forscher **Jacques Cartier**, der die französischen Bemühungen voran-

trieb. Von 1534–1542 unternahm er drei Reisen, in deren Zuge er eine Indianersiedlung am **Sankt-Lorenz-Strom** entdeckte. Daraufhin beanspruchte Frankreich den Löwenanteil des Nordens für sich. Die Forschungsbemühungen der Franzosen wurden kurze Zeit später für mehr als 50 Jahre unterbrochen, was hauptsächlich mit den *Hugenottenkriegen* zusammenhing. In diese Lücke stieß Großbritannien, das nunmehr selbst damit begann, Gebiete Nordamerikas für sich zu erschließen, nachdem man sich beinahe ein Jahrhundert aus den Kolonisierungsbestrebungen herausgehalten hatte. Die ersten Versuche, Fuß zu fassen, scheiterten jedoch kläglich. Auf der Insel **Neufundland** errichtete im Jahr 1583 **Sir Humphrey Gilbert** die erste britischen Kolonie. Die Kolonisten kehrten jedoch nach nicht ganz einem Jahr nach England zurück. Die Siedler, die 1585 und 1587 auf der Insel **Roanoke** im heutigen **North Carolina** Kolonien errichteten, verschwanden kurze Zeit später spurlos. Erst ab 1620 gelang es den Briten, dauerhafte Kolonien entlang der Atlantikküste zu errichten. Weitere Kolonialmächte waren zu Beginn **Holland** und **Schweden**, sie verloren ihre Kolonien jedoch recht schnell an die anderen Mächte und spielten weiter keine große Rolle in Nordamerika.

Mit welchen Problemen hatten die ersten Siedler zu kämpfen?

Die Lebensbedingungen, unter denen die frühen Siedler ihre Kolonien zu errichten versuchten, waren sehr schwierig. So kamen viele Krankheiten auf, denen unter den widrigen Umständen mehr Menschen zum Opfer fielen, als dies in Europa der Fall gewesen wäre. Das weitaus größere Problem waren jedoch die Auseinandersetzungen mit den Kolonisten anderer europäischer Nationen. Das Verhältnis zu den eingeborenen Indianern war

„Louisiana Purchase"

Die Provinz Louisiana wechselte mehrfach den „Besitzer". Nachdem die Franzosen sie nach dem Ende des *Britisch-Französischen Krieges* an Großbritannien abtreten mussten, kaufte sie Napoleon 1800 teilweise zurück. Bereits drei Jahre später verkaufte er das über 2 Mio. km² große Gebiet, das damals 13 heutige Bundesstaaten der USA umfasste, für 15 Mio. US-Dollar an die jungen USA.

zunächst recht gut. Man näherte sich einander an, arbeitete miteinander und betrieb gemeinsam Handel. Dies änderte sich jedoch, als die Siedler zunehmend versuchten, die Indianer zum christlichen Glauben zu bekehren. In der Folgezeit kam es auch zwischen Siedlern und Indianern zu Konflikten, die den Kolonisten das Leben stark erschwerten.

Wie kam es zur Gründung Louisianas?

Einer der bedeutendsten Entdecker Nordamerikas war der Franzose **Rene Robert Cavalier de La Salle**. Im Jahr **1682** begann er eine Reise auf dem **Mississippi**, die ihn vom Zusammenfluss mit dem Ohio bis hinab zum Golf von Mexiko führen sollte. Er nahm daraufhin das gesamte Mississippigebiet für Frankreich in Besitz

und nannte es **Louisiana**, nach **Ludwig XIV.**, dem damaligen König von Frankreich. Louisiana umfasste damals ein gigantisch großes Gebiet und wurde rund 30 Jahre nach der Gründung zur unabhängigen französischen Kolonie. 1718 wurde New Orleans gegründet und 1722 zur Hauptstadt von Louisiana gemacht.

Ludwig XIV.

Die Mayflower

Aus dem Gründungsmythos der amerikanischen Nation ist die „Mayflower" nicht wegzudenken. Auf diesem Schiff kamen die Pilgerväter nach Massachusetts, um im Jahr 1620 mit Plymouth die erste Kolonie Neuenglands zu gründen.

Wen transportierte die Mayflower?

Die *Mayflower* war ein kleines Segelschiff von 180 t Gewicht und 27 m Länge. Nach einer 66-tägigen Reise über den Atlantik landete sie zuerst in **Cape Cod,** bevor sie am 25. Dezember 1620 in Massachusetts anlegte. Von Bord gingen die ersten Kolonisten **Neuenglands,** insgesamt 102 Siedler, die noch im gleichen Jahr die Stadt **Plymouth** gründeten.

War Plymouth die erste englische Ansiedlung auf amerikanischem Boden?

Schon in der zweiten Hälfte des 16. Jh. hatte England versucht, mit Spanien und Portugal gleichzuziehen und Kolonien in Amerika zu errichten. Die berühmteste dieser Unternehmungen ist die Gründung **Virginias** durch **Sir Walter Raleigh** im Jahr 1584. Zwar wurde die erste englische Stadt auf der Insel **Roanoke** drei Jahre später unter mysteriösen Umständen zerstört, das Interesse der englischen Bevölkerung an Amerika als Siedlungsort

Sir Walter Raleigh

aber war geweckt. Im Jahr 1607 gründete die *Virginia Company*, eine Aktiengesellschaft aus London, die Stadt **Jamestown** in Virginia. Sie ist die erste dauerhafte englische Ansiedlung in Amerika. In den ersten Jahrzehnten erwies sich Jamestown als Zuschussprojekt. Nachdem sich die Kolonisten aber auf den Anbau von Tabak spezialisiert hatten, warf die Stadt für die Gesellschafter seit 1630 einen kleinen Gewinn ab.

Was zeichnete Plymouths politische Strukturen aus?

Obwohl Plymouth nach Jamestown gegründet worden war, spielt es eine größere Rolle für den Gründungsmy-

Die Pilgerväter

Mit dem Begriff *„Pilgerväter"* meint man einen radikalen Zweig der *Puritaner*: die Anhänger der *Englischen Seperatistischen Kirche*. Wegen der religiösen Verfolgung in England emigrierten sie zunächst nach dem holländischen Leyden, wo sie mit einer Aktiengesellschaft aus London über die Gründung einer Kolonie in Amerika verhandelten. Nur 35 der 102 Kolonisten auf der *Mayflower* gehörten der Seperatistischen Kirche an, die übrigen wurden von der Aktiengesellschaft für kommerzielle Zwecke angeheuert. Die Kolonisten bezeichneten sich selbst nicht als Pilgerväter. Der Begriff wurde erst im 19. Jh. erfunden, als man in den Unterlagen des Mayflower-Kolonisten und späteren Gouverneurs **William Bradford** eine Stelle fand, in der er von „Heiligen" sprach, die Holland als „Pilger" verlassen hätten. Als **Daniel Webster** diesen Begriff 1820 bei einer Gedenkveranstaltung an die ersten Siedler Neuenglands benutzte, ging er in den allgemeinen Sprachgebrauch über.

thos der amerikanischen Nation. Denn anders als in Jamestown waren nicht ökonomische, sondern politisch-religiöse Gründe ausschlaggebend für die Errichtung der Kolonie. Die Anführer der Siedler waren die *Pilgerväter*, radikale *Puritaner*, die keine Möglichkeit sahen, ihren Glauben in Europa frei zu praktizieren. Sie sahen die wahre Kirche als eine freiwillige Vereinigung von Gläubigen an, die der „Führung" eines Pastors folgen sollte. Außerdem befürworteten sie eine extrem individualistische Auslegung der Heiligen Schrift. Obwohl die Pilgerväter immer nur eine Minderheit in Plymouth bildeten, beherrschten sie das politische Leben der Stadt.

Puritaner

Was ist der so genannte Mayflower-Vertrag?

Bevor die Kolonisten der *Mayflower* 1620 an Land gingen, ließen sie alle männlichen Teilnehmer der Expedition den *Mayflower-Vertrag* unterschreiben. Darin verpflichteten die Kolonisten sich, eine gemeinsame politische Einheit zu bilden. Fast alle Männer sollten eine Regierung wählen dürfen, dafür im Gegenzug ihre Regelungen anerkennen und sich ihren Gesetzen beugen müssen. Damit sollte verhindert werden, dass einzelne Siedler die Kolonie verließen und sich auf eigene Faust niederließen. In der späteren Deutung wurde dieser Vertrag als erstes Dokument einer demokratischen Verfassung auf amerikanischem Boden begriffen. Es bleibt jedoch anzumerken, dass die Kolonie zumindest in den ersten 40 Jahren ihres Bestehens unter der Kontrolle von nur wenigen Männern blieb.

Wie überlebte die Kolonie auf dem fremden Territorium?

Im Jahr 1620, dem ersten Jahr der Ansiedlung, starb fast die Hälfte der Bewohner Plymouths an Krankheiten. Doch von da an verbesserten sich die Gesundheit und die wirtschaftliche Lage der Kolonisten. Mit den in der Nähe wohnenden Indianern schlossen die Siedler frühzeitig Friedensverträge, was ihnen half, all ihre Energie auf den wirtschaftlichen Aufbau der Kolonie zu lenken. Obwohl ihnen keine ihrer Tätigkeiten – Ackerbau, Fischfang und Handel – großen Reichtum versprach, waren sie schon nach fünf Jahren wirtschaftlich selbstständig. In den folgenden Jahrzehnten wuchs die Kolonie der Pilgerväter beständig und in kleinen Schritten, bis sie im Jahr 1691 der benachbarten *Massachusetts Bay Company* angegliedert wurde.

Der Dreißigjährige Krieg

Im Jahre 1618 begann der Dreißigjährige Krieg als Auseinandersetzung der Religionen, breitete sich jedoch rasch aus und endete im Jahre 1648 als machtpolitischer Krieg zwischen den Europäischen Staaten, der im Westfälischen Frieden endete.

Dauerte der Dreißigjährige Krieg tatsächlich 30 Jahre?

Dass sich der Dreißigjährige Krieg über drei Jahrzehnte hinzog, ist eine Fehlannahme, denn der Zeitraum vom 23. Mai 1618 bis zum 24. Oktober 1648 war von mindestens 13 Kriegen und zehn Friedensschlüssen bestimmt.

Was war der Hintergrund dieses Krieges?

Seit der *Reformation* durch **Martin Luther** war das *Heilige Römische Reich Deutscher Nation* grob in zwei Konfessionen geteilt. Die Reformation hatte den deutschen *Partikularismus* weiter verstärkt. Zu den ohnehin umfassenden Rechten der deutschen Teilstaaten kam seit dem *Augsburger Religionsfrieden* 1555 hinzu, dass jeder Landesherr das Recht haben sollte, die Konfession seines Landes selbst zu bestimmen. Dies führte immer wieder zu Spannungen, da die eigentliche Frage nach der theologischen Wahrheit nie richtig beantwortet worden war. Verstärkt wurden diese Spannungen durch die häufige Einmischung von diversen europäischen Mächten in innerdeutsche Angelegenheiten. Begründet wurden derartige Interventionen dann oft mit einem religiösen Hintergrund.

Welcher Anlass führte zum Dreißigjährigen Krieg?

Im Jahr 1617 wurde Erzherzog **Ferdinand** von der Steiermark durch einen Familienvertrag böhmischer König. Doch der zur Gegenreformation entschlossene Katholik stieß sofort auf den Widerstand der protestantischen böhmischen Stände. Diese beriefen sich auf einen kaiserlichen Majestätsbrief, der ihnen Religionsfreiheit zusicherte. Aufgrund wiederholter Zuwiderhandlungen des neuen Königs stürmten empörte Repräsentanten und Anhänger der böhmischen Stände am 23. Mai 1618 die Prager Burg und stürzten die kaiserlichen Statthalter nach alter böhmischer Sitte aus dem Fenster (*„Prager Fenstersturz"*). König Ferdinand wurde abgesetzt und **Friedrich V.** von der Pfalz, calvinistischer Führer der protestantischen Union, zu seinem Nachfolger gewählt. Bald dehnte sich der böhmische Aufstand auf das Reich aus. Friedrich V. wurde u. a. von den Ständen der übrigen kaiserlichen Erblande und den Generalstaaten unterstützt. Der inzwischen zum Kaiser gewählte **Ferdinand II.** verbündete sich mit den Staaten der katholischen Liga. In der *Schlacht am Weißen Berg* schlug der Feldherr **Tilly** 1620 die Böhmen. Friedrich V.

Johann T. G. von Tilly

floh aus Prag. In einer Reihe von Schlachten gegen die Verbündeten Friedrichs festigte Tilly den kaiserlichen Sieg. Diese erste Phase des Krieges von 1618–1623 bezeichnet man als *Böhmisch-Pfälzischen Krieg*. Sie war der Auslöser für weitere kriegerische Interventionen.

Wie verlief der Krieg?

Als Folge des kaiserlichen Sieges im *Böhmisch-Pfälzischen Krieg* wurde der Protestantismus fortan in den österreichischen Erblanden unterdrückt. Dies rief verschiedene protestantische Herrscher auf den Plan.

Albrecht von Wallenstein

Rekatholisierungsversuche in Norddeutschland veranlassten **Christian IV.** von Dänemark schließlich, verbündet mit den Ständen des niedersächsischen Kreises, unterstützt von England und den Generalständen, in den Krieg einzugreifen. Die katholischen Feldherren **Wallenstein** und Tilly erkämpften jedoch gegen die neuen Kriegsgegner zahlreiche Siege. So musste der dänische König 1629 im *Frieden von Lübeck* seine Intervention beenden. Damit war die zweite Phase des Krieges, der *Niedersächsisch-Dänische Krieg* (1625–1629), abgeschlossen. Der siegreiche Kaiser erließ am 6. März 1629 das *Restitutionsedikt*, das den deutschen Protestantismus zu vernichten drohte. Beunruhigt durch die kaiserliche Machtstellung an der Ostsee und die Niederlage der deutschen Protestanten landete König **Gustav Adolf** von Schweden 1630 auf **Usedom**: Der *Schwedische Krieg* (1630–1635) war eröffnet. Nach anfänglichen Erfolgen wurde der schwedische König von Wallenstein geschlagen und fiel schließlich 1632 in der *Schlacht bei Lützen*. Eigenmächtige Verhandlungen Wallensteins mit den Schweden führten später zu seiner Ächtung durch den Kaiser. 1634 wurde Wallenstein ermordet. 1635 schlossen die protestantischen Stände und der Kaiser Frieden, als dieser sich bereit zeigte, das Restitutionsedikt aufzuheben. Dadurch wurde die Stellung des Kaisers im Reich wieder gestärkt. Dies

Gustav II. Adolf von Schweden

widerstrebte der auf ein zerstrittenes Deutsches Reich bedachten Großmacht Frankreich. So führte der französische König zusammen mit Schweden im *Schwedisch-Französischen Krieg* (1635–1648) den Kampf gegen den Kaiser fort.

Wie endete der Krieg?

Anfängliche französische Siege konnten nicht zum Kriegsgewinn genutzt werden. So kam es zu einem langwierigen Ringen. Erst nach Jahren wurden schließlich Friedensverhandlungen eingeleitet. Der *Westfälische Friede*, am 24. Oktober 1648 in Münster geschlossen, beendete zugleich den Dreißigjährigen Krieg. Deutschland hatte etwa 40% seiner Bevölkerung verloren. Zahlreiche Städte waren zerstört, ganze Landstriche ausgestorben und die Wirtschaft durch den Krieg stark geschädigt. Mit den Vereinbarungen im Westfälischen Frieden geriet Deutschland noch stärker in den Einflussbereich fremder Mächte.

Zeittafel

1619	Prager Fenstersturz
1618–1623	Böhmisch-Pfälzischer Krieg
1625–1629	Niedersächsisch-Dänischer Krieg
1630–1635	Schwedischer Krieg
1635–1648	Schwedisch-Französischer Krieg
1648	Westfälischer Friede

Im Englischen Bürgerkrieg mischten sich verschiedene Konflikt-ebenen. Nach zehn Kriegsjahren war der König enthauptet, das Parlament machtlos und Oliver Cromwell herrschte als Militärdiktator über das Land.

Wie kam es zum Englischen Bürgerkrieg?

Der Englische Bürgerkrieg entstand durch eine wachsende Entfremdung zwischen dem *Königshaus* und der gesellschaftlichen *Mittelschicht* – dem Kleinadel und dem Bürgertum –, die im englischen Parlament ihre politische Vertretung hatte. König **Karl I.** verweigerte dem Parlament das politische Mitspracherecht und bekämpfte die religiösen Tendenzen unter den Parlamentariern, die sich nach und nach von der anglikanischen Staatskirche abwandten. Als Karl I. 1642 London verließ, um eine Armee zusammenzustellen, war ein Waffengang zwischen

Hinrichtung Karls I.

Royalisten und *Repubikanern* unvermeidlich.

Wie viele Phasen hatte der Krieg?

Die erste Phase des Bürgerkrieges dauerte von 1642 bis 1646. Schnell zeigte sich die Überlegenheit des mit den *Schotten* verbündeten Parlamentsheeres. Die Macht des Parlaments stützte sich auf den reichen Süden Englands und auf die Londoner City, sodass es über die größeren wirtschaftlichen Ressourcen in dem Konflikt verfügte. Nach einer Serie von verlorenen Schlachten im Jahr 1646 ergab sich König Karl I. und wurde gefangen genommen.

Karl konnte jedoch fliehen und organisierte auf der **Isle of Wight** die zweite Phase des Bürgerkriegs. Nach Geheimverhandlungen zog er die Schotten auf seine Seite und gab 1647 den Startschuss für royalistische Rebellionen im ganzen Land. Sie alle wurden vom Parlamentsheer niedergeschlagen und die schottische Invasion abgewehrt. König Karl I. wurde vor ein Gericht gestellt und im Januar 1649 enthauptet. Die nächsten Unruhen brachen in Irland aus, wo sie der Feldherr **Oliver Cromwell** für die junge Republik, den *Commonwealth*, in einem Straffeldzug gegen katholische Iren und Royalisten in den Jahren

Karl I. von England

1649 und 1650 blutig niederschlug. Die letzte Phase des Bürgerkrieges wurde von Karl II. eingeleitet, der in Schottland landete, sich dort zum König krönen ließ und eine Allianz gegen den Commonwealth zusammenstellte. Doch wieder blieben die Parlamentstruppen unter Cromwell siegreich, sodass Karl II. im Jahr 1651 ins Exil fliehen musste. Damit war der Englische Bürgerkrieg beendet.

Wie wurde Oliver Cromwell zum Lord-Protektor?

Nach dem Ende des Bürgerkriegs hatte Cromwell so viel Macht angesammelt, dass er es sich erlauben konnte, eine Schar von Musketieren in das Parlament zu schicken und es gewaltsam aufzulösen. Zwei Monate später berief er ein neues Parlament ein, das sich hauptsächlich aus sehr gläubigen Männern zusammensetzte. Schnell erwies sich die Beschlussunfähigkeit dieser Versammlung von Idealisten. Das Parlament löste sich selbst auf und übergab die Macht an Cromwell. Der ließ eine neue Verfassung ausar-

Oliver Cromwell

Oliver Cromwell

Oliver Cromwell wurde am 25. April 1599 in **Huntingdon** im Osten Englands geboren. Als Vertreter des niederen Landadels war er von 1640–1653 Parlamentarier. Noch vor Ausbruch des Bürgerkrieges stellte er 1642 einen Kavallerietrupp zusammen, um das Parlament gegen die Royalisten zu verteidigen. Seine Fähigkeiten auf dem Schlachtfeld brachten ihm hohes Ansehen ein, sodass er im Jahr 1644 zum Generalleutnant und zum zweithöchsten Befehlshaber der republikanischen Truppen ernannt wurde. Nach der Enthauptung König Karls I. 1649 sowie dem Machtverzicht des Parlaments 1653 erhob sich Oliver Cromwell zum Lord-Protektor. Oliver Cromwell starb am 3. September 1658. Trotz seiner autokratischen Regierung wird er in der englischen Geschichtsschreibung weniger als Diktator gesehen, sondern als Patriot, der nach den Bürgerkriegen wieder Ordnung schuf und England zu einer Macht zurückführte, die es seit Elisabeth I. nicht mehr gekannt hatte.

beiten, die ihn 1653 zum Lord-Protektor des Landes machte. Seine Alleinherrschaft war im Inneren gekennzeichnet durch religiöse Toleranz, durch eine Rechtsreform, durch Förderung der Bildung und durch eine Dezentralisierung der Administration.

Wieso wurde Großbritannien wieder zum Königreich?

Nach Oliver Cromwells Tod im Jahr 1658 erhielt sein Sohn **Richard** die Titel und Würden seines Vaters. Doch er kam nicht an dessen Geschicklichkeit und Fähigkei-

ten heran, sodass er sein Amt einfach niederlegte. Sofort traten Spannungen zwischen Parlament und Armee auf. Das Parlament forderte die Auflösung der Armee und die Armee vorhergehende finanzielle Entschädigung. Der altgediente schottische General **George Monk** erkannte, dass zur Wiederherstellung einer effektiven Regierung eine starke Führungspersönlichkeit nötig war, und betrieb die Restauration der Monarchie mit dem im Exil lebenden **Karl II.** an ihrer Spitze. Karl II. übernahm die Regierungsgeschäfte im Jahr 1660 und herrschte 25 Jahre.

Karl II. von England

Als höfische Stilepoche repräsentiert der Barock das Lebensgefühl der Gegenreformation und des Absolutismus. Entstanden in Italien, entwickelte er sich zum ersten Weltstil. Seine typischste Erscheinungsform sind kirchliche und fürstliche Prachtbauten.

Was heißt „Barock"?

Über den Ursprung des Wortes „*Barock*" ist man unterschiedlicher Auffassung. Einige Forscher vertreten die Ansicht, es sei von dem italienischen Wort „*barocco*" hergeleitet. Im Mittelalter bezeichnete dieser Ausdruck ein philosophisches Problem. Wahrscheinlicher aber ist der Ursprung im Portugiesischem zu finden. Dort nannte man eine nicht ganz perfekte, unregelmäßige Perle „barocco". Das Wort „barocco" wird noch heute von Juwelieren in diesem Sinne verwendet.

Welchen Zeitrahmen umfasste der Barock?

Der Barock war eine Ära in der Geschichte der westlichen Kunst, die fast das gesamte 17. Jh. umfasste. Es gab jedoch geografische Unterschiede. Die ersten Zeugnisse des Barock finden sich in Italien in den letzten Dekaden des 16. Jh., während er in Deutschland und in Südamerika seinen Höhepunkt erst im frühen 18. Jh. erreicht hatte.

Was zeichnete den Barock aus?

Der Barock beinhaltete verschiedene Kunstgattungen wie Architektur, Malerei, Gartenbau, Musik, Theater und Literatur. Das gemeinsame Element war die Zielsetzung dieses Kunststils. Es ging darum, beim Betrachter oder Zuhörer eine möglichst starke emotionale Bewegung hervorzurufen, oft indem dramatische Elemente verwendet wurden. Zur Beschreibung barocker Werke eignen sich Bezeichnungen wie Reichtum, Pomp, Drama, Lebhaftigkeit, Gefühl und Grandeur.

Von welcher geistigen Strömung wurde der Barock getragen?

Wegen der Vielfalt der barocken Ausdrucksformen ist es notwendig, die breiteren gesellschaftlichen und geistigen Strömungen zu seiner Erklärung heranzuziehen. Dabei lassen sich drei hauptsächliche Gründe erkennen: Zum einen ging die Barockkunst auf die Politik der *Gegenreformation* zurück. Infolge der religiösen Umwälzungen schien den katholischen Fürsten und Würdenträgern der im 15. Jh. vorherrschende höfische Stil des *Manierismus* nicht mehr zeitgemäß. So beschloss das *Konzil von Trient* (1545–1563) u. a. die Förderung einer propagandistischen Kunst, die den Glauben der Bevölkerung emotional ansprechen und fördern sollte. Ein zweiter Aspekt ist die Stärkung der *Monarchie* (*Absolutismus*) in

Friedrich II., der Große

Johann Sebastian Bach

Johann Sebastian Bach

Die Kompositionen **Johann Sebastian Bachs** verkörpern die Barockmusik in typischster Weise. Obwohl er zu Lebzeiten als altmodisch eingeschätzt wurde und sein Werk nach seinem Tod in Vergessenheit geraten war, wurde Bach im 19. Jh. wiederentdeckt und gilt seitdem als einer der größten Komponisten der westlichen Welt. Bach wurde am 21. März 1685 in **Eisenach** geboren. Mit 15 Jahren wurde er Chorknabe, mit 18 Jahren Organist, mit 32 Jahren Musikdirektor im Dienst von Prinz **Leopold von Köthen**. Dort komponierte er im Jahr 1721 die *Brandenburgischen Konzerte*. Zwei Jahre später wurde er zum Thomaskantor von Leipzig berufen. Im Mai 1747 spielte er vor dem Preußenkönig **Friedrich II.** Bach starb am 28. Juli 1750 in **Leipzig.** Aufgrund seiner vielen Verpflichtungen hinterließ Bach ein gewaltiges Werk. Er schrieb mehr als 200 Kantaten, Messen, 48 Fugen, mehr als 20 Konzerte und zwölf Sonaten.

dieser Zeitspanne. Um ihre Überlegenheit und Macht zu demonstrieren, wurden die Könige und Landesfürsten zu generösen Förderern der Künste. Riesige Paläste sollten von ihrem Ruhm zeugen. Die Schlossanlagen von **Versailles** sind der Inbegriff des Barockpalastes, an dessen Pracht sich die Selbstverherrlichung **Ludwigs XIV.** mühelos nachvollziehen lässt. Die dritte bedeutende Ursache für den Barock sind die naturwissenschaftlichen Entdeckungen im 16.

Jh. Der intellektuelle Horizont der Menschen wurde beträchtlich erweitert. Gleichzeitig drangen sowohl ihre eigene Unwichtigkeit als auch die Vielfalt der Natur tief ins allgemeine Bewusstsein ein.

Welche Neuerungen brachte der Barock?

Der Barock brachte v. a. in der *Musik* und in der *Architektur* stilistische Neuerungen. In der Architektur wurde mit malerischen Formen, schwungvoller Massigkeit und dekorativem Schmuck eine Verbindung von Plastik und Malerei geschaffen. Auf einem meist ovalen Grundriss erhoben sich die Gebäude mit hohen, von Säulen getragenen Decken. Die vorherrschenden Farben für die Innenausstattung waren Weiß und Gold. In der Musik wurde mit *Fuge, Suite, Kantate, Sonate* und *Oper* eine Vielzahl von neuen Ausdrucksformen gefunden. Anstelle der Kirchentonarten setzten sich die beiden einzigen Tonarten *Dur* und *Moll* durch. Die Einführung des *Kontrapunktes* unterwarf die Musik strikten Regeln.

Schloß von Versailles

Der französische König Ludwig XIV. schuf die radikalste Form der Monarchie. Im Absolutismus lief die gesamte Macht des Reiches auf eine Person, den Monarchen, zu. Ludwigs Regierungsstil wurde zum Vorbild der Fürsten und Könige in ganz Europa.

Was bedeutet Absolutismus?

Der Inhalt der Absolutismus lässt sich am besten an der Innenpolitik **Ludwigs XIV.** ablesen. Als Ludwig am 14. Mai 1643 auf den französischen Thron kam, war er nicht einmal fünf Jahre alt. Er regierte bis zu seinem Tod am 1. September 1715 in **Versailles**. Während dieser 72 Jahre veränderte er das Bild des Monarchen vollständig. Bis zum Jahr 1661 wurden die Regierungsgeschäfte von Ludwigs Lehrer, Kardinal **Jules Mazarin,** geleitet. Nach dem Tod des Kirchenmanns übernahm Ludwig

Jules Mazarin

zum Erstaunen all seiner Minister und gegen die Tradition die gesamte Verantwortung, die vorher Mazarin getragen hatte. In den folgenden Jahrzehnten widmete sich Ludwig jeden Tag acht Stunden dem Regieren. Nichts entging seiner Aufmerksamkeit. Er kontrollierte alles, von Truppenbewegungen bis zur Hofetikette, vom Straßenbau bis zu theologischen Disputen. Diese diktatorische Machtanmaßung traf auf den erbitterten Widerstand des Adels, der nicht weniger als elf Bürgerkriege während der Regierungszeit Ludwigs anzettelte. Der König, der *„Sonnenkönig"*, wie er sich bald nennen ließ, regierte mit Zuckerbrot und Peitsche. Nachdem alle Versuche zur gewalttätigen Niederschlagung fehlgeschlagen waren, lud Ludwig die Aufständischen an seinen Hof ein. Dort überhäufte er den Adel mit Sinnesfreuden aller Art: Spiele, Tänze und Feste. Eigens zu diesem Zweck ließ er die Schlossanlagen von Versailles errichten, die in erster Linie als Vergnügungspark für den französischen Hochadel dienten. Indem sich die Adligen vom königlichen Glanz korrumpieren ließen, hörten sie auf, einen Machtfaktor in der Politik des Landes darzustellen.

Welche Außenpolitik betrieb Ludwig XIV.?

Frankreichs Außenpolitik unter Ludwig XIV. war von andauernden Kriegen geprägt. Wie seine Vorgänger wollte Ludwig Frankreich von der habsburgischen Umklamme-

Ludwig XIV.

rung im Westen und Osten befreien und strebte darüber hinaus die Hegemonie in Europa an. In den ersten Jahren seiner Regierung hatte Ludwig durchaus Erfolg. Nach einem Feldzug im Jahr 1667 gegen Flandern bereitete er sich fünf Jahre lang auf einen Krieg gegen Holland vor. Dieser endete 1678 mit dem *Frieden von Nimwegen* und Ludwigs größtem außenpolitischen Triumph. Zwar blieb Holland ungeschmälert, dafür annektierte Ludwig die mit den Niederlanden verbündete Freigrafschaft **Burgund** und **Lothringen**. Zu-

Die Aufhebung des Edikts von Nantes

Im Jahr 1685 hob Ludwig XIV. das *Edikt von Nantes* auf. Damit erklärte er seinen protestantischen Untertanen den Krieg, denn dieses Edikt gewährte den *Hugenotten*, also den französischen Protestanten, Gewissensfreiheit und politische Gleichberechtigung. Damit waren die meisten Hugenotten gezwungen auszuwandern. Viele kamen in die deutschen Staaten, v. a. nach Preußen, wo sie bald die bürgerliche Oberschicht bildeten. Der Verlust so vieler gut ausgebildeter Untertanen bedeutete einen herben Schlag für die französische Ökonomie und widersprach der Wirtschaftspolitik des Merkantilismus völlig. Die Erklärung, dass Ludwig das *Edikt von Nantes* allein wegen seines naiven katholischen Glaubens aufgehoben hatte, greift zu kurz. Vielmehr war sein Wille ausschlaggebend, keine Sonderrechte innerhalb seines Reiches zu dulden.

dem besetzte Ludwig in den folgenden Jahren Luxemburg und Straßburg.

Wann begann der Niedergang?

Nach Beendigung des von Ludwig vom Zaun gebrochenen *Pfälzischen Erbfolgekrieges* musste dieser im *Frieden von Rijswijk* 1697 erstmals territoriale Verluste hinnehmen. Die größte Prüfung aber brachte der *Spanische Erbfolgekrieg* von 1701–1713. Ludwig wollte Spanien und Frankreich zu einer Supermacht vereinen und provozierte somit eine umfassende Gegenallianz zwischen Großbritannien, Holland, Österreich, Preußen, Hannover, Portugal, dem Deutschen Reich und Savoyen. Im *Frieden von Utrecht* im Jahr 1713 blieb Frankreich bei der Verteilung des spanischen Reiches unter der *Großen Allianz* außen vor und war politisch sowie wirtschaftlich erschöpft. Damit war Ludwigs Hegemonialpolitik endgültig gescheitert.

Was ist der „Merkantilismus"?

Merkantilismus bezeichnet wirtschaftspolitische Maßnahmen im Absolutismus, denen zwar kein gemeinsames wirtschaftstheoretisches Konzept zugrunde lag, die aber ein gemeinsames Ziel verfolgten. Sie sollten v. a. die Einnahmen der Staatskasse steigern. Darunter fielen Maßnahmen wie die Abschaffung von Zöllen innerhalb eines Landes, das Verbot, Rohstoffe ins Ausland zu exportieren, die Gründung von Handelskompanien, die Förderung von Manufakturen und Arbeitshäusern und die Anwerbung von ausländischen Facharbeitern.

Schloss Versailles

Eine im 17. Jahrhundert vom christlichen Jesuitenorden gegründete Ansiedlung missionierter Indianer in Paraguay, die bis zur Mitte des 18. Jahrhunderts Bestand hatte. Trotz des irreführenden Namens handelte es sich dabei um keinen selbstständigen Staat.

Wie lebten die Indianer in Paraguay vor dem Eintreffen der Spanier?

Vor dem Beginn der Kolonisierung lebten in Amerika bereits mehr als 100 Mio. Menschen. Die teilweise hoch entwickelten Kulturen lebten entweder in organisierten Staaten oder in zahlreichen Stämmen verschiedenster Größe. Die meisten dieser Stämme waren Nomaden, die zu jener Zeit bereits über 100 verschiedene hoch entwickelte Sprachen besaßen. Auch waren die Nomaden und Halbnomaden keineswegs unreligiös: Neben einem Schöpfergott glaubten sie an ein Leben nach dem Tod. Allerdings war die Erschaffung von Tempeln oder ähnlichen Heiligtümern durch die nomadische Lebensart nicht möglich. Die meisten Stämme lebten von der Jagd und dem Fischfang, sie kannten weder Vorratswirtschaft noch Handel.

Wann begann die christliche Missionierung der Ureinwohner Südamerikas?

Die Spanier drangen im 16. Jh. unter dem Vorwand, alle Heiden missionieren zu wollen, in das indianische **Südamerika** ein. Tatsächlich ging es hauptsächlich um die Besiedelung der Region durch spanische Bürger, um die Ressourcen des Landes für sich zu sichern. Einem spanischen Grundbesitzer war es erlaubt, eine bestimmte Anzahl an Indianern zur Arbeit zu zwingen – als eine Art Gegenleistung musste er sie jedoch dafür im christlichen Glauben unterrichten. Das langfristige Ziel war es, die Indianer zu Christen zu erziehen und sie so in die Gesellschaft einzugliedern.

Was waren die „Indianerreduktionen"?

Zum Schutz der Indios wurden später so genannte *„Reduktionen"* gegründet, die von christlichen Ordensbrüdern der *Johanniter* oder *Jesuiten* verwaltet wurden. In diesen Indianersiedlungen wurden die Eingeborenen zum christlichen Glauben wie auch zu harter Arbeit erzogen. Die Indianer wurden durch diese „Zufluchtsorte" von den *Spaniern* getrennt. Dies geschah in der Hoffnung, ihnen in der Abgeschiedenheit den christlichen Glauben besser vermitteln zu können, da die Befürchtung vorherrschte, der Lebensstil der spanischen Siedler würde den Indianern ein schlechtes Vorbild bieten. Die Reduktionen dienten jedoch noch einem weiteren Zweck: Die spanischen Siedlungen waren häufigen Angriffen durch die *Portugiesen* ausgesetzt und die Siedlungen wurden nun als Pufferzonen an die Grenze zum portugiesischen Gebiet angelegt.

Was war der „Jesuitenstaat"?

Mit der Gründung der *Reduktionen* kam es immer wieder zu Übergriffen durch die portugiesischen Nachbarn. Da die Indianer und ihre christlichen Mentoren weder mit Waffen ausgestattet wurden noch ihnen die spanischen Siedler jemals Unterstützung gewährten, waren sie diesen Angriffen schutzlos ausgeliefert. Nach einigen verlustreichen Begegnungen mit den Portugiesen entschlossen sich die *Jesuiten*, die 12.000 Indianer mitsamt ihren Dörfern umzusiedeln. Sie zogen über

1000 km nach Süden und gründeten dort eine neue Siedlung. Im Lauf der nächsten Jahrzehnte vergrößerte sich diese Siedlung eminent. Mit mittlerweile mehr als 60.000 Indianern gelang es schließlich, die Portugiesen zu schlagen, was die spanische Regierung mit der Ernennung zur offiziellen Grenztruppe würdigte. Die Siedlung unter der Führung der Jesuiten erhielt den Namen „**Jesuitenstaat**".

Wie kam es zum Ende des „Jesuitenstaates"?

Bis zum Jahr 1750 stieg die Zahl der in der Siedlung lebenden Indianer auf über 100.000 an. Dann führten jedoch politische Umstände zum Niedergang des „Staates". Spanien hatte sein Augenmerk auf die Insel San Sacramento gerichtet, die zu jener Zeit noch den Portugiesen gehörte. Diese zeigten sich bereit, die Insel an Spanien abzutreten, wenn sie im Gegenzug dafür einige Gebiete westlich des Flusses Uruguay erhalten würden. Spanien erklärte sich einverstanden und besiegelte somit das Schicksal des „Jesuitenstaates". Die Jesuiten wurden ausgewiesen und die Guarany-Indianer von portugiesischen Sklavenhändlern gejagt. Die meisten von ihnen zogen sich in die Wälder

---

Der Jesuitenorden

Die katholischen Jesuiten gründeten ihren Orden im Jahr 1534 unter dem Gründungsvater und spanischen Priester **Ignatius von Loyola**. Die Mitglieder des Ordens waren schon immer von einer großen Sendungsideologie geprägt und hatten stets das Ziel der Missionierung Ungläubiger. Der Orden verbreitete sich rasch und erlangte schnell großen Einfluss.

Ignatius von Loyola

Das, was die Jesuiten von anderen christlichen Orden abhob, war die wesentlich längere Ausbildung zum Priester, als sie bei anderen Orden üblich war. Bis ein Jesuit zum Priester geweiht werden konnte, musste er erst eine Ausbildungszeit von 17 Jahren durchlaufen.

---

zurück, wo sie in Sicherheit lebten. Somit nutzte es auch nichts mehr, dass der Vertrag zwischen Portugal und Spanien wenige Jahre später wieder annulliert wurde.

Handelte es sich beim „Jesuitenstaat" um einen wirklichen Staat?

Der „Jesuitenstaat" war kein autarker Staat im herkömmlichen Sinne. Am Ende waren es etwa 30 Dörfer der Guarany-Indianer, die von den Jesuiten zusammen gehalten und verwaltet wurden. Zwar hatten die lokalen Behörden keinerlei Kontrolle über die Siedlung, sie war jedoch direkt dem spanischen König unterstellt, da es sich um ein Missionsschutzgebiet handelte. Es scheint sehr wahrscheinlich, dass der Begriff „Jesuitenstaat" von den Geg-

nern des Jesuiten-Ordens erfunden wurde, um ihre Machtposition in Europa zu schwächen.

Was waren für die Indios die positiven und negativen Seiten der Missionierung?

Der größte Vorteil der Reduktionen war die Tatsache, dass die Indianer durch sie vor den spanischen Siedlern geschützt waren, von denen sie sonst ausgebeutet worden wären. Den Jesuiten gelang es ebenfalls, den Indianern ein Stück ihrer eigenen Kultur zu bewahren. Sie halfen ihnen, ihre einheimische Sprache zur Schriftsprache weiter zu entwickeln. Andererseits wurden die Indianer auch von den Jesuiten als Zwangsarbeiter eingesetzt, ihrer eigenen Religion beraubt und unter Zwang zum Christentum bekehrt.

Unter den Folgen des „Spanischen Erbfolgekrieges", den Bayern an der Seite Frankreichs in der Schlacht von Höchstädt und Blindheim gegen die Koalition Österreichs mit England im Jahr 1704 verlor, hatte das Land bis zum Frieden von Rastatt 1714 schwer zu leiden.

Wie kam es zum Spanischen Erbfolgekrieg?

Der spanische König **Karl II.** aus dem Hause *Habsburg* blieb ohne männlichen Nachkommen und bestimmte deshalb im Jahr 1698 den Sohn des bayrischen Kurfürsten **Max Emanuel**, Kurprinz **Joseph Ferdinand**, zum Universalerben des spanischen Weltreiches. Der jedoch starb völlig unerwartet im Alter von 7 Jahren im Jahr 1699. Nachdem aber zwei Jahre später der spanische König mit dem Bourbonen **Philipp von Anjou** erneut einen Erben gewählt hatte, zündete er damit eine politische Lunte in Europa, die nicht mehr zu stoppen war. Die *Bourbonen* regierten zu jener Zeit jedoch schon in Frankreich und hätten damit ein Weltreich nahezu als Geschenk erhalten. Besonders das österreichische Kaiserreich und England waren zutiefst besorgt darüber und gründeten mit einigen anderen Staaten die *„Große Allianz"*, um den nahenden Machtzuwachs Frankreichs und dessen drohende Hegemonie zu verhindern.

Wie verlief der Krieg?

Obwohl Frankreich und Bayern zusammen erste Erfolge auf dem Schlachtfeld verzeichnen konnten, kam die englisch-österreichische Dominanz mit der Zeit immer stärker zum Tragen. Nach der *Schlacht bei Höchstädt* im Jahr 1704, bei der Frankreich und Bayern nicht nur geschlagen wurden, sondern in deren Folge sich Frankreich aus den deutschen Staaten und Italien komplett zurückziehen musste und Bayern gar zur Besatzungszone wurde, konzentrierten sich die Kämpfe auf Spanien, wo Frankreich mehr Kriegsglück besaß und nach mehreren Siegen im Jahr 1707 das Land zum großen Teil kontrollierte. Zwar bat Frankreich mehrmals um einen Frieden, der aber nie zustande kam, weil sich König **Ludwig XIV.** weigerte, an der Seite der Allianz gegen seinen Enkel Philipp Krieg zu führen.

Wie wurde der Krieg entschieden?

Als der Habsburger Kaiser **Joseph I.** 1711 starb, folgte ihm sein Bruder **Karl VI.** auf den Thron. Der war aber schon acht Jahre zuvor als offizieller Gegenkönig zu **Philipp V.** von Spanien ausgerufen worden und nahm diesen Anspruch auf den spanischen Thron mit

Die Bourbonen – Herrscher in drei Reichen

Mit den **Bourbonen** meint man ein französisches Herrschergeschlecht, welches sich in verschiedene Linien aufspaltete. Die Geschichte unterscheidet zwischen den französischen, den spanischen und den italienischen Bourbonen. Der Name der Familie, die von der Ernennung des Philipp von Anjou als spanischer Kronprinz am meisten profitiert hätten, geht auf ihre Stammburg im Bourbon-l'Archambault zurück, wo der erste urkundlich belegte Bourbone Adhémar im späten 9. Jahrhundert zum Baron von Bourbon erhoben worden war.

auf den österreichischen. Für die Alliierten England und Holland war das eine unangenehme Neuigkeit: Würden sie den Krieg verlieren, würde Frankreich über Spanien herrschen. Würden sie den Krieg gewinnen, würde Österreich über Spanien herrschen. So oder so: Das Kräfteverhältnis, das unter großen Mühen in den letzten Jahren als so genannte *„Balance of Power"* aufgebaut worden war, würde kippen. Als Konsequenz aus dem Anspruch Karls auf den spanischen Thron folgte also der Rückzug Englands und Hollands aus dem Krieg. Plötzlich gab es keine Allianz mehr und Frankreich sah sich vielen einzelnen Gegnern gegenüber, von denen sich aber

Ein Krieg als Vermächtnis: Karl II. von Spanien

Karl II. von Spanien wurde am 6. November 1661 als Sohn Philipps IV. in Madrid geboren und starb als letzter der spanischen Habsburger am 1. November 1700 in Madrid. Obwohl er schon im Alter von 4 Jahren zum König gekrönt wurde, stand Spanien bis zu seiner Volljährigkeit unter der Regentschaft seiner Mutter Maria-Anna von Österreich (1635-96). Unter seiner anschließenden Regierung verlor Spanien jedoch als internationale Macht schnell an Bedeutung und mit Karl II. erlosch Anfang des 18. Jahrhunderts auch die Linie der Habsburger in Spanien.

die meisten um Friedensverhandlungen bemühten. Das Ergebnis war der *Friede von Utrecht*, in dem es neun verschiedene Friedensschlüsse gab, Philipps Thronanspruch akzeptiert, aber Frankreich gleichzeitig eine gemeinsame Herrschaft über beide Staaten untersagt wurde.

Was sagte Karl VI. zu dem Frieden von Utrecht?

Karl VI. war über die plötzlichen Friedensverhandlungen und deren Ergebnis nicht erfreut und setzte auf eigene Faust den Krieg gegen Frankreich und Spanien fort. Als Frankreich aber zunehmend die Oberhand gewann, entschloss sich auch Karl zu zögerlichen Verhandlungen, die 1714 zum *Vertrag von Rastatt und Baden* führten. Dieser brachte Karl VI. auch einiges an territorialem Gewinn ein: Die Spanischen Niederlande, Mailand, Mantua, Neapel und Sardinien wurden Österreich zugesprochen. Nur den Thronanspruch auf Spanien ließ Karl nie fallen und darum schloss er mit Phillip V. auch kein eigenständiges Friedensabkommen.

Wie Bayern zur Besatzungszone wurde

John Churchill, Herzog von Marlborough

Im Jahr 1704 kam es zwischen Frankreich und dem mit ihm verbündeten Bayern zur Schlacht bei Höchstädt gegen Engländer, Dänen, Holländer und Deutsche. Die Reichstruppen **Leopolds** unter der Führung des Prinzen **Eugen** und England unter dem Kommando des **Herzogs von Marlborough** siegten bei **Blindheim** in einer der blutigsten Schlachten der neueren Geschichte unter großen Verlusten auf beiden Seiten – rund 25.000 Soldaten sollen an diesen Tagen ihr Leben verloren haben – und zwangen Kurfürst Max Emanuel zur Flucht aus Bayern. Die Siegermächte besetzten daraufhin die Rentämter Landshut, Straubing, Burghausen und schließlich auch München. Das ganze damalige Bayern ist zur Besatzungszone geworden.

Die Zeit der Herrschaft Peters des Großen von 1682 bis 1724, in der Russland durch staatliche Reformen und Eroberungskriege zur europäischen Großmacht aufstieg und sich in dieser Zeit zunehmend den westlichen Staaten annäherte.

Wie verlief die Jugend von Peter dem Großen?

Peter wurde 1672 als Sohn von Zar **Alexej Michailowitsch** in Moskau geboren. Vier Jahre später starb Peters Vater und sein älterer Bruder **Fjodor** übernahm den Thron. Schon als Kind soll Peter militärische Szenarien nachgespielt und mit Schulfreunden exerziert haben. Als Peter zehn Jahre alt war und sein Bruder Fjodor starb, wurde er selbst zum neuen Zaren ernannt. Allerdings musste er sich den Thron mit seinem geisteskranken Bruder **Iwan** teilen. Zu diesem Zeitpunkt waren beide Brüder noch minderjährig, deswegen blieben sie zunächst noch der Regentschaft ihrer Halbschwester **Sofja** unterstellt. 1689 wurde Peter volljährig und riss sofort die Regierungsgeschäfte an sich. Seine Schwester Sofja verbannte er ins Kloster. Sieben Jahre später starb sein Bruder Iwan, womit Peter zum alleinigen Herrscher Russlands aufstieg.

Welchen Zweck verfolgte Peter mit seiner Europareise?

Peter hatte sich seit jeher von der Lebensweise und Organisation der westlichen Staaten begeistern lassen und trat 1697 eine Europareise unter falschem Namen an. 18 Monate lang reiste er inkognito durch Preußen, Österreich und Holland. Sein Ziel war es, den Schiffsbau der Europäer zu studieren. In England heuerte er bei einer Werft an und ließ sich zum Schiffsbauingenieur ausbilden. 1698 kehrte er nach Russland zurück und begann umgehend mit der Realisierung durchgreifender Reformen.

Welche Reformen führte Peter der Große in Russland durch?

Die Reformen Peters des Großen waren sehr vielfältig und erstreckten sich über alle Bereiche des Lebens. Seine ersten Maßnahmen waren freilich militärischer Natur. So ließ er direkt nach seiner Rückkehr eine Flotte von 50 Schiffen bauen, die später als „Ostseeflotte" berühmt wurde. Sein nächster Schritt war die Aufstockung des Heeres auf das Fünffache der bisherigen Größe. Außerdem leitete er die Organisation des Heeres nach westlichen Maßstäben ein. Das nächste Ziel seiner Reformbemühungen war die öffentliche Verwaltung. Er schaffte neue Behörden, die hauptsächlich damit beschäftigt waren, Geld für die Aufrüstung der Armee aufzutrei-

St. Petersburg: Eremitage

236

ben und zu verwalten. Auch in die Wirtschaft des Landes griff er ein, indem er Bergbau und Handwerk stark förderte. Er ließ u. a. über 200 neue Fabriken bauen. Die Städte ließ Peter nach europäischem Muster modernisieren, teilweise ließ er sogar neue errichten. Seine spätere Hauptstadt **St. Petersburg** steht hierfür als Beispiel. Peters Reformen drangen bis in die alltäglichsten Bereiche vor. So ließ er auch die *kyrillische Schrift* vereinfachen oder legte neue Maße für Leinwand fest. Des Weiteren schaffte Peter den *byzantinischen Kalender* ab und ersetzte ihn durch den *julianischen*. Allerdings waren all diese Maßnahmen nicht von vornerein durchgeplant, vielmehr waren es stets spontane Ideen, die Peter sofort umsetzte und mit denen er sein Volk nicht selten überforderte. So traf die Modernisierung Russlands nicht überall im Reich auf ungeteilte Zustimmung.

Peter der Große in der Literatur

Das Leben und die Herrschaft Peters des Großen haben in der nachfolgenden Zeit viele Lyriker und andere Künstler zu Werken über ihn inspiriert. Besonders seine Reise durch Europa wurde Gegenstand mehrerer Werke. Das bedeutendste davon war die Oper *„Zar und Zimmermann"* von **Albert Lortzing**. Weitere Dichtungen zu Peter dem Großen waren die Oper *„L'Etoile du Nord"* von **Eugène Scribe** und das Drama *„Alexis"* von **Karl Immermann**.

Wie veränderten diese Reformen Russland?

Peter erreichte mit seinen Reformen eine starke Veränderung Russlands. Menschen und Ressourcen wurden mobilisiert, Russland wurde den westlichen Staaten immer ähnlicher. Diese Veränderungen waren es, die die Voraussetzung für Russlands Aufstieg zur Großmacht darstellten. Die Meinungen über seine Reformen gingen in der Bevölkerung stets weit auseinander. Ihre Befürworter sahen in ihnen die Heilsbringung. Für sie wurde Russland durch die Reformen aus der Barbarei des Mittelalters befreit. Die Gegner Peters jedoch sahen in ihnen eine erzwungene Verwestlichung. Für sie beraubte Peter das Land seines „wahren Russentums".

Wie gelang der Aufstieg zur Großmacht?

Parallel zu den Reformen im eigenen Land begann Peter mit der Ausdehnung des Reiches. Im Jahr 1700 zog er in den *„Großen Nordischen Krieg"* gegen den König von Schweden, den er schließlich 20 Jahre später für Russland entscheiden konnte. Russland eroberte im Verlauf des Krieges weite Teile der Ostseeküste und löste Schweden als größte Macht Nordeuropas ab. Gleichzeitig gelang es Peter, in den *„Russisch-Türkischen Kriegen"* große Gebiete des Osmanischen Reiches für Russland zu gewinnen. Somit wurde Russland zur vierten Großmacht Europas.

Peter der Große

Einstige Ehefrau des Zaren Peter III., später selber Russische Zarin von 1762 bis 1796, die durch politische Intrigen und den Verrat an ihrem Mann an die Macht gelang und Russlands Aufstieg zur europäischen Großmacht vollendete.

Wer war Katharina II.?

Katharina wurde am 2. Mai 1729 als Tochter des deutschen Fürsten **Christian August von Anhalt-Zerbst** in Stettin geboren. Mit dem späteren Zaren **Peter III.** verlobt kam sie 1743 nach Russland. Dort heiratete sie 1745 den Thronfolger. Doch ihre Ehe war als unglücklich zu bezeichnen. Katharina war im Geiste der Aufklärung erzogen worden: Hoch gebildet und sehr ehrgeizig war sie ihrem Gatten weit überlegen.

Katharina II., die Große

Wie wurde sie Zarin?

Als Peter III. aufgrund des Todes seines Vaters Zar wurde, befand sich Russland gerade im *Siebenjährigen Krieg* mit Preußen. An seiner Seite kämpften die Großmächte Frankreich und Österreich. Da sie das Königreich Preußen in der militärischen Stärke im Prinzip übertrafen, galt der gemeinsame Sieg nur als eine Frage der Zeit. Da aber Peter III. ein glühender Verehrer des preußischen Königs Friedrichs II. war, trat er sofort mit dem Regentschaftsantritt aus der Koalition gegen Preußen aus und ging mit diesem ein Bündnis ein. Dies stieß in russischen Kreisen auf starken Widerstand und es kam zu einer Verschwörung. Seine Gattin Katharina zählte zu den führenden Köpfen dieser Palastrevolution. Sie ließ den Zaren durch Gardeoffiziere stürzen und sich selbst zur Zarin ausrufen. Anschließend wurde er mit ihrer Billigung ermordet.

Wie regierte Katharina II.?

Im Inneren leitete die Zarin zahlreiche Reformen ein. So sollten Verwaltung, Wirtschaft und Militär gestärkt werden. Russland nach innen zu festigen, war auch die Intention bei großen Siedlungsprojekten an der **Wolga**. Dort ließ sie Kolonisten aus Mittel- und Südosteuropa ansiedeln, darunter viele Deutsche, die das Land kultivieren und Städte gründen sollten. So entstanden die so genannten deutschen „Wolgakolonien". Stützen konnte sie sich bei diesem Erneuerungsprozess auf den Adel und leitende Minister. Einige aus diesen Reihen dienten der Zarin dann auch als Liebhaber.

War Katharina II. eine „Zarin der Reformen"?

Zwar konnte Katharina Russland durch zahlreiche Neuerungen stärken, doch gab es unter ihr auch rückwärts gewandte Veränderungen: So wurde beispielsweise alles getan, um die bestehende Gesellschaftsordnung aufrechtzuerhalten und die Lage der Bauern wurde sogar noch verschärft. Der Adel erhielt weitere Privilegien, die Leibeigenen wurden nun vollends dem Grundbesitzer ausgeliefert; der Status der Leibeigenen näherte sich der Sklaverei. Ein durch die Ausdehnung der Leibeigenschaft auf die Ukraine ausgelöster *Bauernaufstand* 1773/74 wurde brutal niedergeschlagen. Ihre Verfassungsreformen beschränkten sich auf die *Gouvernementsordnung* von 1775, die den Abbau der Sonderrechte der Ukraine bedeutete, während ihre *Adels- und Stadtordnung* im Jahr 1785 keine neuen Impulse setzen konnte. Einflüsse der Französischen Revolution ließ die Zarin mit Entschiedenheit bekämpfen.

Woher stammt ihr Beiname „die Große"?

Russland war schon vor dem Antritt der Regentschaft durch Katharina II. eine Großmacht mit einem enormen Potenzial. Doch der neu-

Georg III. von England

Russland als europäische Großmacht

Mit der Expansionspolitik der Zarin Katharina II. war das russische Zarenreich weit nach Europa vorgerückt. Daraus ergaben sich in der Folge diverse Probleme: Russland vertrat die Idee des *Panslawismus*. Selbst slawisch sah es sich als Schutzmacht aller Slawen und unterstützte diese, wo immer sie nach Unabhängigkeit strebten. Dies sorgte für einen Dauerkonflikt mit dem an Macht verlierendem Osmanischen Reich und verstärkte zahlreiche Konflikte auf dem Balkan. Des Weiteren war der russische Zar zugleich Oberhaupt der orthodoxen Kirche. Diese, früher in Konstantinopel ansässig und mit dem Oströmischen Reich eng verbunden, war eine der entscheidenden Rechtfertigungen für die russische Argumentation, Nachfolger des Osmanischen Reiches zu sein. Mit diesem Anspruch begründete man eine weitere Expansion in Richtung Süden. Dieser Expansionismus richtete sich auch in erster Linie gegen das Osmanische Reich. Ein Zwischenziel dieser Politik war die Inbesitznahme der Meerenge **Bosporus**, was zu Verwicklungen mit **England** führte.

---

en Zarin reichte dies nicht aus. Sie bemühte sich erfolgreich um eine Ausdehnung des Riesenreiches nach Europa, um auch dort verstärkt Einfluss geltend machen zu können. Der Krieg gegen das friederizianische Preußen wurde zwar nicht wieder aufgenommen, doch nach Ende des *Siebenjährigen Krieges* setzte sie sich als treibende Kraft bei den polnischen Teilungen in Szene. Zunächst setzte sie die Wahl ihres Günstlings **Stanislaus II. Augustus** zum polnischen König durch. In der Folge verhinderte sie Reformen in Polen und sorgte schließlich entscheidend für die drei *Pol-*nischen Teilungen (1772, 1793, 1795). Diese brachten Russland bedeutende territoriale Zuwächse in Europa. Durch zwei Kriege gegen das *Osmanische Reich* (1768–1774 und 1787–1792) konnte das Zarenreich seine Grenzen weit in Richtung Süden vorschieben und erhielt so Zugang zum Schwarzen Meer. Neben diesen außenpolitischen Erfolgen und den Reformen im Inneren schaffte es die Zarin, den russischen Hof zu einem kulturellen Mittelpunkt zu machen. Sie förderte Kunst und Bildung. Zahlreiche große Denker der Zeit wurden nach Sankt Petersburg geholt.

Gegen Ende des 17. Jahrhunderts entstanden in England, Holland und Frankreich neue geistige Strömungen, die sich auf weite Teile Europas ausbreiteten, die Kirche schwächten, für eine Reformierung des Bildungswesens sorgten und die Wirtschaft ankurbelten.

Wer und was trieben die Aufklärung voran?

Vorbilder der Aufklärung waren der *englische Empirismus*, der durch **Francis Bacon**, **Thomas Hobbes**, **John Locke** und **David Hume** vorangetrieben wur-

Francis Bacon

Thomas Hobbes

de, sowie der französische Rationalismus, den **René Descartes** und der Schriftsteller **Voltaire** vertraten. Beide Richtungen zusammen postulierten, dass die menschliche Vernunft durch

Der Rationalismus

René Descartes

Der **Rationalismus** erhielt seinen Namen vom lateinischen Wort *„ratio"* (= Vernunft). Er entstand in Frankreich unter dem Mathematiker und Philosoph **René Descartes**. Seine Lehren, überliefertes Wissen nicht einfach zu akzeptieren, sondern alles zu hinterfragen, bildeten die Grundlagen des Rationalismus. Sein berühmter Satz *„Ich denke, also bin ich"* (*„Cogito ergo sum!"*) drückte die Wahrheit seiner Existenz, bewiesen durch die Kraft seines Verstandes, aus und begründete damit die Ratio, den menschlichen Verstand, als einzige Quelle zur Erkenntnis von Wahr und Nichtwahr, für Richtig und Nichtrichtig. Das bloße Denken und logische Verknüpfen von Fakten konnte den Menschen dazu bringen, die Existenz Gottes und die Wahrheit von Naturgesetzen zu erkennen und zu belegen.

Voltaire

logische Schlüsse und empirische Erfahrungen jegliches Problem lösen könne. Der Fortschritt sollte nicht mehr zögerlich und misstrauisch beäugt, sondern mit offenen Armen empfangen werden.

Was waren die Ziele der Aufklärung?

Die Verfechter der Aufklärung wollten das Prinzip des *„gottgewollten Feudal- und Ständesystems"* durch eine gleichberechtigte Vernunft des Denkens ersetzen. Sie forderten die Gleichheit der Menschen und Menschenrechte für alle und stellten die menschliche Vernunft über den Glauben. Die Loslösung von der Bibel, um Natur und Leben durch Erfahrung der Sinne, den

Empirismus, und kritisches Denken, den *Rationalismus*, zu erfassen, bedeutete für die aufgeklärten Menschen einen wahren Fortschritt. Darum begannen sie, das Christentum als einzig wahre Religion anzuzweifeln.

Wie reagierte die Kirche auf die Zweifel am Christentum?

Der Katholizismus gab unter dem Druck der aufklärerischen Denker und ihrer stetig wachsenden Anhängerschar nach und in vielen europäischen Ländern lockerte sich die dogmatische Strenggläubigkeit. Zwar war die Kirche als Institution aufgrund ihrer Skandale und ihres Machtmissbrauchs in die Kritik geraten und die „einzige Wahrheit" des Christentums wurde ebenso angezweifelt, jedoch sahen die Denker in der Religion keinen Feind, nur in ihren „absoluten" Vorgaben. So verlor die Kirche an Autorität, da sie dem freien Denken Grenzen setzte. Die Zeit des so genannten *„aufgeklärten Absolutismus"* brach an: Die Präsenz eines Königtums wurde anerkannt, nicht aber das gottgegebene Recht bestimmter Personen, es zu repräsentieren.

Welche Auswirkungen hatte die Aufklärung auf die Literatur?

Bevorzugte Themen der Literatur wurden in der Zeit der Aufklärung u. a. das *Lehrge-*dicht, die *Fabel* und die *Satire*. Aufgeklärte Schriftsteller wie der Franzose Voltaire erwiesen sich als äußerst vielseitige Schriftsteller und Denker. Die Literatur in jener Zeit brachte viele Romane, Dramen sowie Epen und philosophische Werke hervor, die sich an alle Menschen wandten. Auch wenn sich in Preußen der Adel noch eine Zeit lang gegen das neue Denken und seine Folgen wehrte, mussten die Adeligen in Frankreich schnell erkennen, dass mit dem Zeitalter der Aufklärung auch die Emanzipation des Bürgertums eingesetzt hatte.

Wie entwickelte sich das Bildungswesen in der Aufklärung?

Die Aufklärer waren davon überzeugt, dass der Fortschritt der Menschheit auf der Bildung und Erziehung jedes Einzelnen beruhe. Aus diesem Denken resultierten schließlich die Einführung der allgemeinen Schulpflicht und die Reformierung des damals bestehenden Schulwesens. Wichtigster Unterschied war die Abkehr vom mechanischen Auswendiglernen und die Einführung des so genannten *„verstehenden Lernens"*: Die Erkenntnisse des Verstandes mussten auch praktisch anzuwenden sein und den Menschen zugute kommen.

Der Empirismus

In England wurde der **Empirismus** begründet, als der Brite **John Locke** die Beobachtung zur Grundlage wissenschaftlicher Aussagen machte. Locke behauptete, dass die menschliche Erfahrung und das wachsende und wahrnehmbare Wissen allein aus den Sinneswahrnehmungen des Menschen, also aus seinen Beobachtungen, entstünden. Der englische Philosoph

John Locke

David Hume ging sogar noch einen Schritt weiter und behauptete, dass nichts im menschlichen Verstand existiere, was der entsprechende Mensch nicht zuvor mit seinen Sinnen wahrgenommen hätte. Die Forschung auf dem Gebiet der Naturwissenschaften erhielt durch die Aussagen dieser beiden Männer einen enormen Aufschwung.

Die britischen Entdeckungen im Pazifik sind untrennbar mit dem Namen James Cook verbunden. Der Kapitän und Entdecker unternahm drei Expeditionen in den Pazifischen Ozean, die von den Küsten Nordamerikas nach Australien und Neuseeland reichten.

Wie wurde James Cook zum Seefahrer?

James Cook wurde am 27. Oktober 1728 in der englischen Grafschaft Yorkshire als Sohn eines Landarbeiters geboren.

James Cook

Seine Jugend verbrachte er auf der Farm, auf der sein Vater beschäftigt war, und kam erstmals in Kontakt mit dem Meer, als er in einer kleinen Küstenstadt eine Lehre bei einem Einzelhändler anfing. Im Jahr 1746 heuerte er im Alter von 18 Jahren schließlich bei dem bekannten Reeder **John Walker** in Whitby an. Drei Jahre später hatte er seine Matrosenausbildung beendet und lernte nach Dienstschluss Mathematik. 1752 wurde er zum Maat befördert und nach drei Jahren hatte er im Alter von 27 Jahren sein erstes Kommando über ein Schiff. Cook entschloss sich, zur Royal Navy zu wechseln. Dort fing er zwar wieder als einfacher Matrose an, stieg aber wegen seines Könnens schnell auf. Während des *Siebenjährigen Krieges* von 1756–1763 erhielt er das Kommando über ein gekapertes Schiff und nahm am Angriff auf **Quebec** teil.

Welchen Auftrag hatte Cook bei seiner ersten Expedition?

Im Jahr 1768 organisierte die *Königliche Gesellschaft der Wissenschaften* die erste wissenschaftliche Expedition in den **Pazifik**. Dem bis dahin noch recht unbekannten Cook wurde die Leitung der Expedition angetragen. Es ging darum, Mitglieder der Königlichen Gesellschaft mit ihren Assistenten zur Südseeinsel **Tahiti** zu befördern, wo sie astronomische Beobachtungen machen wollten. Danach sollte Cook die so genannte *„Terra Australis"* finden. Britische Wissenschaftler gingen zu dieser Zeit davon aus, dass sich im Süden des Pazifiks eine noch unbekannte riesige Landmasse befinden müsse, die das Gewicht der Kontinente auf der nördlichen Halbkugel ausgleiche. Nachdem Cook seinen Auftrag in Tahiti erledigt hatte, segelte er westwärts und entdeckte **Neuseeland**, das er ein halbes Jahr lang erforschte. Danach durchsegelte er die **Tasmansee** und gelangte an die südöstliche Küste **Australiens**. Er folgte dem Küstenverlauf nach Norden, passierte das *Great Barrier Reef* und fuhr durch die **Torresstraße**. Eine Berührung des Meeresgrundes an der Küste von **Queensland** machte eine notdürftige Reparatur nötig, nach der Cook im Jahr 1771 wieder zurück zu den **Britischen Inseln** segelte.

Fand Cook die „Terra Australis"?

Wieder in England wurde James Cook zum Fregattenkapitän befördert und erhielt eine Audienz bei König **George III.** Umgehend wurde er mit einer neuen Mission betraut. Obwohl er mit Australien einen neuen Kontinent entdeckt hatte, glaubte man, dass sich zwischen Australien, Südamerika und der Antarktis eine noch größere Landmasse befinden müsse. Cooks zweite Expedition von 1772–1775 gilt als eine der größten seefahrerischen Glanzleistungen überhaupt. Eine *„Terra Australis"* fand er allerdings nicht, obwohl er sich zeitweise auf über 70° südlicher Breite bewegte. Cook bewies somit, dass es diesen Kontinent nicht gab, und umrundete als Erster die **Antarktis**, bevor er wieder nach England zurückkehrte.

Skorbut

Die Krankheit tritt auf bei einem Mangel an Vitamin C, wenn dem Körper also zu wenig frisches Gemüse und Obst zugeführt wird. Früher war Skorbut als *Seefahrerkrankheit* allgemein bekannt, aber auch in Gefängnissen, Gefangenenlagern und in Elendszeiten war er weit verbreitet. Das Krankheitsbild äußert sich im Frühstadium durch eine Bildung von Geschwüren in der Mundschleimhaut sowie durch Blutungen des Zahnfleisches und kann im Spätstadium zum Tod führen. James Cook überwand den Skorbut auf seinen Schiffen, da er der Besatzung den Verzehr von Sauerkraut und einem Orangenextrakt verordnete, und erhielt dafür hohe wissenschaftliche Auszeichnungen. Dass Vitamin-C-Mangel für das Erscheinen von Skorbut verantwortlich ist, entdeckte man erst im Jahr 1932.

Wie starb James Cook?

Den daraufhin abermals beförderten und viel geehrten Cook hielt es jedoch nicht lange auf dem Festland. Ein letztes großes Geheimnis galt es dem Pazifischen Ozean zu entlocken: die Entdeckung einer nördlichen schiffbaren Passage vom Pazifik in den Atlantik. Im Jahr 1776 brach der Seefahrer zu seiner letzten Expedition auf. Von England kommend segelte er quer durch den Indischen Ozean und den Pazifik bis zur Westküste Nordamerikas. Er fuhr die Küste immer weiter nach Norden ab, bis er in die **Beringstraße** gelangte, wo es aber wegen der großen Kälte und der eisigen Stürme kein Weiterkommen gab. Enttäuscht musste Cook umkehren und legte auf Hawaii einen Zwischenstopp ein. Dort wurde er von einem polynesischen Einheimischen bei einem Streit um den Diebstahl eines Messers erschlagen. Dies geschah am 14. Februar 1779.

James Cook: Ankunft in Botany Bay (Australien) am 29. April 1770

Britisch-Französischer Krieg

Bewaffneter Konflikt Mitte des 18. Jahrhunderts in Nordamerika zwischen den Kolonialmächten England und Frankreich, aus dem England als dominierende Macht des kolonisierten Amerikas hervorging. Auch als vierter Kolonialkrieg bekannt .

Welche politischen Geschehnisse gingen dem Kolonialkrieg voraus?

Nachdem sowohl Großbritannien als auch Frankreich damit begonnen hatten, die „Neue Welt" Amerika zu kolonisieren, kam es alsbald zu Streitigkeiten über Territorien. Dabei handelte es sich zumeist um Gebiete, die für den Handel zwischen Europa und Amerika sehr wichtig waren. Im Laufe der Zeit kam es zu vier so genannten *„Kolonialkriegen"* zwischen Frankreich und England. Der erste wurde von 1689–1697 ausgetragen und unter dem Namen *„King William's War"* bekannt. Der zweite Kolonialkrieg, der *„Queen Anne's War"*, dauerte von 1703 bis 1713. Von 1744–1788 tobte mit dem *„King George's War"* der dritte Kolonialkrieg.

George Washington

Der Siebenjährige Krieg

Parallel zum *Britisch-Französischen Krieg* tobte in Europa der Siebenjährige Krieg, der auch der 3. *Schlesische Krieg* genannt wird. Er brach im Jahr 1756 zwischen den beiden damaligen Großmächten Preußen und Österreich aus. Aufgrund diverser Bündnisbeschlüsse wurden jedoch auch das mit Preußen verbündete Großbritannien und das mit Österreich verbündete Frankreich in diesen Krieg hineingezogen. Auslöser des Konfliktes war in erster Linie die Provinz Schlesien, die Österreich im Jahr 1748 an Preußen abgeben musste und nun danach strebte, sie zurückzuerhalten. Der eng mit dem Britisch-Französischen Krieg verbundene Konflikt endete schließlich 1763 mit dem Verbleib Schlesiens unter Preußischer Herrschaft.

Keine der beiden Nationen konnte sich im Lauf der Zeit überzeugend durchsetzen. So kam es schließlich zum vierten und entscheidenden Kolonialkrieg, dem *Britisch-Französischen Krieg*.

Wie kam es zum Ausbruch des Krieges?

Wenige Jahre vor dem Ausbruch des Krieges lebten etwa 33-mal so viele Engländer wie Franzosen in einem nur etwa halb so großen Gebiet. Die englischen Siedler drängten über die Appalachen ins Ohiotal, das eigentlich die Franzosen für sich beanspruchten. 1750 kam es deswegen zu einem Treffen der Vertreter beider Nationen in Paris, um die Konflikte gütlich zu regeln. Allerdings fand man nicht zusammen und ging ohne Einigung wieder auseinander. Die französische Regierung schickte einen Gouverneur in die Region, um Forts zu errichten. Ihrerseits errichteten die Engländer ebenfalls Stützpunkte. Der englische Gouverneur von Virginia schickte daraufhin den jungen, unerfahrenen Offizier **George Washington** in die französische Region, um sie zum Verlassen des Gebietes aufzufordern. Auf

Die Folgen: der Unabhängigkeitskrieg

England sah sich nach dem Ende des Krieges dazu veranlasst, Steuern von den Kolonisten zu verlangen, um so ihre Staatsverschuldung einzudämmen. Die Siedler lehnten sich daraufhin gegen England auf. Der gewonnene Krieg gegen Frankreich hatte das Selbstbewusstsein der Kolonisten sehr gestärkt. Man versuchte, sich vom britischen Königreich zu lösen. Es kam zum *Unabhängigkeitskrieg*, der schließlich im Jahr 1783 zur Lösung der Kolonisten von der englischen Krone und der Gründung der Vereinigten Staaten von Amerika führte.

dem Weg dorthin errichtete Washington im Ohiotal **Fort Necessity**, die Franzosen schlugen jedoch zurück und zwangen Washington zur Aufgabe des Stützpunktes. Dieser Vorfall führte zum Ausbruch des *Britisch-Französischen Krieges*.

Wie verlief der Krieg?

Zu Beginn der Kämpfe hatte Frankreich klar die Oberhand und konnte diesen Zustand zwei Jahre lang aufrechterhalten. Ab 1756 weitete sich der Krieg nach Europa und Indien aus, wo Frankreich und England nun einen zweiten und dritten Kriegsschauplatz eröffneten. Die große Wende zugunsten Großbritanniens kam im Jahr 1758, nachdem es den Briten gelungen war, die Unterstützung der Kolonisten für sich zu gewinnen. Im Juli 1758 konnten die Engländer **Louis-** **bourg** einnehmen. Im September 1759 fiel schließlich die französische Hochburg **Quebec**, die zuvor als uneinnehmbar gegolten hatte. Damit war der Krieg zumindest in Amerika zugunsten Großbritanniens so gut wie entschieden. Er tobte in Europa in Form des *„Siebenjährigen Krieges"* noch weiter und fand dort erst im Jahr 1763 ein Ende.

Welche Rolle spielten dabei die Irokesen?

Der Indianerstamm der *Irokesen* hatte das Ohiotal bewohnt und sich immer wieder gegen beide Seiten zur Wehr setzen können. Nach Beginn des Krieges schlugen sie sich auf die Seite der Franzosen und kämpften neben ihnen gegen die Engländer. Dadurch zogen sie sich natürlich den Zorn der Briten zu, den sie nach deren Sieg zu spüren bekamen. Diese Umstände führten letztendlich zum Ende der Irokesen. Sie versuchten zwar noch etwa 50 Jahre lang, gegen ihre weißen Kontrahenten zu kämpfen, erlangten jedoch nie wieder die Stärke, um sich ernsthaft gegen sie zur Wehr setzen zu können.

Welche Bedeutung hatte der englische Sieg?

Mit dem *„Frieden von Paris"* 1763 verlor Frankreich so gut wie alle Ländereien in Nordamerika an Großbritannien. Die Briten wurden somit zur führenden Macht in den kolonisierten Gebieten. Allerdings hatte der Sieg auch negative Folgen für das Königreich: Zum einen hatte Großbritannien durch den zehrenden Krieg an verschiedenen Schauplätzen immense Schulden angehäuft. Auch die Entwicklung in Amerika verlief nicht gut für das Königreich. Durch die Größe ihres neuen Kolonialgebietes kam es zu Verwaltungsproblemen und die Siedler wurden stetig unzufriedener.

Irokesenmaske

Reformen unter Friedrich dem Großen und Maria Theresia

Staatliche Reformen in Preußen unter Friedrich dem Großen und in Österreich unter Maria Theresia. Im preußisch-österreichischen Dualismus sollten sie eine entscheidende Stärkung des jeweils eigenen Staatswesens bewirken.

Wie kam es zu einer derartigen Rivalität zwischen den beiden Staaten?

Als **Maria Theresia** 1740 den Thron des Habsburgerreiches bestieg, handelte es sich um einen höchst stritti-

Maria Theresia

gen Vorgang. Denn nach deutschem Lehnrecht gab es eigentlich gar keine weibliche Erbfolge. Ihr Vater **Karl VI.** hatte sich zwar um Anerkennung bemüht, doch nach seinem Tod sorgte insbesondere die mangelnde militärische Stärke des Habsburgerreiches dafür, dass zahlreiche Herrscher ihre Erbansprüche zur

	Friedrich II. der Große
1740	Tod des Soldatenkönigs Friedrich Wilhelm I., neuer König Preußens wird Friedrich II.
1740–1748	1. und 2. Schlesische Krieg.
1747–1753	Beginn der Trockenlegung des Oderbruchs.
1756–1763	Der Siebenjährige Krieg.
1769	In Potsdam wird nach sechs Jahren der Bau von Schloss Sanssouci beendet.
1783	Der Lustgarten vor dem von Friedrich II. gestifteten Dom entsteht in Berlin.
1786	Friedrich der Große stirbt in Potsdam. Sein Neffe Friedrich Wilhelm II. wird neuer König der Preußen.

Not militärisch durchsetzten wollten. Preußen sah seine Macht zum zeitgleichen Regentschaftsantritt durch **Friedrich II.** nicht gefährdet. Ganz im Gegenteil – der Soldatenkönig **Friedrich Wilhelm I.** hatte seinem Sohn einen aufsteigenden Staat mit einer schlagkräftigen Armee hinterlassen. Diese Machtbasis wusste der junge Herrscher auch schon bald für sich zu nutzen. Zwar konnte Friedrich selbst keine Ansprüche geltend machen, aber die österreichische Bedrängnis ließ eine politische Erpressung zu: Der preußische König ließ Maria Theresia wissen, dass er die Unver-

letzlichkeit ihrer übrigen Erblande garantiere, wenn sie ihm Schlesien abträte. Sie lehnte ab und so kam es zu zwei Kriegen um die österreichische Provinz, dem *1. Schlesischen Krieg* von 1740–1742 und dem *2. Schlesischen Krieg* von 1744–1745. Aus beiden ging Preußen als Sieger hervor und besaß fortan Schlesien.

Wann und warum begannen die Reformen in Preußen?

Bereits mit dem Antritt der Regentschaft durch Friedrich II. wurde in Preußen die Hoffnung auf Reformen genährt.

Friedrich Wilhelm I.

Denn Friedrich galt durch seine von Denkern der französischen Aufklärung wie **Voltaire** beeinflussten Bildung als Vertreter eines humanitären Idealismus. Durch Reformen wie die Abschaffung der Folter als Beweismittel im Strafprozess und die Lockerung der Pressezensur oder die Verbreitung seiner Ansicht, dass es jedem Untertanen frei stünde, in welcher Konfession er seinem religiösen Bedürfnis nachkomme, glaubten zeitgenössische Beobachter, Preußen habe nach einem *Soldatenkönig* nun einen *Philosophenkönig* auf dem Thron. So beachteten sie die weitere Aufstockung der Armee nicht weiter. Mit dem Beginn der *Schlesischen Kriege* wurden sie bald eines Besseren belehrt.

Wann und warum begannen die Reformen in Österreich?

Als Maria Theresia in Österreich an die Macht kam, be-
mühte sie sich zunächst ihre Macht zu festigen. Dieses Bemühen wurde jäh durch Preußens Einmarsch in Schlesien – unterstützt durch das gewaltsame Streben des Kurfürsten **Karl Albrecht** von Bayern nach der deutschen Kaiserkrone und französische antihabsburgische Expansionsbestrebungen in Europa – unterbrochen. Somit musste Österreich zunächst die Einmärsche auf sein Territorium in den beiden *Schlesischen Kriegen* abwehren. Als im Jahr 1745 der *2. Schlesische Krieg* mit dem *Frieden zu Dresden* beendet wurde, war Maria Theresia als legitime Thronfolgerin in Österreich und ihr Mann **Franz** als deutscher Kaiser im Reich und international weitgehend anerkannt. Dies brachte für das Habsburgerreich die nötige Ruhe, sich nun innenpolitischen Reformen zuzuwenden. Die beiden verlustreichen Kriege hatten die Notwendigkeit einer umfassenden Reform des maroden Staatswesens nur überdeutlich gemacht.

Wie sahen diese Reformen in Österreich aus?

Maria Theresia reformierte die Verwaltung, das Rechtswesen und das Schulwesen. Die österreichisch-böhmische Reichshälfte wurde in einen modernen Beamtenstaat um-
gewandelt. Im Bereich des Rechtswesens war die Einführung eines einheitlichen Strafgesetzes geradezu revolutionär. Des Weiteren wurden zahlreiche Schulen und Akademien gegründet, um die Volksbildung zu stärken und die Wirtschaft anzukurbeln. Außerdem betrieb Maria Theresia eine Art innere Kolonisation. Ab 1748 wurden verstärkt „Schwabenzüge" in die südöstlichen Reichsgebiete gefördert.

Führte Friedrich nach dem Ende des Schlesischen Krieges weitere Reformen durch?

Der erfolgsverwöhnte Monarch trieb den Ausbau seiner Armee weiter voran. Daneben wurden Maßnahmen in Angriff genommen, die auf einen inneren Ausbau des Landes abzielten: Kanalbauten, Trockenlegung von Sümpfen und Brüchen, Förderung der Manufakturen, überlegte Einwanderungspolitik, Reformierung des Rechtswesens. Aufsehen erregend waren dabei insbesondere der Bau der ersten katholischen Kirche in Berlin, die Entwässerung des Oderbruchs sowie die Einführung einer klaren Gerichtsverfassung. Alle diese Neuerungen stabilisierten Preußen im Inneren und machten es nach Außen schlagkräftiger.

Kriegerische Auseinandersetzung von 1756 bis 1763, in der Preußen unter Friedrich II. dem Großen nahezu alleine mit einer Koalition von Großmächten zu kämpfen hatte und sich mit Glück und Geschick in ein Patt retten konnte.

Warum kam es zu diesem Krieg?

Der preußische König **Friedrich II.** hatte der Großmacht **Österreich** in den beiden *Schlesischen Kriegen* die reiche Provinz **Schlesien** abnehmen können. Die österreichische Kaiserin **Maria Theresia** hatte dies im **Frieden von Dresden** 1745 zwar offiziell anerkannt, sann aber auf Rache und die Rückgewinnung der Provinz. Ihr neuer Staatskanzler **Graf von Kaunitz** suchte daher 1756 den Ausgleich mit Frankreich. Friedrich II. ging zeitgleich mit England eine Allianz ein. Dabei sollte er im *Englisch-Französischen Krieg* **Kurhannover** gegen die Franzosen schützen. Dies brachte ihm aber nicht nur die Feindschaft Frankreichs, sondern auch den Groll des mit England verfeindeten Russland ein. Somit kam es zu einer Koalition *Wien–Paris–Sankt Petersburg*. Für das Frühjahr 1757 war ein ge-

Maria Theresia

meinsames militärisches Vorgehen dieser Koalition zu erwarten.

Was war der Anlass für die Eröffnung des Krieges?

Friedrich II. wollte seinen Gegnern durch einen Präventivschlag zuvorkommen. Somit marschierte er zunächst am 29. September 1756 im verfeindeten Sachsen ein. Seine Absicht war, Österreich in einem *Blitzkrieg* zu besiegen, ehe Frankreich und Russland ihre Rüstungen abge-

schlossen hatten. Dieser Plan setzte alles auf eine Karte: Würde sich die Prämisse – die schnelle Niederwerfung Österreichs – als falsch erweisen, stünde Friedrich vor einem militärischen Problem.

Wie verlief der Krieg?

Am Anfang schien der Plan eines Blitzschlages aufzugehen: Sachsen musste kapitulieren und Preußen marschierte nach dem Ende des Winters auf das österreichische **Prag** zu. Trotz anfängli-

Folgen des Siebenjährigen Krieges

Die Staaten des *Heiligen Römischen Reiches Deutscher Nation*, im Siebenjährigen Krieg größtenteils auf der Seite Österreichs, schlossen sich dem Frieden an. Mit dem Friedensschluss wurde der Status quo zwischen Preußen und Österreich manifestiert. Letztendlich vergeblich waren rund eine halbe Mio. Menschen geopfert worden. Preußen jedoch hatte sich endgültig als Großmacht etabliert. Gleichzeitig war der *österreichisch-preußische Dualismus* verfestigt worden und sollte erst gut 100 Jahre später aufgelöst werden.

cher Erfolge musste Friedrich gegen ein feindliches Entsatzungsheer eine empfindliche Niederlage einstecken. Am 18. Juni 1757 wurde er bei Prag so vernichtend geschlagen, dass er alle Träume vom Blitzkrieg begraben musste und sich nach Sachsen zurückzog. Hatte 1756 nicht den erhofften raschen Erfolg und 1757 das Scheitern der Blitzkriegsstrategie gebracht, war Preußen doch zur Jahreswende gegen einen zahlenmäßig weit überlegenen Gegner territorial weitgehend unversehrt geblieben und hatte zudem Sachsen als Faustpfand in der Hand. Einen Verständigungsfrieden auf Basis des Vorkriegszustandes hielt der preußische König zwar für möglich, die *Große Koalition* Paris–Wien–Sankt Petersburg jedoch nicht. Diese strebte eine *Verkleinerung Preußens* auf den kurbrandenburgischen Besitz an und koordinierte nun erstmals ihre militäri-

schen Aktionen. Nach einer Reihe von Niederlagen war die preußische Armee im Jahr 1758 zu Offensivhandlungen nicht mehr fähig. Als sich im Sommer 1759 ihr Gros bei **Kunersdorf** östlich von **Frankfurt/Oder** gegen eine Vereinigung von Russen und Österreichern zur Schlacht stellte, erlitt sie am 12. August eine vernichtende Niederlage. Das Kriegsziel der Großen Koalition schien erreicht, doch Uneinigkeiten zwischen dem russischen und dem österreichischen Oberkommando verhinderten die Ausnutzung des Sieges, sodass nicht einmal Berlin erobert werden konnte. So hoffte Friedrich auf etwaige Kriegsmüdigkeit im Lager der Gegner und führte den Krieg defensiv auf kleiner Flamme weiter. Nach dem Sieg bei **Liegnitz** im August 1760 gelang es ihm sogar, gegen die russisch-österreichische Übermacht die strategische Initiative wiederzugewinnen.

Als allerdings **Georg III.** den englischen Thron bestieg, war man in Großbritannien der Auffassung, das alliierte Preußen sei nicht mehr in der Lage, diesen Krieg noch zu gewinnen. Friedrich lehnte es jedoch ab, Friedensverhandlungen einzugehen, und musste so ab 1761 auch auf weitere englische Finanzunterstützung verzichten.

Wie endete der Krieg?

Für Preußen wandte sich quasi über Nacht das Blatt, als die russische Zarin **Elisabeth** am 5. Januar 1762 starb. Die Große Koalition zerbrach sogleich, denn der neue Zar **Peter III.** war ein glühender Verehrer Friedrichs II. und wechselte sofort die Front. Zwar wurde der Zar durch eine Palastrevolution im Juni 1762 entthront, womit das russisch-preußische Bündnis ein schnelles Ende fand; aber die Russen zogen sich jetzt gänzlich zurück und gaben Ostpreußen wieder auf. Da Frankreich und England ihren *See- und Kolonialkrieg* 1762 beendeten, standen sich zum Ausklang des Jahres 1762 Preußen und Österreich wieder allein gegenüber. Unter sächsischer Vermittlung kam infolge gegenseitiger Erschöpfung am 15. Februar 1763 der Preußisch-Österreichische Friede im Jagdschloss **Hubertusburg** zustande.

Der Amerikanische Unabhängigkeitskrieg

Die Amerikanische Unabhängigkeitserklärung vom 4. Juli 1776 beendete eine über viele Jahre andauernde Entwicklung, in der die amerikanischen Kolonien ihre Unabhängigkeit vom Mutterland England proklamierten.

Welche wirtschaftlichen Vorteile boten die Kolonien?

Die Europäer gewannen in Amerika billige Rohstoffe, die sie in ihren Fabriken verarbeiten und schließlich wieder exportieren konnten. Darunter zu leiden hatten die Amerikaner, die ihre Rohwaren billig veräußern und die englischen Fertigwaren teuer einkaufen mussten.

Welche politischen Verhältnisse herrschten in den USA?

Der *Britisch-Französische Kolonialkrieg* in Nordamerika führte zwar zum Abzug der französischen Truppen, hatte jedoch eine hohe Verschuldung Englands zur Folge, weshalb die Krone höhere Steuern in ihren amerikanischen Kolonien durchsetzen wollte. Gegen diese neuen Steuergesetze, die ihr Recht auf Selbstverwaltung verletzten, leisteten die Kolonisten jedoch heftigen Widerstand und weigerten sich, Steuern an ein Parlament zu zahlen, in dem sie nicht vertreten waren (*„No taxation without repre-*

Amerikanische Unabhängigkeitserklärung

sentation“). Da England den Kolonien dieses Recht verweigerte, kam es vermehrt zu Unruhen. Der Konflikt gipfelte in der *Boston Tea Party*, als die Engländer 1773 einen Zoll auf Tee erhoben. Eine Gruppe Kolonisten warf 50 Ballen Tee von englischen Handelsschiffen ins Bostoner Hafenbecken.

Wie reagierten die Kolonien auf die neuen Steuern?

Zur Überraschung Englands schlossen sich die Kolonien, die nun ihre gewohnte Freiheit und ihr Recht auf Selbstbestimmung bedroht sahen, zusammen. Am 5. September 1774 tagte in **Philadelphia** der erste so genannte Kontinentalkongress mit den Abgeordneten aller 13 Kolonien. Die Abgeordneten wählten zwar **George Washington** zum Oberbefehlshaber der neuen Kontinentalarmee, bemühten sich jedoch v. a. um eine friedliche Lösung.

Wann kam es zur ersten Schlacht?

Erste kleine Kämpfe rund um **Boston** deuteten schon auf

Die Folgen des Krieges

Mit dem Verlust der Kolonien brach das gesamte britische *Atlantik-Empire* zusammen. Großbritannien erlebte die erste Niederlage seit langer Zeit. Die Wirtschaft musste nun ohne die Lieferungen aus den Kolonien auskommen, was zu einer weiteren Verschuldung des Staates beitrug. Auch Frankreichs Kriegsschulden waren erneut gewachsen. Amerika hatte nach den hohen Verlusten (etwa 70.000 Tote) die äußere Unabhängigkeit erreicht. Doch da nun das gemeinsame Feindbild fehlte, drohte der lockere Staatenbund wieder zu zerfallen. Erst am 17. September 1787 schufen die Volksvertreter mit der mehrheitlichen Annahme der neuen Verfassung die Grundlage für die Vereinigten Staaten von Amerika. Die Verfassung basierte auf den Idealen der Unabhängigkeitserklärung.

das Scheitern aller Verhandlungen und einen nahen Krieg hin, als es am 16. Juni 1775 zu einer ersten Schlacht kam, die mit einem Sieg der Engländer endete, den diese allerdings mit hohen Verlusten erkauften. Während die Amerikaner aufgrund ihres neuen Kampfstils, den sie sich von den Indianern angeeignet hatten, kaum Verluste beklagten, verloren die Briten rund die Hälfte ihrer Soldaten. Trotz der Niederlage verbuchten die Kolonisten einen moralischen Sieg und viele Freiwillige strömten nun in großer Zahl

George Washington

in das Revolutionsheer. Unterdessen beschloss der englische König **Georg III.**, die Rebellion mit allen Mitteln niederzuschlagen.

Wie wehrten sich die Amerikaner?

Am 4. Juli 1776 erklärte der *„Zweite Kontinental-Kongress"* unter dem Vorsitz von **John Hancock** die Unabhängigkeit der Vereinigten Staaten von Amerika, woraufhin am 22. August 1776 die britischen Verstärkungen bei New York eintrafen. Diese drängten die amerikanischen Truppen zurück und das Ende des jungen Staates schien bereits gekommen, als ein Überraschungsangriff am Weihnachtsabend des Jahres 1776 die britischen Einheiten in die Flucht schlug. Als sie ab

1779 zudem noch die Unterstützung Frankreichs erhielten, waren die Amerikaner nun klar im Vorteil.

Wie errangen die Amerikaner den Sieg?

Mitte August des Jahres 1781 entschlossen sich Amerika und Frankreich zu einem Angriff gegen die königstreue Stadt **Yorktown**. Eine französische Flotte vertrieb dort am 30. August die britische und setzte die königliche Armee fest. Eine Belagerung folgte, bis die Briten am 19. Oktober schließlich kapitulierten. Dieser Termin gilt zwar als das inoffizielle Ende des Krieges, dennoch sollten noch rund zwei Jahre vergehen, bis endlich am 3. September in Paris ein Friedensvertrag geschlossen wurde.

Was beinhaltete der Vertrag?

Nach sieben Jahren Krieg erkannte Großbritannien nun endlich die Unabhängigkeit seiner ehemaligen nordamerikanischen Kolonien an. Am 25. November 1783 verließen die letzten englischen Truppen das Gebiet des nun freien Staatenbundes. Einen Monat später legte George Washington sein Amt als Oberbefehlshaber der Kontinentalarmee nieder, die nun aufgelöst wurde.

Handel mit schwarzafrikanischen Arbeitskräften, die von europäischen und amerikanischen Geschäftsleuten nicht als Menschen, sondern als Ware angesehen und vom 16. bis ins 19. Jahrhundert ausgebeutet wurden, was fatale Folgen für Afrikas Entwicklung hatte.

Gab es schon vor dem 16. Jh. Sklaverei?

Die Haltung von und der Handel mit *Sklaven* sind ein sehr altes Phänomen. Bereits die alten Römer hielten sich Sklaven aus aller Welt, die sie für die verschiedensten Arbeiten einsetzten. In **Afrika** selbst gab es schon vor der Ankunft der Europäer Sklaven. Dabei handelte es sich zumeist um gefangen genommene Krieger anderer Stämme, die man von den Schlachtfeldern mitbrachte. Die Europäer nutzten diesen Umstand viel später, um ihren barbarischen Handel mit Menschen als die Fortsetzung dessen zu rechtfertigen, was schon lange zuvor unter den schwarzafrikanischen Stämmen üblich gewesen

Verschleppung afrikanischer Sklaven

war. Die Art und Weise, wie man damals mit Sklaven umging, war jedoch nicht mit der grausamen Haltung der späteren Jahrhunderte zu vergleichen. Im Kongo beispielsweise wurde ein Sklave als eine Art Sohn angesehen, den man nicht gezeugt hat. Angesehene Sklaven konnten es sogar so weit bringen, dass sie

ihren Herrn vertreten durften. Es kam sogar vor, dass sich ein Sklave selber Sklaven halten konnte. Die Sklaven besaßen sowohl Bürger- als auch Eigentumsrechte.

Wie entwickelte sich der Sklavenhandel?

Die ersten Schwarzafrikaner wurden nach Europa eingeführt, um zu belegen, dass man tatsächlich im *„Land der Schwarzen"* gewesen war. Schnell fanden die europäischen Seefahrer jedoch heraus, dass sich mit den Sklaven viel Geld verdienen ließ, wenn man sie in der Heimat als Arbeitssklaven verkaufte. Im 16. Jh. gehörte es in **Portugal**, **England** und **Frank-**

Opferzahlen

Die Zahlen über die Opfer des Sklavenhandels gehen weit auseinander. Halbwegs gesichertes Wissen existiert nur über die Zahl der tatsächlich angekommenen Sklaven: 10 Mio. Menschen. Daneben existiert jedoch eine riesige Dunkelziffer an afrikanischen Ureinwohnern, die die Überfahrt nicht überlebten. Man ging in späteren Jahren davon aus, dass auf jeden lebendig angekommenen Sklaven fünf bis sechs Todesfälle auf der Überfahrt kamen.

reich zum guten Ton, mehrere dieser *„exotischen Figuren"* zu besitzen. Im kürzlich entdeckten Amerika brauchten die spanisch-stämmigen Großgrundbesitzer Arbeitskräfte. Bis zu diesem Zeitpunkt waren die amerikanischen Ureinwohner zur Arbeit auf den Pflanzungen herangezogen worden, die Sterberate unter ihnen war jedoch aufgrund der schweren Arbeit und der hohen Temperaturen enorm. Also ging man dazu über, die „robusteren" Schwarzafrikaner einzuführen. Damit begann der Sklavenhandel zwischen Afrika und Amerika.

Wie kamen die Händler zu ihren Sklaven?

Die Händler hatten verschiedene Mittel und Wege, Sklaven zu „rekrutieren". Oft wurde Handel mit Stammeshäuptlingen getrieben. Diese erklärten sich bereit, Gefangene anderer Stämme oder sogar eigene Stammesangehörige gegen Glasschmuck und ähnliche Materialien einzutauschen. Oft wurden afrikanische Ureinwohner schlicht betrunken gemacht und fanden sich wenig später auf einem Schiff in Richtung Europa oder Amerika wieder. Schließlich gingen die europäischen Händler einfach dazu über, Afrikaner wie Tiere einzufangen. Nachdem die

Küstengebiete mehr oder weniger leer gefegt waren, mussten sie weiter ins Landesinnere vordringen, um an Sklaven zu kommen. Das machte das Geschäft deutlich riskanter.

Wie wurden die Sklaven transportiert?

Die Umstände, unter denen die Ureinwohner Afrikas in Schiffen nach Europa und Amerika transportiert wurden, waren jenseits jeglicher Menschenwürde. Teilweise waren die Sklaven so eng aneinander gedrängt, dass sie sich überhaupt nicht bewegen konnten. Unter Deck lagen die Sklaven über Monate hinweg in ihren eigenen Exkrementen, was nur ein Bruchteil der Menschen überlebte.

Welchen Widerstand leisteten die Sklaven?

Die Schwarzafrikaner hatten von Anfang an keine großen Möglichkeiten, sich zur Wehr zu setzen. Schließlich besaßen sie nicht einmal ansatzweise so effektive Waffen, wie sie die Eindringlinge vorzuweisen hatten. Den Musketen der Weißen waren die Sklaven einfach schutzlos ausgeliefert. So blieb ihnen nur der passive Widerstand, indem sie sich zu

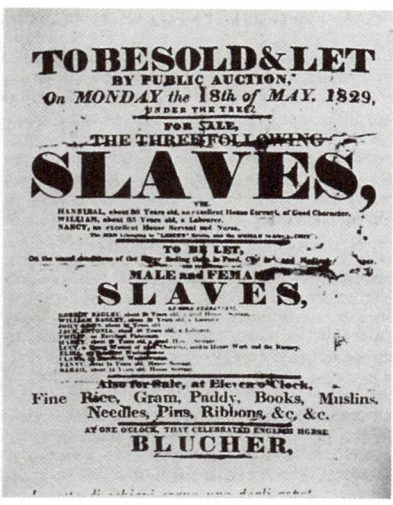

Anzeige für eine Sklavenauktion

Tode hungerten oder sich in den Ozean stürzten.

Wann endete der Sklavenhandel?

Als erstes europäisches Land schaffte **Dänemark** im Jahr 1792 die Sklaverei ab. 1807 folgte dann **Großbritannien**, ein Jahr später die **Vereinigten Staaten von Amerika** und auf dem *Wiener Kongress* 1815 verabschiedeten fast alle europäischen Staaten Gesetze zur Aufhebung der Sklaverei. Mitte des 19. Jh. waren die Sklaven in den meisten Ländern freie Menschen. Nur Brasilien stellte die unrühmliche Ausnahme, wo noch bis zum Jahr 1888 Sklaven gehalten wurden.

Die heutigen afrikanischen Staaten Liberia und Sierra Leone, die im 18. und 19. Jahrhundert mit ehemaligen Sklaven aus den USA und Großbritannien besiedelt wurden, woraufhin es zu Unruhen zwischen diesen und der ursprünglichen Bevölkerung kam.

Wie kam es zur Ansiedlung ehemaliger britischer Sklaven in Sierra Leone?

Im England des späten 18. Jh. war die *Antisklaverei-Bewegung* in vollem Gange. Unter der Führung von **Granville Sharpe** hatten die Bemühungen der so genannten *Abolitionisten* 1772 sogar zu einer Antisklavereiverordnung geführt, die den Erwerb und die Haltung von Sklaven in Großbritannien untersagte. Nun ergaben sich daraus neue Probleme: Die Städte Englands waren auf einmal überfüllt von freigelassenen Sklaven und niemand wusste, wo man diese unterbringen sollte. Man kam auf den Gedanken, jene ehemaligen Sklaven auf ihrem Ursprungskontinent Afrika anzusiedeln. Dazu diente die Küste **Sierra Leones**, nachdem sich die Königtümer an anderen Küstenpunkten heftig gegen die Ansiedlung der Sklaven gewehrt hatten. Neben der Unterstützung der Antisklavereibewegung hatte man noch weitere Motive. Einerseits sollte durch die Ansiedlung der britisch geprägten Schwarzen ein Zent-

---

Sierra Leone und Liberia im 21. Jh.

In beiden Staaten herrschen schwierige politische Bedingungen. Sowohl **Liberia** als auch **Sierra Leone** sind vom Bürgerkrieg erschüttert, der in beiden Ländern auf die nach wie vor schwelenden Konflikte zwischen den Nachfahren der Siedler und der ursprünglichen Bevölkerung zurückzuführen ist.

---

rum des christlich-europäischen Gedankenguts in Afrika geschaffen werden. Außerdem wollte man beweisen, dass der Handel mit Gütern und Waren den Menschenhandel ersetzen konnte. Als Nebeneffekt hatte man das Land somit von einer Unterschicht befreit, die in den Augen der Briten zu einem Problem und einer Last geworden war.

War die Ansiedlung erfolgreich?

In Sierra Leone gab es zunächst große Probleme. Die ersten 411 Personen, die an der Küste abgesetzt worden waren, hatten unter Krankheiten zu leiden, die schnell zu einer Dezimierung der Siedler führten. Bald darauf wurden die Übrigen von afrikanischen Stämmen, hauptsächlich von den **Temne**, angegriffen und

bis 1789 ausgerottet. So wiederholte man den Versuch der Ansiedlung von Freigelassenen zu Beginn des 19. Jh. Diesmal sollten die Kolonisten Kaffee und Baumwolle anbauen und selbstständig mit den Temne Handel treiben. Doch erneut kam es zu zahlreichen Kämpfen zwischen Ureinwohnern und den angesiedelten ehemaligen Sklaven, die zudem damit begannen, sich gegen den ihnen zugeteilten britischen Gouverneur aufzulehnen. Somit sah Großbritannien sich gezwungen, Sierra Leone zu einer offiziellen Kolonie des Königreiches zu machen. In den nun folgenden Jahren wurden immer mehr Freigelassene dort angesiedelt und mit Waffengewalt vor den eingeborenen Stämmen geschützt. Durch den Bau von Schulen, öffentlichen Einrichtungen und Handelshäusern blühte die Region allmählich auf. Die ehemaligen Sklaven organisierten sich und bekamen ein Mitbestimmungsrecht gegenüber dem nach wie vor britischen Gouverneur. Die so entstandene Bevölkerungsgruppe blieb jedoch stets ein Fremdkörper im Land. Die teilweise in Großbritannien geborenen ehemaligen Sklaven hatten keinerlei Interesse daran, sich um Eingliederung in die Gesellschaft des Landes zu bemühen, sprachen die Sprache der Ureinwohner nicht und waren christlich geprägt. So kam es immer wieder zu Problemen und Streitigkeiten zwischen den Siedlern und den Stämmen der Eingeborenen.

Wie kam es zur Gründung Liberias?

Kurz nach dem Beginn der Besiedlung Sierra Leones durch die Briten zogen die **Vereinigten Staaten von Amerika** nach. Ab 1816 gründeten sich private *Wohltätigkeitsorganisationen*, die ebenfalls versuchten, ehemalige Sklaven im südöstlich an Sierra Leone angrenzenden Gebiet anzusiedeln. Die Motive waren dieselben wie schon in **Großbritannien**: Angst vor Überbevölkerung durch freigelassene Sklaven und der Plan, ein Spiegelbild amerikanischer Wirtschafts- und Regierungsformen in Afrika zu schaffen. Wie schon in Sierra

Inseln der Freiheit

Die Besiedlung durch freigelassene Sklaven hat ihre Spuren auch auf ganz offensichtlichen Gebieten hinterlassen. Der Name *„Liberia"* leitet sich vom lateinischen Wort *„liber"* ab, was so viel wie *„frei"* bedeutete. Die von den Siedlern gegründete Hauptstadt von Sierra Leone wurde nach demselben Muster *„Freetown"* genannt, die *„Stadt der Freien"* also.

Leone mussten sich die Siedler auch in **Liberia**, wie das Land mittlerweile genannt wurde, gegen heftige Gegenwehr der einheimischen Stämme zur Wehr setzen. Die Siedler strebten hier viel früher als ihre Pendants aus Großbritannien nach Mitbestimmung und Selbstständigkeit. War der Gouverneur des Landes zuvor noch von den Gründergesellschaften gestellt worden, wurde schon bald darauf zum ersten Mal ein Schwarzer auf diesen Posten gehoben. Im Jahr 1847 erklärte sich Liberia zum unabhängigen Staat, welcher von den USA allerdings erst knapp 20 Jahre später anerkannt wurde.

Wie entwickelten sich Sierra Leone und Liberia im 20. und 21. Jahrhundert?

In beiden Staaten herrschen schwierige politische Bedingungen. Sowohl **Liberia** als auch **Sierra Leone** sind vom Bürgerkrieg erschüttert, der in beiden Ländern auf die nach wie vor schwelenden Konflikte zwischen den Nachfahren der

Siedler und der ursprünglichen Bevölkerung zurückzuführen ist. Zunächst brachen Unruhen in **Liberia** aus: Nachdem die Zeit zwischen 1944 und 1971 durch die harte Regierungsführung des damaligen Präsidenten **Tubman** recht ruhig verlaufen war, brach nach seinem Tod ein politisches Chaos aus. 1980 ergriff der Militär-Feldwebel **Samuel Doe** die Macht und setzte die Verfassung außer Kraft. Es folgten zahlreiche Unruhen, die 1989 in einen Bürgerkrieg gipfelten, nachdem Guerilla-Truppen in das Land eindrangen. Hauptstreitpunkt war der Status der Nachfahren der Sklaven, die zwar nur etwa 5% der Bevölkerung ausmachten, dennoch die politische Macht besaßen. 1991 mischte sich auch Sierra Leone in diese Kämpfe ein, was zu einem Bürgerkrieg im eigenen Land führte. Die wichtigsten Parteien des Konfliktes waren hier die Temne-Gruppierung **APC** und die Rebellen-Organisation **RUF**. Selbst der Einsatz von UN-Friedenstruppen brachte dem Land keine Beruhigung.

Die Französische Revolution

Die Französische Revolution löste den Absolutismus als Staatsform in Frankreich ab und schuf den ersten demokratischen Staat im Europa der Neuzeit. Sie wurde Vorbild für demokratische Revolutionen überall in Europa.

Wo lagen die Probleme Frankreichs am Vorabend der Revolution?

Der *Absolutismus* hatte sich überlebt. Alle gesellschaftlichen Gruppen waren mit dem System unzufrieden und begehrten Reformen. Ständig steigende Ausgaben führten zum Staatsbankrott unter König **Ludwig XVI.** (1774–1792). Ein neues Steuersystem sollte Abhilfe schaffen. Dazu brauchte der König allerdings einen Beschluss der Generalstände, also der Vertreter von Adel, Klerus und Bürgertum.

Wie kam es zum Ausbruch der Revolution?

Die Generalstände wurden nach über 170 Jahren zum ersten Mal wieder für das Jahr 1789 einberufen. Finanzminister **Jacques Necker** (1732–1804) erreichte eine Verdopplung der Abgeordneten des Bürgertums im Dritten Stand. Die Versammlung der Generalstände in Versailles erklärte sich zur Nationalversammlung. Die Abgeordneten berieten nicht mehr über eine Steuerreform, sondern setzten sich mit dem *Ballhausschwur* am 20. Juni 1789 das Ziel, dem Land eine Verfassung zu geben.

Was ist der Sturm auf die Bastille?

Weil König Ludwig XVI. als Reaktion auf das Verhalten der Nationalversammlung Truppen um Paris zusammenzog, stürmten die Bürger der Stadt am 14. Juli 1789 die *Bastille*, das politische Gefängnis von Paris, das als Symbol der Unterdrückung galt. Das königliche Heer löste sich auf, und **La Fayette** (1757–1834) bildete eine Nationalgarde, die eigentlich eine Bürgermiliz mit blau-weiß-roter Uniform war. Der 14. Juli ist seitdem französischer Nationalfeiertag.

Was passierte im Sommer 1789?

Als Reaktion auf den Sturm auf die Bastille erhoben sich die Bauern überall im Land gegen ihre adligen Grundherrn. Die Nationalversammlung schaffte daraufhin die Feudalordnung ab und machte aus dem Ständestaat formal einen Klassenstaat, in dem jeder Zugang zu allen Ämtern und Berufen haben sollte. Am 26. August 1789 beschloss die Nationalversammlung die „Erklärung der Menschenrechte".

Wie entstand die Verfassung von 1791?

In der Folgezeit bildeten sich verschiedene politische Parteien (Clubs), die ihre politischen Ideen austauschten und in die zu schaffende Verfassung einbringen wollten. Der Kompromiss, den sie aushandelten, wurde am 3. September 1791 als Verfassung verkündet. Frankreich wurde eine konstitutionelle Monarchie mit starker gesetzgebender Versammlung. Diese Ver-

Marie Joseph M. La Fayette

fassung wurde Vorbild aller bürgerlichen Verfassungen in Europa im 19. Jh.

Was geschah mit dem König?

Im Juni 1791 versuchte Ludwig XVI. aus Frankreich zu fliehen. Er wurde jedoch erkannt und nach Paris zurückgebracht. In der Verfassung von 1791 war der König weiter Staatsoberhaupt, allerdings ohne weit reichende Machtbefugnisse. Angestachelt durch einen Aufruf zur Befreiung des Königs im Manifest des Herzogs von Braunschweig kam es am 10. August 1792 zum *Sturm auf die Tuilerien*, den Stadtpalast des Königs. Ludwig XVI. konnte sich zwar in die Nationalversammlung retten, diese setzte den König jedoch ab und rief die Republik im September 1792 aus. Im Herbst 1792 wurde dem „Bürger **Capet**", wie Ludwig XVI. nunmehr genannt wurde, der Prozess gemacht. Mit einer Stimme Mehrheit wurde er zum Tod verurteilt und am 21. Januar 1793 mit dem Fallbeil, der Guillotine, hingerichtet.

Wer bildete die Schreckensherrschaft?

Im Konvent, wie die Nationalversammlung seit Herbst 1792 hieß, bekämpften sich die Vertreter der unterschied-

Zeittafel	
5. Mai 1789	Eröffnung der Generalstände
20. Juni 1789	Ballhausschwur
14. Juli 1789	Sturm auf die Bastille
26. August 1789	Erklärung der Menschenrechte
3. September 1791	Verkündung der Verfassung
10. August 1792	Sturm auf die Tuilerien
September 1792	Erklärung der Republik
21. Januar 1793	Hinrichtung Ludwigs XVI.
Juli 1793	Diktatur des Robespierre
27./28. Juli 1794	Sturz Robespierres
September 1795	Verkündung der neuen Verfassung

lichen Parteien. Im Juli 1793 stürzten die *Jakobiner* unter **Robespierre** (1758–1794) ihre Gegner, die *Girondisten*, und errichteten eine Diktatur. Der Wohlfahrtsausschuss übernahm alle Befugnisse, die Gewaltenteilung war aufgehoben. In ganz Frankreich unterdrückten die Jakobiner politischen Widerstand, viele Menschen wurden hingerichtet. Das Christentum wurde abgeschafft und durch einen „Kult der Vernunft" ersetzt.

Wie wurde die Diktatur überwunden?

Als die Jakobiner umfangreiche Säuberungen in den eigenen Reihen vornahmen und sich in der Rechtsprechung auf „moralische Beweise" stützten, schlossen sich im Juli 1994 alle politischen Gruppierungen des Konvents zusammen und stürzten Robespierre. Er und 21 seiner Anhänger wurden unter dem

Emblem der Französischen Revolution

Beifall der Pariser Bürger hingerichtet.

Wie viele Verfassungen wurden entwickelt?

Nach der bürgerlichen Verfassung von 1791 gab es eine zweite, radikaldemokratische Verfassung von 1793 (*Konventsverfassung*), die jedoch nicht in Kraft treten konnte. Nach der Befreiung von der Diktatur wurde im Jahr 1795 eine dritte Verfassung verabschiedet, die sich in vielem an die Verfassung von 1791 anlehnte. Allerdings war die Monarchie nunmehr eine Republik geworden.

Die industrielle Revolution

Neben der Sesshaftwerdung der Steinzeitmenschen war die industrielle Revolution der wichtigste Einschnitt in der Menschheitsgeschichte. Wissenschaft und Technik schafften eine neue Welt, aber auch neue soziale Probleme.

Wieso kam es zur industriellen Revolution?

Im 18. Jh. brachten die Naturwissenschaften in Europa zahlreiche Entwicklungen und Erkenntnisse hervor. Jedoch wurde das neue Wissen zunächst nicht angewendet. Als die Bevölkerung immer stärker zunahm, suchte man bewusst nach neuen Lösungen für die *Nahrungsmittelproduktion* und die *Energiegewinnung*.

Womit begann die industrielle Revolution?

Die erste bahnbrechende Erfindung war die *Dampfmaschine*, die der Engländer **James Watt** 1776 entwickelte. Er hatte bereits viele Jahre mit Vorläufermodellen experimentiert, doch erst die Maschine von 1776 konnte richtige Arbeit leisten.

Wo wurden die neuen Energien zuerst eingesetzt?

Zunächst wurde die Dampfmaschine im Bergbau eingesetzt, v. a., um die Stollen zu entwässern. Dadurch konnte

James Watt

man wesentlich tiefer als zuvor in die Erde eindringen und die begehrten Bodenschätze Kohle und Eisenerz fördern. Auch in Fabriken wurde die neue Kraftquelle eingesetzt, insbesondere in der aufblühenden *Textilindustrie*.

Warum gab es keine Dampfautos?

Schnell versuchte man, die Dampfkraft auch für die Fortbewegung einzusetzen. Doch alle Versuche, einen *„Dampf-*

George Stephenson

kohlenwagen" zu konstruieren, scheiterten. Im Jahr 1814 gelang es jedoch dem Engländer **Stephenson**, einen solchen Wagen auf Schienen fahren zu lassen. Er nannte ihn *„Lokomotive"*. Auch im Wasser wurde die Dampfkraft rasch genutzt. 1819 überquerte der Raddampfer *„Savannah"* den Atlantik in 27 Tagen und 11 Stunden. Bereits nach wenigen Jahrzehnten zog sich ein dichtes Eisenbahnnetz durch ganz Europa.

Wie entstand die Börse?

Für die großen Bauprojekte im Verkehrswesen brauchte man viel Geld. Wurden die ersten Eisenbahnstrecken noch von *privaten Investoren* gebaut, so ging dies bei größeren Abschnitten nicht mehr. Viele Investoren taten sich deshalb zusammen und gründeten *Aktiengesellschaften*. Ihren Anteil am Unternehmen ließen sie sich auf Anteilsscheinen, so genannten Aktien, bestätigen. Die Aktionäre hofften so auf einen möglichst hohen Gewinn, eine „fette Dividende". Handelsplätze für den Handel mit

Wertpapieren, die *Börsen*, entstanden.

Was begründete den Siegeszug der Baumwolle?

Durch die neue Technisierung konnte Baumwolle leicht in großen Mengen versponnen werden. Preiswerte Rohbaumwolle wurde von den überseeischen Kolonien geliefert. Dort arbeiteten zumeist afrikanische Sklaven. Die fertige Kleidung wurde von Europa zurück in die Kolonien verkauft – mit entsprechenden Gewinnen. Gegen diese Profitspirale konnte die traditionelle Leinenindustrie nicht ankommen. Viele Leineweber verarmten.

Dampflokomotive von George Stephenson

Was veränderte sich in der Landwirtschaft?

Die industrielle Revolution wirkte sich auch auf die Landwirtschaft aus. Immer mehr Menschen brauchten preisgünstige Nahrung. Von England aus verbreitete sich ein neues Anbausystem, der *Fruchtwechsel*, über ganz Europa und löste die mittelalterliche *Dreifelderwirtschaft* ab. In den neu entstehenden Chemiewerken wurde *Kunstdünger* produziert, der die Erträge steigern sollte. Dennoch führten Missernten und durch Erbteilung immer kleiner werdende Höfe dazu, dass viele Bauern ihren Beruf aufgaben und in den Städten nach Arbeit suchten.

Wie sah das Leben in den Städten aus?

Die Städte waren die Hoffnungszentren der Menschen. Hier ballten sich unzählige Menschen auf engem Raum. Tatsächlich hatten die *Textilfabriken*, die *Erzhütten* und *Stahlwerke* einen großen Bedarf an ungelernten Arbeitskräften. Doch schon bald gab es mehr Arbeitssuchende als

Zeittafel	
1776	James Watt baut die erste Dampfmaschine
1814	Erste Lokomotive
1819	Erste Atlantiküberquerung mit einem Dampfsegelschiff
1835	Erste deutsche Eisenbahnstrecke zwischen Nürnberg und Fürth
1848	Kommunistisches Manifest

freie Arbeitsstellen und daher sank der Preis für die Arbeit.

Was ist die soziale Frage?

Die Industrialisierung schuf eine neue Klasse, die Industriearbeiter. Sie waren landlos, ungebildet und hatten nichts anzubieten als ihre Arbeitskraft. Dies wurde von den Fabrikbesitzern ausgenutzt. Viele Menschen waren arbeitslos, die anderen arbeiteten für einen Hungerlohn, auch Frauen und Kinder. Die Arbeitszeit betrug auch für Kinder oft mehr als 14 Stunden täglich. Schutz gegen Unfälle und Vorsorge für Alter und Krankheit gab es nicht. Auf Dauer konnte die Gesellschaft diese sozialen Spannungen nicht ertragen. Verschiedene Gruppen versuchten, das Elend der Arbeiter durch praktische Hilfe zu lindern. Christlich motivierte Reformer wie **Johann Heinrich Wichern** und **Adolf Kolping** gründeten Hilfsorganisationen. Andere wie **Karl Marx** (1818–1883) riefen zum Umsturz auf.

Aufstieg und Gesetzgebung Napoleons

Beginn und Ausweitung der Herrschaft von Napoleon I., der als einer der größten Strategen aller Zeiten galt, zeitweilig der mächtigste Mann Europas war und zudem mit dem „Code Civil" ein neuartiges Gesetzbuch erließ.

Wie begann Napoleons militärische Karriere?

Als eines von zwölf Kindern eines angesehenen Advokaten kam **Napoleon** im Jahr 1769 auf **Korsika** zur Welt. Bereits im Alter von neun Jahren besuchte er die Militärschule von Brienne, die er mit 16 Jahren abschloss. Nach seiner Ausbildung zum Offizier wurde er 1792 zum Hauptmann ernannt und half bei der Niederschlagung mehrerer Aufstände. Dies brachte ihm einen heiklen Auftrag ein: Frankreich befand sich mit England im Krieg und Napoleon sollte die besetzte Stadt **Toulon** befreien. Trotz zahlenmäßiger Unterlegenheit und mangelhafter Ausrüstung gelang es Napoleons Truppen, die Engländer mit einem äußerst kühnen Plan zu schlagen. Die Schlacht stellte einen Wendepunkt des Krieges dar, Napoleon wurde mit erst 24 Jahren zum Brigadegeneral ernannt und war der neue Volksheld der Franzosen. Sein Aufstieg hatte begonnen.

Wie wurde Napoleon zum mächtigsten Mann Europas?

Seine militärischen Erfolge brachten Napoleon das Vertrauen seiner Oberen ein. Er wurde zum Oberbefehlshaber der französischen Streitmächte in **Italien** ernannt. Dort lieferte er sich erbitterte Kämpfe mit dem mächtigen Österreich, die er zu seinen Gunsten entscheiden konnte.

Schlacht bei Wagram

Ohne das Wissen der Regierung handelte er daraufhin einen Frieden mit den Österreichern aus, der Frankreich neben Ländereien auch Kriegsbeute von mehreren Mio. einbrachte. Das machte ihn beim Volk noch beliebter, die Machthaber in Paris bekamen jedoch langsam Sorge wegen Napoleons Machthunger. Sie schickten ihn deswegen in einen sinnlosen Kampf nach **Ägypten**, bei dem die französische Flotte nach anfänglichen Erfolgen von der Englands unter **Admiral Nelson** besiegt wurde. Bei seiner Rückkehr nach Frankreich 1799 fand Napoleon sein Land in einem erbärmlichen Zustand vor. Kriege und Revolution hatten den Staat in den Ruin getrieben, das Volk sehnte sich nach Jahren des Bürgerkriegs nach Ruhe

---

Der „Code Civil"

Der „*Code Civil*" war ein unter Napoleon entwickeltes Regelwerk und das erste bürgerliche Gesetzbuch. Mit ihm wurden die Rechte der Bürger definiert und gleichzeitig die der Privilegierten eingeschränkt. Ein wichtiges Element des „*Code Napoleon*", wie das Werk auch genannt wurde, war der Gedanke der Gleichheit aller Menschen. Allerdings waren die Frauen von dieser Gleichheit ausgeschlossen. Während Napoleons Herrschaft verbreitete sich das Gesetz über ganz Europa und wurde so zur Grundlage der heutigen Justiz.

Admiral Horatio Nelson

und Napoleon kam den Menschen gerade recht. So hatte Napoleon leichtes Spiel. Er stürzte das herrschende Direktorium und setzte sich an die Spitze einer provisorischen Regierung. Nach fünf Jahren als *„Erster Konsul"* krönte sich Napoleon selbst zum *Kaiser*. In den folgenden Jahren eroberte er halb Europa. Seine Herrschaft prägte die besiegten Länder zutiefst.

Welche charakterlichen Eigenschaften unterstützten Napoleon bei seinem Aufstieg?

Napoleon musste schon sehr früh lernen, mit Spott zu leben. Weil er als Kind schwächlich, kleinwüchsig und dazu noch gebürtiger Korse war, wurde er von seinen Mitschülern oft gehänselt und geschnitten. Das brach ihn jedoch nicht, sondern verlieh ihm eiserne Willenskraft, die ihm als Heerführer sehr zugute kam. Er besaß die Fähigkeit, seine Mitstreiter bestens zu motivieren und

mitzureißen, was auch damit zusammenhing, dass er seinen untergebenen Soldaten zumeist mit leuchtendem Vorbild voranging. Militärstrategisch war Napoleon ein Genie. Seine äußerst schnelle Auffassungsgabe und Entschlusskraft verschaffte ihm oft einen Vorteil gegenüber seinen Kontrahenten. Ebenso war er ein hervorragender Diplomat. Er wusste zu jeder Zeit, auf welche Seite er sich stellen musste, um erfolgreich zu sein. Ihm war egal, für wen er kämpfte, solange er sich durch Erfolge einen Namen machen konnte. Er war äußerst machthungrig, was viele auf seine kleine Statur zurückführten. Seine Hochzeit mit der adeligen **Joséphine Beauharnais** brachte ihm jenen Zugang zur Elite, den er für seinen Aufstieg brauchte. Auch auf diesem Gebiet war Napoleon also stets der große Stratege.

Wie kam es zu Napoleons Niedergang?

Die glanzvolle Herrschaftszeit Napoleons dauerte bis ins Jahr 1812, danach ging es aufgrund verschiedener Faktoren bergab. Mit dem Russlandfeldzug beging Napoleon einen verhängnisvollen Fehler: Obwohl das Land relativ schnell eingenommen wurde, hatte Napoleon nicht, mit der Verzweiflung der Moskauer

gerechnet. Die Bevölkerung verließ die Stadt und brannte sie nieder, wodurch nicht nur die von Napoleon erhoffte Beute nicht mehr existierte, sondern keine Behausung mehr existierte, die Schutz gegen den harten russischen Winter bot. Die meisten französischen Soldaten verhungerten oder erfroren auf dem Rückweg nach Frankreich, gerade einmal vier Prozent des Regiments kehrten nach Paris zurück. Es folgten weitere Niederlagen, die den

Joséphine Beauharnais

Unmut des zermürbten Volkes noch steigerten. Napoleons Gegner spürten seine Schwäche und den fehlenden Rückhalt im Volk. Nach und nach verlor er an Einfluss. Das Ende kam 1813 mit der *Völkerschlacht von Leipzig*. Nach einer überraschenden Rückkehr Napoleons an die Spitze Frankreichs versuchte er noch einmal, seine Herrschaft zu festigen. Die berühmte vernichtende Niederlage bei **Waterloo** setzte Napoleons Herrschaft ein endgültiges Ende. Er starb 1821 im Exil auf **Sankt Helena**.

Die Napoleonischen Kriege

Die bewaffneten Konflikte zwischen Frankreich unter Napoleon und den europäischen Staaten, die sich ab 1808 gegen seine Herrschaft auflehnten. Während des dritten dieser Kriege erlitt Napoleon eine schwere Niederlage, die das Ende seiner Herrschaft einleitete.

Welche Machtverhältnisse herrschten vor dem 1. Napoleonischen Krieg in Europa?

Napoleonischer Krieg

Napoleon war als Kaiser von **Frankreich** zu dieser Zeit der mächtigste Mann in Europa und hatte in den Koalitionskriegen beinahe alle europäischen Ländereien unterworfen. Auch seine Vorstellungen von bürgerlichem Zusammenleben und Recht, die er im so genannten *„Code Civil"* zusammengefasst hatte, setzten sich allmählich in ganz Europa durch. Die einzige Nation, die ihm nach wie vor Widerstand leistete, war England. Militärisch war das Königreich nicht zu besiegen, also entschied sich Napoleon zu einer Kontinentalsperre gegen die Briten. Das bedeutete, dass kein europäisches Land mit England Handel treiben durfte. Mit dieser Maßnahme wollte Napoleon das britische Königreich in den finanziellen Ruin stürzen.

Wie kam es zum 1. Napoleonischen Krieg?

Die Verbreitung napoleonischer Ideale durch die französische Verwaltung und den *„Code Civil"* führte zu unerwarteten Problemen. Die unterworfenen Länder entwickelten durch sie ein neues Selbstbewusstsein, aus dem bald, wie Napoleon es selbst nannte, ein *„irrationaler Nationalismus"* wurde. Dieser kam 1808 in **Spanien** zum Ausbruch, als Napoleon den spanischen Machthaber **Ferdinand** abgesetzt und seinen Bruder **Joseph Bonaparte** auf den Thron setzte. Das wollte sich das spanische Volk nicht so einfach gefallen lassen und wagte deshalb den Aufstand. Zwar konnte Napoleon die Aufständischen erneut unterwerfen, allerdings kostete dieser 1. Napoleonische Krieg Frankreich viel Kraft und Ressourcen.

Definition der Napoleonischen Kriege

Die Definition der *Napoleonischen Kriege* fällt in vielen Quellen recht unterschiedlich aus. Manche meinen damit sämtliche Kriege, die Napoleon geführt hatte. Damit gäbe es sieben statt nur drei *Napoleonische Kriege*. Die meisten Quellen definieren jedoch nur die drei hier aufgeführten Schlachten als die eigentlichen *„Napoleonischen Kriege"*.

Zumal die spanischen Aufständischen nicht aufgaben, sondern ihren Kampf in einem zermürbenden Guerrillkrieg weiterführten. Eine weitere Nebenerscheinung dieses *„Spanischen Unabhängigkeitskrieges"* sollte sich als weitaus folgenreicher für Napoleons Herrschaft erweisen: Weitere europäische Staaten wie **Preußen** und **Österreich** wurden durch den Aufstand in Spanien dazu motiviert, sich ihrerseits gegen den übermächtigen französischen Kaiser zu erheben.

Gegen wen führte Napoleon den 2. Napoleonischen Krieg?

Österreich lehnte sich 1809 als Nächstes gegen Napoleon auf. Frankreichs Armeen hatten diesmal deutlich größere Probleme mit dem Gegner, als das noch wenige Jahre zuvor bei der Unterwerfung des österreichischen Staates der Fall gewesen war. Eine Einheit namens *„Volkskrieger Österreichs"* brachte den Franzosen eine herbe Niederlage bei. Trotzdem gelang es Napoleon, Österreich erneut zu besiegen, wenn auch nur unter großen Anstrengungen und Verlusten. In der Folgezeit wuchs sein Imperium aber noch einmal an und erlangte schließlich im Jahr 1810 seine größte Ausdehnung.

Warum brach Napoleon zum Russlandfeldzug auf?

Bis 1812 existierte noch ein Friedensvertrag zwischen **Russland** und Frankreich. Zu dessen Bruch kam es jedoch, als Russland in große wirtschaftliche Nöte geriet und als einzigen Ausweg die Wiederaufnahme der Handelsbeziehungen zu England sah. Diesen Verstoß gegen die von Napoleon verfügte Handelsblockade gegen das Königreich konnte dieser nicht einfach hinnehmen. Er rüstete seine *„Grande Armée"* zum *Russlandfeldzug*, dessen Ziel es war, den russischen Herrscher **Alexander I.** zur Wiederaufnahme der Kontinentalsperre zu zwingen. Im Nachhinein sollte sich diese Entscheidung als fataler Fehler Napoleons erweisen.

Die Folgen

Das Fiasko des *Russlandfeldzuges* bedeutete den Anfang vom Ende für Napoleons Herrschaft. Wenig später verbündeten sich die Mächte Europas gegen den geschwächten Feldherrn und schlugen ihn bis 1815 mehrfach vernichtend, u. a. bei der *Völkerschlacht von Leipzig* und der legendären *Schlacht von Waterloo*.

Napoleon I.

Wie endete der Russlandfeldzug?

Mit 600.000 Mann war Napoleon in Russland einmarschiert und errang zunächst auch mehrere Siege, bei denen er viele Soldaten verlor. Mit dezimierten und entkräfteten Truppen gelangte Napoleon schließlich bis vor die Tore Moskaus. Dort musste er feststellen, dass die Russen Moskau angezündet hatten, um Napoleon nichts als *„verbrannte Erde"* zu hinterlassen. Die Versorgungslage der Truppen war katastrophal, außerdem brach der harte russische Winter deutlich früher als angenommen herein und Napoleon war zum Rückzug gezwungen. Doch bevor er in Paris ankam, waren 96 Prozent (!) seiner Truppen bereits gefallen, verhungert oder erfroren. Napoleon freilich war wohlauf, er hatte sich schon früher per Kutsche nach Paris abgesetzt.

Der Wiener Kongress

Nach dem Sieg über das napoleonische Frankreich verhandelten die europäischen Großmächte von 1814 bis 1815 in Wien über eine Neuordnung der Staatenstruktur Europas, mit der eine dauerhafte Friedensordnung geschaffen werden sollte.

Wieso wurde über eine neue europäische Ordnung verhandelt?

Im Zuge der *Französischen Revolution* kam es zu zahlreichen Auseinandersetzungen zwischen den europäischen Monarchen und dem revolutionären Frankreich, den so genannten *Koalitionskriegen*. Im

Wiener Kongress

Verlauf dieser *Koalitionskriege* konnte sich ein korsischer General in Frankreich profilieren. Durch sein militärisches Genie gewann **Napoleon Bonaparte** mehr und mehr an Ansehen und Macht. So konnte er in einem Staatsstreich 1799 die Regierungsgewalt an sich reißen und sich 1804 zum Kaiser krönen. Innenpolitisch gelang es ihm, das durch die Wirren der Revolution in einem bürgerkriegsähnlichen Zustand befindliche Frankreich zu befrieden. Doch außenpolitisch setzte er die aggressive Politik Frank-

reichs fort. Zahlreiche militärische Siege führten zu einer französischen Hegemonie über Europa. Der französische Kaiser löschte dabei zahlreiche Länder aus und schuf neue *Satellitenstaaten*. Erst als Napoleons *Russlandfeldzug* 1812 scheiterte, musste er einen bedeutenden Machtverlust hinnehmen. Nach seiner ersten totalen Niederlage konnte er 1814 zunächst verbannt werden. 1815 kehrte Napoleon zurück und baute eine *„Herrschaft der 100 Tage"* auf. Er konnte allerdings bei **Waterloo** endgültig besiegt werden.

Zwar war man den Aggressor nun los, doch musste Europa völlig neu geordnet werden.

Was war das Ziel des Wiener Kongresses?

Die Neuordnung Europas war Ziel und Zwang zugleich. Das von Napoleon geschaffene System wollte niemand erhalten, es hätte aber auch nicht erhalten werden können, da es völlig auf Frankreich ausgerichtet war. Man musste also Europa völlig neu ordnen, um eine dauerhafte europäische Friedensordnung zu etablieren.

Wie wollte man dieses Ziel verwirklichen?

Um eine derartige Friedensordnung zu schaffen, orientierte man sich an drei Leitgedanken. Europa sollte nach den Prinzipien der *Restauration*, der *Legitimität* und der *Solidarität* neu geordnet werden. Dies bedeutete im Einzelnen Folgendes: *Restauration* meinte die Wiederherstellung der alten vorrevolutionären Zustände sowohl in territorialer wie auch in politischer Hinsicht. Die Revolution und ihre napoleonische Fortführung wurden gewissermaßen als *historischer Unglücksfall*, der vorherige Zustand als der *Normalfall* gedeutet. Praktisch bedeutete das: Frankreich wurde wieder auf die Grenzen von 1792 beschränkt, die von Napoleon neu geschaffenen Staatsgebilde werden aufgelöst. Eine vollständige *Restauration* fand aber nicht statt: Die *Säkularisierungen* und *Mediatisierungen* von 1803/1806 wurden nicht rückgängig gemacht. *Legitimität* meint die Wiedereinsetzung der alten Dynastien. Napoleon wurde als Usurpator angesehen, der die legitimen und gottgegebenen Herrschaftsverhältnisse in Europa revolutioniert hatte. Das bedeutete Rückkehr der alten Herrscher wie beispielsweise **Ludwigs XVIII.** in

Die Befreiungskriege

Napoleons *Russlandfeldzug* leitete 1812 die Wende in der europäischen Geschichte ein. Der erzwungene Rückzug und die Aufreibung der *Großen Armee* waren das Startsignal für die antinapoleonische Erhebung. Am 30. Dezember 1812 traf der Befehlshaber des preußischen Hilfskorps für Napoleon, **Hans David Ludwig von Yorck**, eigenmächtig eine Vereinbarung mit dem russischen Zaren und erklärte die preußischen Truppen für neutral: Dies war der Beginn der *Befreiungskriege*. Damit entsprach er der Stimmung der Bevölkerung. Der preußische König verbündete sich fast gezwungenermaßen mit Russland, England und Österreich gegen Napoleon. Die *Völkerschlacht bei Leipzig* besiegelte dann 1813 das Ende der napoleonischen Herrschaft.

Frankreich. Die Idee der *Volkssouveränität*, auf die sich die Revolution und selbst Napoleon beriefen, wurde verworfen. *Solidarität* meinte das gemeinsame Interesse der alten Mächte an der Bewahrung ihrer wiedergewonnenen Position, an deren Absicherung gegen alle oppositionellen Kräfte. Sie fand ihre deutlichste Verwirklichung in der so genannten „Heiligen Allianz" zwischen **Russland**, **Österreich** und **Preußen**.

Was bedeutete der Kongress für die liberalen und nationalen Bewegungen?

Die europäischen Herrscher profitierten in den Befreiungskriegen gegen Napoleon von starken, zum Teil völlig neuen liberalen und nationalen

Strömungen. Dadurch konnten erstmals die anderen Staaten Frankreich so genannte Volksarmeen statt Söldnerheere entgegenstellen. Dies war allerdings nur möglich, weil dem *Nationalismus* und *Liberalismus* politische Zugeständnisse in Aussicht gestellt wurden. Diese Versprechungen wurden im *Wiener Kongress* nicht berücksichtigt. Ganz im Gegenteil: Der *Wiener Kongress* kriminalisierte den Liberalismus und Nationalismus.

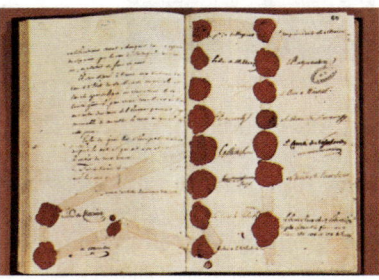

Vertrag des Wiener Kongresses

Deutscher Bund

Von 1815-1866 zwischen 35 souveränen deutschen Fürsten und vier Freien Städten bestehendes Bündnis zur Erhaltung der äußeren und inneren Sicherheit Deutschlands, das dem Heiligen Römischen Reich Deutscher Nation folgte.

Wie und warum kam der Deutsche Bund zustande?

Nach dem Sieg über **Napoleon**, der eine völlige territoriale und verfassungsrechtliche Umgestaltung Europas hervorgerufen hatte, musste nun zwischen den Siegermächten – v. a. **Deutschland**, **Österreich**, **Großbritannien** und **Russland** – über eine Neuordnung Europas verhandelt werden. So lud der österreichische Staatskanzler Fürst **Klemens von Metternich** im September 1814 die Führungspersönlichkei-

Klemens Fürst von Metternich

ten aller europäischen Staaten mit Ausnahme der **Türkei** zum *Wiener Kongress* ein, der bis in den Februar des kommenden Jahres dauerte. Dieser Kongress legte eine territoriale Neuauftei-

lung Mitteleuropas fest. Das durch Napoleon zerschlagene *Heilige Römische Reich Deutscher Nation* sollte nicht restituiert werden. Stattdessen entschied man sich für einen losen Staatenbund der deutschen Teilstaaten.

Wie war der Deutsche Bund aufgebaut?

Um dauerhaften Frieden in Europa zu gewährleisten, was nach den harten Kriegsjahren gegen Frankreich das Hauptanliegen der Siegermächte war, musste das europäische Gleichgewicht wiederhergestellt werden. Für das geografisch zentrale Deutschland bedeutete dies, dass die Aufteilung in einzelne kleine Fürstenstaaten weitgehend erhalten blieb. Der Großmacht **Preußen** wurden das **Rheinland** und **Westfalen** sowie die Nordhälfte **Sachsens** zugesprochen. Um diese Umstrukturierung zu stärken, schlossen sich die 35 deutschen Fürstentümer und vier Freien Städte zu einem lockeren Staatsbündnis zusammen, das nun die Stelle des 1806 aufgelösten *Heiligen Römischen Reiches Deutscher*

Nation einnahm. Nur der deutsche Teil Preußens und Österreichs zählte zum Bund, der anfangs ca. 30 Mio. Einwohner zählte. Einige ausländische Herrscher waren als Staatsfürsten in diesen Zusammenschluss eingebunden.

Wie sah die staatliche Souveränität des Bundes aus?

Am 10. Juni 1815 traten die Beschlüsse des **Wiener Kongresses** mit der Unterzeichnung der Bundesakte als Verfassung des Bundes in Kraft. Die politischen Ziele dieser Vereinigung beschreiben sich in der *„Erhaltung der äußeren und inneren Sicherheit"* sowie der *„Unabhängigkeit und Unverletzbarkeit der einzelnen deutschen Staaten"*. Es ging also darum, im Falle eines äußeren Angriffes auf einen Mitgliedstaat des Deutschen Bundes ein militärisch vereintes Großheer zur Verteidigung antreten zu lassen. Auch wenn die Revolution in Frankreich besiegt war, hatte doch das freiheitliche Gedankengut längst Anklang in Deutschland gefunden. So kam es, dass die Monarchen immer wieder gegen revolu-

Klemens Fürst von Metternich
(15.5.1773–11.6.1859)

Klemens von Metternich war ein ungarischer Politiker und Diplomat. Er wurde 1773 geboren und ging 1794 mit seiner Familie nach Wien, um der französischen revolutionären Armee zu entkommen. In Wien trat er in den Dienst der Habsburger, nachdem er ein Studium der Rechts-, Staats- und Naturwissenschaften in Straßburg, Mainz und Wien erfolgreich abschließen konnte. Im Jahr 1809 wurde Metternich schließlich zum österreichischen Außenminister ernannt, nachdem er vorher in der österreichischen Botschaft in Paris sein diplomatisches Können unter Beweis stellen konnte. Schließlich wurde er zum *Staatskanzler* Österreichs und leitete in dieser Funktion den *Wiener Kongress* von 1814–15. Nach der erfolgreichen Neuordnung Europas erhielt der Fürst von Metternich von Franz II. den Prinzentitel verliehen. Klemens von Metternich gilt als der Hauptträger der *Restauration*. Als im Jahre 1848 die Märzrevolution das Ende des Staatskanzlers von Metternich einleitete, ging dieser zuerst nach England, dann nach Belgien und kehrte später nach Wien zurück, wo er 1859 starb.

Zeittafel:

1794:	Flucht der Familie aus Koblenz vor der französischen Revolutionsarmee nach Wien
1795:	Heirat mit einer Enkelin des Staatskanzlers von Kaunitz
1801–06:	Gesandter in Dresden und Berlin
1806:	Botschafter in Paris
1809:	Österreichischer Außenminister
1810–48:	Staatskanzler
1848:	Als Folge der Märzrevolution gestürzt

Fürstentümer innenpolitisch nicht eingeschränkt werden sollte, d. h. es gab keine übergeordnete Institution bzw. eine allgemeine Repräsentation dieser Staatenvereinigung, die eine Einschränkung hätte vornehmen können. Als einzige und zentrale gemeinstaatliche Institution ist der *Frankfurter Bundestag* unter österreichischem Vorsitz zu nennen.

Woran scheiterte der Bund?

Zum einen wurden die Forderungen der Bürger nach politischen und bürgerlichen Freiheitsrechten immer größer, die sie in Verfassungen gesichert wissen wollten. So konnten oppositionelle bzw. revolutionäre Aktivitäten wie z. B. das *Hambacher Fest* 1832 nicht verhindert werden. Auch die Forderungen nach nationaler Einheit wurden durch das Bündnis nicht befriedigt, sodass 1848 die *Märzrevolution* ausgelöst wurde. Obwohl die Fürsten letztlich siegten, ging der Bund aus diesem politischen Kampf geschwächt hervor. Der Auslöser für das Scheitern des Bundes war schließlich der *Dualismus* zwischen **Preußen** und **Österreich** um die Vormachtstellung in Deutschland, was 1866 nach 50 Jahren Frieden in Europa wieder zum Krieg führte.

tionäre Aufstände zu kämpfen hatten. Deshalb sah die *Bundesakte* des Weiteren eine gemeinsame innenpolitische Bekämpfung antiaristokratischer und nationaler Strömungen vor. Die ganze Politik stand im Zeichen der *Restauration* – der Bestrebung zur Herstellung vorrevolutionärer, absolutistischer Staatsysteme. Die Unterdrückung der liberalen Opposition manifestierte sich u. a. in den *Karlsbader Beschlüssen* und der *Demagogenverfolgung*. Als letzter entscheidender Punkt der Verfassung wurde festgelegt, dass die Souveränität der einzelnen

Phase in der deutschen Geschichte nach dem Wiener Kongress 1815 bis zur Frankfurter Nationalversammlung von 1848/49, während der die liberalen und nationalistischen Kräfte an Einfluss und Macht gewannen und eine Einigung Deutschlands anstrebten.

Welche Folgen hatte der Wiener Kongress für die deutschen Länder?

In den Jahren 1814 und 1815 trat in Wien ein Kongress aus Vertretern aller europäischen Nationen zusammen, um über die geografische Neuverteilung Europas nach dem Sieg über Napoleon zu beraten. Durch die Beschlüsse des Kongresses kehrte man wieder zur alten Dynastie zurück, die den Adligen viele Privilegien zugestand. **Preußen** wurde gemeinsam mit **Österreich** zur stärksten Macht im *Deutschen Bund*. Dieser war kein einheitlicher Staat, sondern nur ein loser Verband der deutschen Staaten, der jedoch im Kriegsfall als eine Einheit fungieren sollte.

Wann kam der Patriotismus in Deutschland auf?

Schon bald nach dem *Wiener Kongress* meldeten sich im Deutschen Bund die Vertreter zweier politischer Richtungen zu Wort, die mit den Beschlüssen nicht einverstanden waren. Die Anhänger des *Liberalismus* waren enttäuscht, weil keine Volksver-

treter beim Kongress zugelassen waren und sie so die Bedürfnisse der Bürger nicht genügend vertreten sahen. Die *Nationalisten* hingegen waren mit dem Prinzip des losen Staatenbundes nicht einverstanden. Nach dem Vorbild der *Französischen Revolution* wollten sie einen einheitlichen Staat bilden. Die Motivation hierzu wurde durch die Einigungsbewegungen in anderen europäischen Ländern noch verstärkt.

Was waren die studentischen Burschenschaften?

Die Burschenschaften waren Zusammenschlüsse nationalistisch orientierter Studenten, die sich ab 1815 nach dem Vorbild der *Jenaer Urburschenschaft* in ganz Deutschland gründeten. Im Oktober 1817 kamen über 500 Mitglie-

Adalbert Stifter

August von Kotzebue

der verschiedener Burschenschaften auf der **Wartburg** zusammen, um der Reformation 300 Jahre zuvor und der *Völkerschlacht von Leipzig* im Jahr 1813 zu gedenken. Sie kritisierten die Verhältnisse im Deutschen Bund und forderten, die Burschenschaften aller deutschen Länder zusammenzuschließen. Ein Jahr später gründete man in Jena die *allgemeine deutsche Burschenschaft*. Für sie standen eine rot-schwarz-rote Flagge mit goldenem Eichenzweig und die Losung *„Ehre, Freiheit, Vaterland"*. Im März 1819 kam es zu einem folgenschweren Zwischenfall, als der radikale Student **Karl Sand** den Berichterstatter des russischen Zaren, **August von Kotzebue**, ermordete, weil dieser in einer Zeitschrift über die Burschenschaft gespottet hatte.

Heinrich Heine

Wie reagierten die Macht-haber auf die Aktionen der Burschenschaft?

Die Minister der deutschen Länder reagierten mit repres-siven Maßnahmen. Mit den so genannten *„Karlsbader Beschlüssen"* vom August 1819 wurden sämtliche Bur-schenschaften verboten und alle Universitäten der Kon-trolle der Landesregierungen unterstellt. Des Weiteren wurde veranlasst, dass kriti-sche Lehrer entlassen und oppositionelle Studenten mit Berufsverbot belegt werden konnten. Alle politischen Umtriebe in Deutschland sollten von nun an streng beobachtet werden. Die Be-

Annette von Droste-Hüls-hoff

Der Ausdruck der politischen Verhält-nisse in der Literatur

Die Literaten jener Zeit reagierten mit der Bildung zweier sehr gegensätzlicher Stilrichtungen auf die politischen Ereig-nisse in der ersten Hälfte des 19. Jh. Auf der einen Seite ent-wickelte sich der so genannte „Biedermeier"-Stil, der geprägt war von einer Abwendung von den politischen Verhältnissen und dem Rückzug in private Bereiche. Diese Epoche dauerte von 1815 bis zur *Märzrevolution* 1848, ihre bekanntesten Vertreter waren **Annette von Droste-Hülshoff**, **Eduard Mörike** und **Adalbert Stifter**. Parallel dazu entwickelte sich jedoch auch der so genannte *„Vormärz"*, der die politi-schen Verhältnisse bewusst thematisierte und die *Lyrik* als Instrument des politischen Protests einsetzte. Hier waren die bedeutendsten Vertreter **Heinrich Hoffmann von Fallersleben**, **Georg Herwegh** und teilweise auch **Hein-rich Heine**.

völkerung reagierte empört auf diese Beschlüsse. Beim so genannten *„Hambacher Fest"* im Mai 1832 äußerten die Redner ihre Kritik an den bestehenden Verhältnissen und forderten umfassende Reformen. Daraufhin wurden sie festgenommen und die Gesetze weiter verschärft.

Wie kam es zum Ausbruch der Märzrevolution?

Der Anfang wurde in Frank-reich gemacht, wo sich das Volk bereits im Februar 1848 erfolgreich gegen König **Louis Philippe** aufgelehnt und die *„2. Französische Republik"* ausgerufen hatte. Daraufhin kam es auch in **Wien** zu Aufständen, die mit der Aufhebung der Zensur

Eduard Mörike

und der Bildung einer Bürger-wehr endeten. In der Folge kam es auch in **Berlin** zu Auf-ständen. Diese gipfelten am 18. März in einer blutigen Auseinandersetzung zwischen Volk und Militär. Am Ende konnten sich die Bürger durchsetzen. Auch in Preußen wurde eine Bürgerwehr einbe-rufen und die Wahl einer deutschen Nationalversamm-lung beschlossen.

Von der Frankfurter Nationalversammlung 1849 verabschiedete Reichsverfassung, welche die Einigung der deutschen Bundesstaaten zu einem Nationalstaat zum Ziel hatte, doch schon kurze Zeit später wieder scheiterte.

Wie kam es zur Einberufung der Deutschen Nationalversammlung in Frankfurt?

Bereits vor den *blutigen Revolten* in **Wien** und **Berlin** hatten sich am 5. März 1848 51 Abgeordnete in **Heidelberg** versammelt, um die Vereinigung der deutschen Länder zu besprechen. Ende des Monats, nachdem die Regierungen von **Österreich** und **Preußen** abgesetzt worden waren, trat in Frankfurt ein so genanntes *„Vorparlament"* zusammen. Die Aufgabe der größtenteils liberalen Politiker bestand darin, gemeinsam mit den Regierungen der deutschen Staaten einen Weg zu finden, die Mitgliedsländer des deutschen Staatenbundes zu einem Staat zu vereinen. Das Ergebnis der Verhandlungen war eine Nationalversammlung, die in freien Wahlen vom Volk gewählt werden und anschließend eine gesamtdeutsche Verfassung für den neuen Nationalstaat entwerfen sollte. Auch die Form des neuen Staates sollte erst von der Versammlung bestimmt werden.

Übersicht über die siebenteilige Reichsverfassung vom 28. März 1849

Abschnitt 1:	Das Reich (Paragraphen 1 bis 5)
Abschnitt 2:	Die Reichsgewalt (Paragraphen 6 bis 67)
Abschnitt 3:	Das Reichsoberhaupt (Paragraphen 68 bis 84)
Abschnitt 4:	Der Reichstag (Paragraphen 85 bis 124)
Abschnitt 5:	Das Reichsgericht (Paragraphen 125 bis 129)
Abschnitt 6:	Die Grundrechte des deutschen Volkes (Paragraphen 130 bis 189)
Abschnitt 7:	Die Gewähr der Verfassung (Paragraphen 190 bis 197)

Wie setzte sich die Versammlung zusammen?

Am 1. Mai 1848 durften alle *Männer über 20 Jahren* zur ersten gesamtdeutschen freien Wahl gehen. Die Volksvertreter sollten direkt gewählt werden, weil es noch keine Parteien gab. Aus der Wahl, bei der die Beteiligung außerordentlich hoch ausfiel, gingen 585 Abgeordnete und 227 Stellvertreter hervor, die sich am 18. Mai 1848 in der Paulskirche zu Frankfurt versammelten. Dabei handelte es sich größtenteils um *angesehene Persönlichkeiten* wie Beamte, Juristen und Akademiker. Schnell bildeten sich

drei Fraktionen, in denen sich Abgeordnete mit ähnlichen politischen Zielen und Vorstellungen zusammen fanden. Neben der *konservativ-christlichen Rechten* gab es die *demokratische Linke* und die *liberale Mitte*. Zum Präsidenten der Versammlung wurde **Heinrich von Gagern** bestellt.

Mit welchen Konflikten und Problemen hatte die Versammlung zu kämpfen?

Zu diesem Zeitpunkt war der erste Schwung der Revolution schon wieder verflogen. Die so genannten *Märzminister* waren wieder abgesetzt und die

Revolution mehr oder minder niedergeschlagen. Abgesehen davon, gab es diverse inhaltliche Konflikte. Von Beginn der Verhandlungen an gingen die Vorstellungen, wie dieser neue Staat aussehen sollte, sehr weit auseinander. Während die Einen eine *Republik* forderten, wollten die Anderen eine an die Verfassung gebundene *Monarchie* oder einen *Zentralstaat*. Ein weiterer wichtiger Streitpunkt war auch, welche Länder der neue Staat umfassen sollte. Die Befürworter der so genannten *„großdeutschen" Lösung* wollten die deutschen Gebiete Österreichs in den neuen Staat mit einbinden. Österreich protestierte jedoch, weil dies einer Auflösung des bisherigen Österreichs gleichgekommen wäre. Die *„kleindeutsche" Lösung* sah einen Staat ohne die österreichischen Gebiete vor. Auch dieser Vorschlag fand jedoch keine Mehrheit. Diese unterschiedlichen Meinungen behinderten die Versammlung in der Findung einer schnellen Lösung.

Was war das Ergebnis der Paulskirchenversammlung?

Nach langen und zähen Verhandlungen einigte man sich schließlich auf eine Verfassung, die am 28. März 1849 verabschiedet wurde. In ihr kamen in zahlreichen Kompromissen die sehr unterschiedlichen Positionen der Abgeordneten zum Ausdruck. Bei der Frage nach der Staatsform einigte man sich auf eine Monarchie. Deutschland sollte wieder einen Kaiser bekommen, zu dem der preußische König **Friedrich Wilhelm IV.** gewählt wurde. Bei der Frage nach den Staatsgrenzen kam man zu einem Kompromiss: Österreich sollte nicht zum deutschen Staat gehören, es sollte aber eine *Zollunion* und eine *gemeinsame Wirtschaftspolitik* geben. Die innere Organisation des neuen Staates stellte ebenfalls einen Kompromiss zwischen konservativen und demokratischen Vorstellungen dar: Zwar sollte es weiterhin eigene Staaten geben, die sollten jedoch zugunsten einer zentralistischen Regierung auf manche Staatsrechte, wie z. B. ein eigenes Heer verzichten.

Konnte sich die Paulskirchenverfassung durchsetzen?

Nachdem der zum Kaiser gewählte preußische König die Wahl nicht annahm, war die Gründung eines vereinigten deutschen Staates gescheitert. Zwar versuchte man, das Parlament in **Stuttgart** wieder zu beleben, die Bemühungen wurden jedoch von den wieder erstarkten Fürsten zunichte gemacht. Der **Deutsche Bund** wurde wieder eingesetzt. Dennoch wurde die Paulskirchenverfassung zum Vorbild sämtlicher später entstandenen demokratischen Verfassungen Deutschlands.

Karl Theodor Welcker – ein Vater der Verfassung

Karl Theodor Welcker wurde am 23. März 1790 geboren. Der Pfarrerssohn war ab 1819 Professor für Staats- und Rechtswissenschaften in Bonn. Dort wurde er, u. a. neben Ernst Moritz Arndt als „Demagoge" verfolgt. Im Jahr 1830 machte Welcker von sich reden, da er äußerst resolut für die Pressefreiheit eintrat. Ein Jahr darauf erfolgte seine Wahl in die badische Zweite Kammer. Dort galt er zusammen mit **Karl von Rotteck** als führender Kopf der badischen Liberalen. Im Jahr 1848 wurde Welcker in die Frankfurter Nationalversammlung gewählt und half maßgeblich an der Ausarbeitung der Paulskirchenverfassung mit. Nachdem Friedrich Wilhelm IV. die Kaiserkrone abgelehnt hatte, schied Welcker aus der Politik aus. Er starb am 10. März 1869.

Besiedlung des Westens

Ära in der Geschichte der Vereinigten Staaten von Amerika, als in der ersten Hälfte des 19. Jahrhunderts immer mehr Siedler in den größtenteils noch unerforschten Westen des jungen Landes zogen und in großer Zahl dem Goldrausch erlagen.

Wer waren die ersten Menschen, die es in den Westen der USA zog?

Die ersten Menschen, die in den unbekannten Westen vordrangen, waren Forscher, die von der US-Regierung auf Expeditionen geschickt wurden. 1803 hatten die USA **Napoleon** im so genannten *„Louisiana Purchase"* die riesige Provinz **Louisiana** zwar

Napoleon I.

abgekauft, doch da dieses Gebiet kaum erschlossen war, schreckte es viele Siedler ab. Daher hatten die Expeditionen den Auftrag, die Lebensbedingungen dort zu erforschen und den Menschen die Besiedlung des Westens durch aufregende Schilderungen ihrer Reisen schmackhaft zu machen. Die Ersten, die diesem Ruf folgten, waren die *Trapper* und so genannten *„Mountain-Men"*. Sie lebten hauptsächlich von der Biberjagd, da die Pelze dieser Tiere

San Francisco

Keine andere Stadt erfuhr durch den Goldrausch eine solche starke Veränderung wie San Francisco. Der aus einer Siedlung von Franziskaner–Mönchen im Jahre 1776 hervorgegangene Ort entwickelte sich nur sehr langsam, da die Anbindung an die umliegenden Häfen äußerst schlecht war. Aus dem Jahre 1846 ist eine Einwohnerzahl von gerade einmal 100 Menschen überliefert. Ab 1848 jedoch explodierte die Stadt regelrecht. Schon 1870 war die Bevölkerung San Franciscos auf gigantische 150.000 Einwohner angewachsen. Der Goldrausch hatte aus einer kleinen Ansammlung von ärmlichen Hütten eine der wichtigsten und blühendsten Städte Amerikas erwachsen lassen.

einen guten Profit abwarfen. Sie waren es, die auf ihren Reisen weitere Vorarbeit für die späteren Siedler leisteten, indem sie neue Wege und Passagen fanden. So ebneten sie die Wege für die großen Siedlertrecks, die ab 1820 in den Westen zogen.

Welche Motive hatten die Siedler, in den Westen zu ziehen?

Die Gründe, warum jemand in den „wilden" Westen umsiedeln wollte, waren vielfältig. Zum einen waren die Siedler natürlich von der Vorstellung begeistert, große Landstücke zu einem verhält-

nismäßig günstigen Preis zu erhalten: Jeder Mann durfte sich ein Gebiet von 65 Hektar abstecken, wenn er bereit war, es danach für mindestens fünf Jahre zu bestellen. Der Osten war mittlerweile beinahe genauso zivilisiert und reglementiert wie das alte Europa und auch das war ein Grund für viele, in den „freien" Westen zu ziehen. Auch der Wunsch nach religiöser Toleranz, die im Osten nicht mehr so wie zu Beginn gegeben war, trieb einige Menschen in die unerforschten Gebiete. Alles in allem war es der Wunsch nach einem besseren Leben, der die Westwanderung der Siedler vorantrieb.

Mit welchen Problemen hatten die Siedler fertig zu werden?

Bereits auf den langen *Trecks* gab es viele Probleme, die den Siedlern das Leben schwer machten. So brachen unter ihnen vergleichsweise häufig schwere Krankheiten wie Typhus und Cholera aus. Auch gab es oft Unfälle mit den Planwagen oder den zur damaligen Zeit noch recht neuen Waffen, die einigen Menschen das Leben kosteten. Vergleichsweise selten waren Angriffe von *Indianern*, die eher das geringste Problem darstellten. Auch nach dem langen Marsch wurden die Probleme nicht weniger. Die primitiven Unterkünfte, die zu Beginn der Besiedlung noch aus Erdlöchern oder den Planwagen bestanden, boten nur selten ausreichenden Schutz vor der Witterung. Auch gab es chronischen Wassermangel, der die Lebensumstände noch verschlimmerte. Es gab auch viele Missernten zur damaligen Zeit, weil die Farmer in einer fast nicht erschlossenen Landschaft den Stürmen und Regenfällen schutzlos ausgeliefert waren.

Wann begann der „Goldrausch"?

Der offizielle Begin des *Goldrausches* lässt sich angeblich

Indianer: Gürtel aus Schildkrötenpanzer

auf den 24. Januar des Jahres 1848 datieren. An jenem Tag fand ein Zimmerer namens **James W. Marshall** zum ersten Mal Gold am kalifornischen **America River.** Trotz des Versuches der Geheimhaltung hörte man zuerst in der damals noch sehr kleinen Siedlung **San Francisco** von dem Fund. Tausende von Goldsuchern überschwemmten die Gegend, um ihr großes Glück zu machen. Das Problem war jedoch, dass ein einzelner Mensch nicht die Mittel hatte, um Gold in Gewinn bringender Menge zu schürfen. Deswegen schlossen sich viele Menschen zusammen und gründeten Organisationen, um den Abbau des Goldes zu ermöglichen. Diese wurden jedoch schon bald von großen Bergbau-Gesellschaften verdrängt, die mit moderner

Maschinerie Gold in großen Mengen abbauen konnten.

Welche gesellschaftlichen Folgen hatte der Goldrausch?

Der Goldrausch führte zu einem gewaltigen Schub an Siedlern und Städten. Überall dort, wo Gold vermutet wurde, wurden Städte erbaut oder stark ausgebaut. Allein in San Francisco verfünffachte sich die Einwohnerzahl innerhalb der ersten drei Jahre des Goldrauschs. Mit dem Gold kamen dann auch die Einrichtungen, in denen man seinen neu gefundenen Besitz wieder ausgeben konnte, wie etwa Saloons oder Bordelle, und leider stieg auch die Kriminalitätsrate in diesen Jahren drastisch an. Der Goldrausch veränderte das Leben der Bevölkerung nachhaltig und in allen Belangen, so zum Beispiel auch, was Kleidung betraf: Es waren die Goldgräber **Levi Strauss** und **John Stetson,** die die *Jeanshose* beziehungsweise den klassischen *Cowboyhut* erfanden.

Die Verdrängung der Indianer

Die Zeit der Westwanderung hatte natürlich auch ihre Verlierer. Die Indianer hatten stark unter der Besiedelung zu leiden. Sie wurden immer weiter zurückgedrängt, ihre Lebensräume beschnitten und zerstört, und die andauernden Kämpfe dezimierten die Stämme. So kam der Goldrausch einem Todesurteil für die Indianer gleich.

Ureinwohner des amerikanischen Kontinents, die sich über 25.000 Jahre vor den Europäern dort niederließen und schließlich von ihnen in Reservate zurückgedrängt wurden.

Woher kamen die Indianer?

Die Theorien über den eigentlichen Ursprung der *Amerikaner* waren anfangs vielfältig: Sie reichten von auf archäologischen Funden basierenden Erklärungen über vage Vermutungen bis hin zu abenteuerlichen Legenden. So wurden die *Indianer* oft als Nachfahren der aus Israel vertriebenen jüdischen Stämme angesehen. Manche meinten sogar, sie würden von den Überlebenden der legendären versunkenen Stadt **Atlantis** abstammen. Nachdem man jedoch begann, der Frage nach der Herkunft der Indianer wissenschaftlich nachzugehen, fand man heraus, dass sie wohl in mehreren Wellen über die **Beringstraße** nach Amerika gekommen waren. Dafür sprachen einige Argumente: Die Indianer hatten genetische Übereinstimmungen mit *Europäern* und vor allem den *Ureinwohnern Sibiriens* aufzuweisen. Des Weiteren stimmten viele Elemente der indianischen Kultur mit der der Bewohner Ostasiens überein. Im Lauf der Zeit setzte sich diese Theorie durch. Es war jedoch

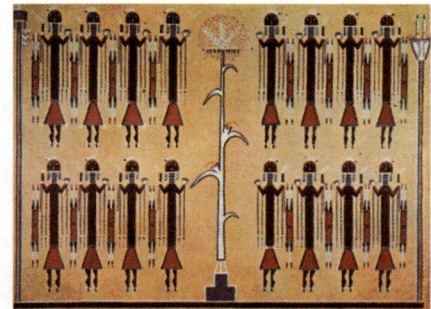

Navahoindiander

nie auszuschließen, dass die Beringstraße nicht die einzige Route war, auf der Menschen nach Amerika gelangten. Es gab auch Anzeichen dafür, dass einige Indianer auf dem Seeweg aus verschiedenen Regionen, z. B. des Pazifikraumes, den Kontinent erreichten, Jahrhunderte bevor er von Kolumbus entdeckt wurde.

Welche waren die ersten bekannten Indianerkulturen?

Die *Sandia* galten als die erste nachgewiesene Indianerkultur. Vor etwa 25.000 Jahren lebten sie in der Gegend des heutigen US-Staates **New Mexico**. Wie sie sich selbst nannten, ist nicht bekannt,

den Namen Sandia erhielten sie von Forschern aufgrund des Ortes, an dem man erste Hinweise auf ihre Kultur gefunden hatte. Die zweite belegte Indianerkultur waren die *Folsom*, die etwa 10.000 Jahre nach den Sandia lebten, ihnen gegenüber jedoch noch nicht erwähnenswert weiterentwickelt waren. Allerdings konnte man auf dem gesamten nördlichen Kontinent Spuren ihrer Kultur finden. Etwa 10.000 v. Chr. lebten die *Clovis-Indianer*, deren Spuren ebenfalls in New Mexico, nahe dem Ort **Clovis**, gefunden wurden.

Wovon lebten die prähistorischen Indianer?

Die ersten Indianerkulturen gehörten allesamt zu den *Jägern* und *Sammlern*. Mit primitiven Waffen aus Holz und Steinen jagten die meisten von ihnen *Mammuts* und damals auf dem amerikanischen Kontinent lebende *Kamele*. Die verschiedenen Indianerkulturen waren allerdings schon damals an die sie umgebenden Bedingungen angepasst und auf die Jagd auf verschiedene Tiere spezialisiert. So gab es auch Kulturen, die sich hauptsächlich vom *Fischfang* ernährten. Erst in den letzten 3.000 Jahren v. Chr. entwickelten sich langsam erste, primitive Formen des Ackerbaus. Man geht davon aus, dass etwa 1.500 Jahre v. Chr. der Anbau von *Mais* unter den meisten Indianerkulturen verbreitet war.

In welchen sozialen Einheiten lebten die Indianer?

So wie das wirtschaftliche Leben waren auch ihre Formen der gemeinschaftlichen Organisation sehr vielfältig. Die kleinste Einheit bildeten die *Sippen*. Sie konnte man hauptsächlich in kargen Landstrichen ausmachen, die sich nicht für die Ernährung einer großen Gruppe eigneten. In fruchtbareren Gebieten fanden sich manche Sippen zu größeren Gruppierungen zusammen, die gemeinsam jagten und lebten. Oft-

New Mexico: Indianerdorf

mals schlossen sich mehrere solcher Gruppen zu einem *Stamm* zusammen, deren Mitglieder eine gemeinsame Sprache und Kultur entwickelten und sich durch einen Namen von anderen Stämmen abgrenzten. Da jedoch auch die Stämme nur sehr lose miteinander verbundene Großgruppen waren, konnte man keine allgemein gültigen Zahlen über Anzahl oder Größe der nordamerikanischen Indianerstämme aufstellen.

In welchen Behausungen lebten die Indianer?

Wie die gesamte Kultur der Indianer entwickelten sich auch die Wohnformen stetig weiter. Viele frühe Kulturen lebten in simplen *Erdhäusern*. Dabei handelte es sich im Prinzip um in die Erde gegrabene und ausgebaute Löcher, die nach oben hin aufgeschüttet wurden. In manchen Kulturen, z. B. bei den *Anasazi*-Indianern, wurden diese Behausungen spä-

ter in Felsen und Canyons integriert. Der nächste Schritt war der Bau von einfachen Hütten aus Gras, Steinen oder Baumstämmen. Die Form dieser Behausungen war zumeist achteckig oder rund. Die bekannteste Behausung der Indianer waren *Tipi* und *Wigwam*. Das *Tipi* genannte Zelt aus Büffelleder wurde lediglich von den Nomaden und Halbnomaden unter den Indianern benutzt. Das *Wigwam* war zumeist ebenfalls aus Leder, jedoch war es nicht kegelförmig wie *Tipis*, sondern erinnerte in Form und Größe sehr an die *Iglus* der *Eskimo*-Stämme.

Wie veränderte sich das Leben der Indianer durch die Entdeckung Amerikas?

Zunächst waren die Beziehungen zwischen indianischen Eingeborenen und europäischen, zumeist spanischen Pionieren von freundlicher Neugier aufeinander geprägt. Man handelte miteinander, tauschte sich aus und es gab

Totem der Sioux

sogar eheliche Partnerschaften zwischen Weißen und Indianern. Als die Siedlungen der Europäer immer mehr Land der Indianer in Anspruch nahmen, sahen diese ihren Lebensraum bedroht. Die ersten Kämpfe zwischen Indianern und Siedlern fanden 1622 statt, wobei die Indianer den größten Teil der Siedlungen zerstörten. Die Siedler führten ihren Eroberungszug jedoch unbeirrt fort. Die Indianerstämme wurden vertrieben und gezwungen, sich immer weiter in Richtung Westen zurückzuziehen. Dies waren jedoch nicht die einzigen Probleme der Indianer. Mit den Siedlern kam auch der Alkohol und innerhalb kurzer Zeit waren viele Indianer dem „Feuerwasser" verfallen. Auch kam es zu schlimmen Epidemien, die von den Weißen eingeschleppt worden waren und die indianische Bevölkerung deutlich dezimierten.

Wie weit ging die Vertreibung der Indianer?

Die Vertreibung der Indianer zum Zweck der Besiedelung durch die Europäer zog immer weitere Kreise. Während

der Kriege zwischen Briten und Franzosen wurden gerne die Dienste der Indianer in Anspruch genommen, um gegen den Feind zu kämpfen. Besonders die Franzosen konnten unter falschen Versprechungen einige Stämme für sich gewinnen. Nach der Unabhängigkeit der Siedler von England und der Gründung der Vereinigten Staaten von Amerika verbesserte sich die Lage der Indianer kaum. Seit Beginn des 19. Jh. zogen die „Neu-Amerikaner" immer weiter nach Westen, sodass immer mehr Lebensraum der Stämme verloren ging. Während des *Goldrauschs* in der Mitte des 19. Jh. nahm die Besiedlung des Westens noch weiter zu, obwohl man mittlerweile einen Vertrag über die Rechte der Indianer unterzeichnet hatte. Der Lebensraum der Stämme wurde immer weiter eingeschränkt. Zunächst hatte man ihnen das Gebiet des heutigen **Oklahoma** zugesprochen, doch mit der Zeit wurde auch diese Region von Weißen vereinnahmt und die Indianer in

Tamburin mit Wasser gefüllt

kleine Reservate umgesiedelt. Die Kriege zwischen den Stämmen und den Truppen der Vereinigten Staaten endeten immer wieder mit vernichtenden Niederlagen für die Indianer. Die Aufstände der entwurzelten Indianer dauerten bis zum Ende des 19.

Berühmte Indianer

Die berühmtesten Indianer waren wohl **Sitting Bull** und **Geronimo**. Sitting Bull war Häuptling der Sioux und ein brillanter Stratege. Seiner geschickten Kriegsführung war es zu verdanken, dass die Indianer 1876 die amerikanischen Truppen bei der berühmten *Schlacht am „Little Big Horn"* schlagen konnten. Der Häuptling starb 1890 durch die Kugel eines Sergeants, was zu Aufständen und dem *Massaker am „Wounded Knee"* führte. Geronimo war der Medizinmann eines *Apachen*-Stammes und einer der erbittertsten Kämpfer gegen die Weißen. Nachdem er lange von amerikanischen Truppen gejagt worden war, wurde er 1886 gefangen genommen und starb schließlich 1909 in Gefangenschaft.

Jh. an und endeten mit dem *Massaker am „Wounded Knee"*, bei dem eine Gruppe von Indianern, die ihr Reservat verlassen wollten, brutal von amerikanischen Truppen getötet worden waren. Danach ergaben sich die meisten in ihr Schicksal. Von ursprünglich 10 Mio. Indianern Nordamerikas bei Ankunft der ersten Europäer waren zu diesem Zeitpunkt noch etwa 250.000 übrig.

Wie lebten die Indianer im 20. Jh.?

Seit Ende des 19. Jh. versuchte man, die Indianer in die amerikanische Gesellschaft zu integrieren. Was an sich positiv klang, kam für die Indianer selbst dem Verrat an ihrer Kultur gleich und wurde deswegen strikt abgelehnt. Ab 1924 bekamen die Indianer die amerikanische Staatsbürgerschaft verliehen, was ihnen zumindest einige Rechte sicherte. Zehn Jahre später bekamen einige Gruppen das Recht, in ihren Reservaten eine eigene Verwaltung einzuführen. Im Verlauf des Jahrhunderts kam es immer wieder zu Protesten und Aufständen, weil Kulturgüter der Indianer, wie alte Friedhöfe, dem Fortschritt weichen mussten. Die heutigen Lebensumstände der mittlerweile wieder über 2 Mio. Indianer sind zumeist recht ärmlich. Besonders die so genannten *„Schutzgebiete"* (*„Reservations"*) sind geprägt von Verelendung und Alkoholismus. Im Jahr 2000 konnten die interessenvertretenden Ver-

Indianer in der Literatur

Die Indianer haben immer wieder Literaten zu bedeutenden Werken inspiriert. Dabei gab es jedoch nur wenige Autoren, die sie so darstellten, wie sie wirklich waren. In den meisten Fällen wurden sie entweder als „edle Wilde" oder als blutrünstige Primitive dargestellt. Die Wahrheit lag jedoch irgendwo in der Mitte.

bände der Indianer zumindest einen symbolischen Erfolg erringen: Die Regierung der USA gestand offiziell ihre Schuld an der Vertreibung der Indianer ein und entschuldigte sich für die Gräueltaten.

Indianerdorf

**In der zweiten Hälfte des 19. Jahrhunderts entbrannten die India-
nerkriege zwischen den Regierungstruppen der Vereinigten Staaten
von Amerika und einer Reihe von Stämmen auf dem Gebiet der
Großen Prärie.**

Welche Indianerpolitik ver-
folgten die europäischen
Nationen in Nordamerika?

Mit einem Abkommen
schloss die holländische Regierung mit den *Mohawk*
1645 als erste europäische
Macht einen förmlichen Vertrag mit einem Indianer-
stamm. Besonders gute Beziehungen mit den Indianern
unterhielten die *Franzosen*.
Ihnen ging es weniger um die
Gründung von Kolonien als
um den Handel mit den
Ureinwohnern. Die Beziehungen zwischen den Indianern
und den *Engländern* gestaltete sich schwieriger, da sie darauf aus waren, Land in Besitz
zu nehmen. Da Klagen über

gewaltsame Landaneignun-
gen nicht verstummten, erließ
König **George III.** im Jahr
1763 eine *Proklamation*,
wonach jeder Landerwerb
durch einen vorherigen Vertrag mit den Indianern legitimiert sein müsse. Zu dieser
Zeit beschränkten sich die
Ansiedlungen der Europäer
auf das Gebiet zwischen der
amerikanischen Ostküste und
den Appalachen.

Was besagt der „Indian
Removal Act" von 1830?

Die ersten Gesetze und Pro-
klamationen der jungen, unabhängigen Vereinigten Staaten von Amerika sahen eine
ausgesprochen freundliche

Ritueller Tanz der Sioux

Indianerpolitik vor. Doch
schon während und in größe-
rem Maße nach dem Unab-
hängigkeitskrieg strömten
immer mehr Siedler über die
Appalachen, um sich dort nie-
derzulassen. Mit dem *„Indian
Removal Act"* von 1830 reagierte die US-Regierung auf
den stetigen Bevölkerungs-
druck und verordnete die *Deportation* der Indianer in die
Gebiete westlich des **Mississippi**. Diese Verordnung
wurde in den folgenden Jahrzehnten mit Waffengewalt
durchgesetzt, dabei verloren
ungefähr 100.000 Ureinwohner ihr Land.

Schlacht am Little Big Horn

Wie entstanden die Indianerkriege?

Durch den Fund von Gold in **Kalifornien** im Jahr 1848 war auch das Land westlich des Mississippi nicht mehr unantastbar. Goldsucher zogen in tausenden großen Trecks durch das Land und töteten auf ihrem Weg nach Kalifornien das Wild der Prärie. Die Vernichtung ihrer Lebensgrundlage trieb die Indianer in den Krieg. In den Jahren zwischen 1850 und 1880 überfielen sie regelmäßig weiße Ansiedlungen und Trecks und waren daher Strafaktionen der Regierungstruppen ausgesetzt. Die Höhepunkte dieses Konflikts waren die *Schlacht am Little Big Horn* 1876, die Schlacht zwischen den *Nez Percé* und Regierungstruppen im folgenden Jahr sowie **Geronimos** Duell mit der Staatsgewalt in den 1880er-Jahren. Infolge des Konflikts sank die

Die Schlacht am Little Big Horn

Die *Sioux* bildeten das Volk, das sich der Inbesitznahme ihres Landes durch die weißen Siedler am heftigsten widersetzte. Dabei gaben sie 1851 mit dem *1. Vertrag von Fort Laramie* freiwillig ihr Land in **Minnesota** auf und zogen westwärts. Wegen andauernde Verletzungen des Vertrages und insbesondere wegen den Plänen der Regierung, eine Straße durch das **Big-Horn-Gebirge** zu bauen, erhoben sie sich jedoch in den Jahren 1862 und 1865–1867. Im *2. Vertrag von Fort Laramie* 1868 verzichtete die US-Regierung auf den Straßenbau und erklärte **South Dakota** zum alleinigen Besitz der Indianer. Ein Goldfund auf ihrem Gebiet löste aber eine Welle von weißen Goldsuchern aus, die 1876 zu Feindseligkeiten mit den Sioux führte. In der *Schlacht am Little Big Horn* gelang es den Indianern, Oberstleutnant **George A. Custer** zu überwältigen und all seine 266 Männer zu töten. Trotz dieses spektakulären Erfolges wurden die Sioux noch im selben Jahr entscheidend geschlagen und ihr Aufstand beendet.

indianische Bevölkerung beträchtlich. Nach einer Schätzung betrug die Zahl der kalifornischen Indianer im Jahr 1853 100.000. Darauf fiel sie abrupt bis zum Jahr 1864 auf 30.000 und auf 19.000 im Jahr 1909.

Was geschah am Wounded Knee Creek?

Das *Massaker am Wounded Knee* markiert den Endpunkt der Indianerkriege. Von andauernden Niederlagen, Gebietsabtretungen und Verelendung deprimiert flüchteten sich viele Indianer ab

1890 in die *Geistertanz-Religion*. Diese Religion ging auf einen Traum des jungen *Paiute*-Indianers **Wovoka** zurück, in dem er eine Vision hatte von der Rückkehr der Indianer zu ihrem alten Leben und ihrer Vereinigung mit den toten Ahnen bei der gemeinsamen Jagd. Da die Regierung in dieser Bewegung einen Herd für eventuelle weitere Erhebungen fürchtete, verhaftete sie führende Anführer der Indianer. Danach erschossen US-Kavalleristen am 29. Dezember 1890 am *Wounded Knee* über 200 Männer, Frauen und Kinder, obwohl sie eingewilligt hatten, zurück in ihre Reservate zu gehen.

Indianerkriege: Übersicht

Die Ghost-Dance-Bewegung

Indianisch-religiöse Bewegung gegen Ende des 19. Jahrhunderts, deren Ausübung den Indianern, ihrem Glauben nach, ihr Land zurück geben sollte. Nach anfänglicher Duldung wurde die Bewegung von den amerikanischen Siedlern später verboten.

In welchen Verhältnissen lebten die Indianer am Ende des 19. Jh.?

Die damalige Zeit war für die Indianer Nordamerikas eine sehr schwere: Die Bisons, Lebensgrundlage für die meisten Indianer, waren von den weißen Eroberern fast ausgerottet worden. Damit war die einzige Lebensart, die die Indianer als spezialisierte Jäger bis dahin gekannt hatten, für sie nicht mehr möglich. Innerhalb einer Genera-

Sitting Bull

tion mussten sich die Indianer an völlig neue Bedingungen anpassen, umwälzende Veränderungen mussten innerhalb weniger Jahre verkraftet werden, für die andere Kulturen Jahrhunderte brauchten. Diese Veränderungen hatten viele Indianer

> ## Der Sonnentanz
>
> Der **Sonnentanz** besaß eine ähnliche religiöse Bedeutung wie der **Geistertanz,** wurde jedoch von weitaus grausameren Ritualen begleitet. Junge Krieger bekamen Holzpflöcke durch Schlaufen gezogen, die ihnen zuvor mit einem Messer in Bauch und Rücken geschnitten worden waren. So tanzten sie dann tagelang bis zur Ohnmacht, in der sie durch Visionen Kontakt mit übernatürlichen Mächten aufzunehmen glaubten.

verstört und an den Rand der Lebensunfähigkeit gebracht. Nun lebten sie zusammengepfercht in kleinen Reservaten oder wurden in unbewohnbare Gegenden mit teilweise unerträglichen klimatischen Bedingungen umgesiedelt.

Wer war der Ursprung der „Ghost-Dance-Bewegung"?

Die „Ghost-Dance-Bewegung" geht auf den *Paiute*-Indianer **Jack Wilson** zurück, der vor allem unter dem Namen **Wovoka** bekannt war. Er wurde 1856 in **Nevada** geboren und verbrachte den Großteil seiner Jugend bei einer weißen Farmerfamilie. 1889 bekam er eine Vision, in der ihm eine göttliche Stimme mitteilte, er sei der Erlöser seines Volkes und

solle zu ihm zurückkehren. Über die Umstände dieser Vision gab es unterschiedliche Meinungen. Angeblich habe Wovoka sie während einer Sonnenfinsternis erhalten, lautete damals eine weit verbreitete Legende. Wahrscheinlicher ist jedoch, dass es sich um einen Fiebertraum handelte, den er bekam, als er während einer schweren Erkrankung im Delirium lag. Kurz darauf begann Wovoka damit, seine Botschaft von einer neuen Ära, in der der weiße Mann von einer großen Katastrophe heimgesucht und das Land wieder den Indianern gehören sollte, zu verkünden. Schnell verbreitete sich seine Lehre unter den Indianern, in deren Mittelpunkt der so genannte „Geistertanz" stand.

Wie sah der „Geistertanz" aus?

Im *„Geistertanz"* bewegten sich die Indianer in schleppenden Schritten im Kreis, wobei sie dröhnende Trommeln und monotone Gesänge erklingen ließen und in die Hände klatschten. Dies praktizierten sie solange, bis die meisten von ihnen in einen tranceähnlichen Zustand verfielen. Nach dem Glauben der Indianer reisten sie so in das Jenseits, wo sie sich mit ihren verstorbenen Stammesbrüdern und Familienmitgliedern vereinten. Nach ihrem Erwachen berichteten sie den anderen von ihren Visionen, die sie während des Dämmerzustands hatten, und sangen spontane Lieder darüber. Zumeist handelte es sich um Erzählungen, nach denen gewaltige Heere der Indianer

Bison

aus dem Jenseits zurückkehren und die weißen Unterdrücker hinwegfegen sollten.

Wie reagierten die weißen Amerikaner auf die „Geister-Tanz-Bewegung"?

Zunächst beobachteten die Siedler die Entwicklung zwar genau, standen ihr jedoch wohlwollend gegenüber. Dies änderte sich, als immer mehr Stämme den Tanz übernahmen und die ursprünglich friedliche Botschaft Wovokas

dabei mehr und mehr verloren ging. Die *Sioux* fügten den Tänzen kriegerisches Gedankengut hinzu und begannen damit, so genannte *„Geisterhemden"* zu tragen, die sie angeblich vor den Gewehrkugeln ihrer Feinde schützen sollten. Mit der Zeit sahen die Weißen in dem Tanz zunehmend eine Form von Protest der Indianer und befürchteten in ihm eine Bedrohung.

Wie kam es zum Ende der Bewegung?

1890 wollte die Regierung den Tanz und die ganze Bewegung verbieten. Dies empörte die Indianer, sodass einige beschlossen, ihre Reservate zu verlassen. Daraufhin kam es zu einer der unrühmlichsten Gewalttaten in der amerikanischen Geschichte. Eine Gruppe von 149 Indianern, unter ihnen Frauen und Kinder, wurde kurz nach dem Verlassen ihres Reservates von der Kavallerie gestellt. Als es zu Kämpfen kam, töteten die Soldaten sämtliche Indianer mit Schnellfeuerwaffen. Der Zwischenfall ging als das *„Massaker am Wounded Knee"* in die Geschichte ein und galt als Schlusspunkt der Indianerkriege. Wovoka und seine Lehre gerieten kurz nach diesen Vorfällen in Vergessenheit.

Sitting Bull und der „Geistertanz"

Als die Amerikaner immer mehr Sorge hatten, die „Ghost-Dance-Bewegung" könnte in erneuten Kämpfen eskalieren, versuchten sie, die Stammeshäuptlinge davon zu überzeugen, ihren Brüdern den Tanz zu verbieten. Auch an **Sitting Bull**, den wohl berühmtesten Häuptling der *Hunkpapa-Sioux*, trat man heran. Als er sich über die Sorge der Weißen wegen eines Tanzes lustig machte, kam bei den Amerikanern die Überzeugung auf, Sitting Bull sei ein Anführer der Bewegung. Als er verhaftet werden sollte, kam es zu einem Handgemenge, in dessen Verlauf Sitting Bull durch die Kugel eines indianisch-stämmigen Sergeants getötet wurde. Sein Tod war auch eine Ursache für die Wut der Indianer, die letztendlich zum *„Wounded-Knee"*-Massaker führte.

Niedergang der Tasmanier

Untergang der auf der australischen Insel Tasmanien lebenden Kultur der Aborigines, der durch die Einwanderung britischer Siedler während des 19. Jahrhunderts zustande kam, die zu einer fast vollständigen Ausrottung der Einwohner führte.

Wer waren die Tasmanier?

Die *Tasmanier* gehörten zur Kultur der *Aborigines*, die sich vor etwa 30.000 bis 35.000 Jahren in Australien angesiedelt hatten. Zur damaligen Zeit waren Australien und die südlich davon liegende Insel Tasmanien noch durch eine Tiefebene verbunden, sodass sich auch in Tasmanien *Aborigines* ansiedeln konnten. Erst vor etwa 12.000 Jahren stieg der Meeresspiegel an und Tasmanien wurde durch die etwa 200 km breite so genannte „*Bass Strait*" vom australischen Kontinent abgetrennt.

Was unterschied die Tasmanier von den Aborigines Australiens?

War die kulturelle Entwicklung der tasmanischen und australischen *Aborigines* bis zum Anstieg des Meeresspiegels etwa parallel verlaufen, so führte die Isolation der *Tasmanier* hernach zu stark unterschiedlichen Entwicklungen der beiden Bevölkerungsgruppen. Während sich die Ureinwohner Australiens stetig weiter entwickelten,

verloren die *Tasmanier* viele ihrer kulturellen Errungenschaften. Dies war u. a. auf die geringe Bevölkerungszahl auf der tasmanischen Insel zurückzuführen. Man geht von etwa 3000–5000 Menschen aus, die damals in Tasmanien lebten. Über etwa 250 Generationen hinweg gab es fast keinerlei technische Neuerungen, während dagegen schon vorhandenes technisches Wissen verloren ging. Oftmals starben die Inhaber einer bestimmten Fähigkeit, bevor sie diese an andere weitergeben konnten. Doch im Laufe der Zeit entwickelten sich die *Tasmanier* eigenständig weiter.

Schöpfungsgott Bonaitja

Wann kamen die ersten Europäer nach Tasmanien?

Bereits im 18. Jahrhundert gab es erste Expeditionen nach Tasmanien. 1802 folgte die Inbesitznahme der Insel durch die Briten. Die ersten Siedlungen von 1803 bestanden zum größten Teil aus Strafgefangenen, die zwangs-

---

Die Kultur der Tasmanier

Die Tasmanier lebten in Horden zusammen, die sich in Großfamilien aufteilten. Mehrere Horden zählten wiederum zu einem übergeordneten Stamm, von denen es in Tasmanien vermutlich neun gab. Jeder dieser Stämme besaß eine eigene Sprache. Sie lebten in Hütten oder unter freiem Himmel, lediglich von einem Windschutz umgeben. Sie ernährten sich von erbeuteten Tieren, hauptsächlich Robben und Kängurus. Die an der Küste lebenden Stämme aßen außerdem Schalentiere und Langusten. Sie stellten einfache Werkzeuge aus Stein, Holz und anderen Materialien her. Vermutlich hingen die *Tasmanier* einem Vielgottglauben an und glaubten an ein Leben nach dem Tod.

weise nach Tasmanien deportiert worden waren. Bis ins Jahr 1816 war die Insel eine abgeschlossene Strafkolonie, die lediglich von einigen Militärs bewacht wurde.

Welche Folgen hatte das für die Tasmanier?

Die Folgen für die tasmanischen *Aborigines* waren dramatisch. Die Siedler waren größtenteils skrupellose Verbrecher, die in den Eingeborenen eher Tiere als Menschen sahen. Sie richteten grausame Massaker unter der tasmanischen Bevölkerung an. Die *Aborigines* wurden völlig willkürlich erschossen, ihre Frauen wurden entführt und vergewaltigt und selbst vor den Kindern machten die Siedler keinen Halt: Es existieren Berichte, nach denen eingeborenen Kindern aus reiner Mordlust bei lebendigem Leib die Köpfe abgerissen wurden. Innerhalb von nur 15 Jahren wurde die tasmanische Bevölkerung hal-

Aborigine auf Treibjagd

biert. Ab 1816 wurden *Schafe* auf Tasmanien eingeführt, die sich bis zum Jahr 1830 auf über eine Mio. Exemplare vermehrten. Dies hatte zur Folge, dass die *Tasmanier* durch die riesigen Herden und die Erschließung des Landes etwa die Hälfte des Jahres von ihren Jagdgründen abgeschnitten waren.

Wie kam es zum Aussterben der Tasmanier?

Ab 1820 begannen die *Aborigines* sich zu organisieren und zur Wehr zu setzen: In einer Art *Guerilla-Krieg* starteten sie Angriffe auf einzelne Farmer und Siedlungen. Zunächst waren ihre Bemühungen erfolgreich, doch während immer mehr der ohnehin dezimierten *Tasmanier* den Siedlern zum Opfer fielen, konnten die Briten jederzeit für Nachschub an Männern und Waffen sorgen. Ab 1830 begann man mit einer neuen Politik gegenüber den *Tasmaniern*. Sie wurden nun, angeblich zu ihrem eigenen Schutz, zusammengetrieben und auf kleine Inseln vor der Küste umgesiedelt. Die Lebensumstände dort waren teilweise so schwierig, dass die Tasmanier keine wirkliche Überlebenschance hatten. Das letzte Lager wurde 1869 geschlossen. Am 8. Mai 1876 starb die letzte reinblütige Tasmanierin **Truganini**.

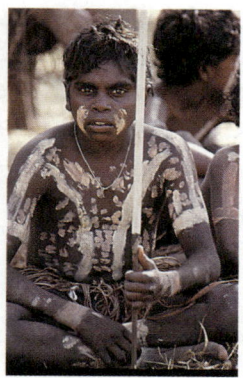

Aborigine

Leben heute noch Nachfahren der Tasmanier?

Mitte der 1980er-Jahre lebten etwa 4000 Menschen mit tasmanischen Vorfahren auf kleinen Inseln, wo sie noch immer die Kultur ihrer Ahnen ehrten und nach der Weise ihrer Vorfahren lebten.

Leben heute noch Nachfahren der Tasmanier?

Rund 4000 Menschen mit tasmanischen Vorfahren leben noch heute auf kleinen Inseln rund um Tasmanien, wo sie die Kultur ihrer Ahnen ehren und nach ihrem Beispiel leben. So verzichten sie auf beinahe jeglichen Komfort und setzen keinerlei moderne Technologien im täglichen Leben ein. Sie ernähren sich hauptsächlich vom Fischfang, den sie ebenfalls in der Tradition der alten Tasmanier betreiben.

Vertrag von Waitangi

1840 in Waitangi unterzeichneter Vertrag zwischen den Ureinwohnern Neuseelands, den Maori, und den Vertretern der britischen Königin, in dem die territorialen Ansprüche beider Parteien geregelt wurden. Er gilt als das Gründungsdokument Neuseelands.

Wer lebte vor dem Vertrag von Waitangi auf Neuseeland?

Die Ureinwohner Neuseelands waren die **Maori**. Sie nannten die Insel *„Land der weißen Wolke"*. Im Jahr 1642 wurde Neuseeland vom niederländischen Seefahrer Abel **Tasman** entdeckt. 1769 segelte **James Cook** im Auftrag der britischen Krone dorthin, um britisches Hoheitsgebiet zu proklamieren. An einer offiziellen Eingliederung Neuseelands ins Königreich war die britische Regierung jedoch nicht interessiert. Der verlorene *Unabhängigkeitskrieg* in Amerika hatte ihnen aufgezeigt, welche Gefahren weit entfernte Kolonien haben konnten, auf die man wenig direkten Einfluss nehmen konnte. Die Berichte Cooks, nachdem er das Land erforscht und seine Reisen dokumentiert hatte, zogen dennoch viele Menschen in diese Region. Zum Teil handelte es sich dabei um Walfänger und Robbenjäger, die die Tierbestände innerhalb kürzester Zeit dramatisch dezimierten. Auch Händler zog es nach Neuseeland, weil sie hofften,

James Cook

mit den „unzivilisierten" Maori günstige Geschäfte machen zu können. Viele Prediger machten sich ebenso auf nach Neuseeland, um die Maori zum christlichen Glauben zu bekehren.

Wie kam es zum Vertrag von Waitangi?

Kurz nach dem Beginn der Besiedlung durch die britischen Abenteurer kam es bereits zu Zusammenstößen zwischen Siedlern und Maori. Diese waren von der Situation völlig überfordert und erlitten einen regelrechten Kulturschock. Britische Siedler kauften ihnen Ländereien ab,

ohne dass die Eingeborenen tatsächlich verstanden hatten, worum es bei diesem Handel ging. Ihnen war nicht klar, warum sie auf einmal das Land ihrer Ahnen nicht mehr betreten durften. Die Konflikte wurden immer heftiger, sodass die Siedler Schutz durch die Krone anforderten. Gleichzeitig kam bei der britischen Regierung der Verdacht auf, die Franzosen seien im Begriff, Neuseeland für sich beanspruchen zu wollen. Also entschloss man sich 1840 dazu, Kapitän **William Hobson** auf die Insel zu schicken. Sein Auftrag war es, mit den Häuptlingen der Maori einen Vertrag abzuschließen, der die Gebietsrechte klären sollte. So versammelten sich die Häuptlinge der nördlichen Maoristämme am 5. Februar in der Ortschaft **Waitangi**. Mithilfe von Missionaren erläuterte Hobson den Häuptlingen den Inhalt des Vertrages. Da nur eine kleine Minderheit der Häuptlinge Lesen und schreiben konnte, mussten sie sich auf die Erklärungen der Missionare verlassen. Nach langen Diskussionen entschieden sie sich letztendlich, den Vertrag zu unterzeichnen.

Was waren die Inhalte des Vertrages?

Im Wesentlichen beinhaltete der Vertrag drei wichtige Punkte: Die Maori traten der britischen Krone mit ihrer Unterschrift die *Hoheitsrechte* an der Insel ab; im Gegenzug dafür bekamen sie die *Souveränität* über die von ihnen besiedelten Gebiete sowie die *britischen Bürgerrechte*, die ihnen die gleiche Behandlung wie den Siedlern gegenüber garantierte; drittens wurde **Großbritannien** das alleinige Recht zugestanden, weitere Ländereien von den Maori zu kaufen. Im Ver-

Maori in traditioneller Bemalung

Die Maori heute

In den letzten Jahrzehnten begann man in Neuseeland damit, das damalige Vorgehen kritischer zu betrachten. 1975 wurde die britische Landnahme nach den Kriegen, die gegen den *Vertrag von Waitangi* verstieß, als illegal erklärt und den Nachfahren der Maori Wiedergutmachung zugesprochen. Des Weiteren wurde versucht, die Maori unter Berücksichtigung ihrer Tradition und Kultur mehr in die neuseeländische Gesellschaft einzugliedern, was teilweise auch gelang. Die Maori haben ein politisches Mitspracherecht und auch ihre Sprache hat im Alltag Neuseelands Einzug gefunden.

lauf der nächsten Monate reisen Missionare durch das ganze Land, um die Unterschriften der Häuptlinge im Süden des Landes einzuholen, und im September 1840 wurde Neuseeland offiziell zu einem Teil des britischen Königreiches erklärt.

Welche Probleme brachte der Vertrag mit sich?

Zum einen gab es offensichtliche Verständigungsprobleme zwischen Briten und Maori. Viele der Häuptlinge konnten mit Begriffen wie *„Souveränität"* und *„Hoheitsgewalt"* nichts anfangen. Ihnen war das Konzept, Land in Besitz zu nehmen, völlig fremd. Auch wurden viele der Unterschriften der Häuptlin-

ge auf dubiose Weise erlangt. Einem Stammesoberhaupt wurde z. B. angeblich erklärt, die Queen habe ihm eine Decke geschenkt und er müsse den Empfang derselben bestätigen. Dazu kam das Problem, dass sich die Siedler kaum um die Regelungen des Vertrages kümmerten und weiterhin den Maori zugesprochene Gebiete besiedelten.

Welche Folgen hatte der Vertrag?

Ab 1845 übten die Maori Widerstand gegen die Briten aus. Die Konflikte gipfelten 1860 in den *„Maori-Landkriegen"*, die klar von den Siedlern gewonnen wurden. In der Folge hielten sie sich nicht mehr an die Regelungen des Vertrages und nahmen Land ein, wo sie es brauchten, da sie sich an einen mit den Maori geschlossenen Vertrag nicht gebunden fühlten.

Die Opiumkriege in China

Die Opiumkriege markieren den ersten großen militärischen Konflikt zwischen China und England. Durch die technische Überlegenheit der Europäer wurde China besiegt und musste seine Märkte dem Ausland öffnen.

Warum handelten die Engländer mit Opium?

Mit dem Opiumhandel wollte **England** seinen ungünstigen Handel mit **China** ausgleichen. Nachdem die *East-India Company* den Opiumhandel im Jahr 1779 monopolisiert hatte, verkaufte sie die Droge an britische Kleinhändler in Indien, die sie ihrerseits nach China schmuggelten und dort weiterverkauften. Mit dem erworbenen Silber bezahlte die *East-India Company* ihre umfangreichen Teelieferungen vom indischen Subkontinent, die sie gewinnbringend in Europa absetzte. Dieser Dreieckshandel spielte eine große Rolle bei der Kolonisierung Indiens.

Welche Maßnahmen ergriff das chinesische Kaiserhaus dagegen?

Der Opiumhandel und -genuss verursachte in China tiefgreifende gesellschaftliche und wirtschaftliche Verwerfungen. Neben dem Schaden an der chinesischen Volksgesundheit entstanden Probleme durch die um sich greifen-

Opiumraucher

de Korruption der lokalen Behörden und durch den Entzug des Silbers aus dem chinesischen Wirtschaftskreislauf. Der Kaiser ernannte deshalb den radikalen Patrioten **Lin Tse-hsü** zum Sonderbeauftragten gegen den Opiumschmuggel. Lin reiste 1839 nach **Kanton**, dem Hauptumschlagplatz der Droge, und ließ dort mehr als 20.000

Opiumkisten beschlagnahmen und zerstören.

Welchen Inhalt hatte der Vertrag von Nanking?

Großbritannien antwortete 1840 mit der Entsendung von 16 Kriegsschiffen und der Belagerung Kantons. Zwei Jahre darauf nahmen die technisch weit überlegenen englischen Truppen die Städte **Wu-sung**, **Chen-chiang**, **Shanghai** und **Nanking** ein. Im *Friedensvertrag von Nanking* vom August 1842 verpflichtete sich das gedemütigte China zur Abtretung **Hongkongs**, zur Öffnung von fünf chinesischen Häfen für den Handel mit England und zur Zahlung einer umfangreichen Entschädigung.

Opiumkrieg: In Kanton stationierte englische Truppen

Wie kam es zum 2. Opiumkrieg?

Kurz darauf pressten die **Vereinigten Staaten von Amerika** und **Frankreich** dem chinesischen Kaiserreich ähnliche Rechte ab. Bei der gewaltsamen Öffnung des chinesischen Marktes bedienten sich die westlichen Mächte der so genannten Meistbegünstigungsklausel, d. h. jedes Recht, das China dem einen Handelspartner zugestand, musste es auch den anderen gewähren. Nach und nach verlor China die *Tarifautonomie*, das Recht, ausländische Straftäter auf dem eigenen Staatsgebiet zu bestrafen, und musste christliche Missionare im eigenen Land dulden. Die kantonesische Stadtbevölkerung setzte sich an die Spitze des nationalen Widerstands. Die dortige lokale Oberschicht organisierte eine bewaffnete ausländerfeindliche Bewegung. In dieser aufgeheizten Atmosphäre beschlagnahmte die

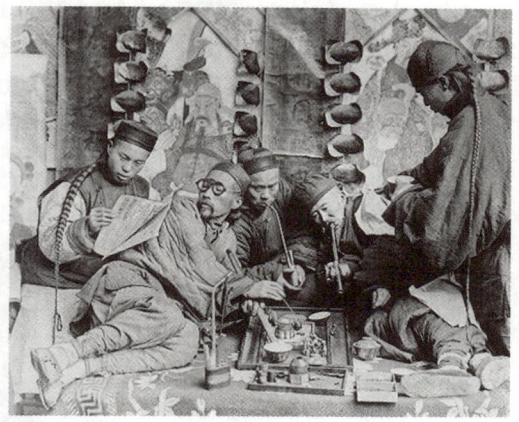

Opiumhöhle

kantonesische Polizei im Jahr 1856 das unter britischer Flagge segelnde Schiff *„Arrow"* und beschuldigte die chinesische Besatzung der Piraterie und des Schmuggels. Damit begann der *2. Opiumkrieg*.

Wer zerstörte den Sommerpalast des Kaisers von China?

Im folgenden Jahr besetzten die Engländer mit französischer Unterstützung das widerstrebende **Kanton** und erzwangen somit mit den *Verträgen von Tientsin* die Gewährung von immer weiter gehenden Rechten. Als die europäischen Unterhändler diese Verträge jedoch in **Peking** ratifizieren lassen wollten, wurden sie abgewiesen. Daraufhin griffen Engländer und Franzosen die

Residenzstadt Peking an und nahmen sie im Jahr 1860 ein. Der Kaiser floh zu seinem berühmten und reich ausgestatteten Sommerpalast in **Cheng-te**. Nachdem britische Truppen diesen Palast im Oktober desselben Jahres dem Erdboden gleichgemacht hatten, gab der Kaiser nach und ließ die Verträge ratifizieren.

Welche Auswirkung hatten die Opiumkriege auf die chinesische Bevölkerung?

Die Chinesen mussten die Europäer als selbstherrlich auftretende Barbaren ansehen, die todbringende Drogen mit sich brachten und ohne jede Moral waren. Es entstand eine stark ausländerfeindliche Stimmung, die sich aber auch gegen das eigene Herrenhaus richtete, da es den Invasoren nichts entgegenzusetzen hatte.

Opiumpflanze

Der Krimkrieg

Der Krimkrieg in den Jahren 1853 bis 1856 hatte für Russland weit reichende Folgen und beendete die Expansionspolitik des Zarenreiches auf dem Balkan. Neben Russland mischten auch die anderen europäischen Großmächte in diesem Konflikt mit.

Was waren die Auslöser des Krieges?

Russland betrieb seit Jahren eine aggressive *Expansionspolitik* auf dem Balkan und war bemüht, seinen Einfluss zu vergrößern. Wichtig war dem Zarenreich v. a. die Kontrolle über die Meerengen zwischen Schwarzem Meer und Mittelmeer, was die anderen Großmächte, allen voran **Großbritannien** und **Frankreich**, zu verhindern versuchten, die darin eine Bedrohung ihrer eigenen Interessen auf dem Balkan sahen. Als sich orthodoxe und katholische Mönche um die heiligen Stätten in **Palästina** stritten, eskalierte der Kon-

Zar Alexander II.

flikt. Daraufhin forderte Russland von der osmanischen Regierung die ultimative Schutzherrschaft über die orthodoxen Christen. Nach Verhandlungen in Konstanti-

nopel war zwar eine Einigung um die *Heiligen Stätten* erzielt worden, die zweite Forderung des russischen Zaren Nikolaus I. lehnte die Regierung des **Osmanischen Reiches** jedoch ab und verließ sich dabei auf die Rückendeckung der anderen Großmächte.

Wie begann der Krieg?

Am 1. Juli 1853 rückten russische Truppen in die osmanischen Donaufürstentümer **Moldawien** und **Walachei** ein. Daraufhin erwiderten die Osmanen ihrerseits am 4. Oktober 1853 die Kriegserklärung an Russland. England und Frankreich griffen jedoch erst in die Auseinandersetzungen ein, als die Russen am 30. November im *„Massaker von Sinope"* die türkische Flotte im Schwarzmeerhafen **Sinope** zerstörten. Am 3. Januar 1854 erreichte eine britisch-französische Flotte das Schwarze Meer, die die osmanischen Küsten schützen sollte. Ende Februar erging die Forderung an Russland, sich unverzüglich aus den be-

Krimkrieg: Ismail Pascha

setzten Gebieten zurückzuziehen. Als der Zar diesem Ultimatum nicht nachkam, schlossen England und Frankreich ein Bündnis mit dem Osmanischen Reich und erklärten am 28. März 1854 Russland den Krieg.

Wie reagierte Österreich als direkter Nachbar Russlands?

Österreich blieb zu Beginn des Krieges neutral, drohte Russland jedoch Anfang Juni 1954 ebenfalls mit einer Kriegserklärung. Durch diesen geschickten Schachzug des Vielvölkerstaates wurden die russischen Truppen einerseits am Schwarzen Meer und nun zusätzlich an der österreichisch-russischen bzw. moldawisch-russischen Grenze gebunden, da Österreich sich zu einem potenziellen Gegner entwickelt hatte.

Wie wurde der Krieg entschieden?

Im September 1854 landeten die alliierten Truppen auf der Halbinsel **Krim**. Ab Oktober belagerten sie **Sewastopol**, den Heimathafen der russischen Schwarzmeerflotte. Die Alliierten eroberten am 9. September des Jahres 1855 die stark befestigte Stadt nach dem ersten, monatelang andauernden modernen *Stellungskrieg*. Nachdem Österreich seine Kriegsdrohungen wiederholt hatte, willigte das Zarenreich in Friedensverhandlungen ein.

Was ergaben die Friedensverhandlungen?

Österreich vermittelte am 30. März 1956 den für Russ-

Krim

land verlustreichen *Frieden von Paris*, der die Vormachtstellung Russlands im Schwarzen Meer brach. Zudem musste das Zarenreich auf die Donaufürstentümer und die Schutzherrschaft über die orthodoxen Christen, den Auslöser des Konflikts, verzichten. Weiterhin regelte der Vertrag die Freiheit für die *Donauschifffahrt*.

Was bedeutete der Frieden für die Zukunft der Großmächte?

Das Zarenreich praktizierte nach der Niederlage eine eher defensive Außenpolitik und startete unter Zar **Alexander II.** mit weit reichenden *Reformprogrammen*. In Großbritannien wandte sich die öffentliche Meinung im Verlauf des *Krimkrieges* immer mehr gegen den Konflikt und damit gegen den Premierminister **Hamilton-Gordon**, der im Januar 1855 zurücktrat. Frankreich war eine Ausweitung des Krieges nach Mitteleuropa nicht gelungen. Österreich hatte sich durch die Neutralität leicht ins Abseits manövriert, die Nationalitätenfrage auf dem Balkan blieb ungelöst. Preußen profitierte von der außenpolitischen Schwäche Russlands nach 1856.

Mit dem Krimkrieg begann die moderne Kriegsführung

Der vierjährige Konflikt war der erste moderne *Stellungs-* und *Grabenkrieg*, in dem mit dem gepanzerten Dampfschiff und der Explosivgranate neue Waffentechnik zum Einsatz kam. Der irische Reporter **Russell** nutzte als erster Journalist den Telegrafen, um seine Kriegsberichterstattung nach London zu senden. Im *Krimkrieg* starben mehr Soldaten an Krankheiten als durch militärische Auseinandersetzungen. Die britische Krankenschwester *Florence Nightingale* begründete während des Kriegs die moderne Verwundetenfürsorge und initiierte die Errichtung zahlreicher Krankenhäuser und Lazarette.

**Konflikt zwischen den amerikanischen Südstaaten und den Nord-
staaten von 1861 bis 1865, der einen großen Stellenwert in der
Geschichte der Vereinigten Staaten von Amerika besitzt und zur
heutigen nationalen Einheit der USA führte.**

Wie war die innenpoliti-
sche Lage der USA zur
Mitte des 19. Jh.?

Die Vereinigten Staaten von
Amerika teilten sich in zwei
politische Lager: *Nord-* und
Südstaaten. Im Norden waren die großen *Industrieen*
angesiedelt, der Süden lebte
von der *Agrarwirtschaft* und
hielt dafür *Sklaven*. Im Rahmen der zunehmenden De-
mokratisierung Amerikas forderte der Norden unter Berufung auf die Menschenrechte
schließlich die Abschaffung
der Sklaverei. Nun musste der
Süden um sein *Baumwoll-
Weltmonopol* fürchten.

Bürgerkriegsdenkmal in Gettysburg

Wie kam es schließlich
zum Krieg?

Der Wahlsieg der republikanischen Partei aus dem Norden im Jahr 1854 und ihre
Forderung nach der Abschaffung der Sklaverei spaltete die
Union. Die Südstaaten gründeten 1861 die *Konföderierten Staaten von Amerika* mit
dem neuen Präsidenten **Jef-
ferson Davis**. **Abraham
Lincoln**, rechtmäßig zum 16.
Präsidenten der USA gewählt,
setzte jedoch weiter auf ein

geeintes Amerika und ein
Ende der Sklaverei. Die Konföderierten Staaten hatten
nach der Abspaltung innerhalb ihrer Grenzen staatliches
Eigentum konfisziert. Allerdings blieben einige wenige
Forts in der Hand der Union,
so auch das **Fort Sumter** im
Hafen von **Charleston**,
South Carolina. Der Süden
empfand dies als Provokation
und am 12. April 1861 befahl
Präsident Davis den Angriff
auf das Fort.

Wie verlief der Krieg?

Während der Norden seine
Truppen zur Niederschlagung
der Rebellion mobilisierte,

traten die Staaten **Virginia**,
Tennessee, **Arkansas** und
North Carolina aus wirtschaftlichen Gründen der
Konföderation bei. Die neue
Hauptstadt des Südens wurde
Richmond in Virginia. Beide
Staatenbünde setzten auf den
Einsatz modernster Waffen
wie Eisenbahngeschütze und
Repetiergewehre. Eine Seeblockade der Union verhinderte Nachschublieferungen
aus Europa an den Süden. Besonders England und Frankreich unterstützten die Konföderation, während Russland
den Norden favorisierte. In
den ersten Wochen leisteten
die Südstaaten trotz finanziel-
ler und industrieller Unterle-

genheit erbitterten Widerstand. Die ersten großen Erfolge bei den *Schlachten von Bull Run* im Juli 1861 und August 1862 hatten sie dem größten Strategen des Krieges, General **Robert Lee**, zu verdanken. Weitere Siege Lees folgten 1862 bei **Fredericksburg** und 1863 bei **Chancellorsville**.

Wie reagierten die Europäer?

Großbritannien und Frankreich erklärten 1861 formell ihre Neutralität im Amerikanischen Bürgerkrieg. Damit erkannten sie jedoch die Konföderation als kriegsführende Partei an, worauf Präsident Lincoln mit einer heftigen Protestnote reagierte. Da zwischen Großbritannien und den Nordstaaten jedoch beiderseitig ertragreiche Handelsbeziehungen bestanden, ging die Unterstützung Englands an die Konföderation immer mehr zurück.

Wann zeichnete sich die Übermacht des Nordens ab?

Bei **Gettysburg** erlitt die Konföderation im Jahr 1863 eine entscheidende Niederlage, und General Lee musste sich zurückziehen, während Präsident Lincoln die Freiheit für alle Sklaven proklamierte. Bis zum Kriegsende dienten

etwa 186.000 Männer mit schwarzer Hautfarbe in der Unionsarmee. Im November gelang General **Grant** mit seinen Truppen in der *Schlacht von Chattanooga* mit der Eroberung des wichtigsten Eisenbahnknotenpunktes die Zerschlagung des gesamten Nachschubnetzes des Südens.

Wie ging die Union mit den eroberten Staaten um?

Nachdem weite Teile von Tennessee, Louisiana und North Carolina an die Unionsarmeen gefallen waren, setzte Lincoln Militärgouverneure ein, die die eroberten Staaten wieder in die Union eingliedern sollten. Am 8. Dezember 1863 rief der US-Präsident die Amnestie und den Wiederaufbau aus. Damit wurden alle Südstaatler am-

Abraham Lincoln

nestiert, die einen Schwur auf die US-Verfassung ablegten.

Wann endete der Konflikt?

Am 9. April 1865 kapitulierte General Lee bedingungslos vor den Unionstruppen in **Appomattox**. Wenig später ermordete ein fanatischer Südstaatler Präsident Lincoln im **Washingtoner** *Ford-Theater*. Die letzten Truppen der Konföderierten ergaben sich am 26. Mai 1865.

Wirtschaftliche und soziale Folgen des Unabhängigkeitskrieges

Für die USA brachte der Krieg langfristige wirtschaftliche Probleme: Die Kriegskosten überstiegen nicht nur 8 Mrd. Dollar, der Süden war auch komplett ruiniert und bedurfte eines langsamen Wiederaufbaus. Von den 31 Mio. Einwohnern Amerikas dienten zwei Mio. Soldaten in der Armee der Union, während sich 800.000 Männer der Konföderation angeschlossen hatten. Zusammengenommen forderte der Konflikt über 600.000 Tote und über eine Mio. Soldaten wurden verwundet. Kugeln und Krankheiten zusammen ließen zwischen 1861 und 1865 mehr Menschen sterben, als es in allen anderen amerikanischen Kriegen bis heute zusammengerechnet der Fall war.

Die Mandschu-Dynastie

Mit der Mandschu-Dynastie wurde im Jahr 1911 die letzte Kaiserdynastie Chinas gestürzt, unter der das Reich die größte Ausdehnung seiner Geschichte erreicht hatte, in dem es große territoriale Expansion betrieb.

Wann kam die Mandschu-Dynastie an die Macht?

Nachdem Hungersnöte aufgrund mehrerer Missernten in **Nord-** und **Zentralchina** eine Welle von Volksaufständen ausgelöst hatten, gelang es im Jahr 1644 einem der Rebellenführer, die Hauptstadt **Peking** einzunehmen und den letzten Ming-Kaiser **Chuang-Lieh-ti** zum Selbstmord zu bewegen. Die in der Mandschurei als Halbnomaden lebenden Stämme verbündeten sich, nannten sich selbst *Mandschuren*, setzten die *Ming*-Dynastie ab und riefen ihre eigene *Mandschu*- oder auch *Qing*-Dynastie aus.

Welche Veränderungen brachte die Herrschaft der Mandschuren für China?

Die ab 1662 ganz China beherrschenden Mandschuren zwangen den übrigen Chinesen ihre Kleidung und ihre Haartracht, den zeremoniellen Zopf auf. Im Jahr 1683 eroberten sie die Insel **Taiwan**, besetzten 14 Jahre später die **Mongolei** und errangen Anfang des 18. Jh. die Oberhoheit über **Burma** und **Tibet**, woraufhin Peking vom tibetischen *Dalai Lama* die Unterzeichnung eines Protektoratsvertrags erzwang. Bis zum Jahr 1760 hatte China nicht nur das größte Territorium seiner Geschichte, sondern auch eine Bevölkerung, die auf rund 300 Mio. Menschen angewachsen war. Unter ihren mandschurischen Kaisern **K'ang-hsi** (1662 bis 1722), **Yung-cheng** (1723 bis 1735) und **Ch'ien-lung** (1736 bis 1795) erreichte China eine politisch und wirtschaftlich erfolgreiche Blütezeit.

Letzte Warnung vor dem Sturm

Freiherr Klemens von Ketteler wurde am 22. November 1853 als Sohn des Freiherren August von Ketteler in Potsdam geboren und war der Neffe des Bischofs Ketteler in Mainz. Bevor er zum Botschafter in Peking ernannt wurde, bekleidete er den Posten eines Botschaftsrates in Washington. Seine Ermordung am 20. Juni 1900 in Peking liess den sogenannten Boxeraufstand eskalieren. Noch acht Tage zuvor hatte von Ketteler in seinem letzten offiziellen Schreiben vor der Eskalation gewarnt: „Die Minister des Tsungli-Yamens verlangen, dass die Entsendung von 1000 Matrosen nach Peking aufgehalten werden soll; die beteiligten Vertreter haben dies jedoch abgelehnt. Die Matrosen müssen auf dem Wege von Tientsin hierher Verhinderung oder Waffenwiderstand gefunden haben, da sie sonst schon eingetroffen wären. Telegraphische Verbindung mit Tientsin ist unterbrochen. Der fremdenfeindliche Prinz Tuan, der Vater des Thronfolgers, ist neben Prinzen Ching zum Mitleider des Tsungli-Yamens ernannt. In der Nacht zum 10. des Monats ist die Sommerresidenz der englischen Gesandtschaft, nahe bei Peking, die unter chinesischer Obhut war, niedergebrannt. Gestern wurde der japanische Attache auf dem Wege zum Bahnhof ermordet und seiner Leiche der Kopf abgeschlagen. Es besteht die Befürchtung, daß die Soldaten gegen die hiesige Fremden losgelassen werden.“

Das Ende der Mandschu-Dynastie

Am 14. Oktober 1908 wurde der erst dreijährige **Pu-Yi** nach dem Tod von Kaiser **Guangxu** zum Kaiser gekrönt. Sein Regent verwaltete das Reich an seiner statt und nicht immer glücklich, sodass sich ein Garnisonsaufstand nur drei Jahre später zur Revolution ausweiten konnte. Das Ende der Mandschu-Dynastie und auch des chinesischen Kaiserreichs war gekommen. Am 6. Dezember gab der kaiserliche Regent daraufhin den Rücktritt des sechsjährigen Pu-Yi bekannt und 23 Tage darauf, am 29. Dezember 1911 rief der zum provisorischen Präsidenten gewählte **Dr. SunYat-Sen** die Republik China aus.

Wieso ging es nach 1795 mit China bergab?

Die ständig wachsende Bevölkerungszahl erzwang einen enormen Verwaltungsapparat, der für die Versorgung der Menschen aufkommen musste, aber schon bald durch Korruption und Miss-

Sun Yat-sen

wirtschaft ineffizient wurde. Die Zahl der Drogensüchtigen in China nahm ebenfalls stetig zu, nachdem die *Britische Ostindien-Kompanie* das Reich als Absatzmarkt für ihren illegalen Opiumexport von Indien nach China entdeckt hatte. Die innerpoliti-

schen Probleme der Mandschu-Dynastie begannen sich zu häufen.

Wie sah die Reaktion Chinas aus?

Die chinesische Regierung ließ im Jahr 1839 die britischen Opiumvorräte vernichten und wies die Engländer aus dem Land, worauf diese den so genannten *„Opiumkrieg"* begannen, in dessen Verlauf die Briten dank einer unbezwingbaren Flotte mehrere Küstenstädte Chinas eroberten, die Kapitulation Chinas erreichten und für die so genannten „ungleichen Verträge" sorgten. China musste sein Handelsmonopol aufgeben, dem britischen Handel die Häfen öffnen und eine hohe Kriegsentschädigung zahlen. Obendrein forderten die Briten **Hongkong** für sich. Die Folge waren ausländische Erzeugnisse, die das Land

quasi überschwemmten und die einheimische Wirtschaft stark schwächten.

Was war die Folge der neuen Situation?

In den folgenden rund 60 Jahren erschütterten schwere Unruhen, wie der *T'ai-p'ing-Aufstand* in Südchina das Reich. Rund 25 Mio. Menschen verloren bis 1874 als Folge dieser Kämpfe auf gewaltsame Weise ihr Leben und die Regierungsgewalt der Mandschu-Dynastie schwand von Jahr zu Jahr. Die Europäer nutzten diese Krise aus und eroberten weitere chinesische Gebiete, verpflichteten China zu weiteren Reparationszahlungen, forderten freie Schifffahrt auf allen Flüssen und erzwangen christliche Missionen auf chinesischem Boden. Zudem verlor China einige tributpflichtige Territorien, musste neue Grenzen akzeptieren und Invasionen erdulden. Im Jahr 1898 verpachtete China Hongkong schließlich für 100 Jahre an Großbritannien.

Waren die Chinesen nicht wütend auf die Europäer?

Ende des Jahres 1899 ermordeten fremdenfeindliche Chinesen im so genannten *Boxeraufstand*, Peking den deutschen Gesandten **Klemens von Ketteler**.

Die Meiji-Ära

Von durchgreifenden Reformen geprägte Periode der japanischen Geschichte nach dem Ende der Shogun-Herrschaft 1868, während der sich das Land dem Westen öffnete und kulturell und wirtschaftlich aufblühte und die bis zum Jahre 1911 andauerte.

Wann begann die Meiji-Ära?

Nach beinahe 700-jähriger Herrschaft der **Shogune** in Japan verloren sie ab der Mitte des 19. Jh. allmählich an Macht. Dies hatte mit einer Politik der Isolation gegenüber dem Rest der Welt zu tun, die das Land in wirtschaftliche und kulturelle Probleme stürzte. Das Volk wurde zunehmend unzufriedener mit der Regierung durch die Shogune und dies nutzten ihre Gegner, um 1868 den letzten Shogun **Tokugawa Yoshinobu** zum Rücktritt zu zwingen. Daraufhin setzten sie den Kaiser wieder ein, der mit der Durchführung weit greifender Reformen begann.

Welche Reformen wurden zu Beginn der Meiji-Ära durchgeführt?

Die meisten und wichtigsten Reformen waren politischer und wirtschaftlicher Natur. Teilweise beruhten sie auf dem Vorbild westlicher Staaten, zum anderen Teil waren es Elemente der japanischen Tradition vor der Regierungszeit der Shogune. Die bedeutendste politische Maßnahme war die Wiedereinsetzung des Kaisers und die Aufhebung des feudalistischen Systems. Sämtliche Fürstentümer wurden abgeschafft. An ihre Stelle trat eine zentralistische Verwaltung, die sich aus 72 Präfekturen zusammensetzte. Danach wurden das Polizeinetz ausgebaut und die allgemeine Wehrpflicht eingeführt. Der Kaiser wurde bei seinen Regierungsgeschäften von einem Abgeordnetenhaus unterstützt, das sein Vorbild in der preußischen Regierung hatte. Allerdings hatte der Kaiser trotzdem die unumschränkte Macht. Auch auf dem Gebiet der *Wirtschaft* und der *Infrastruktur* waren die Reformen sehr umfassend. Ein modernes Verkehrsnetz wurde ebenso eingeführt wie ein Telegrafennetz. Ein umfassendes Programm zur *Industrialisierung* wurde auf den Weg gebracht. Ab 1885 wurden die erfolgreichen öffentlichen Unternehmen privatisiert und an große Konzerne abgetreten, wodurch die Zusammenarbeit zwischen Staat und Firmen stark intensiviert wurde. Den Höhepunkt und Abschluss der Reformen bildete die Ausrufung einer neuen Verfassung im Februar 1889. Die Ziele dieser Reformen waren in der Hauptsache eine Auflebung der bis dato dahinsiechenden Wirtschaft und die Angleichung an die großen Westmächte.

Wie wirkten sich die Reformen auf die Entwicklung des Landes aus?

Die Reformen führten schon bald zu dem erhofften Erfolg.

Der Begriff „Meiji"

Im wörtlichen Sinne bedeutet *„Meiji"* so viel wie *„klar regieren"*. Im Allgemeinen wurde damals der „meiji-tenno" als der „erleuchtete Kaiser" bezeichnet. Auch fand der Begriff *Meiji* Einzug in die damalige Zeit, um den Neuanfang des Landes durch die *Meiji*-Reformen zu symbolisieren. So heißt das Jahr der Machtergreifung der *Meiji*-Regierung *„Meiji 1"*, das letzte Jahr der Regentschaft 1911 *„Meiji 45"*.

Japan öffnete sich dem Westen und begann damit, am weltweiten *Imperialismus* teilzunehmen. Um mehr vom Vorbild der westlichen Staaten erlernen zu können, unternahmen die japanischen Herrscher oftmals Reisen in den Westen, wo sie die dortigen Regierungen besuchten. Somit wurde das Land immer mehr vom Westen geprägt. Die Wirtschaft blühte auf, innerhalb weniger Jahre entwickelte sich Japan vom beinahe mittelalterlichen *Feudalismus* zu einem modernen, westlich gekennzeichneten Industriestaat. Auch die Kultur erfuhr einen Aufschwung durch die Mischung alter japanischer und moderner westlicher Einflüsse.

Das Eisenbahnnetz

Ein Beispiel für die technologischen und industriellen Reformen in Japan während der Meiji-Ära war die Schaffung eines umfassenden Eisenbahnnetzes. Angeregt durch die Entwicklung der Transportmittel in den westlichen Staaten interessierte sich die Meiji-Regierung bereits kurz nach ihrer Machtübernahme für die Einführung der Eisenbahn. 1872 war schließlich die erste Strecke fertig gestellt und führte von Tokio nach Yokohama. Weitere Eisenbahngesellschaften und Linien folgten in den kommenden Jahren. Mit der so genannten Tokaidolinie von Tokio nach Osaka wurde schon bald eine weitere bedeutende Strecke eingeweiht, und durch den nun besser möglichen Transport von Menschen und Gütern erfuhr die japanische Wirtschaft einen weiteren Aufschwung.

Was war der so genannte Satsuma-Aufstand?

Die *Meiji*-Ära kannte natürlich nicht nur Gewinner. Die am meisten durch die Entwicklung benachteiligten Personen waren die *Samurai*, die zuvor Jahrhunderte lang den Shogunen als Beamte und Krieger gedient hatten. Sie hatten zum größten Teil von den Territorialfürsten gelebt, die sie dafür bezahlt hatten, dass die Samurai ihre Ländereien verwalteten und beschützten. Durch die Auflösung der Fürstentümer wurden auch die Samurai ihrer sicheren Einnahmequelle beraubt. Zunächst genehmigte die kaiserliche Regierung den Samurai eine staatliche Rente, wandelte diese jedoch 1876 in eine einmalige Abfindung um. Ein weiteres Problem der Samurai war die Einführung der allgemeinen Wehrpflicht, die für sie das Ende ihres Monopols als Kriegerkaste bedeutete. Im Jahr 1877 probten die Samurai deswegen den Aufstand. Ihre Rebellion, die als *Satsuma*-Aufstand bezeichnet wurde, hielt acht Monate an, bis sie niedergeschlagen wurde.

Was war der Chinesisch-Japanische Krieg?

1884 kam es zu einer Auseinandersetzung zwischen den Regierungen Chinas und Japans. Streitpunkt war der Status Koreas, wo der Konflikt auch seinen Ursprung hatte. Nach dem Mord an einem bekannten Reformer half China der koreanischen Regierung bei der Niederschlagung von Unruhen, was Japan zum Eingreifen in den Konflikt veranlasste. Erst 1885, nach verlustreichen Kämpfen, stimmte China einem Friedensvertrag zu.

Wann kam es zum Ende der Meiji-Ära?

Im Jahr 1911 starb der „Tenno", der Kaiser der *Meiji*-Regierung. Mit ihm ging die *Meiji*-Ära zu Ende. Sein Sohn **Yoshihito** übernahm die Macht und regierte fortan unter dem Motto „Große Gerechtigkeit" weiter. 1914 trat sein Reich in den I. Weltkrieg ein und kämpfte dort auf der Seite der Alliierten.

Der Wasserweg von der Nordsee zum Pazifischen Ozean, der an der arktischen Küste Asiens und durch das Beringmeer entlang führt, ist rund 6000 Kilometer lang und galt lange Zeit als Legende, ehe er Ende des 19. Jahrhunderts entdeckt wurde.

Wer gilt als Bezwinger der Nordostpassage?

Der Brite **John Franklin** entdeckte zwar die *Nordostpassage*, aber der Arktisforscher **Nils Adolf Erik Baron Nordenskiöld** ging als Bezwinger des nordöstlichen Seeweges nach Asien in die Geschichtsbücher ein.

Wer war Nordenskiöld?

Als Kind schwedischer Staatsbürger wurde Nils Adolf Erik Baron Nordenskiöld am 18.

Der Entdecker der Beringstrasse

Der Däne **Vitus Jonassen Bering** (1680–1741), in Horsens auf Jütland geboren, erforschte die Nahtstelle zwischen Asien und Amerika, die später nach ihm benannt wurde. Für Zar Peter den Großen sollte der Seeoffizier Bering die Ostküste Sibiriens erforschen und eine mögliche Landbrücke nach Alaska entdecken. Im Jahre 1728 durchfuhr der Forscher die Meerenge zwischen den Kontinenten, die später seinen Namen tragen sollte. 1741 entdeckte Bering die Südküste Alaskas sowie die Aleuten und strandete kurz darauf auf der Insel Awatscha. Am 19. Dezember 1741 starb Bering auf jener Insel, die heute ihm zu Ehren den Namen „Beringinsel" trägt.

November 1832 in **Helsinki** geboren. Obwohl ihm von seinen Lehrern in den Zeugnissen „absolute Faulheit" in fast allen Fächern attestiert wurde, machte er sein Abitur im Alter von 17 Jahren und studierte anschließend Chemie, Biologie, Mathematik, Physik, Mineralogie und Geologie. Sein Examen bestand er mit „sehr guten Leistungen". Da Finnland zu dieser Zeit eine russische Provinz war, was Nordenskiöld öffentlich kritisierte, wurde er wegen Majestätsbeleidigung aus Finnland verstoßen, ging nach Schweden und nahm in Stockholm die schwedische Staatsbürgerschaft an. Von 1858–1873 unternahm er von dort aus zahlreiche Expeditionen nach **Spitzbergen**.

Adolf Erik Nordenskiöld

Noch einmal gut gegangen...

Die österreichisch-ungarische Polarexpedition von 1872-74 unter Julius von Payer hatte ebenfalls die Nordostpassage zum Ziel. Vor der Nordspitze von Nowaja Semlja wurde ihr Schiff im Packeis eingeschlossen und lief ein Jahr später an der Südküste von Franz-Josef-Land auf, das bei dieser Gelegenheit entdeckt und erforscht wurde. Hier musste die Mannschaft das Schiff zurücklassen. Es gelang ihr, sich zurück nach Nowaja Semlja durchzuschlagen, wo sie von russischen Schonern aufgenommen und nach Vardo gebracht wurden.

Was reizte den Forscher an der Nordostpassage?

Jahrhundertelang hatten Seefahrer vor Nordenskiöld immer wieder versucht, den nordöstlichen Seeweg nach **Asien** zu entdecken und waren alle gescheitert. Das Drama um die *Franklin-Expedition*, die versucht hatte, 1845–1848 die Nordwestpassage oberhalb **Kanadas** und **Alaskas** nach Asien zu finden, war dem Forscher Nordenskiöld noch frisch in Erinnerung. Nachdem er ganz Spitzbergen erforscht hatte, begann er einen Plan zur Entdeckung der legendären Passage auszuarbeiten.

Wann bezwang Nordenskiöld die Passage?

Als Nordenskiöld am 25. Juli 1878 von **Masö** aus in See stach, lag eine fast 12 Monate lange Reise vor ihm, die er beinahe um einen großen Teil hätte verkürzen können. Denn nachdem Nordenskiölds Schiff *„Vega"* ihren Kurs entlang der sibirischen Küste lange Zeit hatte halten können, versperrten Eisschollen plötzlich den Weg. Am 27. September fror die „Vega" im Eis fest, lediglich 115 Meilen von der **Beringstraße** entfernt. Damit hatte Nordenskiöld nur um Stunden die Gelegenheit verpasst, die Nordostpassage innerhalb eines Jahres zu durchfahren. Erst im Juli 1879 kam die „Vega" nach fast 300 Tagen Gefangenschaft im Eis wieder frei und konnte den Rest der Nordostpassage hinter sich bringen. Am 2. September erreichten die Entdecker die japanische Stadt **Yokohama** und fuhren danach an der asiatischen Küste und durch den Suezkanal nach Europa zurück. Am 24. April 1880 schließlich fuhr die „Vega" wieder in den Hafen von **Stockholm** ein. Der schwedische König erklärte den Tag daraufhin zum Nationalfeiertag.

Was unternahm die Mannschaft während ihrer Gefangenschaft im Eis?

Das Winterlager der „Vega" dauerte 294 Tage. Während dieser Zeit erkundeten die Männer ihre Umgebung und freundeten sich mit den benachbarten *Tschuktschen* an. Leutnant **Norquist** von der „Vega" verfasste in dieser Zeit ein improvisiertes Wörter- und Grammatikbuch über die Sprache der Tschuktschen.

Was tat Nordenskiöld nach seinem Erfolg?

Nach der erfolgreichen Durchfahrt der Nordostpassage versuchte Nordenskiöld im Jahr 1883 vergeblich, den sagenhaften Wald in **Grönlands** Inland zu finden, dessen Existenz von vielen Polarforschern postuliert wurde. Nach diesem Misserfolg widmete sich Nordenskiöld mehr und mehr der *Kartografie*. Schließlich verstarb er am 12. August 1901 in **Dalbyö.** Weite Teile des Spitzbergenarchipels sind nach ihm benannt: der Gletscher Nordenskiöldbreen, die Bucht Nordenskiöldbukta, der Fluss Nordenskiölddelva, das Tal Nordenskiölddalen, die Küstenregion Nordenskiöldkysten, der Berggipfel Nordenskiöldfjellet, die Insel Nordenskiöldøya und die Halbinsel Nordenskiöld-Land.

Mitte des 19. Jahrhunderts begannen die europäischen Kolonialmächte mit der Besetzung des gesamten afrikanischen Kontinents. Vorausgegangen war die systematische Erforschung durch Entdeckungsreisende wie Livingstone und Stanley.

Wie entwickelte sich Afrika seit Beginn der Neuzeit?

Die Erschließung dieses riesigen Kontinents – zehnmal so groß wie Westeuropa und damit der drittgrößte Erdteil – begann im 15. Jh. durch *Seefahrermächte* wie **Portugal**, später auch **Holland**, **Großbritannien**, **Frankreich** und **Dänemark**, die an den Küsten Handelsstützpunkte gründeten. In weiten Teilen Afrikas wird in den folgenden Jahrhunderten ein Großteil der Bevölkerung als

Cecil Rhodes

Sklaven nach Übersee verschleppt. Besonders war die Geschichte Afrikas während der Kolonialzeit vom Vorgehen Großbritanniens bestimmt. In Südafrika hatte es die Nachfahren weißer Siedler in der Kapkolonie aus dem 17. Jh., die *Buren*, regelrecht verdrängt, weil es seinen Einflussbereich immer weiter vergrößerte und auch die Sklaverei als verboten erklärte. Die Buren wanderten bis 1838 ins Landesinnere aus, wo sie mehrere souveräne Burenrepubliken gründeten.

Als man dort jedoch Goldvorkommen entdeckte, forderte v. a. der britische Afrikaforscher und Kolonialist **Cecil Rhodes** die Erwerbung der Republiken. Eine Annexion durch die Briten scheiterte 1881 an einem Aufstand der Buren. Zu diesem Zeitpunkt gingen die Staaten vom traditionellen *Kolonialismus* zum *Imperialismus* über. Sah man in der ersten Hälfte des 19. Jh. Kolonialpolitik als zu kostspielig an, so suchte man jetzt im Imperialismus den Ausweg aus

David Livingstone

Wirtschaftskrisen und die Lösung der sozialen Frage. Das Prinzip: Je mehr es einem Staat gelang, Einfluss außerhalb Europas zu erlangen, desto größer war sein weltpolitisches Ansehen. In wenigen Jahrzehnten ab Mitte des 19. Jh. hatten die europäischen Kolonialmächte den gesamten Kontinent – mit Ausnahme von Äthiopien und Liberia – unter sich aufgeteilt.

Welche Rolle spielten die Afrikaforscher?

Bereits seit Mitte des 19. Jh. waren britische und französische Missionare in Afrika tätig, v. a. an der islamisierten Ostküste. Die ersten Missionare, die ostafrikanisches Festland betraten, waren die

Die Kongokonferenz

Von November 1884 bis Februar 1885 tagte die wegen des möglichen Konflikts zwischen Großbritannien und Frankreich einberufene *Kongokonferenz* in **Berlin**, an der Vertreter von 14 europäischen Staaten und den USA teilnahmen. Heute unvorstellbar ist die damalige Verfahrensweise: Man versammelte sich vor einer riesigen *Afrikakarte*, setzte Grenzlinien willkürlich fest und entschied über das Schicksal vieler Völker, im Endeffekt über einen ganzen Kontinent. Afrika wurde am runden Tisch aufgeteilt, ohne seine Strukturen und die Bevölkerung zu berücksichtigen. Das Ergebnis war die Gründung einer *Internationalen Afrikagesellschaft*, deren Inhaber der belgische König war, der noch dazu den größten Teil des Kongobeckens zugesprochen bekam. Um die Interessen der anderen Großmächte zufriedenzustellen, wurden der Unterlauf des Kongos und einige für den Handel wichtige Flüsse zu einer Freihandelszone erklärt. Viel schlimmer: Jede Macht durfte die Gebiete ihr Eigen nennen, die sie selbst besetzt und erschlossen hatte – eine Freikarte für die willkürliche Besetzung von fremdem Land, denn die anschließende Bekanntgabe dieses Aktes reichte aus, um ihn auf Grundlage der Konferenzbeschlüsse zu legitimieren.

endgültig auf Mittel- und Ostafrika gelenkt. Der deutsche Kolonialpolitiker **Carl Peters** drückte den Zweck der Kolonialisierung folgendermaßen aus: „Die rücksichtslose und entschlossene Bereicherung des eigenen Volkes auf anderer, schwächerer Völker Unkosten".

Welche Rolle spielte der Kongo?

Der Brite **Henry Morton Stanley** fand den verschollenen und tot geglaubten Livingstone auf und setzte mit ihm die Suche nach den Nilquellen fort. Nach der Erforschung der zentralafrikanischen Seengebiete widmete er sich v. a. dem Kongobecken. Stanley hatte, nicht selten mit Gewalt, von rund 400 Stammeshäuptlingen Schutz- und Freundschaftsverträge mit dem belgischen König **Leopold II.** erzwungen. Der daraus entstandene Kongo-Freistaat war quasi die Privatkolonie des Königs. Mit oft menschenverachtenden Methoden ließ dieser die Kolonie ausbeuten, um seinen Reichtum zu vergrößern. Doch Frankreich erhob ebenfalls Ansprüche auf das Kongobecken. Deshalb drohte ein gewaltsamer Konflikt, der auf der *Kongokonferenz* jedoch abgewendet werden konnte – allerdings auf Kosten der einheimischen Bevölkerung.

deutschen Lutheraner **Krapf** und **Rebmann**, die 1848/49 von **Mombasa** aus ins Hinterland vordrangen. Den großen Durchbruch zu missionarischer Tätigkeit erreichte der schottische Forscher und Missionar **David Livingstone**, der ab 1849 Entdeckungsreisen in Süd- und Zentralafrika unternahm und Letzteres von West nach Ost durchquerte – dieses Gebiet erforschte er bis zu seinem Tod im Jahr 1873. Nach ihm sind die *Livingstonefälle* des **Kongo** und das *Livingstonegebirge* am **Malawisee** benannt. Weitere Expeditionen

Sir Henry Morton Stanley

folgten und die Berichte der Forschungsreisenden Livingstone, **Burton**, **Speke**, **Cameron**, **Peters** und **Stanley** hatten die Aufmerksamkeit der europäischen Missionen

Imperialismus

Bezeichnung für die Bemühungen einer politischen Macht, die Herrschaft über andere Länder oder Völker zu erhalten. Geprägt wurde der Begriff „Imperialismus" im Zusammenhang mit der europäischen Expansionswelle ab der zweiten Hälfte des 19. Jahrhunderts.

Gab es den Imperialismus nicht schon vorher?

Tatsächlich sind so genannte *„Imperialistische Praktiken"* auch schon in der Antike beschrieben worden: Das Weltreich **Alexanders des Großen** oder das berühmte Römische Imperium sind Beispiele, wo imperialistisches Denken erfolgreich in die Tat umgesetzt wurde. Dennoch ist der Begriff des *Imperialismus* und das Konzept dahinter in unserer Zeit untrennbar mit den Geschehnissen im 19. Jh. verbunden.

Imperialismus

Imperialismus: Huldigung an Kaiser Wilhelm I.

Aber Kolonien wurden doch auch schon am Ende des Mittelalters gegründet?

In Europa wurden erste Formen des Imperialismus durch Staaten ab dem 15. Jh. betrieben. Der Unterschied zur Zeit der Römer und Alexanders des Großen bestand v. a. darin, dass es nun nicht mehr eine zentrale Macht war, die mit dem Gedanken, ein Weltreich aufzubauen, politische Kontrolle über andere Länder erringen wollte. Nun standen mehrere europäische Staaten miteinander in Konkurrenz. Das Ziel war auch nicht länger ein Weltreich, sondern durch die politische Kontrolle wirtschaftliche Vorteile aufgrund von Importgütern zu erzielen. Im Prinzip war es ein merkantilistischer Imperialismus, der zu dieser Zeit in Europa aufkam und der dazu diente, die Monarchien zu unterstützen, die Königskassen zu füllen und die Heere zu bezahlen.

Unterschied sich diese Form des Imperialismus denn stark von der im 19. Jh.?

Der in der Mitte des 19. Jh. auftretende Imperialismus unterschied sich in einer wichtigen Eigenschaft von dem Konzept der letzten Jahrhunderte: Anstelle von direkter politischer Kontrolle wurden diplomatische und wirtschaftliche Maßnahmen eingesetzt, um Macht und Einfluss zu vergrößern. So konnte, obwohl Deutschland nie eine große Kolonialmacht war, die deutsche Wirtschaft dennoch im Spiel der Kolonialmächte mitspielen, in dem sich Großbritannien ganz besonders stark hervortat.

Aus welchem Grund entwickelte sich der Imperialismus?

Über die Motivation zur Entwicklung des Imperialismus existieren in der Fachwelt verschiedene Theorien, die sich stark unterscheiden: Eine Theorie macht übersteigerten Nationalismus für die Entstehung verantwortlich. Als sich die Nationen entwickelten, wurde ein *Wir-Gefühl* aufgebaut, das die Existenz der Nation und ihren Wert über die aller anderen existierenden Nationen stellte. Aus diesem vermeintlich gottgegebenen Recht leiteten viele Menschen die Aufgabe ab, unterlegene Nationen zu regieren. Eine andere Theorie sieht den Überlebenstrieb, der uns Menschen innewohnt, als Quell des Imperialismus an. Schon immer waren die Menschen davon überzeugt, dass die Erde und damit das bewohnbare Land

---

Lenin über den Imperialismus

Lenin

Im Jahr 1916 schrieb **W. I. Lenin** ein Buch mit dem Titel *„Imperialismus als höchstes Stadium des Kapitalismus"*. Darin heißt es: „Würde eine möglichst kurze Definition des Imperialismus verlangt, so müsste man sagen, dass der Imperialismus das monopolistische Stadium des Kapitalismus ist. Eine solche Definition enthielte die Hauptsache, denn auf der einen Seite ist das Finanzkapital das Bankkapital einiger weniger monopolistischer Großbanken, das mit dem Kapital monopolistischer Industriellenverbände verschmolzen ist, und auf der anderen Seite ist die Aufteilung der Welt der Übergang von einer Kolonialpolitik, die sich ungehindert auf noch von keiner kapitalistischen Macht eroberte Gebiete ausdehnt, zu einer Monopolpolitik der monopolistischen Beherrschung des Territoriums der restlos aufgeteilten Erde." Womit wohl klar wäre, welche Theorie über den Ursprung des Kapitalismus der russische Staatsmann bevorzugte.

---

seine Grenzen habe. Um aber nicht verdrängt zu werden, mussten sich die Nationen so viel Platz sichern, wie ihnen möglich war, woraus sich der Geist des Imperialismus entwickelt haben soll. Eine weitere Theorie sieht das Konstrukt des Imperialismus nur als Begleiterscheinung des grenzenlosen *Kapitalismus*: Um viel Ware zu verkaufen und um viele Rohstoffe einzukaufen, brauchte man viel Land und viele Käufer, wobei man darauf achten musste, dass ein anderes Land sich nicht dieser Käufer und Produzenten bemächtigte. Also

bedurfte es einer machtpolitischen Kontrolle, die der Imperialismus bewirken sollte. Schließlich behauptet eine Theorie, dass die machtpolitischen Verhältnisse durch die Zeiten der Aufklärung ins Wanken und Stürzen geraten waren und die Machtinhaber das Volk einen wollten, um es von weiteren geistigen und realen Revolutionen abzuhalten. Als Ablenkung der besonderen Art war hier die Schaffung einer Art Wettbewerb vonnöten, den der Imperialismus mit dem auftretenden Wettlauf um Gebiete und Absatzmärkte lieferte.

Das Viktorianische England

Die Zeit von 1837 bis zum Beginn des 20. Jahrhunderts wird das Viktorianische Zeitalter genannt. Die namensgebende Queen Victoria regierte 64 Jahre und damit länger als sonst ein Monarch in Europa, weshalb sie auch den Beinamen „Großmutter Europas" trägt.

Wofür steht das Viktorianische Zeitalter Englands?

Die *Viktorianische Ära* wird gemeinhin als eine Glanzperiode der britischen Kultur angesehen, in der wirtschaftlicher Wohlstand und imperialistische Expansion das Königreich von einem Agrarstaat zur führenden Industrienation der Welt werden ließen. Durch innenpolitische Reformen entstand ein Wohlstand für die neue Mittelschicht, die nun mehr Wert auf Lebensstil, Bildung und ansehnliche Häuser legte. Andererseits führte dieser Wandel auch zu einigen politischen und sozialen Problemen.

Königin Viktoria

Wer gab der viktorianischen Ära ihren Namen?

Die Tochter des Herzogs **Eduard von Kent** und **Viktorias von Sachsen–Saalfeld–Coburg** wurde am 24. Mai 1819 geboren und nach ihrer Mutter benannt. Nach dem Tod ihres Onkels **Wilhelm IV.** wurde Viktoria 1837 Königin von Großbritan-

nien und Irland. Gleichzeitig wurde dadurch die Personalunion mit Hannover gelöst, das keine weiblichen Thronfolgerinnen akzeptierte.

Wie kam Königin Viktoria bei ihren Untertanen an?

Obwohl das britische Königshaus unter Viktoria innenpolitisch an direkter Macht verlor, gelang es ihr, die Position der Monarchie zu festigen und

Viktoriafälle

sie als Vermittler zwischen den politischen Parteien zu etablieren. Beim Volk war Viktoria äußerst beliebt, da sie sich um die Belange der Bedürftigsten kümmerte, der Oberklasse einen tugendhaften Lebensstil auferlegte und insgesamt Wert auf eine bessere Bildungspolitik legte. Während der letzten beiden

---

Die englische Literatur im Viktorianischen Zeitalter
Die Ideale des *Viktorianischen Zeitalters* waren Familie, Ehre und Aufrichtigkeit. Sie entwickelten sich auch zu den zentralen Themen der zeitgenössischen Literatur: Ein wahrer Gentleman musste es nun nicht mehr von Geburt sein, sondern konnte sich auch durch Erziehung und Manieren zu einem solchen entwickeln. Mit der Kehrseite der Medaille – einem völlig verarmten Industrieproletariat – entwickelte sich auch der sozialkritische Roman. Die literarische Palette wurde in jenen Jahren immens erweitert. **Charles Dickens**, **George Elliot**, **Elisabeth Gaskell**, **John Ruskin** und **Walter Scott** sind nur einige wenige der bekannteren Schriftsteller dieser Zeit.

Viktoria und der Fortschritt Englands

1837	**William IV.** stirbt und **Viktoria** ist Thronfolgerin.
1838	Ein regelmäßiger Schiffsverkehr zwischen England und Amerika beginnt.
1840	Queen Victoria heiratet ihren Cousin **Albert von Sachsen-Coburg-Gotha.**
1850	Erste Telegrafenkabel werden im Ärmelkanal verlegt.
1851	Die Zeit der *Great Exhibition*, die Einwohnerzahl Englands liegt bei etwa 21 Mio.
1858	Das erste Transatlantikkabel wird verlegt.
1861	Prinz Albert verstirbt.
1869	Der *Suezkanal* wird geöffnet.
1873	Inzwischen leben 26 Mio. Menschen in England.
1874	Queen Viktoria wird zur Kaiserin von Indien gekrönt.
1901	Queen Viktoria stirbt, ihr Sohn **Edward VII.** folgt ihr auf dem Thron nach.

Jahrzehnte ihrer Herrschaft erreichte Viktorias Beliebtheit ihren Höhepunkt: Ihr Goldenes und ihr Diamantenes Kronjubiläum wurden 1887 und 1897 mit ausgedehnten Volksfesten von allen Bevölkerungsschichten gefeiert.

Wer kam nach Viktoria auf den Thron?

Queen Viktoria starb am 22. Januar 1901 auf Schloss Osborne auf der **Isle of Wight**. Zum neuen König von Großbritannien und Irland sowie zum Kaiser von Indien wurde ihr ältester Sohn **Eduard** (geb. 9. November 1841) am 9. August 1902 in einer feierlichen Zeremonie gekrönt. Eduard VII., der bis zu seiner Krönung weitgehend von politischen Entscheidungen fern gehalten wurde, regierte bis zu seinem Tod am 6. Mai 1910.

Was erinnert heute an Königin Viktoria?

Als sich Großbritannien während der fast 64-jährigen Regentschaft Viktorias zu einer Weltmacht entwickelte, die nahezu über ein Viertel des Erdballs herrschte, wurden verschiedene Orte der Erde nach der Königin benannt: So z. B. die 1855 von **David Livingstone** entdeckten Wasserfälle des Sambesi, der von **John Hanning Speke** 1858 entdeckte See in Afrika oder die **Viktoriawüste** in Australien.

Wie entwickelte sich das britische Volk unter der Herrschaft Viktorias?

Die Mittelschicht bzw. das Bürgertum wurde zur gesellschaftlich stärksten Kraft in England. Die Ideale Viktorias wurden dankbar aufgenommen und der gemeinsame

Sir Walter Scott

Technik- und Fortschrittsglaube wurde immer wieder durch neue Entwicklungen bestätigt. Zum Mittelpunkt des Lebens wurden in der Viktorianischen Ära mehr denn je das Heim und die Familie. Tugendhaftes, häusliches und moderates Verhalten galten als vorbildlich, und es war allgemein üblich, dass sich jede Familie abends in einem Raum versammelte und ein Familienmitglied aus einem Buch oder einer anderen Veröffentlichung vorlas.

Otto von Bismarck

Der preußisch-deutsche Staatsmann Otto von Bismarck (1815-1898) wurde im Jahr 1871 zuerst zum Fürsten, 1890 zum Herzog von Lauenburg und von 1871-90 zum ersten Kanzler des Deutschen Reiches.

Wer war der Mensch Bismarck?

Leopold Otto von Bismarck kam am 1. April 1815 auf dem väterlichen Gut zur Welt. Zunächst auf einem Berliner Internat zur Schule gegangen machte der junge Bismarck im April 1832 sein Abitur am berühmten Grauen Kloster in Berlin. Nach dem Abschluss des Jurastudiums, der Referendarzeit und der Ableistung seines Militärdienstes trafen ihn der Tod seiner Mutter und seines Vaters. Nun bat er um Entlassung aus dem Staatsdienst, um das Gut der Familie als Landjunker führen zu können. Im Juli 1847 heiratete er **Johanna von Puttkammer**, Tochter eines ostelbischen Junkers.

Wann begann seine politische Laufbahn?

Ab 1848 begann Otto von Bismarck sich mehr und mehr politisch zu engagieren und wurde bald darauf als Abgeordneter in den preußischen Landtag gewählt. Bismarck zog daraufhin mit seiner Familie nach Berlin.

Otto von Bismarck

Wie kam es zu Bismarcks politischem Durchbruch?

Der Abgeordnete Bismarck stand beim preußischen König **Wilhelm I.** in hoher Gunst, da er in den Wirren der *48er-Revolution* zu ihm gestanden hatte. Doch ein reaktionärer Minister wie Bismarck war angesichts der liberalen Landtagsmehrheit nur schwer vermittelbar. So wurde der konservative Monarchist 1858 zunächst als Gesandter nach **Sankt Petersburg** geschickt und hatte die nächsten vier Jahre kaum noch Einfluss am preußischen Hof. Erst das Jahr 1862 brachte die berufliche Wende für Bismarck. In der Diskussion um die *Heeresreform* kam

es zwischen Wilhelm I. und den preußischen Abgeordneten zu einem scheinbar unlösbaren Verfassungskonflikt. Bismarck erklärte sich bereit, die Heeresreform notfalls auch gegen den Willen der Abgeordneten durchzuführen. In dieser heiklen Situation berief der preußische König Bismarck zum Ministerpräsidenten.

Wie bereitete Bismarck als preußischer Ministerpräsident und Außenminister die Reichsgründung vor?

Bismarck wollte Deutschland unter preußischer Führung vereinigen. Doch die Landesfürsten und nicht die liberale und nationale Volksbewegung sollten nach der Vorstellung Bismarcks in einer *„Revolution von oben"* die Initiatoren einer Einigung sein. Diesem Ziel stand **Österreich** im Weg. Bismarck provozierte Österreich in der *Dänischen Frage* so weit, dass es sich gezwungen sah, sich vom Bündnispartner Preußen zu trennen. Der *Deutsche Krieg*, in dem Preußen über Österreich siegte, führte 1866 zu einer Neuordnung der Machtverhältnisse. Im *Norddeutschen Bund* wurden unter Bismarcks Kanzlerschaft die Reichsbildung und Reichsverfassung vorbereitet. Mit den süddeutschen Staaten wurden als Reaktion auf territoriale Forderungen Frankreichs für dessen Neutralität im *Deutschen Krieg* geheime Schutz- und Trutzbündnisse geschlossen. Als es im Streit um die spanische Thronfolge abermals zu einer diplomatischen Auseinandersetzung zwischen Frankreich und Preußen gekommen war, lancierte Bismarck ein politisch prekäres Dokument – die *Emser Depesche* – so, dass der französische Kaiser **Napoleon III.** Preußen den Krieg erklärte. Frankreich wurde mithilfe der Süddeutschen Staaten im *Deutsch-Französischen Krieg* 1870/71 geschlagen. Am 18. Januar 1871 wurde in Versailles das *Deutsche Kaiserreich* ausgerufen.

Inwiefern war Bismarck mit seinen innenpolitischen Maßnahmen als Reichskanzler im Deutschen Reich erfolgreich?

Bismarck bemühte sich als konservativer Kanzler, die Monarchie mit allen Mitteln gegen demokratische Liberalisierungsbestrebungen zu schützen und stimmte seine Politik auf die durch die Indu-

Bismarcks Bündnispolitik

Nach der Reichsgründung sah sich das junge deutsche Kaiserreich einer starken französischen Revanchepolitik ausgesetzt. Nachdem Bismarck hatte erkennen müssen, dass die anderen Großmächte eine weitere Stärkung des Reiches nicht hinnehmen würden, galt sein ganzes Bemühen, den für Deutschland positiven Status quo zu sichern. Dies gelang ihm durch eine umfassende Bündnispolitik. Das Bismarck'sche Bündnissystem funktionierte, indem es die Konflikte zwischen den einzelnen Staaten so kanalisierte, dass alle Mächte des Reiches bedurften.

Napoleon III.

strialisierung hervorgerufenen gesellschaftlichen Veränderungen ab. Doch war er weder im Kulturkampf gegen den politischen Katholizismus noch mit seinen Sozialistengesetzen wirklich erfolgreich. Die Einführung der *Sozialgesetze*, die u. a. die Kranken-, Unfall-, Renten- und Invaliditätsversicherung abdeckten, war bahnbrechend. Doch Bismarcks Versuch, hiermit die Arbeiterschaft für sich zu gewinnen, scheiterte.

Wie agierte Bismarck nach der Reichsgründung in der Außenpolitik?

Otto von Bismarck bezeichnete Deutschland nach der Reichsgründung als „saturiert", d. h. es stellte keine weiteren territorialen und machtpolitischen Forderungen. Sein Ziel war die Sicherung der Vormachtstellung des Deutschen Reiches und die gleichzeitige Isolierung des „Erzfeindes Frankreichs". Durch eine ausgeklügelte Bündnispolitik gelang dies bis zu seiner Entlassung durch Kaiser Wilhelm II. weitgehend.

Wilhelm I.

Unter dem Eindruck des sozialen Elends einer wachsenden Arbeiterschaft entwickelten Marx und Engels den „wissenschaftlichen Sozialismus". Als Reaktion integrierte der Soziologe Max Weber die gesellschaftliche und religiöse Entwicklung in seine Analysen.

Wie sah die deutsche Gesellschaft gegen Ende des 19. Jh. aus?

Die deutsche Gesellschaft setzte sich im Wesentlichen aus *Adeligen*, *Bürgertum* und *Arbeitern* zusammen. Das Bürgertum besaß zwar bereits umfassende politische Rechte, doch war sein Hauptwirkungsfeld – historisch bedingt – die Wirtschaft. Diese Aufgabe nahm das deutsche Bürgertum mit sehenswertem

Karl Marx

Erfolg wahr. Die deutsche Wirtschaft zählte zur Jahrhundertwende zu den stärksten Volkswirtschaften der Welt. Das Deutsche Reich hatte die Industrialisierung zwar später als viele andere europäische Staaten hinter sich gebracht, doch hatte sich der Vorgang in einem wesentlich kürzeren Zeitraum abge-

Friedrich Engels

spielt. Nun stand das Reich mit seiner Industrie an der Weltspitze. Die Schicht der Industriearbeiter wuchs mit der wirtschaftlichen Expansion. Allerdings lebte diese Bevölkerungsgruppe größtenteils in sozialem Elend.

Wie wirkten Marx und Engels in dieser Zeit?

Karl Marx (1818–1883) und **Friedrich Engels** (1820–1895) zeigten sich durch die miserable Situation der Industriearbeiterschaft – von ihnen als *„Proletariat"* bezeichnet – tief getroffen. Sie griffen die soziale Frage auf und bemühten sich, wissenschaftliche Antworten darauf zu geben. Unter diesen historischen Bedingungen entstand der *„wissenschaftliche Sozialismus"* von Marx und

Engels – später allgemein als *„Marxismus"* bekannt. Ihren literarischen Niederschlag fand diese umfassende Sozialtheorie in verschiedenen Werken. Als wichtigste sind das *„Kommunistische Manifest"* von Marx und Engels sowie *„Das Kapital"* als Hauptwerk von Marx zu nennen.

Wie sah diese Theorie im Einzelnen aus?

Karl Marx und Friedrich Engels schufen eine völlig neue wissenschaftliche Theorie, die in zunehmendem Maß die entstehende *Arbeiterbewegung* beeinflusste. Sie studierten die tatsächliche wirtschaftliche und gesellschaftliche Entwicklung des kapitalistischen Systems und entwickelten daraus die Schlussfolgerung, dass der Kapitalismus an seinen Widersprüchen zugrunde gehen werde. In der Gestalt der *Arbeiterklasse* sahen sie aufgrund ihrer wachsenden Größe jene Kraft entstehen, die als Schöpfer der neuen Gesellschaft auftreten werde. Das entscheidende Argument für den Untergang des Kapitalismus sahen sie darin, dass irgendwann dessen Stützen wegbrechen würden. Konkret hieß dies: Durch den Konkurrenzkampf innerhalb des Kapitalismus komme es zu einer Konzentration und Zentralisation des Kapitals bei immer weniger Kapitalisten. Im Gegensatz dazu werde die Schicht der Arbeiter durch die Verarmung der Kapitalisten stetig wachsen. Irgendwann werde das Proletariat dann so groß sein, dass eine Revolution unausweichlich würde. Dabei sei es Aufgabe der Proletarier, diese Revolution durch eine *„Diktatur des Proletariats"* so zu lenken, dass der Übergang in eine klassenlose Gesellschaft

Max Weber

Max Weber

Max Weber wurde 1864 in Erfurt geboren. Er studierte Jura, promovierte und habilitierte. 1888 trat Weber dem *„Verein für Sozialpolitik"* bei, den er später wesentlich prägte. Bekannt wurde er hauptsächlich durch mehrere Schriften zur politischen Soziologie sowie zur Entwicklung des Kapitalismus und der Bürokratie. Max Weber gilt als einer der Pioniere der deutschen Soziologie.

ohne Besitz ermöglicht werde. Diese klassenlose Gesellschaft, der Kommunismus, sei dann die letzte und ideale Gesellschaftsform.

Inwiefern griff Weber auf diese Theorie zurück?

Der berühmte deutsche Soziologe **Max Weber** (1864–1920) bezog als Reaktion auf einen Teil der marxistischen Theorie die gesellschaftlichen und religiösen Entwicklungen erstmals in wirtschaftswissenschaftliche Untersuchungen mit ein. Dies war ein Novum. In einem seiner wichtigsten Werke, *„Die protestantische Ethik und der Geist des Kapitalismus"* aus dem Jahr 1905, stellte er den Zusammenhang zwischen cal-

vinistisch geprägter Lebensführung und kapitalistischer Wirtschaftsweise heraus. Dabei stellte besagte Ethik für Weber die treibende Kraft des Kapitalismus dar. Er begründete dies damit, dass im Calvinismus ein erfolgreiches Schaffen auf Erden als Zeichen für eine besondere Auserwähltheit gesehen werde. Dies führe zu einem Leistungsdenken, das auf wirtschaftlicher Ebene den Kern des Kapitalismus bilde. Damit gelingt ihm der Brückenschlag zu Marx. Denn laut Marx braucht jede Gesellschaftsform eine ideologische Rechtfertigung und im Falle des Kapitalismus sei dies die christliche Religion. Solle der Übergang zum Kommunismus gelingen, müsse also den Menschen ein neuer ideologischer Überbau gegeben werden. Der alte Überbau, das Christentum, sollte langsam beseitigt werden.

Seite aus dem „Kapital"

Die Summe der Gesetze, mit denen der deutsche Reichskanzler Bismarck die Situation der Arbeiter verbessern wollte. Mit ihnen sollte der Arbeiterbewegung der Zuspruch genommen werden. Ein Plan, der nicht aufging.

Wie erklärt sich der immense Zulauf der Arbeiterbewegung zur Zeit Otto von Bismarcks?

Durch die rasche *Industrialisierung* im jungen deutschen Kaiserreich entstand bald eine breite Arbeiterschicht. Die Arbeiter wurden schlecht bezahlt, waren sozial meist nicht abgesichert und lebten größtenteils in materiellem Elend. Marx und Engels nahmen dies zum Anlass, im *„Kommunistischen Manifest"* die Arbeiterschaft erstmals als Klasse aufzufassen und revolutionäre Gedanken zu entwickeln. Diese Ideen fielen auf fruchtbaren Boden und es entstand eine deutsche Arbeiterbewegung. Zersplittert in verschiedene ideologische Richtungen war sie jedoch zunächst wenig einflussreich.

Ferdinand von Lassalle

Erst mit der Gründung der **Sozialdemokratischen Arbeiterpartei (SDAP)** im August 1869 gab es eine parteipolitische Operationsbasis. SDAP und der **Allgemeine Deutsche Arbeiterverein (ADAV)** schlossen sich 1875 wiederum zur **Sozialistischen Deutschen Arbeiterpartei** zusammen. Diese Partei steigerte ihren Erfolg bei den Reichstagswahlen stetig.

Wie stand Bismarck zur Arbeiterpartei?

Die Ziele der Sozialistischen Deutschen Arbeiterpartei waren zu diesem Zeitpunkt noch weitgehend revolutionär und orientierten sich an der Theorie von **Marx** und **Engels**. Daher sah **Otto von Bismarck** den Aufstieg der Partei als immense Bedrohung des inneren Friedens im noch jungen *Deutschen Kaiserreich*. Insbesondere die Stellungnahme des linken Parteiflügels der Sozialisten gegen den *Deutsch-Französischen Krieg* sowie das Bekenntnis des Reichstagsabgeordneten **August Bebel** zu der in der *Pariser Kommune* 1871 aus-

Karl Liebknecht

geübten Diktatur des Proletariats widerstrebten Bismarck zutiefst. Fortan wurden die Sozialisten als „Reichsfeinde" und „vaterlandslose Gesellen" diffamiert.

Welche Maßnahmen ergriff der Reichskanzler?

Zunächst versuchte er, Gewerkschaften und Arbeiterpartei durch repressive Maßnahmen auszuschalten. Den Anlass für das *„Gesetz gegen die gemeingefährlichen Bestrebungen der Sozialdemokratie"* boten zwei Attentatsversuche auf Kaiser **Wilhelm I.**, obwohl keiner der Täter der Sozialdemokratie ange-

Geschichte der SPD im Kaiserreich

1848	*„Kommunistisches Manifest"* (Marx/Engels)
1863	Gründung des *Allgemeinen deutschen Arbeitervereins* (*ADAV*) durch **Lassalle**
1869	**Bebel** und **Liebknecht** gründen die *Sozialdemokratische Arbeiterpartei* (*SDAP*)
1875	*ADAV* und *SDAP* schließen sich unter dem Druck der beginnenden Verfolgung zur *Sozialistischen Deutschen Arbeiterpartei* zusammen
1890	Aufhebung der *Sozialistengesetze*
1891	Die *Sozialistische Deutsche Arbeiterpartei* benennt sich in Sozialdemokratische Partei Deutschlands um. In der SPD setzen sich zunehmend reformistische Strömungen gegen die revolutionär gesinnten Aktivisten durch. Der Stimmenanteil wächst bis zum *I. Weltkrieg* weiter.

hörte. Das so genannte Sozialistengesetz aus dem Jahr 1878 beinhaltete folgende Maßnahmen: Verbot aller sozialdemokratischen, sozialistischen oder kommunistischen Vereine und Verbindungen, Verbot aller entsprechenden Versammlungen, Verbot aller einschlägigen Druckschriften, Gefängnisstrafe oder Ausweisung von Personen, die dem Gesetz zuwiderhandeln.

Welche Auswirkungen hatte das Sozialistengesetz?

Die drastischen Maßnahmen des Sozialistengesetzes machten jede öffentliche Parteiarbeit unmöglich. Die Kandidatur von Einzelpersonen für den Reichstag und die Landtage war die einzig verbliebene legale Möglichkeit. Doch diese wurde mit wachsendem Erfolg genutzt. Ab 1881 wuchs der Stimmenanteil der Sozialdemokraten stetig. Davon

abgesehen organisierte sich die Partei im Untergrund und im Ausland. In anderen Ländern hielt sie ihre Parteitage ab und schmuggelte Zeitschriften (*„Der Sozialdemokrat"*) und andere Druckerzeugnisse nach Deutschland.

Wie reagierte Bismarck auf den ausbleibenden Erfolg der Gesetze?

Da die Unterdrückung der Sozialdemokratie nicht gelang, ergänzte Bismarck die repressiven Maßnahmen durch betont arbeiterfreundliche *Sozialgesetze* (*„Zuckerbrot und Peitsche"*). Die unübersehbaren Härten des sozialen Systems sollten gemildert, die Arbeiter so für den Staat gewonnen und der Sozialdemokratie entfremdet werden. Ab 1883 wurde somit durch die Sozialgesetzgebung ein staatliches *Sozialversicherungssystem* eingeführt, das für ganz Europa vorbildhaft

Karl Marx

war. 1881 kündigte man im Reichstag ein *Krankenversicherungsgesetz* an und zwei Jahre später wurde es verabschiedet. 1884 folgte eine *Unfallversicherung*, 1889 dann eine *Invaliditäts*- und *Unfallversicherung*. Nur bei den Letzteren leistete das Reich finanzielle Zuschüsse. Die anderen mussten gemeinsam von Arbeitern und Unternehmern aufgebracht werden. Dennoch erleichterten diese Gesetze die schwierige Situation der Arbeiterschaft erheblich. Deutschland war nun das erste Land der Welt mit einem so ausgefeilten Versicherungssystem für Arbeitnehmer.

Der Boxeraufstand Ende des 19. Jahrhunderts resultierte aus der aggressiven wirtschaftlichen Außenpolitik der Weltmächte in China und führte zu einem groß angelegten Einmarsch europäischer Truppen in das Kaiserreich.

Wie sah die innenpolitische Lage in China zu dieser Zeit aus?

Ende der 1890er-Jahre entwickelte sich in **China** ein bisher nie da gewesenes Nationalgefühl. Ein Resultat der Außenpolitik der großen Weltmächte war die zusammenschweißende Erkenntnis der Bevölkerung, dass ihr Land nur ein Nationalstaat unter vielen war. **England**, **Frankreich**, **USA**, **Russland** und **Japan** sahen China als großen Absatzmarkt für ihre billig produzierten Industriewaren.

Welche Rolle spielten die Europäer im asiatischen Raum?

Großbritannien und Frankreich hatten in der Vergangenheit bereits zwei große Kriege gegen China geführt und dabei gesiegt. In den „Opiumkriegen" von 1839–1842 und 1856–1860 konnten die europäischen Mächte ihre Interessen gegen die chinesischen Machthaber durchsetzen, was in der chinesischen Bevölkerung einen tiefen Hass

schürte. Der Sieg des Kaiserreiches Japan im *Chinesisch-Japanischen Krieg* von 1894–1985 verstärkte diesen Unmut Ausländern gegenüber noch. Die Weltmächte erlangten dank ihrer militärischen Siege in China politische und wirtschaftliche Vorrechte sowie einen Sonderstatus für ihre christlichen Missionen. Unter der nun in China erlaubten Einfuhr der westlichen Industriewaren litt jedoch v. a. die ländliche Industrie, weshalb große Teile der chinesischen Bevölkerung die Europäer als Bedrohung ansahen.

Wer steckte hinter den Aufständen?

Eine Gruppe regierungsfeindlicher Chinesen schloss sich im Mai 1898 zu dem fremdenfeindlichen Geheimbund „Yihe-tuan" zusammen, der „alle fremden Teufel" töten oder aus dem Land jagen wollte. Ihr Hass richtete sich v. a. gegen die christlichen Missionare, die als Resultat der Kriege eine privilegierte Stellung genossen. Am 31.12.1899 starb der erste Missionar, nachdem zuvor Tausende von chinesischen Christen ermordet worden waren.

Das Boxer-Protokoll

Der Friedensvertrag, *„Boxer-Protokoll"* genannt, wurde am 7. Oktober unterschrieben. In ihm verpflichtete sich China zu Reparationszahlungen in Höhe von 450 Mio. Silberdollar über einen Zeitraum von 40 Jahren. Die europäischen Mächte konnten zum Schutz ihrer Botschafter in Peking Truppen stationieren und erhielten einen freien Korridor von der Hauptstadt bis zur Küste. Russland dehnte während des Boxeraufstands seinen Machtbereich in der Mandschurei aus, was wenige Jahre später zum *Russisch-Japanischen Krieg* führte. Die aufgezwungenen Bedingungen führten zu weiterem Unmut unter der chinesischen Bevölkerung. Ein Chinese ritzte die Worte „Irgendwann werden wir uns rächen" in eine Marmorsäule des Sommerpalastes von Peking.

Wie kam der Boxer-Aufstand zu seinem Namen?

In Europa wurden die Aufständischen nur als *„Boxer"* bezeichnet, was tatsächlich auf den Sport zurückging, den die Anhänger des Geheimbundes praktizierten. *„Yihetuan"* bedeutete jedoch vollständig übersetzt *„Faustkämpfer für die Gerechtigkeit und Eintracht"*.

Was tat die chinesische Regierung?

Boxeraufstand

Die *Mandschu*-Dynastie ging uneinheitlich gegen die Boxer vor, weil sie im Stillen sogar mit ihnen sympathisierten. Das Eingreifen der Sicherheitskräfte machten sie von der Einstellung der Machthaber vor Ort abhängig. Der Westen unterschätzte bis zuletzt die Gefahr, die von dieser Bewegung ausging. Im Mai 1900 zerstörten die Boxer die Bahnlinie von **Peking** zur Küste und töteten dabei fünf europäische Ingenieure. Kurz darauf tauchten die ersten Kämpfer in Peking auf; für präventive Maßnahmen war es nun jedoch zu spät.

Wie kam es zum Eingreifen der Europäer?

Ende Mai begannen die Boxer mit der Belagerung des Gesandtschaftsviertels in Peking und weite Teile der chinesischen Armee unterstützten die Kämpfer. Daraufhin entsandten die ausländischen Mächte am 10. Juni eine internationale Streitmacht von über 2100 Soldaten nach Peking, um ihre Staatsangehörigen zu schützen. Am 13. Juni gab Kaiserin **Cixi** der kaiserlichen Armee den Auftrag, die ausländischen Truppen zurückzuschlagen. Die Krise eskalierte mit der Ermordung des deutschen Gesandten **Klemens Freiherr von Ketteler** und des japanischen Botschafters.

Warum schickten die Europäer Truppen nach China

Aufgrund ihres Sieges über die kleine ausländische Streitmacht erklärte Kaiserin Cixi England, Frankreich, Österreich, dem Deutschen Reich, Italien, Holland, Belgien, den USA und Japan gleichzeitig den Krieg. Die Weltmächte reagierten sofort und stellten große Expeditionskorps auf, um gegen China vorzugehen. Ende Juli verließen insgesamt über 19.000 Soldaten auf zehn Dampfschiffen **Bremerhaven**. Auch die anderen Nationen schickten Truppen. Ende Juli standen 25.000 Soldaten in China bereit.

Gelang den Europäern der Gegenschlag?

Anfang August begannen die Truppen mit der Rückeroberung Pekings. Nach zwei Wochen gelang es ihnen, die 55-tägige Belagerung des Gesandtenviertels zu beenden. Es folgten tagelange Plünderungszüge und die Verwüstung ganzer Landstriche.

Als Burenkrieg bezeichnet man den Krieg zwischen Großbritannien und den Burenrepubliken Transvaal und Oranje-Freistaat in Südafrika, der von 1899-1902 andauerte und mit dem Friedensvertrag von Vereeniging endete.

Gab es nicht schon vorher einen Burenkrieg?

Die **Buren** – Afrikaner holländischer Abstammung – errichteten ihre Republiken **Natal** (1840), **Transvaal** (1848) und **Oranje-Freistaat** (1854), um Spannungen mit den Briten aus dem Weg zu gehen, die Anfang des Jahrhunderts in Südafrika gelandet waren. 1886 wurden in Transvaal reiche Goldvorkommen entdeckt, was Tausende von britischen Goldsuchern in die Republik führte. Die so genannten *Uitlanders* (Ausländer) wurden von den Buren hoch besteuert und die Spannungen zwischen den beiden Gruppen führten im Jahr 1881 zu einem ersten blutigen Kon-

flikt, in dem die Buren die Briten besiegten.

Wie kam es dann zum zweiten Krieg?

Die Spannungen zwischen den Buren und den von ihnen so genannten Uitlanders blieben bestehen. Der britische Gouverneur **Lord Alfred Milner** versuchte ihn am 11. Oktober 1899 schließlich erneut mit Waffengewalt zu lösen. Da der Oranje-Freistaat ein Bündnis mit der Südafrikanischen Republik geschlossen hatte, wurde er ebenfalls in die Auseinandersetzungen hineingezogen.

Wie verlief der Krieg?

Die Buren erklärten am 12. Oktober 1899 den Briten formell den Krieg, der drei Jahre andauern sollte. Wäh-

> ## Die Buren
>
> Die Buren in Südafrika haben ihren Namen von dem niederländischen Wort für *Bauern* erhalten und waren zur Zeit der Burenkriege und davor tatsächlich zum größten Teil Farmer. Die weiße Bevölkerungsgruppe stammt von niederländischen, französischen und deutschen Einwanderern ab, die 1652 nach Südafrika kamen, und spricht eine Mischung aus Englisch und Holländisch, die *Afrikaans* genannt wird. Ebenso wie die Buren im 19. Jh. von der Anwesenheit der Briten zum großen Treck in den Jahren von 1835 bis 1838 gezwungen wurden, hatten ihre Vorfahren zwei Jahrhunderte vorher die Eingeborenen Südafrikas, die *Khoikhoin* und die *Bantu*, aus ihren angestammten Gebieten verdrängt.

Burenkrieg

Horatio H. Kitchener

rend auf der Seite der Buren rund 52.000 Soldaten kämpften, stand aufseiten der Engländer eine Übermacht von 450.000 Mann. Zwar konnten die Buren anfangs einige spektakuläre Erfolge erzielen, doch schon bald wendete sich das Blatt. Am 13. März 1900 wurde zuerst **Bloemfontein** besetzt und am 24. Mai der Oranje-Freistaat zum britischen Territorium erklärt. Kurz darauf fielen **Johannesburg** und **Pretoria**. Am 1. September wurde schließlich auch Transvaal als britische Kolonie annektiert.

War dies das Ende des Krieges?

Die Buren begannen nun einen für alle Beteiligten zermürbenden Guerillakrieg, auf den die Engländer unter General **Lord Kitchener** schon bald mit Härte und Brutalität reagierten. Kitchener zwang die burischen Guerillas zur Kapitulation, indem er die Farmen der Buren zerstörte und Zivilisten in Konzentrati-

onslagern internieren ließ, in denen katastrophale Lebensbedingungen herrschten. Insgesamt starben mehr als 27.000 Frauen und Kinder an Hunger, Entkräftung und Krankheit. Da entschlossen sich die letzten Burenkämpfer zur Kapitulation.

Was geschah mit den Burenrepubliken?

Am 31. Mai 1902 wurde in **Vereeniging** der Friedens-

Der „Groot Trek"

Es waren mehr als 10.000 Buren, die ab 1835 mit ihren Familien die Kapkolonie an der Südspitze Afrikas verließen und nach Norden/Nordosten zogen. Die Gründe für diesen Massenexodus lagen hauptsächlich an der Bedrohung durch das *Xhosa*-Volk und an der Unzufriedenheit mit der englischen Kolonialmacht, die keinen ausreichenden Schutz gewähren konnte oder wollte. Zudem war den Buren, deren Sozialordnung seit 200 Jahren auf Rassentrennung basierte, völlig unklar, warum die Briten den Sklavenhandel verboten hatten und die Gleichstellung von Weißen und Nicht-Weißen forderten. Im Jahr 1833 wurde der Sklavenhandel sogar insgesamt verboten und die weißen Herren durch den *„Emancipation Act"* aufgefordert, ihre Sklaven freizulassen. Obwohl die britische Kapregierung eine geringe Entschädigung an die ehemaligen Sklavenhalter abführte, wuchs die Unzufriedenheit und der *Große Trek* setzte sich 1835 in Bewegung. Nachdem die Verhandlungen mit den *Zulu* um Siedlungsland auf blutige Weise gescheitert waren, wurden die Eingeborenen am 16. Dezember 1838 in der historischen *„Schlacht am Bloodriver"* vernichtend geschlagen. Jetzt stand der Gründung der ersten Burenrepublik in Natal nichts mehr im Weg. Doch schon 1842 besetzten britische Truppen **Port Natal**, das heutige Durban, und annektierten das Hinterland als Kronkolonie. Die Buren zogen sich daraufhin hinter die **Drakensberge** zurück.

vertrag unterschrieben. Er gewährte Transvaal und dem Oranje-Freistaat die Selbstverwaltung und ließ *Afrikaans* als Amtssprache zu. Die beiden Burenrepubliken waren nun aber endgültig britische Kronkolonien geworden. Obwohl offiziell kein Krieg mehr herrschte, blieben die Buren in der Folgezeit weiterhin kulturell und sozial isoliert. Die Spannungen zwischen den Buren und Briten waren noch nicht beseitigt.

Meilensteine der Forschung, die das Leben der Menschheit ab der Renaissance komplett veränderten und neben zahlreichen positiven Veränderungen auch negative Auswirkungen wie Massenarbeitslosigkeit und die Zerstörung der Umwelt mit sich brachten.

Wann bekamen die Wissenschaften ihren ersten großen Auftrieb?

Bereits die *Renaissance* galt als das Zeitalter der ersten großen Umwälzungen auf dem Gebiet der Wissenschaften. Zu jener Zeit verlor die Kirche zunehmend an Einfluss, was der Forschung starken Auftrieb gab. Bis dato waren alle Forschungen, die sich gegen das herrschende Weltbild gewandt hatten, als Blasphemie gebrandmarkt und verboten gewesen. Zu Beginn des 17. Jh. gelangen bahnbrechende Erfindungen wie beispielsweise die des *Teleskops*. Wenige Jahre später stellte **Johannes Kepler** erste Gesetze über die Bewegung der Planeten auf. Durch die Übersetzung bedeutender medizinischer Werke der Antike wurde die Medizin re-

Anfänge der industriellen Revolution

volutioniert. Im 17. Jh. entdeckte man den *Blutkreislauf* und erlangte weitere elementare Erkenntnisse über die *Anatomie* des Menschen.

Wann begann man mit der technischen Nutzung wissenschaftlicher Erkenntnisse?

Ab der Mitte des 18. Jh. wurden die Errungenschaften der Wissenschaft zunehmend in der Technik umgesetzt, was das Leben der Menschen enorm veränderte. Die wohl größte Entdeckung jener Zeit war die Erfindung der Dampfmaschine durch den Schotten **James Watt** im Jahr 1765. Mit einem Mal konnte die

James Watt

Muskelkraft vieler Menschen durch eine einzige Maschine ersetzt werden. Des Weiteren war man nicht mehr von Wasserläufen abhängig, was die Verlegung der Fabriken in die Nähe der Städte ermöglichte. Diese Umstände führten zum Beginn der Industrialisierung. Die *Dampfmaschine* stand auch bei der Erfindung der *Eisenbahn* im frühen 19. Jh. Pate. Etwa zur gleichen Zeit begann man mit dem Einsatz der *Elektrizität*.

Welche Entdeckungen prägten das 19. Jh.?

Im Bereich der Medizin wurden etliche Krankheitsbilder genauer erkannt und er-

Bedeutende Erfinder

Weit greifende Entwicklungen standen in jedem Jahrhundert zumeist im Zusammenhang mit einzelnen genialen Köpfen. **Leonardo da Vinci** war eines jener Genies, das mit seinen Erfindungen die Welt veränderte. Im späten 19. und frühen 20. Jh. tat sich beispielsweise **Thomas Alva Edison** als großer Erfinder hervor. Im 20. Jh. waren es Menschen wie **Albert Einstein,** die mit ihren Errungenschaften starken Einfluss auf das Leben der Menschen nahmen.

Thomas Alva Edison

Albert Einstein

forscht. Zu ihnen gehörten beispielsweise das *Parkinson-Syndrom* und die *Basedow-Krankheit*. Bei ihren Forschungen wurden die Mediziner von zahlreichen neuen Entwicklungen in der medizinischen Technik unterstützt wie beispielsweise dem 1819 erfundenen *Stethoskop*. In der Industrie wurden die Möglichkeiten der Elektrizität weiter erforscht, in der Mitte des 19. Jh. war der *Elektromotor* ein Ergebnis dieser Forschungen.

Welche Neuerungen brachte das 20. Jh.?

Innerhalb des 20. Jh. sollten sich die Welt und das Leben der Menschen stärker verändern, als es in sämtlichen Jahrhunderten zuvor der Fall gewesen war. Eine wichtige Entwicklung wurde auf dem Gebiet der Fortbewegung gemacht. Mit der Einführung von *Automobilen*, schnelleren *Zügen*, *Flugzeugen* und im-

mer größer werdenden *Schiffen* war es nun möglich, innerhalb kurzer Zeit jeden Punkt der Erde zu bereisen. Diese Entwicklung gipfelte in der zweiten Hälfte des Jahrhunderts mit der *Weltraumfahrt* und der ersten *Landung auf dem Mond* 1969. Auch die Möglichkeiten der *Kommunikation* änderten sich tiefgreifend. *Telefon*, *Radio* und *Fernsehen* sowie später das *Internet* sorgten für eine bedeutend schnellere Verbreitung von Informationen. Auf dem Gebiet der Medizin gelang es, Mittel gegen Infektionskrankheiten zu finden, an denen in den Jahrhunderten zuvor noch große Teile der Bevölkerung gestorben waren. Auch das Wissen über das *Gehirn* und die *Anatomie* des Menschen nahm enorm zu und ermöglichte die Durchführung bis dahin unmöglicher Operationen. Gegen Ende des 20. Jh. rückte die Genetik zunehmend in das öffentliche Interesse. Durch die

Entschlüsselung des menschlichen *Erbguts* bestand die Möglichkeit, bereits vor der Geburt in die Entwicklung eines Menschen einzugreifen.

Waren alle Fortschritte positiver Natur?

Viele Errungenschaften der letzten Jahrhunderte stellten sowohl einen Segen als auch einen Fluch für die Menschheit dar. Während die Spaltung von Atomen dazu geeignet war, die Menschheit auf ewig mit Energie zu versorgen, bot sie gleichzeitig das Potenzial für die schrecklichste Waffe, die jemals entwickelt wurde: die *Atombombe*. Die wachsenden Fortbewegungsmöglichkeiten erleichterten den Menschen das Leben, zerstörten aber auch gleichzeitig die Natur. Zunehmende Probleme warf auch die Weiterentwicklung der Medizin auf. Die Frage nach der Ethik mancher Prozeduren beschäftigte die Menschheit enorm.

Der Traum vom Fliegen

Seit der erste Mensch einen Vogel hat fliegen sehen, träumt die Menschheit von der Möglichkeit, sich in die Luft zu schwingen und es den Vögeln gleichzutun. In den letzten 500 Jahren sind viele Wissenschaftler aufgebrochen, diesen Traum zu verwirklichen.

Wie alt ist der Traum vom Fliegen?

Schon in der griechischen Mythologie wird davon berichtet, wie **Dädalus** – ein berühmter griechischer Baumeister – für sich und seinen Sohn **Ikarus** Flügel aus Federn und Wachs anfertigte, um König **Minos** zu entfliehen. Ikarus wollte immer höher hinaus, kam der Sonne zu nahe, sodass sein Wachs schmolz und er schließlich abstürzte. Diese Sage fasst die Sehnsüchte des Menschen, die zu der Entwicklung der Flugtechnik führten, wie kaum eine andere zusammen. Der *Traum vom Fliegen* ist eine Mischung aus dem Wunsch nach einem besseren Leben und der Sehnsucht, alles Sorgenlastige hinter sich zu lassen.

Wann beschäftigte sich die Wissenschaft ernsthaft mit dem Fliegen?

Die ersten konkreten Entwürfe für Flugapparate entwarf der Künstler und Wissenschaftler **Leonardo da Vinci** (1452–1519). Während er allerdings noch das Bei-

Leonardo da Vinci: Skizze einer Flugmaschine

spiel des Vogels als Vorbild nahm, wies **Giovanni Alfonso Borelli** (1608–1679) keine 100 Jahre später nach, dass der Mensch im Vergleich zum Vogel viel zu wenig Muskelmasse zum Fliegen besitzt. Die Erfinder konzentrierten sich in den folgenden Jahren darauf, keine unterstützenden Hilfsmittel zum Fliegen zu konstruieren, sondern vielmehr eigenständige Flugmaschinen zu entwickeln.

Wann flogen die ersten Menschen?

Die ersten Luftreisen gelangen schließlich mit Luftfahrzeugen, die genügend statischen Auftrieb erzeugten, um sich und ihre Passagiere zu tragen. Am 21. November 1783 stiegen in Paris die **Gebrüder Montgolfier** in ihrem eigenkonstruierten *Heißluftballon* in die Luft und am 1. Dezember folgte der *Wasserstoffballon* des franzö-

sischen Physikers **Jacques Alexandre César Charles** (1746–1823). Das Jahrhundert der Ballone sorgte mit seinem gelebten Traum vom Fliegen für die Erfindung des lenkbaren Luftschiffs am Ende des 19. Jh.

Warum heißt der Zeppelin so und nicht anders?

Als am 1. Juli 1900 das erste lenkbare Luftschiff über dem

Montgolfiere

Bodensee aufstieg, trug es den Namen seines Schöpfers und Erbauers **Ferdinand Graf von Zeppelin**. In den folgenden knapp 40 Jahren stand die kommerzielle Luftfahrt ganz im Zeichen des Zeppelins, ehe das Luftschiff *„Hindenburg"* bei seiner Landung in **Lakehurst** bei New York explodierte und 36 Passagiere

Ferdinand Graf von Zeppelin

dabei umkamen. Dieser Unfall markierte das Ende der kommerziellen Luftschifffahrt.

Wer baute das erste Motorflugzeug?

Der Amerikaner **Orville Wright** (1871–1948) und sein Bruder **Wilbur** (1867–1912) entwickelten das Motorflugzeug *„Flyer 1"*, mit dem sie am 17. Dezember 1903 zum ersten Mal einen gesteuerten Motorflug unternahmen. 1904 gelangen ihnen mit dem Nachfolgemodell **„Flyer II"** die ersten Kurvenflüge. 1905 konstruierten sie den *„Flyer 3"*, mit dem sie über 30 Minuten lang bei einer Geschwindigkeit von 50 km/h in der Luft blieben.

Warum fliegt ein Flugzeug?

Damit ein Flugzeug fliegen kann, benötigt es den so genannten Auftrieb. Dieser Auftrieb entsteht durch Luft, die mit einer bestimmten Geschwindigkeit um die Trag-flächen oder Flügel des Flugzeugs strömt. Die Annahme, dass die Luft, die unter den Tragflächen entlangströmt das Flugzeug trägt, ist ebenso falsch wie der Name *„Trag-flächen"* irritierend ist. Zwar hat es den Anschein, dass, wenn ein Flugzeug startet, die Luft unter den Flügeln die Maschine anheben würde, tatsächlich aber macht die Luft unter den Tragflächen in Wirklichkeit nur etwa 20% des gesamten Auftriebs aus. Die restlichen 80% des Auftriebs werden durch die Luft, die über die Tragflächen hinwegströmt, erzeugt.

Warum explodierte die Hindenburg?

Der Ausbruch des Feuers, das im Jahr 1937 das Luftschiff *LZ 129 „Hindenburg"* in **Lakehurst** vernichtete, hatte nicht etwa mit dem Wasserstoffgas zu tun, das in großen Mengen als Auftriebsmittel an Bord war. Ursache waren vielmehr die chemischen und elektrischen Eigenschaften

Wilbur und Orville Wright

des Anstrichs der Außenhülle in Verbindung mit den besonderen Wetterbedingungen, die am Tag des Unglücks in Lakehurst herrschten und zu der Katastrophe führten, bei der 36 Passagier ihr Leben verloren und die die kommerzielle Luftschifffahrt zum Erliegen brachte.

Der Beobachter des Vogelflugs: Otto Lilienthal

Der deutsche Ingenieur **Otto Lilienthal** lebte von 1848–1896. Sein größtes Interesse galt der *Aerodynamik*. So erkannte er als Erster den Vorteil gewölbter Oberflächen für Flugzeugflügel, in dem er sich intensiv mit Vogelflug beschäftigte und über dieses Thema 1889 das Buch *„Der Vogelflug als Grundlage der Fliegekunst"* veröffentlichte. So entwickelte er schon im Jahr 1877 einen „Hängegleiter" mit gewölbten Flügeln, die denen eines Vogels ähnelten. Zwei Jahre nach seiner Buchveröffentlichung unternahm Lilienthal 1891 seinen ersten erfolgreichen Flug, dem in den nächsten fünf Jahren noch über 2000 Flüge von bis zu 300 m Länge folgen sollten. Im Jahe 1896 stürzte der Erfinder bei einem dieser Flüge ab und verunglückte tödlich.

Die Expeditionen der Polarforscher Robert Falcon Scott und Roald Amundsen zum Südpol führten zu einem dramatischen Wettlauf, denn beide Forscher wollten als „Entdecker des Südpols" in die Geschichte eingehen und nur einer von ihnen kehrte zurück.

Wieso war die Entdeckung etwas Besonderes?

Der *geografische Südpol* war bis ins 20. Jahrhundert unerreicht geblieben. Einzig der Engländer Iren **Ernest Shackelton** konnte sich im

Ernest Shackleton

Jahr 1908 dem Südpol bis auf 155 km annähern, bevor er seine Expedition abbrach.

Kannten sich Scott und Amundsen?

Roald Amundsen war ein sehr erfahrener Polarforscher. Auf einer seiner späteren Expeditionen führte er eine Expedition zum magnetischen Nordpol und traf dort zum ersten Mal auf seinen künftigen Rivalen Captain **Robert Falcon Scott**. Durch die Notwendigkeit zusammengeführt betrieben beide ein gemeinsames Laboratorium und erforschten

dort den magnetischen Nordpol. Die Zusammenarbeit endete jedoch schon bei ihrem nächsten Ziel: dem geografischen Nordpol.

Wer erreichte als Erster den geografischen Nordpol?

Amundsen schmiedete Pläne und lieh sich ein speziell für eine solche Expedition gefertigtes Schiff. Die *„Fram"* war stabil gebaut und hatte bereits eine Polarexpedition hinter sich. Doch Amundsens Pläne wurden von den Engländern **Cool** und **Peary** durchkreuzt. Beide behaupteten, in der ersten Septemberwoche des Jahres 1909 den Nordpol erreicht zu haben. Bis heute ist diese Aussage umstritten und konnte bislang nicht bewiesen werden.

Wie verlief die Reise zum Südpol?

Amundsen improvisierte und arbeitete an einem geheimen Plan für seine Südpolexpedition. Am 9. August 1910 stach er von Oslo aus in See und nahm Kurs Richtung Kap der Guten Hoffnung. Erst auf der

hohen See weihte er die Mannschaft und seine Begleiter in seine Pläne ein. Die „Fram" manövrierte sich durch den im Sommer recht sicheren Eisberggürtel um den Südpol und ankerte in der Bay of Whales. Mit drei Schlitten transportierten die fünf Männer insgesamt drei Tonnen Gepäck zum provisorischen Lager an der Schelfeisbarriere. In weiteren Märschen Anfang 1911 errichtete er kleine Vorratslager mit Lebensmitteln, Kocheröl, Ersatzteilen für die Schlitten und medizinischen Vorräten. Am 20. April 1911 war Amundsen mit den Vorbereitungen fertig. Parallel dazu hatte Scott das Basislager am Mc Murdo Sund fertig gestellt. Am 20. Oktober brach Amundsen auf. Am 1. Novem-

Robert F. Scott

ber erreichte er das erste Vorratslager am 81. Breitengrad. Parallel brach Scotts Expediti-

Die Daten der Expedition von Amundsen

1911	Vorbereitungen in der Walfischbucht
10. Februar 1911	Vorratslager werden errichtet
11. April	Die Lager am 80., 81. und 82. Breitengrad sind fertig
20. Oktober	Aufbruch zum Südpol
7. Dezember	Shackletons südlichster Punkt wird passiert
14. Dezember	Ankunft am Südpol
17. Dezember	Rückmarsch
30. Januar 1912	Ankunft an der „Fram"

on vom Mc Murdo Sund auf, aber er lag 300 km hinter dem Konkurrenten zurück.

Wie verlief die Expedition?

Ein großer und gefährlicher Gletscher bereitete Amundsen und seinen Männern große Probleme, zudem behinderten schlechtes Wetter und Nebel die Expedition. Dennoch erreichte Amundsen am 14. Dezember 1911 den Südpol. Er stellte die norwegische Flagge auf und hinterließ eine Bronzetafel mit seinem Namen und dem Datum des Tages. Weiterhin hinterließ er einen persönlichen Brief an Scott. Es folgte das schon fast rituelle Siegerfoto, das Monate später die Titelseiten aller Zeitungen schmücken sollte. Der Rückweg gestaltete sich einfacher: Amundsen beschrieb ihn in seinen Tagebucheintragungen als „fidelen Skilanglauf".

Was geschah mit Scott?

Nur einige hundert Kilometer entfernt spielte sich zeitgleich ein Drama ab. Schon auf der Hälfte des Weges waren Scott und seine Expeditionsmitglieder stark erschöpft und zeigten Anzeichen von Skorbut. Am 9. Dezember waren alle Tiere der Expedition tot und das Wetter verschlechterte sich zunehmend. Obwohl die Nahrungsvorräte schon fast aufgebraucht waren, entschied sich Scott dennoch, bis zum Südpol vorzudringen, den er am 17. Januar 1912 tatsächlich erreichte. Er hisste den *Union Jack* neben der norwegischen Flagge und nahm ebenfalls ein Foto auf.

Kamen beide Expeditionen zurück?

Auf dem Rückweg behinderten schlechtes Wetter, Erfrierungen und Unfälle Scotts Männer. Kurz vor dem nächsten Versorgungsdepot mussten sie aufgeben und wurden erst acht Monate später von einer Rettungsmannschaft tot geborgen. Amundsen erreichte am 30. Januar 1912 die „Fram" und segelte unbeschadet nach Norwegen, wo er am 7. März 1912 gebührend empfangen wurde. Erst hier erfuhr er vom Schicksal Scotts.

Wie sah Amundsens Zukunft aus?

Amundsen bekam wegen seiner Verdienste den Ehrenprofessortitel und zog noch jahrelang von Universität zu Universität, um den Studenten einen Einblick in seine Expeditionen zu geben. Schließlich ging er in den Ruhestand. 1928 wurde er wieder zurückgerufen, als ein Italiener mit seinem Zeppelin über dem Nordpol verschwand. Er begleitete den Rettungszeppelin, dessen Trümmer Monate spä-

Roald Amundsen

ter gefunden wurden. Daraufhin wurde Amundsen für tot erklärt.

Seit Beginn des 20. Jahrhunderts politisch und militärisch ausgetragene Auflehnung der katholisch-nationalistischen Partei „Sinn Féin" gegen die Besatzung Irlands durch Großbritannien. Die Partei gilt seit jeher als Inbegriff des irischen Widerstandes.

Wann wurde die „Sinn Féin" gegründet?

Die irisch-nationalistische Partei **„Sinn Féin"** gründete sich im Jahr 1905, als ganz Irland noch Teil des Vereinigten Königreichs Großbritannien war. Ihr Gründer und erster Anführer war ein irischer Journalist namens **Arthur Griffith**. Der Name „Sinn Féin" ist gälisch und bedeutet „wir selbst". Das vorrangigste Ziel der Organisation war die Abspaltung und Unabhängigkeit Irlands von Großbritannien. Des Weiteren strebte man an, der irischen Bevölkerung wieder ein nationales Selbstbewusstsein zu geben.

Was waren die ersten Maßnahmen der „Sinn Féin"?

Arthur Griffith setzte eine Bewegung in Gang, die sich durch Maßnahmen des zivilen Ungehorsams gegen die britische Verwaltung zu wehren versuchte. Britische Waren wurden boykottiert und irische bevorzugt gefördert. Auch britische Gerichte wurden nicht mehr angerufen, man berief stattdessen aus irischen Bürgern bestehende Schiedsgerichte ein und verhandelte anfallende Streitigkeiten vor diesen. All diese Maßnahmen wurden von der „Sinn Féin" koordiniert und organisiert. Mit der Zeit wurde die Partei jedoch radikaler, weil die bisherigen Maßnahmen noch nicht den gewünschten Erfolg zeigten.

Was war der „Osteraufstand"?

In der Zwischenzeit hatte Großbritannien den Iren ein gewisses Maß an Selbstständigkeit zugesprochen. Mit Ausbruch des *I. Weltkrieges* wurden diese Zusagen jedoch wieder zurückgenommen, was den Zorn der irischen Nationalisten anfachte. Eine Gruppe von „Sinn-Féin"-Mitgliedern organisierte daher eine Rebellion, die für den Ostermontag 1916 geplant war. Man hatte die Hoffnung, dass die britische Armee durch deutsche Angriffe geschwächt sei und begann damit, **Dublin** einzunehmen. Zu Beginn überraschte die offensive Aktion die Streitkräfte der britischen Besatzer und es wurden innerhalb der ersten beiden Tage bedeutende Erfolge verbucht. Bereits am zweiten Tag der Rebellion rief man die *Freie Republik Irland* aus und verbreitete diese Proklamation mithilfe von Plakaten in ganz Dublin. Nachdem sich die Briten jedoch vom ersten Schock des überraschenden Angriffes erholt hatten, schlugen sie mit voller Kraft zurück. Im Verlauf der nächsten Tage wurde

Die „Ulster Unionist Party"

Der politische Hauptgegner der „Sinn Féin" war die **„Ulster Unionist Party"**, abgekürzt **UUP**. Die Partei, hauptsächlich bestehend aus britischstämmigen Protestanten, kämpfte für den Verbleib der nordirischen Provinz **Ulster** beim britischen Königreich. Seit den 1990er-Jahren waren es v. a. die Meinungsverschiedenheiten zwischen der UUP und der „Sinn Féin" beziehungsweise der IRA, die den Friedensprozess in Irland immer wieder erschwerten.

Dublin, insbesondere das Hauptpostamt, das die Rebellen als Sitz ihrer provisorischen Regierung genutzt hatten, stark unter Beschuss genommen. Nach wenigen Tagen war der Aufstand der „Sinn Féin" niedergeschlagen. Die Opferzahlen waren enorm. Durch die Bombardements waren neben britischen Soldaten und Aufständischen auch zahlreiche Zivilisten ums Leben gekommen. Die wichtigsten Anführer des Aufstandes wurden wenig später wegen Hochverrats verurteilt und hingerichtet. Durch den Aufstand wurde die „Sinn Féin" zur Legende des irischen Widerstands und ihre Mitglieder zu Märtyrern.

Wieso kam es zum Bürgerkrieg zwischen verfeindeten „Sinn-Féin"-Gruppen?

Die „Sinn Féin" kämpfte weiter um ein unabhängiges Irland. 1919 gründete man ein eigenes irisches Parlament unter dem Namen *Dail Eireann*. Man begann damit, irische Gerichtshöfe einzusetzen und die irische Wirtschaft zu fördern. Nachdem die britische Regierung eine Zeit lang zugesehen hatte, schritt sie schließlich ein und es kam zum *Irisch-Britischen Krieg*. 1921 endete dieser mit einem Vertrag, der die Teilung Irlands vorsah. Der südliche Teil der Insel sollte eine

Karte von Irland

selbstständige Republik werden, der hauptsächlich von den Nachfahren britischer Siedler bewohnte Norden sollte beim Königreich verbleiben. Die Mitglieder der „Sinn Féin" waren sich nicht einig, ob der Vertrag angenommen oder abgelehnt werden sollte, deswegen kam es zur Teilung der Partei. Ein erbitterter Bürgerkrieg zwischen den beiden Seiten brach aus, der 1922 damit endete, dass die Gegner des Vertrages besiegt wurden. Die Teilung wurde besiegelt

und war danach stets ein Konfliktherd.

Was verbindet die „Sinn Féin" mit der IRA?

Seit dem offenen Ausbruch des Nordirland-Konfliktes 1969 sah sich die „Sinn Féin" als der politische Arm der Terrororganisation *IRA*. Nachdem die Aktionen der IRA zunächst unterstützt wurden, war sie jedoch seit Mitte der 90er-Jahre eine treibende Kraft im Friedensprozess.

Bündnissystem in Europa bis 1914

Sammelbegriff für die politischen Bündnisse, die ab der Gründung des Deutschen Reiches 1871 zwischen den europäischen Mächten geschlossen wurden und für politische Stabilität sorgen sollten, letztendlich jedoch zum Ausbruch des I. Weltkrieges führten.

Wie waren die Machtverhältnisse im Europa von 1871?

Nach dem Ende des *Deutsch-Französischen Krieges* 1870/71 war die Stimmung in Europa angespannt. Zu den traditionellen Rivalitäten unter den Großmächten gesellte sich der Kampf um Rohstoffe und Märkte in Übersee. Verschärft wurde die Situation durch die Gründung des **Deutschen Reiches** 1871. Das Gleichgewicht der Mächte in Europa drohte verloren zu gehen, da Deutschland nun eine starke Macht mitten in Europa darstellte.

Warum suchte Bismarck ein Bündnissystem?

Das deutsche Reich musste nach seiner Gründung mehreren Gefahren entgegensehen. Auf der einen Seite war **Frankreich**, das nach der Kriegsniederlage auf Revanche hoffte. Auf der anderen Seite standen die übrigen Mächte, die das Reich aufgrund seiner neuen Größe zwangsläufig als Bedrohung ansehen mussten. Diese möglichen Konfliktherde wollte

Die Bündnispolitik Wilhelm II.

Die unberechenbare und oft sprunghafte Politik von Kaiser **Wilhelm II.** manövrierte das Deutsche Reich in eine schwierige Außenseiterrolle. So wurde beispielsweise die von Russland angebotene Verlängerung des Rückversicherungsvertrages rüde zurückgewiesen. Teilweise provozierende, teilweise ungeschickte Äußerungen Wilhelms taten ihr Übriges dazu, das Deutsche Reich aller möglichen Bündnispartner zu berauben. Großbritannien versuchte lange Zeit, das Verhältnis zwischen den beiden Großmächten zu verbessern, doch das diplomatische Ungeschick des Kaisers und sein stures Festhalten an der von ihm vorangetriebenen Aufrüstung machten diese Annäherungstendenzen stets zunichte.

Bismarck entschärfen oder ganz aus dem Weg räumen, indem er versuchte, Frankreich zu isolieren und mit den übrigen Großmächten Bündnisse einzugehen. Sein Ziel war es, dass jeder potenzielle Angreifer auf sich gestellt wäre und ein Krieg somit von vornherein verhindert würde.

Mit wem schloss das Deutsche Reich Bündnisse?

Eine Annäherung an Frankreich erschien unmöglich, da die Franzosen die *Annexion Elsass-Lothringens* durch Deutschland nicht verziehen hatten. Nach dem *Russisch-Türkischen Krieg* 1877 be-

tätigte sich Bismarck als *„Schiedsrichter Europas"*. Er verstimmte dabei **Russland**, indem er ihnen eingenommene Gebiete wieder absprach, sodass mit einem Angriff ge-

Otto von Bismarck

rechnet werden musste. Um der Gefahr eines *Zweifrontenkrieges* gegen Frankreich im Westen und Russland im Osten aus dem Weg zu gehen, bildete Bismarck 1879 mit **Österreich-Ungarn** den so

Bündnisse in Europa von 1871 bis 1914

1879	Zweibund Deutsches Reich und Österreich-Ungarn
1882	Dreibund Deutsches Reich, Österreich-Ungarn und Italien
1893/94	Zweierverband Frankreich und Russland
1904	Entente cordiale Frankreich und Großbritannien
1907	Tripelentente Frankreich, Großbritannien und Russland

genannten *Zweibund*. Drei Jahre später wurde gemeinsam mit Italien der *Dreibund* geschlossen. Es gelang Bismarck, die Gunst Russlands zurückzugewinnen und man einigte sich auf einen *Rückversicherungspakt*. Dieser verpflichtete die beiden Staaten zur Neutralität, sollte ein Land von einer dritten Macht angegriffen werden. Dies galt jedoch nicht, wenn der Angriff provoziert oder ein Gegenangriff war.

Wie reagierten die anderen Großmächte auf die Bündnisse des Deutschen Reiches?

Die Bündnisse des Deutschen Reiches führten natürlich zu einer Gegenbewegung, da der so geschaffene Machtkern von den europäischen Mächten als Bedrohung empfunden wurde. Auch der Neutralitätspakt mit Russland erwies sich als sehr brüchig.

1893/94 schlossen sich Frankreich und Russland zu einem Zweierverband zusammen. 1904 verbündete sich Frankreich zusätzlich mit Großbritannien zur so genannten *„Entente cordiale"*. 1907 wurde Russland endgültig mit einbezogen und die *„Tripelentente"* war geboren.

Wie kam es letztendlich zum Ausbruch des I. Weltkrieges?

Bereits die *Marokkokrisen* 1905/06 und 1911, die Annexion von Bosnien und Herzegowina durch Österreich 1908/09 sowie die *Balkankriege* 1912/13 führten Europa an den Rand einer kriegerischen Auseinandersetzung. Die Eskalation erfolgte am 28. Juni 1914 mit der Ermordung des österreichischen Thronfolgers **Franz Ferdinand** in **Sarajevo**. Österreich wollte das Attentat zum Anlass nehmen, das schon

lange unliebsame **Serbien** niederzuwerfen. Dazu benötigte man jedoch die Unterstützung Deutschlands gegen die serbische Beschützermacht Russland. Das Deutsche Reich stellte sich hinter Österreich in der Hoffnung, die übrigen Großmächte aus dem Konflikt heraushalten zu können. Als sich jedoch ein Eingreifen Großbritanniens abzeichnete, versuchte man in Berlin, die Wiener Verbündeten zurückzuhalten, was jedoch nicht gelang. Am 28. Juli 1914 erklärte Österreich-Ungarn Serbien den Krieg und der I. Weltkrieg war damit nicht mehr abzuwenden. Dazu benötigte man jedoch die Unterstützung Deutschlands gegen die serbische Beschützermacht Russland. Das Deutsche Reich zögerte zunächst, stellte sich dann jedoch hinter Österreich, obwohl dem Reich durchaus bewusst war, dass es zu einem europaweiten Krieg kommen könnte, würden sich andere Großmächte in den Konflikt einmischen. Die Hoffnung, jene Staaten aus dem Streit heraushalten zu können, erwies sich als trügerisch. Als sich ein Eingreifen Großbritanniens zugunsten Serbiens abzeichnete, versuchte Berlin noch ohne Erfolg, die Wiener Verbündeten zurückzuhalten. Am 28. Juli 1914 erklärte Österreich-Ungarn Serbien den Krieg .

Der Erste Weltkrieg

Ein Konflikt zwischen Österreich und Serbien uferte aufgrund zahlreicher Bündnis-Verträge zum globalen Krieg aus, in dem in den Jahren von 1914-1918 insgesamt 32 Nationen verwickelt waren und der erst durch den Eintritt der USA entschieden werden konnte.

Wo sind die Ursachen zu suchen?

Die europäischen Nationen hatten Bündnisse miteinander geschlossen, die sie zur gegenseitigen Hilfe im Kriegsfall verpflichteten. Ziel war es, die Länder durch eine Art „Vertragsgeflecht" miteinander zu verbinden und auf diese Weise einen Krieg zwischen den einzelnen Staaten zu verhindern. Europa war 1914 politisch zweigeteilt: Den Mittelmächten mit **Deutschland**, **Österreich-Ungarn**, **Türkei**, **Bulgarien** und **Italien** stand die Entente aus **Frankreich**, **Russland**, **Großbritannien**, **Portugal** und weiteren Kleinstaaten gegenüber. Zusätzlich bildete Österreich mit

Franz Ferdinand mit seiner Frau Sophia

Deutsche Künstler und der Krieg

Der I. Weltkrieg beeinflusste das Werk vieler Künstler mehr als jeder andere internationale Konflikt. Besonders zu Beginn des Krieges überwogen patriotische Worte und Bilder. Viele Künstler meldeten sich freiwillig zum Kriegsdienst, um neue Inspirationen zu sammeln. Einige bezahlten diese Experimente mit ihrem Leben. **Max Beckmann** hatte sich freiwillig zum Sanitätsdienst gemeldet und begann seinen Kontakt mit den Opfern des Krieges künstlerisch zu verarbeiten. Im Sommer 1915 erlitt er aufgrund seiner Erlebnisse einen Nervenzusammenbruch. **George Grosz** zeichnete von Leichen übersäte Schlachtfelder. Der Bildhauer **Wilhelm Lehmbruck**, der sich ebenfalls freiwillig für den Dienst als Sanitätsgehilfe in einem Militärhospital gemeldet hatte, floh in die Schweiz. Den Krieg überlebt zu haben, brachte ihm jedoch keine Entlastung. 1919 beging er in seinem Berliner Atelier Selbstmord.

Italien und Deutschland den so genannten *Dreibund*.

Wie eskalierte der Konflikt?

Keiner der beteiligten Staaten begann den Krieg aufgrund eines Offensivbündnisses oder mit konkreten Eroberungsabsichten. Unmittelbarer Auslöser für den I. Weltkrieg war die Ermordung des österreichischen Thronfolgers **Franz Ferdinand** und seiner Gemahlin in **Sarajewo** am 28. Juni 1914. Der Täter, ein serbischer Student,

vertrat die Ziele der „*Schwarzen Hand*". Dieser Geheimbund vertrat die Forderung der im Süden der österreichischen Monarchie lebenden Serben, Kroaten und Slowenen, die für ihre Unabhängigkeit kämpften.

Wie reagierten die anderen Staaten?

Die europäischen Regierungen machten Serbien mitverantwortlich, da die Regierung die Geheimorganisation insgeheim duldete. Dieses antiserbische Klima nutzte Österreich aus und erklärte am 28. Juli Serbien den Krieg. Das Deutsche Reich stand als Bündnispartner bedingungslos hinter Österreich, was der Kaiser mit der Ausstellung des „Blankoschecks" am 6. Juli nochmals demonstriert hatte. Das „umzingelte" Deutschland wollte nicht seinen letzten Bündnispartner verlieren.

Was unternahmen die übrigen Bündnispartner auf beiden Seiten?

Österreich löste mit der Kriegserklärung eine Kettenreaktion aus: Am 30. Juli 1914 ordnete Zar **Nikolaus II.** die Gesamtmobilmachung in Russland an, woraufhin sich Deutschland am 1. August gezwungen sah, Russland ebenfalls den Krieg zu erklären, obwohl der deut-

Wilhelm II. (Mitte) mit den Generälen Hindenburg und Ludendorf

Die Lusitania-Katastrophe

Zur Jahrhundertwende hatten die großen Passagierdampferlinien finanzielle Probleme. Nur staatliche Subventionen ermöglichten noch Schiffsneubauten. Als Gegenleistung schlossen die Gesellschaften Transportverträge mit den Streitkräften ab. Im Frühjahr 1915 warnte das deutsche Konsulat die Amerikaner in Anzeigen vor Passagierfahrten nach Europa, die jedoch kaum beachtet wurden. Die Ladung des Passagierdampfers *„Lusitania"* bestand fast ausschließlich aus Kriegsmaterial, was jedoch erst nach Kriegsende bekannt wurde. Während seiner letzten Fahrt missachtete der Kapitän fünf geheime Admiralitätsanweisungen zum Fahrverhalten in gefährlichen Gewässern. Der deutsche U-Boot-Kapitän Schwieger schoss ohne Warnung auf das Schiff. Ein Torpedo löste mehrere Explosionen aus. Das Schiff sank in nur 18 Minuten.

sche Generalstab keinerlei Pläne für einen Krieg ausgearbeitet hatte. Darum griff man in Deutschland auf den so genannten *„Schlieffen-Plan"* aus dem Jahr 1905 zurück, der die komplette Unterwerfung Frankreichs innerhalb von sechs Wochen vorsah, um dann alle Kräfte an die Ostfront zu werfen und Russland so zu besiegen. Aufgrund dieses Planes fielen am 2. August 1914 die deutschen Truppen ohne of-

fizielle Kriegserklärung in Luxemburg ein.

Wie setzte Deutschland die Pläne um?

Um die Befestigungen an der französischen Ostgrenze zu umgehen, mussten die deutschen Truppen durch Belgien marschieren, woraufhin England das europäische Gleichgewicht gefährdet und seine Sicherheitsinteressen bedroht sah. Als Berlin ein Ultimatum aus London ignorierte, entschloss sich Großbritannien in der Nacht des 4. August, in den Krieg einzugreifen. Weitere Kriegserklärungen folgten. Nur die Türkei und Bulgarien kämpften aufseiten der Mittelmächte. Japan nutzte seine Chance und eroberte die deutschen

Kolonien in Asien. Aus der kleinen Krise zwischen Österreich-Ungarn und Serbien wurde ein Weltkrieg.

Hatten die Mittelmächte mit ihrer Taktik Erfolg?

Deutschland und Österreich-Ungarn hofften aufgrund ihrer militärischen Unterlegenheit auf eine rasche Lösung des Konflikts. Mit einem schnellen Bewegungskrieg wollte man die Alliierten überrumpeln, doch schon der Frankreichfeldzug scheiterte. Der Bewegungskrieg erstarrte zum Stellungskrieg. Von den Alpen bis zur Nordseeküste existierte Ende 1914 eine durchgehende Frontlinie, an der sich die feindlichen Einheiten in schwer überwindbaren Befestigungen gegenüberlagen. In der *„Hölle von Verdun"* starben allein 338.000 deutsche und 364.000 französische Soldaten. Größere deutsche Offensiven, v. a. im Jahr 1918, blieben erfolglos und brauchten die letzten

Reserven auf. Die Gegenoffensive der Alliierten zwang die deutschen Truppen zum Rückzug.

Wie sah die Situation an der Ostfront aus?

Österreich-Ungarn führte gegen Russland und Serbien einen *Zweifrontenkrieg*. Eine erste russische Offensive konnte erst in den Karpaten gestoppt werden. Wegen fehlender deutscher Truppen erzielte Russland im Osten zwar große Geländegewinne, die Gegenoffensive konnte aber dennoch abgewehrt werden. Der daraufhin startende deutsche Gegenschlag endete bereits im Oktober 1915. Nun entstand auch im Osten eine geschlossene Front. Nach weiteren deutschen Erfolgen und der Revolution in Russland kam es im Dezember 1917 zum Waffenstillstand und im März 1918 zum *Frieden von Brest-Litowsk* zwischen Sowjetrussland und den Mittelmächten.

Fakten

- Mit dem I. Weltkrieg ging im Jahr 1914 eine 43 Jahre lange Friedensperiode in Mitteleuropa zu Ende.
- Die *Schlacht von Langemarck*, bei der die deutsche Führung tausende von jungen Rekruten in den Tod schickte, erhielt von den englischen Soldaten den Beinamen *„The Kindermord"*.
- US-Präsident **Thomas Woodrow Wilson** hielt Schafe rund ums Weiße Haus. Dadurch sollten die Gärtner für den Militärdienst im I. Weltkrieg freigestellt werden. Die „Wolle des Weißen Hauses" wurde dem Roten Kreuz gespendet.
- Der I. Weltkrieg forderte ca. 13,5 Mio. Opfer. Eine Grippeepidemie kurz danach raffte 20 Mio. Menschen dahin.

Propaganda

In Deutschland war die Oberste Heeresleitung auch mit Propagandaaufgaben befasst. Im Gegensatz zu dem antideutschen Feindbild, das die Alliierten verbreiteten, erschien die Bildsprache der Deutschen fast harmlos. Plakate, die für Kriegsanleihen warben, wurden überhaupt erst seit 1917 bildlich gestaltet. Auf ihnen waren Bilder deutscher Soldaten zu sehen mit der Aufforderung, Kriegsanleihen zu zeichnen. In den öffentlichen Medien fanden sich dagegen Bilder, die den Feind lächerlich machten und den Eindruck militärischer Überlegenheit vermittelten. So wurden die Russen als stets betrunkene, ungewaschene und ungebildete Analphabeten karikiert, angeführt von einem verlausten Zar **Nikolaus II.**

Wie machte sich das Eingreifen der Türkei im Süden bemerkbar?

Dank der türkischen Unterstützung konnte Deutschland seine Stellungen im Südosten in den ersten Jahren erfolgreich verteidigen. Auch der Kriegseintritt Italiens führte an der *Alpenfront* nur zu geringen Problemen. Erst 1918, Deutschland hatte u. a. Rumänien erobert, brach die *Balkanfront* zusammen und die britisch-französischen Truppen rückten vor. Die Niederlage der Mittelmächte stand kurz bevor.

Konnte die deutsche Marine entscheidend eingreifen?

Am 7. Mai 1914 torpedierte ein deutsches U-Boot das englische Fahrgastschiff „*Lusitania*", woraufhin 1198 Passagiere den Tod fanden. Die-

Zar Nikolaus II. mit seiner Familie

ses Ereignis war der Startschuss für den *U-Boot-Krieg*. Dieser von Deutschland mit

Waffenstillstandsabkommen in einem Bahnwaggon im Wald bei Compiègne

illusionären Erwartungen begonnene Seefeldzug fügte dem Gegner zwar materielle Verluste zu, führte aber zum kriegsentscheidenden Eintritt der USA in Europa. Die deutsche Schlachtflotte kam nur in der *Schlacht am Skagerrak* 1916 zum Einsatz.

Welche Auswirkungen hatte der Kriegseintritt der USA?

Am 6. April 1917 erfolgte der lang erwartete Kriegseintritt der USA aufseiten der Entente. Dieser besiegelte wegen des frischen Nachschubs an Material und Truppen endgültig das Schicksal der Mittelmächte. An der Westfront standen Mitte 1918 etwa 1,8 Mio. US-Soldaten den dezimierten deutschen Verbänden gegenüber. Als 500 britische Panzer am 8. August die Front durchbrachen und da-

bei sieben deutsche Divisionen vernichteten, stand die Niederlage des Deutschen Reiches fest. Doch es dauerte noch bis zum 29. September 1918, ehe die Reichsregierung um Waffenstillstandsverhandlungen bat.

Unter welchen Bedingungen wurde der Waffenstillstand vereinbart?

Am 11. November 1918 unterzeichnete der Zentrumspolitiker **Matthias Erzberger** im Wald von **Compiègne** ein Waffenstillstandsabkommen, in dem die Mittelmächte bedingungslos kapitulierten. Neben den besetzten Gebieten musste Deutschland im Westen das gesamte linke Rheinufer räumen, das von den Alliierten besetzt wurde. Rechts des Rheins wurde eine 35 km breite entmilitarisierte Zone geschaffen.

Das Ende des 1. Weltkrieges brachte für das Deutsche Reich bedeutende territoriale Verluste. Aber auch in den weiterhin zum Reich gehörenden Gebieten gab es mehrere separatistische Bewegungen, die für weitere Unruhen sorgten.

Was ist Separatismus?

Mit Separatismus ist eine Bewegung gemeint, die sich um die Abspaltung eines bestimmten Gebietes von dem bisherigen Land bemüht. Gewünscht wird dabei entweder eine föderative Sonderrolle, eine eigene staatliche Souveränität oder der Anschluss an ein anderes Land.

Wieso kam es nach dem I. Weltkrieg verstärkt dazu?

Der amerikanische Präsident **Thomas Woodrow Wilson** hatte bei Kriegseintritt Amerikas das Selbstbestimmungsrecht der Völker zu einem entscheidenden Kriterium für eine territoriale Neuordnung nach Ende des Krieges erhoben. Daher erhofften sich in einigen Ländern bestimmte Volksgruppen, bei ihrem Streben nach Unab-

Lenin spricht vor dem Volk.

hängigkeit davon zu profitieren. Doch sahen die Völker nach dem Ende des Weltkrieges ihr Selbstbestimmungsrecht nur teilweise verwirklicht. Zwar wurde der Vielvölkerstaat **Österreich-Ungarn** in verschiedene selbstständige Länder aufgelöst und das **Deutschen Reich** musste einige Gebiete mit fremden Bevölkerungsgruppen abtreten, doch von einer konsequenten Umsetzung konnte nicht die Rede sein. Viele legitime Wünsche wurden auch bewusst ignoriert.

Welche Gebiete musste das Reich abgeben?

Im *Versailler Vertrag* gaben die Siegermächte des I. Welt-

krieges Deutschland die Alleinschuld für den Ausbruch des Krieges. Neben Reparationen und einer Verpflichtung zur Abrüstung musste die junge *Weimarer Republik* verschiedene Gebiete an andere Länder abtreten. Zum einen teilten die Siegermächte die deutschen Kolonien unter sich auf. Zum anderen wurde Deutschland an den meisten Grenzen territorial beschnitten. Im Westen ging **Elsass-Lothringen** an Frankreich. Die Gebiete um die Städte **Eupen** und **Malmedy** gehörten seit Versailles zum belgischen Staatsgebiet. Der Nordteil **Schleswigs** wurde dänisch. Das **Memelgebiet** ging an Litauen. **Westpreußen**, **Posen** und einen

Thomas W. Wilson

Teil **Oberschlesiens** ver- leibte sich Polen ein. In einigen dieser vom Reich abgetrennten Gebiete gab es anschließend auch separatistische Bewegungen, die entweder das Ziel hatten, einen unabhängigen Staat zu schaffen oder „heim ins Reich" geholt zu werden.

Gab es innerhalb des Reiches Separatismus?

Auch innerhalb des Deutschen Reiches gab es starke separatistische Strömungen: Die Sorben in der Lausitz bemühten sich um eine Abspaltung von Deutschland. Als slawisches Volk wünschten sie einen Anschluss an die Tschechoslowakei. Auch im Rheinland gab es Abspaltungswünsche. Frankreichs Bemühungen um eine Anne-

Versailler Vertrag: L. George, Orlando, Clemenceau und Wilson

xion des linksrheinischen Deutschland waren allerdings in Versailles am britischen und amerikanischen Einfluss gescheitert. Umso lebhafter setzte Paris nun auf den rhei-

---

1923 – erstes Krisenjahr der Republik

1923 erlebte die junge Republik ihre bis dahin schwerste innenpolitische Krise. Frankreich hatte wegen schleppender Zahlungen der deutschen *Reparationen* das **Ruhrgebiet** besetzt. Der von der Reichsregierung ausgerufene passive Widerstand führte zu einer Verstärkung der wirtschaftlichen und finanziellen Probleme. Der deutsche Staat antwortete mit einer erhöhten Betätigung der Notenpresse, was wiederum eine galoppierende Inflation und in der Folge weiteres soziales Elend verursachte. Dies veranlasste zahlreiche extreme politische Gruppierungen zu Putschversuchen von links und rechts; dazu zählte auch der gescheiterte *Hitler-Ludendorff-Putsch* in **München**. Zu den Putschisten kamen dann noch die Separatisten, die hofften, die aktuelle Schwäche der Republik für ihre Ziele ausnutzen zu können.

---

nischen *Separatismus*. Dieser war begründet in der traditionellen Aversion der Rheinländer gegen das protestantische Preußen. Das Ziel war ein rheinischer Freistaat. Ein Flügel dieser Bewegung wollte den rheinischen Freistaat jedoch trotz enger Bindung an Frankreich innerhalb des Reiches belassen, ein anderer verfolgte die komplette Trennung. Zu Ersterem gehörte der Kölner Oberbürgermeister **Konrad Adenauer**, ein prominenter Zentrumspolitiker, der 1919 und 1923 in dieser Richtung aktiv wurde. Er exponierte sich allerdings nicht so stark wie der andere Flügel, der auf dem Höhepunkt der Bewegung, im Oktober und November 1923, eine „Rheinische" und eine „Pfälzer Republik" proklamierte, die von der Mehrheit der Bewohner der betreffen-

den Gebiete aber entschieden abgelehnt wurden. In drei Aufständen zwischen August 1919 und Mai 1921 versuchten polnische Nationalisten, ganz Oberschlesien an Polen anzuschließen. Der dritte Aufstand, in den auch aus der polnischen Armee beurlaubte Soldaten verwickelt waren, endete mit dem Sieg eines insgeheim von der Reichswehr unterstützten deutschen Freikorps am 23. Mai 1921 am **Annaberg**. Im Freistaat Bayern kam es zu einer besonderen Form des Separatismus. Seit dem gescheiterten *Kapp-Putsch* von 1920 baute hier eine stark rechtsgerichtete Regierung eigene paramilitärische Strukturen auf und akzeptierte Teile der Reichsgesetzlichkeit nicht. Bestimmte Weisungen aus der Reichshauptstadt Berlin wurden einfach nicht umgesetzt.

Nach der russischen Revolution im Februar 1917, die zur Abdankung von Zar Nikolaus II. führte, folgte ein halbes Jahr später die berühmte Oktoberrevolution, durch die das bolschewistische Regime in Russland begründet wurde.

Wann genau fanden die Revolutionen statt?

Laut dem in Russland geltenden *julianischen Kalender* brach die **Februarrevolution** am 23. Februar1917 aus, was nach unserer Zeitrechnung (*gregorianischer Kalender*) dem 3. März entsprach. Auch die **Oktoberrevolution** ist eigentlich eine Novemberrevolution: Sie begann am 25. Oktober 1917 bzw. 7. November in **Petrograd** (St. Petersburg) und am 30. Oktober bzw. 12. November in **Moskau**.

Oktoberrevolution in St. Petersburg

Was waren die Gründe für die Revolutionen?

In den Jahren und Jahrzehnten vor den beiden Revolutionen war Russlands Geschichte immer wieder bestimmt von krassen Gegensätzen. Seit der Niederlage im *Russisch-Japanischen Krieg*

Nikolaus II.

1905 ging es dem Land immer schlechter, der Unterschied zwischen Arm und Reich wurde jedoch immer größer. Hungersnöte führten zu Aufständen, die der Zar blutig niederschlagen ließ. Reformen hatten nur Alibifunktion, verschlimmerten die Situation sogar. Auch das vom autokratisch herrschenden Zar eingesetzte Parlament, die *„Duma"*, durfte nur beraten, nicht aber der Bevölkerung wirklich helfen. Die Bauern waren zwar 1861 befreit worden, doch hohe Steuern und die ihnen zugewiesenen unrentablen Ackerflächen sorgten wieder für Ab-

hängigkeit von Großgrundbesitzern. Und während sich die Zahl der Industriearbeiter um das Zehnfache erhöhte, hinkte Russland bei der Industrialisierung den westlichen europäischen Staaten um mehrere Jahrzehnte hinterher. Zwar gab es bereits um die Jahrhundertwende oppositionelle Gruppen, die gegen die Zarenherrschaft waren, einzeln aber nichts unternehmen konnten. Jahre später schlossen sich die Gruppen zusammen, die russische Revolutionsbewegung kam langsam in Fahrt. Arbeiter in den Städten formierten sich zu so genannten *Sowjets*, den Arbeiterräten. Revolutionäre Ideen wie die von **Lenin** verbreiteten sich über das ganze Land und so brachten die stetigen Gegensätze das Fass zum Überlaufen.

Warum ging der Oktoberrevolution noch eine weitere Revolution voraus?

Die *Februarrevolution* war eine Art „Durchgangsstation" für die eigentliche Revolution im Oktober und wurde ausgelöst durch eine neuerliche Hungersnot und die aussichtslose Lage der russischen Armee im I. Weltkrieg. Im ganzen Land gab es Demonstrationen, Streiks und Aufstände. Streikende Arbeiter und zwei Zarenregimenter in Petrograd (St. Petersburg) verbündeten sich und gründeten, nachdem Zar **Nikolaus II.** unter dem Druck der Armee abgedankt hatte, die *provisorische Regierung*. Diese und das nach zaristischem Recht gewählte Parlament bedeuteten für Russland aber eine derart instabile Doppelherrschaft, dass es nur eine Frage der Zeit war, bis auch diese unbefriedigende Situation „geklärt" werden musste.

Wie kam es zur Oktober-Revolution?

Die *provisorische Regierung* vertrat die Ziele einer bürger-

Vladimir I. Lenin

Lenin als Wegbereiter

Der deutschen Heeresleitung war es zu verdanken, dass **Lenin (Wladimir Iljitsch Uljanov)** aus seinem schweizerischen Exil nach Petrograd zurückkehren konnte – so erhoffte man sich „revolutionäre Tendenzen" und den Rückzug Russlands aus dem Kriegsgeschehen. Lenin hatte die marxistische Gesellschaftstheorie auf sein Heimatland übertragen und sie weiterentwickelt: Nicht durch spontane Aktionen der Arbeiter beginne eine Revolution, sondern sie werde durch eine ganze Gruppe von bürgerlichen Intellektuellen vorbereitet, die sich von ihrer Klasse gelöst haben – ein friedlicher Übergang zum Sozialismus sei undenkbar. Nach seiner Rückkehr im April 1917 hielt Lenin in Petrograd seine berühmte Rede *„Über die Aufgaben des Proletariats in der gegenwärtigen Revolution"*, in der er dazu aufrief, die *provisorische Regierung* zu bekämpfen, damit die Sowjets die Macht übernehmen konnten.

lichen Revolution, u. a. Demokratie und Parlamentarismus. Viele *Marxisten* sahen daher ihre Idee der proletarischen Revolution schwinden, da sie eine lange Periode der bürgerlich-kapitalistischen Ideen vermuteten. Die *Bolschewisten* dagegen trieben ihr Ziel noch weiter voran: Lenin und **Trotzki** vertraten die Auffassung, dass die bürgerliche Revolution in die proletarische münden und eine *Weltrevolution* auslösen werde – als *„permanente Revolution"*.
Ende Oktober (Anfang November) war es dann so weit: Unter der Führung von Trotzki stürmten *Bolschewiki* und Arbeitermilizen Petrograd und stürzten die Regierung.

Leo Trotzki

Am Tag darauf wählte der Sowjetkongress den *„Rat der Volkskommissare"*, der sozusagen aus den einzelnen Ministern bestand – Lenin als Vorsitzender des Rates, Trotzki als Außenminister.
Aufgrund von Krisen im In- und Ausland traten die leninistischen Ziele jedoch zunehmend in den Hintergrund.

Bürgerkrieg im Anschluss an die Oktoberrevolution von 1917 in Russland zwischen den „roten" Bolschewisten und den „weißen" antibolschewistischen Kräften des Landes, die letztendlich der „Roten Armee" unterlagen.

Warum gab es den Bürgerkrieg?

Die Ursachen des Krieges lagen zum einen in der Machtübernahme der *Bolschewisten* nach der Revolution und zum anderen im Nationalitätenproblem im ehemaligen Zarenreich. **Wladimir I. Lenin** hatte am 17. November 1917 allen dortigen Völkern das Recht auf Selbstbestimmung zugestanden, woraufhin **Finnland**, **Armenien**, **Georgien**, die **baltischen Provinzen**, **Polen** und die **Ukraine** ihre Unabhängigkeit erklärten. Nach dem Abzug der deutschen Truppen in Folge des *Waffenstillstands von Com-*

Jossif Stalin

piègne am 11. November 1918 sahen diese Länder ihre Unabhängigkeit wieder bedroht.

Welche Kräfte wirkten im Bürgerkrieg?

Die Bolschewisten hatten anfangs nur das Zentrum des europäischen Russlands unter ihrer Kontrolle. In Westsibirien regierte Admiral **Aleksandr W. Koltschak** als Diktator, der mit der sozialrevolutionären Regierung in Samara verbündet war. Die antibolschewistischen Kräfte herrschten im Baltikum unter General **N. N. Judenitsch** und in der Ukraine und im Süden Russlands dominierte General **Anton I. Denikin** mit den *Donkosaken*.

Stichwort: Kriegskommunismus

Im *Russischen Bürgerkrieg* herrschte der nachträglich so genannte Kriegskommunismus, mit dem Lenin die gesamte Produktion und Verteilung der Güter zwar in den Dienst des Krieges stellte, jedoch gleichzeitig bemüht war, seine wirtschafts- und gesellschaftspolitischen Zielvorstellungen umzusetzen. Dieser Spagat gelang nur mit mäßigem Erfolg und führte in der Folge zu Hungersnöten, Unruhen und Aufständen. Im März 1921 schließlich, wurde der Kriegskommunismus durch die *NEP*, die *Neue Ökonomische Politik*, ersetzt. **Jossif Stalin** führte das Prinzip jedoch später wieder ein.

Wladimir I. Lenin

1870	Am 22. April wird **Lenin** als **Wladimir Iljitsch Uljanow** in Simbirsk geboren.
1887	Lenin schließt sich der revolutionären Bewegung an, nachdem sein Bruder hingerichtet wurde, und studiert Jura in Samara
1893	Umzug nach St. Petersburg und Kontaktaufnahme zu führenden Sozialdemokraten
1895	Mitbegründer des *„Kampfbund zur Befreiung der Arbeiterklasse"*
1895	Wegen politischer Agitation wird Lenin für die nächsten fünf Jahre verbannt
1900	Im Exil stellt er sein Konzept einer revolutionären Kaderpartei vor und nennt sich von nun an Lenin
1903	Auf einem Parteikongress in London kann Lenin sein Konzept durchsetzen. Die Partei spaltet sich daraufhin. Nun existieren Lenins *Bolschewisten* und **Martows** *Menschewiken*
1905	Lenin opponiert gegen den Zaren und muss erneut ins Exil
1912	Lenin gründet die *Prawda*, die Bolschewisten werden eine eigenständige Partei mit **Jossif W. Stalin** im Zentralkomitee
1914	Lenin geht für drei Jahre in die Schweiz
1917	Unterstützt von der deutschen Regierung, die sich eine innere Schwächung Russlands erhofft, kehrt Lenin nach Russland zurück
1917	Der so genannte *Juliaufstand* scheitert und Lenin flieht nach Finnland
1917	Die Oktoberrevolution bringt die Bolschewiken und Lenin an die Macht
1918	Die Bolschewisten bauen ihre Macht aus. Die Opposition wird streng unterdrückt
1918	Gegen starke innerparteiliche Widerstände schließt Lenin den Friedensvertrag mit dem Deutschen Reich
1918	Der *Russische Bürgerkrieg* beginnt
1921	Der *Russische Bürgerkrieg* endet
1922	Lenin erleidet zwei Schlaganfälle und warnt seine Partei vor Jossif Stalin
1923	Lenin erleidet einen weiteren Schlaganfall
1924	Am 21. Januar stirbt Lenin in Gorki

Wie behauptete sich die Rote Armee im Bürgerkrieg?

Die bolschewistische *Rote Armee* konnte im Frühjahr 1919 nach dem Abzug der deutschen Truppen die Ukraine erobern und gründete dort die *Ukrainische Sozialistische Sowjetrepublik*. In der Folgezeit waren die Bolschewisten damit beschäftigt, ihre Grenzen zu sichern und Angriffe aus dem Süden und dem Westen abzuwehren. Da die Seite der *„Weißen"* aus vielen verschiedenen Interessensgruppen bestanden, konnte die einheitliche Seite der *„Roten"* jedoch ihre Stellung behaupten.

Wie ging der Krieg zu Ende?

Nachdem die Rote Armee ein Jahr zuvor Polen zuerst erobert und direkt wieder verloren hatte, war sie im Jahr 1921 schließlich in Georgien siegreich, das nun zur *Transkaukasischen Sozialistischen Föderativen Sowjetrepublik* wurde. Im Verlauf des folgenden Jahres brachten die Bolschewisten auch den übrigen Osten Russlands unter ihre Kontrolle und verfügten schließlich über ein Gebiet, wie es zuletzt unter dem Zaren bestanden hatte.

Die Novemberrevolution

Der Erste Weltkrieg führte letztlich zum Untergang der Monarchie in Deutschland. Am 9. November 1918 wurde in Deutschland mit Unterstützung der Armee die Republik ausgerufen, was ein Jahr später zur Weimarer Verfassung führte.

Wie kam es zu der Revolution?

Schon Ende September 1918 war der *Obersten Deutschen Heeresleitung* bewusst, dass der I. Weltkrieg nicht mehr gewonnen werden konnte. Da die alliierten Gegner nur mit demokratisch legitimierten Politikern verhandeln wollten, forderte General **Erich Ludendorff** die sofortige Bildung eines Parlaments. Am 29. Oktober 1918 meuterten dann Matrosen in **Kiel** und **Wilhelmshaven**, um nicht auf eine Selbstmordmission gegen die Briten auslaufen zu müssen. Wie ein Lauffeuer weitete sich der *Matrosenaufstand* innerhalb weniger Tage über ganz Deutschland aus. Anfangs von Soldaten und Matrosen ausgetragen wurde aus der Meuterei schließlich ein Aufstand der Arbeiter, die die sofortige Abdankung Kaiser **Wilhelms II.** forderten.

Verlief die Revolution blutig?

Als am Morgen des 9. Novembers die *Revolution* die Reichshauptstadt Berlin erreichte, gab es niemanden, der gegen die Berliner Arbeiter, die zu Hunderttausenden in gewaltigen Demonstrationszügen durch die Stadt zo-

Friedrich Ebert

gen, antreten wollte. Die einzigen Soldaten, die zu diesem Zeitpunkt in Berlin stationiert waren, bekundeten ihre Sympathie mit den Demonstranten und schlossen sich ihnen an. In den kommenden Wochen sollte es jedoch unter den siegreichen Revolutionären noch zu kurzen, aber blutigen Machtkämpfen kommen.

Dankte der Kaiser freiwillig ab?

Reichskanzler **Max von Baden** erklärte zur Beruhigung der revoltierenden Massen eigenmächtig den Thronverzicht des Monarchen, obwohl dieser sich trotz der aussichtslosen Lage nicht dazu bereit erklärt hatte. Von Baden log nicht nur, sondern brach anschließend auch die Verfas-

---

Trommeln in der Nacht

Nach dem Austritt der USPD aus der Regierung und der Gründung der **Kommunistischen Partei Deutschlands (KPD)** am 1. Januar 1919 erhob sich der Spartakusbund vom 5.–12. Januar in Berlin. **Bertolt Brecht** hat die Geschehnisse dieser Zeit in seinem Roman *„Trommeln in der Nacht"* verarbeitet. Aufgrund einer fehlenden Strategie konnten sich die anfangs überlegenen Spartakisten nicht durchsetzen und wurden zurückgeschlagen. Karl Liebknecht und Rosa Luxemburg wurden daraufhin am 15. Januar 1919 ermordet. Obwohl in den nächsten Monaten weiterhin bürgerkriegsähnliche Unruhen herrschten, gelang schließlich die Verabschiedung einer demokratischen Verfassung in Weimar.

sung, als er dem Parteivorsitzenden der Sozialdemokratischen Partei Deutschlands (SPD), **Friedrich Ebert**, das von ihm geforderte Amt des Reichskanzlers übergab. Eigentlich hätte dies nur der Kaiser selbst tun können.

Was hatte Friedrich Ebert im Sinn?

Ziel der sozialdemokratischen Führung war es, unter allen Umständen zu vermeiden, dass der bislang unblutige Umsturz wie die russische Oktoberrevolution zu einem Bürgerkrieg ausartete. Neben den Überresten der alten staatlichen Gewalten gab es nämlich noch die Reichstagsmehrheit aus *Sozialdemokraten*, *Zentrum* und *Linksliberalen* und schließlich die heterogene Sammlung linksrevolutionärer Gruppen, denen der *Spartakusbund* unter **Rosa Luxemburg** und **Karl Liebknecht** vorstand. Denn gerade Letztgenannte waren gegen eine parlamentarische Demokratie und für die Bildung einer sozialistischen Räterepublik.

Welcher Seite schloss sich das Militär an?

Am 10. November bildeten **SPD** und **USPD** den *Rat der Volksbeauftragten* und die *Vollversammlung der Berliner Arbeiter- und Soldaten-*

Dreifaches Ausrufen der Republik

Philipp Scheidemann (1865–1929) war SPD-Mitglied und gehörte dem Rat der Volksbeauftragten an. Am 9.11.1918 rief er gegen 14 Uhr vom Balkon des Berliner Stadtschlosses die Republik aus. Ein Jahr später wurde er dann Reichskanzler. Auch **Karl Liebknecht** (1871–1919), der zusammen mit **Rosa Luxemburg** (1870–1919) den *Spartakusbund* anführte und ein Mitbegründer der KPD war, proklamierte um 16 Uhr im Berliner Lustgarten die freie sozialistische Republik. Keiner Uhrzeit kann man den Tagesbefehl des Chefs der Obersten Deutschen Heeresleitung, Generalfeldmarschall **von Hindenburg**, zuordnen, der dem deutschen Feldheer am folgenden Tag übermittelt wurde und ebenfalls die Gründung einer Republik bekannt gab.

---

räte bestätigte noch am selben Tag diese provisorische Regierung. Nachdem auch die *Oberste Deutsche Heeresleitung* eine Loyalitätserklärung gegenüber der neuen Regierung abgegeben hatte, standen der parlamentarischen Demokratie kaum noch Hindernisse im Weg. Der *Reichskongress* entschied dann auch Mitte Dezember 1918 mit überwältigender Mehrheit für die Wahl einer Nationalversammlung. Das Motto der Spartakisten *„Alle Macht den Räten"* ging unter, was einige linksradikale Kräfte nicht wahrhaben wollten.

Wann und warum schied die USPD aus der Regierung aus?

Zu Weihnachten 1918 musste die neue Regierung unter Zuhilfenahme der ehemals kaiserlichen Armee Angriffe von Linksradikalen abwehren, worauf die Vertreter der USPD am 28. Dezember 1918 empört den Rat der Volksbeauftragten verließen. Am 1. Januar wurde dann offiziell von den Vertretern der USPD die **Kommunistische Partei Deutschlands** ausgerufen.

Was hat der Freistaat Bayern mit der Revolution zu tun?

Kurt Eisner war 1917 einer der Mitbegründer der Unabhängigen Sozialdemokratischen Partei Deutschlands (USPD), rief am 7. November 1918 den *„Freistaat Bayern"* aus und wurde am folgenden Tag zum bayerischen Ministerpräsidenten ernannt. Die Übernahme der Macht durch revolutionäre Räte vollzog sich auch in Bayern ohne Gegenwehr des Monarchen König **Ludwig III.**

Die Weimarer Verfassung

Auf der Basis eines Entwurfs des liberalen Staatsrechtlers Hugo Preuß verabschiedete die Nationalversammlung nach hitzigen Debatten am 31. Juli 1919 die Verfassung der Weimarer Republik, die am 14. August in Kraft trat.

Was war die Weimarer Verfassung überhaupt?

Die **Weimarer Verfassung** war die erste parlamentarisch-demokratische Verfassung Deutschlands, nachdem sich das *Deutsche Reich* nach dem I. Weltkrieg im Jahr 1919 als parlamentarische Republik konstituiert hatte.

War man von der Weimarer Verfassung anfangs überzeugt?

Die Weimarer Verfassung war als Kompromiss zwischen der *Sozialdemokratischen Partei Deutschlands* (*SPD*) und den bürgerlichen Koalitionspartnern, der *Deutschen Demokratischen Partei* (*DDP*) und de *Zentrum* entstanden. Mit

262 zu 75 Stimmen war die *Reichsverfassung* im Juli 1919 von der in Weimar tagenden verfassungsgebenden Nationalversammlung verabschiedet worden. Allerdings waren zahlreiche Abgeordnete der Koalitionsparteien aus Protest gegen den „Kompromisscharakter" der Abstimmung ferngeblieben.

Was war die Nationalversammlung?

Die aus den Wahlen vom 19. Januar 1919 hervorgegangene Nationalversammlung trat am 6. Februar zu ihrer konstituierenden Sitzung zusammen. Zu ihren Aufgaben zählte die Etablierung einer provisorischen Zentralgewalt. Aufgrund massiver militäri-

schen Drucks stimmte die Nationalversammlung am 23. Juni 1919 dem *Versailler Vertrag* zu. Die Regierung **Scheidemann** war vor der Abstimmung aus Protest gegen den Vertrag zurückgetreten. Nach den Reichstagswahlen vom 6. Juni 1920 trat dann der Reichstag an die Stelle der Nationalversammlung.

Wie sah die Struktur dieser ersten parlamentarischen Demokratie aus?

Der auf vier Jahre nach allgemeinem, gleichem und geheimem Wahlrecht gewählte Reichstag übte die Gesetzgebung, das Budgetrecht und die Kontrolle der *Exekutive* aus. Die Reichsregierung war vom Vertrauen des Reichstags abhängig. Als starkes Gegengewicht zum Reichstag wurde das Amt des Reichspräsidenten mit weit reichenden Befugnissen ausgestattet. Der auf sieben Jahre durch Direktwahl des Volks gewählte Reichspräsident besaß das Recht zur Reichstagsauflösung. *Artikel 48* der Verfassung gab ihm das Recht, bei Gefährdung der öffentlichen

Unterzeichnung des Versailler Friedensvertrages

Hugo Preuß

28. Oktober 1860	**Hugo Preuß** wird als Sohn eines jüdischen Kaufmanns in Berlin geboren.
ab 1878	Studium der Rechts- und Staatswissenschaften in Berlin und Heidelberg.
1889	Nach der Habilitation Privatdozent für Staatsrecht an der Berliner Humboldt-Universität
1895	Stadtverordneter in Charlottenburg.
1906–1918	Professur an der Handelshochschule Berlin.
1910–1918	Preuß vertritt die Fortschrittliche Volkspartei als ehrenamtlicher Stadtrat in Charlottenburg.
15. November 1918	Preuß wird zum Staatssekretär des Innern berufen und vom Rat der Volksbeauftragten mit der Ausarbeitung eines Verfassungsentwurfs beauftragt.
1918/19	Gründungsmitglied der *Deutschen Demokratischen Partei* (*DDP*)
Februar 1919	Preuß wird Reichsinnenminister der ersten Regierung der Weimarer Republik, die aber wegen der Annahme des Versailler Vertrags bereits im Juni wieder zurücktritt.
21. Juni 1919	Ernennung zum Reichskommissar für Verfassungsfragen.
11. August 1919	Die maßgeblich von Preuß erarbeitete Verfassung der Weimarer Republik tritt in Kraft.
1919–1925	Abgeordneter des Preußischen Landtags.
1924/25	Gründungsmitglied des Republikanischen Reichsbundes
9. September 1925	Hugo Preuß stirbt in Berlin.
1926	Eine Sammlung seiner wichtigsten Schriften wird postum von **Theodor Heuss** herausgegeben.

Sicherheit den Ausnahmezustand zu verhängen und Notverordnungen zu erlassen.

Welche Unterschiede und Ähnlichkeiten besaß die Weimarer Verfassung zum Grundgesetz?

Im Unterschied zum *Grundgesetz* der Bundesrepublik Deutschland wurden die Parteien in der Weimarer Verfassung verfassungsrechtlich nicht als Teil der politischen Willensbildung anerkannt. Allerdings waren als klassische bürgerliche Grund- und Freiheitsrechte die Rechtsgleichheit, Freiheit der Person, das Recht der freien Meinungsäußerung, Petitionsrecht, die Versammlungsfreiheit sowie die Glaubens- und Gewissensfreiheit in die Weimarer Verfassung mit aufgenommen.

Wie lange war die Weimarer Verfassung in Kraft?

In den zehn Jahren bis 1929 hatte sich der Kompromiss zwischen den drei Koalitionsparteien zum größten Teil aufgezehrt. Im März 1930 schließlich zerbrach die *Große Koalition* und die Zeit der Präsidialkabinette begann. Nach der Machtübernahme der *Nationalsozialisten* 1933 besaß das „Führerwort" Gesetzeskraft. Durch die Reichstagsbrandverordnung und das Ermächtigungsgesetz ausgehöhlt und institutionell vollkommen irrelevant existierte die Weimarer Verfassung bis zur deutschen Kapitulation im II. Weltkrieg am 8. Mai 1945 allerdings formal weiter.

Die goldenen Zwanziger

Populäre Bezeichnung für die Entwicklung Deutschlands in der Zeit von 1924 bis 1929, nach dem Ende der deutschen Isolation, während der sowohl Wirtschaft als auch Kultur und Gesellschaft einen immensen Aufschwung genossen.

Was waren die Voraussetzungen für die „goldenen Zwanziger"?

Ein sehr wichtiger Faktor war die Politik von Außenminister **Gustav Stresemann**. Ihm gelang es, Deutschland aus der Isolation zu befreien, in die das Land nach dem I. Weltkrieg geraten war. Mit Russland unterschrieb er 1922 beispielsweise den *Ra-*

Gustav Stresemann

pallovertrag, in dem sich beide Seiten zum gegenseitigen Schuldenverzicht und zur Wiederaufnahme von Handelsbeziehungen bereit erklärten. Mit den *Verträgen von Locarno* wurden die Beziehungen zu Frankreich verbessert. Ein weiterer wichtiger Faktor war der 1924 angenommene *Dawesplan*. Er regulierte die im *Versailler Vertrag* festgelegten Reparationszahlungen und folgte dabei dem Grundsatz, dass sich Deutschland zuerst wirtschaftlich stabilisieren sollte, bevor weitere Reparationen zu leisten seien. Diese politischen Faktoren waren Grundvoraussetzung dafür, dass sich Deutschland wieder in das europäische Leben eingliedern konnte.

Plakat für Charleston

Wie kam es zum wirtschaftlichen Aufschwung Deutschlands?

Mit dem Dawesplan wurden Deutschland auch Auslandskredite in Millionenhöhe gewährt. Mit der Währungsreform und der Einführung der Rentenmark wurde die Geldentwertung gestoppt. 1924 wurde schließlich die *Reichsmark* eingeführt. Durch diese Maßnahmen, insbesondere durch die Kredite, wurden wieder Investitionen in die Industrie möglich. Die *Wirtschaft* wurde angekurbelt und blühte auf. Es begann der Siegeszug des Automobils. Zeitgleich wurde die erste *Autobahn* von Köln nach Bonn gebaut. In sämtlichen Bereichen der Industrie wurden Modernisierungen vorgenommen, so wurde nun in vielen

Neben all den positiven Entwicklungen gab es auch *Schattenseiten*, die aber aufgrund der neuen Euphorie kaum wahrgenommen wurden. Durch die Einführung des Fließbandes in den Fabriken wurden viele Menschen arbeitslos. Zwar gab es Unterstützung für Arbeitslose, da die Versicherungsbeiträge jedoch sehr gering waren, war auch die Arbeitslosenhilfe äußerst dürftig. Zudem stieg die Kriminalität rasant an. Besonders Jugendliche begingen immer mehr Straftaten, da sie von Armut und Zukunftsangst geplagt waren. Auch die Frauenbewegung machte in dieser Zeit so gut wie keine Fortschritte.

Betrieben am *Fließband* gearbeitet. Dies wiederum ermöglichte *Massenproduktion* zu niedrigen Preisen. Gleichzeitig entstanden neue Industriezweige und die alten blühten durch bessere Qualität auf. *Rundfunk* und *Telefon* gewannen immer mehr an Bedeutung.

Wie profitierte die Bevölkerung von dieser Entwicklung?

Ab 1924 stiegen die Einkommen und damit die *Kaufkraft*.

Expressionismus: E. L. Kirchner, Frau vor dem Spiegel

Ab 1924 setzte auch die staatliche Fürsorge ein. *Gesundheits-* und *Arbeitslosenversicherung* wurden eingeführt.

Das Ende der **„goldenen Zwanziger"** wurde mit dem so genannten *„Schwarzen Freitag"* an der New Yorker Börse, dem 25. Oktober 1929, eingeläutet. Die *Konjunktureinbrüche* zwangen die USA, die zuvor an Deutschland vergebenen Kredite kurzfristig zurückzuverlangen. Die meisten Banken kamen dadurch in schwere *Liquiditätsprobleme* und es folgte Konkurs auf Konkurs. Die Arbeitslosenzahl stieg in astronomische Höhen. Die *Depression* legte beinahe die gesamte Weltwirtschaft lahm und wurde zur größten wirtschaftlichen Katastrophe der Neuzeit. Damit war v. a. der Höhenflug Deutschlands beendet.

Die Arbeitsbedingungen wurden immer mehr an die Bedürfnisse der Arbeiter angepasst. So wurde der 8-Stunden-Tag eingeführt und ab 1927 gab es sogar Überstundenzuschläge. Des Weiteren verbesserte sich die Lebensqualität der meisten Menschen. Es wurden kleinere, günstigere Wohnungen mit einer besseren Wohnaufteilung gebaut. *Fließendes Wasser* und *elektrisches Licht* wurden die Regel. Sehr wichtig für die Bevölkerung war auch das steigende Ansehen Deutschlands im Ausland. Die wissenschaftliche Forschung des Landes fand in der ganzen Welt Anerkennung und wurde auch mit mehreren Nobelpreisen belohnt.

Den Menschen gab dies das Gefühl, wieder „wer" zu sein, was das *Selbstbewusstsein der Bevölkerung* sehr stärkte.

Welche kulturellen Veränderungen gab es?

Der Staat führte eine Kulturförderung ein. Künstler hatten nun Freiheiten wie nie zuvor. So konnten sich in der bildenden Kunst und der Literatur viele künstlerische Strömungen bilden, so z. B. der *Expressionismus*. Ein wichtiger Punkt war auch, dass Kultur und Kunst nicht mehr nur eine Angelegenheit für die Elite waren. Mit Theatern, Kabaretts und Romanen entstand die *Massenkultur*. Bei der Bevölkerung kamen v. a. die neuen Medien gut an: Kinos, Tageszeitungen und Radio wurden zu einer Selbstverständlichkeit. Ein besonderes Phänomen dieser Zeit waren die Tanzveranstaltungen, auf denen vorzugsweise *Charleston* getanzt wurde.

Weltwirtschaftskrise

Wirtschaftliche Krise, welche die voneinander abhängigen nationalen Volkswirtschaften trifft. In der Geschichte wird mit Weltwirtschaftskrise die Phase weltwirtschaftlicher Probleme ab dem Jahr 1929 bezeichnet.

Was ist allgemein unter dem Begriff einer Weltwirtschaftskrise zu verstehen?

Seit es Handel gibt, sind Volkswirtschaften miteinander verbunden. Je stärker diese Form des wirtschaftlichen Austauschs ist, desto höher ist auch der Grad der Abhängigkeit. Mit der zunehmenden Entwicklung der Volkswirtschaften verstärkt sich auch der Handel. Die starke Vernetzung bringt auf der einen Seite eine enorme *Effizienzsteigerung* mit sich. Denn so können die benötigten Rohstoffe oder Produkte immer in dem Land produziert werden, wo dies am kostengünstigsten möglich ist. Anschließend werden sie dann gegebenenfalls exportiert oder können beispielsweise durch importierte Produkte weiterentwickelt werden. Auf der anderen Seite macht eine derartige Vernetzung die daran beteiligten Volkswirtschaften aber auch krisenanfällig. Geht es mit einem Land wirtschaftlich bergab, so sind zwangsläufig auch die anderen Länder betroffen, ohne dass sie sich direkt dagegen zur Wehr set-

Innenpolitische Auswirkungen der Krise

In den auch als *„Goldene Zwanziger"* bezeichneten 1920er-Jahren war es zu einer innenpolitischen Entspannung im Deutschen Reich gekommen. Dies hing u. a. mit dem wirtschaftlichen Aufschwung während dieser Zeit zusammen. Die Weltwirtschaftskrise mit ihren starken Auswirkungen auf die deutsche Volkswirtschaft bewirkte nun das Gegenteil. Viele Menschen waren in ihrer wirtschaftlichen Existenz bedroht und suchten einen Schuldigen für die Entwicklung. Daher kam es zu einer innenpolitischen Radikalisierung. Insbesondere die Parteien **KPD** und **NSDAP** konnten starke Stimmenzuwächse verbuchen. Bei den Reichstagswahlen 1930 und 1932 wurde die politische Mitte nahezu aufgerieben.

zen können. Geraten so auch andere Länder in den Strudel des wirtschaftlichen Abschwunges, setzt schnell ein *Dominoeffekt* ein. Nach und nach geraten alle Länder in den Sog der Krise.

In welcher wirtschaftlichen Situation kam es 1929 zur Krise?

Nach dem Ende des I. Weltkrieges gab es zunächst in den meisten beteiligten Ländern einen wirtschaftlichen Aufschwung. Sogar das besiegte *Deutsche Reich* profitierte von einer derartigen Entwicklung. Doch der wirtschaftliche Auf-

schwung stand auf unsicheren Füßen. In Deutschland war er größtenteils auf amerikanische Kredite zurückzuführen, die seit dem *Dawesplan* reichlich flossen. Es handelte sich also gewissermaßen um eine „Konjunktur auf Pump". In Amerika hatte man es ebenfalls mit einem ungesunden Boom zu tun; dieser wurde durch die Umstellung von Kriegs- auf Friedensproduktion ausgelöst. Eine starke Überproduktion war die Folge. Viele Menschen lebten im Vertrauen auf das *Wirtschaftswachstum* über ihre Verhältnisse, ermuntert durch günstige Kredite und das System der Ratenzahlung;

viele hatten ihr Geld in Aktien angelegt, deren Kurs schnell stieg und großen Gewinn versprach.

Was war der Anlass der Krise?

Im Verlauf des Jahres 1929 zeigte sich mehr und mehr, dass der Aufschwung auf tönernen Füßen stand. Allmählich kam es zu Absatzschwierigkeiten, Entlassungen und Konkursen. Am 25. Oktober fielen die Kurse an der New Yorker Börse ins Bodenlose. Dieser Tag sollte als „Schwarzer Freitag" in die Geschichte eingehen.

Wie reagierten die USA auf die Krise?

Um die Wirtschaftskrise zu überwinden, erschwerten die Vereinigten Staaten den Import durch die Einführung von *Schutzzöllen* und eine massive Dollarabwertung. Außerdem forderten sie ihre in Europa vergebenen Kredite zurück. Damit weitete sich die Krise der amerikanischen Volkswirtschaft zu einer Weltwirtschaftskrise aus.

Wie wirkte sich die Krise in Deutschland aus?

Die weltwirtschaftliche Krise traf das Deutsche Reich in besonderem Maß. Dessen „Konjunktur auf Pump" be-

---

Schlagwort: Bruttosozialprodukt

Unter *Bruttosozialprodukt* versteht man die Summe aller während eines Jahres hergestellten Güter und erbrachten Dienstleistungen einer Volkswirtschaft zu Marktpreisen. Unsere Schüler lernen im Fach Sozialwissenschaft heutzutage zwei Methoden, mit denen sie das Sozialprodukt messen können: Zum einen kann man die Wertschöpfung aller Produktionsstufen addieren, indem man den Güterstrom misst. Zum anderen ist das Summieren der Einkommen, welche die Haushalte von den Unternehmungen erhalten, ebenfalls erlaubt, also die Messung des Geldstroms. Dieser Wert entspricht dann dem *Volkseinkommen*. Das Bruttosozialprodukt ist die Summe aus *Nettosozialprodukt* und *Ersatzinvestitionen*. Es ist ein wichtiger Indikator für das Wachstum einer Volkswirtschaft.

---

ruhte im Wesentlichen auf amerikanischen Krediten. Ab 1930, als sich die amerikanische Krise auszuwirken begann, verschlechterte sich die Situation rapide: Die Zahl der Arbeitslosen stieg rasant an. Die dadurch sinkende Nachfrage führte zu weiteren Produktionsbeschränkungen, diese wiederum hatten Entlassungen und steigende Arbeitslosigkeit zur Folge. Die Rückforderung der amerikanischen Kredite, die meist nur kurzfristig gewährt, im Vertrauen auf eine positive Wirtschaftsentwicklung in Deutschland aber langfristig angelegt worden waren, brachte viele Banken in Zahlungsschwierigkeiten. Ab 1932 kam es zu zahlreichen Bankzusammenbrüchen. Bis 1932 stieg die Arbeitslosenzahl auf über 6 Mio. an.

Schlagwort: Wirtschaftswachstum

Das Erreichen eines Wirtschaftswachstum ist die Grundlage, um einen steigenden Wohlstand zu garantieren. Darunter versteht man die jährliche Zunahme des realen *Bruttosozialprodukts* in Prozenten – oder anders ausgedrückt: Wie viele Dienstleistungen und Güter werden pro Jahr mehr geleistet bzw. produziert? Aus ökonomischen und ökologischen Gründen, wie der Endlichkeit von Rohstoffen oder einer stärker werdenden Umweltbelastung, sind hohe Wachstumsraten bzw. die entsprechenden Bestrebungen heutzutage eher umstritten.

Mahatma Gandhi

Mahatma Gandhi (1896-1948) gilt als Führer der indischen Unabhängigkeitsbewegung. Er kämpfte gegen die Unterdrückung der indischen Bevölkerung durch die Europäer. Bekannt wurde er durch den gewaltlosen Widerstand zur Durchsetzung seiner politischer Ziele.

Wer war Mahatma Gandhi?

Gandhis eigentlicher Name lautete **Mohandas Karamchand Gandhi**. Aufgrund seiner außergewöhnlichen Taten nannte man ihn jedoch später **„Mahatma"**, was **„große Seele"** bedeutet. Er wurde am 2. Oktober 1869 im indischen Porbandar, dem heutigen Bundesstaat Gujarat, geboren. Seine Familie gehörte der Bayan-Kaste an, einem Stand der Unternehmer und Kaufleute. Und tatsächlich heißt Gandhi übersetzt „Gemüsehändler".

Wie entwickelte er sich zum Kämpfer für die Rechte der Inder?

Nachdem Gandhi in England Jura studiert hatte, kam er über Bombay in die britische Kronkolonie Natal in **Südafrika**, wo er die Demütigung und Zurücksetzung durch die Weißen erfuhr. Gandhi stieg daraufhin schnell zum Führer der südafrikanischen Inder auf und entwickelte in dieser Zeit das Konzept des *„Satyagraha"* (übersetzt: *„Hingabe an die Wahrheit"*), des gewaltlosen

Mahatma Gandhi

Widerstands und der Verweigerung der Zusammenarbeit mit den Behörden. 1894 organisierte er erstmals mithilfe des von ihm gegründeten **„Natal Indian Congress"** einen Widerstand der indischen Einwanderer und nahm den Kampf für die Grundrechte der Inder in Südafrika auf, die 1914 von der südafrikanischen Regierung eine Reihe von Zugeständnissen erhielten.

Blieb Gandhi in Südafrika?

Als 1914 der I. Weltkrieg ausbrach, kehrte Gandhi nach Indien zurück und beschloss, zukünftig frei von allen materiellen Gütern zu leben. Im Alter von 37 Jahren entschloss er sich für die *„Brahmacharya"*, die sexuelle Abstinenz, die Kontrolle aller Sinne, die Unterdrückung von negativen Emotionen und die Zurückhaltung im Reden und Essen.

Wie setzte er sein Engagement in Indien fort?

Gandhi schaltete sich recht schnell in den schwelenden Konflikt zwischen den Indern und der britischen Besatzungsmacht ein. Nach der blutig verlaufenen Zerschlagung einer friedlichen indischen Protestversammlung in Amritsar durch britische Truppen im Jahr 1919 rief er kurze Zeit später zum bürgerlichen Ungehorsam und zur so genannten Nichtzusammenarbeit mit den Besatzern auf. Daraufhin boykottierten große Teile der Bevölkerung die Verordnungen der Engländer, Inder im Staatsdienst quittierten den Dienst und indische Kinder wurden von den staatlichen Schulen genommen. In diesem Jahr übernahm Gandhi auch die Führung des **„Indian National Congress" (I.N.C.),** der sich unter seiner Führung zur Massenorganisation und zum wichtigsten Mittel der Unab-

Mahatma Gandhi beim Meditieren

ge seiner Forderungen eingegangen waren, brach Gandhi die Protestkampagne ab. Im selben Jahr sprach er auf einer Verfassungskonferenz in London, konnte sich mit seinen Forderungen jedoch nicht durchsetzen.

Wie endete Gandhis Leben?

Der fast 80-jährige Gandhi setzte sich auch weiter für die Einheit Indiens ein. 1947 konnte er durch eine Fastenaktion größere Unruhen in Kalkutta beenden. Am 20. Januar 1948 entging Gandhi nur knapp einem Attentat. Ein fanatischer Hindu erschoss den 79-jährigen jedoch nur zehn Tage später auf dem Weg zur abendlichen Gebetsversammlung.

hängigkeitsbewegung entwickelte.

Hatten Gandhis Bemühungen Erfolg?

Die englische Regierung zeigte sich unbarmherzig. Ein britisches Kolonialgericht verurteilte Gandhi zu sechs Jahren Haft. Nach zwei Jahren Gefängnis wurde er wegen seiner angeschlagenen Gesundheit vorzeitig entlassen und zog sich vorerst aus der Unabhängigkeitsbewegung zurück.

Wie kam es zum zweiten großen Protest?

Die britische Regierung weigerte sich weiterhin, Indien als unabhängigen Staat im **Commonwealth** anzuerkennen. 1930 rief Gandhi daraufhin erneut zum zivilen Ungehorsam und zum so genannten *„Salzmarsch"* auf. Vom 12. März bis 6. April

startete er diesen gewaltlosen Protest gegen das britische Salzmonopol und marschierte mit 100.000 Anhängern zum Meer. Am 7. April brach er das Gesetz, das den Indern die Salzgewinnung verbot, und wurde am 4. Mai erneut für neun Monate inhaftiert. Nachdem die Briten auf eini-

Indiens geistige Tragödie

Im Jahr 1934, nach weiteren Gefängnisaufenthalten, gab Gandhi die Führung des I.N.C. ab. 1939 bat er Adolf Hitler in einem Brief um Frieden, weil dieser mit dem Überfall Deutschlands auf Polen den Ausbruch des II. Weltkrieg provoziert hatte. 1944 erklärte sich die britische Regierung endlich bereit, Indien in die Unabhängigkeit zu entlassen. Die Bedingung: Die beiden rivalisierenden Nationalbewegungen, die **Muslim-Liga** und die **Kongresspartei**, sollten ihre Meinungsverschiedenheiten beilegen. Am 3. Juni verkündete der britische Premierminister Clement Attlee die Unabhängigkeit. Somit entstanden 1947 zwei unabhängige Staaten: **Pakistan** für die Moslems und Indien für die Hindus. Diese Teilung bezeichnet Gandhi als *„geistige Tragödie"*, stimmte jedoch der Hoffnung zu, dass beide Parteien ihre Meinungsverschiedenheiten beilegen würden.

Regentschaft Jossif Stalins in der Sowjetunion von 1929 bis zu seinem Tod im Jahre 1953, in der er die leninistische Politik modifizierte, mit eiserner Faust regierte, das Volk unterdrückte und seine politischen Feinde rigoros beseitigte.

Wie kam Stalin in die Politik?

Jossif Stalin, geboren am 21. Dezember 1879 in **Georgien**, kam erstmals während seiner Zeit im orthodoxen Priesterseminar in Tiflis mit den Arbeiten von **Karl Marx** in Berührung, die ihn so faszinierten, dass er sich 1898 der **Sozialdemokratischen Arbeiterpartei Russlands (SDAPR)** anschloss. Daraufhin wurde er im Jahr 1899 wegen revolutionärer Betäti-

Lenin und Stalin, 1922

gungen aus dem Seminar ausgeschlossen. Ab diesem Zeitpunkt ging er in die kaukasische Untergrundbewegung und organisierte Streiks und Demonstrationen, wobei er sich den Decknamen „Koba"

gab. 1903 spaltete sich die SDAPR. Stalin folgte der Gruppe der *Bolschewiki* unter **Lenin**, wurde aber kurze Zeit später nach Sibirien verbannt. Im Jahr darauf konnte er jedoch fliehen und organisierte von da an Raubüberfälle für die Finanzierung der Revolution.

Wie kam Stalin an die Macht?

Als kaukasischer Delegierter nahm Stalin 1905 am Parteitag der Bolschewiki teil, wo er erstmals Lenin persönlich begegnete. 1907 stellte Stalin seine organisatorischen Fähigkeiten unter Beweis, als er einen spektakulären Überfall auf die Reichsbankfiliale Tiflis plante. Spätestens hier wurde Lenin auf ihn aufmerksam und berief ihn schließlich im Jahr 1912 in das Zentralkomitee der Partei. Nach einer weiteren Verbannungszeit in Sibirien kehrte Stalin 1916 gerade rechtzeitig zurück, um sich

maßgeblich an der Planung der Oktoberrevolution zu beteiligen. Nach der Machtübernahme Lenins 1917 ernannte dieser Stalin zum Volkskommissar für Nationalitätenfragen. In dieser Position gliederte er die von Russland abgefallenen Kaukasusstaaten mit militärischer Gewalt wieder ein. Während des folgenden Bürgerkriegs war Stalin *politischer Kommissar* an der Front. 1919 konnte er einen wichtigen Schritt auf dem Weg zur Macht bewältigen: Er wurde Mitglied sowohl im *Polit-* als auch im *Organisationsbüro*. Als einziges Mitglied beider Institutionen brachte ihm das einen großen Vorteil gegenüber politischen Feinden innerhalb der eigenen Reihen. 1922 wurde er Generalsekretär der Partei und nach dem Tod Lenins 1924 – der seine Partei kurz zuvor noch offiziell vor dem Machthunger Stalins gewarnt hatte – avancierte Stalin zum neuen starken Mann im Land. In den folgenden Jahren gelang es ihm, sämtliche seiner politischen Gegner auszuschalten, wobei er seine Position skrupellos ausnutzte und diverse befristete Allianzen schloss. Diese Politik führte dazu, dass Stalin 1929 unangefochten an der Spitze der Partei und somit des Landes stand.

Wie veränderte sich das Land unter Stalins Herrschaft?

Stalin modernisierte die Politik Lenins und führte die auf dessen Lehre beruhende Maxime *„Sozialismus in einem Lande"* ein. Er wollte darlegen, dass der Sozialismus selbst dann innerhalb eines Landes realisiert werden könne, wenn dieses Land von feindlichen Mächten umgeben sei. Zur Verwirklichung dieses Zieles setzte er einen *Fünfjahresplan* für die Industrie ein und kollektivierte die Landwirtschaft. Das Volk akzeptierte seine Maßnahmen zunächst, weil es Stalin gelungen war, mit der Parole den Nationalstolz der Bevölkerung zu wecken. Während dessen weitete er seine persönliche Macht rigoros aus.

Personenkult um Stalin, 1937

Ab der Mitte der 1930er-Jahre führte Stalin Schauprozesse gegen seine politischen Gegner, die in aller Regel mit einem Schuldspruch und der Verurteilung zum Tod endeten.

Wie profitierte Stalin vom II. Weltkrieg?

Zu Beginn des Krieges hatte Stalin noch erleben müssen, dass er außenpolitisch nicht die gleichen Erfolge erzielen konnte wie innenpolitisch. Trotz eines *Nichtangriffspakts* mit **Hitler** griff Deutschland 1941 Russland an. Nach schweren Kämpfen konnte der Angriff jedoch abgewehrt werden, was Stalin für den Kult um seine Person auszunutzen wusste. Nach dem Zusammenbruch Deutschlands begann er umgehend mit dem Ausbau seiner Macht über andere Länder. In sämtlichen Staaten Osteuropas setzte er sozialistische Führer ein und bildete so den **Ostblock**.

Wie endete die Ära Stalin?

Nach Kriegsende nahm der Personenkult um Stalin groteske Formen an und begann, einer Staatsreligion zu ähneln. Er versuchte weiterhin, das Volk zu unterdrücken und politische Gegner durch so genannte „Säuberungen" auszuschalten. Am 5. März 1953 verstarb Stalin überraschend. Umgehend distanzierten sich seine Nachfolger vom Personenkult um Stalin und kündigten eine Rückkehr zur *„kollektiven Führung"* an.

Stalinismus

Selbst nach dem Tod Stalins lebte der nach ihm benannte *Stalinismus* weiter. Während in der Sowjetunion 1956 erstmals Kritik an Stalin aufgekommen und seine Methoden verurteilt worden waren, wurde seine Politik der Unterdrückung des Volkes und insbesondere politischer Gegner in anderen Ländern aufgegriffen und umgesetzt. Beispiele hierfür waren die Regentschaft **Ceauçescus** in Rumänien oder die Schreckensherrschaft **Pol Pots** in Kambodscha.

Mussolini schuf schon in den 20er Jahren des 20. Jahrhunderts den ersten faschistischen Staat in Italien und bereitete in der Folgezeit dem Nationalsozialismus in Deutschland den Weg, mit dem er sich später verbündete.

Welche Probleme hatte die italienische Gesellschaft nach dem I. Weltkrieg?

Wie in anderen europäischen Staaten gab es auch in Italien große soziale Gegensätze. Die sich von Russland her ausdehnende *kommunistische Revolution* wurde von den meisten gesellschaftlichen Gruppen mit Argwohn beäugt. Die Industriellen sorgten sich um den Gehorsam der Arbeiter, der Mittelstand befürchtete ein Abrutschen in die Arbeiterklasse, die katholische Kirche fürchtete den atheistischen Kommunismus. Hinzu kam, dass die erhofften Gebietserweiterungen Italiens nach dem I. Weltkrieg nicht zur Zufriedenheit aller Italiener durchgeführt wurden. In diese Lücke stieß die faschistische Bewegung von **Benito Mussolini**, die bewusst antikommunistisch auftrat und Krieg und Kampf glorifizierte.

Was war der Marsch auf Rom?

Zuerst traten die **Faschistischen Kampfbünde** in Erscheinung, als sich in Ober-

Mussolini bei einer Rede auf der Piazza Venezia

italien *Arbeiterräte* gebildet hatten, die sich sehr erfolgreich für eine Verbesserung der Arbeitsbedingungen der Landarbeiter einsetzten. Von Großgrundbesitzern bezahlt zerschlugen die Faschistischen Kampfbünde die Organisationen der Arbeiterräte und terrorisierten seit 1919 unwidersprochen Gemeinden und ganze Landstriche. Erst im Herbst 1922 bildete sich eine parlamentarische Opposition gegen die Faschisten. Da unternahm Mussolini den legendären *Marsch auf Rom*. Der König, formal das Staatsoberhaupt Italiens, ebnete

Mussolini den Weg zur Macht, indem er ihn beauftragte, die Regierung zu übernehmen.

Woher stammt der Begriff Faschismus?

Im alten Rom nannte man **fasces** die Rutenbündel, die Konsuln und Praetoren als Zeichen ihrer Macht trugen. Die italienischen Faschisten knüpften in ihrer Ideologie an das antike Römische Reich an und wollten es in der Neuzeit wiedererstehen lassen. Im Faschismus steht der Nationalstaat an erster Stelle, alle

Bürger müssen sich dem Staat unterordnen.

Wie ging die Demokratie verloren?

In den Jahren 1922–26 wurde die Demokratie in Italien beseitigt. Mussolini bildete eine *Parteimiliz*, die nicht mehr auf den König, sondern auf ihn vereidigt wurde. Eine Änderung des Wahlgesetzes brachte der Faschistischen Partei bei der Wahl im Jahr 1924 zwei Drittel aller Mandate ein. Anders Denkende in Politik, Verwaltung und Geistesleben wurden systematisch verbannt oder ermordet, oppositionelle Parteien verboten.

Wie sah der faschistische Staat aus?

Benito Mussolini hatte seit 1926 unbeschränkte Führungsgewalt. Er organisierte die Arbeitswelt in Syndikaten und Korporationen. Dabei wirkten Arbeitnehmer, Arbeitgeber sowie Vertreter von Partei und Regierung zusammen. Neben der **Faschistischen Partei PNF** gab es zahlreiche Unterorganisationen, die alle Bereiche des Lebens im Sinne der faschistischen Idee gestalteten. Anders als im Nationalsozialismus gab es in Italien keinen Staatsterror und keine Massenverhaftungen.

Benito Mussolini

Benito Mussolini

Benito Mussolini (1883–1945) war in seiner Jugend Volksschullehrer und radikaler Sozialist. Er arbeitete als Journalist in Frankreich, bevor er nach Italien zurückkehrte und dort in der Leitung der sozialdemokratischen Partei mitwirkte. Wegen seines Eintretens für einen Kriegsbeitritt Italiens im I. Weltkrieg wurde er aus der sozialdemokratischen Partei ausgeschlossen. Aus dem Krieg kam Mussolini schwer verwundet zurück und gründete 1919 die **Fasci di combatimento** (= Faschistischen Kampfverbände). Zwei Jahre später wurde daraus die Faschistische Partei (PNF). Mussolini stand stets an der Spitze seiner faschistischen Bewegung und herrschte von 1922–45 als Diktator in Italien.

Wie wurde Mussolinis Diktatur von außen gesehen?

Anfangs gab es im Ausland große Sympathien für Mussolini. Vor allem hoffte man, ihn als Bundesgenossen gegen Hitler gewinnen zu können. Auch die katholische Kirche war von Mussolinis Diktatur sehr angetan und schloss mit ihm 1929 den *Lateranvertrag*, der den Status des Vatikanstaates festlegte.

Worin äußerte sich der italienische Imperialismus?

Mussolini wollte das italienische Einflussgebiet vergrößern. Deshalb griff er 1935 **Äthiopien**, das damals einzige selbstständige Land Afrikas, an und machte es zur italienischen Kolonie. 1939 folg-

te die Besetzung **Albaniens**, und im II. Weltkrieg kämpfte Mussolinis Italien an der Seite **Deutschlands**.

Wie wurde der Faschismus besiegt?

Als die **Alliierten** 1943 Sizilien erobert hatten und nach Mittelitalien vordrangen, stürzte der **Große Faschistische Rat** Mussolini (25.7.1943), König **Victor Emanuel** übernahm den Oberbefehl über die Streitkräfte. Die Faschistische Partei wurde verboten, Mussolini inhaftiert. Die Deutschen wurden über Nacht zu Feinden. Auf dem Rückzug befreiten sie Mussolini aus der Haft, er wurde aber auf der Flucht in die Schweiz von Partisanen erschossen (Mai 1945).

Von 1936 bis 1939 fand der Bürgerkrieg zwischen den Verfechtern der Republik und konservativ-nationalistischen Truppen um General Francisco Franco statt. Er führte zur Etablierung des „Franco-Regimes", das bis Mitte der 1970er-Jahre fortbestand.

Worauf basierte der Unmut Francos und des Militärs, der sie gegen die amtierende Regierung einen Aufstand anzetteln ließ?

General Fanco

Am 14. April 1931 war die so genannte **„Zweite Republik"** ausgerufen worden. Sie stellte den zweiten Versuch dar, ein *demokratisches System* auf spanischem Boden zu errichten. In diesem Sinne handelte auch die erste Regierung, die sich aus bürgerlich-republikanischen und sozialistischen Parteien zusammensetzte. Ihr Ziel war die Ausarbeitung einer demokratischen Verfassung, eine Reform des Militärs, die Trennung von Staat und Kirche sowie Reformen in der Bildungs- und Sozialpolitik. Diese Ziele wurden jedoch von der bürgerlichen Oberschicht und den führenden Köpfen des Militärs aufgrund der Angst vor Machteinbußen nicht geteilt; aus den gleichen Gründen lehnte auch die Kirche die Pläne der neuen Regierung ab. Diese hatte mit den Haltungen ihrer politischen Gegner gerechnet, jedoch nicht erwartet, dass auch die Arbeiter und Tagelöhner den Reformpolitikern ihre Unterstützung versagten: Diesen Gruppen gingen die Reformen nicht weit genug. Im Jahre 1933 kam daher eine rechts-konservative Partei an die Macht, die ganz nach den Erwartungen ihrer Befürworter die Reformen der Vorgängerregierung wieder aussetzte. 1936 kam es zu einem erneuten Regierungswechsel. Diesmal war die **„Volksfront"** an der Macht, die aus einem Bündnis von Sozialisten, Republikanern und Kommunisten gegen die konservative Regierung bestand. Sie nahm die Reformen der ersten Regierung weitestgehend wieder auf, zog den Zorn der Konservativen auf sich und provozierte damit den von General **Franco** angeführten Putsch.

Hatte Franco Unterstützung aus dem Ausland?

General Franco wurde vom Beginn seines Aufstands an von den **Deutschen** und **Italienern** unterstützt. Sie sahen darin für sich die Möglichkeit, den *Kommunismus* zu bekämpfen, der bei den Verteidigern der Republik zu der Zeit allerdings nur mäßigen Einfluss hatte. Die Regierung der Volksfront wurde von Liberalen geführt, die sich nicht nur in ihrer Regierungspolitik, sondern auch später im Bürgerkrieg mäßigend gegenüber ihren extremistischen Verbündeten einbrachten. Die Deutschen waren sowohl mit etwa 19.000 Mann, darunter auch die „Legion Condor", als auch mit ca. 600–700 Flugzeugen im Einsatz. Ebenfalls Aufgabe der Streitkräfte vor Ort war es, neue Waffensysteme zu erproben. Deutschland investierte insgesamt etwa 500 Mio. Reichsmark in den spanischen Bürgerkrieg.

Wurden die republiktreuen Truppen auch von außen unterstützt?

Zwar kamen seitens der **USA**, **Frankreichs** und **Großbritanniens** Sympathie- und Solidaritätsbekundungen mit den republikanischen Truppen, doch griff keiner von ihnen in den Krieg selbst ein. Man einigte sich auf das Prinzip der *Nichteinmischung*, was sich stark auf den spanischen Bürgerkrieg auswirken sollte. Lediglich die **UdSSR** lieferte seit Oktober 1936 Waffen, allerdings auch nur an die kommunistischen Verbände der Republikverteidiger. Dies verschaffte ihnen ein Waffenmonopol und führte Anfang des Bürgerkriegs zu *Kollektivierungen* in der Agrarwirtschaft besetzter Gebiete. Um jedoch das Verhältnis mit dem Westen nicht zu sehr zu belasten, ordnete die Sowjetunion an, dass sich auch die Kommunisten für den Schutz des Privateigentum und den Parlamentarismus einzusetzen hatten. An-

Francisco Bahamonde

Spaniens dritter Anlauf zur Demokratie

Obwohl **Hitler** Franco mehrmals drängte, in den Krieg einzutreten, verhielt sich Spanien im Krieg neutral, auch wenn es anfangs eindeutig aufseiten der Achsenmächte stand. Nachdem die **Alliierten** jedoch die Überhand gewannen, war Spanien, obwohl Franco sich ihnen politisch zuwandte, bereits in die *Isolation* geführt. Erst 1955 trat das Land in die **Vereinten Nationen** ein und erhielt

Juan Carlos I.

umfangreiche militärische und wirtschaftliche Unterstützung aufgrund militärischer Zugeständnisse, die es in Bezug auf den Ost-Westkonflikt an die Amerikaner machte. Schon 1947 hatte Franco seine Nachfolge geregelt. Ein Bourbone sollte nach ihm Frankreich an der Spitze einer Monarchie führen. 1969 bestimmte er Prinz **Juan Carlos** zu seinem Nachfolger. Unmittelbar nach Francos Tod am 20. November 1975 und Carlos' Machtübernahme leitete dieser umfangreiche demokratische Reformen ein und führte Spanien damit in den dritten und bis heute erfolgreichen Versuch, eine Demokratie aufzubauen.

lässlich des *Hitler-Stalin-Pakts* verringerten die Russen auf Bitten Deutschlands allerdings ihre Waffenlieferungen und beeinflussten den Bürgerkrieg damit zuungunsten derer, die sie eigentlich unterstützen wollten. Aufgrund der zunehmenden Unterstützung Francos und der ideologischen Zerstrittenheit im Republikbündnis verlor Letzteres immer mehr an Gebieten und Einfluss, bis die republikanischen Truppen schließlich auch in ihrer letzten Festung in Madrid geschlagen

wurden. Am 2. April 1939 erklärte Franco den Bürgerkrieg offiziell für beendet. Während des II. Weltkrieges sympathisierte Franco zwar mit den Achsenmächten, er blieb allerdings, nach Verhandlungen mit Hitler 1940 in Hendaye, die für ihn nicht zu den gewünschten Ergebnissen geführt hatten, weitgehend neutral. Er entsandte jedoch Freiwillige, die so genannte Blaue Division, an die deutsche Ostfront gegen die UdSSR. Franco starb am 20. November 1975.

Am 30. Januar 1933 ernannte Hindenburg Adolf Hitler zum Reichskanzler und ermöglichte ihm damit, seine Menschen verachtenden Visionen in die Tat umzusetzen, die im II. Weltkrieg resultierten und Deutschland an den Rand der Zerstörung brachten.

Wann und wie trat Adolf Hitler in die Politik ein?

Für den Mann, dessen Ziel eigentlich immer der Beruf des freischaffenden Künstlers gewesen war, änderte sich im September 1919 das Leben radikal. Hitler hatte sich, nachdem er von der österreichischen Armee für untauglich erklärt worden war, im I. Weltkrieg freiwillig zum Wehrdienst gemeldet und arbeitete nun nach Kriegsende als Informant der Münchner Reichswehrführung. In dieser Funktion besuchte er im September eine Versammlung der von dem Eisenbahnschlosser **Anton Drexler** und dem Journalisten **Karl**

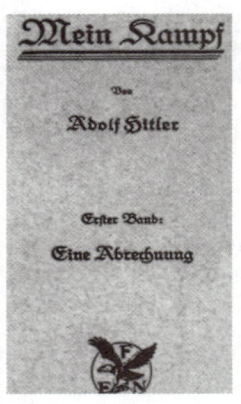

A. Hitler: Mein Kampf

Harrer im Januar 1919 gegründeten *Deutschen Arbeiter Partei (DAP)*. Beeindruckt von Hitlers rhetorischen Fähigkeiten bewegten die Köpfe der Partei den eigentlich als Spitzel zu ihnen Gekommenen zum Beitritt, der am 12. September 1919 erfolgte. Hitler wurde schnell zu einem der führenden Versammlungsredner und wenig später Propagandachef der Partei. Im Februar 1920 wurde die DAP in *„Nationalsozialistische Partei Deutschlands" (NSDAP)* umgenannt. 1921 stieg Adolf Hitler zum Vorsitzenden der Partei mit weit reichenden diktatorischen Kompetenzen auf. Mehrheitsentscheidungen gab es von da an unter ihm nicht mehr.

Was war die politische Zielsetzung der Partei?

Wie das von Anton Drexler und Adolf Hitler verfasste Parteiprogramm zeigte, sollte sich die NSDAP extrem imperialistisch, antikapitalistisch, antiliberal und v. a. *antisemitisch* präsentieren. Ein *Großdeutschland*, die Revision des *Versailler Vertrags* und deut-

Rudolf Heß

sche Kolonien waren die Hauptforderungen des Programms.

Was waren die persönlichen Ziele Hitlers?

Während Hitler nach seinem missglückten Münchner Putsch am 9. November 1923 in Festungshaft saß und die NSDAP verboten war, schrieb er unter Mithilfe von **Rudolf Heß** den ersten Band seines Buches *„Mein Kampf"*. In diesem offenbarte er die Ausmaße seiner Ideologie und Visionen, die allerdings auch von vielen seiner Mitstreiter und Anhänger später unterschätzt oder nie gelesen wurden.

Wie gelangte die NSDAP zu größerer politischer Macht?

Nachdem Hitler nur ein Jahr nach seiner Verurteilung wieder aus der Haft entlassen

Hitlerputsch

Im September 1923 gründeten mehrere rechtsgerichtete Parteien, darunter auch die NSDAP, den *„Deutschen Kampfbund"*. Sein Ziel war die Abschaffung der Reichsregierung, dessen Erreichen Hitler am 9. November 1923 für möglich hielt. So erklärte er am Abend dieses Tages die Münchner Regierung für abgesetzt. Die Polizeibehörden beendeten jedoch Hitlers Aufstand und die NSDAP sowie alle ihre Organe wurden verboten. Hitler erhielt aber während seines *Hochverratsprozesses* aufgrund ihm wohlgesonnener Richter eine milde Strafe von fünf Jahren und konnte die Festungshaft in Landsberg am Lech bereits ein Jahr nach seiner Verurteilung wieder verlassen.

worden war, wollte er immer noch in Deutschland die Macht übernehmen. Nur der Weg dorthin sollte jetzt ein anderer sein. Er begann vermehrt mit Parteien und Gruppierungen aus den bürgerlichen Kreisen wie der *Deutschnationalen Volkspartei (DNVP)* zusammenzuarbeiten. Dadurch wurde seine Position v. a. bei der mächtigen Industrie und auch unter verschiedenen bürgerlichen Kräften verbessert. Außerdem wollte er von nun an auf eine gewaltsame Machtübernahme verzichten und die Demokratie mit ihren eigenen Mitteln abschaffen. In den folgenden Jahren gelang der NSDAP zwar kein nennenswerter Wahlerfolg, doch stieg die Mitgliederzahl beträchtlich. Waren Ende 1925 noch 50.000 Mitglieder verzeichnet, waren es 1930 schon 400.000. Dies war v. a. auf die für bestimmte Kreise

attraktiven Merkmale der Partei zurückzuführen. Es gab mehrere massenwirksame Großveranstaltungen wie die *Parteitage* in **Weimar** und **Nürnberg** und man bekundete immer und überall die Gewaltbereitschaft gegenüber politisch verfeindeten Gruppen. Am 14. September 1930 erzielte die NSDAP ihren ersten nennenswerten Wahlerfolg. Mit 18,4 Prozent gelang es ihr, hinter der SPD zweitstärkste Fraktion im Reichstag zu werden. Um gegen die

Paul von Hindenburg

amtierende *Reichsregierung Brüning* eine gemeinsame rechte Opposition zu bilden und sich weiter bei den bürgerlichen Kräften zu profilieren, schloss sich Hitlers NSDAP daraufhin der *„Harzburger Front"* an, zu der auch die DNVP gehörte. Dieses Bündnis zeichnete sich jedoch schnell dadurch aus, dass es unter den Führungskräften der einzelnen Parteien und Gruppierungen zu heftigen Streitigkeiten kam. So konnte man sich beispielsweise 1932 nicht auf einen gemeinsamen Kandidaten Hitler für die Reichspräsidentenwahl einigen. Hitler verlor gegen den damals amtierenden Präsidenten **Hindenburg** mit 36 Prozent der Stimmen im zweiten Wahlgang. Am 31. Juli

Franz von Papen

1932 wurde die NSDAP erstmals mit 37,4 Prozent stärkste Partei im Reichstag. Aber erst nach einer weiteren Wahl und dem Einwirken des ehemaligen Reichskanzlers **von Papen** erklärte sich Reichspräsident Hindenburg bereit, Hitler zum Reichskanzler zu ernennen.

Unter Verwendung von Gewalt, Mord und Terror vollzog Hitler sein Konzept der gesellschaftlichen Gleichschaltung Deutschlands und etablierte so sein Regime, das von 1933 bis 1945 andauerte und Deutschland in den II. Weltkrieg führte.

Wie festigte Hitler die politische Situation seiner Partei?

Gehörten Hitlers *Kabinett „der Nationalen Konzentration"* in den Anfangsmonaten mit ihm nur drei Nationalsozialisten an, war die Politik seiner Regierung sehr schnell eine vom nationalsozialistischen Gedankengut geprägte. Sein Ziel war die *Gleichschal-*

Adolf Hitler

Parteitag in Nürnberg

tung aller politischen und gesellschaftlichen Kräfte, zugespitzt auf eine Person: ihn selbst. So war der *Reichstagsbrand* etwa einen Monat nach dem Amtsantritt der neuen Regierung am 27. Februar 1933 ein guter Vorwand, um die Freiheit der Bevölkerung stark einschränkende Maßnahmen vorzunehmen und somit die politische Opposition auszuschalten. Die Schuld

am eindeutig durch ein Attentat verursachten Brand wurde seitens der nationalsozialistischen Behörden einem niederländischen Kommunisten zugeschoben. Wenig später wurde er nach seinem Geständnis hingerichtet. Bis heute sind die Historiker allerdings zu keiner einheitlichen Meinung darüber gekommen, wer wirklich für den Anschlag verantwortlich zu machen ist. So gibt es eine nennenswerte Anzahl von Forschern, die eine Beteiligung von Anhängern der Nationalsozialisten als bewiesen sehen. Vor dem Hintergrund

der auf Vorschlag Hitlers von Reichspräsident **Hindenburg** erlassenen *„Notverordnung zum Schutz von Volk und Staat"*, die die Grundrechte der Weimarer Verfassung faktisch außer Kraft setzte, eine durchaus plausible These. Die Reichsregierung nutzte die ihr neu zur Verfügung gestellten Möglichkeiten, um zahlreiche Kommunisten, Sozialdemokraten und andere Oppositionelle zu verfolgen und zu inhaftieren. Darunter waren auch viele Parlamentsabgeordnete, was die Mehrheitsverhältnisse im Reichstag veränderte.

Die Reichspogromnacht / Reichskristallnacht

Durch die *Nürnberger Gesetze* vom 15. September 1935 hatte die NSDAP ihre Diskriminierung gegenüber den **Juden** legalisiert. Juden wurden darin als Menschen dritter Klasse deklariert und der Geschlechtsverkehr sowie ein eheliches Verhältnis mit einem deutschen Staatsbürger wurde als *„Rassenschande"* definiert. Wer sich dieser schuldig machte, hatte mit hohen Gefängnis- und Zuchthausstrafen zu rechnen. Am 9. November 1938 fand einer der grausamsten und Menschen verachtendsten kontrollierten *Pogrome* der Geschichte statt. Offiziell begründet mit dem Attentat eines jüdischen Mannes auf einen ranghohen Mitarbeiter der deutschen Botschaft in Frankreich wurden durch die Nationalsozialisten, allen voran SS und SA, über 7000 jüdische Geschäfte und Warenhäuser und nahezu alle Synagogen stark beschädigt oder gar zerstört. Viele Juden verließen daraufhin Deutschland, da sie ein Leben hier nicht mehr für möglich hielten. Am 12. November verhängte die Reichsregierung eine Sondersteuer, die die jüdische Bevölkerung zwang, die von Nationalsozialisten angerichteten Schäden mit einer Milliarde Reichsmark wieder „gutzumachen".

Wie gelang es der NSDAP schließlich, den Einparteienstaat in Deutschland aufzubauen?

Aufgrund der genannten veränderten Mehrheitsverhältnisse im Reichstag und Einschüchterungsversuchen seitens SA und SS konnte Hitler am 23. März 1933 eine Zweidrittelmehrheit für das von ihm eingebrachte *„Gesetz zur Behebung der Not von Volk und Reich"*, auch *Ermächtigungsgesetz* genannt, zu erreichen. Dadurch war es der Reichsregierung möglich, auf eigene Faust Gesetze und Verordnungen zu erlassen, ohne dass sie Reichsrat, Reichstag oder den Reichspräsidenten miteinbeziehen musste. Allein die SPD stimmte geschlossen gegen das Ermächtigungsgesetz. Anschließend kam es zu Verboten und Selbstauflösungen gegnerischer Parteien. Am 1. Dezember 1933 war die NSDAP die einzige noch „legal" existierende Partei. Dadurch gewann die Partei auch immer mehr an gesellschaftlicher Macht. Alle Organisationen wie Berufs- oder Interessensgemeinschaften wurden in die NSDAP-Strukturen eingegliedert. Alles sollte von Berlin aus kontrolliert werden können.

Hatte Hitler auch innerparteiliche Gegner?

Eine direkte und offene Gegnerschaft zwischen Hitler und einem NSDAP-Parteimitglied gab es nicht. Nichtsdestotrotz wurden Funktionäre, die von Hitlers Kurs abwichen, schnell aus ihren Ämtern entlassen oder in unwichtigere Stellungen versetzt. Anders bei **Ernst Röhm**, einem frühen Förderer Hitlers. Der *SA-Stabschef* war schon vor der Machtergreifung als jemand aufgefallen, der überzogene Machtansprüche stellte. und daher auch kurzzeitig aus der NSDAP ausgetreten und ins Ausland gegangen. Als ihn Hitler dann zur SA zurückgeholt hatte und die NSDAP immer mehr an gesellschaftlicher Macht gewann, forderte Röhm, die *Wehrmacht* und SA zu einer *„braunen Armee"* zusammenzuschließen, dessen Führung er selbst übernehmen sollte. Er schien aufgrund dessen untragbar für das Regime zu werden, da dieses auf die Unterstützung der Wehrmacht angewiesen war. Röhm wurde im Juni 1934 mit der erdachten Begründung, er plane einen Putsch, gemeinsam mit mehreren anderen parteiinternen Kritikern auf Befehl Hitlers umgebracht.

Trotz großer Unterstützung Hitlers im Volk und seiner Politik der Gleichschaltung, gelang es ihm zu keinem Zeitpunkt seiner Herrschaft, die gesamte Bevölkerung – ob freiwillig oder nicht – geschlossen hinter sich zu vereinen.

Wie war die Reaktion der katholischen Kirche auf das NS-Regime?

Standen die katholischen Kirchenfunktionäre zuerst geschlossen gegen Hitler, änderte sich ihre Position nach dessen Machtübernahme. Nachdem es 1933 zur Unterzeichnung des *„Reichskonkordats"* gekommen war, das den Katholiken die freie Religionsausübung in Deutschland gewährte, versuchte man sich mit dem NS-Regime zu arrangieren. Allerdings hielt sich die Reichsregierung unter Hitler nicht an ihre Vereinbarungen und so kam es zu zweideutigen verbalen Angriffen auf den Nationalsozialismus von der Kanzel aus. Die unterdrückenden Maßnahmen Hitlers veranlassten Papst **Pius XI.** 1937 zu seiner Enzyklika *„Mit brennender Sorge"*, worin er sich zum ersten Mal offen gegen die Menschen verachtende Politik der Nazis wandte. Viele Geistliche wurden in den darauf folgenden Jahren in KZs geschickt, weil sie diese Erklärung von ihrer Kanzel verlasen oder andere Kritik am Nationalsozialismus äußer-

A. Hitler beim Parteitag in Nürnberg

ten, und kamen nicht selten darin um. Der Münsteraner Bischof **Clemens August** jedoch entkam aufgrund seines Bekanntheits- und Popularitätsgrades dem KZ, obwohl er aufgrund des *Euthanasie-Programms* der Nationalsozialisten Anzeige wegen Mordes an Geisteskranken erstattet hatte.

Formierte sich auch die evangelische Kirche gegen den Nationalsozialismus?

Die protestantische Kirche war zum Ende des Krieges sehr zerstritten und zerfasert, sodass eine einheitliche Linie nicht gefunden werden konnte. Hatten die Nationalsozialisten bei den Gemeindewahlen 1933 mit ihrer kirchlichen Partei *„Deutsche Christen"* große Erfolge verzeichnen können, formierte sich schnell die so genannte *„Bekennende Kirche"*, die mit den Plänen des von Hitler eingesetzten Reichsbischofs **Ludwig Müller** nicht einverstanden waren. Müller plante die Abschaffung des Alten Testaments zugunsten eines *„Heldenjesu"* – ganz im Sinne des Nationalsozialismus. Die Bekennende Kirche betrachtete sich selbst als eigenständig und bekannte öffentlich ihre Gegnerschaft zur NS-Kirche. Nachdem Hitler 1936 **Hans Kerr** zum *Reichskirchenminister* ernannt hatte, erklärte dieser die Möglichkeit der Vereinbarkeit von Nationalsozialismus und kirchlicher Religion. Daher kam es zu einer weiteren Spaltung in der Bekennenden Kirche. Die einen waren bereit, mit dem Regime zu kooperieren, die anderen lehnten dies nach wie vor ab.

Wurde öffentlich zum Widerstand aufgerufen?

Der so genannte *„Rote Stoßtrupp"* versuchte Informationen, die vom NS-Regime unterdrückt oder verfälscht wurden, in korrekter Form zu veröffentlichen. In Privatwohnungen vervielfältigten die Anhänger der Gruppierung ihre Hefte mit einer geschätzten Auflage von 250 Stück. Diese verschickten sie in fast alle Gegenden des Reiches, wo sie erneut vervielfältigt wurden. Ebenso versteckte der „Rote Stoßtrupp" politisch Verfolgte und ermöglichte ihnen durch das Ausstellen von gefälschten Papieren, Deutschland zu verlassen.

Standen Widerstandsgruppen auch im Kontakt mit dem Ausland?

„Rote Kapelle" war ein Begriff der Gestapo für die von **Harro Schulze-Boyson** und **Arvid Harnack** geleitete Widerstandsgruppe, die größtenteils aus Intellek-

---

Die Weiße Rose

Von Studenten, Dozenten und Künstlern der Münchner Universität gebildet, steht diese Vereinigung heute stellvertretend für den Widerstand in Deutschland. Von 1941 bis 1942 veröffentlichten die Geschwister **Hans** und **Sophie Scholl** und Professor **Kurt Huber** Schriften gegen das NS-Regime, in denen sie umfangreiche philosophische, aber auch literarische Texte verwendeten. Ziel war die Anklage gegen Hitler und die Bevölkerung zum *passiven Widerstand* zu animieren. Als die Geschwister Scholl schließlich nach dem Fall Stalingrads öffentlich Flugblätter verteilten, wurden sie festgenommen und ihre Komplizen mitverhaftet. Professor Huber und die Geschwister Scholl wurden am 23.2.1943 zum Tod verurteilt.

---

tuellen bestand. Harnack war Oberregierungsrat im Wirtschaftsministerium, Boyson Oberleutnant im Luftfahrtministerium. Sie versorgten die sowjetischen Stellen mit Informationen über politische, militärische und wirtschaftli-

Claus Graf Schenk zu Stauffenberg

che Vorgänge. Im August 1942 wurde die Organisation jedoch aufgedeckt. Es kam vor dem Reichskriegsgericht zu Anklagen gegen 75 Personen, von denen viele zum Tod verurteilt wurden.

Gab es Versuche, Hitler zu töten?

Als klar wurde, dass der Krieg nicht mehr zu gewinnen war, begann eine Widerstandsgruppe in der Wehrmacht um **Claus Graf Schenk von Stauffenberg** mit den Vorbereitungen, Hitler zu töten. Man wollte ihn durch ein Bombenattentat in die Luft sprengen und anschließend, nach einer kurzen Militärdiktatur, ein neues auf Demokratie und Freiheit basierendes Staatssystem schaffen. Mit den Alliierten wollte man durch den Abzug aus den besetzten Gebieten zu einem Einvernehmen kommen, sodass die Reichsgrenzen und die Einheit gesichert bleiben würden. Das Attentat auf Hitler misslang jedoch und Stauffenberg sowie die meisten anderen Beteiligten wurden hingerichtet.

In erster Linie von den Nationalsozialisten geprägter Begriff, der die Vernichtung vieler Millionen Menschen umschreibt. Die auf der Wannseekonferenz gefundene „Lösung" bedeutete einen grausamen und bisher in der Geschichte einmaligen Völkermord.

Was wurde auf der Wannseekonferenz besprochen?

Am 20. Januar 1942 rief der Chef der Sicherheitspolizei und des Sicherheitsdienstes **Reinhard Heydrich** auf Anweisung **Görings** führende Köpfe der Ministerien und Abteilungen des Deutschen Reiches, die sich mit der *„Judenfrage"* beschäftigten, zur Wannseekonferenz zusammen. Sie sollten über neue Konzepte diskutieren, um die deutschen und von Deutschen besetzten Gebiete restlos von den Juden „zu säubern". Bisher war die Politik der Reichsregierung die der Zwangsauswanderung der jüdischen Bevölkerung gewesen. Dies brachte jedoch enorme organisatorische und finanzielle Probleme mit sich, obwohl sich jüdische Organisationen an beiden Bereichen beteiligen mussten. So gab es hindernde Einwanderungsbegrenzungen der Immigrationsländer, und es fehlte an Transportmitteln, um die Massendeportationen aus den deutschen Gebieten durchzuführen. Aufgrund der Tatsache, dass sich Deutschland immer weiter in den Osten ausbreitete, fielen des Weiteren auch immer mehr Juden in seinen Einflussbereich und in Kriegszeiten war die Emigration ein schwieriges Unterfangen. Die neue Linie sollte daher die

Reinhard Heydrich

Dezimierung der jüdischen Bevölkerung darstellen.

Wie sollte die jüdische Bevölkerung dezimiert werden?

Das Schlagwort, das in der Wannseekonferenz fiel, war *„Evakuierung nach Osten"*. Die jüdische Bevölkerung im Osten sollte entweder in so genannte Ghettos oder *Konzentrationslager* überführt werden, in denen es aufgrund unmenschlicher Arbeitsauflagen und Lebensbedingungen nach und nach zu *„natürlicher Verminderung"* kommen würde. Der „verbleibende (und daher sehr widerstandsfähige) Restbestand" müsse „entsprechend behandelt" werden, da er bei Freilassung die „Keimzelle eines neuen jüdischen Aufbaues" darstellen könnte. „Entsprechend

Plakat zur Ausstellung „Der ewige Jude" in München 1937

Adolf Eichmann

Adolf Eichmann

Eichmann war im Reichssicherheitshauptamt Leiter des *Referats für „Judenfragen"* gewesen, aber mit weit mehr Kompetenzen als ein normaler Referent ausgestattet. 1941 in den Rang eines SS-Obersturmbannführers befördert war er maßgeblich an der Vertreibung und Ermordung der Juden beteiligt. Er nahm als Protokollführer an der Wannseekonferenz teil und fällte wichtige Entscheidungen in der Frage der Umsetzung der dort gefassten Beschlüsse. Nach Kriegsende geriet er kurzzeitig in Gefangenschaft der Amerikaner, wurde jedoch schnell wieder freigelassen, da sich niemand seiner Position im Hitler-Regime bewusst war. Er floh 1950 nach Argentinien, wo er unter dem Namen **Ricardo Klement** untertauchte. 1960 wurde er allerdings vom israelischen Geheimdienst entdeckt und nach Israel entführt. Bei dem anschließenden Gerichtsverfahren wies Eichmann jegliche Schuld von sich. Er habe nur Befehle befolgt. Am 1. Juni 1962 wurde er nach seiner Verurteilung in Tel Aviv hingerichtet.

gekümmert" wurde sich auch um die polnisch-jüdische Bevölkerung. Auf Heydrichs Anweisung kam es zu *Massenerschießungen*. Als man diese als zu unpraktisch einstufte, folgten *Massenvergasungen* in so genannten „Gaswägen". Dabei handelte es sich um abgedichtete Lastwagen, in die die Juden hineingestopft und daraufhin mit Auspuffgasen vergiftet wurden.

War also auch die direkte Tötung Teil der nationalsozialistischen „Endlösung"?

Ab Ende 1941 richtete man neben den Konzentrationsla-gern auch so genannte *„Vernichtungslager"* ein. Dabei handelte es sich entweder um eigens zur Vernichtung gebaute Lager oder umfunktionierte Bereiche bereits bestehender Konzentrationslager. Sie unterstanden ebenfalls der SS, waren aber organisatorisch und personell von den KZs getrennt. So baute man im Oktober 1941 und im Herbst 1942 KZ-Bereiche in Vernichtungslager um. Zuerst unterzog man die neu angekommenen Häftlinge einer so genannten „Selektion", die feststellen sollte, wer arbeitsfähig war und wer nicht. Letztere wurden sofort getötet, die anderen mussten bis zu ihrem Tod

extrem harte Arbeit tun. Um Panik zu vermeiden, erzählte man den Opfern, sie müssten aus hygienischen Gründen gebadet und ihre Kleidung entlaust werden. Den Frauen rasierte man die Haare ab und verwendete sie in der Kriegsindustrie. Anschließend wurden sie völlig nackt in die Duschräume getrieben, in die schließlich das giftige *Zyklon B* geleitet wurde. Alle Wertgegenstände der Opfer wurden weiterverwendet, verschenkt oder verkauft. Arbeitshäftlinge wurden dazu gezwungen, den Toten die Goldzähne herauszubrechen. Die Toten wurden schließlich in Krematoriumsöfen verbrannt oder in Massen-

Eingang zum Konzentrationslager Auschwitz-Bikenau

gräbern beigesetzt. Erst im Frühjahr 1943, als die sowjetischen Truppen langsam nach Westen vordrangen, wurden diese grausamen Verfahrensweisen durch Himmler gestoppt. Er ordnete an, alle Spuren des Massenmordes zu vernichten. Als letztes Vernichtungslager wurde **Auschwitz-Birkenau** aufgelöst.

Der II. Weltkrieg

In dem von 1939–1945 in der gesamten Welt geführten Krieg starben über sechzig Millionen Menschen, davon etwa zwanzig Millionen Zivilisten. Der II. Weltkrieg gilt als Zäsur der Weltgeschichte und führte zu einer politischen Neuordnung der Erde.

Wer löste den II. Weltkrieg aus?

Am 1. September 1939 überfiel die **deutsche Wehrmacht** ohne vorherige Ankündigung trotz des Nichtangriffspakts vom 26. Januar 1934 **Polen**. Dessen Bündnispartner im Verteidigungsfall, **Frankreich** und **Großbritannien**, erklärten daraufhin dem Deutschen Reich am 3. September den Krieg, gefolgt von anderen Staaten. Die **USA** hielten sich vorerst aus dem Krieg heraus, sicherten jedoch Frankreich und Großbritannien umfangreiche wirtschaftliche und militärische Hilfe zu. Die **UdSSR** hingegen fühlte sich an den *Hitler-Stalin-Pakt* gebunden, der u. a. die Neutralität im Kriegsfall festhielt. Ebenso sah er in einem geheimen Zusatzprotokoll die *Teilung Polens* in eine russische und eine deutsche „Interessensphäre" vor.

Was waren Hitlers Ziele nach der Eroberung Polens?

Nachdem Großbritannien und Frankreich die Eroberung Polens nicht hatten verhindern können, stand das gesamte Gebiet unter deutscher und sowjetischer Herrschaft, da am 17. September die Russen ebenfalls nach Polen einmarschiert waren. Das oberste Ziel der NS-Politik blieb trotz des immerhin auf zehn Jahre ausgelegten *Nichtangriffspakts* zwischen Deutschland und Russland die Erschließung von *„Lebensraum im Osten"*. Dafür war dem „Führer und Reichskanzler Deutschlands" die Kriegserklärung Großbritanniens, die er bis zuletzt nicht für möglich gehalten hatte, ein Dorn im Auge. **Hitler** sah die Briten vielmehr als potenzielle Verbündete, da ihm an einer Ausbreitung nach Wes-

Deutsche Soldaten zerbrechen einen Grenzbaum in Polen (1. September 1938)

A. Hitler und H. Himmler bei einer Manöverbeobachtung

Folge hatte, erfolgte vor allem zur Sicherung der für die deutsche Rüstungsindustrie sehr wichtigen *Erzlieferungen* aus Schweden. Ebenso war das Ziel die *Isolierung Großbritanniens* und die *Absicherung gegen die Sowjetunion*, die 1939 durch ihren Überfall auf Finnland ihre Position in Europa weiter gestärkt hatte. Daraufhin kam es zu dem von Wehrmachtsoberen als äußerst riskant bezeichneten Plan zur Eroberung Frankreichs. Aufgrund des erneuten Überraschungseffekts zeigten sich die eroberten **Beneluxstaa-** ten und Frankreich wie gelähmt, sodass die deutschen Armeen nach nur fünf Wochen **Paris** erreicht hatten. Am 22. Juni 1940 kapitulierten die Franzosen.

ten vorerst nicht gelegen war. Da sich England allerdings nach wie vor weigerte, mit Deutschland in Friedensverhandlungen zu treten, schien die einzige Alternative, Großbritannien und Frankreich zu schlagen, bevor sie nach Deutschland vordringen konnten.

Warum eroberte Deutschland dann vorher weite Teile Nordeuropas?

Die Eroberung **Dänemarks** und **Norwegens** im Frühjahr 1940, die für die deutsche Marine wegen ihres nur sehr knappen Sieges gegen die verteidigende britische Flotte enorme Verluste zur

Wie sahen die Pläne gegen Großbritannien aus?

Hitlers Ziel war keineswegs die Zerschlagung der Briten. Sie sah er nach wie vor als einen potenziellen Verbündeten, den man offenbar weniger mit Worten, sondern vielmehr mit Taten beeinflussen könne. Seine These war es, dass sich Großbritannien im Angesicht der deutschen Stärke zum Frieden bereit erklären würde. **Hermann Göring**, zuständig für die deutsche Luftwaffe, stufte die

Die Zivilbevölkerung flüchtet aus dem zerstörten Leningrad.

Angriff auf Pearl Harbor

Chancen, die Briten durch Bombardements niederzuzwingen, fälschlicherweise als sehr gut ein. Doch die deutschen Bomber waren im August 1940 keineswegs in der Lage, Britannien so zu „ebnen", dass eine Invasion möglich gewesen wäre. Deutschland hatte kaum Zeit, sich von dieser Niederlage zu erholen bzw. über neue Konzepte zur sicheren Erschließung des Ostens nachzudenken. Durch **Italiens** Angriff auf **Griechenland** wurden die dort und im Balkan stationierten deutschen Truppen in diesem Gebiet zur Unterstützung der Italiener gebunden, was einen enorm wichtigen Faktor in einem späteren Krieg gegen die Sowjets darstellen sollte. Italiens Vormarsch nach **Nordafrika** und seine Unfähigkeit, die Briten dort zu besiegen, führte dazu, dass Deutschland an diesem

Schauplatz im Dezember 1940 aktiv werden musste. Den Afrikakorps unter General **Rommel** gelang es bis Sommer 1941, weite Teile Nordafrikas zu erobern. Zur selben Zeit fasste Hitler den Entschluss, trotz der bestehenden Gefahr durch die Bri-

ten den Krieg mit der Sowjetunion zu eröffnen.

Wie verlief der Russlandkrieg?

Am 22. Juni 1941 begann Deutschland seinen Krieg gegen die Sowjetunion. Anfangs noch von großer Euphorie und Erfolgen begleitet, konnten die deutschen Armeen bis zum Spätherbst bis kurz vor Moskau vorrücken. Dies war v. a. aufgrund der technischen Überlegenheit der deutschen Kriegsmaschinerie möglich, doch verfügte die Sowjetunion über mehr Soldaten und Gerät, weshalb sie für einen längeren Krieg besser gerüstet war. Außerdem kannte man in Russland den strengen Winter und war entsprechend auf ihn

Stalingrad

Im August 1942 rückte die 6. Armee unter Führung Generalfeldmarschall **Paulus'** nach Stalingrad vor. Unter schweren Verlusten gelang es ihr, die Stadt größtenteils zu erobern. Die Armee konnte nicht mehr flächendeckend operieren und musste sich in kleine Stoßtrupps aufteilen, die sich mit den sowjetischen Truppen in den Straßen der Stadt erbitterte Kämpfe lieferten. Am 22. November schlug die Rote Armee zurück, kesselte die 6. Armee in Stalingrad ein und schnitt sie damit von den übrigen deutschen Truppen ab. Da Hitler anordnete, Stalingrad um jeden Preis zu halten, versuchte man die eingekesselten Soldaten aus der Luft zu versorgen, was aber nur unzureichend möglich war, oder sie durch Panzerverbände und andere Armeen zu befreien und den Kessel damit zu brechen. Am 10. Januar 1943 kapitulierte Generalfeldmarschall Paulus schließlich ohne Absprache mit dem Führer. Über 150.000 Soldaten kamen in Stalingrad um.

vorbereitet. Die deutschen Frontsoldaten dagegen verfügten über keine ausreichende Winterausrüstung und kamen bei Leningrad im Dezember 1941 zum Stillstand. Nach Überstehen des Winters rückten die Deutschen mit dem Ziel, weite Teile des **Kaukasus** und **Stalingrad** zu erobern, erneut vor. Die *6. Armee*, die schließlich Stalingrad erobern konnte, wurde allerdings eingekesselt und damit von den anderen Truppenteilen abgeschnitten. Sämtliche deutsche Armeen wurden von den Sowjets immer weiter geschwächt. Im Frühling 1943 schlug Hitler ein Friedensangebot der Sowjets aus und intensivierte seine kriegerischen Maßnahmen in Russland. Mit der *Winteroffensive 1943* wurden die Deutschen schließlich immer weiter nach Westen gedrängt, bis sie schließlich im Zuge der *Sommeroffensive 1944* an die Grenzen Ostpreußens gelangt waren.

Das zerstörte Köln 1945

Wie stiegen die Amerikaner in den Krieg in Europa ein?

Als die Japaner bei **Pearl Harbor** am 7. Dezember 1941 den amerikanischen Truppen eine verheerende Niederlage beibrachten, indem sie deren Pazifikflotte in einem einzigen Angriff vernichteten, standen sie offiziell mit den Amerikanern im Krieg. Hitler, nur durch ein Verteidigungsbündnis an Japan gebunden, hoffte vergeblich, durch eine Kriegserklärung an die USA Japan zum Kriegseintritt in Europa zu bewegen. Deutschland baute daraufhin seine U-Boot-Flotte im Atlantik weiter aus und behielt bis März 1943 eine starke Position im so genannten *„U-Boot Krieg"*.

Wann kapitulierte Deutschland?

Nachdem britische Truppen in Nordafrika die deutschen besiegt hatten und auch von Osten die Sowjets näher kamen, griffen die Amerikaner direkt von der nordwestfranzösischen Küste an. Am 6. Juni 1944 landeten 3100 Landungsfahrzeuge in der **Normandie**. Bis Juli waren 850.000 Mann und 150.000 Fahrzeuge bereit, sich nach Osten in Richtung Deutschland vorzukämpfen. Am 25. August 1944 konnten die **Alliierten** Paris befreien. Am 11. September 1944 überschritten sie die deutsche Grenze. Auch die Sowjets hatten Ende 1944 Ostdeutschland erreicht. Ende März 1945 war die westalliierte Front bis zum Rhein aufgeschlossen, die *Rote Armee* sammelte sich, um Berlin einzunehmen. Am 29. April 1945 zog sich Hitler in den „Führerbunker" zurück. Großadmiral **Dönitz** wurde zu seinem Nachfolger ernannt. Einen Tag später entzog sich der „Führer" mit seiner Gattin **Eva Braun** durch Selbstmord einer Festnahme. Berlin kapitulierte am 3. Mai, am 8. Mai 1945 die *„kommissarische Reichsregierung"* Dönitz.

Geschichte des Judentums

Wie kein anderes Volk haben sich die Juden seit über 3000 Jahren ihre kulturelle Eigenart bewahrt. Sie nahmen Anteil an allen wichtigen Epochen der Weltgeschichte, oft waren sie Leid Tragende politischer Entwicklungen.

Womit begann die jüdische Geschichte?

Wie viele andere Völker haben auch die **Juden** verschiedene *Schöpfungsmythen*, die in der *Bibel* aufgeschrieben sind. Doch schon um 1500 v. Chr. lassen sich die Erzählungen der Bibel mit archäologischen Befunden in Übereinstimmung bringen. Das Volk der *Israeliten* lebte in sklavenähnlicher Abhängigkeit in **Ägypten**, bevor es unter seinem Anführer **Moses** von dort ins Land **Kanaan** geführt wurde. Auf dem Weg dorthin erhielt das Volk seinen göttlichen Gesetzeskodex, die *„Zehn Gebote"*.

Was ist das gelobte Land?

Die Israeliten glaubten, dass ihnen das Land Kanaan von Gott geschenkt worden sei. Gott hatte dem Stammvater **Abraham** das Land verheißen. Auf diese Verheißung berufen sich israelische Politiker noch heute. Als die Israeliten bei ihrer Ankunft andere Völker in Kanaan antrafen, vertrieben sie diese mit Gewalt und nahmen das Land in Besitz. Die Landnahme Kanaans, des heutigen **Palästina**, ist die einzige aggressive kriegerische Handlung in der jüdischen Geschichte.

Welche Erfahrungen machten die Juden im Exil?

Nach der Teilung des Königreiches in zwei Teilreiche im Jahr 932 v. Chr. wurde das israelitische Königtum immer schwächer. Der babylonische Herrscher **Nebukadnezar** besiegte die Israeliten im Jahr 586 v. Chr., ließ den Tempel zerstören und verschleppte die Bevölkerung ins Exil nach **Babylon**. Die Menschen durften jedoch auch dort ihre Religion weiter pflegen. Gera-

Juden an der Klagemauer

de ohne den *salomonischen Tempel* und die dort mögliche Kultpraxis kristallisierte sich das innere Wesen des Judentums heraus und eine jüdische Identität bildete sich. Doch das Volk Israel lernte auch andere Götter und Lebensweisen kennen. Viele

Was ist der Talmud?

Die jüdische Religion gründete sich auf die *hebräische Bibel* (*Tora*). Doch die schriftliche Lehre wurde seit jeher ergänzt durch die mündliche Lehre. Ihre Anfänge liegen in biblischer Zeit, im Jahr 640 wurde eine verbindliche Textsammlung unter dem Namen *Talmud* (Belehrung) zusammengestellt. Der Talmud besteht zum einen aus Gesetzesvorschriften (*Halacha*), die das Leben der Menschen regeln sollten. Zum anderen wurde versucht, die Tora zu erklären und auszulegen (*Midrasch*). Der Talmud hatte einen hohen Stellenwert in der jüdischen Religion und Überlieferung, da sich in ihm die Weisheit unzähliger Generationen niedergeschlagen hat.

Welche Epochen der jüdischen Geschichte gibt es?

Die Geschichte des Judentums kennt drei große Epochen. Die erste reichte von den Anfängen der Vorzeit bis zur Zerstörung des Zweiten Tempels im Jahr 70. In diese Zeit fiel die Landnahme der Israeliten in Palästina, die Regierung der Könige **David** und **Salomo** und das Exil in Babylon. In der *Diasporazeit* des Mittelalters wurden die Juden über ganz Europa und den Mittelmeerraum zerstreut. In allen Ländern kam es in dieser Zeit zu Judenverfolgungen. Die Aufklärung brachte auch eine religiöse Erneuerung im Judentum mit sich. Ende des 19. Jh. entstand der Wunsch nach einem eigenen Staat. Im 20. Jh. schließlich war die *Shoah*, das heißt der Versuch der planmäßigen Auslöschung des jüdischen Volkes durch die *Nationalsozialisten*, die prägendste Erfahrung für das Judentum. Aber auch die *Gründung des Staates Israel im Jahr 1948* stellte einen wichtigen Meilenstein dar und markierte das Ende von fast 1900 Jahren Staatenlosigkeit.

Propheten riefen das Volk im Namen Gottes zur Umkehr und zum Festhalten an ihrem Glauben auf. Als Babylon vom Perserkönig **Kyros** erobert wurde, durfte das jüdische Volk im Jahr 538 v. Chr. nach Palästina zurückkehren. Im Jahr 515 v. Chr. wurde daraufhin der neue Tempel eingeweiht.

Wie kam es zur Zerstörung des Zweiten Tempels?

Seit 63 v. Chr. war Palästina römische Provinz. Wie in den anderen Teilen des römischen Reiches galt zwar auch für die Juden Religionsfreiheit, doch der Glaube an einen einzigen Gott war den römischen Herrschern seit jeher suspekt.

Bereits um die Zeitenwende gab es einzelne jüdische Widerstandsgruppen, im Jahr 66 kam es jedoch zum großen Aufstand, dem so genannten *„Jüdischen Krieg"*. Die Römer schlugen den Aufruhr nieder und ließen im Jahr 70 den Tempel in Jerusalem zerstören.

Wie kamen die Juden nach Europa?

Auf Handelsreisen gelangten Juden schon vor der Zerstörung des *Zweiten Tempels* zu verschiedenen Orten im römischen Weltreich und bildeten kleine Gemeinden wie z.B. in **Rom** und **Damaskus**.

Nach dem Aufstand des **Bar-Kochba** gegen die Römer in den Jahren 132–135 untersagte der römische Kaiser **Hadrian** den Juden, weiter in der Stadt Jerusalem zu wohnen. Damit begann eine Auswanderung der Juden v. a. nach **Europa**, aber auch Richtung Osten über **Persien** nach **Indien**.

In welchen Ländern gab es Juden?

Am Ende der Antike gab es Judengemeinden und jüdische Ansiedlungen nahezu überall im Gebiet des Römischen Reiches. Schwerpunkte lagen dabei in Spanien, Deutschland sowie in Kleinasien.

Innenansicht einer Synagoge

Wie erlebten die Juden die Aufklärung?

Zur Zeit der *Aufklärung* lebten die Juden in Europa in speziellen *Ghettos* innerhalb der Städte. Auch durch ihre Sprache (*Jiddisch*) und ihre Gebräuche unterschieden sie sich vom Rest der Gesellschaft. Der Philosoph **Moses Mendelssohn** (1729–1786) wollte die Juden aus der inneren und äußeren Isolation befreien und sie an die Kultur der Umwelt heranführen. Doch es dauerte noch bis zur Mitte des 19. Jh., bis die Judenghettos aufgehoben wurden. Aber auch die religiöse Führung der Juden tat sich schwer, altbewährte Traditionen dem Integrationswunsch zu opfern.

Was war der Zionismus?

Trotz der Aufklärung nahm der *Antisemitismus* im 19. Jh. wieder zu. In **Russland** kam es zu schlimmen Ausschreitungen, so genannten **Pogromen**, gegen die jüdischen Mitbewohner. Viele Juden hatten das Vertrauen in die Integrationsidee verloren. Sie suchten nach einem anderen Ausweg aus der fortwährenden Unterdrückung. **Theodor Herzl**, ein Jurist aus Budapest, entwickelte die Idee, einen *selbstständigen Judenstaat* in Palästina zu gründen. Dabei spielten religiöse Motive keine Rolle, es ging vielmehr um das gewachsene Nationalbewusstsein der Juden. Seine Bewegung nannte sich *Zionismus* (*Zion* = Jerusalem). Auf einem Kongress in **Basel** im Jahr 1897 wurde das Ziel des Judenstaates festgeschrieben.

Wann begann die Auswanderung nach Palästina?

Auch wenn die Gründung des Staates Israel bis 1948 dauerte, wanderten Juden aus Europa schon seit dem Ende des 19. Jh. nach Palästina aus. Sie kauften ein kleines Stück Land und siedelten sich inmitten der zumeist arabischen Nachbarn an. Viele bewegte die zionistische Idee. Besonders viele Juden kamen aus dem zaristischen Russland, wo sie besonders stark unter dem *Antisemitismus* litten.

Wie wurde der Staat Israel gegründet?

Nach dem *I. Weltkrieg* erklärte die britische Regierung, dass sie den Wunsch nach einem eigenen Judenstaat in Palästina unterstützen würde (*Balfour-Deklaration* 1917). Das Gebiet von Palästina wurde britisches Mandatsgebiet, doch im Hinblick auf die Umsetzung dieses Versprechens geschah zunächst nichts. Die jüdische Einwanderung und der Erwerb von Landbesitz gingen unterdes-

Vom Mittelalter bis zur Aufklärung	
370	Abschluss des *Jerusalemer Talmuds*
900–1400	Blüte des spanischen Judentums (Religionsphilosophen)
ab 1096	Judenverfolgungen in Europa im Rahmen der *Kreuzzüge*
1350	Judenverfolgungen im Zusammenhang mit der *Pest*
1492	Ausweisung der Juden aus Spanien
1648	Judenpogrome in der Ukraine
1782	Toleranzedikt Kaiser **Josephs II.**

Thora-Rolle

sen weiter. Durch die immer zahlreicher werdenden jüdischen Einwanderer beunruhigt kam es zwischen 1936 und 1939 zu einem blutigen Aufstand der *Araber*, der auf allen Seiten große Verluste forderte. Nach dem *II. Weltkrieg* teilte die *UNO* Palästina

Abrahams Opfer (Gemälde von Rembrandt)

David und Salomo

Zwei auch politisch sehr erfolgreiche Könige im alten Israel sind weithin bekannt. **David** (um 1000 v. Chr.) soll als kleiner Junge schon das Heer der feindlichen Philister besiegt haben. Mit List und Geschicklichkeit brachte er den großen Kämpfer **Goliath** zu Fall. Als erfolgreicher Feldherr dehnte er den israelitischen Einflussbereich stark aus. Sein Sohn **Salomo** ist bekannt für seinen prächtigen Lebensstil. Er konnte das von seinem Vater geschaffene israelitishce Großreich zu kultureller und wirtschaftlicher Blüte führen, ließ den Tempel in Jerusalem bauen und trieb Handel mit Ostafrika. Berühmt ist sein Können als Richter.

in zwei Staaten auf, einen jüdischen und einen arabischen. Als der UN-Plan am 14. Mai 1948 umgesetzt werden sollte, begannen die umliegenden arabischen Staaten einen *Unabhängigkeitskrieg*, um die Entstehung des Staates **Israel** zu verhindern. Durch den militärischen Sieg Israels wurde der moderne Judenstaat, der in der Folgezeit zum Zufluchtsort für

Juden aus aller Welt wurde, Realität.

Leben seit 1948 alle Juden in Israel?

Der Staat Israel versteht sich als Heimstatt aller Juden. Und insbesondere die Einwanderung aus Osteuropa nach Israel hält unvermindert an. Doch nicht alle Juden sehen in Israel ihre Heimat. Besonders die zahlreichen Juden in den USA, die dort relativ unbehelligt leben, sehen keinen Grund, ihre Heimat Richtung Israel zu verlassen. Vielen ist es dennoch wichtig, dass es den Judenstaat in Palästina gibt, und sie unterstützen Verwandte oder wohltätige Organisationen in Israel mit großzügigen Spenden. Auch in Europa gibt es wieder jüdische Minderheiten, die sich jedoch nicht als jüdische Gäste in Deutschland begreifen, sondern als Deutsche jüdischen Glaubens.

Von der Vorzeit bis zur Zerstörung des Zweiten Tempels

um 1300 v. Chr.	Auszug der Israeliten aus Ägypten
um 1000 v. Chr.	König **David**
um 970 v. Chr.	König **Salomo** baut den *Ersten Tempel*
586 v. Chr.	Eroberung Jerusalems durch **Nebukadnezar**
586–536 v. Chr.	*Babylonisches Exil*
515 v. Chr.	Einweihung des Zweiten Tempels
63 v. Chr.	Palästina wird römische Provinz
66	Jüdischer Aufstand gegen die Römer
70	Zerstörung des *Zweiten Tempels*
132–135	*Bar-Kochba-Aufstand;* Juden dürfen nicht mehr nach Jerusalem

Deutschland erklärte am 8. Mai 1945 seine „bedingungslose Kapitulation". Die USA, Großbritannien, die UdSSR und Frankreich übernahmen die Kontrolle und die Verantwortung über die Zukunft des Landes, das den II. Weltkrieg begonnen hatte.

Was bedeutet „bedingungslose Kapitulation"?

Am 5. Juni 1945 gaben die vier **alliierten Mächte** in vier Deklarationen bekannt, dass mit der bedingungslosen Kapitulation Deutschlands dessen Unfähigkeit, sich dem „Willen der Alliierten zu widersetzen", und die *Regierungsübernahme* durch die Siegermächte festzuhalten sei. Damit verlor die deutsche Bevölkerung jeglichen Anspruch, an ihrer eigenen gesellschaftlichen Entwicklung mitzuwirken. Sie konnte nur auf Zugeständnisse seitens ihrer Besatzer hoffen.

Wie sahen die Pläne der Alliierten für die Zukunft aus?

Da die Planungen der vier Siegermächte für Deutschland auch und vor allem aus sehr subjektiven Gründen sehr unterschiedlich aussahen, konnte man sich nur auf vage Kompromisse einigen. Zunächst wurden auf der *Potsdamer Konferenz* (17. Juli bis 2. August 1945) diese vier sehr weit interpretierbaren Eckpfeiler der alliierten Besatzungspolitik festgelegt:

Demobilisierung („Völlige Abrüstung und Entmilitarisierung Deutschlands")

Konferenz von Jalta

Denazifizierung („Vernichtung der Nationalsozialistischen Partei mit ihren Gliederungen")
Demokratisierung („lokale Selbstverwaltung nach demokratischen Grundsätzen")
Dezentralisierung („der Verwaltung und des Wirtschaftslebens").

V. a. in der Frage der Demokratisierung kam es wegen Differenzen in der ideologischen Betrachtung zwischen der UdSSR und den anderen Besatzungsmächten zu unterschiedlichen Umsetzungen:

Nürnberger Prozesse: Blick auf die Anklagebank

Die Nürnberger Prozesse

Die *Moskauer Erklärung* vom 30. September 1943 bekräftigte den Entschluss der Alliierten, alle Beteiligten und Verantwortlichen von Kriegsverbrechen des II. Weltkrieges festzunehmen und vor Gericht zu stellen. Nachdem Deutschland kapituliert hatte, einigten sich die vier Alliierten am 5. August 1945 im *Londoner Abkommen* auf die Bildung eines *Internationalen Militärgerichtshofes*, der die Verfahren durchführen sollte. In Nürnberg traf sich das Gericht, das aus vier Richtern mit ihren Stellvertretern aus den vier Besatzungsmächten stammte. Vorsitzender des Gerichts war der britische Lordrichter **Geoffrey Lawrence**. Jeder Ankläger hatte das Recht auf einen Verteidiger und musste sich vier Hauptanklägern stellen, die ebenfalls jeweils aus den vier alliierten Staaten kamen. Es gab drei Anklagepunkte: 1. Verbrechen gegen den Frieden; 2. Kriegsverbrechen; 3. Verbrechen gegen die Menschlichkeit. Der Prozess dauerte fast ein Jahr. Das Gericht verkündete am 30. September und am 1. Oktober 1946 seine Urteile. Zwölf Personen wurden zum Tod verurteilt, darunter auch der ehemalige Außenminister **Ribbentropp** und der ehemalige Reichsmarschall **Göring**, der sich dem Galgen durch eine Zyankali-Kapsel entzog. Zu lebenslanger Haft kam es in drei Fällen, zu denen auch der „Führer-Stellvertreter" **Rudolf Heß** gehörte, und zu Haftstrafen unterschiedlicher Dauer in vier Fällen. Drei Angeklagte wurden freigesprochen.

Die UdSSR sahen die Demokratie erst mit der Überwindung des Kapitalismus als möglich an, die Amerikaner hielten den freien Handel und die wirtschaftliche Selbstbestimmung für einen elementaren Bestandteil.

Wie war Deutschland aufgeteilt?

Am 14. November 1944 beschlossen die drei Alliierten Großbritannien, USA und Sowjetunion die neue Ordnung in Deutschland nach Kriegsende. Deutschland wurde in *Besatzungszonen* aufgeteilt, deren Oberbefehlshaber den **Alliierten Kontrollrat** bildeten und über dem lediglich noch die ständige Konferenz der Außenminister stand. Auf einer der wichtigen Kriegskonferenzen in **Jalta** (4.–11. Februar 1945) war noch Frankreich als vierte Besatzungsmacht hinzugezogen worden. Deren Besatzungszone sollte aus der britischen und der amerikanischen ausgegliedert werden. Schlussendlich bestand Deutschland dann aus vier Besatzungszonen, wobei Berlin durch Vereinbarung der Alliierten der Verwaltung aller Besatzungsmächte unterlag.

Was war mit den Ostgebieten?

Im *Potsdamer Abkommen* wurde ebenfalls festgelegt, dass die Gebiete östlich der **Oder** und **Lausitzer Neiße** unter polnische Verwaltung fallen würden. Lediglich das **nördliche Ostpreußen** nahe Königsberg wurde als Zugeständnis der Alliierten gegen den Verzicht auf einem Anteil am **Ruhrgebiet** der Sowjetunion zugestanden. Man begann mit der Ausweisung der deutschen Bevölkerung aus den entsprechenden Gebieten „in ordnungsgemäßer und humaner Weise", wie sie durch die Alliierten festgelegt worden war. Rund zwölf Millionen Deutsche verloren dadurch ihre Heimat im Osten, wovon zwei Millionen auf der Flucht starben. Zunächst wurden die Flüchtlinge in Durchgangslagern aufgenommen und ländlichen Gemeinden zugewiesen. Da man jedem Flüchtling eine Unterkunft und Arbeit beschaffen musste, wurde oft auf die Hilfe der Bevölkerung zurückgegriffen, die sich allerdings nicht sehr aufgeschlossen zeigte.

Bündnispolitik nach dem II. Weltkrieg

Nach 1945 setzte eine Welle von Gründungen neuer Bündnisse auf der ganzen Welt ein. Die Weltordnung war durch den Krieg weitestgehend erschüttert und verändert und so erfand man neue Konzepte für den Umgang auf staatlicher Ebene.

Wieso war man nach dem Scheitern des Völkerbundes so überzeugt von einem Konzept der Vereinten Nationen (UNO)?

Während des II. Weltkrieges gingen die Alliierten **USA** und **Großbritannien** zuerst nicht davon aus, dass die gelang, die Deutschen nach Westen zurückzudrängen, kalkulierte man wieder mit der Sowjetunion. Durch die Hilfe der Amerikaner gelang es den Sowjets, die Deutschen nach Westen zu drängen. Man war sich natürlich den Problemen in den unterschiedlichen ideologischen Sichtweisen einten Nationen. Entscheidender Unterschied zum Völkerbund war der *Sicherheitsrat,* ein Organ, das laut UN-Charta die „Hauptverantwortung für die Wahrung des Weltfriedens" trug und trägt. Er besteht aus insgesamt 15 Mitgliedern, wovon fünf ständig vertreten sind und über ein Veto-Recht verfügen: die Sowjetunion und die USA sowie **Frankreich**, Großbritannien und **China**.

Die Gemeinschaft Unabhängiger Staaten (GUS)

Die Gemeinschaft unabhängiger Staaten wurde im Dezember 1991 von **Russland**, der **Ukraine** und **Weißrussland** in Minsk gegründet und versteht sich als Nachfolgeorganisation der UdSSR mit all ihren völkerrechtlichen Verpflichtungen. Im späteren Verlauf schlossen sich weitere ehemalige Sowjetrepubliken an. An erster Stelle steht der **Rat der Staatsoberhäupter**, dessen Vorsitz regelmäßig zwischen den Mitgliedstaaten wechselt. Innerhalb der GUS gibt es außerdem Vereinbarungen zwischen Russland, Weißrussland, **Kasachstan**, **Kirgisien** und **Tadschikistan** zur Schaffung einer *Zollunion* und eines *gemeinsamen Wirtschaftsraums.*

Warum kam es in den 1950er-Jahren nicht zur Gründung der Europäischen Verteidigungsgemeinschaft (EVG)?

Am 27. Mai 1952 kam es zur Unterzeichnung des *Vertrags der Europäischen Verteidigungsgemeinschaft* seitens der Regierungen von Frankreich, Belgien, den Niederlanden, Luxemburg, Italien und der Bundesrepublik Deutschland. Das *Europäische Heer* sollte unter gemeinsamem Oberbefehl stehen; geplant war eine Angleichung der Armeen auf den Gebieten der Ausrüstung, Ausbildung, Dienstzeit usw. Das französische Parlament verweigerte

Sowjetunion dem Vormarsch der deutschen Armeen nach Osten standhalten könnte. Deshalb berücksichtigte man dieses Land auch nicht mehr in den Gedankenspielen um die zukünftige Weltordnung. Erst als es 1942/1943 der *Roten Armee* von Ost und West bewusst, wollte allerdings trotzdem an dem Konzept der „Einen Welt" festhalten, um trotz der großen Differenzen und des Konfliktpotenzials den Weltfrieden zu erhalten. So arbeitete man fieberhaft an der Institutionalisierung der Verdie Ratifizierung des Vertrags und so scheiterte das ambitionierte Projekt, noch bevor es überhaupt gestartet war.

Inwieweit ist die Westeuropäische Verteidigungsunion (WEU) noch unabhängig von der Europäischen Union (EU)?

1954 gründeten Großbritannien, Frankreich, die **Niederlande**, **Belgien**, **Luxemburg**, **Italien** und die **Bundesrepublik Deutschland** die **Westeuropäische Verteidigungsunion**, die gedacht war als eine auf 50 Jahre angelegte Erweiterung des britisch-französischen *Abkommens von Dünkirchen* „zur wirtschaftlichen, sozialen und kulturellen Zusammenarbeit und zur kollektiven Verteidigung". Zurzeit wird die WEU immer mehr in die Europäische Union integriert. So kommt es in vielen Ämtern der EU dazu, dass sie in Personalunion mit Ämtern in der WEU geführt werden. Langfristig soll die WEU als Bestandteil der EU die Verteidigung der Union sicherstellen.

Was ist die Arabische Liga?

Mittlerweile 22 Staaten sind Mitglied in der 1945 in Kairo auf eine Initiative **Ägyptens** gegründeten **Arabische Liga**. Ihr selbst formuliertes Ziel umfasst sowohl die „Koordinierung und Förderung gemeinsamer politischer, sozialer, ökonomischer und kultureller Interessen" als auch die Schlichtung von internen arabischen Streitig-keiten wie beispielsweise im libanesischen Bürgerkrieg. Das oberste Organ der Arabischen Liga ist der *Rat*, der zweimal im Jahr oder auf Antrag von zwei Mitgliedstaaten tagt. Wenn seine Entscheidungen einstimmig gefasst werden, sind sie für alle Staaten bindend. Der Rat wählt ebenfalls den Generalsekretär mit einer Zweidrittelmehrheit. Er ist für die Verwaltungs- und Finanzbüros verantwortlich. Seit ihrem Bestehen verfolgt die Arabische Liga das Ziel der Gründung eines unabhängigen Staates **Palästina**. Die **PLO** ist aus diesem Grund seit 1976 Mitglied. Als Ägypten mit **Israel** im Jahr 1979 einen *Friedensvertrag* schloss, kam es zu enormen diplomatischen Verwicklungen in der Liga.

Die Präambel der Charta der Vereinten Nationen

Wir, die Völker der Vereinten Nationen – fest entschlossen, künftige Geschlechter vor der Geißel des Krieges zu bewahren, die zweimal zu unseren Lebzeiten unsagbares Leid über die Menschheit gebracht hat, unseren Glauben an die Grundrechte des Menschen, an Würde und Wert der menschlichen Persönlichkeit, an die Gleichberechtigung von Mann und Frau sowie von allen Nationen, ob groß oder klein, erneut zu bekräftigen, Bedingungen zu schaffen, unter denen Gerechtigkeit und die Achtung vor den Verpflichtungen aus Verträgen und anderen Quellen des Völkerrechts gewahrt werden können, den sozialen Fortschritt und einen besseren Lebensstandard in größerer Freiheit zu fördern, und für diese Zwecke Duldsamkeit zu üben und als gute Nachbarn in Frieden miteinander zu leben, unsere Kräfte zu vereinen, um den Weltfrieden und die internationale Sicherheit zu wahren, Grundsätze anzunehmen und Verfahren einzuführen, die gewährleisten, dass Waffengewalt nur noch im gemeinsamen Interesse angewendet wird, und internationale Einrichtungen in Anspruch zu nehmen, um den wirtschaftlichen und sozialen Fortschritt aller Völker zu fördern – **haben beschlossen, in unserem Bemühen um die Erreichung dieser Ziele zusammenzuwirken**. [...]

Äthiopien: Haile Selassi I.

Kaiser Haile Selassi I. bestimmte über 40 Jahre lang die Geschicke seines Landes. In den ersten Jahrzehnten seiner Regierung wurde für seine Anstrengungen bewundert, Äthiopien von seiner Rückständigkeit zu befreien.

Welche Schritte zur Modernisierung Äthiopiens leitete Haile Selassi I. ein?

Äthiopien ist eine sehr junge Nation, die durch die Vielzahl ihrer Völkerschaften, Sprachen und Schriften geprägt ist. Traditionell bestimmte die lokale Aristokratie das politische Leben des Landes. Der 37-jährige **Ras**, übersetzt etwa „Fürst", **Tafari** über-

Haile Selassi I.

nahm im Jahr 1928 durch einen Staatsstreich die Macht und erhob sich am 2. November 1930 in Addis Abeba zum Kaiser des Landes. Er nannte sich fortan „Haile Selassi I." und gab sich den Titel *„Löwe von Juda"*. Der junge Kaiser beschnitt die Macht des Adels

und startete eine Serie von *Modernisierungsmaßnahmen*. Er formte die Verwaltung des Staates nach westlichem Vorbild um und unterstellte sie einem Ministerrat. Er schuf eine stehende Armee, errichtete ein westliches Schulsystem und eine moderne Rechtsprechung mit einer eigenen Verfassung.

Welche Auswirkungen hatte der Faschismus auf Äthiopien?

Das faschistische Italien wollte sich mit einem Abessinienfeldzug ein eigenes Kolonialreich schaffen. Im Oktober 1935 marschierten italienische Einheiten aus **Eritrea** und **Somalia** in Äthiopien ein. In einem kurzen und grausamen Krieg vernichtete die italienische Armee die Truppen des Kaisers, wobei sie vor Flächenbombardements und dem Einsatz von Senfgas nicht zurückschreckte. Die **Großmächte** und der **Völkerbund** protestierten zwar gegen dieses Vorgehen, kamen dem afrikanischen Land jedoch militärisch nicht zu Hilfe. Damit wurde Äthiopien das erste Opfer des

Typische Rastafarifrisur

imperialistischen *Faschismus*. Haile Selassi ging ins englische Exil. In einer bemerkenswerten Rede vor dem Völkerbund im Juni 1936 prophezeite er den anderen Nationen das gleiche Schicksal, falls sie dem Faschismus nicht Einhalt gebieten.

Was kennzeichnete die Politik des Kaisers nach dem II. Weltkrieg?

Nach der Vertreibung der Italiener aus Äthiopien bestieg Haile Selassi am 5. Mai 1941 wieder den Thron und führte umgehend seine Politik der *Zentralisierung* und *Modernisierung* weiter. Er errichtete neue Ministerien und rüstete sie mit Material und Personal aus. Die Armee wuchs unter seiner Herrschaft zur größten Streitmacht des subsaharischen Afrika heran. Haile Selassi gründete 1950 die erste Universität in Addis Abeba, er schuf eine nationale Fluggesellschaft und ließ Stauwerke bauen. Der Kaiser suchte die Allianz mit den **USA** und erhielt dafür großzügige Unterstützung zum Aufbau des Militärs und der Wirtschaft.

Wieso wurde Haile Selassi gestürzt?

Allerdings hatte die Politik des „Löwen von Juda" ihre Schattenseiten. Die Modernisierung der lebenswichtigen Landwirtschaft wurde vernachlässigt und der Lebensstandard der bäuerlichen Bevölkerung blieb einer der niedrigsten der Erde. Obwohl Haile Selassi im Jahr 1957 allgemeine Wahlen zuließ, war er nicht bereit, auch nur ein

> # Die Rastafaribewegung
>
> Die politisch-religiöse Rastafaribewegung kam zu Beginn der 1950er-Jahre unter der afrikanischstämmigen Bevölkerung **Jamaikas** auf. Rastafarians halten Kaiser Haile Selassi I. für einen *Messias* und göttlichen Anführer der schwarzen Weltbevölkerung. Nach ihrem Glauben sind die Schwarzen die Reinkarnation der Israeliten des Alten Testaments und müssen Deportation, Sklaverei und Armut als Sühne für vor Urzeiten begangene Sünden erdulden. Durch einen gottgefälligen Lebensstil sollen sie aus Babylon geführt und in das gelobte Land und Paradies auf Erden Afrika gebracht werden. Die Wurzeln dieser Religion reichen bis tief in die Geschichte Jamaikas, mindestens zur *„Zurück nach Afrika"*-Bewegung **Marcus Garveys** vom Anfang des 20. Jh. Seit den 1950er-Jahren hat sich die Rastafaribewegung erheblich vergrößert und inhaltlich gewandelt. Zwar blieb die Identifikation mit Afrika bestehen, die Pläne für einen großen Exodus wurden jedoch fallen gelassen.

Stück seiner Macht abzugeben. In Äthiopien existierten weder Parteien noch freie Gewerkschaften oder eine unabhängige Presse. Ein fehlgeschlagener *Militärputsch* im Dezember 1960 zeigte erstmals die Unzufriedenheit, die auch im Zentrum der Macht herrschte. Die Bildung der *Eritreischen Befreiungsfront* im selben Jahr, die eine Loslösung ihrer Provinz von Addis Abeba mit Waffengewalt durchzusetzen versuchte, verschärfte die Lage dramatisch. Der ausschlaggebende Grund jedoch war eine fürchterliche Hungersnot im Nor-

den Äthiopiens, die 200.000 Opfer forderte. Anstatt der Not leidenden Bevölkerung zu helfen, hielt die Regierung des Kaisers die Katastrophe geheim. Als die Vertuschung aufflog, wurde der 82-jährige Monarch am 12. September 1974 von einer Militärclique abgesetzt. Haile Selassi starb im darauf folgenden Jahr in Addis Abeba. Als neue Regierung wurde das PMAC („Provisorischer Militärischer Verwaltungsrat") auch „Dergue" genannt, eingerichtet. Nachdem man 1974 die sozialistische Planwirtschaft eingeführt hatte, wurde im März 1975 schließlich die Monarchie abgeschafft, und die sozialistische Republik Äthiopien ausgerufen.

Äthiopien: Miniatur

Der Koreakrieg

Konflikt zwischen Nord- und Südkorea zwischen 1950 und 1953. Durch die beträchtliche Einflussnahme der USA einerseits und der Sowjetunion und China andererseits galt er als Stellvertreterkrieg zwischen westlichem und kommunistischem System.

Wie kam es zur Teilung Koreas?

Im Jahr 1910 wurde **Korea** oder **Choson,** wie es damals noch hieß, durch Japan besetzt. Nach Jahren der Unterdrückung wurde das Land schließlich während des *II. Weltkrieges* von der **Sowjetunion** und den **USA** befreit. Noch vor Ende des Krieges einigten sich beide Nationen auf eine Teilung des Landes. Das Gebiet nördlich des 38. Breitengrades wurde der Sowjetunion zugesprochen, der südliche Teil den Vereinigten Staaten. Zwar arbeitete man zunächst noch an der *Wiedervereinigung des Lan-*

des, doch die Verhandlungen scheiterten. Beide Nationen setzten in der Folgezeit Regierungen in ihren Teilen des Landes ein, die das jeweilige System unterstützen und somit zu einem wichtigen Machtfaktor in der asiatischen Welt werden sollten. Während 1948 im Süden die *Republik Korea* gebildet wurde, gründete sich im selben Jahr die kommunistische *Volksrepublik Korea* im Norden. Die Grenze zwischen beiden Ländern bildete zugleich die *Trennungslinie* im „*Kalten Krieg"* zwischen Ost und West. Die Teilung des Landes bedeutete auch wirtschaftliche Probleme für beide Seiten. Die

Landwirtschaft des Südens und die starke Industrie des Nordens hätten gemeinsam wirtschaftlichen Wohlstand hervorbringen können, die Trennung machte dies jedoch unmöglich.

Wie kam es zum Ausbruch des Koreakrieges?

Bereits vor dem offiziellen Ausbruch des Krieges hatte es mehrfach kleinere Scharmützel an der Grenze gegeben. Der Süden hatte mit Unruhen im eigenen Land zu kämpfen und China wurde kommunistisch. Diese beiden günstigen Umstände veranlassten die nordkoreanische Führung zu dem Entschluss, in Südkorea einzumarschieren und auch den anderen Landesteil einem *kommunistischen System* zu unterwerfen. Der Angriff

Amerikanische Soldaten

Phasen des Koreakrieges

Nordkoreas erfolgte am 25. Juni 1950 und traf die südkoreanischen Truppen völlig unerwartet.

Wie verlief der Krieg?

Durch die Unterstützung der Sowjetunion war der Norden dem Süden aus militärischer Sicht weit überlegen, was einen schnellen Sieg versprach. Daraufhin sahen sich die USA zum Einschreiten gezwungen und entsandten mit Unterstützung der noch jungen **Vereinten Nationen** Truppen nach Korea. Nachdem der Norden zunächst beinahe den kompletten Süden hatte einnehmen können, wendete sich das Blatt. Die UN-Truppen, deren Soldaten neben den USA aus 18 weiteren Staaten kamen, drängten die nordkoreanischen Truppen zurück und begannen nun ihrerseits, den Norden einzunehmen. Dies veranlasste das kommunistische China, zugunsten des Nordens einzugreifen, was wiederum zu einer Wende führte. Nachdem erneut die UN-Truppen Südkorea befreit und die chinesischen und nordkoreanischen Truppen bis hinter die ursprüngliche Grenze zurückgedrängt hatten, stagnierten die Bewegungen. Es kam zu einem *Stellungskrieg*, der keiner der beiden Seiten Zugewinne brachte.

Wie kam es zum Ende des Krieges?

Seit Mitte 1951 hatte es immer wieder Verhandlungen über einen *Waffenstillstand* gegeben, die jedoch immer wieder scheiterten. US-Präsident Eisenhower, der seit 1952 im Amt war, drängte auf eine rasche Beilegung des Konfliktes. Verunsichert vom Tod Stalins gaben auch die Sowjets bald ihre zuvor sehr harten Positionen auf und man einigte sich im Juli 1953 auf ein *Waffenstillstandsabkommen*. Einen Sieger gab es in dem Sinne nicht, als dass die Grenzen beinahe dieselben waren wie vor dem Angriff Nordkoreas.

Deutschland: Parallelen zu Korea?

Der Koreakrieg löste v. a. in Deutschland große Ängste aus. Hatte man bis dahin noch auf eine rasche *Wiedervereinigung* gehofft, wurden diese Hoffnungen durch den Krieg zerschlagen. Die Parallelen zwischen Deutschland und Korea waren besorgniserregend: Beide Nationen waren geteilt und wurden zur Hälfte von den USA und zur anderen Hälfte von der Sowjetunion unterstützt. Zudem waren beide geteilten Länder Schnittstellen der Systeme: Während Korea die Machtgrenze in Asien darstellte, hatte Deutschland dieselbe Position in Europa. Die Befürchtungen, die deutsche Situation könne ähnlich eskalieren wie die in Korea, bewahrheiteten sich jedoch glücklicherweise nicht.

NATO und Warschauer Pakt

Fast 50 Jahre standen sich die beiden hauptsächlich militärischen Bündnisse nicht nur als Symbole der Blockbildung von Ost und West gegeneinander. Nach ihrer Ablehnung bei der Gründung der NATO schuf die Sowjetunion den Warschauer Pakt.

Worauf basierte die Entscheidung, die NATO zu gründen?

Der wachsende Druck seitens der **Sowjetunion** und der Eindruck bei den **USA**, Russland wolle weiter nach Westeuropa expandieren, ließen die Machthaber über die Gründung eines *Verteidigungsbündnisses* nachdenken. Europa befand sich teilweise in sehr instabilen politischen und gesellschaftlichen Verhältnissen und war daher sehr anfällig für Angriffe von außen. Die Amerikaner sahen lediglich in einer engen militärischen und politischen Kooperation mit den Europäern eine Chance, sich und die Werte der Demokratie im Kampf gegen den Kommunismus zu behaupten. Am 26. Juni 1945 gründeten die Staaten Belgien, Dänemark, Frankreich, Großbritannien, Island, Italien, Kanada, Luxemburg, die Niederlande, Norwegen, Portugal und die USA in Washington D.C. den **Nordatlantikpakt**, in dem sie beschlossen, „ihre Bemühungen mit dem Ziel der kollektiven Verteidigung zur

Harry Truman

Aufrechterhaltung des Friedens und der Sicherheit zu vereinigen".

Wie kam es zur Gründung des Warschauer Paktes?

Die Sowjetunion sah in den Aktionen des Westens eine starke Gefährdung ihrer Position und ging ebenfalls von globalen Expansionsinteressen der USA aus. Als ihr Aufnahmeantrag in die NATO am 31. März 1954 offiziell abgelehnt wurde und man mit der *Wiederbewaffnung* und der *Integrierung Deutschlands* in die NATO begann, schuf die Sowjetunion ein entsprechendes Sicherheitsbündnis im Osten. „Unter gleichzeitiger Berücksichtigung der Lage" schlossen Albanien, Bulgarien, die DDR, Polen, Rumänien, die Sowjetunion, die

Aufbau des Warschauer Paktes

Die Gründung des Warschauer Paktes erfolgte am 14.5.1955 durch die Unterzeichnung des Warschauer Vertrages. Der „Politische Beratende Ausschuss" wurde zum politischen Führungsorgan. 1976 kamen noch das „Vereinigte Sekretariat" und das „Komitee der Außenminister" hinzu. Die militärische Führung wurde dem „Vereinten Kommando der Streitkräfte" übertragen. Auch für diesen Bereich wurden weitere Gremien geschaffen: der „Militärrat der Vereinten Streitkräfte" und das „Komitee der Verteidigungsminister". Im Jahr 1990 sollte die Funktion des Paktes, aufgrund der politischen Umwälzungen, geändert werden. Aber ein Jahr darauf erfolgte der Beschluss, die militärische Beistandsverpflichtung und damit die Militärstruktur aufzulösen. Am 1.7.1991 wurde ein Abschlußprotokoll in Prag unterzeichnet, dass die Auflösung des Warschauer Paktes, also einschließlich der politischen Organisation, beinhaltete.

Struktur der NATO

Das oberste Organ ist der **Nordatlantikrat**. Er stellt das höchste zivile Beschlussgremium dar. Durch ständige Vertreter sind die Botschafter der Mitgliedstaaten in Brüssel am Sitz des NATO-Rates präsent. Bei Bedarf tagen auch die Außen- oder Verteidigungsminister. Die Entscheidungen im Nordatlantikrat werden einstimmig gefällt und sind daher bindend für jedes Mitglied. Im **Ausschuss für Verteidigungsplanung** sind lediglich die Länder vertreten, die militärisch integriert sind. Der Verteidigungsausschuss, bestehend aus den Stabschefs, ist das höchste militärische Beratungsgremium und tagt halbjährlich. Der **internationale Militärstab** bildet die Exekutive.

Tschechoslowakei und Ungarn den *„Vertrag über Freundschaft, Zusammenarbeit und gegenseitigen Beistand"* ab. Er war im Gegensatz zur NATO nicht auf ewig angelegt und hatte eine Laufzeit von 20 Jahren, die allerdings einmal um 20 und noch einmal um zehn Jahre verlängert wurde. Der Warschauer Pakt sah im *Verteidigungsfall* die Hilfe aller Mitglieder mit allen Mitteln voraus, während der NATO-Vertrag es jedem Mitglied freistellte, nach eigenem Ermessen Beistand zu leisten. Damit war die schleichende Blockbildung ratifiziert und manifestiert.

Warum kam es zur Wiederbewaffnung der Bundesrepublik Deutschland?

Das Land **Korea** war seit 1910 von den **Japanern**, die das Volk brutal unterdrückten, besetzt, sollte jedoch laut Absprache zwischen den Amerikanern und den Sowjets im II. Weltkrieg gegen Japan kurzweilig von beiden Mächten übernommen werden. Die Trennungslinie zwischen beiden Gebieten bildete der 38. Breitengrad. Jedoch scheiterten Verhandlungen seitens der Siegermächte nach dem Krieg über eine Gesamtregierung Koreas und so bildeten sich schließlich zwei Staaten: im Norden die kommunistische Volksrepu-

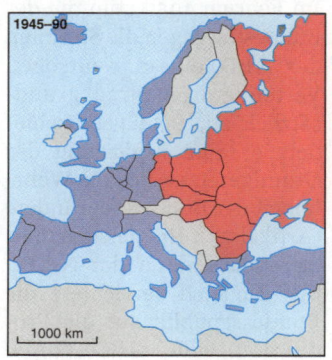

NATO (blau) und Warschauer Pakt (rot)

blik (Nord-) Korea und im Süden die Republik (Süd-) Korea. Nach dem Rückzug der amerikanischen und sowjetischen Truppen im Oktober 1948 erfolgte ein Angriff nordkoreanischer Partisanen und am 25. Juni 1950 griff überraschend die nordkoreanische Armee an. Auf nordkoreanischer Seite beteiligten sich starke chinesische Kräfte, während den Südkoreanern die Amerikaner zu Hilfe kamen. Der *„Stellvertreterkrieg"*, wie er häufig genannt wird, zwischen dem Kommunismus und dem Kapitalismus beunruhigte die Welt immens. Der amerikanische Präsident **Truman** ließ die Insel Taiwan sichern und seine Flotte im Pazifik stärken. Man hielt den Vorstoß der nordkoreanischen Armee lediglich für einen Vorreiter einer *gesamtkommunistischen Invasion*. Daher wurde Westdeutschland aufgrund seiner Grenzlage zum Osten strategisch wichtig. Ebenso hatte man am Koreakrieg gesehen, dass die **UNO** keineswegs eine friedensichernde Rolle in einem Konflikt übernehmen könnte, da sie über keine eigenen Militärstreitkräfte verfügte. Trotz des Angebots der Sowjetunion, einer Wiedervereinigung nicht im Weg zu stehen, wenn sich die Deutschen neutral erklärten, trat Deutschland am 9.5.1954 in die NATO ein.

Nach der Kapitulation am 8. Mai 1945 musste Deutschland ohne eigene Streitkräfte auskommen. Erst die Verschärfung des Kalten Krieges führte zum Umdenken der Alliierten. 1950 legte die Bundesregierung die Grundlagen zur Aufstellung der Bundeswehr.

Welches Interesse hatte das vom Krieg zerstörte Deutschland an einer neuen Armee?

Bundeskanzler **Konrad Adenauer** signalisierte den Alliierten schon frühzeitig die Bereitschaft der neuen deutschen Regierung, eine aktive Rolle im *westlichen Verteidigungsbündnis* zu spielen. Sein Ziel: Eine *Sicherheitsgarantie* für den Fall einer sowjetischen Bedrohung. Gleichzeitig sollte der junge Staat fest in das westliche Lager eingebunden und zum gleichberechtigten Partner werden. Die größten Probleme mit der Wiederaufrüstung hatte Deutschlands „historischer Rivale" **Frankreich**. Erst nach langen Verhandlungen und nach starkem Druck aus den **USA** stimmte die Regierung in Paris den Plänen zur Wiederbewaffnung Deutschlands zu.

Welche gesetzlichen Hindernisse mussten überwunden werden?

Im Jahr 1950 stimmte auch der **Europarat** den Plänen zur europäischen Armee mit

Konrad Adenauer

deutschen Anteilen zu. Kurz darauf beauftragte Bundeskanzler Adenauer den Bundestagsabgeordneten **Theodor Blank** mit den Vorbereitungen zur Aufstellung einer eigenen Verteidigungsarmee. Die „*Dienststelle Blank*" legte die Grundlagen für die heutige Struktur der Bundeswehr. Im Februar 1952 stimmte der Bundestag gegen die Stimmen der SPD einem deutschen Verteidigungsbeitrag grundsätzlich zu, 1954 verabschiedete er eine Ergänzung des Grundgesetzes, das die Wehrhoheit der Bundes begründete (Artikel 73). Im gleichen Jahr trat Deutschland der **NATO** bei. Zugleich verzichtete die Bundesrepublik auf die Produktion von *ABC-Waffen* und akzeptierte *Rüstungsbe-*

schränkungen. Parallel dazu traten die *Pariser Verträge* in Kraft. Sie verliehen der Bundesrepublik die Souveränität und erneuerten die Sicherheitsgarantien. Somit stand auch **Westberlin** unter dem besonderen Schutz der NATO-Partner.

Wie schnell wuchs die Bundeswehr materiell und personell?

Knapp ein halbes Jahr nach dem NATO-Beitritt verabschiedete der Bundestag das *Freiwilligengesetz*. Doch bereits im Juli 1956 trat ein neues Gesetz in Kraft, das die Einführung der Wehrpflicht für Männer zwischen 18 und 45 Jahren vorsah. Darüber hinaus regelte die zweite Wehrergänzung des Grundgesetzes die parlamentarische Kontrolle der neuen Streitmacht, die nun den Namen „*Bundeswehr*" erhielt. Dabei sollte die Einbindung der Bundeswehr in die Gesellschaft erleichtert und ihre demokratische Kontrolle gewährleistet werden. Das Gesetz über den *zivilen Ersatzdienst* regelte die Einziehung von anerkannten Kriegs-

Frühe Geschichte der Bundeswehr

8.5.1945	Bedingungslose Kapitulation der deutschen Wehrmacht
23.5.1949	Geburtsstunde der Bundesrepublik mit Erlass des Grundgesetzes
5.10.1950	Geheimes Treffen von Adenauer mit ehemaligen Offizieren der Wehrmacht
9.5.1955	Beitritt der Bundesrepublik zur NATO, Ziel: Integration einer 500.000 Mann starken Armee
6.7.1955	Erster Verteidigungsminister Theodor Blank
12.11.1955	Offizielle Gründung der Bundeswehr mit Einstellung der ersten 101 Soldaten per Ernennungsurkunde
1.4.1956	In-Kraft-Treten des „Soldatengesetzes", erst ab jetzt offizielle Bezeichnung „Bundeswehr"
24.12.1956	Grundwehrdienst wird auf zwölf Monate festgesetzt
1.4.1957	Die ersten 10.000 Wehrpflichtigen werden einberufen

dienstverweigerern aus Gewissensgründen zum Zivildienst. In dieser Zeit erhielt die Bundeswehr außerdem massive Unterstützung durch die USA. Der NATO-Partner lieferte schwere Waffen, Schiffe und Flugzeuge an Deutschland. Bereits Mitte 1956 verfügte die Bundeswehr über 47.000 Mann.

Wie entwickelte sich die Wehrpflicht?

Im Oktober 1956 übernahm der CSU-Politiker **Franz Josef Strauß** die Leitung des aus der „Dienststelle Blank" hervorgegangenen **Bundesverteidigungsministeriums**. Mit seinem ehrgeizigen *Aus- und Aufrüstungsprogramm* prägte er bis 1962 die Aufbauphase der Bundeswehr. Am 1. April 1957 rückten schließlich 10.000 Wehrpflichtige in die Heereskasernen ein. Angestrebt

wurde eine Sollstärke von etwa 470.000 Mann. Um dieses Ziel zu erreichen, übernahm die Bundeswehr große Teile des **Bundesgrenzschutzes**. Am 1. Juli 1957 unterstellte sie die ersten drei Divisionen der NATO. Wegen personeller Engpässe verlängerte die Regierung den Wehrdienst im Jahr 1962 von zunächst zwölf auf 18 Monate.

Welche Aufgabe hat die Bundeswehr?

Primär wird die Bundeswehr im *Verteidigungsfall* eingesetzt. Sie soll einen bewaffneten Angriff auf das Bundesgebiet abwehren. Weitere Aufgaben sind aber auch die Hilfe bei *Naturkatastrophen* und *schweren Unglücken*. Hierzu muss die Bundeswehr jedoch durch die Landesregierungen angefordert werden. Erst im Spannungsfall, der durch den Bundestag mit Zweidrittel-

mehrheit festgestellt werden muss, dürfen Soldaten zur Sicherung ziviler Objekte und zur Unterstützung der Polizei eingesetzt werden. Tritt der NATO-Bündnisfall nach Art. 5 ein, kann die Bundeswehr auch zur Verteidigung gegen einen bewaffneten Angriff innerhalb des NATO-Gebiets herangezogen werden. Seit 1994 sind der Bundeswehr auch Einsätze „out-of-aera", d. h. außerhalb des Bündnisgebiets erlaubt.

Franz Josef Strauß

Im 20. Jahrhundert wurde das südamerikanische Argentinien von mehreren Militärregierungen diktatorisch regiert, die durch diverse Putschs an die Macht kamen. Erst in den 80er Jahren kehrte die Demokratie nach Argentinien zurück.

Wann gab es den ersten Militärputsch in Argentinien?

Im Zuge der *Weltwirtschaftskrise* 1929 erlebte auch Argentinien eine tiefe Depression. Die Unzufriedenheit mit der Regierung nutzte schließlich General **Augustín Justo** zum Sturz von Präsident **Irigoyen**. Es begann eine Zeit, die von Korruption, gefälschten Wahlen und Vetternwirtschaft geprägt war.

Wie kam Juan Perón an die Macht?

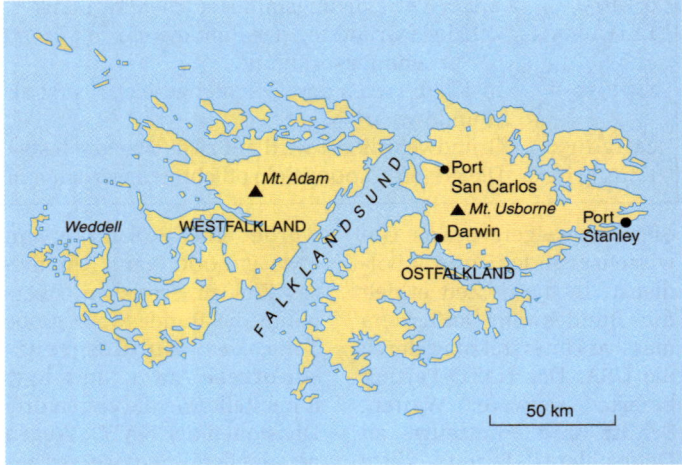

Falklandinseln

1943 war Perón, ein glühender Verehrer Mussolinis, am Sturz des konservativen Präsidenten **Castillo** beteiligt, der General **Arturo Rawson** an die Schalthebel der Macht setzte. Dieser wurde wiederum ein Jahr später von seinem eigenen Regierungsmitglied Perón durch einen weiteren Militärputsch seines Amtes enthoben. Perón gründete die Bewegung der so genannten **„Peronisten"**, die sich für die Interessen der Arbeiter und Bauern einsetzen und dem Volk *politische Mitbestimmung* einräumen

wollte. Das kam bei der armen Bevölkerung gut an und Perón wurde am 24. Februar 1946 mit überzeugender Mehrheit zum Präsidenten gewählt.

Welche Politik verfolgten die Peronisten?

Peróns Politik war sowohl nationalistisch als auch arbeiterfreundlich. Er führte radikale *Wirtschafts- und Sozialreformen* durch, die er teilweise nur mit einem sehr *autoritären Führungsstil* realisieren konnte. Perón schreckte auch nicht vor willkürli-

chen Gesetzesänderungen zurück, wenn sie seinem Machterhalt nutzten. So änderte er 1949 kurzerhand die Verfassung und legte fest, dass ein Präsident mehrere Amtszeiten antreten durfte, was zuvor nicht möglich gewesen war. 1952 wurde er daraufhin wiedergewählt. Auch ansonsten war Peróns Politik äußerst repressiv. Regimegegner wurden verhaftet, kritische Presseorgane ausgeschaltet. Das Volk wurde angesichts solcher Maßnahmen und der zunehmenden Armut immer unzufriedener mit Perón.

Wie nahm die Ära Perón ein vorläufiges Ende?

Mit der Unterstützung des Volkes wurde Perón 1955, wie in Argentinien üblich, durch einen Militärputsch gestürzt und musste ins spanische Exil flüchten. Die neuen Machthaber gingen jedoch in der Folgezeit mindestens genauso restriktiv mit politischen Gegnern um, wie Perón dies tat. So wurde alles, was in Zusammenhang mit Perón stand, strikt verboten. Sogar auf das Aussprechen seines Namens stand Strafe.

Welchen Einfluss hatte Perón weiterhin?

Die Peronisten waren zwar offiziell verboten, arbeiteten jedoch im Untergrund weiter. Perón leitete die ihm Getreuen aus dem Exil weiterhin an und beeinflusste die Politik Argentiniens somit aus der Ferne. Es kam zu immer

Juan Perón

mehr Unruhen unter der Arbeiterschaft. Nach einem weiteren Militärputsch 1966 kehrte die Militärjunta zu *demokratischen Wahlen* zu-

---

Die Ära Perón

Juan Domingo Perón wurde am 8. Oktober 1895 geboren. Nach dem Besuch der Militärschule beteiligte er sich 1930 an einem Militärputsch und wurde schließlich 1946 selbst zum Präsidenten gewählt. 1945 heiratete er die Schauspielerin **Eva Duarte**, die bis zu ihrem Tod 1952 zu einer Symbolfigur der Arbeiterbewegung wurde und unter dem Namen **„Evita"** in die Geschichte einging. Nach 18 Jahren des Exils in Spanien trat Perón 1973 seine dritte Amtszeit als Präsident an und verstarb am 1. Juli 1974. Peron war eine der charismatischsten Figuren der lateinamerikanischen Geschichte und bestimmte das Schicksal Argentiniens wie niemand sonst.

---

rück, bei denen auch die Peronisten wieder zugelassen waren. Diese gewannen die Wahlen 1973 und Perón konnte aus seinem Exil zurückkehren. Allerdings stand seine Heimkehr unter keinem guten Stern: Die beiden Flügel der mittlerweile untereinander zerstrittenen Peronisten lieferten sich am 20. Juni ein Blutbad, das 380 Menschenleben forderte. Im September 1973 wurde Péron zum dritten Mal zum Präsidenten Argentiniens gewählt.

Wie kam es zum letzten Staatsstreich in Argentinien?

Präsident Perón starb am 1. Juli 1974. Die Vizepräsidentin und dritte Ehefrau Peróns, **Isabel de Perón**, übernahm die Regierungsgeschäfte. Unter ihr stürzte Argentinien in eine weitere tiefe politische und wirtschaftliche Krise. Im

März 1976 wurde die Regierung durch General **Videla** gestürzt und Argentinien einer Militärdiktatur unterstellt. Die folgenden Jahre waren geprägt von *Terrorismus* und *Unterdrückung*. Der *Falklandkrieg* gegen **Großbritannien** 1982 einigte das Volk nur für kurze Zeit.

Wann hielt die Demokratie wieder Einzug?

1983 kam es erneut zu freien Wahlen, die **Raúl Alfonsín** für sich entschied. Er brachte Reformen in Gang, die Argentinien aus seiner desolaten Lage manövrieren sollten. Während die Demokratie aufrechterhalten werden konnte, reformierte sich die peronistische Partei. 1989 errang ihr Kandidat **Carlos Menem** den Wahlsieg und regierte bis 1999, als ihn der Kandidat der *„Allianza"*, **Rodolfo Terragno**, ablöste.

Der Kalte Krieg

Der Journalist Walter Lippmann prägte 1947 diesen Begriff, der die Auseinandersetzung zwischen den beiden Machtblöcken rund um die USA und die Sowjetunion beschreibt, bei dem es nie zu direkten militärischen Konflikten kam.

Wie kam es zur Blockbildung?

Das Verhältnis zwischen den **USA** und der **Sowjetunion** war nie besonders gut. So erkannten die USA erst 1933, also 16 Jahre nach der Machtübernahme **Stalins**, die Sowjetunion als Staat an. Im *II. Weltkrieg* holten **Großbritannien** und die USA die Sowjetunion im Kampf gegen **Hitler-Deutschland** ins Boot. So kämpften die alliierten Mächte Seite an Seite für das gemeinsame Ziel, Hitler und seine Armeen niederzuschlagen. Allerdings kam es schon vor Kriegsende zu Differenzen in der Frage, inwieweit die Sowjetunion ihre Sicherheitsinteressen umsetzen sollte und durfte. Dadurch, dass Stalin in den von ihm besetzten Gebieten die Bildung von prosowjetischen Regierungen vorantrieb, sahen die Westmächte ihren Eindruck bestätigt, die Sowjetunion wolle nach Westen hin expandieren. Nach dem Tod **Franklin D. Roosevelts** setzte sich dessen Nachfolger im Amt des amerikanischen Präsidenten,

Franklin D. Roosevelt

Harry S. Truman, für eine *„Politik der Eindämmung"* ein.

Was heißt „Politik der Eindämmung"?

Der Machtbereich der Sowjets müsse um jeden Preis so klein wie möglich gehalten werden, und Amerika werde jedem Staat und jedem Volk, das sich von innen oder außen durch den Kommunismus bedroht sähe, Hilfe leisten, so der Inhalt der *Truman-Doktrin*. So scheiterten beispielsweise auch Verhandlungen mit der Sowjetunion über ein vereintes, aber neutrales Deutschland, an dem die Sowjetunion als Siegermacht Mitspracherechte haben würde. Außerdem kam es zu Einmischungen seitens der Amerikaner beispielsweise in

den *Korea-* oder *Vietnamkrieg*. Die Gründung der *NATO* und die *Wiederbewaffnung Deutschlands* provozierten die Gründung des *Warschauer Paktes* und manifestierten schließlich die Teilung der Welt.

Kam es wirklich zu keinen direkten Konfrontationen zwischen den beiden Mächten?

Die so genannte *„Kubakrise"* von 1962 hätte fast zu einem Krieg zwischen den USA und der Sowjetunion führen können, bei der der Einsatz von Atomwaffen nicht ausgeschlossen gewesen wäre. Als Reaktion der missglückten und vom CIA unterstützten Invasion in der Schweinebucht am 17. April 1961, bei der etwa 1400 Exilkubaner an

Nikita Chruschtschow

Joseph Raymund McCarthy

Aufgrund zunehmender Ängste in der amerikanischen Bevölkerung entstand, besonders geschürt durch den Senator **McCarthy**, eine *Massenparanoia*, bezogen auf die mögliche Unterwanderung der amerikanischen Gesellschaft durch Kommunisten. McCarthy war seit 1950 Vorsitzender des Senatsausschusses zur Untersuchung nicht amerikanischer Umtriebe und löste in dieser Funktion eine Welle von Anschuldigungen und Verleumdungen aus, als er u. a. behauptete, das US-Außenministerium sei von Kommunisten unterwandert. Die verschiedensten Personen, meist aus intellektuellen Kreisen, wurden vor seinen Ausschuss geladen, so beispielsweise auch der Deutsche **Bert Brecht**. McCarthy erhob in den folgenden Jahren immer häufiger Anklage gegen hohe Persönlichkeiten. 1954 klagte er den Verteidigungsminister wegen „Verschleierung ausländischer Spionagetätigkeit" an, der daraufhin offen legte, wie McCarthy seine Funktion ausgenutzt hatte, um Freunden von ihm beim Wehrdienst in der Armee eine Vorzugsbehandlung zu verschaffen. Zwar wurde McCarthy in der darauf folgenden Untersuchung freigesprochen, jedoch aufgrund seiner vielen ungerechtfertigten Anschuldigungen seitens des Senats gerügt. Er trat als Vorsitzender des Senatsausschusses zurück, blieb aber bis zu seinem Tod am 2. Mai 1957 Senator.

John F. Kennedy

tensivsten Verhandlungen, die den Abbau der sowjetischen Raketenstationierungen auf Kuba, aber auch den der auf Moskau gerichteten Mittelstreckenraketen in der Türkei zur Folge hatten. Es wurde vereinbart, dass man in Zukunft ein effizienteres Krisenmanagement entwickeln wolle. So richtete man z. B. den sog. *„heißen Draht"*, also die Möglichkeit, jederzeit miteinander in Kontakt zu treten, zwischen UdSSR und USA ein und vereinbarte eine stärkere Rüstungskontrolle im Sinne einer *Entspannungspolitik*.

der kubanischen Küste landeten und auf enormen und nicht erwarteten Widerstand in der Zivilbevölkerung stießen, stationierte die Sowjetunion unter **Nikita Chruschtschow** Raketen auf Kuba. Zum einen wollte man damit einen weiteren Angriff durch die Amerikaner verhindern, zum anderen die militärische Überlegenheit des Gegners mindern. Der amerikanische Präsident **John F. Kennedy** forderte die Sowjetunion am 22. Oktober ultimativ auf, die Stationierungen abzubauen, und verhängte eine Seeblockade um Kuba. In den darauf folgenden Tagen kam es zu in-

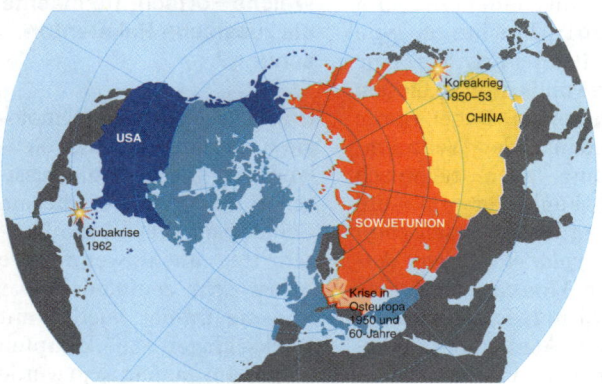

Kalter Krieg: Karte

Lange Zeit war die Sowjetunion, neben den Vereinigten Staaten von Amerika, die führende Nation der Welt bei der Erforschung des Weltraums. Der „Sputnikschock" machte der Welt bewußt, wie weit die sowjetischen Bemühungen gediehen waren.

Wie fing die Raumfahrt in Russland an?

Wegen der weit verbreiteten Meinung, Russland sei im Ganzen schon immer technisch und intellektuell rückständig gewesen, wird manchmal übersehen, dass das Riesenreich bereits sehr früh zu den Vordenkern von *Weltraumforschung und Raumfahrt* gehörte. So hat schon zur Zeit des Zarenreiches um 1895 der russische Intellektuelle **Konstantin Tsiolkovskiy** an der Idee eines *raketengetriebenen Raumschiffes* gearbeitet. 1903 veröffentlichte er das Buch „Die Erforschung des Weltraumes mit düsengetriebenen Instrumenten". Im Jahr 1911 brachte er von Sankt Petersburg aus eine weitere Publikation zu diesem Thema heraus. Dabei wurde der Gedanke der Weltraumforschung auch technisch immer konkreter. Im Juni 1924 wurde die *„Gesellschaft für interplanetarischen Verkehr"* in **Moskau** gegründet. Im April 1927 folgte die weltweit erste Ausstellung zu diesem Thema. In Moskau öffnete die *„Weltausstellung für Technologie zur Weltraumforschung"* ihre Pforten. In Leningrad (dem vormaligen und heutigen Sankt Petersburg) formierte sich 1931 die *„Gesellschaft zur Erforschung von Raketenantrieb"*. Ab 1932 begann die sowjetische Regierung mit der Förderung derartiger Projekte. Nun wurde die Forschung hauptsächlich in Moskau konzentriert, obgleich weiterhin viele Forscher in Sankt Petersburg arbeiteten und von dort aus publizierten. Der Forschungsschwerpunkt lag fortan in der Entwicklung von *Raketen*, auch weil sich diese militärisch würden einsetzen lassen.

Welche Fortschritte machte die russische Raketenforschung?

Obwohl die Raketentechnologie weltweit technisches Neuland war, machten die russischen Forscher auf diesem Gebiet bald beachtliche Fortschritte, auch wenn ihre Arbeit sehr zeitintensiv war und sie immer wieder mit Rückschlägen zu kämpfen hatten. Im Januar 1939 wurde die *Versuchsrakete 212* getes-

Juri Gagarin

tet. Das Resultat fiel bescheiden aus: Der Start und die Stabilität der Flugbahn bereiteten noch immense Probleme. Obwohl die deutschen Forscher mit den gleichen Problemen zu kämpfen hatten, war das von Hitler forcierte deutsche Raketenprogramm dem russischen voraus. Der *deutsche Angriff auf die Sowjetunion* wurde zunächst zu einem weiteren Hemmfaktor, da in Russland nun alle Kräfte auf die Verteidigung des Landes konzentriert wurden. Doch als die Russen gegen Ende des Krieges deutsche *V2-Raketen* beschlagnahmen konnten, bedeutete dies einen Schub für die eigene Forschung. Nach dem Sieg über Nazideutschland kamen zahlreiche russische Ingenieure nach **Peenemünde**, um am Ort der deutschen Raketenforschung so viele Informationen wie möglich zu erhalten. Als die *R1*, die russische Kopie der *V2*, 1948 erfolgreich gezündet wurde, war dies der Durchbruch für zahlreiche eigene Entwicklungen. Mit diesem technischen Quantensprung war die Voraussetzung für die Eroberung des Weltraums geschaffen.

Wie entwickelte sich die Raumfahrt?

Am 30. Januar 1956 beschloss die UdSSR die Entwicklung eines Forschungssatelliten. Mit dem 83,5 kg schweren *Sputnik I* startete am 4. Oktober 1957 dann bereits der erste Satellit der Welt. Diese Pionierleitung schockierte den Westen. Die Amerikaner konnten erst im Jahr darauf nachziehen. Den Russen gelang es wenig später sogar, eine Art von *unbe-*

> ## ISS – Die internationale Raumstation
>
> Mit dem Ende des *Kalten Krieges* war der Weg frei für eine globale Zusammenarbeit bei der Weltraumforschung. Insbesondere die Russen sahen sich durch die finanzielle Dauermisere im Land gezwungen, Partnerschaften einzugehen. Während der Westen neben seiner technischen Erfahrung über eine hohe Finanzkraft verfügt, bringen die Russen v. a. ihre jahrzehntelange Erfahrung mit ein. So einigte man sich schließlich darauf, statt weiterer nationaler Weltraumforschungsstationen zukünftig eine *internationale Station* zu betreiben. Die *ISS (International Space Station)* wurde ab 1998 modulweise im Weltraum installiert.

manntem Forschungslabor in den Weltraum zu schicken. Doch auch die *bemannte Raumfahrt* sollte allmählich Realität werden: Der Russe **Yuri Gagarin** hob am 12. April 1961 als erster Mensch in den Weltraum ab. Mit dem Raumfahrzeug *Wostok 1* umrundete er einmal die Erde. Weitere *Wostok*-Missionen folgten. Die Hauptaufgabe dieses Programms war die Untersuchung der Möglich-

keit eines mehrtägigen Aufenthaltes von Menschen im erdnahen Raum. Im Rahmen dieses Programms schossen die Russen auch die erste Frau in den Orbit. *Wostok 6* startete mit **Valentina Tershkova** im Juni 1963. Erst im Jahr 1969 zogen die Amerikaner mit der Landung des ersten Menschen auf dem Mond im Wettlauf um die Erforschung des Weltalls nach. 1971 landeten die Russen dann wieder einen Doppelcoup. Sie installierten die erste bemannte Forschungsstation im Orbit und schickten einen Satelliten zum Mars. Nach mehreren unterschiedlichen Raumstationen wurde 1986 die *Mir* im All installiert. Sie leistete wertvolle Dienste, musste aber wegen verschiedener technischer Defekte im März 2001 endgültig außer Betrieb genommen werden. Man ließ sie in der Atmosphäre verglühen.

Die ISS

Der Mauerbau

Am 13. August 1961 schloss die SED-Führung die Grenze zur Bundesrepublik Deutschland und errichtete um Westberlin eine Mauer, um dem Flüchtlingsstrom von Ost nach West Einhalt zu gebieten, die 38 Jahre lang Bestand haben sollte.

War der Flüchtlingsstrom aus der DDR wirklich so hoch?

Etwa 3,49 Mio. Menschen flohen bis 1962 in den Westen, darunter ein Großteil im besonders arbeitsfähigen Alter zwischen 18–45 Jahren (1961: 50.500; 50,5%). Dadurch, dass immer mehr Menschen die **DDR** verlassen wollten, begann das Land, langsam „auszubluten" und es kam zu enormen Schäden in der sowieso schon defizitären Volkswirtschaft. Trotz vieler Versprechungen und Maßnahmen seitens der Machthaber glaubten viele Bürger der DDR, dass die ideologischen Vorgaben des Regimes zu einer unrealistischen Wirtschaftspolitik führen würden und eine Verbesserung der Versorgungslage nicht zu erwarten war.

Gab es noch andere Gründe für eine Flucht in den Westen?

Unpopuläre Maßnahmen der DDR-Regierung wie die Erhöhung der zu leistenden Arbeitszeit, aber nicht des Lohns steigerten die Unzu-

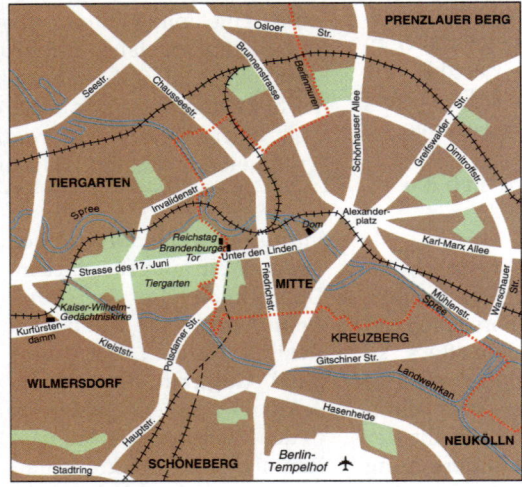

Das geteilte Berlin (rote Linie: Grenze)

friedenheit. Für viele Landwirte gab auch die rigorose Enteignungspolitik der Regierung den Ausschlag für den Versuch, sich eine neue Existenz im Westen aufzubauen. Viele Familien verloren ihre landwirtschaftlichen Besitzstände, die industriell angelegten Höfen untergeordnet wurden, um so den Ertrag zu summieren. Die Massenflucht in der Landwirtschaft sorgte dafür, dass plötzlich eine große Zahl an Arbeitskräften fehlten und diese Planung scheiterte. Erhebliche Engpässe in der Nahrungsversorgung waren die Folge.

Konnten die Bürger der DDR nicht dagegen protestieren?

Seit dem 17. Juni 1953 wusste die DDR-Bevölkerung sehr genau, dass Protest tödlich enden konnte. An diesem Tag hatten sowjetische Truppen friedliche Demonstranten in alle Teilen der DDR mit Panzern und Gewalt zum Schweigen gebracht. 21 der Beteiligten wurden später hingerichtet und etwa 1500 zu Freiheitsstrafen verurteilt. Nicht nur dies zeigte deutlich, dass die DDR-Justiz den Willen der Regierungspartei rigoros durchsetzte und Aufbegehren unerwünscht war.

Wie erfolgte der Mauerbau?

Am Morgen des 13. August 1961 begannen *Volksarmee* und *Volkspolizei* die Westberliner Grenze mit Stacheldraht und Steinwällen zu sichern, um in den darauf folgenden Tagen die Mauer komplett fertig zu stellen. Straßen wurden eingerissen, Barrikaden aus Pflastersteinen aufgetürmt und tiefe Gräben gezogen sowie U-Bahn und Straßenbahnverbindungen unterbrochen. Den Bewohnern **Ostberlins** und der DDR wurde das Betreten Westberlins verboten, darunter auch den 50.000–60.000 Berufspendlern.

Durften Westdeutsche auch nicht mehr in den Ostteil Berlins?

Ab dem 23. August 1961 durften *Westberliner* Ostberlin

Berliner Mauer bei der Wiedervereinigung

Die Flucht über die Mauer

Schon während 1961 die Mauer erbaut wurde, gab es eine Reihe von weiteren Fluchtversuchen, um die etwaige letzte Chance zu einer Flucht in den Westen zu nutzen. Viele DDR-Bürger versuchten mit waghalsigen Sprüngen aus noch nicht zugemauerten Fenstern über die Grenze zu springen. Gelang ihnen dies, mauerten die Grenzoffiziere die entsprechenden Fenster und Öffnungen umgehend zu, sodass diese Möglichkeiten zur Flucht immer weniger wurden. Die DDR-Führung „perfektionierte" die Undurchlässigkeit der Mauer mit den Jahren immer mehr. Nachdem beispielsweise ein Lokführer mit seinem eigentlich in Grenznähe endenden Zug einfach weiter gefahren und erst im Westteil zum Stehen gekommen war, ordnete die DDR-Führung an, dass die Züge künftig zwingend in Grenzbahnhöfen halten mussten. Ebenso wurde es unmöglich gemacht, die Weichen und Signale so zu stellen, dass ein Zug ungehindert über die Grenze fahren konnte. Je mehr die DDR-Grenzsoldaten sich den Fluchtversuchen anpassten, umso erfindungsreicher wurden die Flüchtlinge. 1979 gelang es zwei Familien in einem selbst gebauten Heißluftballon in über 2000 m Höhe über die innerdeutsche Grenze zu fliegen. Ein anderer DDR-Bürger baute sich 1968 ein Mini-U-Boot, mit dem er tatsächlich durch das Wasser nach Westen entkam. Aber nicht alle Fluchtversuche endeten glücklich. Weit über 100 Menschen wurden beim Versuch, die Mauer zu überqueren, getötet, mehr als 200 durch Schusswaffengebrauch verletzt.

nicht mehr betreten. Am 20. September 1961 befahl die DDR-Regierung die Zwangsräumung aller an der westberliner Grenze befindlichen Häuser. Am 21. Juni 1963 schließlich erließ der Minister für nationale Verteidigung der DDR eine *„Anordnung über die Einrichtung eines Grenzgebietes an der Staatsgrenze der DDR zu Westberlin"*. Entsprechend zog man innerhalb Ostberlins an der Sektorengrenze einen 100 m breiten *„Schutzstreifen"*, dessen Bewohner sich registrieren lassen mussten.

Wie reagierte man auf Fluchtversuche?

Die Mauer wurde durch bewaffnete Grenztruppen bewacht. Bürger, die einen beleuchteten Kontrollstreifen, den so genannten *„Todesstreifen"*, überquerten, wurden ohne Vorwarnung niedergeschossen.

Kubakrise

Höhe- und Wendepunkt des kalten Krieges zwischen den USA und der Sowjetunion, als die Entdeckung sowjetischer Nuklearwaffen auf Kuba beinahe zu einem Atomkrieg führte, der nur mit Mühe abgewendet werden konnte.

Wie waren die weltpolitischen Verhältnisse vor der Kubakrise?

Seit dem Ende des II. Weltkrieges prallten die *unterschiedlichen Ideologien* der USA und der Sowjetunion, die während des Krieges noch nebeneinander gegen Deutschland gekämpft hatten, aufeinander. Es begann der *Kalte Krieg*, der von gegenseitigem Misstrauen und immer härter werdenden Fronten geprägt war.

Welche Probleme gab es zwischen Kuba und den USA?

In den 1940er- und 1950er-Jahren wurde Kuba von den USA in Person des Diktators **Batista** beherrscht. 1959

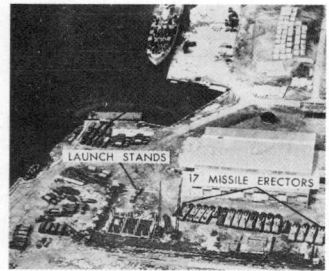

US-Luftaufnahme sowjetischer Abschussrampen auf Kuba

UN-Sitzung: Bericht der USA über sowjetische Abschussrampen

kam es zur Revolution und **Fidel Castro** übernahm die Macht. Nach der Verstaatlichung aller Unternehmen stoppten die USA den Handel mit Kuba. 1961 versuchte Präsident **John F. Kennedy**, mit der *„Aktion Schweinebucht"* die Macht über Kuba zurückzugewinnen. Die vom CIA ausgebildeten Invasionstruppen, bestehend aus während der Revolution geflüchteten Exilkubanern, scheiterten jedoch. Castro war nun gewarnt und suchte Unterstützung bei der UdSSR.

Was führte schließlich zur eigentlichen Kubakrise?

Am 28. September 1962 wurden sowjetische Frachtschiffe von US-Aufklärungsflugzeu-

gen dabei beobachtet, wie sie Düsenbomber nach Kuba transportierten. Am 14. Oktober waren es sogar Langstreckenraketen, die von amerikanischen Piloten fotografiert wurden. Während US-Präsident Kennedy eilig einen Beraterstab einberief, wurde die Bedrohung noch verstärkt, indem die UdSSR Nuklearwaffen auf Kuba stationierte. Kennedy sah sich nun zum Handeln gezwungen. Mit seinem Beraterstab diskutierte er verschiedene Gegenmaßnahmen und entschloss sich letzten Endes für eine *Seeblockade* Kubas, die er allerdings nicht als solche, sondern als „Quarantäne" bezeichnete. Gleichzeitig forderte er den sowjetischen Staatschef **Chruschtschow** zur Entfernung der Waffen auf. Dieser wollte sich jedoch nur darauf einlassen, wenn die USA im Gegenzug ihre Langstreckenwaffen aus der Türkei entfernten. Kennedy erklärte

Die Schlüsselpersonen der Kubakrise

John F. Kennedy, seit 1960 Präsident der Vereinigten Staaten von Amerika. Hatte er bis zur Kubakrise noch unsicher und schwach gewirkt, war es letztlich sein entschiedenes, aber dennoch besonnenes Handeln, das die Kubakrise zu einem glimpflichen Ende führte. Seine wichtigste Entscheidung war es, auf die von seinen Beratern vorgeschlagene Maßnahme eines *Luftangriffes* auf die sowjetischen Raketenbasen zu verzichten und stattdessen weiterhin auf *politische Verhandlungen* zu setzen. Sein Verhalten brachte ihm weltweit Respekt und Anerkennung ein.

Nikita Chruschtschow, seit 1958 Ministerpräsident der UdSSR. Mit der Stationierung der Waffen auf Kuba provozierte er die Krise. Seiner Bereitschaft einzulenken ist es jedoch mit zu verdanken, dass es nicht zu einer Eskalation der Lage kam. Chruschtschow war der *eigentliche Verlierer* der Kubakrise. Durch den Verzicht der USA auf eine Invasion in Kuba gelang es ihm jedoch zumindest, sein Gesicht zu wahren, ohne einen Krieg einzuleiten. In der sowjetischen Heimat wurde sein besonnenes Handeln jedoch als Schwäche ausgelegt und der Staatschef daraufhin 1964 gestürzt.

Fidel Castro, seit 1959 Staatschef Kubas. Er hatte durch die Stationierung der russischen Atomwaffen die Kontrolle über das gesamte Geschehen eingebüßt. In einem Schachspiel zwischen den Supermächten wurde er zum Bauern degradiert. Die wirtschaftlichen Probleme Kubas blieben nach dem Ende des Konflikts freilich bestehen.

sich jedoch lediglich bereit, bei einem Rückzug der Sowjets auf eine Invasion Kubas zu verzichten. Auf dem Siedepunkt des Konflikts gab Chruschtschow, einen Atomkrieg vor Augen, am 28. Oktober nach und zog die Raketenbasen ab.

Inwieweit war Deutschland durch die Kubakrise gefährdet?

Neben der weltumspannenden Gefahr eines Atomkrieges drohte Deutschland noch eine weitere Gefährdung: Bei einer Intervention der USA in Kuba war davon auszugehen, dass russische Truppen in Westberlin einmarschiert wären und es für die DDR eingenommen hätten.

Welche Folgen hatte die Kubakrise?

Die Folgen des Konfliktes waren durchweg positiv. Beiden Seiten wurde bewusst, wie knapp sie einem möglicherweise fatalen Atomkrieg entgangen waren. Die Bemühungen um eine *Entspannung* der Lage nahmen spürbar zu. Als Sinnbild hierfür wurde der so genannte *„heiße Draht"* eingerichtet. Dabei handelte es sich um eine direkte Fernschreibeverbindung zwischen dem Weißen Haus in Washington und dem Kreml in Moskau. Somit war

Fidel Castro

ein direkter Kontakt zwischen den beiden Supermächten hergestellt und die Voraussetzung dafür geschaffen, dass zukünftige Missverständnisse, die den Frieden hätten gefährden können, vermieden werden konnten.

John F. Kennedy

Präsident der Vereinigten Staaten von Amerika, der 1963 in Dallas einem spektakulären Attentat zum Opfer fiel, und in dessen Regierungszeit es zum Höhepunkt des sogenannten „Kalten Krieges", der Kuba-Krise, kam.

Wie verlief Kennedys Leben vor dem Eintritt in die Politik?

John Fitzgerald Kennedy, dessen Vorfahren im 19. Jh. aus Irland in die Vereinigten Staaten eingewandert waren, wurde am 29. Mai 1917 in Brookline, Massachusetts geboren. Dank des Reichtums seines Vaters, der während der 1920er-Jahre viel Geld durch teilweise recht obskure Geschäfte verdient hatte, konnte er 1936 ein Studium an der *Harvard-Universität* aufnehmen. Nach seinem Abschluss trat Kennedy der *US-Navy* bei, kurz bevor die USA in den II. Weltkrieg eintraten. Als 1943 das Schiff, auf dem er diente, von japanischen Einheiten abgeschossen wurde, rettete er einige Mitglieder der Besatzung, wofür er später die Tapferkeitsmedaille erhielt.

Wie verlief Kennedys Aufstieg zum Präsidenten der Vereinigten Staaten?

Als Kandidat der *Demokratischen Partei* erhielt Kennedy 1946 einen Sitz im amerikanischen Abgeordnetenhaus und

John F. Kennedy

„J.F.K."

Der Regisseur **Oliver Stone** brachte den Mord an Kennedy im Jahr 1991 wieder in die Schlagzeilen, als er mit „J.F.K." die wahre Geschichte des Staatsanwalts **Jim Garrison** verfilmte. In einer ursprünglich über zehn Stunden dauernden Halbdokumentation zeigte Stone, wie Garrison, der auch am Drehbuch mitarbeitete und von Star-Schauspieler **Kevin Costner** dargestellt wurde, den Fall Kennedy 1979 erneut aufrollte. Der Film enthält das längste Abschlussplädoyer der Filmgeschichte und sorgte für immenses Aufsehen.

wurde 1948 und 1950 wiedergewählt. Im Jahre 1952 erklomm Kennedy den nächsten Schritt auf der Karriereleiter: Er wurde zum *Senator von Massachusetts* gewählt. Nachdem ihm 1956 noch die Aufstellung zur Wahl des Vizepräsidenten verwehrt worden war, gelang es ihm 1960, mit einer äußerst aufwendigen Kampagne zum *Präsidentschaftskandidaten* aufzusteigen. Sein größter Trumpf war der Umstand, dass in diesem Jahr erstmals Debatten zwischen den Kandidaten im Fernsehen übertragen wurden. Da Kennedy weitaus mehr Charisma und Ausstrahlung aufweisen konnte als sein *republikanischer Gegenkandidat* **Richard Nixon** gaben diese Debatten bei der Wahl den Ausschlag zu Kennedys Gunsten. In einem äußerst knappen Rennen

Richard Nixon

behielt Kennedy mit 50,5 Prozent zu 49,5 Prozent die Nase vorn. Dies entsprach einer Stimmenmehrheit von etwa 110.000 bei 70 Mio. abgegebenen Stimmen.

Der Fluch der Kennedys

In den letzten 60 Jahren kamen erstaunlich viele Mitglieder des Kennedy-Clans durch Unglücksfälle und Attentate ums Leben:

1944	Joseph Kennedy	Flugzeugabsturz
1948	Kathleen Kennedy	Flugzeugabsturz
1963	John F. Kennedy	Attentat
1968	Robert Kennedy	Attentat
1984	David Kennedy	Überdosis Heroin
1997	Michael Kennedy	Skiunfall
1999	John F. Kennedy Junior	Flugzeugabsturz

Was waren die politischen Ziele Kennedys?

Kennedy setzte sich sowohl für die *Rechte der Arbeiter* als auch für die *Gleichberechtigung der Schwarzen* ein, was ihm nicht nur Freunde einbrachte. Er stärkte während seiner gesamten Regierungszeit die *Bürgerrechte*. Gegenüber dem *Kommunismus* im Allgemeinen und **China** im Besonderen führte er eine äußerst harte Politik. Ein Ziel war es, die Vereinigten Staaten gegenüber Angriffen aus dem Ausland besser zu verteidigen. Des Weiteren legte er großen Wert darauf, die amerikanische Wirtschaft voranzutreiben.

Wie verhielt sich Kennedy während der Kubakrise?

Als im Oktober 1962 *russische Kernwaffen* auf **Kuba** entdeckt wurden, musste Kennedy umgehend reagieren. Er trat in Verhandlungen mit dem sowjetischen Staatschef **Chruschtschow**, nachdem Drohungen beinahe zum Ausbruch eines Atomkrieges geführt hatten. Diese Ereignisse bildeten den Höhepunkt des *„Kalten Krieges"*, doch dank des letztendlich besonnenen Verhaltens aller beteiligten Personen brachten sie auch einen ersten Wendepunkt in der Geschichte des Kalten Krieges. Nachdem jeder sehen konnte, wie schnell ein für alle Beteiligten fataler Krieg hätte ausbrechen können, brachten Amerikaner und Russen Maßnahmen auf den Weg, die eine Wiederholung einer derartigen Situation in Zukunft verhindern sollten, z. B. den „Heißen Draht" zwischen Moskau und Washington. Zudem schloss Kennedy mit Chruschtschow ein *Abrüstungsabkommen*.

Wie kam John F. Kennedy ums Leben?

Am 22. November 1963 war der Präsident während einer *Wahlkampagne* in **Dallas** unterwegs, als er bei einer Fahrt durch die Elm Street in einem offenen Wagen von drei Schüssen getroffen wurde. Innerhalb einer Stunde verstarb der zu dieser Zeit mächtigste Mann der Welt. Kurze Zeit später wurde der 24-jährige **Lee Harvey Oswald** verhaftet; bevor es jedoch zu einem Verfahren kommen konnte, wurde der Mordverdächtige erschossen. Eine Untersuchungskommission ermittelte Oswald als Kennedys Mörder, aufgrund vieler Ungereimtheiten wurde der Mord jedoch nie befriedigend aufgeklärt.

Die Familie bei der Beerdigung des amerikanischen Präsidenten John F. Kennedy

Schwarzer Bürgerrechtler und Friedensnobelpreisträger. Sein Eintreten für einen friedlichen Widerstand gegen die Rassendiskriminierung machte den Baptistenprediger zu einer Leitfigur der amerikanischen Bürgerrechtsbewegung.

Wie verlief Kings Jugend?

Als zweites von drei Kindern des Baptistenpredigers **Martin Luther King** wurde **Martin Jr.** am 15. Januar 1929 in Atlanta, Georgia, geboren. Schon früh stand für ihn fest, seinem Vater als Prediger nachfolgen zu wollen. Mit 17 ließ ihn sein Vater erstmals eine Predigt halten, die ein großer Erfolg wurde.

Wie wurde King zum Bürgerrechtler?

Während seines Studiums kam King mit der Lehre **Gandhis** in Berührung, die in sehr stark beeinflusste. Er verinnerlichte Gandhis Philosophie des *gewaltlosen Widerstandes*. Nachdem am 1. Dezember 1955 die schwarze Schneiderin **Rosa Parks** in Montgomery verhaftet worden war, weil sie der Anweisung eines Busfahrers, einem Weißen ihren Sitzplatz zu überlassen, nicht nachkam, beschlossen King und andere Schwarze, gegen diese Form der Rassendiskriminierung vorzugehen. Alle Busse wurden ab diesem Zeitpunkt von den Schwarzen boykottiert.

Ganze 386 Tage hielt die schwarze Bevölkerung den Boykott aufrecht, obwohl dies für viele einen täglichen kilometerlangen Marsch zum Arbeitsplatz bedeutete. Als Sprecher der Bewegung erlangte King schnell Berühmtheit.

Hatte King mit seiner friedlichen Politik Erfolg?

King wurde sehr schnell zu einem Idol für alle Schwarzen und zur Symbolfigur für den Kampf gegen die Rassendiskriminierung. King organisierte friedliche Protestaktionen und hielt immer wieder diejenigen aus der schwarzen Bevölkerung in Schach, die mit Gewalt für ihre Rechte kämpfen wollten. Es sollte sich zeigen, dass seine friedliche Art des Protestes weit effektiver war. Im Verlauf seines Wirkens verbesserte sich die Situation der Schwarzen in den USA langsam, aber stetig. Am 10. Dezember 1964 erhielt

Auszug aus Kings berühmtester Rede (Birmingham, 1963)

„Ich habe einen Traum.

Ich habe einen Traum, dass eines Tages die Söhne früherer Sklaven und die Söhne früherer Sklavenbesitzer in der Lage sein werden, zusammen an einem Tisch der Freundschaft zu sitzen.
Ich habe einen Traum, dass meine vier kleinen Kinder eines Tages in einem Land leben, in dem sie nicht nach ihrer Hautfarbe, sondern nach ihrem Charakter gerichtet werden.

Ich habe heute einen Traum.

Ich habe einen Traum, dass eines Tages schwarze Jungen und Mädchen in der Lage sein werden, weißen Jungen und Mädchen die Hände zu reichen und als Brüder und Schwestern zusammen zuleben.

Ich habe heute einen Traum."

Rassendiskriminierungen in den USA während der 1950er- und 1960er-Jahre

Martin Luther King jr.

Busboykott in Montgomery (1955)

Eine schwarze Frau wurde verhaftet, weil sie sich geweigert hatte, einem Weißen ihren Sitzplatz im Bus zu überlassen. Das führte zu Protesten und einem Boykott des Busunternehmens.

Aufhebung der Rassentrennung in Little Rock (1957)

Die Rassentrennung sollte an der Little Rock High School aufgehoben werden. Es bedurfte jedoch des Einsatzes der Nationalgarde, um die Maßnahme tatsächlich durch zu setzen.

„Freedom Rides" (1961)

Eine Gruppe Schwarzer und Weißer fuhr durch die USA, um friedlich gegen die Rassentrennung der Busterminals zu protestieren. Mit Erfolg: Die Trennung wurde aufgehoben.

Mississippi-Unruhen (1963)

Der erste Schwarze, der sich an der Universität von Mississippi einschreiben wollte, musste von der Polizei geschützt werden. Bei den darauf folgenden Tumulten starben zwei Studenten.

Birmingham-Proteste (1963)

King führte einen Protestmarsch durch Birmingham an, die Stadt, in der die Rassentrennung am härtesten durchgesetzt wurde. Dafür musste King ins Gefängnis.

„Marsh on Washington" (1963)

250.000 Menschen marschierten friedlich nach Washington. Es war der Höhepunkt der Bürgerrechtsbewegung.

Der blutige Sonntag (1965)

Die Teilnehmer eines Protestmarsches wurden in Selma brutal von der Polizei zurückgetrieben und misshandelt. Der Fall sorgte für großes Aufsehen und hatte das Wahlrecht für alle Bürger zur Folge.

King in Oslo als erster Schwarzer den *Friedensnobelpreis*.

Mit welchem Widerstand hatte King zu kämpfen?

So begeistert, wie King von der schwarzen Bevölkerung gefeiert wurde, so ablehnend standen ihm große Teile der weißen Bevölkerung gegenüber. Viele von ihnen sahen in ihm eine Bedrohung ihrer Privilegien. Seit King mit seinem Einsatz für die Rechte der Schwarzen an die Öffentlichkeit trat, wurde er von Fanatikern bedroht. Er erhielt nicht nur Unmengen von Morddrohungen, sondern überstand auch mehrere Anschläge auf sein Leben: So wurde 1955, kurz nach dem Beginn des Busboykotts, ein Bombenanschlag auf sein Haus verübt. Bei einer Signierstunde seines Buches *„The Montgomery Story"* wurde King 1958 mit einem Brieföffner niedergestochen, was er nur knapp überlebte. Am 4. April 1968 fiel Martin Luther King schließlich in Memphis einem Mordanschlag zum Opfer. Der entflohene Häftling James Earl Ray wurde für das Verbrechen verantwortlich gemacht und zu 99 Jahren Haft verurteilt. Durch eine Wiederaufnahme des Verfahrens 1997 stellte sich jedoch heraus, dass King das Opfer eines Komplotts unter der Beteiligung der Mafia und der US–Regierung geworden war.

Entwicklung der Massenvernichtungswaffen von der Atombombe bis hin zur Vakuumbombe. Die Entwicklung dieser Waffen bot die Möglichkeit, mit einem einzigen Schlag verheerende Schäden auf gegnerischen Seite anzurichten.

Warum wurde die Atombombe entwickelt?

Als 1939 der II. Weltkrieg ausbrach, wuchs die Angst vor einer neuen Art von Waffe: der *Atombombe*. Schnell gab es Gerüchte, die Nationalsozialisten seien im Auftrag **Hitlers** im Begriff, eine solche Massenvernichtungswaffe zu konstruieren. **Albert Einstein** hatte noch vor Beginn des Krieges einen Brief an den amerikanischen Präsidenten **Roosevelt** verfasst, in dem er bestätigte,

Robert Oppenheimer

dass die Entwicklung einer solchen Bombe möglich sei. Gleichzeitig forderte er ihn dazu auf, selbst mit dem Bau der Atombombe zu beginnen, bevor die Deutschen den

---

Atommächte

Offiziell gibt es weltweit fünf Atommächte. Dabei handelt es sich um:

- USA
- Russland
- China
- Großbritannien
- Frankreich

Daneben gibt es weitere Mächte, von denen man vermutet, dass sie über Atomwaffen verfügen. Dies sind:

- Israel
- Indien
- Pakistan
- Kuba
- Irak

Amerikanern zuvor kämen. Unter der Leitung von **Robert Oppenheimer** wurde 1942 das *„Manhattan-Projekt"* zur Entwicklung der A-Bombe begonnen. 1945 fand ein erster Test in **New Mexico** statt. Der Test erfüllte die Erwartungen.

Wie wirkt eine Atombombe?

Am Beispiel der Atombombenabwürfe auf **Hiroshima** und **Nagasaki** hat die Welt ein schreckliches Bild von der grausamen und verheerenden Wirkung einer Atombombe bekommen. Unmittelbar nach

der Explosion der Bombe stieg die Temperatur auf der Erdoberfläche auf ca. 7000 °C. Noch zwei Stunden später fiel der so genannte *„schwarze Regen"*, der aus radioaktiver Asche bestand. Die Vegetation wurde in einem Radius von etwa 200 km² beeinträchtigt. 60 Prozent der Stadtfläche, etwa 10 km², wurden in Schutt und Asche gelegt, knapp 130.000 Menschen wurden getötet oder verletzt. Allein 600 Menschen erblindeten, als sie in den Lichtblitz der detonierenden Bombe blickten. In den darauf folgenden Jahren wurden die Spätfolgen der Ver-

Hiroshima nach dem Bombenabwurf

Nagasaki: Luftaufnahme der zerstörten Stadt

strahlung deutlich. Frauen wie Männer wurden zeugungsunfähig, es gab Hunderte von Fehl- und Missgeburten. Die Fälle von Leukämie, Lungen-, Magen- und Knochenkrebs stiegen enorm an.

Welche schrecklichen Waffen folgten der Atombombe nach?

Die Technologie wurde weiterentwickelt. 1952 testeten die USA die erste *Wasserstoffbombe* (auch *H-Bombe* genannt). Wenig später zündete auch die UdSSR die erste H-Bombe. Der nächste Schritt war die Entwicklung

der *Neutronenbombe*. Die Besonderheit an dieser Bombe war, dass sie zwar auf Lebewesen absolut verheerend wirkte, nicht aber auf Material. Sie sollte eingesetzt werden, um strategisch wichtige Punkte einzunehmen, ohne große Materialschäden anrichten zu müssen. Eine ähnliche Waffe ist die *Vakuumbombe*. Sie führt dazu, dass alle Lebewesen im Umkreis der Detonation grausam ersticken, Gebäude und Material jedoch unversehrt bleiben. Angeblich sollen russische Truppen Vakuumbomben seit 1999 im *2. Tschetschenienkrieg* eingesetzt haben.

Was ist der Atomwaffensperrvertrag?

Die schrecklichen Geschehnisse von Hiroshima waren für

die ganze Welt ein Schock. Während der *Kubakrise* 1962 stand die Welt kurz vor dem Abgrund eines atomaren Krieges. Diese Erlebnisse führten zu der Einsicht, dass das Abfeuern einer Atomwaffe für die ganze Welt fatale Folgen hätte. Aus diesem Grund begannen die Atommächte, über eine allmähliche Abrüstung nachzudenken. Der erste Schritt in diese Richtung war der so genannte *„Atomwaffensperrvertrag"*. 1968 einigten sich die Atommächte **USA**, **Sowjetunion** und **Großbritannien** auf das Regelwerk, das ihnen untersagte, Atomwaffen oder zu deren Bau benötigte Bestandteile zu verbreiten. Zudem wurde in dem Vertrag festgelegt, dass kein unterzeichnendes Land Versuche unternehmen dürfe, Atomwaffen herzustellen. Bisher wurde der Vertrag von fast 180 Nationen unterzeichnet.

Robert Oppenheimer

Robert Oppenheimer wurde 1904 in New York geboren. Nach seinem Studium der Chemie und Physik, von dem er einen Teil in Deutschland verbrachte, lehrte er bereits im Alter von 25 Jahren an der University of California und der University of Pasadena. 1939 befasste sich der politisch linksgerichtete Oppenheimer erstmals mit der Urankernspaltung. 1942 wurde er zum Leiter des Projekts zur Entwicklung der Atombombe. 1945 führte er das *„Projekt Manhattan"* zu einem erfolgreichen Abschluss. Die Atombombe war geboren. 1954, nachdem Oppenheimer die fatalen Folgen seiner Entwicklung hatte beobachten können, setzte er sich gegen die Entwicklung der Wasserstoffbombe ein, was ihm politische Probleme einbrachte und ihn seine Stellung kostete.

Kurzer, aber heftig ausgetragener Konflikt im Juni 1967, in dessen Verlauf das attackierende Israel Teile Ägypten, Jordaniens und Syriens einnehmen konnte. Auch als „Junikrieg" oder „Dritter Nahostkrieg" bekannt geworden.

Welcher Konflikt lag dem Sechstagekrieg zugrunde?

Der Sechstagekrieg ging auf den Konflikt zwischen *Israelis* und *Arabern* zurück. Während des I. Weltkrieges hatte **Großbritannien** beiden Seiten einen eigenen Staat auf palästinensischem Gebiet zugesagt, war aber nach den ersten Feindseligkeiten beider Volksgruppen nicht imstande, diesen Interessenkonflikt zu lösen. Die Vereinten Nationen versuchten daraufhin zu vermitteln, ihr Vorschlag, **Palästina** in zwei getrennte Staaten aufzuteilen, wurde jedoch von den arabischen Palästinensern strikt abgelehnt. Die Israelis nutzten die Gunst der Stunde und riefen im Mai 1948 den Staat **Israel** aus. Dabei hatten sie die Unterstützung der **USA** und der **Sowjetunion**, die Israel umgehend als eigenständigen Staat anerkannten. Die arabischen Nachbarstaaten **Syrien**, **Ägypten**, **Irak**, **Jordanien** und **Libanon** reagierten mit breit angelegten Angriffen, die jedoch von Israel abgewehrt werden konnten. Dieser Sieg im so genannten *„Un-*

abhängigkeitskrieg" führte zu breiter Anerkennung Israels im Ausland. Die Palästinenser hingegen mussten den neuen Staat Israel verlassen.

Was führte schließlich zum Sechstagekrieg?

Für keine der beiden Seiten war die Situation befriedigend. Ein Friedensbeschluss existierte nicht. Die Palästinenser lebten im Exil und Israel sah sich ständigen Angriffen arabischer Terrorgruppen ausgesetzt. Verhandlungen wurden von den arabi-

Gamal Abdel Nasser

schen Staaten strikt abgelehnt, weil sie in deren Augen einer Anerkennung Israels als Staat gleichgekommen wären. Als der radikale **Gamal Abdel Nasser** in Ägypten an die Macht kam, spitzte sich die Situation zu: Er vertrieb die UN-Truppen aus der Krisen-

Chronologie des Sechstagekrieges 1967

5. Juni	Israel überrascht Ägypten mit einem Präventivschlag und fordert Jordanien auf, sich aus dem Konflikt herauszuhalten.
6. Juni	Jordanien ignoriert die Aufforderung Israels und eröffnet schwere Artillerie-Sperrfeuer auf Westjerusalem und das Gebiet um Tel Aviv.
7. Juni	Israel nimmt die ägyptische Wüste Sinai ein und holt gleichzeitig zum Gegenschlag gegen Jordanien aus.
8. Juni	Israel besiegt die jordanischen Streitkräfte und erobert Judea und Samaria.
9. Juni	Die israelischen Streitkräfte greifen die syrischen Stellungen auf den Golanhöhen an.
10. Juni	Die Kampfhandlungen werden eingestellt.

Die Nahostkriege

Unabhängigkeitskrieg (Mai-Juni 1948)	Israel gegen Syrien, Jordanien, Irak, Ägypten, Libanon
Suezkrise (Oktober 1956)	Israel (Frankreich, Großbritannien) gegen Ägypten (UdSSR)
Sechstagekrieg (Juni 1967)	Israel gegen Ägypten, Jordanien, Syrien
Jom-Kippurkrieg (Oktober 1973)	Israel gegen Ägypten, Syrien
Libanon-Krieg (Juni–August 1982)	Israel (USA) gegen PLO (Libanon)

region und errichtete eine Schiffsblockade gegen Israel. Als Ägypten seine Streitkräfte massiv aufrüstete und zudem einen Pakt mit Jordanien und Syrien schloss, sah sich die israelische Regierung zum Handeln gezwungen: Am 5. Juni 1967 startete die israelische Armee einen Präventivschlag gegen Ägypten und leitete so den *Sechstagekrieg* ein.

Wie verlief der Sechstagekrieg?

Das angegriffene Ägypten und die zu Hilfe eilenden verbündeten Staaten waren von der israelischen Offensive völlig überrascht. Dieser Umstand sollte zum wichtigsten Trumpf Israels werden. Der Großteil der gegnerischen Luftwaffe konnte noch am Boden zerstört werden, so hatte Israel leichtes Spiel und ging nach dem Waffenstillstand vom 10. Juni als klarer Sieger aus dem kurzen Krieg hervor.

Wie veränderte sich die geopolitische Situation dieser Region durch den Krieg?

Die Landkarte Israels war nach dem Sechstagekrieg radikal verändert. Innerhalb

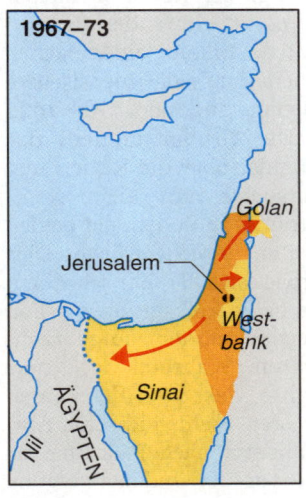

Besetzte Gebiete Israels

der israelischen Grenzen lagen nun die **Golanhöhen**, die zuvor zu Syrien gehört hatten und die eine enorme strategische Bedeutung für die Region besaßen. Jordanien wurden **Ostjerusalem** und die **Westbank** abgenommen. Ägypten büßte den **Gazastreifen** und die gesamte Wüste **Sinai** ein. Die internationale Staatengemeinschaft versuchte nach dem Ende des Krieges, einen Weg zu finden, einen dauerhaften Frieden in jener Region herzustellen. So sollte vorerst auf eine Besiedelung der umstrittenen Gebiete verzichtet werden, um die Konflikte nicht erneut auflodern zu lassen. Entgegen dieser Abmachungen besiedelte die israelische Regierung die eroberten Gebiete jedoch bereits nach wenigen Wochen und manifestierte somit ihren Anspruch auf sie. Innerhalb von nur wenigen Tagen war die Fläche Israels fünf Mal so groß wie zuvor geworden.

Palästina und die PLO

Seit Beginn des 20. Jahrhunderts zwischen Arabern und Israelis umkämpfte Region im Nahen Osten. Bedeutendste palästinensische Organisation in diesem Konflikt ist die PLO unter der Führung von Jasir Arafat, die auch terroristische Ursprünge hat..

Welches Gebiet umfasste das historische Palästina?

Das *historische Palästina* lag im Nahen Osten und umfasste die heutigen Staatsgebiete der Länder **Israel** und **Jordanien**. Im Lauf der Jahrhunderte wechselte sehr häufig die Herrschaft über das Gebiet, zeitweilig war es ein *selbstständiger jüdischer Staat*, dann herrschten die **Babylonier**, später die **Perser** und schließlich auch die **Römer**. Nach der Zeitenwende wurde die Region zunächst von **Byzanz** beherrscht, bevor es von Arabern eingenommen und zum Kalifat gemacht wurde. Zu dieser Zeit hielt der *Islam* Einzug in Palästina. Ab dem Beginn des 16. Jh. gehörte Palästina zum **Osmanischen Reich**, das die Region erst 1918 an die **Briten** verlor.

Washington 1995: König Hussein von Jordanien, Rabin, B. Clinton, Arafat und Mubarak

Was geschah in Palästina unter dem britischen Mandat?

Während des I. Weltkrieges hatten die britischen Besatzer aus taktischen Gründen sowohl den arabischen Palästinensern als auch den in immer größerer Zahl ins *„gelobte Land"* einwandernden Juden die Bildung eines eigenen Staates auf palästinensischem Gebiet zugesagt. Ab 1922 hatte Großbritannien das Mandat über die Region und versuchte nun, einen Kompromiss zu finden, der beiden Seiten gerecht würde. Dies erwies sich als sehr schwierig, da beide Volksgruppen schon gegeneinander aufgebracht waren. Während der 30er-Jahre des 20. Jh. kamen immer mehr jüdische Einwanderer nach Palästina, da sie vor der Judenverfolgung aus Europa fliehen mussten.

Dabei wurden sie auch von den **USA** unterstützt.

Wie wurde aus Palästina der Staat Israel?

Das britische Mandat endete 1948 und Palästina sollte aufgrund der sich zuspitzenden Konflikte in einen *jüdischen* und einen *arabischen Staat* geteilt werden, was die Araber jedoch strikt ablehnten. Als es zu keiner Einigung kam, verkündete der provisorische jüdische Staatsrat kurzerhand die Gründung des Staates Israel. Es kam daraufhin zum so genannten *„Unabhängigkeitskrieg"*, durch den es Israel gelang, seine Grenzen zu festigen und beinahe eine Million Araber in die umliegenden arabischen Länder zu vertreiben. Deren Zorn wurde noch weiter angefacht, als die wichtigsten Nationen der Welt den israelischen Staat anerkannten.

Welche Auseinandersetzungen folgten auf die israelische Staatsgründung?

In der Folgezeit kam es zu einer Reihe weiterer Kriege zwischen Israel und seinen arabischen Nachbarn, die für das Recht der vertriebenen Palästinenser kämpften, in ihr Land zurückzukehren. Immer wieder war es **Ägypten**, aber auch **Syrien**, **Jordanien**, der **Irak** und der **Libanon**, die in Kämpfe mit Israel verwickelt wurden. Ein vorläufiger Schlusspunkt war der so genannte *„Sechstagekrieg"* im Juni 1967, während dem es Israel gelang, große Teile der benachbarten Länder einzunehmen und sein Staatsgebiet innerhalb einer Woche zu verfünffachen. Zu

Palästinenser werfen Steine gegen Israeli

Jasir Arafat

Der 1929 geborene Arafat war einer der Gründer der PLO und seit 1968 ihr Anführer. Sein Ziel war es, einen autonomen Palästinenserstaat zu gründen. Seine Anstrengungen, zwischen Palästinensern und Israel zu vermitteln, brachten ihm innerhalb der eigenen Reihen viele Feinde ein. Sie führten 1994 jedoch auch zur Verleihung des *Friedensnobelpreises*. Die Arbeit Arafats wurde immer wieder durch militan-

Jasir Arafat

te palästinensische Organisationen erschwert, die seine Kompromisse nicht akzeptierten.

den eroberten Regionen gehörte auch der ägyptische *Gazastreifen*, in dem die meisten Palästinenser nach der Vertreibung gelebt hatten.

Wann gründete sich die PLO?

Im Mai 1964 taten sich die überall hin versprengten Palästinenser zusammen und gründeten die *„Palästinensische Befreiungsorganisation"*, abgekürzt PLO. **Jasir Arafat**, Anführer einer der zur PLO gehörenden Splittergruppen, übernahm 1968 die Führung. Zunächst wurde die PLO weltweit abgelehnt, weil sie hauptsächlich durch terroristische Anschläge auf jüdische Einrichtungen auf sich aufmerksam machte. Mit der Zeit veränderte sich das Bild, die PLO wurde, zunächst nur von der arabischen Welt, dann jedoch auch von den

Vereinten Nationen, als legitime *Vertretung aller Palästinenser* anerkannt.

Wann setzte der Friedensprozess zwischen Israel und Palästinensern ein?

Gegen Ende der 1980er-Jahre begannen erste zaghafte Versuche, Juden und Araber zu versöhnen und eine für alle Seiten annehmbare Lösung zu finden. Den Palästinensern wurde eine teilweise *Autonomie* im Gazastreifen zugesagt. Mitte der 1990er-Jahre entspannte sich die Lage weiter. Der zerbrechliche Friede kam jedoch immer wieder in Gefahr. Mehrfach waren die Palästinenser kurz davor, einen **autonomen Staat Palästina** auszurufen. Seit September 2000 kam es erneut zu schweren Unruhen, was den Friedensprozess vorerst zum Stillstand brachte.

Die Kulturrevolution in China

Durch Mao Tse-tung in Gang gebrachte ideologische Bewegung , die in den 1960er- und 1970er-Jahren in China stattfand . Die Revolution stürzte das Land in ein wirtschaftliches und soziales Chaos, das über zehn Jahre andauerte.

Welche Geschehnisse gingen der Kulturrevolution in China voraus?

Im Mai 1956 hatte Mao das Motto *„Lasst hundert Blumen blühen!"* ausgegeben und damit die so genannte *„Hundert-Blumen-Bewegung"* in Gang gebracht. Während dieser wurden Intellektuelle aufgefordert, Kritik zu äußern, um zur Verbesserung des sozialistischen Systems beizutragen. Der Plan geriet jedoch außer Kontrolle, schon bald kritisierten die Intellektuellen das System selbst. Eine strenge Kampagne gegen so genannte *„Rechtsabweichler"* folgte, bei der jene, die zuvor noch zur Kritik aufgefordert worden waren, verfolgt wurden. Mao setzte nun zu einer groß angelegten Maßnahme an, die China innerhalb kürzester Zeit auf eine wirtschaftliche Ebene mit den westlichen Mächten bringen sollte: der *„Große Sprung nach vorn"*. Landwirtschaftliche *Volkskommunen* wurden gegründet, die kaum realisierbare Vorgaben zu erfüllen hatten. Aus Angst vor Konsequenzen korrigierten die lokalen Kader die tatsächlichen

Mao-Tse Tung und Lin Pao

Ergebnisse weit nach oben, sodass lange nicht erkannt wurde, dass die „Sprungpolitik" die Landwirtschaft zu ruinieren drohte. Es kam zum Einbruch der Landwirtschaft und einer schlimmen *Hungersnot*, der Millionen Menschen aus der ländlichen Bevölkerung zum Opfer fielen.

Was führte zum Ausbruch der Kulturrevolution?

Nach dem Scheitern des „Großen Sprungs" zog sich Mao aus den Regierungsgeschäften zurück, blieb aber Parteivorsitzender der *Kommunistischen Partei Chinas*. Seine Nachfolger in der Regierung begannen, die Maßnahmen Maos auf den Kopf zu stellen, um der Landwirtschaft langsam wieder auf die

Beine zu helfen. Auch die gesamte Wirtschaft war von den fatalen Entwicklungen stark betroffen, das Land war arm wie nie zuvor. Allmählich erholte sich die Wirtschaft jedoch wieder. Mao stellte bald fest, dass die Ziele und Ideale der *Revolution* immer weniger Beachtung innerhalb der Bevölkerung fanden. Daraufhin startete er 1966 eine Kampagne, die es zum Ziel hatte, die so genannten *„Vier Alten"* zu bekämpfen: alte Bräuche, alte Gewohnheiten, alte Kultur und alte Denkmuster. Offiziell wollte Mao sein Volk damit wieder auf den „richtigen Weg" der Revolution führen, tatsächlich war es jedoch sein Ziel, seine alte Macht wiederzuerlangen und zu festigen.

Wer waren die „Roten Garden"?

Maos wichtigstes Instrument waren die so genannten *„Roten Garden"*. Dabei handelte es sich um Gruppen von Schülern und Studenten, die in Massendemonstrationen ihren Unmut äußerten. Angeblich hatten sie sich spontan erhoben, allerdings war es höchst unwahrscheinlich, dass sich die auf blinden Gehorsam getrimmten Studenten gegen den Willen der Oberen aufgelehnt hätten. Vielmehr handelten sie wohl auf direkten Befehl des **Zentralkommandos**. In den Jahren von 1966 bis 1969 zogen die „Roten Garden" durch die Straßen, wandten sich gegen Intellektuelle und schreckten auch vor Gewalt nicht zurück, um die „Vier Alten" zu bekämpfen. Eine ihrer wichtigsten Aufgaben bestand darin, ihre Dozenten

Mao Tse-tung

Mao Tse-tung wurde 1893 in Shaoshan geboren. Bereits mit 14 Jahren trat er dem Militär bei und kämpfte während der Revolution gegen die *Mandschuregierung*. 1921 war er an der Gründung der *Kommunistischen Partei Chinas* beteiligt. Nach dem II. Weltkrieg setzte er sich mit militärischer Gewalt gegen die Nationalisten durch und verkündete 1949 die kommunistische **„Volksrepublik China"**, deren Schicksal er prägte wie kein anderer. Er starb am 9. September 1976 in Peking.

auf *Linientreue* zu prüfen und gegebenenfalls zu bestrafen. Diese Akte öffentlichen Terrors wurden als *„Säuberungsaktionen"* bezeichnet. Demütigungen und Misshandlungen von Intellektuellen, Wissenschaftlern und Künstlern waren an der Tagesordnung. Viele von ihnen wurden ihres Amtes enthoben und zur Zwangsarbeit auf dem Land verpflichtet. Ab einem gewissen Zeitpunkt geriet die Situation außer Kontrolle. Während die „Roten Garden" immer mehr Gefallen daran zu finden schienen, jeden zu attackieren, der ihnen nicht linientreu genug er-

schien, formierten sich Gegenbewegungen, die sich Kämpfe mit ihnen lieferten. Schließlich stand das Land kurz vor einem *Bürgerkrieg*, als Mao das Militär mobilisierte, um wieder für Ordnung zu sorgen. 1969 wurden die „Roten Garden" aufgelöst.

Wann endete die Kulturrevolution?

Offiziell wurde die Kulturrevolution 1969 von der Partei für beendet erklärt, die wesentlichen Züge der Bewegung blieben jedoch weiterhin erhalten. Erst mit Maos Tod 1976 und der Verdammung seiner Witwe Jiang Qing und deren Anhänger, der „Viererbande", konnten die gemäßigteren Kräfte die Macht wieder an sich reißen und das Land langsam aus dem Chaos manövrieren. Die mittel- und langfristigen Schäden, die durch die Kulturrevolution verursacht wurden, hielten jedoch noch sehr lange an.

Massendemonstration

Am 20. Juli 1969 gelang den Amerikanern vor den Russen die erste bemannte Mondlandung. Neil Armstrong setzte als erster Mensch einen Fuß auf den Erdtrabanten und seine Worte „Ein kleiner Schritt für einen Menschen ...“ sind Geschichte.

War die Mondlandung in ein Raumfahrtprogramm eingebettet?

Die Mondlandung der Amerikaner war keine einzelne Aktion. Sie fand im Rahmen des *Apolloprogramms* statt. Dies war ein von der US-Raumfahrtbehörde NASA zwischen 1968 und 1972 durchgeführtes Programm mit dem Ziel bemannter Mondlandungen. Es wurde im Anschluss an die Programme der unbemannten Mondsonden *Ranger*, *Lunar Orbiter* und *Surveyor* sowie an das *Mercury*- und das *Geminiprogramm* durchgeführt. Im Rahmen des Apolloprogramms wurden sechs bemannte Mondlandungen zum Erfolg gebracht. An diesem Programm waren insgesamt 2000 Institutionen und Firmen sowie über 300.000 Beschäftigte direkt beteiligt. Die Gesamtkosten betrugen rund 25 Mrd. US-Dollar.

Wie wurde die Mondlandung durchgeführt?

Für das Apolloprogramm waren mehrere Raumfahrzeugeinheiten nötig, deren Masse eine Trägerrakete erforderte, wie sie erst mit der dreistufigen, rund 2900 t schweren *Saturn 5* zur Verfügung stand. Diese Raketen wurden vom *John F. Kennedey Space Center* auf **Cape Canaveral** gestartet. Von dort wurden sie zunächst auf eine erdnahe Parkbahn gelenkt. Nach einem Dreh- und Kopplungsmanöver wurde die Nutzlast von der dritten Stufe getrennt. Nach diversen Bahnkorrekturen und einer Abbremsung auf 6000 km/h lenkten die Techniker die Rakete auf die Mondumlaufbahn. Dann stiegen zwei Astronauten für den Abstieg zum Mond auf die Mondlandefähre um, die von der Führungseinheit getrennt wurde. Als die Landung auf dem Erdtrabanten geglückt war, konnte **Neil Armstrong** am 20.

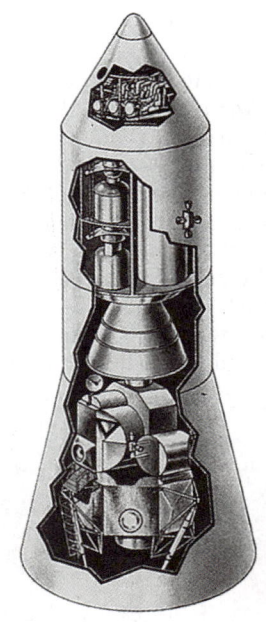

Apolloprojekt

Juli 1969 als erster Mensch den Mond betreten. Der Kommandeur der Mondmission *Apollo 11* tat dies mit den Worten „Es ist ein kleiner Schritt für einen Menschen, aber ein großer Schritt für die Menschheit.“

Gab es auch Zwischenfälle?

Die Apollo-11-Mission unter Armstrong verlief relativ rei-

Neil Armstrong

bungslos. Allerdings war das Weltraumabenteuer keine ungefährliche Sache, es traten auch zahlreiche Zwischenfälle auf: Infolge eines Kurzschlusses verbrannten am 27. Januar 1967 die drei Astronauten **E. White**, **V. Grissom** und **R. Chaffee** in der reinen Sauerstoffatmosphäre einer Apollokapsel während eines simulierten Countdowns. Die Mission der am 11. April 1970 gestarteten *Apollo-13-Kapsel* musste nach der Explosion eines Sauerstofftanks im Versorgungsteil in etwa 330.000 km Entfernung von der Erde abgebrochen werden.

Welcher wissenschaftliche Zweck stand hinter dem Programm?

Wissenschaftliche Hauptaufgaben des Apolloprogramms auf dem Mond waren das Aufsammeln und Überbringen von Mondgestein, die fotografische Dokumentation und die Aufstellung von Geräten. Die Geräte dienten u. a. seismischen Experimenten, der Untersuchung des Sonnenwindes, der Messung von Magnetfeldern und des Wärmeflusses am Boden, der Ermittlung einer möglichen Mondatmosphäre und der Entfernungsmessung mittels Laserreflektor. Auch in der Mondumlaufbahn der Führungseinheit wurden Untersuchungen angestellt und die

Der Kalte Krieg

Nach dem Ende des II. Weltkriegs zeigten sich bald starke Differenzen zwischen den Siegermächten. Die kapitalistischen Westmächte und die kommunistische Sowjetunion unter **Stalin** hegten großes Misstrauen gegeneinander. Daher konnten sie sich nicht über einen Status für das besiegte Deutschland einigen. Deutschland blieb zunächst in die Besatzungszonen aufgeteilt. Schließlich kam es zu zwei unterschiedlichen Staatsgründungen auf deutschem Boden. In den westlichen Besatzungszonen wurde die **Bundesrepublik Deutschland (BRD)** nach dem Vorbild einer marktwirtschaftlichen Demokratie gegründet, in der sowjetisch besetzten Ostzone entstand die **Deutsche Demokratische Republik (DDR)** nach sowjetischem Vorbild. Zwischen diesen beiden Staaten baute die DDR bald eine Mauer, damit ihre Bürger nicht mehr ausreisen konnten. Diese Mauer war sinnbildlich für die Konfrontation zwischen Ost und West, die zwar nicht mit Waffengewalt geführt wurde, aber doch von ständiger Kriegsbereitschaft gekennzeichnet war. Erst mit dem Zusammenbruch des Ostblocks und dem *Fall der Mauer* 1989 war der Kalte Krieg beendet.

Mondoberfläche fotografiert.

Welche politische Dimension hatte die Mondlandung?

Die Amerikaner trieb nicht allein der Forschungsdrang zum Mond. Vor dem Hintergrund des *Kalten Krieges* gab es vielmehr mit der kommunistischen **Sowjetunion** einen regelrechten Wettkampf um die erste bemannte Mondlandung. Jede Supermacht wollte dem eigenen Volk und der Welt mit einem derartigen Sieg der Technik beweisen, wie überlegen die eigene Ideologie und Gesellschaftsform sei. Damit ist

auch zu erklären, warum für die Weltraumforschung derartige Kräfte mobilisiert wurden. Den Russen gelang es dadurch zuerst, einen Menschen in den Weltraum zu schicken. Am 12. April 1961 umkreiste Juri A. Gagarin an Bord von *Wostok I* einmal die Erde. Dies weckte den Ehrgeiz der Amerikaner, die am 5. Mai 1961 Alan B. Shepatd Jr. in den Weltraum schickten. Insbesondere durch die Mithilfe deutscher Raketenforscher wurde das Raumfahrtprogramm nun forciert. Seit 1961 verlieh Präsident **Kennedy** diesem die höchste Dringlichkeitsstufe.

29 Jahre lang kämpften die verschiedensten Gruppen um die Vorherrschaft in Vietnam. Der Krieg und seine Auswirkungen bewegte Millionen von Menschen und war einer der umstrittensten Auseinandersetzungen der Nachkriegsgeschichte.

Warum griffen die USA in den Vietnamkrieg ein?

Nachdem die Japaner im II. Weltkrieg unterlegen waren und sich aus Vietnam zurückziehen mussten, gelang es einer kommunistisch ausgerichteten Gruppierung unter **Ho Chi Minh**, die **Demokratische Republik Vietnam** im Norden auszurufen. Zum Präsidenten ernannte sich Minh selbst. Er forderte im Namen der *„Liga für die Unabhängigkeit Vietnams"*, dem *Vietminh*, die Unabhängigkeit und Souveränität von Gesamtvietnam und arbeitete damit gegen die Pläne der **Franzosen**, die ihre Kolonialherrschaft in **„Indochina"** wiederherstellen wollten. Es kam zu erbitterten Kämpfen,

Stanley Kubricks „Full Metal Jacket"

Einer der wohl bewegendsten Antikriegsfilme, der die Veränderung des Geistes und der Persönlichkeit in der Welt des Krieges sehr realistisch beschreibt. Während man in der ersten Hälfte das Leben von Rekruten, die unter einem unmenschlichen Sergeant ihren Dienst tun müssen, zeigt, geht die zweite Hälfte auf einen dieser Rekruten ein, der als Kriegsberichterstatter für das US-Magazin „Stars and Stripes" nach Vietnam versetzt wird.

Henry Kissinger

in denen Frankreich zunächst die Oberhand behielt. Als jedoch die gerade in **China** an die Macht gekommenen Kommunisten dem Vietminh politische und militärische Unterstützung gewährten, fürchtete man einen so genannten *„Dominoeffekt"* und ein Übergreifen der kommunistischen und antikolonialen Ideologie auf die benachbarten Länder. Aus diesem Grund kamen die USA 1950 der Bitte der Franzosen um umfangreiche logistische und

Ho Chi Minh

finanzielle Unterstützung nach. Der Vietminh begann sich bis 1953 in weiten Teilen Vietnams durchzusetzen. Am 7. Mai 1954 gelang es ihm, den Franzosen eine entscheidende Niederlage beizubringen.

Wie sah die Ordnung nach der Niederlage Frankreichs in Vietnam aus?

Es kam zu Verhandlungen zwischen Vietminh und Frankreich und man einigte sich auf der Genfer *„Indochinakonferenz"* auf einen vorläufigen Waffenstillstand. Die Truppen des Vietminh sollten in den Norden, die der Franzosen und ihrer Verbündeten in den Süden abziehen. Es bildeten sich zwei Staaten: im Norden die Demokratische Republik Vietnam unter Ho

Chi Minh und im Süden die von Frankreich gestützte **Republik Vietnam** unter dem Militärdiktator **Ngo Dinh Diem**. Es wurden ebenfalls Wahlen für Gesamtvietnam vereinbart, die dann die Machtfrage endgültig klären sollten. Diem lehnte Wahlen allerdings ab, da er fürchtete, gegen den wesentlich beliebteren Minh zu verlieren. Schließlich löste die USA die Franzosen 1955 als Schutzmacht in Südvietnam ab. Trotz der Absetzung des die Bevölkerung unterdrückenden Diem, kam es zu Angriffen seitens des **Vietcong**, einer Freiheitsbewegung der Vietnamesen, auf Gebiete Südvietnams. Bald hatten sie schon weite Teile eingenommen. Nachdem Anfang August 1964 nordvietnamesische U-Boote zwei amerikanische Zerstörer angriffen, verabschiedete der amerikanische Kongress eine Resolution, die es dem damaligen Präsidenten **Johnson** praktisch erlaubte, einen Krieg gegen Nordvietnam zu führen.

Gab es innenpolitische Proteste bezüglich des Krieges?

Trotz der militärischen Überlegenheit der US-Armee und Hilfe wie beispielsweise der *SEATO-Verbände* aus Australien, Neuseeland, Südkorea und anderen Staaten gelang es den USA nicht, den Krieg zu ihren Gunsten zu wenden. 1965/66 bekundeten die USA unter Präsident Johnson mehrmals Verhandlungsbereitschaft, was allerdings von den Kriegsgegnern ignoriert wurde. Ende 1967, als das Pentagon erstmals die Zahlen der Toten (15.058) und Verwundeten (109.527) bekannt gab, wurden Stimmen laut, die einen sofortigen Rückzug aus dem Krieg forderten. V. a. allerdings bildete sich die so genannte *„Friedensbewegung"*, die aufgrund der Informationen, die zur Kriegsführung der USA bekannt wurden, ein sofortiges Ende des Krieges forderten. Die Gräueltaten, die von US-Truppen begangen wurden und in der Öffentlichkeit bekannt wurden, sorgten für einen enormen Zulauf zu dieser Bewegung.

Wann zogen sich die Amerikaner aus Vietnam zurück?

Nachdem **Henry Kissinger** als Beauftragter der US-Regierung mit den Vietnamesen über Frieden verhandelt hatte, kam es Anfang 1973, nach Einstellung der Angriffe durch die USA, zu weiteren Verhandlungen in Paris. Nach sechs Tagen, in denen Kissinger mit dem vormaligen vietnamesischen Außenminister **Le Duc Tho** verhandelt hatte, konnte der amtierende Präsident **Nixon** am 23. Januar 1973 verkünden, dass man ein Waffenstillstandsabkommen erreicht habe. Bis Ende März 1973 hatten sich die US-Truppen aus Vietnam zurückgezogen, doch es kam zu weiteren Kämpfen, in denen Südvietnam schließlich unterlag. Die Errichtung der **Sozialistischen Republik Vietnam** stellte den gesamtvietnamesischen Staat wieder her.

Vietnamesische Kinder flüchten vor Soldaten.

Teils blutig ausgetragener Konflikt zwischen britischen Protestanten und irischen Katholiken um den Status Nordirlands bzw. der nordirischen Provinz Ulster. Zur Eskalation kam es durch den „blutigen Sonntag" im Jahr 1972.

Worum geht es im irischen Konfessionskrieg?

Streitpunkt in diesem Konflikt ist die Zugehörigkeit **Nordirlands** zum *Britischen Königreich*. Auf der einen Seite stehen die englandtreuen Protestanten, die so genannten Unionisten. Ihnen gegenüber stehen nationalistische Katholiken, die seit Jahrzehnten versuchen, die Wiedervereinigung Nordirlands mit der Republik **Irland** zu erreichen. Dabei dienen Gewalt und Terror beiden Seiten als Mittel, um ihre Forderungen durchzusetzen.

Wo liegen die Wurzeln für den Konflikt?

Schon seit der Eroberung Irlands durch den englischen König **Henry II.** im Jahr 1171 schwelten Konflikte zwischen den unterdrückten Iren und den englischen Unterdrückern. Im 16. Jh. traten immer mehr religiöse Streitpunkte zwischen den katholischen Iren und den protestantischen Briten in den Vordergrund. Im 19. Jh. löste die britische Regierung das iri-

Nordirland: Karte

sche Parlament auf und gliederte Irland in das großbritannische Reich ein. Um das Freiheitsstreben der zumeist katholischen irischen Bevölkerung einzudämmen, siedelte England protestantische Briten, hauptsächlich im Norden der Insel, an. Während der Großteil der Inselbewohner noch immer einen eigenständigen irischen Staat forderte, arrangierten sich die Bewohner der nördlichen Provinz **Ulster** mit den Besatzern und bekundeten ihren Willen, bei einer Teilung der Insel bei Großbritannien zu bleiben. Nach den Unabhän-

gigkeitskriegen kam es 1949 tatsächlich zu jener Teilung. Seitdem gab es im zu Großbritannien gehörenden Nordirland immer wieder Konflikte zwischen der irisch-katholischen Minderheit und der britisch-protestantischen Mehrheit, die ab 1969 eskalierten.

Wer sind Sinn Féin und die IRA?

Die **Sinn Féin** ist eine katholisch-irische Partei. Sie wurde 1905 gegründet. Ihr Ziel war seit der Gründung die Unabhängigkeit Irlands von Großbritannien. Ab 1914 wurde die Partei zu einem Sammelbecken für extreme Nationalisten, die auch nicht vor Bombenattentaten zurückschreckten, um ihre Ziele zu erreichen. Das ausführende Organ der Sinn Féin ist seit 1969 die **Irisch-Republikanische Armee** (**IRA**). Zuvor hatten Sinn Féin und IRA getrennt voneinander operiert. Die IRA sah sich selbst am liebsten als Schutztruppe für die von gewalttätigen Protestanten bedrohten Katholiken. Seit den frühen 1970er-Jahren erlangte die IRA durch viele, zum Teil grausame Attentate traurige Berühmtheit. Die Methoden der Organisation waren dabei selbst bei Mitgliedern der Sinn Féin umstritten. So wurden beispielsweise beim Werfen von Brandbomben aus fahrenden Autos Kinder gut sichtbar auf dem Beifahrersitz platziert, weil man davon ausging, die Polizei werde nicht auf ein Auto mit Kindern darin schießen. Seit 1994 jedoch zeigen sich sowohl Sinn Féin als auch IRA zu Friedensgesprächen bereit.

Britische Soldaten in einer nordirischen Stadt

Was war der „blutige Sonntag"?

Im Januar 1972 hatte die britische Verwaltung den Beschluss verabschiedet, dass auffällige und verdächtige Personen selbst ohne formelle Anklage von der nordirischen Polizei festgehalten werden konnten. Die katholische „Derry-Bürgerrechtsvereinigung" rief daraufhin zu einer groß angelegten Demonstration am 30. Januar 1972 auf und 30.000 Menschen folgten diesem Ruf. Als sich die Polizei den Demonstranten in den Weg stellte, kam es zu Tumulten. Die Polizisten schossen in die Menge und es kam zu einem Blutbad. 14 Menschen wurden an diesem Sonntag getötet.

Warum endeten die „Oraniermärsche" jedes Jahr mit Unruhen?

Traditionell veranstaltet der radikal-protestantische *Oranierorden* am 1. Juli einen Marsch durch **Portadown**. Die Mitglieder des Ordens gedenken so des Sieges des Protestanten **Wilhelm von Oranien** gegen den katholischen König **Jakob II.** bei der *Schlacht am Boyne* vom 1. Juli 1690. Die traditionelle Marschroute führt jedoch durch das katholische Viertel von Portadown. Die Bewohner sahen den Marsch stets als Provokation an. Deswegen kam es regelmäßig zu Zusammenstößen zwischen Protestanten und Katholiken.

Entwicklung der Friedensgespräche

Seit Mitte der 1990er-Jahre wurden Friedensgespräche geführt. Sie gerieten jedoch immer wieder ins Stocken, weil beide Seiten stur auf ihren Positionen beharrten. So war die probritische **Ulster Unionist Party UUP** nur dazu bereit, die Sinn Féin an Regierungsgesprächen zu beteiligen, wenn die IRA zuvor einer völligen Entwaffnung zustimmen sollte. Diese wiederum wollte ihre Waffen erst abgeben, wenn die Sinn Féin in die Regierung aufgenommen würde. Die britische Regierung setzte die Regierung Nordirlands in regelmäßigen Abständen ein und wieder ab, was nicht zur Entspannung der Lage beitrug.

Chile: Salvador Allende

Salvador Allende Gossens war der einzige frei gewählte marxistische Regierungschef eines westlichen Landes. Seine Regierung wurde 1973 durch einen Staatsreich abgesetzt, bei dem er unter ungeklärten Umständen ums Leben kam.

Wie wurde Allende Präsident von Chile?

Salvador Allende Gossens kam am 26. Juli 1908 in Valparaíso zur Welt. Als Sohn einer wohlhabenden Familie besuchte er die *Universität von Chile*, wo er sich als *marxistischer Aktivist* hervortat. Ein Jahr nach seinem Universitätsabschluss in Medizin gehörte Allende 1933 zu den

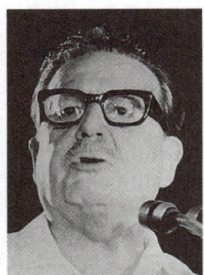

Salvador Allende

Gründern der *Sozialistischen Partei*. Von 1939–1942 war er Gesundheitsminister in der Mitte-Links-Regierung von Präsident **Pedro Aguirre Cerda**. Allende bewarb sich 1952, 1958 und 1964 vergeblich um das Präsidentenamt in Chile. 1970 wurde er schließlich mit einer knappen Mehrheit zum Präsidenten des Landes gewählt. Bei der Stichwahl zwischen drei Kandidaten erhielt er mit seinem Wahlbündnis *„Unidad Popular"* von Sozialisten, Kommunisten und anderen Linksgruppen 36,3 Prozent der Stimmen.

Wie sah Allendes Wirtschaftspolitik aus?

Als erster frei gewählter marxistischer Präsident eines westlichen Landes begann Allende den Versuch eines *„demokratischen chilenischen Weges zum Sozialismus"* unter Beibehaltung der freiheitlichen Grundrechte. Dabei konzentrierte er sich auf die Verbesserung der Lebensbedingungen der unteren Bevölkerungsschichten. Allende enteignete die im US-amerikanischen Besitz befindlichen Kupferbetriebe, ohne eine Kompensation auszubezahlen. Mit diesem Schritt machte er sich die Regierung der **USA** zum Gegner und irritierte potenzielle Investoren. Außerdem sollten wichtige Minen und Industriebetriebe sowie große landwirtschaftlich ge-

Karte von Chile

nutzte Flächen verstaatlicht werden. Bei dem Versuch, die Einkommen gleichmäßiger zu verteilen, verordnete Allende ein starkes *Lohnwachstum* und das Einfrieren der Preise an Konsumgütern. Daneben ließ er große Mengen an ungedecktem Geld drucken. Spätestens 1972 litt Chile an einem *stagnierenden Wirtschaftswachstum* sowie an einem Nachlassen des Exports und der Bereitschaft zu Investitionen. *Streiks, Unruhen, Nahrungsmittelknappheit* und *Inflation* erschütterten das Land. Die Geldquellen aus Amerika und Europa versiegten vollständig und die Devisenreserven des Landes schwanden. Allende bemühte sich um gute Beziehungen zum kommunistischen **Kuba**, das zu dieser Zeit eng mit der Sowjetunion verbunden war. Trotzdem verweigerte die **UdSSR** die Gewährung von umfassender Wirtschaftshilfe an das international mehr und mehr isolierte Chile.

Wie kam Salvador Allende ums Leben?

Trotz der schwierigen wirtschaftlichen Lage blieb Allende bei den Arbeitern und Bauern des Landes beliebt. Sein Wahlbündnis erhielt bei den Wahlen zum Kongress im März 1973 44 Prozent der abgegebenen Stimmen. Die Un-

General Pinochet

Augusto Pinochet

Augusto Pinochet Ugarte wurde am 25. November 1915 in Valparaíso geboren. Er durchlief eine Karriere beim Militär und wurde 18 Tage vor dem gewaltsamen Umsturz von Präsident Allende zum *Oberbefehlshaber der chilenischen Truppen* ernannt. Er plante und führte den *Staatsstreich*, bei dem Allende ums Leben kam. In den ersten drei Jahren der Militärregierung Pinochets wurden 130.000 Chilenen verhaftet, viele Tausend gelten heute noch als vermisst. Sein Regime wurde weltweit wegen andauernder *Menschenrechtsverletzungen* gerügt. Andererseits lobte man seine *Wirtschaftspolitik*, die zu einer Abschwächung der Inflation und einem stetigen Wirtschaftswachstum führte. Im Jahr 1981 ließ Pinochet eine neue Verfassung verabschieden, die vorsah, dass er das Land für eine Übergangszeit von acht Jahren als Präsident regieren solle. Danach sollten freie Wahlen stattfinden. Am 11. März 1990 trat Pinochet von seinem Amt zurück, nachdem der Christdemokrat **Patricio Alwyn** von der Mehrheit der Bevölkerung zum Präsidenten gewählt worden war. Die Klagen über die unter Pinochet verübten Menschenrechtsverletzungen verstummten jedoch nicht. Bei einem Besuch in England im Jahr 1998 stellte die britische Justiz den ehemaligen Regierungschef unter Hausarrest. Nach 503 Tagen durfte der 84-Jährige, offiziell wegen seines gesundheitlichen Zustands, London verlassen und lebt seitdem wieder in Chile. Ob er dort vor ein Gericht gestellt wird, ist noch fraglich.

zufriedenheit der Mittelklasse und konservativer Kreise mit seiner Regierung aber wurde immer größer. Am 11. September 1973 wurde das sozialistische Experiment auf chilenischem Boden gewaltsam beendet. Eine *Militärjunta* unter der Führung von **Augusto Pinochet** setzte die

Regierung Allende ab und installierte ein *rechtsgerichtetes Regime*. Präsident Allende starb am selben Tag unter ungeklärten Umständen – möglicherweise unter Mitwirkung des amerikanischen Geheimdienstes – bei der Erstürmung des Präsidentenpalastes in Santiago de Chile.

Seit der gewaltsamen Annexion der ehemals portugiesischen Kolonie Osttimor durch das indonesische Militär 1975 strebte die Mehrheit der Timoresen nach Unabhängigkeit, für die 1999 in einem Referendum fast 80 Prozent der Wahlberechtigten votierten.

Wo liegt eigentlich Osttimor?

Auf der Karte erstreckt sich der 200-Mio.-Einwohner-Staat Indonesien im südostasiatischen Raum zwischen Indien und Australien, südlich von Malaysia und den Philippinen. Bis nach dem II. Weltkrieg war das Land niederländisches Kolonialgebiet, zu dem auch **Westtimor** gehörte. Die Republik Indonesien wurde am 27.12.1949 gegründet, wobei Osttimor, der südöstlichste Bereich in Richtung Australien, weiterhin unter *portugiesischer Kolonialverwaltung* stand.

Wie kam es zum Bürgerkrieg von 1975?

Nachdem die so genannte *Nelkenrevolution* ein Jahr zuvor zum Sturz der Diktatur in Portugal geführt hatte, zog sich das Land nach und nach aus seiner Kolonie zurück. In Osttimor brach daraufhin ein Bürgerkrieg um die Machtablösung aus: Die linksgerichtete *Revolutionäre Front für ein unabhängiges Osttimor (FRETELIN)* rief im Oktober 1975 die Unabhängigkeit aus.

Raden Suharto

Ein unabhängiges und sozialistisch ausgerichtetes Osttimor kam für Indonesiens Präsident **Suharto** jedoch nicht infrage: Im Dezember ließ er das Militär in Osttimor ein-

rücken und ein halbes Jahr später eine *proindonesische Regierung* einsetzen. Diese warb nach wenigen Monaten für eine Integration Osttimors, die tatsächlich im Juli 1976 erfolgte. Durch eine von Präsident Suharto unterzeichnete Gesetzesvorlage des Parlaments wurde Osttimor offiziell zur 27. Provinz Indonesiens.

Wie reagierte die linksgerichtete Opposition darauf?

Angesichts der gewaltsamen Annexion kämpfte die Armee der FRETELIN mit nur 800 Milizionären weiter gegen

---

Gewaltsame und friedliche Kämpfer

Zu den bekannten Persönlichkeiten aus der Zeit der Unabhängigkeitskriege gehört u.a. **José Alexandre „Xanana" Gusmão**, der langjährige Führer der timoresischen Widerstandsbewegung. Er wurde im November 1992 vom indonesischen Militär gefangen genommen und 1993 zu einer lebenslangen Freiheitsstrafe verurteilt, die wenige Monate später auf 20 Jahre Haft reduziert wurde. Friedlich „bekämpft" haben den Konflikt vor allem **Carlos Felipe Ximénes Belo**, der Bischof der überwiegend katholischen Bevölkerung des Provinzstaates, und der im Exil lebende Bürgerrechtler **José Ramos Horta**. Für ihren Einsatz um eine friedliche Lösung des Konflikts wurden sie 1996 mit dem *Friedensnobelpreis* geehrt.

40.000 Soldaten der indonesischen Besatzung. Ende 1981 forderte die UNO das Selbstbestimmungsrecht für Osttimor, was **Jakarta** verweigerte. Der Konflikt schwelte weiter: 1991 verübten indonesische Soldaten in der Provinzhauptstadt **Dili** ein Massaker, dem fast 300 Timoresen zum Opfer fielen.

Wann änderte sich etwas am Status quo?

Erst nach dem Sturz Suhartos im Jahr 1999 fanden in Indonesien *landesweite Wahlen* statt, zum ersten Mal seit 1955 demokratische. Drei Wochen vor den Parlamentswahlen flammten die Unruhen überall wieder auf: Kämpfe zwischen Christen und Moslems, blanker Terror in Osttimor. In einem Referendum sollte die Bevölkerung über *Autonomie* oder *Unabhängigkeit* entscheiden. Bewaffnete proindonesische Milizen wollten um jeden Preis verhindern, dass das einst portugiesische, von Jakarta 1976 annektierte Osttimor den Weg der Unabhängigkeit ginge. Indonesien bot zwar Zugeständnisse an, u. a. die Autonomie, doch dies konnte fast 80% der Wahlberechtigten nicht davon abhalten, sich für eine echte Unabhängigkeit zu entscheiden. Die indonesische Armee begann danach einen blutigen

Terror gegen die Bevölkerung, u. a. mit der Deportation und Ermordung tausender Timoresen. Nachdem im September 1999 eine internationale Friedenstruppe in Osttimor gelandet war, annullierte Indonesien die Annexion der Inselhälfte und Osttimor wurde unter eine UN-Übergangsverwaltung gestellt.

Warum gab es so viel Hass auf beiden Seiten?

Weder sahen die Osttimoresen sich selbst als Indonesier noch erkannten die Indonesier sie als solche an – die Beziehungen glichen denen von *Kolonisierern und Kolonisierten*. Schon vor der Annexion hatte das Land mit großen Problemen zu kämpfen: wenig Kapitalismus, viel Analphabetismus, eine zusammengewürfelte Bevölkerung mit unterschiedlichsten Sprachen, strenge Dogmen aus der Zeit der Kolonialherrschaft, aufgrund der NATO-Zugehörigkeit der Portugiesen eine für Indonesien unerträglich moderne militärische Ausrüstung. In der Konsequenz für die Uneinnehmbarkeit wurde Osttimor schlicht aus den Medien verbannt und quasi von der Welt abgeschnitten. Auch jetzt noch sind viele Telefonverbindungen abgeschnitten, Journalisten wird der Zugang zur Inselhälfte ver-

wehrt. Indonesien scheint zu fürchten, dass sich nach dem Votum in Osttimor auch andere Regionen Indonesiens oder südostasiatischer Staaten zu Unabhängigkeitsbestrebungen entschließen könnten.

Der UNO-Generalsekretär zu Osttimor

Auszug einer Erklärung, die UNO-Generalsekretär **Kofi Annan** im Rahmen einer Pressekonferenz in New York am 10. September 1999 zur Lage in Osttimor abgab:
Vor den Augen der Weltöffentlichkeit wird die Bevölkerung Osttimors terrorisiert und massakriert, weil sie ihr Recht auf Selbstbestimmung in einer von den Vereinten Nationen durchgeführten Wahl ausgeübt hat. [...] viele Menschen glauben, die Vereinten Nationen würden die Bevölkerung Osttimors in der Stunde ihrer größten Not im Stich lassen. Lassen Sie mich mit allem Nachdruck versichern, dass dem nicht so ist. [...] Nun ist es für Indonesien unmissverständlich an der Zeit, die Hilfe der internationalen Gemeinschaft in Anspruch zu nehmen, um ihrer Verantwortung für Ordnung und Sicherheit für die Bevölkerung Osttimors gerecht zu werden und den Vertriebenen eine sichere Rückkehr zu ermöglichen. [...]

Unbemannte Weltraummissionen

Im Laufe der letzten Jahrzehnte lieferten etliche unbemannte Raumsonden, vor allem die der USA, gigantische Datenmengen über unser Sonnensystem und seine Planeten. Einige dieser Sonden sind bereits seit über zwei Jahrzehnten unterwegs.

Wozu dienten die Raumsonden der letzten 30 Jahre?

Unbemannte Raumsonden, darunter *Orbiter*, *Ranger* und *Surveyor*, suchten in den 1960er-Jahren geeignete Landeplätze für die berühmten *Apollomissionen*. Waren es damals vorwiegend technische Hilfsmittel zur Erfüllung eines Traums und zum Gewinn eines Wettlaufs, so hatten die späteren Missionen das Ziel, die Planeten unseres Sonnensystems zu erkunden, sie zu fotografieren und zu vermessen. Durch die Auswertung der zur Erde gesendeten Daten konnten die Wissenschaftler u. a. Erkenntnisse über die Geschichte der einzelnen Planeten und ihrer Monde erlangen.

Ab wann starteten die Sonden?

Die erste wichtige Raumsonde *Mariner* trug wissenschaftliche Experimente mit sich und traf von Januar 1974 bis März 1975 dreimal auf **Merkur** – bis heute die einzige Sonde, die den der Sonne am nächsten gelegenen Pla-

neten je besucht hat. *Viking 1* und *2* waren Testmissionen für eine erste Landung auf einem anderen Planeten. Der *Viking-Lander* sollte auf dem **Mars** landen, während der *Viking-Orbiter* in einer stationären Umlaufbahn blieb, um als Relaisstation zur Datenübertragung der Landeeinheit zu dienen, aber auch um Aufnahmen und Daten vom Mars zu übermitteln. Die erhofften Spuren von *Leben auf dem Mars* konnten die *Viking-Sonden* jedoch nicht finden. Allerdings lernte man viel über unseren Nachbarn, u. a. dass die Windströmungen für die rote Farbe des Mars verantwortlich sind, weil sie Tonnen von Staub von der Oberfläche in die Atmosphäre tragen.

Wie sieht es auf dem Jupiter aus?

Im Jahr 1989 startete *Galileo* ihren 6-Jahres-Flug zum Jupiter und schickte eine Sonde in dessen Atmosphäre, um während des Abstiegs Daten über die lebensfeindliche *Gasatmosphäre* zur Erde zu senden. In den tieferen Schichten des Jupiter wurde

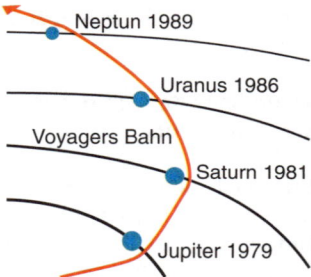

Route der Voyager

Neptun 1989
Uranus 1986
Voyagers Bahn
Saturn 1981
Jupiter 1979

die Sonde von dem großen Druck zerquetscht. *Galileo* selbst befindet sich noch immer in einer Umlaufbahn um den Planeten und erforscht mit verschiedensten Instrumenten seine Monde. Wissenschaftler konnten anhand der hervorragenden Bilder u. a. riesige Eisflächen auf dem Mond **Europa** identifizieren, unter denen sich vielleicht flüssiges Wasser und damit eine wichtige Voraussetzung für Leben befinden könnte.

Was hat es mit den Voyager-Sonden auf sich?

Zu den erfolgreichsten Missionen überhaupt gehören *Voyager 1* und *2*, die ab August 1977 gestartet wurden.

Gibt es Leben in unserem Sonnensystem?

Dies ist eine der wichtigsten Fragen, die die Wissenschaft zu klären versucht. Die weltweit Aufsehen erregende Marslandung der **NASA**-Sonde *Pathfinder* im Juni 1997 und die erfolgreiche Erkundung der Planetenoberfläche durch den Roboter *Sojourner* brachten die Erkenntnis, dass früher sehr wohl *Leben auf dem Mars* existiert haben muss. Im Oktober 2001 gelang eine weitere Stationierung einer NASA-Sonde im Orbit des Roten Planeten, die seitdem eine hochpräzise Vermessung und Kartografierung durchführt. Vor dem Hintergrund dieser Erfolge hat die amerikanische Weltraumbehörde selbstbewusst verkündet, dass sie bis spätestens 2030 einen Menschen zum Mars bringen wird. Mittlerweile fast wieder in Vergessenheit geraten ist die 1997 gestartete Sonde *Cassini*: Sie ist sechs Jahre lang unterwegs in Richtung Saturn, um den Planeten und einen seiner Trabanten zu untersuchen. Wissenschaftler erhoffen sich von dieser Mission, eventuell Leben auf dem Mond **Titan** zu finden, weshalb *Cassini* eine kleinere Forschungssonde der europäischen Weltraumbehörde **ESA** mit sich führt, die eine Landung auf dem Mond wagen soll. 2003 ist es dann soweit.

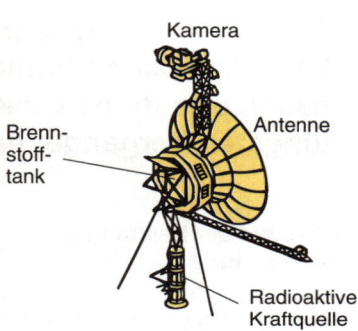

Raumsonde Voyager

ger 2 und *Pioneer 11* zur Erforschung der äußeren Planeten unseres Sonnensystems unterwegs. *Voyager 1* hat bereits den bisherigen Weitflugrekord von *Pioneer 10* übertroffen: Die Sonde ist jetzt das am weitesten entfernte Raumfahrzeug – gut zehn Stunden dauert es, bis ein Funksignal mit Lichtgeschwindigkeit die Erde erreicht. Während die Energie von *Pioneer 10* wohl demnächst versiegen wird, hoffen die Wissenschaftler auf weitere 20 Jahre Kontakt zu *Voyager 1* und damit gigantische Mengen an Informationen über unser Sonnensystem. Ziel der weiteren *Voyager*-Mission ist es, nicht nur die Umgebung der äußeren Planeten auszukundschaften, sondern weit über die Grenze hinaus, bis zu der der Einfluss unserer Sonne reicht, vorzudringen. Von den dabei eruierten Daten verspricht man sich noch weiter gehende Aufschlüsse.

Voyager 1 hat Jupiter und **Saturn** mit den vielen Monden bereits erfolgreich erkundet und ist nun auf dem Weg in den tiefen Raum jenseits unseres Sonnensystems. *Voyager 2* besuchte **Uranus**

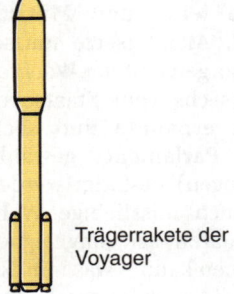

Trägerrakete der Voyager

im Januar 1986 und **Neptun** im August 1989. Die Voyager-Sonden tragen die berühmte golden schimmernde Platte mit sich, auf der Grußbotschaften der Menschen mit Bildern und Geräuschen unseres Planeten gespeichert sind, um eventuellen Intelligenzen zu zeigen, woher diese „Reisenden" kommen.

Welche Sonde ist am längsten unterwegs?

In den 1970er- und 1980er-Jahren waren neben *Voyager 1* und *Pioneer 10* auch noch deren Zwillingssonden *Voya-*

Großen Anteil an der antiwestlichen eingestellten Politik des Iran hatte Ayatollah Khomeini, der in den 1980er-Jahren eine streng islamisch orientierte Gesellschaftsordnung aufgebaut hatte. Erst in der jüngsten Vergangenheit scheint sich der Iran langsam zu öffnen.

Was hat der Iran mit Persien zu tun?

Der Iran liegt in Vorderasien zwischen Irak und Afghanistan, ist mehr als fünfmal so groß wie Deutschland – er liegt im weltweiten Vergleich auf Platz 17 – und hat fast 70 Mio. Einwohner, davon über 11 Mio. in der Hauptstadt **Teheran**. Die Geschichte des Landes ist 2500 Jahre alt: In unseren Schulen lernen die Kinder die drei „N", womit die Entwicklung Mesopotamien, Persien, Iran gemeint ist – alle drei Wörter enden auf „N". Wirtschaft und Handel – Haupthandelspartner sind heute Deutschland, Japan und die Türkei – kamen durch die *Revolution* im Februar 1979 weitgehend zum Erliegen. Iranische Öllieferungen blieben aus, immense Preiserhöhungen waren die Folge, weltweit brach die berühmt-berüchtigte Ölkrise aus. Die Zerstörungen und Kriegskosten des *1. Golfkriegs* gegen den Irak von 1980–88 haben die iranische Wirtschaft stark geschädigt.

Wer war der Ajatollah?

Ajatollah Khomeini

Den Ehrentitel für geistliche Würdenträger der Schiiten trug ihr iranischer Anführer **Ruhollah Mussawi Khomeini** bis zu seinem Tod 1989. Zehn Jahre zuvor, im April 1979, war er aus seinem Pariser Exil nach Teheran zurückgekehrt und hatte mit seinen Gefolgsleuten Schah Reza Pahlewi gestürzt. Ohne ein offizielles politisches Amt zu bekleiden, stand er an der Spitze der von ihm ausgerufenen Islamischen Republik Iran. Ajatollah Khomeini baute eine streng *islamisch orientierte Gesellschaftsordnung* auf und ging kompromisslos gegen religiös und politisch Andersdenkende vor. Im *1. Golfkrieg* gegen den Irak vertrat er zunächst einen harten Kurs, willigte aber 1988 in einen Waffenstillstand ein.

Ist der Iran ein demokratisches Land?

Von 1906–79 bestand im Iran eine *konstitutionelle Monarchie*. Nach der Verfassung von 1979 mit Ergänzungen von 1989 wurde das Land eine *islamische Republik* mit Präsidialsystem. Die Regierungsform orientiert sich in Rechtssprechung und Gesetzgebung am *Koran*. Während der Führer der islamischen Revolution und Stellvertreter des **Imam (Ajatollah)** die höchste Instanz, das Staatsoberhaupt, bildet, ist der Regierungschef der auf vier Jahre direkt gewählte Präsident. Bis zu seinem Tod war **Khomeini** das Oberhaupt, seit 1989 ist es **Sayed Ali Khamenei**. Regierungschef ist seit 1997 **Sayed Mohammed Khatami**, der die Exekutive leitet und Minister beruft. Alle Gesetze müssen vom so genannten *„Wächterrat"* (sechs vom Staatsoberhaupt ernannte und sechs vom Parlament gewählte Theologen) bestätigt werden, der auch missliebige Wahlkandidaten als „ungeeignet" ablehnen kann – was mit „Reformern" auch oft geschieht.

Iran

Der Widerstand gegen den Schah wuchs: Immer mehr Iraner forderten die Umwandlung des Staates in eine islamische Republik. 1979 wurde der Schah abgesetzt und mit seiner Frau **Farah Diba** in Abwesenheit zum Tod verurteilt. Außenpolitisch gab es immer wieder Konflikte mit den Nachbarn, v. a. dem **Irak**: Ein Abkommen von 1975 sah die Flussmitte von Euphrat und Tigris am Persischen Golf als Grenze vor, wurde jedoch fünf Jahre später vom Irak aufgekündigt. Nach dem Sturz des Schahs beanspruchte der irakische Präsident **Hussein** neben dem gesamten Flusslauf auch iranisches Gebiet. Hussein befahl den Angriff auf Iran, der zunächst recht erfolgreich

Saddam Hussein

Wie kam es zur Gründung der islamischen Republik?

Nach dem II. Weltkrieg verbündete sich der Sohn des berühmten Schah **Resa Pahlewi**, **Mohammed**, mit den Alliierten, die mit wirtschaftlicher, politischer und militärischer Hilfe für ein beträchtliches Wachstum und einen steigenden Lebensstandard der Bevölkerung sorgten. Gestützt auf ein autoritäres Regierungssystem führte der neue Schah eine Landreform durch und intensivierte die Industrialisierung, was als

so genannte *„weiße Revolution"* galt. Mohammed Resa Pahlewi übte in den 1950er-Jahren immer mehr Einfluss auf die Regierung aus, wurde aber erst nach 26-jähriger Regierungszeit im Jahr 1961 gekrönt – ein männlicher Erbe war die Voraussetzung für ein stabiles Regierungssystem nach dem Tod des Vaters. 1975 verbot der Schah alle Parteien bis auf die *Iranische Nationale Erneuerungspartei*. Da er die Partei anführte, kam das iranische Regierungssystem dem Absolutismus recht nahe.

verlief. Iranische Gegenoffensiven folgten und führten zu einem sinnlosen Krieg, der letztendlich keiner Seite zum Sieg verhalf und im Verlauf der insgesamt acht Jahre gut eine Million Menschen das Leben kostete.

Die wachsende Bedrohung durch die neuen SS-20-Raketen der UdSSR verstärkte Ende der 1970er-Jahre die Bemühungen der NATO um Abrüstungsgespräche. Ziel der Verhandlungen: die Abschaffung aller landgestützten Mittelstreckenraketen in Europa.

Was war der Anlass für die Gespräche?

Der **Warschauer Pakt** verdoppelte von 1976 bis 1981 sein nukleares Mittelstreckenpotenzial, während die **NATO** dem nichts entgegenzusetzen hatte. Im Zuge der Rüstungskontrollverhandlungen über nuklearstrategische Waffen – *Strategic Arms Limitation Talks* (*SALT I* und *SALT II*) – einigten sich zwar die beiden Supermächte auf eine Begrenzung ihrer weit reichenden strategischen Nuklearwaffen, doch dieses positive Verhandlungsergebnis hatte einen negativen Beigeschmack: Die neuen SS-20-Mittelstreckenraketen, die alle Staaten in Westeuropa bedrohten, fanden dabei keine Berücksichtigung. Die Verständigung der USA mit

Michail Gorbatschow

der UdSSR wirkte sich also nicht friedenssichernd für Europa aus: Während sich zwischen **Washington** und **Moskau** ein *nukleares Gleichgewicht* auf geringerem Niveau einstellte, bestand in Europa eine krasse *Überlegenheit der Sowjetunion* gegenüber der NATO in konventioneller und nuklearer Hinsicht.

Worin lagen die Probleme für die NATO?

Durch die neue Situation entstand für die Westeuropäischen Staaten eine Abhängigkeit von Amerika, denn nur die Supermacht konnte mit ihren Langstreckenraketen einen *nuklearen Schutzschirm* für die europäischen NATO-Mitglieder aufrechterhalten. Die Sowjetunion war ohne diesen Schutz der Europäer durch die USA in der Lage, durch einen regionalen Krieg das westeuropäische Verteidigungspotenzial auf einen Schlag zu vernichten. Machtpolitisch war es nun ein Leichtes für die UdSSR, die USA sicherheitspolitisch von ihren europäischen Verbündeten abzukoppeln. So wurde

Ronald Reagan

die Basis der europäischen Sicherheitspolitik zerstört: die konfliktverhindernde Strategie der gemeinsamen Abschreckung.

Was ist der NATO-Doppelbeschluss?

Angesichts dieser bedrohlichen Lage beschlossen die Außen- und Verteidigungsminister der NATO auf einer Sondersitzung am 12. Dezember 1979 die Aufstellung von 108 Abschussvorrichtungen für die amerikanische Mittelstreckenrakete *Pershing II* und von 464 bodengestützten Marschflugkörpern (*Cruise Missiles*). Das westliche Bündnis koppelte an den Nachrüstungsbeschluss aber das Angebot, auf eine Nachrüstung zu verzichten, falls die UdSSR ihre SS-20-Raketen vernichtete und die alten *SS-4* und *SS-5* außer Dienst stellte. Blieben die Verhandlungen erfolglos, sollte die Nachrüstung ab Ende 1983 in Gang gesetzt werden.

Was tat sich in Deutschland?

Im Juli 1982 kamen die Verhandlungen zum Stillstand. Das westliche Bündnis, besonders **Westdeutschland**, sah sich nun nach Ablauf des vierjährigen Ultimatums gezwungen, die Konsequenzen aus den gescheiterten Abrüstungsgesprächen zu tragen. Am 22. November 1983 stimmte der deutsche Bundestag der Stationierung amerikanischer Mittelstreckenraketen zu.

Wie reagierte die UdSSR auf das Angebot?

Mit dem Amtsantritt **Michail Gorbatschows** als Generalsekretär der Kommunistischen Partei der Sowjetunion im Jahr 1985 vollzog sich ein Wandel in der Außenpolitik. Gorbatschow erkannte, dass die blockierende Haltung bei den *INF-Verhandlungen* die UdSSR in eine außenpolitische Isolierung trieb. Weiterhin hätte die Sowjetunion die Kosten für ein weiteres Wettrüsten nicht mehr tragen können. US-Präsident **Ronald Reagan** drohte außerdem

Innenpolitische Auswirkungen des Doppelbeschlusses in der Bundesrepublik Deutschland

Helmut Schmidt

Bundeskanzler **Helmut Schmidt** (SPD) hatte schon 1977 als einer der ersten Politiker im westlichen Bündnis auf das Ungleichgewicht der nuklearen Kontingente in Europa hingewiesen und war dementsprechend einer der entschiedensten Befürworter des NATO-Doppelbeschlusses. Als nach 1980 die Diskussionen um den Beschluss immer heftiger wurden, musste Schmidt erleben, dass ihm weite Teile seiner eigenen Partei in dieser immens wichtigen Frage die Gefolgschaft verweigerten. Die zur selben Zeit aufkommende *Friedensbewegung*, die zwar immer die Stationierung der Pershing-Raketen und Cruise Missiles, nie jedoch die eigentliche Bedrohung, die sowjetischen SS-20-Raketen, zu einer großen Gefahr stilisierte, fand in der SPD großen Widerhall. Dieser Umstand entfremdete den Kanzler von seiner eigenen Partei. Da zudem auch die großen wirtschaftlichen Probleme der Bundesrepublik die *SPD/FDP-Koalition* schwer belasteten, kam es am 1. Oktober 1982 schließlich zur Abwahl Schmidts durch ein *konstruktives Misstrauensvotum* im Bundestag. Sein Nachfolger und neuer Regierungschef einer Koalition aus CDU/CSU und FDP wurde Helmut Kohl.

mit dem *SDI-Projekt*, der weltraumgestützten Abwehr von Atomraketen. Sechs Jahre nach dem Vorschlag Reagans für eine Nulllösung kam es am 8. Dezember 1987 zur Unterzeichnung des „*INF-Vertrages*", einem Meilenstein auf dem Weg zur Beendigung des Kalten Krieges. Moskau und Washington ver-

pflichteten sich darin, weltweit alle amerikanischen und sowjetischen Mittelstreckenraketen sowohl längerer als auch kürzerer Reichweite zu vernichten. Reagan, für viele der Inbegriff des „kalten Kriegers", hatte im Verbund mit Gorbatschow einen wegweisenden Abrüstungsschritt zustande gebracht.

Die „Solidarność"

Polnischer Gewerkschaftsbund, der 1980 unter anderem vom späteren polnischen Staatspräsidenten und Nobelpreisträger Lech Walesa gegründet wurde und sich nach der Öffnung Polens zu einer politischen Macht entwickelte, die mehrere Parteien hervorbrachte.

Welche gesellschaftlichen Verhältnisse herrschten in Polen vor der Gründung der „Solidarność"?

Gegen Ende der 1970er-Jahre herrschte in Polen ein *gemäßigter Kommunismus*. Allerdings war es um die wirtschaftliche Lage des Landes nicht allzu gut bestellt. Die weltweite Ölkrise brachte auch Polen in Liquiditätsprobleme. Deswegen sah sich die polnische Regierung gezwungen, die Preise für Grundnahrungsmittel stark anzuheben. Daraufhin kam es zu Unruhen unter den Arbeitern, die die Regierung dazu zwangen, die Preiserhöhungen wieder rückgängig zu machen. 1978 wurde der polnische Bischof **Karol Wojtyla** zum Papst gewählt, was das Gemeinschaftsgefühl der polnischen Bevölkerung stärkte und die Position der polnischen Kirche stark verbesserte. Sie genoss in der Folgezeit mehr Einfluss als die jedes anderen Ostblocklandes. 1980 verschlimmerte sich die wirtschaftliche Lage im Land erneut, sodass es zu weiteren Preiserhöhungen durch den Staat kam. Die dar-

1980: Lech Walesa wird in Danzigs Straßen gefeiert.

aufhin folgenden Proteste führten zur Gründung der „Solidarność".

Wann kam es zur Gründung der „Solidarność"?

Am 14. August 1980 gingen die Arbeiter der Leninwerft in **Danzig** in Streik. Die Werften, insbesondere die in Danzig und Stettin, hatten eine enorme wirtschaftliche Bedeutung für das ganze Land. Deswegen erklärte sich die Regierung zu Gesprächen mit den Streikenden bereit. Allen Beteiligten war klar, dass diese Verhandlungen wegweisend für die Zukunft der

Arbeiter in Polen sein würden, denn die Forderungen der Werftarbeiter gingen weit über ihre eigenen Angelegenheiten hinaus. So forderten die Arbeiter das Recht auf die Gründung *freier Gewerkschaften* und weitere umfassende Rechte für sämtliche Arbeiter. Außerdem forderten sie die Gleichberechtigung von Arbeitern gegenüber Parteifunktionären sowie die Abschaffung der Zensur. Insgesamt umfasste der Katalog der Arbeiter 35 Forderungen. Die Verhandlungen waren, auch aufgrund der besonderen Stellung der Werften, erfolgreich. Am 31. August wurde die *„Danziger und Stettiner Vereinbarung"* unterzeichnet. Wenige Wochen später, am 17. September 1980, schlossen sich die erfolgreichen Arbeiter zur „Solidarność" zusammen.

Warum war die „Solidarność" so erfolgreich?

Der große Trumpf der „Solidarność" war die breite *Unterstützung in der Bevölkerung* und auch die *Akzeptanz durch viele Parteifunktionäre*. Die Bevölkerung stand deswegen sehr schnell aufseiten der Arbeiter, weil der Streik sehr bedacht und ohne Beeinträchtigung des öffentlichen Lebens geführt wurde. Die Parteioberen akzeptierten die „Solidarność", weil sie im Prinzip nur Dinge forderte, die zumindest auf dem Papier dem Kommunismus entsprachen. Somit hätte ein härteres Durchgreifen durch die Re-

gierung zu starken Ansehensverlusten sowohl im Inland als auch im Ausland geführt.

Wie kam es zum Verbot der „Solidarność"?

Die Bewegung gewann stetig an Einfluss und Mitgliedern, im Frühjahr waren es etwa ein Fünftel der Gesamtbevölkerung Polens. In der Regierung erhoben sich Stimmen, die zunehmend Sorge wegen der wachsenden Macht der „Solidarność" formulierten. Ein Machtkampf zwischen Freunden und Gegnern der Arbeiter endete mit der Wahl des Generals **Jaruzelski** zum Parteivorsitzenden, der bereits zwei Monate später den *Kriegszustand* über Polen verhängte und die „Solidarność" verbot. Zahlreiche Aktivisten der Bewegung wurden inhaftiert und erst nach einem Jahr wieder frei gelassen.

Papst Johannes Paul II.

Wie entwickelte sich die „Solidarność" in der Folgezeit weiter?

Nach ihrem Verbot besann sich die Bewegung wieder auf ihre Ursprünge und arbeitete im Untergrund weiter. So war sie eine treibende Kraft im Kampf um die Abschaffung des kommunistischen Regimes. Nach dem Zusammenbruch der Sowjetunion öffnete sich auch Polen und die „Solidarność" wurde 1989 wieder erlaubt. In der Folgezeit brachte die Bewegung die Partei *„OKP"* hervor, die ab 1990 an der Regierung mitwirkte und mit ihrem Vorsitzenden **Lech Walesa** den Staatspräsidenten stellte. 1993 konnte die Partei nicht mehr ins polnische Parlament einziehen. Seit 1997 war die „Solidarność" jedoch in Form der *„AWS"* wieder in der Regierung vertreten.

Lech Walesa

Lech Walesa war einer der Verhandlungsführer während der Streiks 1980. Nach den überzeugenden Erfolgen der Arbeiter wurde er bei der Gründung der „Solidarność" zu deren Vorsitzenden gewählt. Als die Gewerkschaft Ende der 1980er-Jahre wieder zugelassen worden war, setzte sich der *Friedensnobelpreisträger* erneut an ihre Spitze und wurde nach der gewonnenen Wahl zum Staatspräsidenten ernannt. Nach seiner Abwahl 1995 verlor Walesa stark an Einfluss. Dies verdeutlichte auch ein gescheiterter Versuch, auf die politische Bühne zurückzukehren, bei dem Walesa im Jahr 2000 auf nur knapp ein Prozent der Wählerstimmen kam.

Krieg, der aus dem Streit Argentiniens und Großbritanniens um den Besitz der Falklandinseln resultierte und im Jahr 1982 geführt wurde. Nach einer Blitzaktion Argentiniens nahm England den Fehdehandschuh auf und ging schnell als Sieger hervor.

Wann wurden die Falklandinseln entdeckt?

Am 14. August 1592 entdeckte der Engländer **John Davis** zufällig eine Inselgruppe, als er auf dem Südatlantik mit Kurs auf die Magellanstraße segelte. Seiner Neuentdeckung gab er den Namen *Davisinseln* und verzeichnete sie in seinen Karten, setzte jedoch weder einen Fuß auf die Inseln noch nahm er sie offiziell in Besitz. Knapp zwei Jahre später, 1594, wurden die Inseln von dem Engländer Sir **Richard Hawkins** dann erneut gesichtet. Knapp hundert Jahre darauf landete der Engländer **John Strong** auf den Inseln, doch auch er erklärte sie nicht zum Besitz der Krone.

Wo liegt dann das Problem?

Die **Franzosen** gründeten 1764 eine erste Kolonie auf **Ostfalkland**, doch davon unabhängig bauten die **Engländer** 1766 auf **Westfalkland** die Kolonie **Port Egmont**. Nachdem die **Spanier** von der französischen Siedlung erfuhren, protestierten sie gegen das Eindringen, denn gemäß eines päpstlichen Erlasses von 1493 und dem von 1494 stammenden *Vertrag von Tordesillas* waren der Atlantik und Südamerika zwischen **Portugal** und Spanien aufgeteilt. Letztendlich verkaufte Frankreich seine Kolonie an die Spanier. Die neuen Eigentümer erforschten die Inseln im Anschluss an den Verkauf genauer und erfuhren von Englands Anwesenheit. Zunächst war Spanien bemüht, das Problem mit diplomatischem Druck zu lösen – doch alle Versuche endeten erfolglos. Nachdem 1770 fünf spanische Schiffe mit 1400 Mann Besatzung in Port Egmont landeten, ergaben sich die 20 stationierten englischen Soldaten kampflos. Als Reaktion auf die Provokation drohte England mit Krieg und Spanien unterzeichnete daraufhin einen Rückgabevertrag. Des-

Zeittafel der Ereignisse 1982

1. - 2. April	Auf Falkland landen 80 argentinische Elitesoldaten
2. April	Weitere 600 Soldaten folgen, die stationierten Engländer ergeben sich
3. April	Argentinien besetzt Südgeorgien
Erste Woche im April	Verlegung von 10.000 argentinischen Soldaten nach Falkland
Zweite Woche im April	Beginn englischer Luftangriffe
23. April	Südgeorgien fällt zurück in die Hände der Engländer
1. Mai	Seeschlacht mit argentinischer Niederlage
20. auf 21. Mai	Englands Invasion auf Falkland
13. Juni	Port Stanley fällt
14. Juni	Offizielle Kapitulation Argentiniens

sen ungeachtet blieben die Besitzverhältnisse der übrigen Inselteile ungeklärt. Im Jahr 1810 erhielt **Argentinien** den Status einer von Spanien unabhängigen Republik. Kurz darauf erhob Argentinien Anspruch auf die Rechtsnachfolge für die spanischen Gebietsansprüche über die Falklandinseln.

Wie kam es zum Falklandkrieg?

In der *UNO-Resolution 2065* vom 16. Dezember 1965 wurden England und Argentinien angehalten, das Problem mit den Falklandinseln in friedlichen Verhandlungen zu lösen. Dieses Anliegen setzte die UNO mit weiteren Resolutionen in den Jahren 1966, 1967, 1969, 1973 und 1976 fort. Als im Januar 1982 die letzten offiziellen Gespräche zwischen den zerstrittenen Parteien stattfanden und England keine Bereitschaft zeigte, die Kolonien auf den Inseln aufzugeben, fasste die in Argentinien regierende *Generalsjunta* im März den Entschluss, die Falklandfrage gewaltsam zu lösen. So landeten in der Nacht vom 1. zum 2. April 1980 argentinische Elitesoldaten als erste Truppen auf den Inseln. Am nächsten Morgen folgten weitere 600. Sofort ergaben sich die stationierten Engländer.

Die Falklandinseln

Ostfalkland ist die größere der beiden Inseln. Sie ist etwa 300 km lang und misst an der breitesten Stelle 100 km. Die Ausdehnung beträgt 6682 km². Der Norden hat einige bis zu 680 m hohe felsige Erhebungen. Zum Süden hin wird das Land flach. Der Strand ist überwiegend flach und sandig, an einigen Stellen schlammig. Westfalkland ist etwa 200 km lang und maximal 60 km breit. Die Fläche umfasst 5.278 km². Genau wie bei Ostfalkland fällt das Gelände vom Norden zum Süden ab. Der Mount Adam ist mit 708 m die höchste Erhebung der Insel.

Was geschah während des Krieges?

Nach der Landung wurden die gefangenen Engländer abgeschoben und am 3. April besetzten die Argentinier ebenfalls **Südgeorgien**. Während die **USA** und die **UNO** zu vermitteln versuchten, erklärte England Argentinien den Krieg. Parallel zu der Mobilisierung der englischen Flotte verlegten die Argentinier 10.000 Soldaten auf die Insel.

Am 23.4. gelang England die Rückeroberung Südgeorgiens und seine Streitkräfte führten fortan einen konzentrierten Seekrieg. Einen knappen Monat später, in der Nacht vom 20. auf den 21. Mai fielen die Engländer an vier verschiedenen Stellen Ostfalklands ein. Da sie kaum auf Widerstand trafen, fiel am 13. Juni Port Stanley. Einen Tag darauf kapitulierte Argentinien. Der Krieg forderte insgesamt an die 1000 Menschenleben.

Zerstörung eines britischen Schiffes

Abkürzung für den „Größten Anzunehmenden Unfall" in einem Atomkraftwerk, der fatale Auswirkungen auf Umwelt und Bevölkerung hätte. Bislang schwer wiegendster Zwischenfall dieser Art war das Unglück in Tschernobyl im Jahr 1986.

Was ist ein GAU?

In den 1950er- und 1960er-Jahren herrschte eine regelrechte Atomeuphorie und die Frage nach der Sicherheit und den möglichen Risiken spielte lediglich eine untergeordnete Rolle. Erst mit dem Konzept des GAUs, des *größten anzunehmenden Unfalls* in einem Atomkraftwerk, änderte sich das. Man begann, sich Gedanken über die möglichen Folgen eines Unfalls zu machen,

Atomkraftwerk Tschernobyl

und entwickelte Sicherheitssysteme. Allerdings galt ursprünglich nur der plötzliche *Bruch der Hauptkühlmittelleitung* als GAU. Andere Risiken wie die Kernschmelze oder der Bruch des Reaktordruckgefäßes wurden weiterhin ignoriert und die Sicherheitsvorkehrungen auf die Einrichtung von unabhängigen Notkühlsystemen beschränkt.

Welche Folgen hat ein GAU?

Bei einem GAU werden große Teile der im Reaktorkern enthaltenen radioaktiven Stoffe in die Umgebung freigesetzt. Die Folge für Menschen sind akute Gesundheitsschäden bis hin zu ernsthaften gesundheitlichen Spätfolgen sowie *langfristige Umweltschäden* über große Gebiete hinweg. Die Gefahr für den Menschen besteht darin, dass die Strahlung die Erbsubstanz, die DNA, treffen und beschädigen kann. Besonders schlimm sind die Folgen, wenn sich häufig teilende Zellen wie Knochenmarks-, Blut-, Darm- oder Hautzellen betroffen sind.

Wann drohte zum ersten Mal ein GAU?

Zum ersten Mal kam es im Jahr 1979 zu einem Zwischenfall, der beinahe in einem GAU geendet wäre. In den Morgenstunden des 27. März versagte im Block 2 des Atomkraftwerks *„Three Mile Island"* in der Nähe der Stadt **Harrisburg** in Pennsylvania die Kühlung des Reaktors. Der Grund hierfür waren einige Defekte in den Sicherheitssystemen der Anlage, zu denen sich eine Reihe von Pannen gesellte. Die Folge war, dass die hoch radioaktiven Brennelemente freigesetzt wurden: Es kam zur gefürchteten *Kernschmelze*. Da der Unfall nicht sofort entdeckt wurde, drohte mehrere Tage lang eine Explosion des Reaktors. Der GAU konnte erst in letzter Sekunde abgewendet werden, die Folgen waren dennoch erschreckend.

Was war der bisher größte Atomunfall?

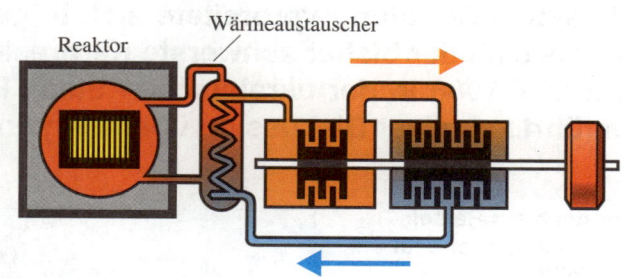

Schema eines Kernkraftwerkes

Am 26. April 1986 kam es in dem erst 1983 in Betrieb genommenen Kernkraftwerk **Tschernobyl** in der damaligen Sowjetunion zum *Super-GAU*. Wegen eines konstruktiven Mangels im Abschaltsystem des Reaktors kam es in Verknüpfung mit anderen Ursachen um 1:23 Uhr Ortszeit zum Reaktorunfall: Er explodierte und große Mengen radioaktiven Materials schleuderten bis zu drei Kilometer in die Luft – das größte Unglück in der Geschichte der zivilen Nutzung der Kernkräfte nahm seinen Lauf. Die Reaktorkatastrophe war die Folge eines missglückten Experiments, bei dem man das Verhalten des Reaktors in kritischer Situation erproben wollte. Zu diesem Zweck waren die Sicherheitsvorrich-

tungen absichtlich ausgeschaltet worden – mit tragischen Folgen: Nach Schätzungen der UNO dürften in den drei Staaten **Weißrussland**, **Ukraine** und **Russland** rund neun Millionen Menschen von dem Reaktorunglück direkt betroffen gewesen sein. Weltweit starben nach offiziellen Angaben über 40.000 Menschen an den Folgen des Unfalls. Allein die Sowjetunion kostete der Unfall zudem umgerechnet über 12 Mrd. Euro. Die ökolo-

gischen Spätfolgen des Super-GAUs sind wohl erst in den nächsten Jahrzehnten abzusehen.

Kam es nach Tschernobyl zu weiteren schweren Zwischenfällen?

Am 30. September 1999 kam es in einer Brennelementefabrik im japanischen **Tokaimura** zu einer nuklearen Kettenreaktion, die hohe Gamma- und Neutronenstrahlung freisetzte. Dem Unfall war ein Verstoß gegen die Sicherheitsbestimmungen durch zwei Arbeiter der betreibenden Firma vorausgegangen. Es kam daraufhin zu schweren Verstrahlungen, sowie der Freisetzung radioaktiver Spaltprodukte wie ^{131}Jod. Mehrere hundert Mitarbeiter, Sanitäter und Anwohner der näheren Umgebung erlitten Strahlenschäden, unter ihnen die beiden Arbeiter, die den Unfall verursacht hatten und nur kurze Zeit später an dessen direkten Folgen starben.

Die Anti-Atomkraft-Bewegung

Bereits in den 1970er-Jahren hatten *Naturschutz-Organisationen* weltweit auf die möglichen Folgen eines GAUs hingewiesen und deswegen gegen den Bau von Atomkraftwerken protestiert. Nach den Vorfällen von Harrisburg und Tschernobyl sah sich die Bewegung der Atomkraftgegner in ihren schlimmsten Albträumen bestätigt und forderte immer vehementer die Abschaltung sämtlicher Atomkraftwerke. In den 1990er-Jahren waren es jene Aktivisten der *Anti-Atomkraft-Bewegung*, die in Deutschland immer wieder versuchten, Atommülltransporte zu blockieren. Meistens endeten diese Blockaden und Proteste in Zusammenstößen zwischen Demonstranten und der Polizei.

Radioaktive Strahlung verbreitete sich in ganz Mittel- und Nordeuropa, als sich der bisher schwerste Kernreaktorunfall der Geschichte am 26.4.1986 in der ukrainischen Stadt Tschnernobyl ereignete. Dies führte zu einer Diskussion über Sinn und Zweck der Atomkraft.

Immer noch ein Rätsel: Was war die Ursache für den Unfall?

Im Bewusstsein der europäischen Bevölkerung fest verankert ist die Erinnerung an den *Super-GAU* im Kernkraftwerk von Tschernobyl: Ein Bedienungsfehler seitens der generell als schlampig angesehenen russischen Atomindustrie soll der Verursacher gewesen sein. Mehrere Tonnen hoch radioaktiven Materials wurden freigesetzt. Am schlimmsten traf es das heutige **Belarus**: Fast ein Viertel der gesamten Landesfläche gilt als radioaktiv verseucht. Es gibt jedoch immer mehr Experten rund um den Globus, die eine ganz andere Ursache für den Unfall annehmen: ein relativ geringes Erdbeben, das die Katastrophe einleitete. Würde sich diese These bestätigen, hätte die Atomlobby ein Problem: Nicht nur würde die damalige „Propaganda" von der „maroden Russentechnik" entfallen, sondern sofort würden weltweit viele Atomkraftwerke an den Pranger gestellt. Fast alle stehen an Flüssen und die meisten dieser Gewässer ver-

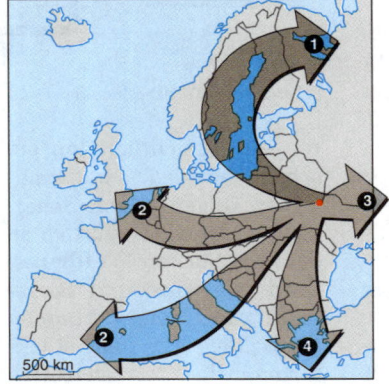

Verteilung der Radioaktivität über Europa

laufen auf den Trennlinien tektonischer Platten.

Warum war der Unfall ein Super-GAU?

In Tschernobyl reichte die bekannte Abkürzung GAU nicht aus, um die Tragweite der Katastrophe zu kennzeichnen: Zum *„größten anzunehmenden Unfall"* musste es noch eine Steigerung geben, den Super-GAU. Wurden damals offiziell 20 Tote als Folge des Unfalls angegeben, so wird heute das ganze Ausmaß deutlich: Aus ukrainischen Behördenkreisen werden Zahlen genannt, die den wahren Folgen einer

solch massiven Freisetzung von Radioaktivität näher kommen. Die Schätzungen belaufen sich auf 15.000 Tote, 50.000 Arbeitsunfähige und 3,5 Mio. Erkrankte. Die Zahl der Invaliden habe sich verzwölffacht, Krebs trete heute zehn Mal häufiger auf als vor dem Unglück.

Wie stark war die Umwelt betroffen?

Neben den unzähligen Opfern, die zu beklagen waren und immer noch sind, gab es große ökologische Auswirkungen: Die meisten landwirtschaftlichen Flächen mussten stillgelegt und die Erzeugnisse auf ihre radioaktive Belastung untersucht werden. Lang anhaltende Schäden verursachte das ausgetretene Cäsium vor allem im Waldboden: Während der *EU-Grenzwert* bei *600 bc/kg* lag, lasteten auf den Pilzen und den Wildbeeren der Region sage und schreibe 30.000 bc/kg. Die Radioaktivität wurde durch Wolken sogar bis nach Westeuropa gebracht: Kinder durften nicht mehr auf dem Spielplatz spielen, selbst vor Lebensmitteln aus dem eigenem Garten wurde gewarnt.

Haben die Menschen Angst vor der Atomkraft?

Vier Tage vor Heiligabend des Jahres 1951 wurde in der US-Stadt **Arco** das erste Atomkraftwerk in Betrieb genommen – seitdem galt Atomkraft als sicher und sauber. Vor dem Hintergrund, dass Kohlekraftwerke täglich Tausende Tonnen Kohle verbrannten, enorme Mengen Kohlendioxid in die Atmosphäre beförderten und alternative Energiequellen wie Wind oder Wasser nicht die nötige Energie für die Gesellschaft bereitstellen konnten, schien die Atomkraft die ideale Alternative zu sein. Der Vorfall in Tschernobyl und seine katastrophalen Auswirkun-

Was ist Cäsium?

Keine Angst vor ^{133}**Cäsium**: Dies ist eine der ungefährlichen Isotop-Formen, in denen der Stoff vorkommt, und das auch nur in 0,7 Promille aller Gesteine unserer Erde. Die künstlich erzeugten Isotope sind dagegen radioaktiv: ^{137}**Cäsium** zählt zu den gefährlichsten Radionukliden – es bildet sich bei der Kernspaltung und wird v. a. über die Nahrung aufgenommen. Seine Halbwertszeit beträgt etwa 30 Jahre, d. h. es dauert drei Jahrzehnte, bis die Strahlung nur um die Hälfte abgenommen hat, danach wieder so lange bis zur nächsten Hälfte usw. Genau dosiert findet ^{137}Cäsium z. B. Anwendung bei der Bekämpfung von Krebs.

gen öffneten der Welt die Augen. Bis dahin hatten die wenigsten erwartet, dass ein Vorfall in einem Atomkraftwerk so weit außer Landes solche Folgen haben könnte. Zwar sind die heutigen Kraftwerke viel sicherer, doch bleibt immer ein Restrisiko. Die auch heute wieder kontrovers diskutierten *Castortransporte* sind dagegen ein vergleichsweise geringes Problem: Wohin mit den verbrauchten Brennstäben, die noch Tausende von Jahren die radioaktive Strahlung abgeben? Umweltschützer versuchen deshalb immer wieder, diese Transporte zu verhindern. Die Atomdiskussion wird noch viele Jahre lang für Gesprächsstoff sorgen: Das *Atomausstiegsprogramm* der rot-grünen Bundesregierung im ersten Jahr des neuen Jahrtausends ist zwar ein Anfang, doch gibt es auf lange Sicht erst einmal keine überzeugenden Alternativen zur Atomkraft – ganz zu schweigen davon, dass der Energieverbrauch von Industrie und Gesellschaft weiter steigt.

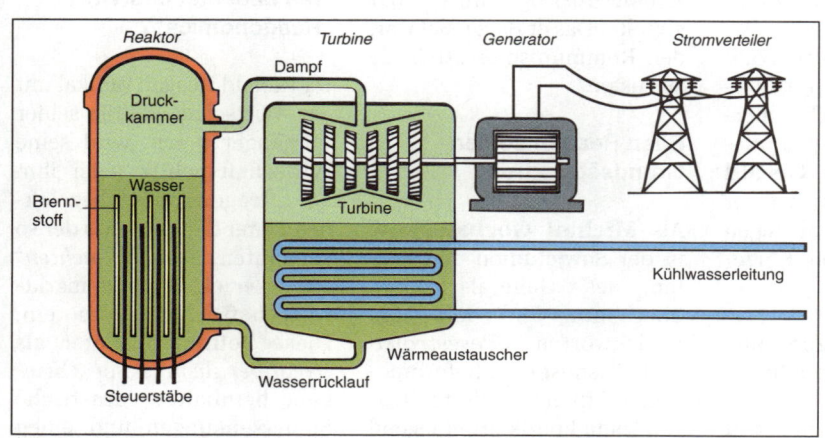

Funktion eines Kernkraftwerkes

Ronald Reagan war der 40. Präsident der USA (1981 bis 1989). Nach Ansicht der meisten Amerikaner war er derjenige, der die USA nach Jahren der politischen Unsicherheit und wirtschaftlichen Schwäche wieder zu einer Führungsposition in der Welt geführt hat.

Was machte Ronald Reagan vor seiner Zeit als Präsident?

Ronald Reagan wurde am 6. Februar 1911 in **Tampico** im US-Staat Illinois geboren. Er studierte Soziologie und arbeitete danach von 1932 bis 1937 als *Rundfunkreporter*. Zwischen 1937 und 1964 wirkte er als *Filmschauspieler* in mehr als 50 Filmen mit und trat zuletzt auch als Showmaster und Fernsehmoderator auf. Im Jahr 1962 trat Reagan in die *Republikanische Partei* ein, wo er sich bald als streng konservativer Politiker hervortat. Von 1967 bis 1975 war er **Gouverneur von Kalifornien** und wollte 1976 erstmals bei der Wahl zum US-Präsidenten kandidieren, verlor jedoch innerparteilich gegen den amtierenden Präsidenten **Gerald R. Ford**, der selbst bei der anschließenden Wahl gegen **Jimmy Carter** den Kürzeren zog.

Welchen Grundsätzen folgte Reagans Außenpolitik?

Reagans Außenpolitik lässt sich zeitlich in zwei Abschnitte teilen. Als er 1981 das Präsidentenamt antrat, und in den ersten Jahren danach, zeichnete sich seine Außenpolitik durch einen bedingungslosen *Antikommunismus* aus. So unterstützte er in **Nicaragua** die *Contra-Rebellen* gegen die linksgerichtete Regierung unter **Daniel Ortega**. In **Afghanistan** versorgte er die aufständischen *Mujaheddin* mit Waffen und Geld für ihren Kampf gegen die Invasion der **Sowjetunion**, die er einmal als „das Reich des Bösen" bezeichnete. Reagan startete schließlich einen *Rüstungswettlauf* mit der UdSSR, der in der Entwicklung des Raketenabwehrprogramms *SDI* gipfelte. Das erklärte Ziel war, den Kommunismus „zu Tode zu rüsten".

Blieb Reagan seinen Grundsätzen treu?

Als **Michail Gorbatschow** in der Sowjetunion den Posten des Generalsekretärs übernahm und mit den Schlagworten *Perestroika* und *Glasnost* eine Reformpolitik eröffnete, änderte Reagan seine Politik grundlegend und signalisierte Bereitschaft

Ronald Reagan

zu Verhandlungen. Nach einem Treffen mit Gorbatschow in **Reykjavík** 1986 leitete er eine Phase ernsthafter *Entspannungspolitik* ein, die 1987 zu Verträgen zum Abbau von atomaren Mittelstreckenwaffen *(INF-Vertrag)* führte.

Was bedeutet das Wort „Reagonomics"?

Da Ronald Reagan radikal mit der Wirtschaftspolitik seiner Vorgänger brach, wird seine Wirtschaftspolitik nach ihm als „Reagonomics" bezeichnet. Unter dem Einfluss der so genannten *„Neuen Rechten"* schlug er einen strikt marktwirtschaftlichen Kurs ein. Diese Politik, mitunter als *„Neoliberalismus"* beschrieben, beinhaltete drastische Steuersenkungen und einen starken Abbau staatlicher

Margaret Thatcher

Sozialausgaben. Die Wirtschaftspolitik von Premierministerin **Margaret Thatcher**, die kurz vor Reagans Amtsantritt in England an die Macht gekommen war, diente ihm dabei als Vorbild. Tatsächlich stieg das Wirtschaftswachstum und sank die Arbeitslosenzahl in den Vereinigten Staaten unter Reagans Ägide beträchtlich. Die Kehrseite der „Reagonomics" sind aber die hohen Staatsschulden – verursacht durch die Einnahmeausfälle des Staates infolge der Steuersenkungen und durch die enormen Kosten der Aufrüstung (v. a. durch das ebenso umstrittene wie kostenintensive SDI-Programm).

Was macht Ronald Reagan heute?

Expräsident Reagan hat mit über 90 Lebensjahren den Altersrekord für US-Präsidenten gebrochen. Nach Angaben der *Reagan-Stiftung* in Kalifornien wurde er älter als jeder andere bisherige Präsident in der Geschichte der

SDI – Strategic Defense Initiative (Strategische Verteidigungsinitiative)

Forschungsprojekt zur Entwicklung eines durch Weltraumsatelliten gestützten *Abwehrsystems* gegen anfliegende ballistische Raketen. Es wurde erstmals von Präsident Ronald Reagan im März 1983 vorgestellt. Das System sollte einen zuverlässigen Schutz gegen feindliche Atomraketen bieten. Es sollte ursprünglich eine Verteidigung auf mehreren Stufen ermöglichen und hoch entwickelte Waffentechnologien, von denen sich

Bill Clinton

einige erst in einem sehr frühen Entwicklungsstadium befanden, einsetzen. Ziel der *SDI* war die Zerstörung von gegnerischen Flugkörpern auf halbem Weg oberhalb der Erdatmosphäre. Die Waffen, die für dieses umfangreiche Abwehrsystem benötigt wurden, umfassten weltraum- und bodengestützte, Laserstrahlen erzeugende Kernwaffen, subatomare Teilchenstrahler und computergestützte, von Magnetschienenwaffen abgefeuerte Geschosse, die von einem zentralen Supercomputer gesteuert wurden. Viele Fachleute hielten die Pläne für nicht realisierbar und wiesen auf die Schwächen von *SDI* hin. Nach der Auflösung der Sowjetunion und weiteren Abrüstungsmaßnahmen sowie nach der Präsidentschaftswahl in den USA 1992, aus der **Bill Clinton** als Sieger hervorging, wurde der Etat für *SDI* drastisch gekürzt. Im Jahr 1993 wurde das Projekt schließlich aufgegeben.

USA. Seit Jahren leidet Reagan an der Alzheimer-Krankheit und hat sich deswegen aus dem öffentlichen Leben zurückgezogen. Er lebt heute völlig abgeschieden und unter der fürsorglichen Pflegebetreuung seiner Tochter. 1990 erscheinen Reagans Memoiren *American Life (Erinnerungen. Ein amerikanisches Leben)*. Seine Bedeutung als Präsident lag in der Erneuerung der amerikanischen Führungsposition und des insbesondere durch den Vietnamkrieg stark erschütterten Selbstbewußtseins.

Michail Gorbatschow

Ehemaliger Staatschef der Sowjetunion, der durch seine Politik der Öffnung gegenüber dem Westen für umwälzende politische Veränderungen auf der ganzen Welt sorgte und dessen Bemühungen um Entspannung mit dem Friedensnobelpreis 1990 gewürdigt wurden.

Wie begann Gorbatschows Aufstieg in der Sowjetunion?

Der 1931 geborene studierte Jurist und Agrarökonom Michail Gorbatschow trat 1952 der *Kommunistischen Partei der Sowjetunion*, abgekürzt *KPdSU*, bei. Durch hervorragende Parteiarbeit

Michail Gorbatschow

tat sich Gorbatschow stark hervor und wurde bereits 1958 zum ersten Sekretär der KPdSU für seine Heimatstadt **Stawropol** ernannt. Nach einem stetigen Aufstieg gelangte er 1971 ins *Zentralkomitee* der Partei, dessen Sekretär er 1978 wurde. Er arbeitete dort auf dem Landwirtschaftssektor und leistete auch hier gute Arbeit. Schließlich wurde er 1980 als

vollwertiges Mitglied ins *Politbüro* aufgenommen.

Wie wurde Gorbatschow Generalsekretär der KPdSU?

Bereits 1982, nach dem Tod **Breschnews**, wurde Gorbatschow als neuer Generalsekretär gehandelt. Schließlich wurde ihm jedoch **Juri Andropow** vorgezogen. Als auch dieser ein gutes Jahr später starb, war Gorbatschow erneut als Nachfolger im Gespräch. Den Posten des Generalsekretärs nahm er aber erst 1985 ein, nachdem mit Andropows Nachfolger **Konstantin Tschernenko** der dritte Generalsekretär innerhalb von drei Jahren verstorben war.

Was unterschied Gorbatschow von seinen Vorgängern?

Mit Michail Gorbatschow als mächtigstem Mann der Sowjetunion änderte sich das Bild der sowjetischen Politik im In- und Ausland. Auf seine Vorgänger traf zumeist das alte Bild vom harten, unnachgiebigen Politiker zu, doch

Leonid Breschnew

Gorbatschows Auftreten war freundlich, charmant und intelligent. Er präsentierte sich gerne und gekonnt in der Öffentlichkeit und im Fernsehen und widersprach dabei völlig dem Bild der bisherigen, oft brutal wirkenden sowjetischen Politiker. Diese offene Art, die sich auch in seiner Politik widerspiegelte, machte ihn v. a. im Ausland sehr beliebt.

Welche politischen Veränderungen führte Gorbatschow herbei?

Die Veränderungen nach dem Amtsantritt Gorbatschows waren sehr umfassend und betrafen sämtliche Bereiche des Lebens. Innenpolitisch führte er zahlreiche *Reformen* durch. Dazu gehörten Neuerungen des Rechtssystems, der Verfassung, der Wirtschaft und der Partei selbst. Unter ihm wurden die Pressefreiheit eingeführt und erste Schritte in Richtung Demokratie unternommen. Auch seine Außenpolitik war geprägt von *Offenheit* und *Deeskalation*. So zog er beispielsweise 1989 die letzten sowjetischen Truppen aus **Afghanistan** ab. Er pflegte gute Verhältnisse zu den Machthabern der westlichen Staaten, wie **Helmut Kohl** und den amerikanischen Präsidenten **Ronald Reagan** und **George Bush**. Er bemühte sich um Abrüstung und begrüßte die Bemühungen anderer Ostblockstaaten, Reformen herbeizuführen. So war es seine Zustimmung, die den Mauerfall und die deutsche Wiedervereinigung erst ermöglichte. Die wichtigsten Schlagworte seiner Politik waren „Glasnost" und „Perestrojka", „Offenheit" und „Umgestaltung". Ab 1989 war Gorbatschow auch Vorsitzender des obersten Sowjets und wurde 1990 zum Staatspräsidenten gewählt.

Helmut Kohl

Wie kam es 1991 zum Putschversuch gegen Gorbatschow?

Bereits bei Gorbatschows Amtsantritt befand sich die Sowjetunion im Auflösungsprozess. Er versuchte zunächst, die Union dadurch zusammenzuhalten, dass er den Sowjetrepubliken mehr Macht zusprach. Dies führte jedoch erst recht zum Aufkeimen des *Nationalismus* in vielen Republiken und beschleunigte den Zerfall zusätzlich. Seine Politik der Offenheit hatte ihm in den Reihen der alten Sowjetfunktionäre einige Feinde eingebracht. Diese schlossen sich zusammen und versuchten am 19. August 1991, Gorbat-

schow abzusetzen. Doch innerhalb von nur drei Tagen war der Putsch mithilfe von **Boris Jelzin** niedergeschlagen. Gorbatschow trat dennoch im Dezember 1991 von seinen Ämtern zurück.

Wie lebte Gorbatschow nach seinem Rücktritt?

Der Privatmann Michail Gorbatschow war auch nach seiner Zeit an der Spitze der Sowjetunion ein gern gesehener Gast in allen Ländern der Welt. Er unternahm Vortragsreisen durch verschiedene Länder und engagierte sich für mehrere Stiftungen, so z. B. für die *Gorbatschow-Stiftung für Forschung* oder der Umweltschutzorganisation des *„International Green Cross"*. Im Jahr 1995 verfasste er seine Biografie unter dem Titel „Erinnerungen". Ein Versuch, auf die politische Bühne zurückzukehren, scheiterte 1996 kläglich. Bei den russischen Präsidentschaftswahlen im Juni 1996 schied Gorbatschow bereits im ersten Wahlgang aus. Im Jahr 2000 gründete Gorbatschow mit den *„Vereinigten Russischen Sozialdemokraten"* eine neue Partei. 1990 erhielt er für seine Verdienste um die Beendigung des „Kalten Krieges" und seine Bemühungen um Frieden und Abrüstung den *Friedensnobelpreis* verliehen.

Berühmte Worte Gorbatschows

- „Wer zu spät kommt, den bestraft das Leben!"
- „Was ich bin oder was ich war, müssen einmal die Historiker bewerten."
- „Es gibt keine einfachen Lösungen für sehr komplizierte Probleme. Man muss den Faden geduldig entwirren, damit er nicht reißt."
- „Wir brauchen die Demokratie wie die Luft zum Atmen."

Mehr als 40 Jahre standen sich zwei politisch völlig unterschiedliche Systeme gegenüber, bis schließlich nach dem Zusammenbruch der Sowjetunion diese Weltordnung an Aktualität verlor und der Kalte Krieg zu Ende war.

Wie begann der Prozess der Auflösung der UdSSR?

Als **Michail Gorbatschow** 1985 Generalsekretär der *Kommunistischen Partei* wurde und durch diverse Personalwechsel seine Position innerhalb des Politbüros und der Führungsspitze der Sowjetunion gefestigt hatte, begann er mit einer umfassenden *Reform und Wende* in der Innen- und Strukturpolitik. Auf einem KPdSU-Parteitag im Jahr 1988 schlug Gor-

Michail Gorbatschow

batschow umfassende Reformen vor, die v. a. eine Machtverschiebung in Justiz, Wirtschaft und Politik zugunsten des Volkes vorsahen. *Perestroika*, das russische Wort für Umbau, und *Glasnost*, der russische Begriff für Offenheit, waren die neue Devise der sowjetischen Politik. Im

März 1989 ließ Gorbatschow zum ersten Mal seit 1917 den Kongress der Volksdeputierten wählen und sich daraufhin zum *Staatspräsidenten der Sowjetunion* auf fünf Jahre mit weit reichenden Kompetenzen ernennen. Die Bevölkerung hatte jetzt nicht nur am politischen Prozess größeren Anteil. Im Jahr 1990 verzichtete die KPdSU offiziell auch auf ihren Machtanspruch. Damit war die Struktur der Sowjetunion einer extremen Änderung unterzogen worden.

Änderte sich Gorbatschows außenpolitisches Verhalten ebenfalls?

Eine bemerkenswerte Öffnung der Sowjetunion nach Westen war seit dem Amtsantritt Gorbatschows zu verzeichnen. So kam es bei mehreren Treffen zwischen Gorbatschow und den amerikanischen Präsidenten **Reagan** und **Bush** zu diversen Abrüstungsabkommen in Bezug auf chemische Waffen oder strategische Kernwaffen. Ebenso führte er **China** und die Sowjetunion nach über 30 Jahren wieder zu einer Annä-

George Bush

herung und bekundete bei einem Staatsbesuch im Vatikan, dass allen sowjetischen Bürgern von nun an die volle *Religionsfreiheit* gewährt werden würde.

Waren alle einverstanden mit seinen Reformvorhaben?

Schon früh zeigten sich die Regierungen besonders der kommunistischen Staaten, in denen es in der letzten Zeit zu Unruhen in der Bevölkerung gekommen war, sehr skeptisch gegenüber der von Gorbatschow eingeschlagenen Politik. Man hatte früh begriffen, dass das kommunistische System in der Form, wie es beispielsweise in der **DDR** oder in der **Tschechoslowa-**

kei betrieben wurde, keine große und breite Unterstützung in der Bevölkerung finden würde, sodass die einzige Möglichkeit die Unterdrückung oppositioneller Meinungen und Personen darstellte. Aber auch in der sowjetischen Führung kam es zu Spannungen und Meinungsverschiedenheiten: Im August 1991 unternahmen orthodox-kommunistische Hardliner einen *Staatsstreich* gegen Michail Gorbatschow, in dem sie ihn unter Hausarrest stellten und vergeblich versuchten, die alte Ordnung wiederherzustellen. Nach drei Tagen gelang es den Reformern, angeführt von **Boris Jelzin**, den Staatsstreich zu beenden.

Was waren die Folgen der Reformen?

Der Staatsstreich hatte zu einem enormen Autoritätsverlust Gorbatschows geführt, weshalb er als Generalsekretär der KPdSU zurücktrat, da er mit ihr keine politische Zukunft mehr verbunden sah. Sie wurde aufgrund einer mutmaßlichen Beteiligung an dem Putsch einige Tage später verboten. Am 5. September kam es zur Bildung einer *Übergangsregierung*, einem *Staatsrat*, gebildet aus den Präsidenten der Sowjetrepubliken, dessen Vorsitz Gorbatschow über-

nehmen sollte. Die Republiken waren untereinander jedoch mittlerweile äußerst zerstritten. So bekundeten einige ihre *Unabhängigkeit* wie z. B. die baltischen Staaten **Litauen**, **Lettland** und **Estland**, die ihre Zugehörigkeit zur UdSSR als unrechtmäßig bezeichneten. Begann man zuerst noch militärisch dagegen vorzugehen, begriff man schnell, dass es mittlerweile, nachdem man die „Zügel" so gelockert hatte, nicht mehr möglich war, dem Wunsch der Republiken zu widersprechen. Am 6. Dezember 1991 erkannte der Staatsrat die Unabhängigkeit der baltischen Staaten offiziell an. Zwei Tage später verließen **Weißrussland**, **Russland** und die **Ukraine** ebenfalls die Sowjetunion und gründeten die **Gemeinschaft unabhängiger Staaten**

Boris Jelzin

(GUS), zu der am 21. Dezember noch acht weitere Sowjetrepubliken stießen und damit das Ende der Sowjetunion einläuteten. Armenien, Aserbaidshan, Kasachstan, Kirgisistan, Modawien, Tadschikistan, Turkmenistan und Usbekistan traten der Gemeinschaft Unabhängiger Staaten bei einem Treffen in Alma-Ata bei. (Im Dezember 1993 kam noch Georgien dazu.) Am 26. Dezember 1991 löste das Sowjetparlament das einst größte Land der Welt, die UdSSR, auf.

Russland nach dem Zusammenbruch der Sowjetunion

Boris Jelzin, seit Juni 1991 russischer Präsident, hatte das Land in die Unabhängigkeit geführt und plante nun *neue und weit reichende Reformen*. So war ihm an umfangreichen Wirtschaftsreformen gelegen, die jedoch von den konservativ-kommunistischen Kräften hartnäckig bekämpft wurden. Ebenso wurde sein Verbot der KPdSU vor dem Verfassungsgericht aufgehoben. In den folgenden Jahren kam es immer wieder zu Regierungskrisen und Entlassungen. Die Nachwehen des Kommunismus machten sich bemerkbar. Ende 1999 trat Jelzin als Präsident zurück und überließ dem ehemaligen Geheimdienstchef **Wladimir Putin** (*1952) das Präsidentenamt.

Am 3. Oktober 1990 trat die Deutsche Demokratische Republik entsprechend dem Artikel 23 des Grundgesetzes der Bundesrepublik Deutschland bei. Damit bildeten die beiden deutschen Staaten nach über 30 Jahren eine souveräne Einheit.

War die DDR-Regierung von selbst zu einer näheren Verständigung mit Westdeutschland bereit?

Nachdem die **SED-Führung** aufgrund außen- und innenpolitischen Drucks am 9. November 1989 die Grenzen geöffnet hatte, war sie von einer allgemeinen Beruhigung der Bevölkerung ausgegangen, die allerdings nicht eintrat. Auch nachdem **Hans Modrow** zum Regierungschef der DDR nominiert und die SED in *PDS* umbenannt worden war, konnte eine Entspannung der Lage nicht erreicht werden. Immer mehr Menschen gründeten oder schlossen sich Parteien und Bürgerrechtsbewegungen an, wie etwa dem *„Neuen Forum"* oder der *SPD*, die den Führungsanspruch der SED/PDS infrage stellten. Unter dem Druck der Parteien, der Bürgerrechtsbewegungen, v. a. aber der Bevölkerung, die immer mehr auf eine Verständigung mit dem Westen drängten, schlug Modrow am 17. November 1989 offiziell in seiner Regierungserklärung die Möglichkeit einer *„Vertragsgemeinschaft"* zwischen

der DDR und BRD vor, die von Bundeskanzler **Helmut Kohl** in seinem *10-Punkte-Plan* am 28. November aufgegriffen wurde.

Wie kam die Regierung unter Lothar de Maizière zustande?

Obwohl die neuen Parteien noch nicht über eine funktionierende Organisation verfügten, zeigten Meinungsumfragen im Januar und Februar 1990, dass die SPD bei den Wahlen im März 1990 mit einem großen Vorsprung rechnen könne. Diesen konnte sie aber bis zum Wahltag nicht halten. Es gelang der CDU, die SPD (mit nur 22 Prozent) klar hinter sich zu lassen und nur knapp die absolute Mehrheit zu verfehlen. Die *„Allianz für Deutschland"* war also auf Koalitionspartner angewiesen, doch wegen unfairer Wahlkampfführung weigerten sich die Sozialdemokraten lange Zeit, einer Koalition mit der „Allianz" und den Liberalen beizutreten. Erst am 12. April 1990 wurde der CDU-Politiker **Lothar de Maizière** zum Ministerpräsidenten gewählt.

Oskar Lafontaine

Gab es auch Gegner der Deutschen Einheit?

Der damalige Kanzlerkandidat der West-SPD **Oskar Lafontaine** gab während des Wahlkampfes eine rückblickend realistische Einschätzung über Erfolg und finanzielle Probleme einer deutschen Einheit ab, wofür er während seines Wahlkampfes sehr stark kritisiert wurde. Er plädierte für eine *„föderativ geprägte"* Einheit und warnte davor, in der Euphorie, die allgemein herrschte, Fehler zu begehen. Ebenso traten besonders die Sozialdemokraten einem *Beitritt der DDR* zum Bundesgebiet nach Artikel 23 sehr energisch entgegen. Sie befürworteten vielmehr den Weg nach Artikel 146 des Grundgesetzes, der

Der Runde Tisch

Schon im 10-Punkte-Plan Helmut Kohls war zu lesen, dass eine Zusammenarbeit zwischen Bundesrepublik und DDR nur möglich wäre, „wenn ein grundlegender Wandel des politischen und wirtschaftlichen Systems in der DDR verbindlich beschlossen und unumkehrbar in Gang gesetzt wird". Dies und v. a. der Druck aus der eigenen Bevölkerung, geschürt durch die vielen neuen Parteien und Bürgerrechtsbewegungen, führten dazu, dass sich Regierung und Opposition auf Einladung des Bundes Evangelischer Kirchen zum so genannten „Runden Tisch" trafen, um drängende Probleme miteinander zu erörtern. Später wurden sogar wichtige Köpfe der Oppositionsparteien am 6. Februar 1990 zu Ministern ohne Geschäftsbereich ernannt, die dann gemeinsam mit der DDR-Führung die „Regierung der nationalen Verantwortung" bildeten. Dieses Gremium war in keiner Weise demokratisch legitimiert, jedoch leiteten die neuen politischen Bewegungen ihre Legitimation aus der „Umbruchzeit" ab, die sie sogar als vergleichbar mit einer Revolution einschätzten. Das wichtigste Ziel, das sich die Mitglieder des Runden Tisches gesetzt hatten, war die Ausarbeitung einer neuen Verfassung für eine erneuerte DDR.

alle wesentlichen Probleme bezüglich eines vereinten Deutschlands seien aus der Welt geräumt. Das deutsche Volk könne seine Bündniszugehörigkeit frei wählen. Aufgrund dieser Zusage und des wachsenden Drucks seitens der gesamtdeutschen Politik waren die alliierten Mächte zum Handeln aufgerufen. Sie unterzeichneten deshalb gemeinsam mit den Vertretern beider deutschen Staaten am 12. September 1990 den so genannten „Zwei-plus-vier-Vertrag", der die Souveränität Gesamtdeutschlands und jeglichen Verzicht der Alliierten auf deutsches Gebiet festhielt. Am 3. Oktober 1990 wurde schließlich die staatliche Einheit Deutschlands vollendet. Formaljuristisch vollendet,

den *Zusammenschluss beider Staaten* und die *Schaffung einer neuen Verfassung* vorsah.

Wie standen die Alliierten zur Einheit Deutschlands?

Während sich die **USA** schnell mit dem Gedanken einer möglichen Einheit Deutschlands anfreundeten, waren die Reaktionen von **Frankreich** und **Großbritannien** eher verhalten. Vor diesem Hintergrund war besonders die Reaktion **Gorbatschows** eine Überraschung, der gegenüber dem DDR-Ministerpräsidenten Modrow die Unvermeidlichkeit der deutschen Einheit klar machte, allerdings eine Einbettung in den *europäischen Einigungsprozess* für notwendig hielt. Eine der wichtigsten Fragen stellte jedoch nach wie vor die Bündniszugehörigkeit eines neuen Deutschlands dar, denn eine Mitgliedschaft in der **NATO** bedeutete einen enormen Machtverlust für die **Sowjetunion**. Umso erstaunter, aber auch voller Erleichterung war die westliche Welt, als am 16. Juli 1990 Gorbatschow und Kohl erklärten,

Helmut Kohl

stellt seitdem die Herstellung der deutschen Einheit in gesellschaftlicher, politischer und wirtschaftlicher Hinsicht als problematisch dar. So führten beispielsweise die enormen Finanztransfers in die neuen Bundesländer zu einer wachsenden Steuerlast für die Bevölkerung.

Von 1948 bis 1990 gesetzlich verankerte Rassendiskriminierung in Südafrika durch strikte soziale Trennung der schwarzen von der weißen Bevölkerung, die zu weltweiten Protesten und zur wirtschaftlichen und politischen Isolation Südafrikas führte.

Was verstand man unter Apartheid?

Vor den südafrikanischen Wahlen 1948 führte die **Nationale Partei (NP)** den Begriff der „Apartheid" ein, der ursprünglich aus dem Afrikaans stammte und so viel wie *„Trennung"* bedeutete. Durch die Apartheidsgesetze sollte die Macht der hellhäutigen Minderheit gegenüber der schwarzen, aber unterprivilegierten Mehrheit gesichert werden, indem Schwarze, Farbige und Weiße in allen Bereichen des öffentlichen Lebens voneinander getrennt wurden. Bereits die Gesetze der so genannten „kleinen Apartheid" griffen massiv in das Leben eines jeden Einzelnen ein. Angefan-

Apartheid

gen bei getrennten Parkbänken, Toiletten und Stränden bis hin zu starken Einschränkungen der schwarzen Bevölkerung in Bezug auf Ausbildung und Berufswahl wurden die Schwarzen durch sie unterdrückt und diskriminiert. Ab 1954 gingen die Herrschenden zur Politik der „großen Apartheid" über. Auf die politische und soziale Trennung folgte nun auch die räumliche. In den 1970er-Jahren erfolgte gar die Einrichtung so genannter „Homelands", in die große

Teile der schwarzen Bevölkerung unter Zwang umgesiedelt wurden. Diese zumeist ärmlichen Regionen wurden von der weißen Regierung Südafrikas zu eigenständigen Kleinstaaten erklärt, was für die Schwarzen einem Entzug der südafrikanischen Staatsbürgerschaft gleichkam.

Gab es schon vorher Rassentrennung in Südafrika?

Die Rassentrennung existierte in Afrika schon lange vor der Institutionalisierung der

Nelson Mandela

Nelson Mandela wurde 1918 als Sohn eines Thembuhäuptlings geboren. Schon früh erwachte sein Interesse für Politik. 1944 wurde er Mitglied des ANC und 1952 das erste Mal wegen einer Kampagne zu einer Bewährungsstrafe verurteilt. Weil er trotzdem weiter politisch aktiv war, wurde er 1964 wegen Terrors und kommunistischer Aktivitäten zu lebenslanger Haft verurteilt. Seit 1982 gab es weltweite Kampagnen zur Freilassung Mandelas. Der damalige Staatspräsident **Botha** bot ihm schließlich die Begnadigung an. Mandela bewertete die von Botha geforderten Zugeständnisse jedoch als inakzeptabel und bleib freiwillig weiter in Haft. 1990 wurde Mandela schließlich auf massiven Druck hin von Präsident **Frederik Willem de Klerk** begnadigt. Er formte den ANC zu einer politischen Partei und wurde 1994 zum *ersten schwarzen Staatspräsidenten* Südafrikas gewählt. 1993 erhielt Nelson Mandela gemeinsam mit dem weißen Präsidenten de Klerk den *Friedensnobelpreis*.

Apartheid. Schwarze durften bereits seit der Gründung der Südafrikanischen Union im Jahr 1910 keine Abgeordnete in das Parlament entsenden und hatten somit keinerlei politisches Mitspracherecht. 1913 wurde durch den so genannten *„Native Land Act"* die Grundvoraussetzung für die späteren Homelands geschaffen, indem die Stammesreservationsgebiete der Schwarzen festgelegt wurden. Mit dem *„Native Urban Areas Act"* von 1923 wurde den Schwarzen der Grunderwerb in weißen Städten untersagt. Durch die *„Influx Control"* wurde ab 1937 die Zuwanderung in die Städte kontrolliert.

Nelson Mandela und Frederik Willem de Klerk

Wer kämpfte gegen die Apartheid?

Im Lauf der Zeit bildeten sich mehrere Organisationen, die sich gegen die Apartheid einsetzten. Die erste und bekannteste war der **Afrikanische Nationalkongress (ANC)**, der bereits 1912 gegründet wurde. Jahrzehntelang versuchte man, mit friedlichen Mitteln Änderungen zu erreichen, doch ohne Erfolg. Nachdem 1960 bei einer friedlichen Demonstration in **Sharpeville** 69 Menschen von der Polizei erschossen worden waren, kam es zu immer mehr gewalttätigen Ausschreitungen. Die Regierung verbot daraufhin sämtliche schwarzen Organisationen, der ANC wirkte jedoch im Untergrund weiter. Zu weiteren schweren Auseinandersetzungen kam es 1977, nachdem der schwarze Studentenführer **Stephen Biko** von der Polizei verhaftet und zu Tode gefoltert worden war.

Wann wurde die Apartheid offiziell abgeschafft?

Neben dem inneren Druck auf die Herrschenden in Südafrika wuchs auch der Druck von außen. Die UNO verurteilte die Apartheidgesetze und verhängte wirtschaftliche Sanktionen gegen Südafrika. Aufgrund der anhaltenden Proteste inner- und außerhalb Südafrikas begann die Regierung Mitte der 1980er-Jahre, die Einschränkungen für Schwarze allmählich zu lockern. Immer mehr Verbote wurden aufgehoben. Auch der ANC wurde 1990 wieder erlaubt. Das letzte Apartheidgesetz fiel 1991 und das Ende der Apartheid wurde offiziell erklärt.

Was geschah nach dem Ende der Apartheid?

Die gesellschaftlichen Verhältnisse änderten sich nur sehr langsam und waren von wiederkehrenden Rückschlägen gekennzeichnet. Auf politischer Ebene vollzog sich der Wandel Südafrikas zu einer Demokratie deutlich schneller. 1994 kam es zu den ersten freien Wahlen, die der ANC mit über 60% der Stimmen klar für sich entschied. 1996 wurde die so genannte *„Wahrheitskommission"* eingesetzt, um die während der Apartheid begangenen Menschenrechtsverletzungen zu untersuchen.

Acht Jahre dauerte die Auseinandersetzung zwischen dem Irak und dem Iran wegen Grenzstreitigkeiten Anfang der 1980er-Jahre. 1991 starteten die USA den 2. Golfkrieg – der Irak war ein halbes Jahr zuvor in Kuwait einmarschiert und hatte es kurzerhand annektiert.

Wie kam es zum 1. Golfkrieg?

Schon seit dem 19. Jh. kam es immer wieder zu Konflikten um das Mündungsgebiet von **Euphrat** und **Tigris** am Persischen Golf, v. a. zwischen dem Iran und der **Türkei**, später auch zwischen **Großbritannien** und der Türkei. Ein *Abkommen* von 1975 sah die Flussmitte als Grenze vor, wurde jedoch fünf Jahre später vom Irak gekündigt. Nach dem Sturz des iranischen Schahs nutzte der irakische Präsident **Saddam Hussein** die Chance und beanspruchte nicht nur den gesamten Flusslauf, sondern auch iranisches Gebiet. Hussein befahl den Angriff auf den Iran und dieser verlief zunächst recht erfolgreich. Iranische Gegenoffensiven folgten und daraus wurde ein sinnloser Krieg von insgesamt acht Jahren, der keiner Seite zum Sieg verhalf und gut einer Million Menschen das Leben kostete.

Wie reagierten die Supermächte?

Der Golfkrieg trug auch zur *Destabilisierung im Kalten*

Brennende Ölfelder in Kuwait

Krieg bei: Die **Sowjetunion** befürchtete, dass die **USA** mit der Unterstützung des Iraks ihre Position in unmittelbarer Nachbarschaft der Sowjetunion ausbauen wollten, wogegen die USA argwöhnten, die Sowjetunion wolle mit ihrer Unterstützung des Iran die Ölversorgung der westlichen Welt destabilisieren. Später unterstützten nicht nur die USA und viele andere Industrieländer den Irak, sondern auch die Sowjetunion, nachdem der Iran seine Erdgaslieferungen unterbrochen hatte. Mit Unterstützung der **Vereinten Nationen** unterzeichneten die Kriegsparteien am 20. August 1988 einen

Waffenstillstand. Der Irak entschloss sich zur Anerkennung des Grenzabkommens von 1975, Räumung der besetzten Gebiete und Freilassung aller Kriegsgefangenen.

Wann begann der 2. Golfkrieg?

Am 17. Januar 1991, ein halbes Jahr nachdem der Irak in **Kuwait** einmarschiert war. Wieder war Saddam Hussein die treibende Kraft: Der Irak warf Kuwait vor, es besetze irakische Gebiete im Norden des Landes und damit wichtige Ölfelder, wodurch dem Irak mögliche Einnahmen verloren gingen. Andere arabische Staaten unternahmen zwar Vermittlungsversuche, doch ließ der Irak sich nicht davon abbringen, schließlich in Kuwait einzumarschieren – am 2. August 1990 – und das Land kurzerhand zur 19. irakischen Provinz zu erklären. Der **UN-Sicherheitsrat** verhängte daraufhin ein Wirtschaftsembargo gegen den Irak, und die USA starteten die *„Operation Wüstenschild"*, um Truppenverbände in den Persischen Golf und nach Saudi-Arabien zu verlegen. In einer Resolution erlaubte der Sicherheitsrat Ende November auch militärische Gewalt, falls der Irak nicht bis Mitte Januar Kuwait räumen würde – was tatsächlich nicht geschah.

Wann wurde aus dem Schild ein Sturm?

Punkt 6 Uhr Ortszeit am 17. Januar 1991 begannen die Alliierten die „Operation Wüstensturm": den Luftkrieg gegen den Irak. Mehr als 15.000 t Bomben wurden allein in den ersten fünf Tagen über dem Irak abgeworfen. Fünf Wochen später folgte eine groß angelegte Bodenoffensive, die vier Tage nach Beginn, am 28. Februar 1991, zur völligen Niederlage des Iraks führte. Ein Waffenstill-

---

> ## Was waren die Folgen des 2. Golfkriegs?
>
> Auch wenn es keine gesicherten Informationen gibt – der Golfkrieg war stark von gegenseitiger Zensur geprägt –, geht man offiziell von 300 Toten auf der alliierten Seite aus, von bis zu 200.000 Toten auf der irakischen. Die Irakis hatten Augenzeugenberichten zufolge in sieben Monaten Tausende Zivilisten gefoltert und hingerichtet sowie fast 10.000 Kuwaitis in den Irak verschleppt. Fast 100.000 Menschen starben durch die gezielte Bombardierung der Infrastruktur und der Wasser- und Energieversorgungssysteme. Typhus- und Choleraepidemien sorgten für eine Vervielfachung der Kindersterblichkeit. Bis heute leiden gut 60.000 US-Soldaten an den Folgen des Giftgaseinsatzes der irakischen Armee.

---

standsabkommen trat am 11. April in Kraft, doch bezeichneten sich beide Seiten als Sieger des Krieges.

Gab es auch Kritik an den Alliierten?

Zuerst ist die Art der „Konfliktlösung" zu nennen: Die gegnerischen Parteien schafften es nicht, eine gewaltfreie Lösung zu finden. Da die USA einen Blitzkrieg führten, gab es keine Zeit für friedliche Verhandlungen. Andererseits hatten sie mit Unterstützung der UNO dem Irak ein Ultimatum gestellt, das nicht beachtet wurde. Allerdings galten die USA damals als zu mächtig, als dass die UNO ihnen die Erlaubnis zur Anwendung von Gewalt hätten verweigern können. Außerdem hat die Einmischung des Westens nur einen kurzfristigen Erfolg gebracht: die Befreiung Kuwaits. Der irakische Diktator Saddam Hussein ist immer noch an der Macht, in der ganzen Region gibt es bis heute noch keine umfassende Friedensregelung. So ist die Lage kaum anders als vor dem Krieg.

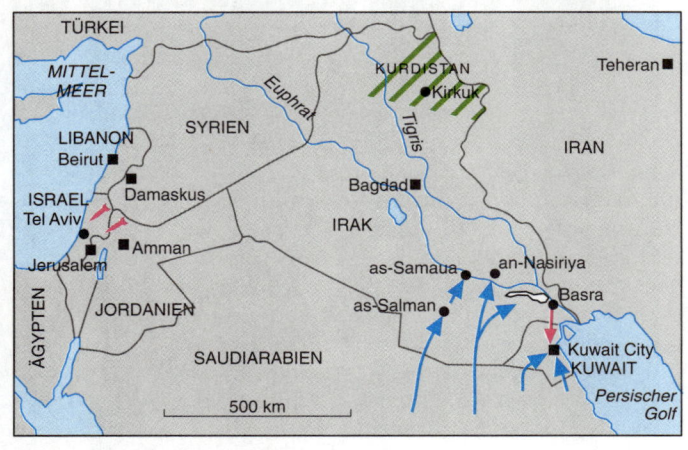

Karte: 2. Golfkrieg

In einem langsamen und etappenweise vorgehenden Prozess entwickelte sich die politische Union EU aus einem in den Anfängen eher wirtschaftlich verstandenen Bündnis. Sie stellt einen weiteren Meilenstein in der Entwicklung zu einem vereinten Europa dar.

Was war der Ursprung der Europäischen Union?

Der Gedanke eines vereinigten Europas existierte schon erheblich länger, doch 1951 gelang der erste wesentliche Schritt in diese Richtung. Mit der am 18. April 1951 durch den *Pariser Vertrag* gegründeten **Europäischen Gemeinschaft für Kohle und Stahl** (**EGKS**, die Montanunion) wurde das erste institutionelle und multilaterale Bündnis auf wirtschaftlicher Ebene geschaffen.

Ist eine solchermaßen beschränkte Gemeinschaft nicht zu klein als Grundlage für eine europäische Einigung?

Bereits 1957, also nur sechs Jahre nach Bildung der Montanunion, gründeten die Mitgliedsländer **Bundesrepublik Deutschland**, **Frankreich**, **Italien**, **Belgien**, **Luxemburg** und die **Niederlande** aufgrund der guten Erfahrungen mit der EGKS mit den *Römischen Verträgen* die **Europäische Wirtschaftsgemeinschaft** (**EWG**). Als eine der grund-sätzlichen Funktionen der EWG definierten die Unterzeichnerstaaten die Aufgabe der Organisation, „die Grundlagen für einen immer engeren Zusammenschluss der europäischen Völker zu schaffen und wirtschaftlich enger zusammenzuarbeiten". Ebenso wurde eine weitere Vereinigung, nämlich die **Europäische Atomgemeinschaft** (**EURATOM**) gegründet, die die Förderung von Atomenergie zu friedlichen Zwecken zur Aufgabe hatte.

Warum waren wichtige europäische Länder nicht von Anfang an Mitglieder der EWG?

Weil sie sich nicht mit den weit reichenden Eingriffen durch die EWG identifizieren konnten, gründeten **Österreich**, **Dänemark**, **Großbritannien**, **Norwegen**, **Portugal**, **Schweden** und

Mitgliederversammlung der EU

Die Erweiterungen

In den 1980er-Jahren fand die so genannte *„Süderweiterung"* statt, was die Integration der Staaten **Spanien**, Portugal und **Griechenland** in die Europäische Gemeinschaft beschreibt. Dies war allerdings eher eine politische Entscheidung, da man sicherstellen wollte, dass die gerade aus autoritären politischen Systemen befreiten Länder ein demokratisches und freiheitliches Grundsystem in ihrer Heimat aufbauen würden. Vorher war schon Großbritannien beigetreten und auch Dänemark, Österreich und Schweden fanden schließlich ihren Weg in die EU. Der Prozess der *Osterweiterung* hat gerade erst begonnen: Viele ehemalige Staaten des Ostblocks, darunter **Polen** oder die **Tschechische Republik**, warten zurzeit auf die Aufnahme in die EU. Die Voraussetzungen, die dafür erfüllt werden müssen, sind u. a. die innere Stabilität, eine demokratisch-rechtsstaatliche Ordnung, die Achtung der Menschenrechte und eine funktionierende Marktwirtschaft.

die **Schweiz** 1960 die **Europäische Freihandelsassoziation** (**EFTA**). Als Ziel definierte die EFTA die Aufhebung aller Handelsbeschränkungen und die Förderung enger wirtschaftlicher Zusammenarbeit in ganz Westeuropa, wobei die EWG darin eingeschlossen war. Mit den Jahren verließen jedoch viele Mitglieder die Organisation und wechselten aufgrund des wirtschaftlichen Erfolgs zur EWG. 1998 bestand die EFTA nur noch aus den Staaten Schweiz, Norwegen, Island und Liechtenstein. Die EFTA unterhält gemeinsam mit der Europäischen Union seit 1993 einen gemeinsamen europäischen Binnenmarkt, den *Europäischen Wirtschaftsraum* (*EWR*) und

schloss mit anderen Ländern Freihandelsabkommen ab.

Waren die verschiedenen Organisationen parallel zueinander nicht ineffizient?

Am 8. April 1965 wurde der so genannte *„Fusionsvertrag"* abgeschlossen, der die Zusammenlegung von organisatorischen Strukturen und vertraglichen Bestimmungen von EWG, EGKS und EURATOM zu den **Europäischen Gemeinschaften** regelte. Die EG stellte den größten Pfeiler und die Grundlage für die später gegründete Europäische Union dar. In ihrem Rahmen fand erstmals 1970 eine informelle *Abstimmung der EG-Außenminister* in ih-

rer Politik statt, in dessen Rahmen 1972 erstmals von der Schaffung einer politischen Union über eine Wirtschaftsgemeinschaft hinaus gesprochen wurde. 1974 wurden die Treffen der EG-Staats- und Regierungschefs im *Europäischen Rat* institutionalisiert. 1979 fanden die ersten Wahlen zum *Europäischen Parlament*, das damals noch mit sehr geringen Kompetenzen ausgestattet war, durch die Bevölkerung Europas statt.

Wie kam es konkret zur Gründung der Europäischen Union?

Am 7. Februar 1992 unterzeichneten die Staats- und Regierungschefs der EG den *Vertrag von Maastricht*, der die Umwandlung bzw. Integrierung der EG in die Europäische Union vorsah. Aufgabe dieser Union sollte eine institutionalisierte *gemeinsame Außen- und Sicherheitspolitik* (*GASP*), eine *gemeinsame Justiz- und Innenpolitik* (*JI*) und natürlich weiterhin eine gemeinsame Wirtschaftspolitik (EG) sein. Ebenso verstand sich die Union mehr und mehr als politische Wertegemeinschaft. Mit der Zeit wurden Parlament und *EU-Kommission* immer mehr Kompetenzen zugesprochen, eine Entwicklung, die weiter anhält.

Ein Vertrag, der 1991 von den Staats- und Regierungschefs der Europäischen Gemeinschaft (EG) verabschiedet wurde. Die Mitgliedstaaten verständigten sich in ihm auf die Schritte, die im Ergebnis zu einer Wirtschafts- und Währungsunion führen sollten.

Welchen Zweck erfüllte der Maastrichter Vertrag?

Mit dem Maastrichter Vertrag wurde die **Europäische Union (EU)** gegründet. Der primär auf wirtschaftliche Zusammenarbeit ausgerichteten Europäischen Gemeinschaft wurden als zwei weitere „Säulen" die *Gemeinsame Außen- und Sicherheitspolitik* (*GASP*) und die *Zusammenarbeit in der Justiz- und Innenpolitik* (*JI*) zur Seite gestellt und damit die vordem wirtschaftlich orientierte Gemeinschaft zu einer politischen Union erweitert. Wichtigstes Einzeler-

Die Mitgliedstaaten der Europäischen Gemeinschaft

Gründungsmitglieder:	Seit 1973:	Seit 1986:
Belgien	Großbritannien	Portugal
Deutschland	Dänemark	Spanien
Frankreich	Irland	**Seit 1995:**
Italien	**Seit 1981:**	Finnland
Luxemburg	Griechenland	Österreich
Niederlande		
Schweden		

gebnis war die Schaffung der Voraussetzungen für eine *Wirtschafts- und Währungsunion* mit einer gemeinsamen *europäischen Währung*. Diese gemeinsame Währung sollte die Vorteile des *Europäischen Binnenmarktes* zur Geltung bringen. Der Vertrag

hatte aber auch eine Menge positiver Nebenerscheinungen. So wurde die gemeinsame Verantwortlichkeit in vielen Bereichen der Forschung und der Politik festgelegt. Wichtige Beispiele hierfür sind der Umweltschutz und die Technologiepolitik. Des Weiteren wurden Bereiche der Politik integriert, für die zuvor jedes Land alleine verantwortlich war, u. a. der Verbraucherschutz und der Ausbildungsbereich. Gemeinsame In-

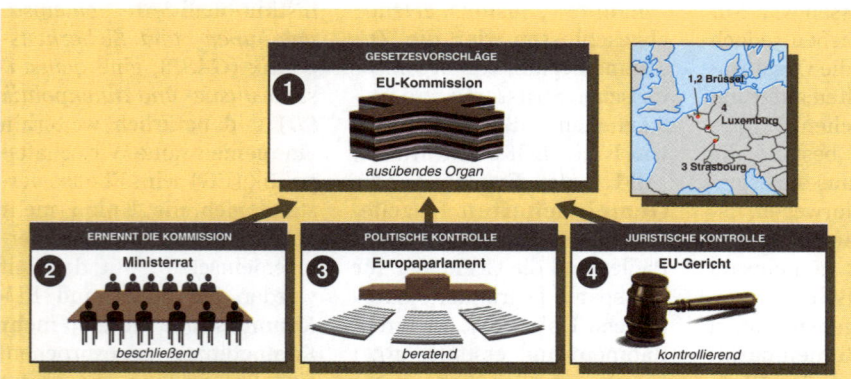

Aufbau der EU

stitutionen wie das *Europäische Parlament* und der *Europäische Gerichtshof* wurden durch die Einführung weiterer Sanktionsmöglichkeiten gestärkt. Auch für die Bürger der Mitgliedstaaten änderte sich einiges. Als Beispiel hierfür gilt die neu geschaffene *Unionsbürgerschaft*. Allerdings wurde auch darauf geachtet, dass jedem Teilnehmerstaat noch genügend Selbstständigkeit gelassen wurde. Dafür sorgte das vertraglich festgehaltene *„Prinzip der Subsidiarität"*.

Wie nahmen die Bevölkerungen der unterzeichnenden Staaten den Vertrag auf?

Nicht in allen Mitgliedstaaten stießen die Beschlüsse des Vertrages auf großen Beifall. In **Frankreich** beispielsweise stimmten gerade einmal 51 Prozent der Bevölkerung für den Vertrag. In **Deutschland** gab es einige Klagen gegen den Vertrag, die erst durch ein Urteil des *Bundesverfassungsgerichts* in Karlsruhe im Oktober 1993 ein Ende fanden. Den heftigsten Widerstand leistete die Bevölkerung **Dänemarks**, indem sie den Vertrag in einer Volksabstimmung mit 51 Prozent der Stimmen ablehnte. Es bedurfte neuer Verhandlungen und einiger Zugeständnisse an Dänemark, bis

---

Die wichtigsten Verträge auf dem Weg zu einem vereinten Europa

1952: Vertrag über die Gründung der Europäischen Gemeinschaft für Kohle und Stahl (EGKS)
1958: Vertrag zur Gründung der Europäischen Gemeinschaft (EG)
Vertrag zur Gründung der Europäischen Atomgemeinschaft (Euratom)
1987: Einheitliche Europäische Akte (EEA)
1993: Vertrag über die Europäische Union („Maastrichter Vertrag")
1999: Vertrag von Amsterdam

---

die Bevölkerung dem Vertrag in einer erneuten Abstimmung zustimmte. Somit konnte er zum 1. November 1993 in Kraft treten.

Was geschieht, wenn ein Mitgliedstaat die im Vertrag festgelegten Bedingungen nicht erfüllt?

Vor und nach dem Vollzug der Währungsunion gelten gewisse Kriterien, die jedes Teilnehmerland erfüllen muss. Dabei handelt es sich um wirtschaftliche und finanzpolitische Vorgaben, die eine stabile Wirtschaft innerhalb Europas garantieren sollen. Zunächst muss jeder Staat einen jährlichen Bericht abliefern, damit überprüft werden kann, ob das jeweilige Land einen zumindest ausgeglichenen Haushalt vorweisen kann. Verzeichnet ein Land einen Verlust von mehr als drei Pro-

zent, kommt es zu einer Abstimmung zwischen der *EU-Kommission*, dem *Wirtschafts- und Finanzausschuss* sowie dem *Rat der Wirtschafts- und Finanzminister*. Der betroffene Staat bekommt daraufhin die Auflage, innerhalb von vier Monaten Maßnahmen zu ergreifen. Geschieht dies nicht, können Sanktionen bis hin zu Geldbußen verhängt werden.

Warum wird das Regelwerk „Maastrichter Vertrag" genannt?

Diese Bezeichnung ist die populärste und hat sich mittlerweile durchgesetzt. Der Vertrag heißt so, weil er am 7. Februar 1992 von den Außen- und Finanzministern der Mitgliedstaaten in der niederländischen Stadt **Maastricht** unterzeichnet wurde. Offiziell heißt er jedoch *„Vertrag über die Europäische Union"*.

Die Europäische Wirtschafts- und Währungsunion

Im Vertrag von Maastricht von 1992 festgelegter Beschluss zur Schaffung der Europäischen Union sowie einer gemeinsamen Währung aller ihrer Mitglieder, die in mehreren Stufen bis zum 1.1.2002 etabliert wurde.

Wann wurde erstmals über eine Europäische Währungsunion nachgedacht?

Im Jahr 1957 wurde mit den so genannten *„Römischen Verträgen"* die **„Europäische Wirtschaftsgemeinschaft"**, abgekürzt **EWG** gegründet. Da sich **England** und die **Länder Skandinaviens** nicht zu einem Beitritt hatten durchringen können, bestand die Gemeinschaft lediglich aus der **Bundesrepublik Deutschland**, **Frankreich**, **Italien** und den **Beneluxländern**. In diesem Vertragswerk einigte man sich auf eine Zusammenarbeit auf vielen Gebieten; u. a. war es ein Ziel, innerhalb von zwölf Jahren einen gemeinsamen Markt zu schaffen. Auch bereits in diesen „Römischen Verträgen" war eine Vereinbarung zur währungspolitischen Zusammenarbeit vorhanden. Die gesteckten Ziele wurden jedoch bis 1969 nur teilweise erreicht. 1970 wurde eine *Sachverständigenkommission* eingesetzt, die unter der Leitung des luxemburgischen Präsidenten **Werner** die Möglichkeiten einer gemeinsamen europäischen Währung und Wirtschaft erkunden sollte. Die von der Kommission erarbeiteten Maßnahmen wurden zwar ein Jahr später vom *Rat der Europäischen Union* beschlossen, das Konzept konnte jedoch erneut nicht bis zum angestrebten Termin verwirklicht werden. Grund hierfür waren die Befürchtungen einiger Mitgliedsländer der EG, ihre Entscheidungsfreiheit bezüglich der eigenen Währung zu verlieren.

Was war der ECU?

Im Jahr 1978 wurde ein großer Schritt in Richtung Währungsunion unternommen: Man gründete das *„Europäische Währungssystem"*, abgekürzt *EWS*. Dieses System sollte für eine *Stabilität der Wechselkurse* zwischen

Eurozeichen

den einzelnen Währungen der Mitgliedstaaten sorgen. Als Instrument dieses Systems wurde als gemeinsame Währung die *„European Currency Unit"*, kurz *ECU* geschaffen. Dabei handelte es sich nicht um tatsächliches Geld, sondern lediglich um eine theoretische Recheneinheit zwischen den verschiedenen Ländern. Leitwährung des ganzen Systems wurde aufgrund ihrer Stabilität die Deutsche Mark.

Wann kam es zum Beschluss der Wirtschafts- und Währungsunion?

Den ersten Schritt zum endgültigen Beschluss machte die *EU-Kommission*, indem sie 1989 einen Plan vorlegte, der in drei Stufen zur Union führen sollte. Die erste Stufe war von 1990 bis 1993 angesetzt: In ihr sollten sich die Mitgliedstaaten noch besser aufeinander abstimmen und so einen europäischen Binnenmarkt schaffen. Während der zweiten Stufe hatten die Mitglieder zwischen 1994 und 1998 strenge Bedingungen zu erfüllen, die nötig waren, um die Stabilität der späteren gemeinsamen Währung zu garantieren. Zudem wurde das so genannte *„Europäische Währungsinstitut"*, abgekürzt *EWI*, eingeführt, das den Grundstein für die spätere *„Europäische Zentral-*

Der Euro

Die Gestaltung der Euro-Noten übernahm der Österreicher **Robert Kalina**. Während auf der Vorderseite der Banknoten Tore und Fenster abgebildet sind, werden die Rückseiten von verschiedenen Brücken geziert. Mit diesen Motiven sollen sowohl die *Offenheit* als auch die *Verbindung* zwischen den Völkern der Europäischen Wirtschafts- und Währungsunion symbolisiert werden. Auf den Münzen sind lediglich die Vorderseiten einheitlich. Auf den Rückseiten sind nationale Motive der jeweiligen Länder zu sehen.

bank" bilden sollte. Diese sollte schließlich mit Beginn der dritten Stufe am 1. Januar 1999 das EWI ablösen. Zu diesem Datum sollte auch festgelegt werden, wie die jeweilige Landeswährung in die neue, gemeinsame Währung, den Euro, umgerechnet werden sollte. Dieser von der EU-Kommission vorgelegte 3-Stufen-Plan wurde 1992 mit dem *„Vertrag über die Europäische Union"*, populär auch *„Maastrichter Vertrag"* genannt, besiegelt und trat am 1. November 1993 in Kraft.

Ab wann war der Euro gültig?

Mit dem Eintritt in die dritte Stufe der Europäischen Wirtschafts- und Währungsunion wurde der **Euro** eingeführt. Allerdings war er noch kein offizielles Barzahlungsmittel, sondern lediglich so genanntes *„Buchgeld"*. Die Einführung des Euro als gültiges Zahlungsmittel wurde auf den

1. Januar 2002 festgelegt. Ab diesem Termin sollte er die Landeswährungen der Mitgliedsländer ersetzen, wobei die bisherige Währung jedes einzelnen Landes noch für eine Übergangsfrist von sechs Monaten anerkannt werden sollte.

Was waren die so genannten „Konvergenzkriterien"?

Bei den „Konvergenzkriterien" handelte es sich um wirtschaftliche Bedingungen, die jedes Teilnehmerland der Union vor und nach der Einführung des Euros zu erfüllen hatte. Zu den Kriterien zählten die Einhaltung einer Neuverschuldung nicht über drei Prozent und umgehende Gegenmaßnahmen, sollte diese Verschuldungsgrenze doch überschritten werden. Für eine Nichteinhaltung der Kriterien hatten die Mitgliedsländer diverse Sanktionen festgelegt, die bis zu empfindlichen Geldstrafen führen konnten.

Bewaffneter Konflikt zwischen verschiedenen somalischen Clan-Milizen, der seit 1989 anhält und das Land in ein politisches und wirtschaftliches Chaos stürzte. Schwer umkämpft war seit jeher die zwischen den Clans aufgeteilte Hauptstadt Mogadischu.

Wo liegen die Wurzeln des Bürgerkrieges in Somalia?

1960 wurden die beiden Kolonien **Italienisch-Somalia** und **Britisch-Somaliland** unabhängig und schlossen sich zu Somalia zusammen. Die beiden Landesteile waren durch die verschiedenen Besatzer unterschiedlich geprägt. Es gab ein starkes wirtschaftliches Gefälle zwischen dem ressourcenarmen Norden und dem kulturellen und wirtschaftlichen Zentrum im Süden des Landes. Dieser Konflikt führte zu Beginn der 1980er-Jahre zu ersten Kämpfen. Ein weiteres Problem war, dass die Politik von *Verwandtschaftsverhältnissen* und *Clans* bestimmt war. Die unterschiedlichen Interessen der verschiedenen Clans führten zu weiteren

Geografische Daten Somalias

Die **„Demokratische Republik Somalia"** erstreckt sich über eine Fläche von knapp 640.000 km² entlang der afrikanischen Ostküste. In dem Land leben knapp 10 Mio. Einwohner, davon etwa eine Million in der Hauptstadt Mogadischu. Die **Sunniten** stellen die am weitesten verbreitete Religion. Die offizielle Amtssprache ist **Somali**. Somalia gilt als eines der am wenigsten entwickelten Länder der Welt. Landwirtschaftliches Potenzial ist lediglich auf den fruchtbaren Böden im Süden des Landes gegeben. Die wichtigste wirtschaftliche Stütze des Landes ist die weit verbreitete Viehzucht.

Konflikten, die schließlich 1989 eskalierten und einen Bürgerkrieg auslösten, der über die gesamten 1990er-Jahre anhielt.

Wer kämpfte in Somalia gegeneinander?

Die Kriegsparteien wurden aus sechs Hauptclans gebildet, deren Mitglieder durch verschiedene Abstammungslinien definiert waren. Innerhalb eines Clans wurde seit jeher streng zusammengehalten, Verbindungen zwischen Clans

kamen selten vor und dienten meist nur einem kurzfristigen gemeinsamen Ziel. Am Rand des Konflikts standen soziale Randgruppen und ethnische Minderheiten, die im Lauf der Zeit immer mehr zwischen die Mühlsteine des Kampfes zwischen den Clans gerieten.

Was waren die Ziele der kämpfenden Parteien?

In erster Linie ging es bei diesem Konflikt um Macht. Jeder Clan beanspruchte die Führung des Landes für sich. Es ging ihnen darum, die Vorherrschaft über die anderen Clans zu erringen und eine international anerkannte Regierung zu bilden. Eine

Somalia, Küste

Schlüsselrolle spielte dabei die Hauptstadt **Mogadischu**, die unter den verschiedenen Clans aufgeteilt war und um die es seit Beginn des Krieges wilde Kämpfe gab.

Wie reagierte die Welt auf die Kämpfe in Somalia?

Die internationale Staatengemeinschaft versuchte von Beginn des Krieges an, zwischen den verfeindeten Parteien zu vermitteln. Als die Kämpfe 1992 auf einem Höhepunkt angelangt waren, schritt man ein und schickte UN-Truppen unter der Führung der US-Streitkräfte in das Krisengebiet. Die so genannten „Blauhelm"-Soldaten der **UNO** sollten alles daran setzen, zwischen den Parteien zu schlichten und für Ordnung in Somalia zu sorgen. Man musste jedoch erkennen, dass die Intervention der UNO nicht von Erfolg gekrönt sein konnte. Als die Gefahr für die eigenen Streitkräfte zu groß wurde, zog man 1994 sämtliche Truppen aus Somalia ab.

Ist ein Ende der Kämpfe in Sicht?

Im Verlauf der 90er-Jahre wurden zwölf Friedenskonferenzen einberufen, die jedoch zu gar keinem oder nur einem kurzfristigen Stopp der Kämpfe führten. Die im Mai 2000 stattgefundene so ge-

Traditionelle Landwirtschaft

nannte „Versöhnungskonferenz" in **Djibuti** erbrachte zumindest einen Teilerfolg: 800 Vertreter der mächtigsten Clans und Gruppen kamen im Nachbarstaat zusammen und einigten sich auf eine provisorische Regierung, die aus Vertretern aller Clans bestehen sollte. Seitdem wurde versucht, die Clanmilizen zu entwaffnen und so für Frieden in dem arg gebeutelten Land zu sorgen. Die Kämpfe gingen jedoch unvermindert weiter.

Wie stark litt die Bevölkerung Somalias unter den Kämpfen?

Die Zivilbevölkerung war das eigentliche Opfer der Kämpfe. Da es keine handlungsfähige Regierung gab, gab es auch keine staatlichen Institutio-

nen und damit so gut wie keine Gerichtsbarkeit. Für die Menschen im Land hieß das, dass sie den Übergriffen und Plünderungen durch die Milizen schutzlos ausgesetzt waren. Besonders hart betroffen waren die *ethnischen Minderheiten*. So wurden beispielsweise viele bantusprachige Bauern ihres Besitzes beraubt und zur Zwangsarbeit herangezogen. Durch die Kämpfe kam es zu immensen Flüchtlingsströmen. Die internationale Staatengesellschaft hatte jedoch aufgrund der Kämpfe die *Entwicklungshilfe* für das ohnehin von Dürren und Hungersnöten gebeutelte Land größtenteils eingestellt. Durch die teilweise katastrophalen Zustände im Land kam es 1999 zum Ausbruch einer *Choleraepidemie*, die Hunderte von Todesopfern forderte.

Bewaffneter Konflikt zwischen den verschiedenen Volksgruppen des ehemaligen Jugoslawiens, der von 1991 bis 1995 auf dem Balkan ausgetragen wurde. Hauptschauplatz der Kämpfe war die ehemalige jugoslawische Teilrepublik Bosnien-Herzegowina.

Wo lagen die Wurzeln des jugoslawischen Bürgerkriegs?

Jugoslawien war seit jeher ein Staat gewesen, in dem viele verschiedene Völker und Kulturen zusammenlebten. Dies war nie einfach und stets von Konflikten begleitet gewesen, doch nur selten kamen die Differenzen offen zum Ausbruch. Unter der Herrschaft des charismatischen Führers **Josip Tito** gelang es, aus den verschiedenen Ethnien ein einheitliches Volk zu bilden, jedoch wurde das Land auch damals nur von Tito zusammengehalten. Die Konflikte waren nicht gelöst, sondern nur verdrängt worden. Nach dem Tod Titos 1980 entbrannte ein Machtkampf um sein Erbe. Die *nationalistischen Tendenzen*, die schon

Karte von Jugoslawien

während seiner Herrschaft spürbar gewesen waren, verstärkten sich. Beinahe alle Teilrepubliken des Staates begannen damit, den Sinn des jugoslawischen Bundes infrage zu stellen. **Serben** und **Kroaten** spielten beiderseits mit dem Gedanken an einen großserbischen bzw. großkroatischen Staat. Durch die aufkeimenden Feindseligkeiten kam es auch zu einer schweren Wirtschaftskrise, was den Nationalisten in sämtlichen Lagern noch mehr Auftrieb gab.

Wie kam es zum Ausbruch des Krieges?

1991 entschieden sich die Teilrepubliken **Kroatien**, **Slowenien** und **Makedoni-** en, sich von Jugoslawien loszusagen, und erklärten ihre Unabhängigkeit. Kurz darauf kam es zu ersten Kämpfen zwischen **Serbien** und Slowenien, die jedoch schon nach zwei Wochen beendet waren. Der Grund hierfür war, dass Serbien kein Interesse daran hatte, das Staatengebilde Jugoslawien aufrechtzuerhalten. Vielmehr erhoffte man sich ein großserbisches Reich, das alle von Serben bewohnten Gebiete Jugoslawiens umfassen sollte. Da in Slowenien kaum Serben lebten, erschien ein langer, Kräfte zehrender Militäreinsatz nicht sinnvoll. Anders stellte sich den Serben die Situation in Bezug auf Kroatien dar. Hier lag die **Krajina**, ein serbisches Gebiet auf kroatischem Boden. Nach kurzen Gesprächen, die zu keinerlei Lösung führten, entbrannte der Krieg zwischen den beiden Republiken. Die Kämpfe zwischen der proserbischen Bundesarmee und den kroatischen Verteidigungsstreitkräften wurden mit unerwarteter Heftigkeit ausgetragen. Serbien

Josip Tito

Das Dayton-Abkommen

Im November schlossen die Kriegsparteien offiziell Frieden und unterzeichneten das so genannte „Dayton-Abkommen". Es besagte, dass Bosnien-Herzegowina zwischen Serben und Kroaten (unter Einschluss der bosnischen Muslime) aufgeteilt und als Staat anerkannt werden sollte. Beide Völker sollten ein gemeinsames Parlament stellen. Zumindest militärisch war der Krieg durch das Abkommen von Dayton beendet. Die internationale Friedenstruppe **IFOR (Implementation Force)** unter NATO-Kommando wurde in Bosnien stationiert, die nach den im September 1996 wie vereinbart abgehaltenen Parlaments- und Präsidiumswahlen von der internationalen Friedenstruppe **SFOR (Stabilization Force)** abgelöst wurde.

hatte zunächst deutliche Vorteile: Bald war mehr als ein Drittel des kroatischen Gebietes von serbischen Streitkräften besetzt.

Wie reagierten die europäischen Staaten auf den Konflikt?

Sowohl die **Europäische Union** als auch die **UNO** fanden zunächst keine passende Antwort auf die Kämpfe. Kurz nach dem Zerfall der **Sowjetunion** herrschte noch eine gewisse Orientierungslosigkeit in Europa und so konnte man sich auf keinerlei gemeinsames Vorgehen einigen. Auch waren die anderen Nationen von der Brutalität des „Bruderkampfes" überrascht und geschockt. Im Winter 1991 erkannte die deutsche Regierung die Souveränität der Staaten Kroati-

en und Slowenien an, was den Konflikt eher verschärfte denn beilegte.

Warum griff der Konflikt auf Bosnien-Herzegowina über?

Noch bevor Bosnien-Herzegowina seine Unabhängigkeit erklären konnte, griff der Konflikt auf die Republik über. Sie war so etwas wie ein Abbild des gesamten jugoslawischen Staates in kleiner Form: Sämtliche Volksgruppen, aus denen Jugoslawien bestand, konnte man auch in Bosnien-Herzegowina finden. Nach dem Ausbruch des Krieges zwischen Serben und Kroaten hatten gleich mehrere Volksgruppen damit begonnen, die Republik für sich zu beanspruchen. Während die Serben die **„Serbische Republik Bosnien-Herze-**

gowina" ausriefen, gründeten die Kroaten die **„Kroatische Union von Bosnien und Herzegowina"**. Fortan tobten Kämpfe zwischen den verschiedenen Volksgruppen, v. a. die bosnische Hauptstadt **Sarajevo**, wenige Jahre zuvor noch Stätte der Olympischen Winterspiele, wurde zum Schauplatz erbitterter Gefechte. Hatten zunächst noch Kroaten und die dritte große Kraft des Landes, die **Muslime**, Seite an Seite gegen den gemeinsamen Feind Serbien gekämpft, stritt bald jede Gruppe für sich.

Wie endete der Konflikt?

Im Verlauf der nächsten Jahre konzentrierte sich der Krieg auf Bosnien-Herzegowina, wobei sich niemand entscheidend durchsetzen konnte. So genannte *„ethnische Säuberungen"*, die von allen Parteien durchgeführt wurden, waren nichts anderes als beschönigter Völkermord. Auch ansonsten wurden von allen Seiten Menschenrechtsverletzungen begangen. Nachdem es lange Zeit nach einem Sieg der Serben ausgesehen hatte, wendete sich das Blatt 1994 zugunsten der Kroaten, auch dank des Einschreitens der **NATO**, die mit *Luftangriffen* gegen die bosnischen Serben vorging. Der Krieg endete 1995 mit dem Friedensabkommen von Dayton.

Blutiger Konflikt zwischen den beiden in Ruanda lebenden Völkergruppen der Hutu und der Tutsi, dem bisher mehr als ein Viertel der ruandischen Bevölkerung zum Opfer fiel und der scheinbar nicht durch diplomatische Mittel beendet werden kann.

Worin liegen die Wurzeln des ruandischen Bürgerkrieges?

Im 15. Jh. drang der afrikanische Stamm der Tutsi nach Ruanda vor, wo die Hutu schon seit längerer Zeit lebten. Schnell kam es zu Konflikten zwischen den beiden Volksgruppen, die die aristokratischen Tutsi für sich entschieden. Sie unterwarfen die Hutu und schwangen sich zu deren Lehnsherren auf. Seit damals war das Zusammenleben der beiden Stämme von Unterdrückung und Hass geprägt.

Wann begannen sich die Kräfteverhältnisse zwischen Hutu und Tutsi zu ändern?

Seit dem Ende des 19. Jh. stand Ruanda unter der Kolonialherrschaft **Deutschlands**. 1916 wurde der Staat von belgischen Truppen erobert. Nach dem II. Weltkrieg war es auch **Belgien**, das von der **UNO** den Auftrag bekam, das mittlerweile christliche Ruanda auf seine Unabhängigkeit vorzubereiten. Ab 1955 begannen die Belgier, sich für die große Hutu-Mehrheit einzusetzen, um einen Demokratisierungsprozess in Gang zu bringen. Die Stärkung des Selbstbewusstseins der Hutu beunruhigte natürlich das Tutsi-Königshaus. 1959 kam es zur Eskalation. Die Hutu erhoben sich gegen die Tutsi-Elite und richteten ein Blutbad unter der feindlichen Volksgruppe an. Tausende Tutsi flüchteten in die benachbarten Länder.

Wann begann der eigentliche Bürgerkrieg?

Ruanda schien sich auf dem sicheren Weg zur Demokratie zu befinden, als die Tutsi-Exil-Bewegung **„Ruandische Patriotische Front"** (**FPR**) im Oktober 1990 mit der Invasion begann. Ihr Ziel war der Sturz des Hutu-Präsidenten **Habyarimana** und die Rückkehr der in den 1960er-Jahren geflohenen Tutsi. Ein grausamer Krieg entbrannte, der Tausende von Menschen beider Gruppen das Leben kostete. Der Regierung der Hutu gelang es

Karte von Ruanda

schließlich, die Rebellen nach **Uganda** zurückzutreiben. Am 1. November verkündete der staatliche Rundfunk das offizielle Ende des Bürgerkriegs. Trotz zweier Friedensabkommen blieb die Lage jedoch auch danach gespannt.

Auf wessen Seite standen die Nationen der Welt?

Der Angriff durch die FPR wurde von den meisten Nationen befürwortet. Die Vertreibung der Tutsi durch die Hutu in den 1960er-Jahren wurde von den meisten als großes Unrecht empfunden. Auch ließen Berichte von zahlreichen Massakern an der Zivilbevölkerung und der Hinrichtung von Tausenden von politischen Gefangenen die Regierung Habyarimanas in einem schlechten Licht erscheinen. Auf seiner Seite standen lediglich Belgien und **Frankreich**, die die Hutu u. a. mit Elitesoldaten und Fallschirmjägern unterstützten.

Blick über den Kiwusee zwischen Ruanda und Zaire

Tribunal für Kriegsverbrechen

Das „**Internationale Tribunal für Kriegsverbrechen in Ruanda**" ist ein Tribunal, das 1995 von den **Vereinten Nationen** eingesetzt wurde. Seine Aufgabe besteht darin, Personen, die 1994 in Ruanda Völkermord und andere Verbrechen gegen die Menschenrechte begingen, zu verfolgen und zu verurteilen. Der prominenteste Angeklagte war der ehemalige ruandische Premierminister **Jean Kambanda**, der 1998 wegen Völkermords zu lebenslanger Haft verurteilt wurde. Es mussten sich jedoch nicht nur ruandische Personen vor dem Kriegsverbrechertribunal verantworten. Ein belgischer Journalist, der über Radio dazu aufrief, die Tutsi zu jagen und zu töten, wurde zu zwölf Jahren Haft verurteilt, nachdem er sich in allen Punkten für schuldig erklärt hatte.

Was führte 1994 zur erneuten Eskalation der Gewalt?

Am 6. April 1994 kam Präsident Habyarimana bei einem Flugzeugabsturz ums Leben. Die Absturzursache waren Raketen, die auf das Flugzeug abgeschossen worden waren. Es wurde jedoch nie endgültig geklärt, wer sie abgeschossen hatte. Am nächsten Tag begann eine Welle des Mordens, die in der gesamten Weltgeschichte ihresgleichen sucht. Die Hutu fielen über die Tutsi her und schlachteten sie regelrecht ab. Innerhalb von nur wenigen Tagen wurden etwa eine halbe Million Menschen bei diesen Massakern getötet. Die Tutsi-Rebellen nutzten das allgemeine Chaos und starteten eine Großoffensive zur Ergreifung der Macht. Im Juli 1994 übernahm die FPR die Regierung und ernannte eine neue Staatsführung.

Stabilisierte sich die Lage in den folgenden Jahren?

Die Lage in Ruanda wurde im Gegenteil eher noch komplizierter. Ein großes Problem stellten die unglaublichen Flüchtlingsströme dar. Beinahe die gesamte Bevölkerung befand sich nach den Massakern auf der Flucht. Währenddessen setzten sich die Kämpfe weiter fort. Sogar in den Flüchtlingslagern kam es zu Massakern unter Hutu und Tutsi. Der Hass zwischen den beiden Volksgruppen scheint zu tief verwurzelt zu sein, als dass eine Einigung möglich erscheint.

Hart geführte militärische Auseinandersetzungen zwischen Russland und der abtrünnigen Kaukasusrepublik Tschetschenien, bestehend aus dem 1. Tschetschenienkrieg von 1994 bis 1996 und dem 2. Tschetschenienkrieg seit 1999.

Warum kam es zum 1. Tschetschenienkrieg?

Nach dem Zerfall der **Sowjetunion** strebten viele der ehemaligen Sowjetrepubliken nach *Unabhängigkeit*. Auch die kaukasische Republik Tschetschenien nutzte die verworrene verfassungsrechtliche Situation und erklärte sich im November 1991 für unabhängig. Die Moskauer

abzusetzen. Doch die zu diesem Zweck nach **Grosnyi** entsandten Soldaten wurden durch Massendemonstrationen der Tschetschenen aufgehalten und zum Rückzug gezwungen. Die russische Regierung versuchte daraufhin zunächst, die zu Moskau stehende tschetschenische Opposition zu unterstützen, doch mehrere Putschversuche gegen Dudajev misslangen.

Seiten brutal geführten Kämpfen, denen neben unzähligen Soldaten und Zivilisten auch Dudajev zum Opfer fiel, einigte man sich im August 1996 auf einen *Friedensvertrag*, der im Januar 1997 unterschrieben wurde.

Warum brachen 1999 erneute Kämpfe aus?

Die Zeit nach dem 1. Tschetschenienkrieg war keineswegs friedlich. Ein großes Problem bestand darin, dass im Friedensvertrag der Status Tschetscheniens weiterhin ungeklärt war. Man hatte sich zwar auf ein Ende der Kämpfe und den Abzug der russischen Truppen geeinigt, über die Unabhängigkeit der Kaukasusrepublik wollte man jedoch erst 5 Jahre später entscheiden. Die Tschetschenen strebten also weiterhin nach Unabhängigkeit, während die russische Regierung Tschetschenien nach wie vor als Teil der Russischen Föderation betrachtete. Die Unzufriedenheit der Tschetschenen über die Situation wurde immer größer. Schließlich marschierten im August tschetschenische Truppen im Nachbar-

---

Dschochar Dudajev

Dschochar Dudajev wusste die Gunst der Stunde zu nutzen, als sich die unzufriedenen Tschetschenen nach neuen Helden sehnten. Der ehemalige General der russischen Luftwaffe riss die Macht an sich und wurde so Präsident des von ihm selbst ausgerufenen Staates Tschetschenien. Er selbst sah sich gerne als „Vater" für sei Volk. Dudajev starb im Mai 1996 bei einem Bombenangriff des russischen Militärs, angeblich, als er gerade am Telefon mit Moskau über einen Waffenstillstand verhandelte.

Regierung erklärte dies für ungültig und wurde vom Rest der Welt darin unterstützt: Kein Land der Erde akzeptierte Tschetschenien als eigenständigen Staat. Der russische Präsident **Jelzin** verhängte den Ausnahmezustand über die Region und versuchte, den tschetschenischen Präsidenten **Dudajev**

Im November 1994 konnte Dudajev mehrere russische Soldaten gefangen nehmen. Russland sah sich jetzt vor die Wahl gestellt, die Unabhängigkeit Tschetscheniens zu akzeptieren oder militärisch einzugreifen. Am 11. Dezember 1994 begann der *russische Einmarsch* in Tschetschenien. Nach auf beiden

Massenkundgebung vor dem Parlament in Grosnyi 1994

Warum ist Tschetschenien für Russland so wichtig?

Für das harte Vorgehen Russlands gegen Tschetschenien gibt es zwei Hauptgründe. Zum einen sollten andere Republiken davon abgeschreckt werden, sich von Moskau lossagen zu wollen. Zum anderen hat die tschetschenische Region enorme *wirtschaftliche Bedeutung* für Moskau. Große Teile des russischen Flugbenzins kommen aus der Region. Da eine wichtige Pipeline aus dem Süden durch Tschetschenien verläuft, war die Verfügbarkeit des Gebietes äußerst wichtig. Im Januar 1999 verkündete Präsident Aslan Maschadow die Absicht, innerhalb von drei Jahren eine auf islamischem Recht begründete Verfassung einzusetzen.

staat **Daghestan** ein, um einen unabhängigen islamischen Staat auszurufen. Zur selben Zeit wurde Moskau durch eine Serie schwerer Bombenattentate erschüttert, die man mit den tschetschenischen Rebellen in Verbindung brachte. Im September 1999 begann Russland, Tschetschenien erneut anzugreifen.

Wie reagierte die Welt auf den Tschetschenienkonflikt?

Für die Angriffe auf Tschetschenien musste Russland herbe Kritik aus dem Ausland hinnehmen. Der Regierung wurde *Staatsterror* und ein unzulässig hartes Vorgehen vorgeworfen. Insbesondere Menschenrechtsorganisationen prangerten die Art der

Kriegsführung an. So soll Russland *Vakuumbomben* eingesetzt haben, durch die viele Zivilisten grausam zu Tode gekommen sein sollen. Der Krieg kostete insgesamt über 80.000 Menschen das Leben. Weitere Kritikpunkte waren zahlreiche *Menschenrechtsverletzungen* und die äußerst restriktive Informationspolitik Moskaus.

Tschetschenien

Tschetschenien war um 1880 eines der mächtigsten Gebiete Russlands. Durch Flüsse und Gebirge begrenzt, war das Land sehr wasserreich und verfügte über eine üppige Vegetation, gesundes Klima, fruchtbaren Boden und Wildreichtum. Die Tschetschenen waren ein sehr stolzes Volk. Sie lebten hauptsächlich vom Mais- und Weinanbau sowie der Viehzucht. Die ersten Auseinandersetzungen mit Russland gab es bereits im 18. Jh. 1864 meldete die russische Armee die Eroberung des gesamten Kaukasus.

Der deutsche Bundeskanzler ist der Leiter der Bundesregierung. Bis 2000 hatten Konrad Adenauer (CDU), Ludwig Erhard (CDU), Kurt Georg Kiesinger (CDU), Willy Brandt (SPD), Helmut Schmidt (SPD), Helmut Kohl (CDU) und Gerhard Schröder (SPD) das Amt inne.

Wie wird der Bundeskanzler gewählt?

Der deutsche Bundeskanzler wird vom Parlament, dem **Bundestag**, stets nach dessen Neuwahl – außer bei einem konstruktiven Misstrauensvotum –, auf Vorschlag des **Bundespräsidenten** mit absoluter Mehrheit gewählt.

Wer war der erste deutsche Bundeskanzler?

Konrad Adenauer

Mit der *Unterzeichnung des Grundgesetzes* durch die Ministerpräsidenten wurde die Gründung der **Bundesrepublik Deutschland** am 23. Mai 1949 vollzogen. Am 14. August wurde der erste Bundestag gewählt. Der deutsche Bundestag wählte am 15. September den Bundesvorsitzenden der CDU, **Konrad Adenauer**, zum ersten Kanzler der jungen Republik. Die Anfangsphase der Bundesrepublik war stark durch die Person Adenauers geprägt. Er verfügte mit seinen 73 Jahren zu Beginn der Amtszeit über eine lange, noch in die wilhelminische Epoche hineinreichende poli-

tische Erfahrung. In der Regierungszeit Adenauers wurden die Weichen für die soziale Marktwirtschaft gestellt. Mithilfe des *Marshallplans* kam es zum so genannten *Wirtschaftswunder*. Außenpolitisch forcierte der erste Bundeskanzler den Kurs der *Westintegration* und bemühte sich um die Wiedererlangung der vollen deutschen *Souveränität*. Erst die Bundestagswahl 1961 leitete das Ende der Ära Adenauer ein.

Wieso endete die Ära Adenauer?

Die FDP setzte sich bei der Bundestagswahl 1961 für eine

Ablösung Adenauers ein. Sie stimmte einer Koalition mit der CDU/CSU nur unter der Bedingung zu, dass im Laufe der Legislaturperiode die Kanzlerschaft auf **Ludwig Erhard** übergehen müsse. Adenauer erzielte in der Zeit bis zu seinem Rücktritt 1963 zwar noch bedeutende außenpolitische Erfolge wie den Abschluss des *Elyséevertrages* mit **Frankreich**, aber insbesondere der *Mauerbau* 1961 machte ihm persönlich wie politisch schwer zu schaffen.

Wie führte Ludwig Erhard die Regierung weiter?

Am 17. Oktober 1963 trat Ludwig Erhard das Amt des Bundeskanzlers an. Er war unter Adenauer Wirtschaftsminister und hatte hohen Rückhalt in der Bevölkerung. Erhard galt als der Vater des Wirtschaftwunders, doch *innenpolitische Krisen* machten ihm bald schwer zu schaffen: Zunächst sorgte ein Wiederaufleben des Rechtsradikalismus für innere Unruhe. 1965 setzte eine Abschwächung des Wirtschaftswachstums ein. Schließlich stieg die Arbeitslo-

1998 kam das Novum

Im Jahr 1998 wurde die seit 16 Jahren an der Macht stehende Regierung aus CDU/CSU und FDP abgewählt. Es war nicht nur das erste Mal in der Geschichte der Bundesrepublik Deutschland, dass ein Kanzler vom Volk abgewählt wurde. In der Regierung seines Nachfolgers **Gerhard Schröder** (SPD) war nun erstmals auch die Partei von **Bündnis 90/ Die Grünen** eingebunden.

sigkeit und eine Rezession zeichnete sich ab.

Wozu führten die Wirtschaftsprobleme für den „Vater des Wirtschaftswunders"?

Für die wirtschaftsnahe FDP bedeuteten die Wirtschaftsprobleme sehr bald das Ende der bestehenden Koalition. Im Jahr 1966 kam es deshalb zur Bildung einer *Großen Koalition* zwischen CDU/CSU und SPD. Die Große Koalition glaubte, mit ihrer überwältigenden parlamentarischen Mehrheit die Probleme des Landes einfacher lösen zu können. Allerdings war die Koalition unter Bundeskanzler **Kurt Georg Kiesinger** (CDU) von Anfang an nur als Übergangslösung bis zur Bundestagswahl 1969 gedacht.

Konnte Kiesinger weiterregieren?

Bei der Bundestagswahl 1969 wurde die CDU/CSU zwar stärkste Partei, doch koalierte

Kurt Georg Kiesinger

die FDP unter **Walter Scheel** nun erstmals mit der SPD. Zum neuen Bundeskanzler wurde **Willy Brandt** (SPD) gewählt. Die Regierung Brandt betrieb eine *neue Ostpolitik*, setzte zahlreiche Reformen in Gang, verschuldete Deutschland aber auch stärker. Als einer der engsten Mitarbeiter Brandts, **Günter Guillaume**, als Agent des Staatssicherheitsdienstes der DDR enttarnt wurde, trat Bundeskanzler Brandt zurück.

Wer wurde Nachfolger des zurückgetretenen Brandts?

Der SPD-Politiker **Helmut Schmidt** wurde am 16. Mai 1974 Nachfolger von Willy Brandt. Der pragmatische

Schmidt brachte einen neuen Politikstil mit. Die Reformeuphorie verebbte und Politik wurde zunehmend zum Krisenmanagement. Auch in dieser Koalition führten wiederum Differenzen in der Wirtschaftspolitik zum Bruch. Ein *Misstrauensvotum* der CDU wurde vom Parlament angenommen und der CDU-Vorsitzende Helmut Kohl vom Parlament zum neuen Bundeskanzler einer CDU/CSU/ FDP-Koalition gewählt.

Warum spricht man auch von einer Ära Kohl?

Helmut Kohl war der am längsten regierende Bundeskanzler. Seine Kanzlerschaft dauerte 16 Jahre. In diese Zeit fielen bedeutende Schritte hin zur europäischen Integration und die deutsche Wiedervereinigung. Helmut Kohl ging als „*Kanzler der Einheit*" in die Geschichtsbücher ein. Erst bei der Bundestagswahl 1998 erreichte die Koalition aus Union/FDP nicht mehr die erforderliche Mehrheit und ging in die Opposition zur neuen SPD-geführten Regierung.

Gerhard Schröder

Die Bewohner der Republik in Südwestafrika konnten sich in den letzten 30 Jahren nie über einen dauerhaften Frieden freuen: Immer wieder flammten Bürgerkriege zwischen einzelnen Befreiungsbewegungen auf, die für die Unabhängigkeit des Landes kämpften.

Angola in Afrika: Was ist das für ein Land?

Wie in vielen anderen Fällen afrikanischer Staaten weiß die westliche Welt nur wenig über das Land im Südwesten Afrikas. Viermal so groß wie Deutschland gehört Angola zu den größten Staaten überhaupt: Mit mehr als 1,2 Mio. km² belegt es immerhin Platz 22. Gut zwölf Millionen Einwohner, drei Viertel davon Christen, leben in Angola, das mit seinem tropischen Klima vor allem von Savanne beherrscht wird. Die Wirtschaft ist durch den Bürgerkrieg zerrüttet und zehrt von ihren wichtigsten *Exportprodukten*: Erdöl, Diamanten, Eisenerz und Kaffee. Entdeckt wurde Angola von **Diego Cão** im Jahr 1483, der aus dem Land eine portugiesische Provinz machte, das damalige **Portugal-Westafrika**. Nachdem die so genannte *Nelkenrevolution* 1974 zum Sturz der Diktatur in **Portugal** geführt hatte, zog sich die Kolonialmacht nach und nach aus Afrika zurück und im November 1975 wurde Angola unabhängig.

Wie kam es zum Bürgerkrieg?

In Angola gab es nicht einen einzigen Bürgerkrieg, sondern einen immerwährenden Kampf zwischen verschiedenen Parteien im Lauf von drei Jahrzehnten. Den Beginn machte ein *Befreiungskrieg* 1961 gegen die portugiesische Kolonialmacht, als drei Gruppierungen um die Herrschaft kämpften: die **FNLA** (**Nationale Befreiungsfront Angolas**), die von **Zaire** unterstützt wurde; die **UNITA** (**Nationale Union für die vollständige Unabhängigkeit Angolas**), die von **Südafrika** unterstützt wurde; die **MPLA** (**Volksbewegung zur Befreiung Angolas**), deren linksgerichtete Mitglieder der gebildeten Schicht Hilfe von kommunistischen

Der jüngste Bürgerkrieg

1998 stand Angola wieder am Rande eines Bürgerkrieges. Der Ausschluss von elf Vertretern der UNITA, darunter vier Minister, aus der Regierung beendete den Friedensprozess und führte zur Spaltung der Bewegung. Eine Minderheitsfraktion im Parlament namens **UNITA-Renovada** erklärte Savimbi als bisherigen UNITA-Führer für abgesetzt. Eine Offensive der Regierungstruppen Anfang Dezember gegen die Stellungen der UNITA, die vom zentralen Hochland aus die Städte **Kuito** und **Huambo** belagerte, blieb erfolglos. Der Vorstand der MPLA dagegen wurde mehr und mehr von Anhängern einer militärischen Lösung beherrscht: Als sich auf einem Parteikongress der MPLA einige Tage später gemäßigte Mitglieder für Verhandlungen mit der UNITA aussprachen, berief man sie kurzerhand aus dem Vorstand ab und annullierte das 1994 vereinbarte Friedensprotokoll endgültig. Ende Januar 1999 eroberte die UNITA viele Ortschaften, die für die *Erdölexporte* der Regierung von zentraler Bedeutung waren, und kontrollierte Mitte Juni praktisch alle ländlichen Regionen und damit gut 70% des Staatsgebiets. Die Regierungstruppen verteidigten nur noch die Städte.

Staaten erhielten wie **UdSSR** und **Kuba**. Als Siegerin des Krieges ging die MPLA hervor, die die Volksrepublik Angola ausrief. Dagegen aber rebellierten die UNITA und die FNLA, die sich gegen die kommunistische MPLA verbündet hatten. Zwischen den rivalisierenden Gruppen entwickelte sich immer mehr ein Konflikt, der als Kalter Krieg in Afrika angesehen werden kann. Die UdSSR und Kuba witterten in Angola eine Chance, ihre Herrschaft auszuweiten, und unterstützten die MPLA-Regierung. Dagegen halfen Südafrika und auch die **USA**, die ihre Gebiete nicht aufgeben wollten, den prowestlich eingestellten UNITA-Rebellen. Wie im Mutterland des Kommunismus entstand nach dem Sieg der MPLA nun auch in Angola ein *Einparteiensystem*, das

Angola, Karte

von Präsident **Neto** und nach dessen Tod 1979 von **Dos Santos** geführt wurde. Selbst in der Landesfahne mit ihren kommunistisch aussehenden Symbolen der UdSSR waren die Ähnlichkeiten der Staatsform mit derjenigen der UdSSR zu erkennen.

Wann endete der Bürgerkrieg?

Hoffentlich irgendwann einmal in einer Form, mit der alle Parteien zufrieden sind. Erst 1991 konnte das Land für kurze Zeit aufatmen und 1992 fanden Parlamentswahlen statt. Weil die UNITA das Wahlergebnis aber nicht anerkannte, da ihr Chef **Savimbi** eine Niederlage einstecken musste, flammte der Bürgerkrieg wieder auf. Ein von den **Vereinten Nationen** vermitteltes *Friedensabkommen* 1994 brachte wieder nur eine trügerische Ruhe vor dem Sturm, denn schon 1997, nach der Bildung einer *„Regierung der nationalen Einheit"*, kam es erneut zu Kämpfen zwischen der Armee und der UNITA – ein Jahr zuvor war diese mit Soldaten in die angolanische Exklave **Cabinda** eingedrungen. Mithilfe des UN-Generalsekretärs **Kofi Annan** konnte am 11. April 1997 eine Koalitionsregierung beider Parteien gebildet werden konnte. Die Folgen des 30 Jahre dauernden Bürgerkrieges: Mehr als 1,5 Mio. Menschen wurden getötet, 2,5 Mio. verließen das Land und über 15 Mio. Landminen fordern täglich weitere Menschenopfer, darunter viele Kinder.

Blick über die Hauptstadt Luanda

453

Kriegerische Auseinandersetzungen im Jahr 1999 zwischen Restjugoslawien und der NATO, die durch die Vertreibung tausender Kosovoalbaner hervorgerufen wurden. Der Einsatz der NATO-Truppen wurde von vielen Seiten scharf kritisiert.

Wo liegt der Ursprung des Kosovokonfliktes?

Seit jeher hatte es in der jugoslawischen Provinz **Kosovo** Spannungen zwischen den dort mehrheitlich lebenden **Albanern** und der Minderheit der **Serben** gegeben. Sie kamen jedoch nicht offen zum Ausbruch, solange das Gebiet

Slobodan Miloseviç

den Status einer *unabhängigen Provinz* genoss. Nach 1980 verlor das Kosovo diesen Status, was die Konflikte verstärkte. Nachdem **Slobodan Miloseviç** 1990 die Macht in **Jugoslawien** übernommen hatte, kam es zu Unruhen. Die Rechte der Albaner wurden von Miloseviç stark beschnitten, dennoch blieb die Lage bis 1995 relativ ruhig. In der Zwischenzeit war Jugoslawien zerfallen und das so genannte Restjugoslawien bestand nur noch aus **Serbien** und **Mon-**

tenegro. Ab 1996 verstärkte sich der Konflikt zwischen Albanern und Serben erneut, nachdem ein albanischer Student von einem Serben erschossen worden war und daraufhin viele Albaner auf die Straßen gingen, um gegen das Belgrader Regime zu demonstrieren.

Was war die U.C.K.?

1996 trat eine albanische Organisation in den Vordergrund, die bis dahin lediglich im Untergrund fungiert hatte. Sie nannte sich **„Befreiungsarmee des Kosovos"** (**„Ushtria Clirimtare e**

Kosoves"), abgekürzt U.C.K. Diese Organisation war bemüht, die Unabhängigkeit des Kosovos durch terroristische Angriffe durchzusetzen. Ihre Mitglieder bestanden aus albanischen Bürgern, die von der U.C.K. zu Kämpfern ausgebildet wurden. Auch ausgewanderte und geflohene Albaner unterstützten die U.C.K. aus dem Ausland.

Wie reagierte die serbische Regierung auf die Terroranschläge der U.C.K.?

Nachdem sich die Angriffe auf serbische Ziele durch die U.C.K. seit 1996 vermehrt hat-

---

Die Kritik am Kosovokrieg

Die **Vereinten Nationen** ernteten nicht nur Lob für ihren Einsatz im Kosovo. Vorwürfe, einen Angriffskrieg gegen Jugoslawien geführt und damit das Völkerrecht missachtet zu haben, wurden geäußert und die militärische Vorgehensweise stark kritisiert. Hinzu kamen eine Reihe von Fehlern, die durch die moderne Kriegsberichterstattung umgehend bekannt und in der Öffentlichkeit breitgetreten wurden. So traf ein Angriff am 14. April 1999 versehentlich einen Flüchtlingszug, in dem 75 zivile Personen ums Leben kamen. Am 8. Mai 1999 bombardierten Kampfflieger versehentlich die chinesische Botschaft in Belgrad, was zu einer Verschlechterung der Beziehungen zwischen China und den Vereinigten Staaten führte.

ten, schritt das Belgrader Regime 1997 ein. Die albanische Bevölkerung der Region wurde noch stärker unterdrückt als zuvor. Außerdem wurde die Anzahl der im Kosovo stationierten Soldaten der serbischen Armee stark erhöht. Weil man U.C.K.-Kämpfer auch in der albanischen Zivilbevölkerung vermutete, ging man auch gegen sie rigoros vor und zerstörte ganze Dörfer der Albaner. Im Juni 1998 begann Serbien schließlich mit einem breit angelegten Militärangriff auf die Stellungen der U.C.K., wobei die Streitkräfte keinerlei Rücksicht auf die Zivilbevölkerung nahmen. Aufgrund zahlreicher Übergriffe der serbischen Streitkräfte gegen albanische Zivilisten kam es zu einer riesigen *Flüchtlingswelle*. Währenddessen setzte die Belgrader Führung die Angriffe auf Albaner fort.

Wie reagierte die internationale Staatengemeinschaft auf die Kämpfe im Kosovo?

Zunächst bemühte man sich um eine diplomatische Lösung. Als sich die Belgrader Regierung nicht gesprächsbereit zeigte, setzte man wirtschaftliche Sanktionen ein, um Miloseviç zum Einlenken zu bewegen. Immer wieder versuchten hochrangige Politiker wie beispielsweise der

Kosovo (rot); 1 Serbien, 2 Albanien, 3 Makedonien, 4 Montenegro, 5 Bosnien-Herzegowina

damalige russische Präsident **Boris Jelzin** zwischen den Parteien zu vermitteln und eine friedliche Lösung herbeizuführen. Als alle Bemühungen nicht fruchteten, drohte man mit Angriffen durch Truppen der **NATO**. Das brachte die Kämpfe zwar für kurze Zeit zum Stillstand, bereits wenige Monate später flammten sie jedoch erneut auf. Die serbische Regierung verschärfte ihre Vorgehensweise sogar und begann nun mit der *organisierten Vertreibung* aller Albaner aus dem Kosovo. Somit sah sich die NATO gezwungen, ihre Drohungen wahr zu machen und schickte am 24. März 1999 die ersten Kampfflieger in den Kosovo. An den Angriffen auf die serbischen Truppen und Restjugoslawien beteiligten sich auch – gegen erhebliche innenpolitische Widerstände – Streitkräfte der **Bundesrepublik Deutschland**, womit es eine rot-grüne Bundesregierung war, die

zum ersten Mal einen wirklichen Kampfeinsatz der Bundeswehr befehlen musste.

Wie endete der Kosovokrieg?

Die Angriffe durch die NATO zeigten Wirkung. Nachdem die Kämpfe etwa zwei Monate angedauert hatten, während der zahlreiche wichtige Stützpunkte der serbisch-jugoslawischen Regierung zerstört wurden, erklärte sich Slobodan Miloseviç zu Verhandlungen bereit. Das Ergebnis der Gespräche war die Zusage Belgrads, sämtliche Truppen aus dem Kosovo abzuziehen. Slobodan Miloseviç blieb zwar vorerst im Amt, wurde jedoch im September desselben Jahres vom Volk abgewählt. Der Oppositionspolitiker **Vojislav Kostunica** trat seine Nachfolge an. Während die Wirtschaftssanktionen gegen das Land aufgehoben wurden, bildete sich im Kosovo eine neue Übergangsregierung. Die Kriegsverberechen im Kosovo hatten auch für Miloseviç persönlich ein Nachspiel: Im Sommer wurde er auf Bereiben der internationalen Staatengemeinschaft vor dem *UN-Kriegsverbrechertribunal* in Den Haag angeklagt. Belgrad erhielt für sein Entgegenkommen bei der Auslieferung umgerechnet 1,28 Mrd. US-Dollar von einer *internationalen Geberkonferenz*.

Entschädigung von NS-Zwangsarbeitern

Die seit langem geforderte Wiedergutmachung für Menschen, die während der Diktatur der Nationalsozialisten zur Zwangsarbeit in deutschen Betrieben verpflichtet wurden, zu der es erst nach zähen Verhandlungen und politischer Intervention kam.

Wer wurde während der NS-Herrschaft zur Zwangsarbeit herangezogen?

Nach den ersten Niederlagen während des *II. Weltkrieges* wuchs der Bedarf der Armee an Soldaten. So kam es, dass viele Arbeiter zum Dienst an der Waffe eingezogen wurden. Dadurch taten sich wiederum große Lücken in den Betrieben auf, die irgendwie gefüllt werden mussten, damit die *Rüstungsindustrie* aufrechterhalten werden konnte. Das NS-Regime entschloss sich, ab 1942 Menschen zur Zwangsarbeit heranzuziehen. Dabei handelte es sich in erster Linie um die Insassen der *Konzentrationslager*, vorwiegend **Juden**, **Kommunisten** und **politische Gegner**, und um **Kriegsgefangene** aus **Polen** und **Russland**. Eine definitive Zahl der damals zur Zwangsarbeit Verpflichteten konnte nie ausgemacht werden, Schätzungen gingen von etwa zehn Millionen Menschen aus. Die Lebensbedingungen der Zwangsarbeiter waren entwürdigend. Ihr Alltag war geprägt von harter körperlicher Arbeit, Bestrafung bei Anzeichen von Schwäche und Löhnen, die, wenn sie überhaupt ausgezahlt wurden, nur etwa 20% des Normallohns ausmachten. In beinahe allen großen Fabriken waren Zwangsarbeiter beschäftigt, aber auch auf Bauernhöfen und in kleineren Betrieben. Die durchschnittliche Lebensdauer eines Zwangsarbeiters wurde damals von der SS auf etwa neun Monate veranschlagt.

Wurden die Zwangsarbeiter nach Kriegsende entschädigt?

Die nach Kriegsende getroffenen Vereinbarungen zur *Wiedergutmachung* beschränkten sich lediglich auf die **Bundesrepublik Deutschland**. Die Überlebenden der Arbeitslager, die nach der Teilung in Osteuropa lebten,

Helmut Schmidt

waren größtenteils von ihr ausgeschlossen. Zwar entrichtete Bundeskanzler **Helmut Schmidt** Zahlungen an Polen, diese kamen jedoch nur zu sehr geringen Teilen bei den tatsächlichen Opfern an. Weitere Forderungen wehrten die Bundesregierung und Konzerne mit dem Argument ab, Entschädigungen fielen unter Reparationen und seien laut dem *Londoner Schuldenabkommen* von 1953 erst nach der Schließung eines Friedensvertrages zu leisten. Da dieser jedoch nie geschlos-

Versöhnungsfonds in Österreich

Auch für die etwa 150.000 noch lebenden Zwangsarbeiter, die in **Österreich** eingesetzt worden waren, fand man eine Lösung. Die Österreichische Regierung gründete nach dem deutschen Vorbild einen Versöhnungsfonds in Höhe von sechs Milliarden Schilling. Im Juli 2001 erfolgten die ersten Zahlungen aus diesem Fond.

sen wurde, waren auch keine Zahlungen fällig.

Wie kam es zu erneuten Forderungen der Zwangsarbeiter?

Nach der *Wiedervereinigung* der beiden deutschen Staaten kamen erneut Forderungen der Betroffenen auf. Man interpretierte den *Zwei-plus-vier-Vertrag* von 1990 als eine Art Friedensabkommen. Im Jahr 1996 gab der Bundesgerichtshof dieser Argumentation Recht und entschied, dass Forderungen von ehemaligen Zwangsarbeitern rechtmäßig seien. Die Regierung der Bundesrepublik stimmte dem zwar nicht zu, räumte jedoch eine moralische Verpflichtung zur Zahlung von Wiedergutmachungen ein.

Wie fand man zu einer Einigung?

Nach langen Verhandlungen seit 1999 einigten sich die Vertreter der deutschen Regierung und der Wirtschaft mit den Anwälten der Opfer und Vertretern der **US-Regierung** auf Zahlungen in Höhe von zehn Milliarden DM. Diese Summe sollte zur Hälfte von der Regierung und zur anderen Hälfte von den Industriebetrieben, die damals Zwangsarbeiter beschäftigt hatten, aufgebracht wer-

Stiftung „Erinnerung, Verantwortung und Zukunft"

Die **Stiftung „Erinnerung, Verantwortung und Zukunft"**, die im Juli 2000 gegründet wurde, erhielt die Aufgabe, die Gelder zur Wiedergutmachung zu verwalten und an die Partnerorganisationen in den USA und Osteuropa auszuschütten. Diese sollten das Geld dann umgehend an die registrierten Opfer weiterleiten. Die erste Zahlung erfolgte am 15. Juni 2001. 257 Mio. Mark wurden als Entschädigung für die ersten 30.000 ehemaligen Zwangsarbeiter an Organisationen in Polen und Tschechien sowie an die **„Jewish Claims Conference"** überwiesen.

den. Diese Einigung kam jedoch erst zustande, nachdem sich die **USA** dazu bereit erklärt hatten, sämtliche nachfolgenden Klagen ehemaliger Zwangsarbeiter abzulehnen. Die deutschen Betriebe richteten daraufhin einen **Fonds** ein, in den die Betriebe freiwillig einzahlen sollten. Es dauerte jedoch noch bis zum März 2001, bis die Industrie die versprochenen fünf Milliarden tatsächlich aufgebracht hatte. Auch danach verzögerte sich die Auszahlung, da eine US-Bundesrichterin eine Sammelklage ehemaliger Zwangsarbeiter gegen deutsche Banken entgegen der deutsch-amerikanischen Vereinbarung anfangs zuließ. Erst in der von der deutschen Wirtschaft angestrengten Berufungsverhandlung wurde die Klage nach erheblichem politischen Druck endgültig abgewiesen und damit der Weg für die

Auszahlung frei gemacht, die im Juni 2001 endlich beginnen konnte.

Welche Probleme ergaben sich bei der Verteilung der Gelder?

Ein Problem war die Frage, wie ehemalige Zwangsarbeiter ihren Anspruch belegen sollten. Dann war man sich lange Zeit nicht darüber einig, ob jedes Opfer die gleiche Summe erhalten oder ob man eine *Abstufung* je nach Schwere des Falles vornehmen sollte. Diese bürokratischen Diskussionen wurden von den Opfern scharf kritisiert, schließlich waren alleine in der Zeit seit Beginn der Verhandlungen bis zur ersten Ausschüttung an die Opfer viele der Betroffenen bereits verstorben. Um ehemaligen Opfern schnell und unbürokratisch zu helfen, wurden spezielle Fonds gegründet.

Mit dem Internet hat sich in verhältnismäßig kurzer Zeit ein neues Massenmedium etabliert, das im Gegensatz zu den bisherigen Medien ein interaktives ist: Der Bediener kann nicht nur Daten abrufen, sondern auch ins Netz einspeisen.

Was ist das Internet überhaupt?

Hinter dem Internet verbirgt sich das größte Computernetzwerk des gesamten Planeten. Das Prinzip ist ein recht simples: Ein Benutzer schaltet seinen Computer zu Hause ein und wählt per Telefonleitung einen anderen Computer an, der bei einer Firma steht, wo die Rechner 24 Stunden am Tag laufen (einem so genannten „*Provider*") und über leistungsfähige Telefonleitungen wieder mit anderen Computern verbunden sind, die ihrerseits wieder mit anderen Computern verbunden sind usw. Auf einem dieser Computer befindet sich eine Datei, die man mithilfe eines speziellen Programms, einem so genannten *Browser*, grafisch auf dem eigenen Bildschirm darstellen kann. Um die Datei von diesem Computer, der Tausende von Kilometern entfernt an ein Telefonnetz angeschlossen sein kann, auf den eigenen Rechner zu laden, gibt man die Adresse dieses Computers und der Datei an. Der so angewählte Rechner fungiert dabei als *Server,* während der eigene Computer den *Client* darstellt.

Wie sieht so eine Internetadresse aus?

Die Adresse eines Computers ist eine so genannte *IP-Adresse* und besteht aus Zahlenblöcken, die mit Punkten voneinander getrennt sind. Ähnlich wie bei einer Telefonnummer wäre es also eigentlich notwendig, in die Adresszeile eines Browers jedes Mal eine Zahlenkombination einzugeben, um den Zielrechner „anzuwählen". Weil aber die Handhabung dieser IP-Adressen nicht sehr bedienerfreundlich ist, verstecken sich im weltweiten Computer-Netzwerk so genannte „*Name-Server*". Diese „Name-Server" sind Computer, die Buchstabenkombinationen auslösen und eine IP-Adresse aus einem Namen bilden kön-

---

Das World Wide Web (WWW)

Das **WWW** ist die grafische Benutzeroberfläche des Internet. Die Beliebtheit des **WWW** resultiert aus seiner einfachen Handhabung und der Möglichkeit, Texte, Grafiken, Fotos, Videos, Sounds sowie verschiedenste multimediale Effekte über eine einheitliche Benutzeroberfläche abzurufen. Darüber hinaus integrieren moderne Browser auch E-Mail sowie die Nutzung von Newsgroups und bieten zusätzliche Software, mit der *Internet-Telefonie* (weltweites Telefonieren von Computer zu Computer, wobei lediglich Telefongebühren für die Verbindung bis zum Provider entstehen) möglich wird. Das **WWW** hat seinen Ursprung in einem Projekt des europäischen Teilchenbeschleunigers *CERN*, wo es Ende der achtziger Jahre als internes Informationssystem entworfen wurde und schließlich 1992 für die Öffentlichkeit und das Internet zugänglich gemacht wurde. Die Organisation der Informationen im **WWW** beruht auf dem Prinzip des *Hypertext*. Im WWW genügt ein Mausklick auf einen Querverweis *(Hyperlink)*, um zum entsprechenden Dokument zu gelangen. Das **WWW** ist der am schnellsten wachsende Teil des Internet.

---

nen. Darum ist es möglich, z. B. unter *www.sf-radio.de* einen Computer in Deutschland anzuwählen, auf dem die Seiten eines Internetradios für Science-Fiction liegen, ohne seine eigentliche IP-Adresse zu kennen. Die „Name-Server" tauschen sich regelmäßig untereinander aus, damit jeder auf dem neuesten Stand bleibt, wie welche Adressen aufzulösen sind.

Nicht alles glauben, was man liest ...

Extremfälle wie *Rechtsradikalismus*, *Anleitungen zum Bombenbauen* oder Anlaufstellen für *Pädophile* sind zwar — entgegen der Meinungsmache mancher TV-Magazine — nur schwer oder gar nicht im Netz zu finden, aber eine genauso große Gefahr geht von Zeitgenossen aus, die ihre wirren Gedanken und Vorstellungen polemisch und ausdrucksreif auf ihrer privaten Website veröffentlichen. Darum ist es immer gut zu überlegen, aus welchen Quellen man seine Informationen beziehen möchte.

Wird das Internet nicht auch „World Wide Web" genannt?

Zwischen Internet und dem so genannten *WWW* wird oftmals nicht besonders unterschieden, was tatsächlich ein grober Fehler ist. Die Beziehung zwischen Internet und World Wide Web ist in etwa zu vergleichen mit der zwischen Obst und Birnen. Zwar sind Birnen durchaus Obst, Obst aber besteht nicht nur aus Birnen. So auch beim Internet: Neben dem WWW sind noch Funktionen wie E-Mail, *FTP*, *Usenet* u. v. a. dem gesamten Internet unterzuordnen.

Was ist eine E-Mail?

Die E-Mail hat sich schon in den 1990er-Jahren zur bedeutendsten Kommunikationsmöglichkeit der menschlichen Zivilisation entwickelt. Ähnlich wie bei dem Verfahren im World Wide Web wird auch hier über viele vernetzte Computer Kontakt zu einem Zielrechner aufgenommen. Dieser Rechner hat jedoch keine Datei, die man herunterlädt, sondern der Versender einer E-Mail, einer *„Electronic Mail"* (elektronische Post), legt seine Datei auf dem Zielrechner ab. Dieser steht im Normalfall bei einem Provider und hält die eingegangenen E-Mails solange auf seinem Rechner, bis der Empfänger der Mails wieder bei ihm anruft. Daraufhin übermittelt er diese Dateien auf dessen Rechner, wo sie gelesen werden können. Mithilfe von so genannten Anhängen kann jeder Bediener nicht nur reinen Text, sondern kleine Programme per E-Mail verschicken.

Wie entstand das Internet?

Einen festen Zeitpunkt für die Entstehung des Internets festzulegen, ist quasi unmöglich. Eigentlich im Lauf des kompletten 20. Jh. wurde an der Kommunikation zwischen Computern gearbeitet, und das mit wachsendem Erfolg. In verschiedenen amerikanischen Universitäten wurden interne Netze aufgebaut und gepflegt. Als Mitte der 1960er-Jahre in Amerika eine *dezentrale Lösung* für Kommunikation während eines Atomschlags gesucht wurde, begann das Konzept des Internets Gestalt anzunehmen. Mit der Erfindung des *TCP/IP-Protokolls* Mitte der 1970er-Jahre gelangen enorme Fortschritte. 1990 schließlich wurden die entstandenen Computernetze schrittweise der Öffentlichkeit preisgegeben. Mit der Entwicklung des *Hyperlinks* (anklickbarer Wegweiser zu anderen Stellen im Netz) und leicht bedienbaren Browsern entstand das WWW und damit begann auch der unaufhaltsame Siegeszug des Internets in den privaten Arbeitszimmern.

Nachdem von 1979 an in Afghanistan gegen die einrückenden Truppen der Sowjetunion Krieg geführt wurde, schloss sich ein Bürgerkrieg an, bei dem sich die fundamentalistischen Taliban durchsetzten, die einen „Gottesstaat" errichteten.

Welche Umstände herrschten in Afghanistan nach dem II. Weltkrieg?

Nach dem Ende des II. Weltkrieges steckte auch Afghanistan in einer schweren wirtschaftlichen Krise. Zwar war man von den Kämpfen des Krieges unbehelligt geblieben, doch der Handel ließ weltweit stark nach und die Industrieexperten aus dem Ausland verließen Afghanistan. Es folgten *Demokratisierungsversuche*, die aber aus verschiedenen Gründen wenige Jahre später für gescheitert erklärt wurden. Unter dem neuen Premierminister **Daud** wandte sich Afghanistan der **Sowjetunion** zu. Diese unterstützte das

---

Die Attentate von New York und Washington

Am 11. September 2001 flogen zwei von Terroristen entführte Linienflugzeuge in die *Twin Towers* des **World Trade Centers** in New York, das daraufhin in sich zusammenfiel. Gleichzeitig stürzte ein ebenfalls gekapertes Flugzeug auf das amerikanische Verteidigungsministerium, das **Pentagon**, in Washington. Bei den Anschlägen kamen mehrere tausend Personen ums Leben.

Entwicklungsland daraufhin mit großzügigen Krediten und Waffen. Das Land machte große wirtschaftliche und soziale Fortschritte. Durch einige Zwischenfälle, die beinahe zum Krieg mit Pakistan geführt hätten, geriet Daud jedoch so sehr unter Druck, dass er 1963 zurücktrat. Es folgte eine weitere Periode der Demokratisierung, die im Jahr 1973 durch die Machtübernahme von **Mohammed Daud**, dem Cousin des ehemaligen Premierministers, ein Ende fand.

Wie kam es zum Krieg gegen die Sowjetunion?

Mohammed Daud versuchte 1978, eine Reform einzuleiten. Sein Ziel war es, den Einfluss der Sowjetunion auf Afghanistan zu verringern, was ihm den Zorn sowjetnaher Gruppen im Land einbrachte. Nach seinem Sturz wurde ein *Freundschaftsvertrag* mit der UdSSR unterzeichnet. Nachdem nach Protesten der Bevölkerung mit **Amin** ein weiterer Reformist die Macht an sich gerissen hatte, marschierten sowjetische Truppen im Dezember 1979 in Afghanistan ein und liquidierten ihn. In der Folgezeit kam es zu ständigen Auseinandersetzungen zwischen sowjetischen Truppen und islamischen Widerstands-

Kriegerische Afghanen an einer Straßensperre

kämpfern, den Mujaheddin, die für die Absetzung der kommunistischen Regierung und den Abzug der sowjetischen Besatzer kämpften.

Wie endete die Intervention der Sowjetunion?

Die Sowjettruppen verzettelten sich in der Folgezeit in aussichtlosen Kämpfen mit den Rebellen. Diese verschanzten sich in den unzugänglichen Berggegenden und überraschten die russischen Soldaten ein ums andere Mal. Ein weiteres Problem der Sowjets war die Unterstützung der Rebellen durch die **USA**. Diesen kam der Konflikt gerade recht, um an der Grenze zur Sowjetunion einen ständigen Krisenherd zu schüren. Sie statteten die Mujaheddin mit Waffen aus und ließen sie durch ihren Auslandsgeheimdienst *CIA* ausbilden. Auch aus **Pakistan** bekamen die Rebellen Unterstützung, beispielsweise durch die **Taliban**-Krieger. Die Sowjetunion musste einsehen, dass dieser Krieg nicht zu gewinnen war, und zog 1989 ihre Truppen aus Afghanistan ab.

Was geschah in Afghanistan nach dem Abzug der Sowjettruppen?

Der Kampf in Afghanistan ging auch nach dem Abzug der Sowjettruppen weiter. Die Rebellen verfolgten weiterhin ihr Ziel, die Regierung zu stürzen, was ihnen 1992 schließlich gelang. In der Folgezeit gab es zwar eine provisorische Regierung, die mittlerweile untereinander verfeindeten Mujaheddingruppen bekämpften sich jedoch ständig gegenseitig. 1996 konnten sich die Taliban als stärkste Macht etablieren und übernahmen die Regierung. In den folgenden Jahren errichteten sie einen *fundamentalistischen Gottesstaat*, in dem die Rechte der Menschen, insbesondere der Frauen, sehr stark beschnitten wurden.

Wie kam es zu den Angriffen der USA auf Afghanistan im Herbst 2001?

Im September 2001 wurde die gesamte westliche Welt von grausamen Attentaten auf die USA erschüttert. Die Verantwortung trug nach Meinung der USA der international gesuchte Terrorist **Osama Bin Laden**, den man in Afghanistan vermutete. Nachdem sich die Taliban-Regierung wiederholt geweigert hatte, den Terroristen an die USA auszuliefern, befahl US-Präsident **George W. Bush** einen Angriff auf Afghanistan, woraufhin die Taliban den USA und ihren Verbündeten den „heiligen Krieg" erklärten. Nach wochenlangen ununterbrochenen Luftangriffen mussten die Taliban bis auf ihre Hochburg **Kandahar** alle Teile des Landes den nachrückenden Truppen der so genannten „**Nordallianz**" überlassen.

Die Taliban und Osama Bin Laden

Die Taliban sind eine fundamentalistisch-islamische Gruppe, die sich in Pakistan gründete. Seit 1996 stellen sie die Regierung in Afghanistan, die jedoch außer von Pakistan von keinem Land der Erde anerkannt wird. Ihre Herrschaft ist geprägt von *extremistischer Religiosität* und einem radikalen Vorgehen gegen alle Gegner des Regimes. Den Taliban werden Kontakte zu dem millionenschweren Terroristen Osama Bin Laden nachgesagt. Der gebürtige Saudi genießt die Gastfreundschaft des Regimes, seitdem er nach Anschlägen auf verschiedene US-Botschaften von den Vereinigten Staaten gejagt wird. Laut Untersuchungsergebnissen der amerikanischen Behörden ist er der Drahtzieher der Anschläge auf New York und Washington am 11. September 2001.

Am 1. Januar 2002 löste der Euro endgültig eine der stabilsten und fälschungssichersten Währungen der Welt ab, die seit 1948 im Umlauf war und überall auf der Welt ein hochgeschätztes Zahlungsmittel war: die Deutsche Mark.

Wie kam es zur Einführung der Deutschen Mark?

Der Direktor des Amtes für Wirtschaft und spätere *Wirtschaftsminister* und *Bundeskanzler* **Ludwig Erhard** war maßgeblich an der Einführung der D-Mark im **Westen Deutschlands** beteiligt. Weil das NS-Regime zur Finanzierung der Rüstungskosten im Krieg den Gelddruck um ein Vielfaches gesteigert hatte, war es zu einer enormen *Inflation* gekommen. Erhard wollte durch seine *Währungsreform* die Wirtschaft neu ankurbeln und die Probleme beseitigen. Zu-

nächst wurde jeder Westbürger im Juni 1948 mit 40,– DM und im August des gleichen Jahres noch einmal mit 20,– DM ausgestattet. Spareinlagen und Guthaben wurden im Verhältnis 100:6,5 übernommen, während Gehälter und Zahlungen nicht an Wert verloren. Damit legte Erhard den Grundstein für die politische und wirtschaftliche *Spaltung* Deutschlands.

Zahlen wir seit 1948 mit den gleichen Münzen?

Nach dem Krieg arbeiteten vor allem die Amerikaner intensiv an der Gestaltung der neuen

Theodor Heuss

Währung mit. Vor allem die Frage der *Benennung* war – heute fast nicht vorstellbar – von enormer Brisanz. Im Gespräch waren u. a. Mark, Taler, Batzen, Neumark, Goldmark, Schilling, Warenmark, Arbeitsmark und Handelsmark. Schließlich setzte sich jedoch ein amerikanischer Finanzexperte mit dem Arbeitstitel **„Deutsche Mark"** durch. Nachdem diese eingeführt war, stellten sich jedoch schnell Probleme in der praktischen Verwendung heraus. So kam es aufgrund der Ähnlichkeit oft zu Verwechslungen von 1-DM-Mark und 2-DM-Mark-Stücken, was dazu führte, dass diese 1957 aus dem Verkehr gezogen und durch neue mit verbessertem Design ersetzt wurden. Auf den Rückseiten der neuen 2-DM-Stücke waren nun berühmte Persönlichkeiten der Zeitgeschichte

Fälschungssicherheit

- Banknotenpapier fühlt sich griffig und fest an und hat einen charakteristischen Klang.
- Der Stichtiefdruck „Deutsche Bundesbank" und die Wertangabe „10 Deutsche Mark" heben sich fühlbar von der Oberfläche ab.
- Auf echten Banknoten sind Kopfwasserzeichen zu finden.
- Ein aluminiumbeschichteter Fenstersicherheitsfaden tritt an verdünnten Papierstellen an die Oberfläche und glänzt dort silbrig.
- In einem Sechseck auf der Vorder- und Rückseite befinden sich mehrere verstreute Zeichen, die sich zu einem „D" ergänzen, wenn man die Banknote gegen das Licht hält.

Ludwig Erhard

zu sehen: **Konrad Adenauer, Theodor Heuss, Kurt Schumacher, Ludwig Erhard, Franz Josef Strauß** und **Willy Brandt** wurden im Laufe der Jahre ebenso abgebildet, wie bis 1973 auch **Max Planck** eine „eigene" Münze hatte. Im Jahr 1975 musste auch das 5-DM-Stück „reformiert" werden. Ursprünglich enthielt es nämlich 625 Teile Silber und 275 Teile Kupfer. Aufgrund des steigenden Silberpreises in den 1970er-Jahren überstieg der Materialwert aber schließlich den Nominalwert, sodass das Geld nach und nach von manchen Bürgern gehortet, eingeschmolzen und verkauft wurde. Aufgrund des daraus entstehenden Missverhältnisses in der Währungslandschaft führte die Regierung eine aus

Wer war auf den 1989 eingeführten Scheinen abgebildet?

Insgesamt wurde das Aussehen der Scheine in der Geschichte der Bundesrepublik zweimal verändert. Sahen sie zunächst eher den amerikanischen Dollarnoten ähnlich, bekam die deutsche Währung 1961 eine eigene Identität. 1989 veränderte man das Aussehen erneut.

5-DM-Schein: Bettina von Arnim (1785–1859), Schriftstellerin. Im Hintergrund eine Teilansicht des Gutes Wiepersdorf sowie historische Gebäude von Berlin.

10-DM-Schein: Carl Friedrich Gauß (1777–1855), Mathematiker, Astronom, Geodät und Physiker. Im Hintergrund Gebäude des historischen Göttingen..

20-DM-Schein: Annette von Droste-Hülshoff (1787–1848), Dichterin. Im Hintergrund historische Gebäude der Stadt Meersburg.

50-DM-Schein: Balthasar Neumann (1687–1753), Barockbaumeister. Im Hintergrund historische Gebäude von Würzburg.

100-DM-Schein: Clara Schumann (1819–1896), Pianistin und Komponistin. Im Hintergrund Gebäude des historischen Gebäudes Leipzigs.

200-DM-Schein: Paul Ehrlich (1854–1915), Mediziner und Serologe. Im Hintergrund historische Gebäude der Stadt Frankfurt/Main.

500-DM-Schein: Maria Sibylla Merian (1647–1717), Malerin, Kupferstecherin und Naturforscherin. Im Hintergrund Gebäude des historischen Nürnberg.

1000-DM-Schein: Wilhelm (1786–1859) und Jacob Grimm (1785–1863), Sprachwissenschaftler und Sammler deutschen Sprach- und Kulturguts.

der Legierung *Magnimat* bestehende Münze ein.

Unter welchen Bedingungen wurde 1990 in Ostdeutschland die D-Mark eingeführt?

1990 wurde die **Ostmark** in einem Umtauschverhältnis von 1:1 übernommen, Guthaben bis zu einer gewissen Höchstgrenze 2:1. Dies führte zu enormen wirtschaftlichen Einbrüchen im Osten, da die qualitativ meist weniger hochwertige Ware damit auch um mehrere hundert Prozent teurer wurde und niemand mehr bereit war, sie zu kaufen.

Willy Brandt

Register

A

Aachen 107
ABC-Waffen 376
Abendmahlstreit 204
Abkommen von Dünkirchen 369
Ablasshandel 202
Abolisten 254
Aborigines 282, 283
Abraham 94
Absolutismus 190, 228, 229, 230, 231, 256
Abu Simbel 15
achäische Herrschaft 29
Achilleus 36
Acht-Stunden-Tag 339
Adalbert 117
Adar 65
Addis Abeba 370
Adenakultur 104, 105
Adenauer, Konrad 329, 376, 450, 463
Adlige 166
Aeneas 37
Aeneis 37
Aëtius 87
Afghanistan 186, 424, 427, 460, 461
Afrikaans 312, 313
Afrikanischer Nationalkongress 433
Ägäis 28
Agrarwirtschaft 349
Ägypten 15, 20, 28, 30, 38, 45, 54, 59, 127, 394, 397
Ahu 102
Aigospotamoi 47
AIM 275
Ajatollah 412
Akbar 186, 187
Akkad 12
Akropolis 41
Aktiengesellschaften 258
Alamannen 80, 82, 91
Alarich 80, 81, 87
Alaska 194, 297
Albanien 347
Albategnius 143
Albert von Bollstädt 139
Albert von Sachsen-Coburg-Gotha 303
Albertus Magnus 138, 139
Al-Charismi 143

Alchemie 43, 142
Alea iacta est 67
Alexander I. 263
Alexander II. 289
Alexander III. 145
Alexander V. 162
Alexander VI. 191, 194
Alexander der Große 15, 25, 30, 31, 35, 45, 48, 49, 50, 82, 300
Alexandria 50, 67
Alexios I. Komnenos 126
Alfonsin, Raúl 379
Algebra 143
Algorithmus 143
Alkibiades 47
Alkuin 108
Allah 94
Allende Gossens, Salvador 406, 407
Allgemeiner Deutscher Arbeiterverein 308
Allianz für Deutschland 430
Alliierte 327, 361
Almagro, Diego de 182
Al-Mansur 143
Alpenfront 327
Al-Razi (Rhazes) 142
Altes Reich 15
Altes Testament 22, 158, 371
Altpaläolithikum (Altsteinzeit) 8
Altsteinzeit (Altpaläolithikum) 8
Amalasuntha 89
Amenophis IV. (Echnaton) 14, 17
American Indian Movement 275
Amerikanischer Unabhängigkeitskrieg 245
Amosis I. 15
Ämter- und Marktkontrolltheorie 168
Amun 17
Amundsen, Roald 318, 319
Anasazi 105, 275
Anatolien 212
ANC 432, 433
Andropow, Juri 426
Anglikaner 77
Anglikanische Kirche 208, 209

Angola 452, 453
Anna Boleyn 209
Annaberg 329
Annan, Kofi 409, 453
Anno II. 117
Anordnung über die Einrichtung eines Grenzgebietes an der Staatsgrenze der DDR zu Westberlin 385
Antarktis 243
Anthropologie 73
anthropomorphe Gottheiten 54
Anti-Atomkraft-Bewegung 421
Antigonos 51
Antikommunismus 424
Antiochos III. 61, 83
Antiochos 47
Antipatros von Sidon 32
Antipatros 51
Antiqua-Schriften 109
Antiqua-Type 193
Antisemitismus 364
Antisklaverei-Bewegung 254
Antisklavereiverordnung 254
Antoninische Dynastie 71
Antonius 63
Anton-Victor von Österreich 157
Antwerpen 176
Anubis 17
Apartheid 432, 433
APC 255
Aphrodite 30, 36, 55
Apollo 11 400
Apollo 13 401
Apollo(n) 55
Apollomission 410
Apollonius von Perge 50
Apolloprogramm 400
Apophis 17
Appenzell 171
Appomatox 291
Aquileia 144
Araber 13, 83, 89, 98, 99, 188
Arabien 51
Arabische Liga 369
Arafat, Jasir 396, 397
Aragonien 133
Arbeiterräte 346
Arbeitslosenversicherung 339

Archidamischer Krieg 46
Archimedes 50
Arco 423
Areopag 40, 41
Ares 30
Argentinien 182, 378, 418
Arianischer Streit 75
arianisches Christentum 88
Ariovist 63, 66
Aristarchos von Samos 50
Aristoteles 30, 42, 43, 46, 73, 137, 138, 143
Aristotelismus 138
Arithmetik 108
Arizona 105
Arkansas 290
Armenien 59
Arminius 91
Armstrong, Neil 400
Armur Timur Läng 154, 155
Arnim, Bettina von 463
Arrow 287
Arsakiden 49
Artemis 34, 55
Artemis-Tempel 34
Aschkenasim 130
Ashikaga (Shogun-Familie) 185
Askold 125
Assur 12
Assyrer 16
Assyrerreich 13
Assyrien 12
Astrologie 19
Astronomie 43, 50, 73, 97, 108, 142, 155
Atahualpa 180, 183
Athalarich 89
Athen 30, 31, 39, 41, 44, 46
Athena 30
Athene 36
Äthiopien 98, 298, 347, 370, 371
Atlantik 213
Atlantik-Empire 251
Atlantis 274
atlantisches System 219
Atom 43
Atomausstiegsprogramm 423
Atombombe 392, 393

Register